DIREITO ECONÔMICO

COLEÇÃO
sinopses
PARA CONCURSOS

Coordenação
Leonardo Garcia

31

Danilo Vieira Vilela

DIREITO ECONÔMICO

5ª EDIÇÃO
REVISTA
ATUALIZADA
AMPLIADA

2022

EDITORA
JusPODIVM
www.editorajuspodivm.com.br

EDITORA
*Jus*PODIVM
www.editorajuspodivm.com.br

Rua Canuto Saraiva, 131 – Mooca – CEP: 03113-010 – São Paulo – São Paulo
Tel: (11) 3582.5757
• Contato: https://www.editorajuspodivm.com.br/sac

Copyright: Edições *Jus*PODIVM

Diagramação: Lupe Comunicação e Design *(lupecomunicacao@gmail.com)*

Capa: Ana Caquetti

ISBN: 978-85-442-3734-2

Coleção Sinopses para Concursos

A *Coleção Sinopses para Concursos* tem por finalidade a preparação para concursos públicos de modo prático, sistematizado e objetivo.

Foram separadas as principais matérias constantes nos editais, e chamados professores especializados em preparação de concursos a fim de elaborar, de forma didática, o material necessário para a aprovação em concursos.

Diferentemente de outras sinopses/resumos, preocupamo-nos em apresentar ao leitor o entendimento do STF e do STJ sobre os principais pontos, além de abordar temas tratados em manuais e livros mais densos. Assim, ao mesmo tempo que o leitor encontrará um livro sistematizado e objetivo, também terá acesso a temas atuais e entendimentos jurisprudenciais.

Dentro da metodologia que entendemos ser a mais apropriada para a preparação nas provas, demos destaques (em outra cor) às palavras-chave, de modo a facilitar não somente a visualização, mas sobretudo a compreensão do que é mais importante dentro de cada matéria.

Quadros sinóticos, tabelas comparativas, esquemas e gráficos são uma constante da coleção, aumentando a compreensão e a memorização do leitor.

Contemplamos também questões das principais organizadoras de concursos do País, como forma de mostrar ao leitor como o assunto foi cobrado em provas. Atualmente, essa "casadinha" é fundamental: conhecimento sistematizado da matéria e como foi sua abordagem nos concursos.

Esperamos que goste de mais esta inovação que a Editora Juspodivm apresenta.

Nosso objetivo é sempre o mesmo: otimizar o estudo para que você consiga a aprovação desejada.

Bons estudos!

Leonardo Garcia
leonardo@leonardogarcia.com.br
www.leonardogarcia.com.br

Guia de leitura da Coleção

A Coleção foi elaborada com a metodologia que entendemos ser a mais apropriada para a preparação de concursos.

Nesse contexto, a Coleção contempla:

- **DOUTRINA OTIMIZADA PARA CONCURSOS**

Além de cada autor abordar, de maneira sistematizada, os assuntos triviais sobre cada matéria, são contemplados temas atuais, de suma importância para uma boa preparação para as provas.

> Não obstante, boa parcela da doutrina, há tempos, sustentava a inconstitucionalidade da execução provisória, sob o argumento de que ela violaria princípios como a presunção de inocência e a dignidade da pessoa humana.
>
> Nesse prisma, reconhecendo a pertinência deste argumento, o Pleno do STF, em julgamento histórico proferido no HC nº 84078/MG, sob a relatoria do então Ministro Eros Grau, na data de 5/2/2009, por 7 (sete) votos a 4 (quatro), resolveu por bem encerrar qualquer polêmica decidindo que **a execução provisória é inconstitucional**, eis que afronta o princípio da não culpabilidade (art. 5º, inciso LVII, do Texto Constitucional).

- **ENTENDIMENTOS DO STF E STJ SOBRE OS PRINCIPAIS PONTOS**

> ▸ **Qual o entendimento do STF sobre o assunto?**
>
> O STF, no julgamento da ADIN nº 1.570-2, decidiu pela **inconstitucionalidade do art. 3º da Lei nº 9.034/95** (no que se refere aos dados "fiscais" e "eleitorais"), que previa a figura do **juiz inquisidor**, juiz que poderia adotar direta e pessoalmente as diligências previstas no art. 2º, inciso III, do mesmo diploma legal ("o acesso a dados, documentos e informações fiscais, bancárias, financeiras e eleitorais").

- **PALAVRAS-CHAVES EM OUTRA COR**

As palavras mais importantes (palavras-chaves) são colocadas em outra cor para que o leitor consiga visualizá-las e memorizá-las mais facilmente.

> Conforme entendimento doutrinário prevalecente, o **impedimento do juiz** é causa de **nulidade absoluta** do ato processual. De se registrar que parcela minoritária, mas respeitável, da doutrina entende que o ato praticado por juiz impedido é inexistente, já que falta jurisdição (NUCCI, 2008, p. 833-834). Já a **suspeição** é causa de **nulidade relativa** (NUCCI, 2008, p. 833-834).

- **QUADROS, TABELAS COMPARATIVAS, ESQUEMAS E DESENHOS**

Com esta técnica, o leitor sintetiza e memoriza mais facilmente os principais assuntos tratados no livro.

Ato inexistente: sequer ingressa no mundo jurídico, não produzindo efeitos. → **Ato nulo:** ingressa no mundo jurídico, podendo ou não produzir efeitos. → **Ato irregular:** ingressa no mundo jurídico e produz efeitos.

- **QUESTÕES DE CONCURSOS NO DECORRER DO TEXTO**

Por meio da seção *"Como esse assunto foi cobrado em concurso?"* é apresentado ao leitor como as principais organizadoras de concurso do País cobram o assunto nas provas.

> ▸ **Como esse assunto foi cobrado em concurso?**
>
> No concurso de Analista do Tribunal de Justiça do Estado do Espírito Santo, promovido pelo Cespe/Unb, em 2011, questionou-se sobre os critérios de definição dos procedimentos ordinário e sumário: *"O procedimento comum será ordinário, quando tiver por objeto crime cuja sanção máxima cominada seja igual ou superior a quatro anos de pena privativa de liberdade; ou sumário, quando tiver por objeto crime cuja sanção máxima cominada seja inferior a quatro anos de pena privativa de liberdade."*. A assertiva foi considerada correta.

Nota do autor à 5ª edição

O ano de 2022 parece ter iniciado com uma importante retomada de diferentes concursos públicos suspensos ou adiados em virtude da pandemia do coronavírus que assolou o Brasil e o mundo nos anos de 2020 e 2021. Assim, pessoas que se preparam para concursos e estudantes de graduação e pós-graduação, há dois anos isolados no chamado "ensino remoto", passaram a contar com a motivação necessária para recuperar o "tempo perdido" nos difíceis anos de pandemia.

É com esse espírito que chegamos à 5ª edição dessa Sinopse de Direito Econômico, obra já consagrada tanto entre aqueles que buscam uma revisão rápida e, ao mesmo tempo, profunda sobre o tema, quanto entre aqueles que buscam um primeiro contato com a matéria.

Mesmo o ano de 2021 não tendo produzido alterações impactantes no Direito Econômico, foi necessária uma minuciosa revisão, de forma a atualizar aspectos importantes no estudo e preparação para concursos. Assim, por exemplo, ainda que a obra não conte com nenhum capítulo específico sobre licitações e contratos administrativos, a entrada em vigor da lei nº 14.133/2021 gerou a necessidade de adequações pontuais em trechos relacionados às estatais, às Parcerias Público-Privadas e aos serviços públicos.

Do mesmo modo, incorporamos à presente edição as novas disposições atinentes ao Banco Central, decorrentes da Lei Complementar nº 179, de 2021, sobretudo, destacando aspectos relacionados à autonomia daquela autarquia, assunto que já está sendo cobrado em diferentes certames.

Outro ponto que tem chamado bastante a atenção na área do Direito Econômico é a crescente incidência, em concursos públicos, de questões relacionadas, direta ou indiretamente, à Lei da Liberdade Econômica. Assim, atualizamos as alterações decorrentes da lei nº 14.195/2021 (Lei do Ambiente de Negócios) e, com base no compromisso da coleção em se antecipar às bancas dos concursos, incorporamos também disposições decorrentes da Instrução Normativa nº 97, de 2020, que criou o programa "Frente Intensiva de Avaliação Regulatória e Concorrencial" (FIARC), vislumbrando neste tema uma grande possibilidade de questões, sejam de múltipla escolha, sejam discursivas, em concursos, sobretudo, na esfera federal.

Em virtude de sua ampla abrangência, as normas relativas às agências reguladoras são, constantemente, alvos de transformação legislativa. Em 2021 não foi diferente! Assim, ao elencarmos as suas competências no capítulo sobre a intervenção indireta do Estado na ordem econômica, procedemos à atualização decorrente das leis nº 14.301/2022 (ANTAQ), nº 14.273/2021 (ANTT), nº 14.134/2021 (ANP) e, ainda, alterações a respeito do transporte aéreo contidas na Medida Provisória nº 1.089/2021 (ANAC).

No que diz respeito à jurisprudência, além das tradicionais atualizações referentes aos entendimentos dos tribunais superiores, merece destaque a quantidade de julgados de 2021 relacionados à competência em matéria de Direito Econômico. Assim, vários quadros sobre esse assunto também foram adicionados à presente edição. Por outro lado, os informativos de jurisprudência do CADE infelizmente foram descontinuados no ano de 2021, não havendo, nesta edição, nenhuma nova observação decorrente daquela publicação.

Por fim, reitero meus agradecimentos aos leitores, ao coordenador desta coleção, prof. Leonardo Garcia e a toda a equipe da editora Juspodivm, pela confiança e longa parceria de sucesso.

Grande abraço e boa leitura a todos!

Danilo Vieira Vilela
Março de 2022
@dvvilela

Sumário

Capítulo 1 ▸ DIREITO ECONÔMICO E ECONOMIA 17
1. História do pensamento econômico 17
   1.1. Adam Smith (1723-1790) 17
   1.2. David Ricardo (1772-1823) 19
   1.3. Thomas Robert Malthus (1766-1834) 19
   1.4. Jean-Baptiste Say (1767-1832) 19
   1.5. Karl Marx (1818-1883) 19
   1.6. Léon Walras (1834-1910) 21
   1.7. John Maynard Keynes (1883-1946) 22
   1.8. Joseph Aloïs Schumpeter (1883-1950) 22
   1.9. Milton Friedman (1912-2006) 23
2. Direito Econômico 23
3. Tipologia dos sistemas econômicos 28
4. Sistemas econômicos 29
   4.1. Capitalismo 30
   4.2. Socialismo 30
5. Liberalismo e intervencionismo 30
6. Modalidades de intervenção 34

Capítulo 2 ▸ ORDEM JURÍDICO-ECONÔMICA NO BRASIL 37
1. Constituição econômica e ordem jurídico-econômica 37
2. Ordem econômica na história constitucional brasileira 39
3. Fundamentos da ordem econômica 42
   3.1. Valorização do trabalho humano 42
   3.2. Livre-iniciativa 42
4. Finalidades ou objetivos da ordem econômica 45
   4.1. Existência digna 45
   4.2. Justiça social 46
5. Princípios gerais da atividade econômica 47
   5.1. Princípio da soberania nacional 50
   5.2. Princípio da propriedade privada 51
   5.3. Princípio da função social da propriedade 52
   5.4. Princípio da livre concorrência 55
   5.5. Princípio da defesa do consumidor 58
   5.6. Princípio da defesa do meio ambiente 62
   5.7. Princípio da redução das desigualdades regionais e sociais 66
   5.8. Princípio da busca do pleno emprego 67
   5.9. Princípio do tratamento favorecido para empresas de pequeno porte 68
   5.10. Princípios implícitos da ordem econômica 73
6. O livre exercício da atividade econômica. Limitações e condicionamentos. 75
7. A lei da liberdade econômica (Lei nº 13.874, de 2019) 80

7.1. Lei da Liberdade Econômica: alcance, escopo e princípios 80
7.2. Declaração de Direitos de Liberdade Econômica 82
7.3. Garantias à livre iniciativa 87
7.4. Frente Intensiva de Avaliação Regulatória e Concorrencial (FIARC) 89
7.5. Análise de Impacto Regulatório 90
7.5.1. O procedimento da Análise de Impacto Regulatório 93
7.6. Alterações legislativas decorrentes da Lei da Liberdade Econômica 94

Capítulo 3 ▸ INTERVENÇÃO DIRETA DO ESTADO BRASILEIRO NA ORDEM ECONÔMICA 97
1. Exploração da atividade econômica pelo Estado 97
2. Empresas estatais 101
2.1. Conceito 101
2.2. Criação e extinção 103
2.3. Regime de pessoal 105
2.4. Administração 107
2.5. Atos, licitações e contratos 111
2.6. Patrimônio 115
2.7. Falência 116
2.8. Fiscalização pelo Estado e pela sociedade 117
2.9. Objeto das empresas estatais 118
2.10. Transparência e *compliance* 119
2.11. Especificidades do regime jurídico das estatais que prestam serviços públicos.... 121
2.12. Especificidades do regime jurídico das estatais que desenvolvem atividade econômica 124
2.13. Diferenças entre empresas públicas e sociedades de economia mista 126
2.14. Empresa de Correios e Telégrafos (ECT) 131
2.15. Empresas subsidiárias e controladas 134
3. Serviços públicos 136
3.1. Conceito e classificação 136
3.2. Princípios 138
3.3. Direitos e deveres dos usuários 142
3.4. Aplicação do CDC aos serviços públicos 143
3.5. Lei de participação, proteção e defesa dos direitos do usuário dos serviços públicos da administração pública (Lei nº 13.460/2017) 144
3.6. Delegação dos serviços públicos 148
3.7. Licitação 155
3.8. Cláusulas do contrato de concessão comum 156
3.9. Remuneração do concessionário 160
3.10. Intervenção do poder concedente 163
3.11. Extinção da concessão 164
3.12. Reversão dos bens 165
3.13. Concessão Florestal 166
3.14. Prestação de serviços públicos em regime de parceria com agentes privados ... 166
4. Parcerias Público-Privadas 168
4.1. Conceito e princípios 168
4.2. Modalidades 171
4.3. Características e vedações 173
4.4. Licitação 175
4.5. Cláusulas contratuais 177

4.6. Contraprestação do Poder Público 179
4.7. Garantias 180
4.8. Sociedade de propósito específico 181
4.9. *Step-in rights* nas concessões comuns e especiais 182
4.10. Disposições aplicáveis à União 183
5. Monopólios na Constituição Federal de 1988 186

Capítulo 4 ▶ INTERVENÇÃO INDIRETA DO ESTADO BRASILEIRO NA ORDEM ECONÔMICA **193**
1. Intervenção indireta na Constituição Federal de 1988 193
2. Estado regulador 197
3. Natureza jurídica e objetivos da Regulação 201
3.1. Instrumentos de regulação e de mercado 203
4. Regulação e promoção da concorrência 204
5. Agências Reguladoras Independentes 207
5.1. Atividades 210
5.2. Classificação 217
5.3. Autonomia administrativa 218
5.4. O processo decisório nas Agências Reguladoras 222
5.5. Prestação de contas e controle social 224
5.6. Teoria da Captura 229
6. Agências em espécie 231
6.1. Agência Nacional de Energia Elétrica (ANEEL) 231
6.2. Agência Nacional de Telecomunicações (Anatel) 234
6.3. Agência Nacional do Petróleo, Gás Natural e Biocombustíveis (ANP) 238
6.4. Agência Nacional de Vigilância Sanitária (ANVISA) 241
6.5. Agência Nacional de Saúde Suplementar (ANS) 244
6.6. Agência Nacional de Águas e Saneamento Básico (ANA) 249
6.7. Agência Nacional de Transportes Terrestres (ANTT) - Lei 10.233/2001 252
6.8. Agência Nacional de Transportes Aquaviários (ANTAQ) - Lei 10.233/2001 255
6.9. Agência Nacional do Cinema (ANCINE) 258
6.10. Agência Nacional de Aviação Civil (ANAC) - Lei 11.182/2005 260
6.11. Agência Nacional de Mineração (ANM) - Lei 13.575/2017 264
7. Contribuição de Intervenção no Domínio Econômico (CIDE) 267
7.1. Cide-combustível 270
8. Regime jurídico dos recursos naturais 272
8.1. Recursos para produção de energia hidráulica 273
8.2. Recursos minerais 276
8.3. *Royalties* 281
9. Promoção e incentivo ao Turismo 285
10. Disciplina do capital estrangeiro 285

Capítulo 5 ▶ DIREITO DA CONCORRÊNCIA **289**
1. Origem do Direito da Concorrência 289
2. Histórico e fundamento constitucional da defesa da concorrência no Brasil 290
2.1. Fundamento constitucional 292
3. Extraterritorialidade da Lei 12.529/11 293
4. Sistema Brasileiro de Defesa da Concorrência 295
4.1. Conselho Administrativo de Defesa Econômica (Cade) 296
4.1.1. Tribunal Administrativo de Defesa Econômica (TADE) 297

4.1.2. Superintendência-Geral ... 300
4.1.3. Procuradoria Federal junto ao Cade ... 302
4.1.4. Departamento de Estudos Econômicos ... 303
4.1.5. Gestão Administrativa, orçamentária e financeira do Cade ... 303
4.2. Secretaria de Promoção da Produtividade e Advocacia da Concorrência (SEPRAC) ... 304
4.3. Ministério Público Federal perante o Cade ... 305
5. Infrações da ordem econômica ... 306
5.1. Limitar, falsear ou de qualquer forma prejudicar a livre concorrência ou a livre-iniciativa ... 311
5.2. Dominar mercado relevante de bens ou serviços ... 311
5.3. Aumentar arbitrariamente os lucros ... 315
5.4. Exercer de forma abusiva posição dominante ... 316
5.5. Infrações à ordem econômica em sentido estrito ... 318
5.6. Das penas ... 327
6. Controle de concentrações ... 331
6.1. A regra da razão (*rule of reason*) ... 336
7. Processo administrativo ... 340
7.1. Processo Administrativo no controle de atos de concentração ... 342
7.2. Inquérito Administrativo para apuração de infrações da Ordem Econômica ... 346
7.3. Processo Administrativo para imposição de sanções administrativas por infrações à ordem econômica ... 347
8. Mecanismos consensuais de solução de controvérsias no direito concorrencial ... 349
8.1. Termo de Compromisso de Cessação ... 350
8.2. Sinopse do Guia de Termo de Compromisso de Cessação para os casos de cartel ... 351
8.2.1. Da colaboração ... 353
8.2.2. Da contribuição pecuniária ... 354
8.3. Acordo de Leniência ... 357
8.4. Sinopse do Guia de Programa de Leniência Antitruste do Cade ... 360
8.4.1. Aspectos gerais do Programa de Leniência Antitruste do Cade ... 360
8.4.2. Fases da negociação do Acordo de Leniência no Cade ... 363
8.4.3. Após a celebração do Acordo de Leniência ... 365
8.4.4. Leniência *Plus* ... 367
8.5. Acordos em Controle de Concentração ... 368
9. Execução judicial das decisões do CADE ... 369
9.1. Intervenção judicial ... 372
10. Sinopse do Guia para a análise da consumação prévia de atos de concentração econômica (*gun jumping*) ... 373
10.1. Atividades que podem levar à caracterização da consumação prévia de atos de concentração econômica (*gun jumping*) ... 373
10.2. Procedimentos para diminuição do risco de consumação prévia de atos de concentração econômica ... 375
10.3. Possíveis punições em caso de verificação da consumação prévia de atos de concentração econômica ... 376
11. Sinopse do Guia Programas de *Compliance* ... 378
11.1. *Compliance* ... 379
11.2. *Compliance* concorrencial ... 380
12. Remédios antitruste ... 383

Capítulo 6 ▸ SISTEMA FINANCEIRO NACIONAL E ATIVIDADE BANCÁRIA 385
1. Sistema Financeiro Nacional 385
2. Conselho Monetário Nacional (CMN) 391
3. Conselho Nacional de Seguros Privados (CNSP) 396
4. Conselho Nacional de Previdência Complementar (CNPC) 398
5. Banco Central do Brasil 399
   5.1. O Banco Central na Lei de Responsabilidade Fiscal 404
6. Comitê de Política Monetária (COPOM) 407
7. Comissão de Valores Mobiliários (CVM) 407
8. Superintendência de Seguros Privados (SUSEP) 409
9. Superintendência Nacional de Previdência Complementar (PREVIC) 410
10. Banco do Brasil S/A 412
11. Caixa Econômica Federal (CEF) 413
12. Banco Nacional de Desenvolvimento Econômico (BNDES) 415
13. Fusões e aquisições no Sistema Financeiro Nacional (Cade x Banco Central) 416
14. Sistema de pagamentos 419
15. Regime de Administração Especial Temporária (RAET) 421
16. Acordos de Basileia 423

Capítulo 7 ▸ ORDEM ECONÔMICA INTERNACIONAL 427
1. Introdução 427
2. Sujeitos Econômicos Internacionais 428
3. Organização para a Cooperação e o Desenvolvimento Econômico (OCDE) 429
4. Acordo Geral de Tarifas e Comércio (GATT) 431
5. Organização Mundial do Comércio (OMC) 433
6. Mercosul 441
   6.1. Origens e evolução 441
   6.2. Natureza jurídica 445
   6.3. Propósito, princípios e instrumentos 448
   6.4. Fontes jurídicas 450
   6.5. Estrutura 454
   6.6. Solução de controvérsias 456
   6.7. Principais tratados 461
7. Instrumentos de Defesa Comercial 462
   7.1. *Dumping* e *Antidumping* 463
   7.2. Medidas de Salvaguarda 471
   7.3. Medidas Compensatórias 475

Capítulo 8 ▸ DIREITO PENAL ECONÔMICO 479
1. Introdução 479
2. Crimes contra o mercado de capitais – Lei 6.385/76 480
   2.1. Manipulação do mercado 481
   2.2. Uso indevido de informação privilegiada (*insider trading*) 483
   2.3. Exercício irregular de cargo, profissão, atividade ou função 488
3. Crimes contra o Sistema Financeiro Nacional – Lei 7.492/86 489
   3.1. Bem jurídico tutelado 493
   3.2. Sujeitos do crime 493
   3.3. Competência 495
   3.4. Delação premiada 495

3.5. Divulgação de informação falsa ou prejudicialmente incompleta (art. 3º) 496
3.6. Gestão fraudulenta e gestão temerária (art. 4º) 497
3.7. Sonegação de informação ou prestação de informação falsa (art. 6º) 501
3.8. Emissão, oferecimento ou negociação irregular de títulos ou valores mobiliários (art. 7º) 502
3.9. Empréstimo ou adiantamento vedados (art. 17) 504
3.10. Financiamento mediante fraude (art. 19) 506
4. Crimes contra a ordem econômica e as relações de consumo - Lei 8.137/90 509
4.1. Crimes contra a ordem econômica 509
4.2. Crimes contra as relações de consumo 512
5. Crimes contra a ordem econômica e estoque de combustíveis - Lei 8.176/91 517
6. Crimes de lavagem de dinheiro - Lei 9.613/98 521
6.1. Autonomia 523
6.2. Fases 525
6.3. Sujeitos do crime e tentativa 527
6.4. Competência 529
6.5. Procedimento 530
6.6. Efeitos da condenação 531
6.7. Delação premiada 531
6.8. Ação controlada 533
6.9. Mecanismos de controle 534

SÚMULAS RELACIONADAS A DIREITO ECONÔMICO 537

SÚMULAS DO CADE 543

TESES DO STJ RELACIONADAS A DIREITO ECONÔMICO 545

REFERÊNCIAS BIBLIOGRÁFICAS 553

Capítulo 1

Direito Econômico e Economia

1. HISTÓRIA DO PENSAMENTO ECONÔMICO

Compreender minimamente o pensamento econômico ajuda o candidato a entender os rumos do Direito e, em especial, do Direito Econômico no decorrer da História. Assim, segue uma breve apresentação do pensamento de alguns dos principais economistas, dando-se destaque para Adam Smith e Karl Marx. Esse tipo de conhecimento, além de já ter sido cobrado diretamente em questões de múltipla escolha, pode agregar muito em questões discursivas e, principalmente, nos concursos que exigem formação humanística.

1.1. Adam Smith (1723-1790)

Sua principal obra, "**A riqueza das nações**: investigação sobre sua natureza e suas causas" foi publicada em 1776, mesmo ano em que os EUA declararam sua independência. Mais que uma coincidência histórica, é nítida a proximidade entre o pensamento de Smith e dos revolucionários estadunidenses, já que ambos partiam da premissa segundo a qual os indivíduos devem ter a **liberdade de agir por conta própria**, sem a mão opressiva do governo direcionando suas ações. Esse pensamento acabou por estruturar a ideia de **economia de mercado**.

Uma das passagens mais marcantes da obra de Smith é aquela em que ele afirma que os sujeitos da economia movimentam-se motivados por seus próprios interesses e que a **"mão invisível"** do mercado conduz esses interesses de maneira que seja promovido o bem-estar econômico geral (MANKIW, 2013, p. 11). Assim:

> *"Não é da benevolência do açougueiro, do cervejeiro ou do padeiro que esperamos nosso jantar, mas da consideração que eles têm pelo seu próprio interesse. Dirigimo-nos não à sua humanidade, mas à sua autoestima, e nunca lhes falamos das nossas próprias necessidades, mas das vantagens que advirão para eles. Ninguém, exceto o mendigo, sujeita-se a depender sobretudo da benevolência dos semelhantes"* (SMITH, 1996, p. 74)

> *"Ao preferir fomentar a atividade do país e não de outros países ele tem em vista apenas a sua própria segurança; e orientando sua atividade de tal maneira que sua produção possa ser de maior valor, visa apenas a seu próprio ganho e, neste, como em muitos outros casos, é levado como que por mão invisível a promover um objetivo que não fazia parte de suas intenções. [...]* ***Ao perseguir seus próprios interesses, o indivíduo muitas vezes promove o interesse da sociedade muito mais eficazmente do que quando tenciona realmente promovê-lo****"* (SMITH, 1996, p. 438).

Assim, as ideias de Adam Smith são diretamente relacionadas à concepção de **estado liberal**, no qual a harmonia social seria alcançada por meio da **liberdade de mercado**, aliando-se a persecução do interesse privado dos agentes econômicos a um ambiente concorrencialmente equilibrado, pautado pela **autorregulação**, sem interferência estatal. Esse modelo de estado liberal, na perspectiva jurídica, consubstancia-se, sobretudo, no princípio da **autonomia de vontades privadas** e no **caráter absoluto dos direitos privados**, como a propriedade e a liberdade (FIGUEIREDO, 2016, p. 44).

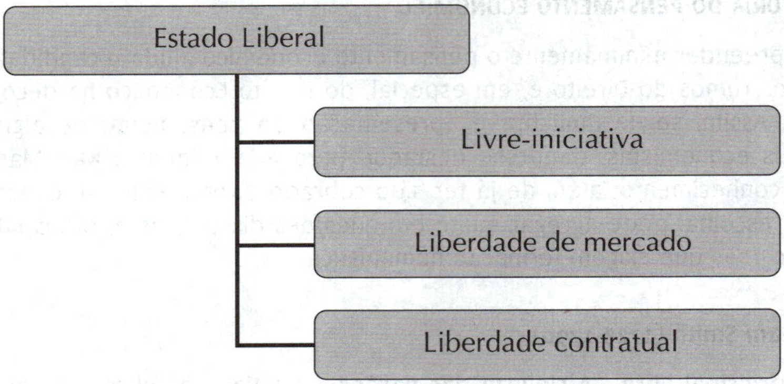

> **Como esse assunto foi cobrado em concurso?**
>
> No Concurso do CESPE para Juiz Federal da 2ª Região em 2011, foi considerado CERTO o seguinte enunciado: "No plano econômico, a concepção de **Estado liberal** é fruto direto das doutrinas de **Adam Smith**, para quem a harmonia social seria alcançada por meio da **liberdade de mercado**, aliando-se a persecução do interesse privado dos agentes econômicos a **ambiente concorrencialmente equilibrado**".

Assim, da doutrina de Smith, decorre a ideia de **estado mínimo**, que, na concepção do autor, deveria cumprir três funções em relação à sociedade civil (DROUIN, 2008, p. 24):

- A defesa do território com a manutenção das forças armadas;
- A administração da justiça, que consiste em proteger os membros da sociedade contra a injustiça ou a opressão dos outros membros da sociedade;
- A criação e manutenção de certas atividades econômicas que não podem ser realizadas pelo setor privado, na medida em que sua produção não é geradora de lucro suficiente, ao passo que seu desenvolvimento é necessário para o bem-estar da coletividade.

Além de estruturar os pilares do Estado Liberal, Smith ainda defende a **divisão do trabalho**, destacando que ela aumenta a produção e a produtividade nas empresas, compreensão que o autor amplia, de forma a alcançar também o conjunto da economia nacional e as relações econômicas internacionais.

1.2. David Ricardo (1772-1823)

Inspirado pela obra de Adam Smith, David Ricardo escreveu em 1817 sua principal obra "Princípios de economia política e de tributação", desenvolvendo, dentre outros, o **princípio da vantagem comparativa**, através do qual evidencia como os países podem ser beneficiados com a abertura de seus mercados, teoria que influenciaria, sobremaneira, a economia internacional. Defensor do **livre-câmbio e da estabilidade da moeda**, é o criador da teoria das vantagens absolutas, de grande influência na compreensão liberal das relações econômicas internacionais na medida em que vê a **troca internacional** como vantajosa para todas as nações comerciais.

1.3. Thomas Robert Malthus (1766-1834)

Conhecido em razão de sua teoria sobre a superpopulação, exposta na obra "Ensaio sobre a população" (1798), Malthus, ao lado de Smith e Ricardo é um dos principais expoentes da **escola clássica inglesa**. Adepto das ideias iluministas, Malthus via no auxílio aos pobres uma possibilidade de crescimento populacional que, por sua vez, geraria aumento da oferta de trabalho e, consequentemente, o aumento do desemprego e da pobreza. É um **teórico da demanda**.

1.4. Jean-Baptiste Say (1767-1832)

Considerado o principal economista clássico francês, Say é adepto das **teorias liberais**, segundo as quais compete ao mercado regular a atividade econômica, competindo ao Estado, tão somente, estabelecer um ambiente favorável à produção. Suas principais obras são "Tratado de economia política" (1803) e "Curso completo de economia política" (1815). Foi o responsável por estender a noção de trabalho produtivo ao conjunto das atividades de serviços, defendendo que **a produção é que determinará o crescimento econômico**, e não a moeda, conforme defendido por alguns teóricos. Por isso foi considerado um **economista da oferta**. A ideia de que a oferta cria a sua própria demanda ficaria historicamente conhecida como a "Lei de Say".

1.5. Karl Marx (1818-1883)

Responsável por introduzir a **dinâmica das classes sociais** no processo histórico, a obra de Marx funda-se no **materialismo histórico**, qual seja, nas relações sociais concretas, inaugurando, assim, uma nova fase na filosofia e na economia. Além disso, constrói seu materialismo sobre o **método dialético**, "processo histórico da contradição da realidade, das próprias relações produtivas e práticas do homem" (MASCARO, 2013, p. 279).

Partindo do pressuposto de que a produção condiciona todas as outras relações sociais dos homens, é a partir da **propriedade dos meios de produção** que se definem as classes sociais. Por outro lado, Marx vislumbra nas mais variadas formas de conflito (político, filosófico ou religioso) nada mais que expressões da **luta de classes**, considerada o "motor da história".

Seus principais trabalhos foram "Manifesto do Partido Comunista", escrito em conjunto com Friedrich Engels em 1848 e "O Capital" (1867-1894), no qual constam as principais análises econômicas do autor.

Na análise do modo de produção, Marx separa o agente produtivo do produto de seu trabalho. Segundo o autor, sucederam-se três modos de produção: o modo de produção **escravagista** das sociedades antigas, o modo de produção **feudal** das sociedades medievais e o modo de produção **capitalista** das sociedades industriais, cada um deles caracterizados por uma inter-relação entre diferentes elementos que caracterizam a infraestrutura econômica e as superestruturas políticas e ideológicas.

Na análise dessas superestruturas políticas e ideológicas, Marx constata que **o Estado não é neutro**. Assim, "o Estado não é um árbitro, e sim um conjunto de instrumentos coercitivos nas mãos de uma classe que procura perpetuar sua dominação sobre outras classes" (DROUIN, 1998, p. 88).

Assim, pode-se dizer que "a lógica de exploração do capitalismo é distinta daquela do feudalismo ou do escravagismo. Não é pela força que o trabalhador se submete ao capital. É pela impossibilidade do domínio direto dos meios de produção que os trabalhadores são impulsionados a venderem o seu trabalho, seus corpos, sua inteligência e suas energias, como mercadoria, aos capitalistas, que entesouram a **mais-valia** desse esforço de multidões de pessoas. O trabalho não se constitui em razão de uma necessidade social, mas de um fim, o processo de valorização, de produção de riqueza" (MASCARO, 2013, p. 287).

Mais valia (ou mais valor)

Importante conceito da obra de Marx é o de mais valia, que pode ser compreendido como o trabalho excedente não remunerado pelo empresário capitalista, resultante da diferença entre o valor criado pela força de trabalho na forma de produtos vendáveis e a compra dessa mesma força de trabalho por seu valor de troca.

- *"O mais-valor obtido pelo prolongamento da jornada de trabalho chamo de* ***mais-valor absoluto****; o mais-valor que, ao contrário, deriva da redução do tempo de trabalho necessário e da correspondente alteração na proporção entre as duas partes da jornada de trabalho chamo de* ***mais-valor relativo****"* (MARX, 2013, p. 390).

Merece destaque, ainda, a compreensão de Marx, segundo a qual a **revolução proletária** faria com que a classe operária abrisse caminho para o **socialismo** e, depois, para o **comunismo**. Assim, uma das passagens mais tradicionais da obra de Marx é a última parte do Manifesto do Partido Comunista, em que ele diz: "Que as classes dominantes tremam à ideia de uma revolução comunista! Os proletários nada têm a perder, exceto seus grilhões. Têm um mundo a ganhar. **Proletários de todos os países, uni-vos!**" (MARX; ENGELS, 2010, p. 84).

Socialismo e comunismo em Marx

- "O **socialismo inferior ou ditadura do proletariado** se baseia na coletivização dos meios de produção, necessária para o fim da exploração do homem pelo homem. Após conquistar o poder de Estado, o proletariado volta o aparato de Estado contra a antiga classe dominante, isto é, a burguesia. Esse período é apenas transitório.
- O **socialismo superior ou comunismo** se caracteriza pela extinção do Estado, na medida em que este, instrumento a serviço da classe dominante, não tem mais razão de ser, devido ao desaparecimento das classes sociais. A economia atinge a era da abundância, quando cada um consumirá em função não de seu trabalho, mas de suas necessidades" (DROUIN, 1998, p. 93).

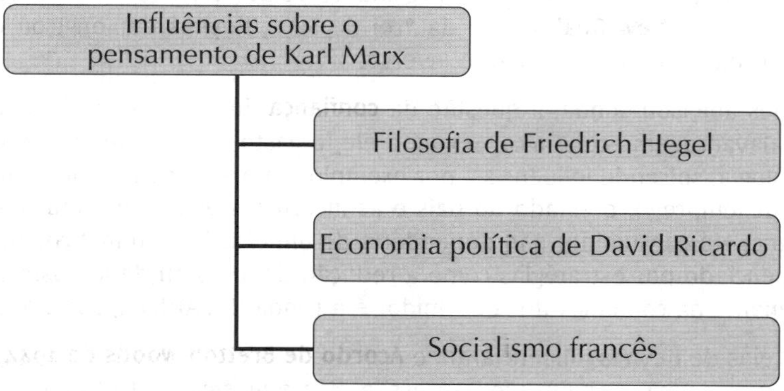

1.6. Léon Walras (1834-1910)

Membro da chamada Escola Neoclássica, busca compreender a economia através de uma modelagem **matemática**. Por outro lado, deixa de associar o valor de um bem ao trabalho necessário à sua produção (como faziam os clássicos) e passa a adotar o **valor-utilidade**, considerando a utilidade do bem junto ao consumidor. Sua principal obra é "Elementos de economia política pura", na qual discute os resultados da livre competição a partir da análise do equilíbrio econômico geral (oferta = demanda). Assim, através de equações algébricas, Walras teria comprovado as vantagens do livre-comércio ao transformar o liberalismo de Adam Smith em fórmulas matemáticas. Contudo, o próprio Walras entendia sua principal ideia – do equilíbrio geral – como uma meta a ser alcançada e não propriamente como um reflexo da realidade.

Nessa perspectiva, o autor reconhece que a concorrência pura e perfeita é apenas uma ferramenta de análise econômica, mas, mesmo assim, sugere cinco características para a existência de um mercado de concorrência perfeita: 1) a atomicidade da oferta e da demanda; 2) a homogeneidade dos produtos; 3) o livre ingresso na indústria; 4) a transparência do mercado; e 5) a fluidez do mercado ou mobilidade dos fatores de produção (DROIN, 1998, p. 103-106).

1.7. John Maynard Keynes (1883-1946)

Crítico do *laissez-faire* e defensor do **intervencionismo estatal**, sobretudo no aspecto macroeconômico, tem como principal obra "A teoria geral do emprego, do juro e do dinheiro" (1936), na qual Keynes consolidava sua proposta, já defendida em jornais e conferências, segundo a qual a saída para a depressão deveria ser através de **gastos públicos**, já que a esfera privada não contava com recursos para investir após a crise de 1929. Assim, segundo o autor, o dinheiro público deveria ser investido em projetos e obras públicas, mesmo que isso representasse desequilíbrio nas contas públicas ("socialização do investimento"). Por isso é considerado um dos fundadores do **Estado-providência**. Suas ideias foram colocadas em prática por Franklin Roosevelt, presidente estadunidense, naquilo que ficou conhecido como **New Deal**. Crítico da "Lei de Say", Keynes demonstrou que é a demanda que cria a oferta e não o inverso.

Keynes analisou, ainda, a questão da **confiança** do consumidor, fator decisivo para a alavancagem econômica. Segundo ele, o gasto do consumidor dependeria da psicologia, sofrendo influências, por exemplo, da preocupação com a manutenção do desemprego, o estado do país e as incertezas quanto ao futuro. Ou seja, a confiança do consumidor não dependeria de um cálculo matemático. Apesar de ser influenciado por estratégias como a redução de juros ou de impostos, o fator determinante na confiança do consumidor é a renda (STRATHERN, 2003, p. 175).

As ideias de Keynes influenciaram o **Acordo de Bretton Woods de 1944**, servindo para evitar uma nova Grande Depressão. Nesse mesmo contexto foram criados o Banco Mundial e o Fundo Monetário Internacional (FMI).

> **Como esse assunto foi cobrado em concurso?**
>
> No Concurso do CESPE para Economista da DPU em 2016, foi considerado ERRADO o seguinte enunciado: "Keynes defendeu a política econômica de aumento dos salários como forma de estimular a demanda agregada e, com isso, a criação de empregos".

1.8. Joseph Aloïs Schumpeter (1883-1950)

Influenciado pela economia de Karl Marx e pela sociologia de Max Weber, suas principais obras são "Teoria do desenvolvimento econômico" (1911), "Ciclos de negócios" (1939) e "Capitalismo, socialismo e democracia" (1942). Em seus trabalhos, por um lado Schumpeter destaca o papel do **empresário empreendedor** e, por outro, aprofunda-se na análise dos **ciclos econômicos**. Assim, reconhece no empreendedor o papel de motor das mudanças econômicas, o que se dá a partir de sua ação ao assumir riscos no aprimoramento das formas de produção, qual seja, na **inovação**. Com isso, rompe o equilíbrio econômico "com a introdução de uma nova dinâmica, que vem perturbar o conjunto dos elementos do sistema econômico" (DROIN, 1998, p. 144).

Por outro lado, Schumpeter utiliza-se de estudos anteriores para demonstrar o caráter cíclico do crescimento econômico. Assim, evoca o ciclo longo de Kondratieff, o ciclo intermediário de Juglar e o ciclo curto de Kitchin para evidenciar as fases de expansão e recessão econômicas.

1.9. Milton Friedman (1912-2006)

É considerado um dos economistas mais influentes do século XX, tendo atuado como conselheiro dos presidentes estadunidenses Nixon e Reagan. **Liberal** e defensor das **forças espontâneas do mercado**, tem como principais obras "Capitalismo e liberdade" (1962) e "Liberdade para escolher" (1980). Contrário às políticas de inspiração keynesiana, portanto, contrário ao uso de políticas econômicas para a regulação conjuntural, vê a inflação como um fenômeno sempre monetário, de forma que um banco central deva vincular a criação monetária ao aumento do volume da produção nacional. "Por outro lado, aponta a existência de um desemprego natural, que não pode ser reduzido pelas políticas públicas de alavancagem conjuntural, cuja única consequência seria o amento da inflação" (DROUIN, 1998, p. 152).

Ainda hoje exerce grande influência sobre o pensamento liberal na medida em que defende o **fim do controle governamental sobre diversos setores**, tais como salários, rendas e preços. Da mesma forma, é contrário à atuação estatal sobre normas sobre o salário mínimo e a educação pública e a favor da **privatização de monopólios estatais**.

2. DIREITO ECONÔMICO

A palavra "economia" tem origem na expressão grega *oikonomos*, que pode ser traduzida como "aquele que administra um lar". Ou seja, relaciona-se à ideia de **gerenciamento de recursos**. Assim, considerando-se a escassez dos recursos econômicos, pode-se entender a ciência econômica como a disciplina das **demandas humanas (ilimitadas)** em relação aos **recursos naturais (limitados)**, ou simplesmente, o estudo de como a sociedade administra seus recursos escassos (MANKIW, 2013, p. 3-4).

Ainda no século XIX o capitalismo passou por um significativo movimento de concentração, surgindo, assim, o **poder econômico privado** que, ao rivalizar com o poder estatal, tornou necessário o surgimento de um novo ramo, direcionado a reger o novo fato econômico e redefinir os rumos do Direito no século seguinte.

> **Importante**
> "Os velhos instrumentos adotados pelo Direito, forjados na estrutura racionalista do pensamento iluminista, se mostravam **insuficientes e inadequados para enfrentar os problemas postos pela revolução industrial** geradora de profunda crise social. Os instrumentos jurídicos gerados pela crença numa ordem racional eterna, arraigada na ordem racional humana perene, não se mostravam adequados para a solução de problemas decorrentes da materialidade da ordem econômica". (FONSECA, 2014, p. 6)

As origens do Direito Econômico se encontram em um Congresso realizado em Jena (Alemanha) em 1912, onde foi aprovado o Manifesto por um Direito Moderno ou por um novo Direito, no qual era proposta a revisão do método de análise e de aplicação do Direito, à luz das recentes modificações ocorridas na sociedade alemã, ideias que norteariam a elaboração da Constituição alemã em cujo texto encontra-se um capítulo sobre a vida econômica, regulando o papel do Estado no sistema econômico (NUSDEO, 2015, p. 335).

No mesmo sentido, Fábio Konder Comparato destaca que o Direito Econômico teria nascido com a I Guerra Mundial, a partir do que **não é mais indiferente ao Estado a "evolução das atividades econômicas ou as decisões dos agentes da economia privada"**, resultando em uma **regulamentação** abundante, estrita e minuciosa das atividades econômicas, responsável por transformar em pouco tempo o panorama clássico do direito patrimonial, "abolindo princípios, deformando institutos e confundindo fronteiras". Surgia, assim, não apenas um direito de caráter transitório, mas sim um "direito da economia ou direito econômico, corolário indispensável da constituição do estado pós-liberal". Em suma, o Estado deixava de ser mero árbitro do jogo econômico e passava a ser o responsável por reimpulsionar a máquina econômica, o que, mais tarde, no Ocidente, se transformaria em objetivo fundamental do Estado (2012, p. 38-39).

Ou seja, "o Direito Econômico surge como uma **reação**, uma necessidade social, do Estado, por meio da Lei, de **controlar** os efeitos da atuação de agentes econômicos no mercado, bem como controlar a própria Economia e suas leis naturais" (BAGNOLI, 2013, p. 1).

Quanto ao objeto, segundo Fábio Nusdeo, o Direito Econômico comporta tanto uma Parte Geral quanto uma Parte Especial. A primeira delas "abriga todas as normas aplicáveis ao sistema econômico no seu todo, como as leis *antitrust*, as de proteção ao consumo, as de tutela ecológica e as regras gerais destinadas à organização e funcionamento das agências reguladoras", bem como normas de política econômica integradas nos ramos tradicionais do Direito. Já a Parte Especial "abrange a regulação dita vertical, ou seja, voltada à normatização de setores específicos da economia, como o direito das águas, das telecomunicações, do petróleo, da energia e outros que tais" (2015, p. 335).

Em suma, o Direito Econômico pode ser definido como "disciplina autônoma do Direito, interdisciplinar jurídica e econômica, que se ocupa do tratamento jurídico da **política econômica do Estado e da relação entre os indivíduos e os agentes de mercado**, para alcançar o bem-estar social e, consequentemente, promover o desenvolvimento socioeconômico, a partir da utilização do princípio da economicidade, traduzindo o conceito de eficiência em justiça" (BAGNOLI, 2013. p. 23).

> ▸ **Importante**
>
> "A relação entre o Estado e a economia é dialética, dinâmica e mutável, sempre variando segundo as contingências políticas, ideológicas e econômicas. Inegável, assim, uma relação de mútua ingerência e limitação: **o Direito tem possibilidades, ainda que não infinitas, de limitar e de direcionar as atividades econômicas; e essas influenciam as normas jurídicas não apenas na sua edição, como na sua aplicação, moldando-as, também limitadamente, à lógica da economia"**. (ARAGÃO, 2012, p. 202)

No Brasil, a competência legislativa em matéria de Direito Econômico, é estabelecida nos artigos 22 e 24 da Constituição da República de 1988 (CRFB). Assim, inicialmente, há que se destacar a **competência concorrente entre União, Estados e Distrito Federal**, com base na qual, observando-se o princípio da subsidiariedade, a União cria normas gerais, não exaustivas, não excluindo a competência suplementar dos Estados.

> ▸ **Como esse assunto foi cobrado em concurso?**
>
> No Concurso da FUNDATEC para Procurador do Estado do Rio Grande do Sul em 2021, foi considerado CERTO o seguinte enunciado: "Quanto à competência para legislar em matéria de Direito Econômico, as normas gerais que a União editar irão ofertar balizamentos para a política econômica a ser adotada por ela, pelos Estados, pelo Distrito Federal e pelos Municípios".

> ▸ **Como esse assunto foi cobrado em concurso?**
>
> No Concurso da FUNDATEC para Procurador do Estado do Rio Grande do Sul em 2021, foi considerado ERRADO o seguinte enunciado: "As normas gerais editadas pela União em matéria de Direito Econômico podem impor a todos os entes da Federação o dever de desregulamentar a economia e alienar os respectivos ativos".

Nesse sentido, o art. 24, da CRFB/88, estabelece que: "Compete à União, aos Estados e ao Distrito Federal, legislar concorrentemente sobre: I. direito tributário, financeiro, penitenciário, **econômico** e urbanístico".

Observe-se que a competência estipulada no art. 24 não exclui a competência do Município para legislar em **assuntos de interesse local**, conforme art. 30, I, da CRFB. Com base nesse dispositivo, o STF tem entendimento sumulado no sentido de que "É competente o município para fixar o horário de funcionamento de estabelecimento comercial" (STF, Súmula Vinculante 38).

> **Qual o entendimento do STF sobre o tema?**
>
> "Comercialização de produtos em recipientes reutilizáveis e competência. [...] **Não havendo norma geral da União regulando a matéria, os estados-membros estão autorizados a legislar supletivamente no caso**, como fizeram os Estados do Espírito Santo e do Rio de Janeiro, até que sobrevenha disposição geral por parte da União" (ADI 2818, Rel. Min. Dias Toffoli, j. 09.05.2013, Info 705).

> **Qual o entendimento do STF sobre o tema?**
>
> **Instituição bancária. Atendimento ao público. Fila. Tempo de espera. Lei municipal. Norma de interesse local. Legitimidade. [...] Matéria de interesse local e de proteção ao consumidor. Competência legislativa do Município** (RE 432.789/SC, Rel. Min. Eros Grau, publ. 07.10.2005).

> **Qual o entendimento do STF sobre o tema?**
>
> **Horário de funcionamento bancário**. Matéria que, por sua abrangência transcende ao peculiar interesse do Município. **Competência exclusiva da União** para legislar sobre o assunto (RE 118.363/PR, Rel. Min. Celio Borja, publ. 14.12.1990)

Todavia, há que se ter uma atenção especial ao fato de que temas importantes para o Direito Econômico foram previstos no art. 22 da CRFB como sendo de competência privativa da União, como a política de crédito, câmbio, seguros e transferência de valores (inciso I); comércio exterior e interestadual (inciso II); diretrizes da política nacional de transportes (inciso IX); sistemas de poupança, captação e garantia da poupança popular (inciso XIX). Há, ainda, entendimento do STF, segundo o qual a competência para legislar sobre Direito Monetário é privativa da União (STF, RE 506.537/RN).

> **Qual o entendimento do STF sobre o assunto?**
>
> "É inconstitucional a lei estadual que disciplina, no âmbito do ente federado, aspectos das relações entre seguradoras e segurados". (ADI 6132/GO, rel. Min Rosa Weber, j. 26.11.2021, Info 1039)

> **Qual o entendimento do STF sobre o assunto?**
>
> "É inconstitucional lei estadual que impõe aos prestadores privados de serviços de ensino a obrigação de estender o benefício de novas promoções aos clientes preexistentes." (ADI 6614/RJ, relatora Min. Rosa Weber, redator do acórdão Min. Roberto Barroso, j. 12.11.2021, Info 1037)

> **▸ Qual o entendimento do STF sobre o assunto?**
> "Compete à União definir regras de suspensão e interrupção do fornecimento dos serviços de energia elétrica. ADI 5798/TO, rel. Min. Rosa Weber, j. 3.11.2021, Info 1036).

> **▸ Qual o entendimento do STF sobre o assunto?**
> "É formalmente inconstitucional portaria do Departamento Estadual de Trânsito (Detran) que dispõe sobre condições para o exercício de atividade profissional. Compete privativamente à União legislar sobre o tema, nos termos do art. 22, XVI, da Constituição Federal. (ADI 6754/TO, rel. Min. Edson Fachin, j. 25.6.2021, Info 1023).

> **▸ Qual o entendimento do STF sobre o assunto?**
> "É constitucional lei estadual que obriga as empresas prestadoras de serviços de internet móvel e banda larga na modalidade pós-paga a apresentarem, na fatura mensal, gráficos sobre o registro médio diário de entrega da velocidade de recebimento e envio de dados pela rede mundial de computadores". (ADI 6893/ES, rel. Min. Cármen Lúcia, j. 8.10.2021, Info 1033)

> **▸ Como esse assunto foi cobrado em concurso?**
> No Concurso do MPE-RS para Agente Administrativo em 2016, foi considerado ERRADO o seguinte enunciado: "Compete **privativamente** à União legislar sobre direito tributário, financeiro, penitenciário, econômico e urbanístico".

> **▸ Como esse assunto foi cobrado em concurso?**
> No Concurso para Procurador da República em 2015, foi considerado ERRADO o seguinte enunciado: "É **inconstitucional** lei estadual que fixa o tempo máximo de espera na fila do banco".

O Direito Econômico, caracterizado pela presença tanto de **normas de direção** (conteúdo imperativo, determinante e coercitivo) quanto de **indução** (meios de o Estado estimular o agente privado a aderir a determinada política econômica), destina-se tanto aos agentes econômicos privados quanto ao Poder Público.

Não existe no Brasil uma codificação do Direito Econômico, o que se dá, sobretudo, em razão da adaptabilidade que se exige dessa disciplina, cuja dinâmica deve ser capaz de manter-se atual frente à mutabilidade do fenômeno econômico, o que não se coaduna com a existência de um código no modelo oitocentista. A doutrina destaca a existência de um Código de Econômico na antiga Tchecoslováquia, instituído em 1964.

Da mesma forma, segundo Vicente Bagnoli, não se pode enquadrar o Direito Econômico na tradicional e desatualizada dicotomia Direito Público x Direito

Privado, pois, "ao mesmo tempo em que é Público, já que a política econômica definida pelo Estado interessa à coletividade, também é Privado, dada a relevância da iniciativa privada na realidade econômica do Estado" (2013, p. 35).

Assim, apesar de ter como sua principal fonte a Constituição Federal, o Direito Econômico repercute e é influenciado por inúmeras leis extravagantes, além de atos normativos secundários espalhados por todo o ordenamento jurídico nacional e internacional, tais como a Lei 12.529/11, que cuida do Sistema Brasileiro de Defesa da Concorrência; a Lei 4.595 que, em 1964, regulou o Sistema Financeiro Nacional, estando ainda em vigor; e a recente Lei 13.303 que, a partir de julho de 2016, passou a disciplinar o regime jurídico das empresas estatais.

Além disso, assim como os demais ramos do Direito, o Direito Econômico sofreu influências do chamado pós-positivismo, de forma que, não obstante a importância histórica dos princípios para a disciplina, atualmente, numa perspectiva neoconstitucionalista, gozam de relevância normativa e interpretativa ainda maior, destacando-se, dentre outros, os seguintes princípios:

- Princípio da justiça social;
- Princípio da soberania nacional;
- Princípio da dignidade da pessoa humana;
- Princípio da intervenção estatal;
- Princípio da subsidiariedade;
- Princípio da segurança jurídica e econômica;
- Princípio da supremacia do interesse público;
- Princípio da vinculação da política econômica;
- Princípio da moralidade;
- Princípio da economicidade;
- Princípio da transparência ou publicidade;
- Princípio do risco da atividade econômica;
- Princípio da lucratividade;
- Princípio da razoabilidade e da proporcionalidade.

3. TIPOLOGIA DOS SISTEMAS ECONÔMICOS

A expressão "sistema econômico" apresenta, segundo a doutrina tradicional, duas distintas acepções. Segundo a primeira, significa, simplesmente, "o conjunto das atividades econômicas de uma dada comunidade, como um país ou uma região". Por outro lado, em um sentido mais técnico, "sistema econômico" significa "um particular conjunto orgânico de instituições, através do qual a sociedade irá enfrentar ou equacionar o seu problema econômico", ou seja, é o "conjunto de instituições destinado a permitir a qualquer grupo humano administrar seus recursos escassos com um mínimo de proficiência, evitando o quanto possível, o seu desperdício ou malbaratamento". (NUSDEO, 2015, p. 82)

Sistemas Econômicos (NUSDEO, 2015, p. 84-100)	
Sistema de Tradição	Padrões imemorialmente estabelecidos e repetidos; O que produzir? Itens necessários à reprodução dos padrões anteriores; Como produzir? Conforme critérios anteriores, cada um ocupando seu *status* no processo; Para quem produzir? Cada um fará jus a uma parte da produção conforme a posição ocupada na sociedade; Pressuposto psicológico-comportamental: adesão a um conjunto de valores de índole mágico-religiosa;
Sistema de Tradição	Controle: repúdio natural da sociedade; Aceno Histórico: desde as origens da vida humana até a Idade Moderna.
Sistema de Autoridade	Justaposição dos planos decisórios político e econômico. Apropriação coletiva dos meios de produção; O que produzir? Decisão a ser tomada pelo órgão gestor da economia que determinará as metas de produção (sistema de planejamento ou planificado); Como produzir? Também dependerá do planejamento; Para quem produzir? Hierarquia salarial e níveis de remuneração definidos pelo Estado que também fixa os preços, determinando o perfil distributivo da sociedade; Pressuposto psicológico-comportamental: crença na capacidade de execução dos órgãos centrais de direção da economia (descrença no sistema da autonomia); Controle: exercido pela hierarquia político-administrativa; Aceno Histórico: de forma bastante variada, o sistema foi adotado em contextos de rígida planificação da economia como nas ditaduras da América Latina e nos países inspirados pela Revolução russa de 1917.
Sistema de Autonomia	Separação total entre os planos decisórios político (Estado) e econômico (particulares); O que produzir? Decisão dependente das preferências dos consumidores (sistema de autonomia ou descentralizado); Como produzir? Conforme o mecanismo de atendimento às necessidades dos consumidores; Para quem produzir? Regras determinadas pelo mercado; Pressuposto psicológico-comportamental: crença na capacidade coordenadora do mercado e o princípio hedonista; Controle: impessoal e automático, vinculado à eficiência do agente econômico; Aceno Histórico: resultado de eventos históricos de cunho liberal como a Revolução Francesa, a Revolução Industrial e a Independência dos EUA.

4. SISTEMAS ECONÔMICOS

▸ **Importante**

"[...] sistemas ou modelos econômicos são, especificamente, a **forma pela qual o Estado organiza suas relações sociais de produção,** na qual estrutura sua política, isto é, a forma adotada pelo Estado no que se refere à propriedade dos fatores de produção e distribuição do produto do trabalho. Alternativamente, é o **conjunto de princípios e técnicas com os quais os problemas de economia são endereçados**, tais como o problema da escassez com a alocação de recursos produtivos limitados. É composto por pessoas, instituições e a sua relação com os recursos produtivos, como seja a convenção de propriedade" (FIGUEIREDO, 2016, p. 40).

4.1. Capitalismo

O capitalismo tem como principal fator distintivo a chamada "**economia de mercado**", caracterizada por uma ampla **liberdade: de iniciativa, de concorrência e de contratação de mão de obra** (trabalho assalariado). Ao lado de toda essa liberdade, o sistema capitalista tem como corolário a propriedade privada dos bens e fatores de produção, destinados à obtenção de lucros. Assim, em regra, **compete ao mercado decidir sobre o que produzir**, quando e a que custo (oferta, investimentos, distribuição, demanda e preço).

Ao privilegiar o caráter privado dos meios de produção e delegar ao mercado as principais decisões de caráter econômico, o capitalismo reflete o **individualismo liberal**. Foi a opção adotada pelo constituinte originário de 1988.

4.2. Socialismo

O socialismo, que surgiu como um contraponto ao capitalismo, pauta-se pela existência de uma **autoridade centralizadora**, a quem compete **unificar a economia**. Os meios de produção e os recursos econômicos são controlados pela classe trabalhadora e a remuneração do trabalho dá-se mediante a repartição do produto econômico pelo governo central. Dessa forma, o **direito de propriedade é limitado ou suprimido** em benefício do bem comum, na medida em que a propriedade é pública ou coletiva.

Pauta-se, ainda, por uma gestão política que visa ao fim das desigualdades, configurando-se como um sistema social, político e econômico.

5. LIBERALISMO E INTERVENCIONISMO

A análise do liberalismo e do intervencionismo busca compreender a forma pela qual o Estado participa das atividades econômicas em seu território.

"Desde os fins do século XVII começam a surgir na Europa ocidental correntes de pensamento, a princípio tênues, voltadas não apenas a enaltecer o ideal de liberdade e, consequentemente, a contestar o poder absoluto dos monarcas, mas empenhadas igualmente em discutir a ideia de liberdade, procurando dar-lhe contornos e condições de operacionalidade, ou seja, ensaiando formas e meios pelos quais fosse possível organizar uma sociedade, apta a pautar o seu funcionamento segundo os ditames e exigências da liberdade" (NUSDEO, 2005, p. 127).

Essas correntes ganhariam força com a **Revolução Gloriosa** na Inglaterra e com o **Iluminismo**, consolidando-se com **Revolução Francesa** (1789) que, ao derrubar o Antigo Regime, consuma o Liberalismo como uma teoria política que consagra a propriedade privada como direito natural dos indivíduos, desfazendo a imagem do Rei como marido da terra, senhor dos bens e das riquezas do reino, decidindo segundo sua vontade e seu capricho quanto a impostos, tributos e taxas. Assim, a propriedade ou é individual e privada, ou é estatal e pública, mas jamais patrimônio pessoal do monarca (CHAUÍ, 2006, p. 376).

Dessa forma, surgido com o objetivo de **livrar o indivíduo da usurpação e dos abusos do poder estatal na condução da atividade econômica**, o liberalismo é pautado pela **livre-iniciativa**, compreendida como o direito de os indivíduos exercerem atividades econômicas sem quaisquer restrições ou condicionamentos descabidos por parte do Estado, o que alcança, também, a ideia de liberdade contratual, cabendo ao Estado a função de zelar pelo fiel cumprimento dos contratos.

Da mesma forma, o Estado liberal se assenta na **liberdade de mercado**, "na qual o sistema econômico fica sujeito à auto-organização (**autorregulação**) da economia, não sofrendo qualquer influência ou interferência estatal (sistema econômico autônomo - descentralização das decisões econômicas), uma vez que ao Governo Central compete tão somente a manutenção da ordem interna e a defesa externa das fronteiras" (FIGUEIREDO, 2016, p. 44).

No plano econômico, o liberalismo é resultado do pensamento de **Adam Smith**, cujos reflexos na ordem jurídica são sentidos através, sobretudo, do **absenteísmo estatal** evidenciado no respeito à **autonomia da vontade**, à **liberdade contratual**, e no **caráter absoluto da propriedade e da liberdade**.

Dessa forma, é possível afirmar que no liberalismo não há o ideal de distribuição de riquezas, não havendo, portanto, preocupação com a justiça social. Tem-se, na verdade, como ideal a harmonia social ou pacificação social, conceitos que no Estado liberal são compreendidos como a ausência de conflitos, a ser garantida pelo monopólio do poder e da violência pelo Estado.

Os **abusos** perpetrados pelo liberalismo despertaram o Estado para a necessidade de intervir na economia de forma a proteger o indivíduo e a sociedade, seja desempenhando diretamente o papel de agente econômico, seja estabelecendo **limites** à atuação dos agentes privados, fazendo surgir, segundo Leonardo Vizeu Figueiredo, três diferentes modelos de Estado intervencionista:

a) Estado intervencionista econômico

"Nesta forma de participação estatal na economia, o Estado atua com o fito de se garantir o exercício racional das liberdades individuais. A política intervencionista não visa ferir os postulados liberais, mas, tão somente, fazer com que o Estado coíba o exercício abusivo e pernicioso do liberalismo" (FIGUEIREDO, 2016, p. 46).

Esse modelo, influenciado pelo pensamento de **John Maynard Keynes** teve seu ápice no *New Deal*, implantado nos EUA por Franklin Delano Roosevelt após a **crise de 1929**, resultando em um conjunto de medidas intervencionistas com o objetivo de recuperar a economia estadunidense, dentre as quais se destaca a criação de agências que, décadas mais tarde, influenciariam a criação das agências reguladoras no Brasil.

No plano jurídico, esse modelo caracteriza-se pela **defesa do mercado e da concorrência**, sem apresentar maiores preocupações na seara social. "Prima-se, portanto, em políticas públicas de crescimento econômico e ampliação da geração de trabalho produtivo, a saber, busca do pleno emprego, assegurando-se renda mínima substanciosa, para que o indivíduo, *per se* pague por todos os bens que necessita" (FIGUEIREDO, 2016, p. 47).

b) Estado intervencionista social (*welfare state*)

Esse modelo, ao contrário do anterior, tem como objetivo garantir a efetivação de políticas públicas de **caráter assistencialista** na sociedade, de forma a prover os hipossuficientes em suas necessidades básicas. Cuida-se de uma nova forma de intervenção, tendo como fundamento a preocupação estatal com a **coletividade** em detrimento daqueles interesses de cunho eminentemente individualistas.

> **Importante**
>
> "[...] o Estado de bem-estar social, também denominado Estado Providência ou de *'Welfare State'*, é aquele que provê uma série de direitos sociais aos cidadãos de modo a mitigar os efeitos naturalmente excludentes da economia capitalista sobre as classes sociais mais desfavorecidas. Sua implantação tem início na primeira metade do século XX, a partir do final da década de 1910 e início na década de 1920. Manifesta-se inicialmente na Constituição do México de 1917 e na Constituição da Alemanha (Carta de Weimar), destacando-se pela garantia dos direitos sociais e pelo intervencionismo na economia" (FIGUEIREDO, 2016, p. 48)

No contexto de Estado de bem-estar social é possível se falar em **mínimo existencial**, competindo ao Estado intervir na Economia e no Direito de forma a garantir **prestações positivas de caráter social, econômico e cultural**, tais como relacionadas ao direito à saúde, à educação, direitos trabalhistas e previdenciários. Por outro lado, compete a esse modelo de Estado, o desenvolvimento de atividades estratégicas e necessárias ao desenvolvimento social. Assim, o intervencionismo social acaba por gerar grandes custos ao Estado, além de um "agigantamento" da Administração Púbica, gerando ora déficits, ora elevadas cargas tributárias, do que resultam críticas dos liberais.

c) Estado intervencionista socialista

Esse modelo representa a **forma intervencionista máxima** do Estado, adotando-se uma **economia planificada**, caracterizada pela supremacia do Estado na administração da organização econômica, pela **propriedade pública e coletiva dos meios de produção** e pela distribuição de bens, de forma a garantir a igualdade de oportunidades e meios para todos os indivíduos. Nesse contexto, a liberdade de mercado e a livre concorrência são substituídas pelo planejamento econômico estatal (FIGUEIREDO, 2016, p. 49).

Funda-se na teoria proposta por Lênin, e introduzida, principalmente, mas não apenas, na extinta **União das Repúblicas Socialistas Soviéticas**.

Observe-se que é impossível se falar em liberalismo ou intervencionismo puros, de forma que são encontrados diferentes modelos nos mais variados contextos históricos e geográficos, a depender da preponderância de uma ou outra tendência política. No Brasil, por exemplo, a atuação do Estado, seja por meio do condicionamento da atividade econômica, seja por meio da exploração direta de determinadas atividades econômicas, não anula a forma econômica capitalista prevista na CRFB. Por outro lado, a tendência de pensamento político dominante no Poder Executivo e no Congresso Nacional, direciona as políticas públicas, ora para um maior intervencionismo (social), ora para perspectivas mais liberais.

> **Importante**
>
> "O Estado, ao dirigir ou promover a atividade econômica tem finalidades diferentes daquelas objetivadas pela ação efetivada pelo indivíduo. Este procura sempre obter o maior lucro possível, consistente em reunir a maior quantidade possível de bens, para alcançar o seu bem-estar pessoal. O Estado deve colocar em primeiro plano a **vantagem coletiva**, condição e ambiente para a prossecução do bem-estar individual". (FONSECA, 2014, p. 24)

> **Como esse assunto foi cobrado em concurso?**
>
> No Concurso do CESPE para Juiz Federal da 2ª Região em 2011, foi considerado ERRADO o seguinte enunciado: "O conceito de Estado intervencionista econômico surgiu como reação contrária aos postulados do Estado liberal, com o fito de garantir o exercício racional das liberdades individuais, afastando a doutrina liberalista **por completo no âmbito econômico** para materializar os princípios da defesa do mercado e da concorrência".

> **Como esse assunto foi cobrado em concurso?**
>
> No Concurso do CESPE para Juiz Federal da 5ª Região em 2011, esse tema foi abordado da seguinte forma: "No que se refere a liberalismo e intervencionismo, assinale a opção correta: a) A atuação do Estado, seja por meio do condicionamento da atividade econômica, seja por meio da exploração direta de determinada atividade econômica, anula, **por inteiro**, a forma econômica capitalista prevista na CF; b) O intervencionismo valoriza **o indivíduo** como agente econômico e ente responsável pela condução das regras de mercado; c) Com o liberalismo, buscou-se atingir a **justiça social** por meio da imposição de regras estatais na condução da atividade econômica, sem se considerar o lucro; d) O objetivo do liberalismo foi o de livrar o indivíduo da usurpação e dos abusos do poder estatal na condução da atividade econômica; e) O intervencionismo visava proteger o Estado dos abusos advindos do liberalismo, como foi o caso da **concorrência desleal entre os indivíduos e o Estado**". Segundo o gabarito oficial, foi considerada CORRETA a alternativa "d".

> **▸ Como esse assunto foi cobrado em concurso?**
>
> No Concurso do CESPE para Juiz Federal da 5ª Região em 2011, foi considerado CERTO o seguinte enunciado: "A mudança dos paradigmas liberais na atividade econômica, com a inclusão da obrigatória observância de princípios como o da dignidade da pessoa humana, deveu-se à atuação do próprio Estado, que passou a intervir no mercado em busca do bem coletivo".

> **▸ Como esse assunto foi cobrado em concurso?**
>
> No Concurso do CESPE para Juiz Federal da 5ª Região em 2011, foi considerado ERRADO o seguinte enunciado: "Na CF, a ordem jurídico-econômica estabelece limites ao exercício da atividade econômica e define, **de maneira exclusiva**, a estrutura do sistema econômico a ser adotado pelo Estado brasileiro".

6. MODALIDADES DE INTERVENÇÃO

Eros Roberto Grau, em seu clássico livro **"A ordem econômica na Constituição de 1988"**, traçou de forma extremamente didática, as formas pelas quais ocorre a intervenção do Estado no domínio econômico (2007, p. 148-149).

Assim, tendo como pressuposto que "intervenção" se refere à atuação estatal no campo da atividade econômica em sentido estrito ("domínio econômico"), o autor apresenta quatro modalidades de intervenção:

a) **Intervenção por absorção e intervenção por participação** → nesses casos, o Estado intervém **NO** domínio econômico, desenvolvendo ação, na condição de **agente econômico**. Pode ser dar por absorção, "quando o Estado assume **integralmente** o controle dos meios de produção e/ou troca em determinado setor da atividade econômica em sentido estrito", atuando em regime de **monopólio**; ou ainda, por **participação**, quando o Estado "assume o controle de parcela dos meios de produção e/ou troca em determinado setor da atividade econômica em sentido estrito", atuando em competição com empresas privadas que permanecem a exercitar suas atividades nesse mesmo setor (GRAU, 2007, p. 148).

Além dessa hipótese de intervenção por absorção ou participação, nas quais o Estado atua como agente econômico NO domínio econômico, Eros Grau destaca outras situações em que sua atuação se dará **SOBRE o domínio econômico**, na condição de **Estado regulador**:

b) **Intervenção por direção** → "o Estado exerce pressão sobre a economia, estabelecendo mecanismos e normas de comportamento **compulsório** para os sujeitos da atividade econômica em sentido estrito" (GRAU, 2007, p. 148);

c) **Intervenção por indução** → "o Estado manipula os instrumentos de intervenção em consonância e na conformidade das leis que regem o funcionamento dos mercados" (GRAU, 2007, p. 149).

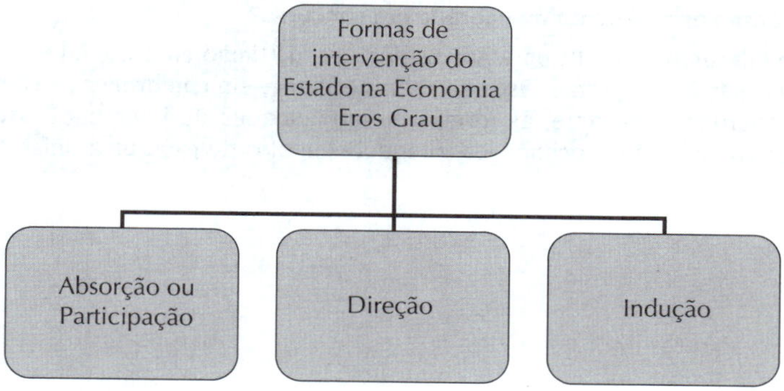

▸ **Qual o entendimento do STF sobre o tema?**

"1. É certo que a ordem econômica na Constituição de 1988 define opção por um sistema no qual joga um **papel primordial na livre iniciativa**. Essa circunstância não legitima, no entanto, a assertiva de que o Estado só intervirá na economia em situações excepcionais. Muito ao contrário. 2. Mais do que simples instrumento de governo, a nossa Constituição enuncia diretrizes, programas e fins a serem realizados pelo Estado e pela sociedade. Postula um plano de ação global normativo para o Estado e para a sociedade, informado pelos preceitos veiculados pelos seus artigos 1º, 3º e 170. 3. A livre iniciativa é expressão de liberdade titulada não apenas pela empresa, mas também pelo trabalho. Por isso a Constituição, ao contemplá-la, cogita também da 'iniciativa do Estado', não a privilegia, portanto, como bem pertinente apenas à empresa. [...]" (ADI 3512/ES, Rel. Min. Eros Grau, publ. 23.06.2006).

▸ **Como esse assunto foi cobrado em concurso?**

No Concurso do CESPE/CEBRASPE para Procurador do Ministério Público de Contas do TC/RO em 2019, esse tema foi cobrado da seguinte forma: Grandes empresas vão manter preços de produtos essenciais e não haverá aumento das tarifas de serviços públicos este ano. *O governo argentino anunciou nesta quarta-feira um pacote de medidas para conter o crescimento da inflação do país e reativar o consumo em meio a uma grave crise. O pilar central está em congelar preços de produtos essenciais e de serviços públicos.*

(Argentina anuncia congelamento de preços para conter a inflação e estimular consumo. In: O Globo, 17/4/2019.)

Nessa situação, o pilar central da política econômica argentina informado na notícia veiculada constitui intervenção: a) direta na ordem econômica, sob a forma de absorção; b) direta na ordem econômica, sob a forma de participação; c) indireta na ordem econômica, sob a forma de direção; d) indireta na ordem econômica, sob a forma de indução; e) indireta na ordem econômica, sob a forma de absorção. Segundo gabarito oficial, foi considerada correta a alternativa "c".

▸ **Como esse assunto foi cobrado em concurso?**

No Concurso do CESPE para Advogado-Geral da União em 2012, foi exigida a seguinte questão **discursiva**: "Especifique, em conformidade com a doutrina dominante, as formas ou modalidades de intervenção do Estado no domínio econômico, citando exemplos de cada uma delas."

Capítulo 2

Ordem jurídico-econômica no Brasil

1. CONSTITUIÇÃO ECONÔMICA E ORDEM JURÍDICO-ECONÔMICA

A ideia de se tratar juridicamente da questão econômica não é algo novo. Assim, é possível encontrar disposições econômicas até mesmo nas Constituições liberais dos **séculos XVIII e XIX**, cujas normas visavam preservar a **liberdade de comércio, de indústria, a liberdade contratual e, fundamentalmente, o direito de propriedade** (BERCOVICI, 2005, p. 32).

Contudo, a partir do final da I Guerra Mundial, as novas Constituições passaram a contar com características específicas que darão relevo ao caráter econômico de suas disposições. Assim, por um lado, além da tradicional declaração de direitos individuais, passam a trazer **direitos sociais ou direitos de prestação**, relacionados à ideia de **igualdade material**. Além disso, nesse contexto histórico é cada vez mais comum se observar uma estruturação mais ou menos sistemática e capítulos próprios ("Da Ordem Econômica") destinados à Constituição Econômica. Surge, assim, o chamado **"constitucionalismo social"**, cujos grandes modelos são as **Constituições do México, de 1917 e da Alemanha (Weimar) de 1919** (BERCOVICI, 2005, p. 33). No Brasil, essas características seriam introduzidas com a Constituição de 1934, por isso é possível reconhecê-la como a primeira "Constituição Econômica" do país.

Contudo, apesar de disposições sobre questões econômicas existirem em textos anteriores, as Constituições pós I Guerra representariam uma significativa mudança de perspectiva já que, ao contrário das anteriores, não pretendem mais receber a estrutura econômica existente, mas sim **alterá-la**. Assim, "elas positivam tarefas e políticas a serem realizadas no domínio econômico e social para atingir certos objetivos". Esse novo modelo de Constituição Econômica almeja uma nova ordem econômica; quer alterar a ordem econômica existente, rejeitando o mito da autorregulação do mercado (BERCOVICI, 2005, p. 33).

Nessa perspectiva, tem-se um modelo de **Constituições programáticas, ou dirigentes** as quais, além de significarem instrumentos de governo, enunciam diretrizes, programas e fins a serem realizados pela sociedade e pelo Estado, postulando a implantação de uma ordem econômica (BAGNOLI, 2013, p. 45).

> **Importante**
>
> "Para a Teoria da **Constituição Dirigente**, a Constituição não é só garantia do existente, mas também um **programa para o futuro**. Ao fornecer linhas de atuação para a política, sem substituí-la, destaca a interdependência entre Estado e sociedade: a Constituição Dirigente é uma Constituição estatal e social. No fundo, a concepção de Constituição Dirigente para Canotilho está ligada à defesa da **mudança da realidade pelo direito**. Seu sentido, seu objetivo é o de dar força e substrato jurídico para a mudança social. A Constituição Dirigente é um **programa de ação para a alteração da sociedade**". (BERCOVICI, 2005, p. 35)

Assim, a doutrina considera **"Constituição econômica formal"** como "a parcela da Constituição que abriga e interpreta o sistema econômico (material), ou seja, que **confere forma ao sistema econômico**". Dessa forma, a Constituição econômica formal brasileira "consubstancia-se na parte da Constituição Federal que contém os direitos que legitimam a atuação dos sujeitos econômicos, o conteúdo e limites desses direitos e a responsabilidade que são inerentes ao exercício da atividade econômica no país" (TAVARES,2006, p. 78).

Deve-se observar, contudo, que a Constituição econômica é parte do todo constitucional, sendo-lhe reservados títulos ou capítulos desta, de forma que não se deve acreditar, como entendem os teóricos da escola ordoliberal, que exista exclusivamente uma Constituição Econômica, isoladamente das demais disposições constitucionais (BAGNOLI, 2013, p. 44).

Nesse contexto, "por Ordem Econômica entende-se o **tratamento jurídico disciplinado pela Constituição para a condução econômica da Nação, limitado e delineado pelas formas estabelecidas na própria Lei Maior para legitimar a intervenção do Estado no domínio privado econômico**" (FIGUEIREDO, 2016, p. 42).

> **Como esse assunto foi cobrado em concurso?**
>
> No Concurso do CESPE para Juiz Federal da 5ª Região em 2011, foi considerado ERRADO o seguinte enunciado: "As normas econômicas dispostas na CF são de natureza essencialmente estatutária, **e não, diretiva**".

> **Como esse assunto foi cobrado em concurso?**
>
> No Concurso do CESPE para Juiz Federal da 5ª Região em 2011, foi considerado ERRADO o seguinte enunciado: "Regime político e ordem econômica **equivalem-se** do ponto de vista conceitual". Na mesma questão também foi considerado ERRADO o seguinte enunciado: "O modelo político adotado pelo Estado brasileiro, conforme previsto na CF, **é imposto pela ordem econômica vigente no mercado**".

> **Como esse assunto foi cobrado em concurso?**
>
> No Concurso do CESPE para Juiz Federal da 2ª Região em 2011, foi considerado ERRADO o seguinte enunciado: "A ordem econômica em sentido estrito é a parcela da ordem de fato, **inerente ao mundo do ser**, ou seja, o tratamento jurídico dispensado para disciplinar as relações jurídicas decorrentes do exercício de atividades econômicas".

2. ORDEM ECONÔMICA NA HISTÓRIA CONSTITUCIONAL BRASILEIRA

A primeira Constituição brasileira, de 1824, tinha inspiração na Constituição francesa de 1814. Pautava-se por um **sistema liberal** que reservava ao Estado um **papel secundário na economia**, cujas intervenções nesta seara se resumiam, quase exclusivamente, à estipulação das tarifas alfandegárias.

Já em 1891, a primeira Constituição republicana continuou a apresentar um caráter nitidamente **liberal**, admitindo-se, contudo, a **intervenção do Estado na economia em prol do interesse coletivo**. Assim, por exemplo, prevê a liberdade de associação, assim como garante o livre exercício de qualquer profissão moral, intelectual e industrial. Apesar de suas **características não intervencionistas**, durante sua vigência, o Estado interviu sistematicamente na economia, durante a I Guerra Mundial. Em 1926 essa Constituição passou por uma revisão que incluiu disposições sobre a ordem econômica.

Com a **Constituição de 1934**, tem-se, no Brasil, pela primeira vez, aquilo que pode ser chamado de **"Constituição Econômica"**. Tem-se, dessa forma, sob a influência da Constituição de Weimar de 1919, "o novo direcionamento ideológico do Estado brasileiro, segundo o qual a justiça, a liberdade, a igualdade e a segurança são tomadas como atributos concretos do homem, cujos objetivos a serem alcançados são a existência digna, o padrão de vida e condições de trabalho" (BAGNOLI, 2013, p. 53).

O art. 115 da Constituição de 1934 previa que "A ordem econômica deve ser organizada conforme os princípios da justiça e as necessidades da vida nacional, de modo que possibilite a todos, existência digna. Dentro desses limites é garantida a liberdade econômica".

Outros avanços importantes no texto constitucional de 1934 foram o reconhecimento dos **direitos trabalhistas**, dos sindicatos e associações profissionais e o **condicionamento do direito de propriedade à sua função social**. Tem-se, em suma, uma **ampla intervenção do Estado na economia**, sobretudo por meio da constituição de monopólios e da perspectiva estatizante, decorrência lógica do contexto de elaboração da constituição, ainda sob os efeitos da crise de 1929.

Em 1937, sob a influência de forte nacionalismo, tem-se um texto constitucional com vários dispositivos dedicados à ordem econômica. A **ditadura** Vargas é marcada por uma forte concentração de poderes no Executivo e **amplo intervencionismo estatal**. Nesse sentido, o art. 135 da Constituição fala expressamente em intervenção estatal: "Na iniciativa individual, no poder de criação, de organização e de invenção do indivíduo, exercido nos limites do bem público, funda-se a riqueza e a prosperidade nacional. A intervenção do Estado no domínio econômico só se legitima para suprir as deficiências da iniciativa individual e coordenar os fatores da produção, de maneira a evitar ou resolver os seus conflitos e introduzir no jogo das competições individuais o pensamento dos interesses da Nação, representados pelo Estado. A intervenção no domínio econômico poderá ser mediata e imediata, revestindo a forma do controle, do estímulo ou da gestão direta" (art. 135 da Constituição de 1937). Esse intervencionismo estatal resulta no fato de que somente os sindicatos reconhecidos pelo Estado poderiam atuar.

A seguir, superada a ditadura Vargas, a Constituição de 1946 restabelece a economia capitalista de mercado da Constituição de 1934. Tem-se um texto constitucional voltado para a **democracia social**, mantendo-se as possibilidades de intervenção do Estado na economia. É garantido o à propriedade, desde que submetido aos interesses sociais.

O art. 145 da Constituição de 1946 estabelece os parâmetros da ordem econômica: "A ordem econômica deve ser organizada conforme os princípios da justiça social, conciliando a liberdade de iniciativa com a valorização do trabalho humano". Já o artigo seguinte estabelece a possibilidade de intervenção da União na economia: "A União poderá, mediante lei especial, intervir no domínio econômico e monopolizar determinada indústria ou atividade. A intervenção terá por base o interesse público e por limite os direitos fundamentais assegurados nesta Constituição".

A Constituição seguinte, de 1967, seguiu o modelo capitalista da anterior. Influenciada pela Encíclica *Mater et Magistra* (1961), na perspectiva econômica merece destaque a centralização na União da competência para o estabelecimento e execução de **planos regionais de desenvolvimento**. O art. 157 trouxe **princípios da ordem econômica**, que seriam repetidos nas constituições seguintes. Assim: "A ordem econômica tem por fim realizar a justiça social, com base nos seguintes princípios: I. liberdade de iniciativa; II. valorização do trabalho como condição da dignidade humana; III. função social da propriedade; IV. harmonia e solidariedade entre os fatores de produção; V. desenvolvimento econômico; VI. repressão ao abuso do poder econômico, caracterizado pelo domínio dos mercados, a eliminação da concorrência e o aumento arbitrário dos lucros".

Também merece destaque o art. 163, segundo o qual "Às empresas privadas compete preferencialmente, com o estímulo e apoio do Estado, organizar e explorar as atividades econômicas. § 1º **Somente para suplementar a iniciativa privada**, o Estado organizará e explorará diretamente atividade econômica".

A EC 1/69, gerada no ápice do regime militar, trouxe consigo uma perspectiva **nacionalista e intervencionista**. Nesse sentido, traçou, para a ordem econômica, o claro objetivo de alcançar o desenvolvimento nacional. Merece destaque o art. 163: "São facultados a intervenção no domínio econômico e o monopólio de determinada indústria ou atividade, mediante lei federal, quando indispensável, por motivo de **segurança nacional** ou para organizar setor que não possa ser desenvolvido com eficácia no regime de competição e de liberdade de iniciativa, assegurados os direitos e garantias individuais".

Por fim, a atual Carta Constitucional (de 1988) representa a **superação do modelo intervencionista de 1969 em favor de um modelo mais liberal**. Por outro lado, as novas características do federalismo brasileiro possibilitaram uma maior descentralização das competências para legislar sobre assuntos de natureza econômica.

A análise do texto constitucional evidencia a clara opção pelo **regime capitalista**, na medida em que se respeita a **propriedade privada dos meios de produção e a livre iniciativa**. Além disso, pela primeira vez, utiliza-se da expressão "ordem econômica e financeira" em substituição a até então utilizada, "ordem econômica e social". Por fim, como se verá adiante, as emendas constitucionais que alteraram o texto de 1988, representaram, claramente, entre nós, a consagração do modelo de **Estado regulador**.

O principal dispositivo de natureza econômica do texto constitucional de 1988 é o artigo 170, que traz os fundamentos, as finalidades e os princípios da ordem econômica, além de seu parágrafo único assegurar a livre iniciativa.

▸ **Importante**

CRFB, Art. 170. A ordem econômica, fundada na **valorização do trabalho humano** e na **livre iniciativa**, tem por fim assegurar a todos **existência digna**, conforme os ditames da **justiça social**, observados os seguintes princípios:

I. soberania nacional;

II. propriedade privada;

III. função social da propriedade;

IV. livre concorrência;

V. defesa do consumidor;

VI. defesa do meio ambiente, inclusive mediante tratamento diferenciado conforme o impacto ambiental dos produtos e serviços e de seus processos de elaboração e prestação;

VII. redução das desigualdades regionais e sociais;

VIII. busca do pleno emprego;

IX. tratamento favorecido para as empresas de pequeno porte constituídas sob as leis brasileiras e que tenham sua sede e administração no país.

Parágrafo único. É assegurado a todos o livre exercício de qualquer atividade econômica, independentemente de autorização de órgãos públicos, salvo nos casos previstos em lei.

> ▸ **Como esse assunto foi cobrado em concurso?**
>
> No Concurso do CESPE para Juiz Federal da 5ª Região em 2011, foi considerado ERRADO o seguinte enunciado: "Regime político e ordem econômica **equivalem-se** do ponto de vista conceitual". Na mesma questão também foi considerado ERRADO o seguinte enunciado: "O modelo político adotado pelo Estado brasileiro, conforme previsto na CF, **é imposto pela ordem econômica vigente no mercado**".

3. FUNDAMENTOS DA ORDEM ECONÔMICA

3.1. Valorização do trabalho humano

O art. 1º da CRFB aponta como princípio fundamental da República Federativa do Brasil, dentre outros, os valores sociais do trabalho e da livre iniciativa. Por outro lado, segundo o caput do art. 170, a valorização do trabalho humano e a livre iniciativa apresentam-se como fundamentos da ordem econômica.

Assim, quis o legislador constituinte originário, evidenciar a **importância do trabalho na garantia da dignidade humana e na concretização dos objetivos da ordem econômica**. Destaca-se, portanto, a importância da atividade produtiva, tanto para a sociedade como um todo, quanto para o trabalhador, individual e coletivamente considerado. Disso resulta a necessidade de se conferir o tratamento adequado aos agentes envolvidos na relação de trabalho, seja através da disciplina jurídica dessa relação, o que se dá, principalmente, com base nos direitos previstos no art. 6º da Constituição, seja por meio da contínua e permanente qualificação do trabalhador através de políticas públicas voltadas à educação e à capacitação para o trabalho.

Deve-se também levar em conta a capacidade transformadora do trabalho, que, desde que exercido em condições dignas e mediante remuneração condizente com a atividade, poderá desenvolver no indivíduo a autonomia e o desenvolvimento enquanto pessoa humana.

Enfim, mesmo tendo o caput do art. 170 da CRFB evidenciado a opção do legislador constituinte pela ordem capitalista, segundo José Afonso da Silva, a ordem econômica prioriza os valores do trabalho humano sobre todos os demais valores da economia de mercado (2009, p. 709). Registre-se, contudo, não haver unanimidade na doutrina quanto à prevalência desse valor sobre os demais.

3.2. Livre-iniciativa

A livre iniciativa é o ponto do art. 170 da CRFB mais cobrado em concursos públicos. Decorre da proibição das corporações de ofício, e configura-se como um **desdobramento da liberdade**. A sua inclusão na ordem econômica demonstra a opção brasileira pela economia de mercado já que a livre-iniciativa significa a **garantia da iniciativa privada**, princípio básico do capitalismo (SILVA, 2009, p. 709).

> **Importante**
>
> "O princípio da liberdade de iniciativa econômica – originariamente postulado no édito de Turgot, de 9 de fevereiro de 1776 – inscreve-se plenamente no decreto d'Allarde, de 2-17 de março de 1791, cujo art. 7º determinava que a partir de 1º de abril daquele ano, seria livre a qualquer pessoa a realização de qualquer negócio ou exercício de qualquer profissão, arte ou ofício que lhe aprouvesse, sendo contudo ela obrigada a se munir previamente de uma 'patente' (imposto direto), a pagar as taxas exigíveis e a se sujeitar aos regulamento de polícia aplicáveis" (GRAU, 2007, p. 200).

> **Como esse assunto foi cobrado em concurso?**
>
> No Concurso do CESPE para Juiz Federal da 3ª Região em 2011, foi considerado CERTO o seguinte enunciado: "A liberdade de comércio e de indústria representa um dos corolários do princípio da livre iniciativa, marco no decreto d'Allarde".

Apesar de configurar-se como uma forma de expressão da liberdade, já que permite aos indivíduos e às empresas escolherem livremente a sua área de atuação, a livre-iniciativa **não pode ser tomada em termos absolutos** já que, em um contexto de **Estado regulador**, compete a este a imposição de requisitos mínimos para o exercício de determinadas atividades, sobretudo com o intuito de proteger a sociedade e, principalmente, o consumidor. Por isso é possível concluir que a "a livre-iniciativa não é tomada, enquanto fundamento da República Federativa do Brasil, como expressão individualista, mas sim no quanto expressa de socialmente valioso" (GRAU, 2007, p. 200).

> **Como esse assunto foi cobrado em concurso?**
>
> No Concurso do CESPE para Juiz Federal Substituto da 5ª Região em 2017, foi considerado ERRADO o seguinte enunciado: "Agente privado poderá instituir empresa que explore pesquisas sobre nanotecnologia, independentemente de autorização de órgãos públicos, desde que atenda às exigências de planificação estatal para o setor".

> **Como esse assunto foi cobrado em concurso?**
>
> No Concurso para Juiz Federal da 4ª Região em 2016, foi considerado ERRADO o seguinte enunciado: "A livre-iniciativa, erigida a condição de fundamento da República Federativa do Brasil, permite que qualquer pessoa exerça livremente qualquer atividade econômica, dependendo, **em qualquer hipótese**, de prévia autorização de órgãos públicos".

> **Como esse assunto foi cobrado em concurso?**
>
> No Concurso para Juiz Federal da 4ª Região em 2016, foi considerado ERRADO o seguinte enunciado: "Consoante o texto constitucional, a ordem econômica se edificará sob o fundamento da livre-iniciativa, de cunho predominantemente capitalista, conferindo a todos o direito de se lançar ao mercado de produção e bens, por sua conta e risco, **não competindo ao Estado brasileiro a regularização e a normalização das atividades econômicas.**"

> **Como esse assunto foi cobrado em concurso?**
>
> No Concurso do CESPE para Juiz do Tribunal de Justiça do Distrito Federal e dos Territórios em 2016, foi considerado ERRADO o seguinte enunciado: "Fundando-se a ordem econômica na valorização do trabalho humano e na livre iniciativa, **é vedada a exigência, por lei**, de autorizações por órgãos públicos, para o exercício de qualquer atividade econômica".

> **Como esse assunto foi cobrado em concurso?**
>
> No Concurso do CESPE para Juiz Federal da 1ª Região em 2015, foi considerado ERRADO o seguinte enunciado: "O Estado, ainda que motivado por interesse público ou social, **não pode intervir sobre a liberdade de iniciativa**".

> **Como esse assunto foi cobrado em concurso?**
>
> No Concurso para Juiz Federal da 5ª Região em 2011, foi considerado ERRADO o seguinte enunciado: "Ao prever, na CF, a livre iniciativa, o legislador buscou proteger a liberdade de desenvolvimento da empresa, com o objetivo de garantir **ao empresário a sua realização pessoal e a obtenção de lucro**".

Interessante discussão chegou aos tribunais superiores acerca dos limites da atuação do Poder Público na decisão de formação de preços de produtos sucroalcooleiros, tendo o Supremo Tribunal Federal entendimento no sentido de que configura ofensa ao princípio da livre iniciativa a ingerência do Estado ao fixar preços em valores abaixo da realidade. Ainda em relação ao setor sucroalcooleiro, o STJ condenou a União a indenizar as usinas do setor que obtiveram prejuízos decorrentes da fixação de preços pelo Instituto do Açúcar e do Álcool em detrimento dos custos de produção devidamente apurados (REsp 1.066.831, Rel. Min. Humberto Martins, publ. 23.11.2011).

> **Qual o entendimento do STF sobre o assunto?**
>
> "A fixação de preços em valores abaixo da realidade é obstáculo ao livre exercício da atividade econômica, com desrespeito à livre iniciativa" (AI 683.098/DF, Rel. Min. Ellen Gracie, publ. 25.06.2010). No mesmo sentido: "A jurisprudência desta Corte é no sentido de que fere o princípio da livre iniciativa a fixação de preços em valores abaixo da realidade". (AI 769.031-DF, Rel. Min. Dias Toffoli, publ. 15.12.2010).

> ▸ **Como esse assunto foi cobrado em concurso?**
>
> No Concurso para Procurador da República em 2013, foi considerado CERTO o seguinte enunciado: "**Viola o princípio da livre iniciativa** e se caracteriza como empecilho ao livre exercício da atividade econômica a fixação pelo Poder Público de preços de produtos sucroalcooleiros em valores abaixo da realidade".

> ▸ **Como esse assunto foi cobrado em concurso?**
>
> No Concurso do CESPE para Juiz Federal da 2ª Região em 2011, foi considerado ERRADO o seguinte enunciado: "A intervenção estatal na economia faz-se com respeito aos princípios da ordem econômica, **não representando** a fixação de preços em valores abaixo da realidade e em desconformidade com a legislação aplicável desrespeito ao princípio da livre iniciativa, mas ao da defesa do consumidor".

> ▸ **Como esse assunto foi cobrado em concurso?**
>
> No Concurso do CESPE para Juiz Federal da 3ª Região em 2011, foi considerado ERRADO o seguinte enunciado: "A livre iniciativa **não tem vínculos** com o princípio da legalidade e significa, em verdade, um limite para a ação pública, em termos de estado de direito". Na mesma questão também foi considerado ERRADO o seguinte enunciado: "A interferência do Estado na decisão de formação de preços deve estar embasada no princípio da livre iniciativa, prescindindo-se de outros princípios de índole social".

4. FINALIDADES OU OBJETIVOS DA ORDEM ECONÔMICA

4.1. Existência digna

A existência digna, finalidade da ordem econômica, mais uma vez relaciona-se com a **dignidade da pessoa humana**, núcleo essencial dos direitos humanos, prevista no art. 1º, III da Constituição da República de 1988. Significa um direcionamento da atividade do Estado no sentido de desenvolver políticas públicas voltadas à erradicação da miséria e à inclusão social.

Na perspectiva econômica, a busca pela existência digna deve pautar tanto o setor público quanto o privado na concretização da **justiça distributiva**, de forma que a todos possam ser asseguradas garantias mínimas de subsistência (mínimo existencial).

Segundo Eros Grau, "a dignidade da pessoa humana comparece, assim, na Constituição de 1988, duplamente: no art. 1º como princípio político constitucionalmente conformador (Canotilho); no art. 170, caput, como princípio constitucional impositivo (Canotilho) ou diretriz (Dworkin) – ou, ainda, direi eu, como norma-objetivo" (2007, p. 197).

Já para José Afonso da Silva, "a declaração de que a ordem econômica tem por fim assegurar a todos existência digna, só por si, não tem significado substancial, já que a análise dos princípios que informam essa mesma ordem não garante a efetividade daquele fim" (2009, p. 709).

> **Como esse assunto foi cobrado em concurso?**
>
> No Concurso do CESPE para Procurador do MP junto ao TCE-PB em 2014, o tema foi cobrado da seguinte forma: "Com relação à ordem econômica e aos princípios gerais da atividade econômica previstos na CF, assinale a opção correta: a) A ordem econômica deve buscar o atendimento do princípio da dignidade humana; b) O princípio da livre iniciativa se aplica ao Estado; c) Pelo princípio da livre concorrência, garante-se que o Estado não deve intervir no mercado; d) Lei municipal não pode prever o horário de funcionamento de farmácia, pois isso violaria o princípio da livre iniciativa; e) A ordem econômica está prevista apenas no título da CF que dispõe sobre a ordem econômica e financeira". Conforme o gabarito oficial, foi considerada CORRETA a alternativa "a".

4.2. Justiça social

A justiça social também se apresenta no caput do art. 170 como uma finalidade da ordem econômica, conceito alçado à condição de objetivo fundamental da República Federativa do Brasil, qual seja, o de construir uma sociedade livre, justa e solidária (art. 3º, I).

Busca-se, assim, a concretização de um princípio de **finalidade comunitarista**, visando ao implemento das condições de vida de todos até um patamar de dignidade e satisfação, com o que o caráter social da justiça é-lhe intrínseco (TAVARES, 2006, p. 131). Tem-se, assim, uma perspectiva de compartilhamento de riscos e riquezas, ainda que isso signifique a restrição ao princípio da livre-iniciativa já que só será possível a concretização desse valor mediante uma **equitativa distribuição das riquezas nacionais**.

> **Como esse assunto foi cobrado em concurso?**
>
> No Concurso do CESPE para Delegado de Polícia da PC/MA em 2018, esse tema foi cobrado da seguinte forma: "Elencado na CF como princípio geral da atividade econômica, o princípio econômico que só se realiza por meio da equitativa distribuição das riquezas, permitindo que cada um disponha dos meios materiais para viver dignamente, denomina-se princípio da: a) livre iniciativa; b) livre concorrência; c) função social da propriedade; d) busca do pleno emprego; e) justiça social". Foi apontada como correta a alternativa "e".

> **Importante**
>
> "Um regime de justiça social será aquele em que cada um deve poder dispor dos meios materiais para viver confortavelmente segundo as exigências de sua natureza física, espiritual e política. Não aceita as profundas desigualdades, a pobreza absoluta e a miséria" (SILVA, 2009, p. 709).

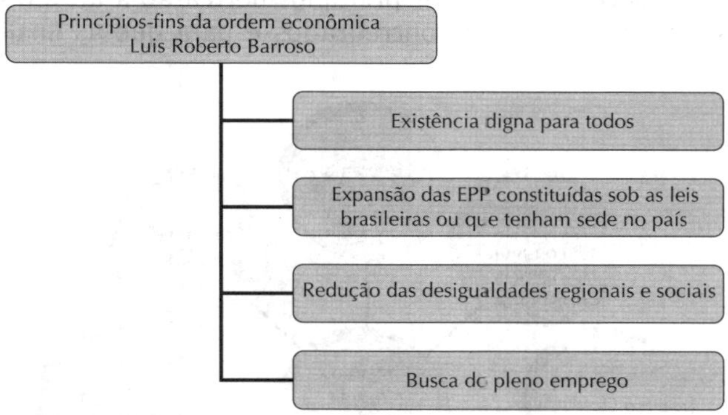

5. PRINCÍPIOS GERAIS DA ATIVIDADE ECONÔMICA

Uma das mais tradicionais definições de princípio, no direito brasileiro, é aquela de Celso Antônio Bandeira de Mello, para quem "princípio é, pois, por definição, mandamento nuclear de um sistema, verdadeiro alicerce dele, disposição fundamental que se irradia sobre diferentes normas, compondo-lhes o espírito e servindo de critério para exata compreensão e inteligência delas, exatamente porque define a lógica e a racionalidade do sistema normativo, conferindo-lhe a tônica que lhe dá sentido harmônico" (2013, p. 54).

Nesse sentido, partindo-se da premissa de que os princípios devem ser vistos como alicerces do sistema jurídico, o estudo dos princípios gerais da atividade econômica, previstos no art. 170 da Constituição Federal de 1988, é imprescindível para a correta compreensão do sistema jurídico-econômico do país. Por isso, esse é um tema extremamente presente na totalidade dos concursos públicos que envolvem Direito Econômico.

Assim, conforme se verá adiante, os princípios são ora cobrados no âmbito de questões objetivas ou subjetivas sobre os mais variados temas de Direito Econômico, ora exige-se a literalidade do texto constitucional. Por isso, mais além de decorá-los, é imprescindível compreendê-los no âmbito do sistema jurídico brasileiro.

Além disso, a análise contextual dos princípios que norteiam a atividade econômica no Brasil, permite compreender, desde já, a opção capitalista do legislador constituinte, demonstrada, sobretudo, ao apontar como bases para o sistema econômico, a livre iniciativa, a propriedade privada (dos meios de produção) e a livre concorrência. Porém, reconhecer a clara opção pelo sistema capitalista de produção, não significa deixar de reconhecer a presença de significativas normas e princípios que impõem ao Estado um papel ativo enquanto agente responsável pela transformação social. Por esse motivo, o estudo dos princípios gerais da atividade econômica deve ter como ponto de partida a compreensão de que "o Poder Público não existe para subjugar a liberdade profissional e empresarial das pessoas físicas e jurídicas. De outro lado, o Poder Público não poderá ficar omisso ou indiferente diante do uso do meio ambiente, do tratamento do consumidor, da busca do emprego e da redução das desigualdades frente à liberdade profissional e empresarial" (MACHADO, 2009, p. 153).

Em suma, é possível dizer que os princípios nortearão a ação do Estado para que os fundamentos possam ser concretizados e para que as finalidades sejam alcançadas.

> **Como esse assunto foi cobrado em concurso?**
>
> No Concurso do CESPE/CEBRASPE para Auditor Fiscal Jurídico da Receita Estadual da SEFAZ/CE em 2021, foi considerado ERRADO o seguinte enunciado: "O controle da inflação é inserido como princípio explícito da ordem econômica na Constituição Federal de 1988".

> **Como esse assunto foi cobrado em concurso?**
>
> No Concurso da FUNDATEC para Escrivão de Polícia do Rio Grande do Sul em 2018 esse tema foi cobrado da seguinte forma: "A ordem econômica, fundada na valorização do trabalho humano e na livre-iniciativa, tem por fim assegurar a todos existência digna, conforme os ditames da justiça social, observados os seguintes princípios, exceto: a) defesa do consumidor; b) defesa do meio ambiente, inclusive mediante tratamento diferenciado conforme o impacto ambiental dos produtos e serviços e de seus processos de elaboração e prestação; c) autodeterminação dos povos; d) soberania nacional; e) função social da propriedade". Foi apontada como correta a alternativa "c".

Registre-se que, não obstante a observância obrigatória dos princípios constitucionais da atividade econômica, estes **não podem ser classificados como normas de eficácia plena**, conforme a tradicional classificação de José Afonso da Silva. Para o autor, as normas de eficácia plena são aquelas que "possuem aplicabilidade direta e imediata, por não dependerem de legislação posterior para sua inteira operatividade, estando aptas a produzir, desde sua entrada em vigor, seus efeitos essenciais (eficácia positiva e negativa). Por terem aplicabilidade integral, estas normas não podem sofrer restrições por parte do legislador infraconstitucional, o que não significa a impossibilidade de regulamentação de certos interesses nela consagrados" (NOVELINO, 2011, p. 123).

Em verdade, ao fixar os princípios da atividade econômica, o legislador constituinte impôs aos órgãos do Estado uma finalidade a ser cumprida (*obrigação de resultado*), sem que fossem apontados os meios a serem adotados. Por isso, os princípios expressos nos incisos do art. 170 da CRFB devem ser considerados, segundo José Afonso da Silva, **normas de eficácia limitada** que "envolvem um conteúdo social e objetivam a interferência do Estado na ordem econômico-social, mediante prestações positivas, a fim de propiciar a realização do bem comum através da democracia social" (SILVA apud NOVELINO, 2011, p. 127).

Ainda, segundo o autor, as normas de eficácia limitada podem ser subdivididas em três categorias, quais sejam: 1.) as normas programáticas vinculadas ao princípio da legalidade; 2.) as normas programáticas referidas aos poderes públicos; e 3.) as normas programáticas dirigidas à ordem econômico social em geral. Em relação a estas últimas, por postularem a observância de toda a ordem socioeconômica, qualquer conduta praticada por um sujeito (público ou privado) que esteja em sentido oposto à sua determinação revelar-se-á inconstitucional (NOVELINO, 2011, p. 127).

> **▸ Como esse assunto foi cobrado em concurso?**
>
> No Concurso do CESPE para Juiz do Tribunal de Justiça do Distrito Federal e dos Territórios em 2016, foi considerado ERRADO o seguinte enunciado: "**Apenas** a livre concorrência e a defesa do consumidor são princípios de observância obrigatória".

> **▸ Como esse assunto foi cobrado em concurso?**
>
> No Concurso do CESPE para Procurador do Estado do Piauí em 2014, foi considerado ERRADO o seguinte enunciado: "Os princípios de direito econômico estabelecidos na CF **não têm natureza programática**, podendo ser classificados como normas de eficácia plena".

Alguns autores destacam, ainda, a presença dos chamados **"princípios" de integração**, quais sejam, aqueles voltados para a resolução dos problemas de marginalização regional ou social que, segundo André Ramos Tavares são: a redução das desigualdades regionais e sociais, a busca do pleno emprego, o tratamento favorecido para as empresas de pequeno porte e a função social da propriedade (2006, p. 135).

Já para José Afonso da Silva, são princípios de integração: a defesa do consumidor, a defesa do meio ambiente, a redução das desigualdades regionais e sociais e a busca do pleno emprego, já que estão dirigidos a resolver os problemas da marginalização social ou regional (2005, p. 796).

> ▸ **Como esse assunto foi cobrado em concurso?**
>
> No Concurso para Juiz Federal da 5ª Região em 2011, foi considerado CERTO o seguinte enunciado: "Os princípios gerais da atividade econômica denominados integração objetivam resolver os problemas da marginalização regional e (ou) social".

> ▸ **Como esse assunto foi cobrado em concurso?**
>
> No Concurso para Juiz Federal da 5ª Região em 2011, foi considerado ERRADO o seguinte enunciado: "A **livre concorrência** inclui-se entre os princípios gerais da atividade econômica denominados integração".

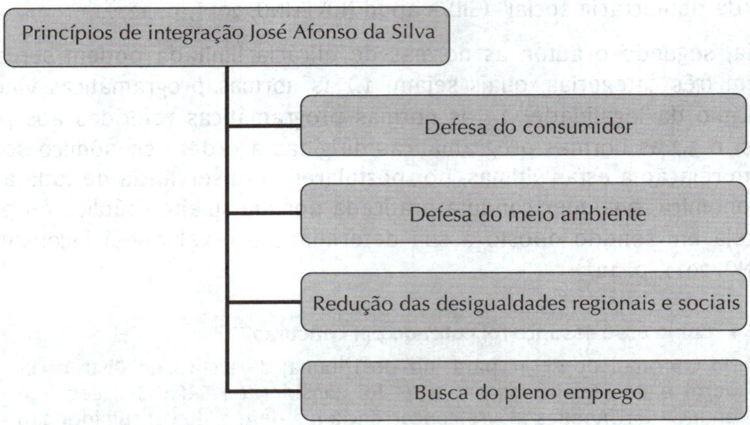

5.1. Princípio da soberania nacional

A previsão da soberania nacional como princípio da ordem econômica e financeira no art. 170 da CRFB complementa o art. 1º, I do mesmo texto constitucional, no sentido de se evidenciar a **relevância não apenas da soberania política, mas também da econômica**. Dessa forma, os rumos da política econômica devem ser traçados de forma a consagrar a autonomia e independência do Brasil no cenário internacional, já que, sem soberania econômica, não há que se falar em efetiva soberania política.

A noção de soberania ganha força com o Estado Moderno já que, para se consolidar, o poder estatal necessitava sobrepor-se a dois poderes: poder feudal (internamente) e poder da Igreja Católica (externamente). Nesse sentido, **Jean Bodin** (França, 1530-1596) define a soberania como **"o poder absoluto e perpétuo de uma República"** no capítulo VIII do Livro Primeiro de sua obra "Os seis livros da República" (2011, p. 195). Com base nessa definição, pode-se dizer que a "soberania" surge como uma categoria intangível, definitiva e intransformável do direito das gentes (MIRANDA, 1935, p. 7-8).

Contudo, há que se ter muito cuidado em qualquer concurso, sobretudo em provas de Direito Internacional e de Direito Econômico, já que o conceito de soberania passou por muitas transformações no decorrer da história. Assim, a concepção absoluta de soberania, mesmo tendo sido decisiva para a consolidação do Estado Moderno, é hoje vista por muitos de **forma relativa**, sobretudo a partir do Julgamento de Nuremberg e em razão da formação dos blocos econômicos.

A expressão, elevada a princípio da ordem econômica e financeira, tem o condão de evidenciar a **independência econômica do Brasil** em relação aos outros estados e a participação em processos de integração como o Mercosul, ou o alinhamento junto aos BRICS (Brasil, Rússia, Índia, China e África do Sul) corroboram a **relativização do conceito** já que na prática, em razão da globalização, nenhum país encontra-se totalmente independente, em termos econômicos, do restante da comunidade internacional.

Nessa esteira, a doutrina associa, hoje, a **soberania econômica a uma preferência por um desenvolvimento nacional** de forma que "o país não pode, em termos de produção capitalista, ser dependente de outro, não ter emancipação econômica equivaleria a, na prática, ignorar a necessidade do pleno desenvolvimento" (TAVARES, 2006, p. 142).

> **▸ Importante**
>
> "A globalização trouxe questões que afetam diretamente a noção clássica de soberania nacional, especialmente no campo econômico, impondo a necessidade de uma **nova concepção de soberania**, pela qual seja possível a preservação da capacidade de autodeterminação do Estado, com a presença da livre concorrência no mercado nacional e o respeito simultâneo às normas e práticas supranacionais relacionadas à atividade econômica" (TAVARES, 2006, p. 142).

> **▸ Como esse assunto foi cobrado em concurso?**
>
> No concurso do CESPE para Juiz Federal da 2ª Região em 2011, foi considerado CERTO o seguinte enunciado: "O conceito de soberania foi desenvolvido pelo filósofo francês Jean Bodin, e, segundo a atual doutrina, o princípio da soberania nacional somente se efetiva quando a nação alcança patamares de desenvolvimento econômico e social que lhe garantam a plena independência das decisões políticas, sem a necessidade de auxílios internacionais, de forma que somente existirá Estado soberano onde houver independência econômica".

5.2. Princípio da propriedade privada

O direito de propriedade, enquanto direito fundamental de primeira geração, ou dimensão, encontra guarida no inciso XXII, do artigo 5º da CRFB e, segundo disciplina o Código Civil, traduz-se na faculdade de usar, gozar e dispor da coisa, e o direito de reavê-la do poder de quem quer que injustamente a possua ou detenha (art. 1.228).

Na perspectiva do Direito Econômico, o princípio da propriedade privada deve ser compreendido como forma de "assegurar aos agentes econômicos direito à propriedade dos fatores de produção e circulação de bens em seus respectivos ciclos econômicos, sendo instrumento garantidor da livre iniciativa" (FIGUEIREDO, 2013, p. 62).

Assim como o princípio da soberania nacional, analisado supra, a ideia de propriedade privada também vem experimentando significativas alterações no decorrer da história, de forma que, superado o individualismo liberal, o exercício do direito à propriedade deve ser compreendido a partir da **dimensão econômica, social e ambiental**, caracterizando-se aquilo que se convencionou chamar de "função social da propriedade", conforme se verá a seguir.

Observe-se, contudo, que a imprescindível observância da função social no exercício do direito de propriedade, não torna público aquilo que é privado, mas sim viabiliza a utilidade concreta para o bem, impedindo-se a especulação e o não uso que meramente visa o lucro (FARIAS, 2014, p. 813).

> **Como esse assunto foi cobrado em concurso?**
>
> No Concurso do CESPE para Procurador do Estado do Piauí em 2014, foi considerado ERRADO o seguinte enunciado: "A proteção à propriedade privada deve ser harmonizada com a função social da propriedade, de modo que a titularidade de um bem não constitua impedimento ao uso do mesmo bem por terceiros".

> **Como esse assunto foi cobrado em concurso?**
>
> No Concurso para Procurador da República em 2012, foi considerado ERRADO o seguinte enunciado: "É **inconstitucional** lei que concede passe livre às pessoas portadoras de deficiências, por afronta aos princípios da ordem econômica, da livre iniciativa e do direito de propriedade".

5.3. Princípio da função social da propriedade

Durante muito tempo a propriedade foi considerada como a principal e talvez a única forma de garantia da subsistência do indivíduo e de seu núcleo familiar. Por isso, era compreendida a partir de uma lógica individualista e absoluta, tal qual a previsão do Código Civil brasileiro de 1916. Contudo, com a eclosão dos direitos sociais, conquistas da segunda geração dos direitos humanos, o Estado passa a garantir aos indivíduos o acesso a bens e serviços mínimos, estabelecendo-se uma rede de proteção social.

Com isso, progressivamente, propriedade **perde seu caráter de direito absoluto, relativizando-se a partir da perspectiva da função social**, com base na qual os direitos individuais devem ter por escopo o atingimento de fins coletivos. Assim, o poder-dever do proprietário passa a ter como condicionante a **finalidade social**, que, se inobservada retirará do proprietário a garantia estatal sobre seu direito.

Esse processo de **despatrimonialização**, é acompanhado, no Direito Privado pela sua **repersonalização** e pelo reconhecimento da supremacia da Constituição, conferindo ao Direito Civil uma ética publicista e social, abrindo espaço para a manifestação do **dirigismo estatal** no sentido de guiar e condicionar o exercício do direito de propriedade a fins coletivos.

Assim, "A 'função' é o poder de dar à propriedade determinado destino, de vinculá-la a um objeto. O qualificativo 'social' indica que esse objetivo corresponde ao interesse coletivo, não ao interesse do proprietário" (BERCOVICI, 2005, p. 147).

Nos dizeres de Leonardo Vizeu Figueiredo: "consiste no condicionamento racional do uso da propriedade privada imposto por força de lei, sob pena de expropriação, no qual o Poder Público interfere na manifestação volitiva do titular da propriedade, garantindo que a fruição desta atinja fins sociais mais amplos de interesse da coletividade, tais como o bem-estar social e a justiça distributiva" (2013, p. 63).

O Código Civil de 1916 nada dispunha acerca da função social da propriedade. Contudo, a previsão constitucional de 1988, inspirada pela Constituição de Weimar de 1919, fez com que o Novo Código Civil (2002) dispusesse não apenas a respeito da função social da propriedade (art. 1.228), como também da função social do contrato (art. 421), elevados a preceito de ordem pública, conforme previsão do parágrafo único do art. 2.035, do mesmo diploma: "Nenhuma convenção prevalecerá se contrariar preceitos de ordem pública, tais como os estabelecidos por este Código para assegurar a função social da propriedade e dos contratos".

Frise-se, ainda, que a exigência de que a propriedade cumpra uma função social não pode ser compreendida como uma mera limitação negativa dos direitos do proprietário, tal qual se depreende dos direitos de vizinhança, já que a função social só será alcançada mediante um agir positivo do titular do direito, desde que correspondente à expectativa socioeconômica natural do bem (FARIAS, 2014, p. 813).

> **Importante**
>
> "A função social é mais que uma limitação. Trata-se de uma concepção que consubstancia-se no fundamento, razão e justificação da propriedade. A função social da propriedade **não tem inspiração socialista**, antes é um conceito próprio do regime capitalista, que legitima o lucro e a propriedade privada dos bens de produção, ao configurar a execução da atividade do produtor de riquezas, dentro de certos parâmetros constitucionais, como exercida dentro do interesse geral. A função social passou a integrar o conceito de propriedade, justificando-a e legitimando-a" (BERCOVICI, 2005, p. 147).

A função social da propriedade é tão importante no ordenamento nacional contemporâneo, que sua inobservância legitima a intervenção do Estado podendo acarretar até mesmo a expropriação do bem, conforme os casos de desapropriação-sanção previstos no próprio texto constitucional.

Assim, ao lado das figuras tradicionais de desapropriação por interesse social e por utilidade e necessidade pública (art. 5º, XXIV e art. 182, § 3º), caracterizadas pela prévia e justa indenização em dinheiro, a CRFB/88 ainda prevê dois casos de desapropriação como forma de sancionar aquela propriedade que não cumpre sua função social.

O **descumprimento do plano diretor** significa a inobservância da função social pela propriedade urbana e, como tal, poderá resultar na **desapropriação-sanção urbanística**, de competência do município ou do Distrito Federal e cuja indenização dar-se-á por meio de títulos da dívida pública, resgatáveis em até dez anos, desde que observados os demais requisitos constantes do art. 182, § 4º da CRFB/88.

Da mesma forma, o imóvel rural que não cumpra a sua função social, poderá ser desapropriado por interesse social, para fins de reforma agrária, mediante prévia e justa indenização em títulos da dívida agrária, com cláusula de preservação do valor real, resgatáveis no prazo de até vinte anos, a partir do segundo ano de sua emissão, e cuja utilização será definida em lei (art. 184, CRFB).

Por outro lado, a Carta Constitucional de 1988 determina que a função social do imóvel rural será cumprida quando a propriedade atenda, simultaneamente, aos seguintes requisitos: I. aproveitamento racional e adequado (critério econômico); II. utilização adequada dos recursos naturais disponíveis e preservação do meio ambiente (critério ambiental), III. observância das disposições que regulam as relações de trabalho; e IV. exploração que favoreça o bem estar dos proprietários e dos trabalhadores (III e IV representam o critério social *stricto sensu*).

> ▸ **Como esse assunto foi cobrado em concurso?**
>
> No Concurso do CESPE para Juiz Federal da 1ª Região em 2015, foi considerado CERTO o seguinte enunciado: "O princípio da função social da propriedade é aplicado, inclusive, aos bens de produção".

> ▸ **Como esse assunto foi cobrado em concurso?**
>
> No Concurso da FEPESE para o Ministério Público junto ao Tribunal de Contas em 2014, foi considerado ERRADO o seguinte enunciado: "Compete à União desapropriar por interesse social, para fins de reforma agrária, o imóvel rural que não esteja cumprindo sua função social, mediante prévia e justa indenização em títulos da dívida agrária. A função social é cumprida quando a propriedade rural atende, **alternativamente**, segundo critérios e graus de exigência estabelecidos em lei, aos seguintes requisitos: aproveitamento racional e adequado, utilização adequada dos recursos naturais disponíveis e a preservação do meio ambiente, observação das disposições que regulam as relações de trabalho e a exploração que favoreça o bem-estar dos proprietários e dos trabalhadores".

> ▸ **Como esse assunto foi cobrado em concurso?**
>
> No Concurso do CESPE para Juiz Federal da 2ª Região em 2011, foi considerado ERRADO o seguinte enunciado: "O direito de edificar é relativo, dado que **condicionado à função social da propriedade**, e, ainda que as restrições decorrentes da limitação administrativa preexistam à aquisição do terreno e sejam do conhecimento dos adquirentes, têm estes, com base nelas, direito à indenização do poder público".

5.4. Princípio da livre concorrência

Concorrência pode ser considerada como a disputa entre agentes que desenvolvem uma atividade lícita em um mesmo segmento do mercado. Assim, ao prever a livre concorrência, o constituinte conferiu ao Estado o papel de garantidor do equilíbrio entre grandes grupos econômicos e pequenos empresários, no que diz respeito à atuação no mercado.

Ou seja, compete ao Estado brasileiro atuar no sentido de proporcionar o **"devido processo competitivo"**, com base no qual, todos gozam de liberdade para participar no mercado sem a indevida interferência de terceiros ou do próprio Poder Público, para que a competição ocorra de forma justa e sem qualquer tipo de abusos, tais como a formação de cartéis ou trustes. Dessa forma, tendo optado pela economia de mercado, a Constituição de 1988 estabelece mecanismos para coibir a concentração capitalista e o abuso do poder econômico, cabendo ao Estado uma ação ativa (positiva) em defesa da livre concorrência.

> **Qual o entendimento do STF sobre o assunto?**
>
> "É certo que a ordem econômica na Constituição de 1988 define opção por um sistema no qual joga um **papel primordial a livre iniciativa**. Essa circunstância não legitima, no entanto, a assertiva de que o estado só intervirá na economia em situações excepcionais. [...] A livre iniciativa é expressão de liberdade titulada não apenas pela empresa, mas também pelo trabalho. [...] Se de um lado a Constituição assegura a livre iniciativa, de outro determina ao estado a adoção de todas as providências tendentes a garantir o efetivo exercício do direito à educação, à cultura e ao desporto. Na composição entre esses princípios e regras há de ser preservado o interesse da coletividade, interesse público primário" (ADI 1950/SP, Rel. Min. Eros Grau, publ. 02.06.2006).

> **Qual o entendimento do STF sobre o assunto?**
>
> "Em face da atual Constituição, para conciliar o fundamento da livre iniciativa e do princípio da livre concorrência com os da defesa do consumidor e da redução das desigualdades sociais, em conformidade com os ditames da justiça social, pode o Estado, por via legislativa, regular a política de preços de bens e de serviços, abusivo que é o poder econômico que visa ao aumento arbitrário dos lucros" (ADI 319 - QO/DF, Rel. Min. Moreira Alves, publ. 30.04.1993).

> **Como esse assunto foi cobrado em concurso?**
>
> No Concurso do CESPE para Procurador do Estado do Piauí em 2014, foi considerado ERRADO o seguinte enunciado: "Os valores da livre iniciativa e da livre concorrência exigem do Estado uma **conduta negativa**, com vistas a garantir a liberdade do mercado em se autorregular".

Ao lado do princípio da livre iniciativa, a livre concorrência é uma das estruturas da **economia capitalista e liberal**, sem os quais não há que se falar em sistema econômico de mercado. Por essa razão, é um dos principais critérios para se diferenciar o capitalismo do socialismo. Contudo, apesar da proximidade, não há que se confundir livre concorrência com livre iniciativa já que a livre iniciativa, conforme regramento constitucional, assegura a todos "o livre exercício de qualquer atividade econômica, independentemente de autorização de órgãos públicos, salvo nos casos previstos em lei" (art. 170, parágrafo único, da CRFB/1988).

> **▸ Como esse assunto foi cobrado em concurso?**
>
> No Concurso do CESPE para Juiz Federal da 1ª Região em 2015, foi considerado ERRADO o seguinte enunciado: "Princípio da livre concorrência e princípio da livre iniciativa são conceitos **coincidentes**, entendidos como fundamento político garantidor da liberdade econômica".

Qualquer atuação privada ou estatal no sentido de coibir a livre concorrência deve ser considerada como incompatível com os ditames constitucionais, cujo objetivo, ao final, é proteger não apenas o consumidor como parte vulnerável no mercado de consumo, mas também garantir o adequado funcionamento do sistema econômico de mercado. Dessa forma, quer-se que o êxito econômico dos agentes do mercado seja alcançado pela **eficiência** e não através de práticas abusivas e contrárias à livre concorrência.

Garantindo-se a livre concorrência, há uma tendência de os preços manterem-se nos menores níveis possíveis de forma que as empresas precisarão buscar constantemente formas de se tornarem mais eficientes para que possam aumentar seus lucros. "Á medida que tais ganhos de eficiência são conquistados e difundidos entre os produtores, ocorre uma readequação dos preços, que beneficia o consumidor. Assim, a livre concorrência garante, de um lado, os menores preços para os consumidores e, de outro, o estímulo à criatividade e à inovação das empresas" (Perguntas gerais sobre a defesa da concorrência. Disponível em http://www.Cade.gov.br/servicos/perguntas-frequentes/perguntas-gerais-sobre-defesa-da-concorrencia Acesso em 22 fev. 2016).

> **▸ Importante**
>
> "Sendo livre a concorrência, as leis do mercado determinarão as circunstâncias em que haverá ou não o êxito do empreendedor (livre iniciativa). A livre concorrência não tolera o monopólio ou qualquer outra forma de distorção do mercado livre, com o afastamento artificial da competição entre os empreendedores. Pressupõe, pelo contrário, inúmeros competidores, em situação de igualdade. Sem concorrência livre não se pode, efetivamente, falar de economia de mercado, de sistema capitalista ou de Estado liberal" (TAVARES, 2006, p. 258).

> **Importante**
>
> STF, Súmula Vinculante 49: "Ofende o princípio da livre concorrência lei municipal que impede a instalação de estabelecimentos comerciais do mesmo ramo em determinada área".

> **Como esse assunto foi cobrado em concurso?**
>
> No Concurso para Procurador da República em 2012, foi considerado CERTO o seguinte enunciado: "É **inconstitucional** Lei Municipal que impede a instalação de estabelecimentos comerciais do mesmo ramo em determinada área, por afronta ao princípio da livre concorrência".

> **Como esse assunto foi cobrado em concurso?**
>
> No concurso do Cespe para Juiz Federal da 2ª Região em 2011, foi considerado ERRADO o seguinte enunciado: "Segundo a jurisprudência do STF, não ofende o princípio da livre concorrência lei federal, estadual ou municipal que impeça a instalação de estabelecimentos comerciais do mesmo ramo em determinada área, uma vez que o Estado é o responsável pela condução das políticas públicas destinadas a organizar a distribuição equitativa das atividades da economia nacional".

Admitir a livre concorrência como princípio geral da atividade econômica não significa deixar aos agentes econômicos o estabelecimento das regras de competição. Ao contrário, para fazer valer o princípio da livre concorrência, foi estruturado, conforme a Lei 12.529/11, o Sistema Brasileiro de Defesa da Concorrência, devidamente analisado no capítulo específico sobre o direito da concorrência (Capitulo 5, infra).

> **Como esse assunto foi cobrado em concurso?**
>
> No Concurso do CESPE para Juiz Federal da 2ª Região em 2011, foi considerado ERRADO o seguinte enunciado: "Por constituir risco presumido à ordem econômica, à livre iniciativa e à concorrência, é vedada a concessão de imunidade tributária nas operações de importação de bens realizadas por município quando houver identidade entre o contribuinte de direito e o de fato".

> **Como esse assunto foi cobrado em concurso?**
>
> No Concurso do CESPE para Procurador Federal em 2011, foi considerado ERRADO o seguinte enunciado: "A livre concorrência, princípio geral da atividade econômica, defende que o próprio mercado deve estabelecer quais são os agentes aptos a se perpetuarem, deixando aos agentes econômicos o estabelecimento das regras de competição".

▸ Qual o entendimento do STF sobre o assunto?

"A fixação de horário de funcionamento para o comércio dentro da área municipal pode ser feita por lei local, visando o interesse do consumidor e evitando a dominação do mercado por oligopólio" (RE 189.170/SP, Rel. Min. Marco Aurélio, publ. 08.08.2003).

▸ Como esse assunto foi cobrado em concurso?

No Concurso para Procurador da República em 2013, foi considerado ERRADO o seguinte enunciado: "Viola o princípio da livre concorrência a lei municipal que estabelece o horário de funcionamento de farmácias". Na mesma questão também foi considerado ERRADO o seguinte enunciado: "Viola o princípio da livre concorrência a fixação de metas de qualidade e de tarifas pela prestação dos serviços das empresas concessionárias de serviços públicos pelo Poder Público".

▸ Qual o entendimento do STF sobre o assunto?

"A garantia da ordem econômica autoriza a custódia cautelar, se as atividades ilícitas do grupo criminoso a que, supostamente, pertence o paciente repercutem negativamente no comércio lícito e, portanto, alcançam um indeterminado contingente de trabalhadores comerciantes honestos. Vulneração do princípio constitucional da livre concorrência" (HC 91.285/SP, Rel. Min. Carlos Britto, publ. 25.04.2008).

5.5. Princípio da defesa do consumidor

A chamada estandardização da produção, decorrente da Revolução Industrial, somada à Revolução Tecnológica do pós-II Guerra, à Revolução da Informática e à globalização, submeteram o consumidor a uma posição absolutamente **assimétrica** em relação aos fornecedores, daí resultando a necessidade de atuação estatal no intuito de proteger a parte mais fraca da relação de consumo, como uma verdadeira contrapartida aos riscos do progresso.

Assim é que o Direito do Consumidor foi alçado ao nível constitucional em 1988, seja a título de direito fundamental (art. 5º, XXXII), seja como princípio da ordem econômica (art. 170, V) ou ainda com a previsão do Ato das Disposições Constitucionais Transitórias, ao estipular que o Congresso Nacional deveria, dentro de cento e vinte dias da promulgação da Constituição, elaborar um Código de Defesa do Consumidor (Art. 48, ADCT).

▸ Como esse assunto foi cobrado em concurso?

No Concurso para Juiz Federal da 5ª Região em 2011, foi considerado ERRADO o seguinte enunciado: "A defesa do consumidor **não** se insere entre os princípios da chamada constituição econômica formal".

A previsão do direito do consumidor como direito fundamental na Constituição brasileira de 1988 significa, assim, a positivação de um direito humano de terceira geração (ou dimensão). Apesar de esse tipo de previsão não ser comum no direito constitucional comparado, a proteção ao consumidor, consolidada com a edição do Código de Defesa do Consumidor (Lei 8.078/90) representa, ainda, uma forma de sustentar o próprio ciclo econômico, na medida em que confere **vantagens legais e processuais à parte vulnerável** e, por vezes, hipossuficiente da economia de mercado.

A disciplina do Direito do Consumidor, ao representar significativo **dirigismo estatal** no sentido de restringir a autonomia privada, rompe com a clássica dicotomia direito público versus direito privado e **limita a incidência do *pacta sunt servanda*.**

O CDC, incorporando a expressão "consumidor" da teoria e da realidade econômica, o reconhece como toda pessoa física ou jurídica que adquire ou utiliza produto ou serviço como destinatário final (art. 2º), fixando normas de ordem pública e interesse social (art. 1º) estabelecendo um **microssistema multidisciplinar** de direitos e deveres das relações de consumo.

> **Qual o entendimento do STJ sobre o assunto?**
>
> "Em regra, somente pode ser considerado consumidor, para fins de aplicação do CDC, o destinatário fático e econômico do bem ou serviço, seja ele pessoa física ou jurídica. Com isso, em regra, fica excluído da proteção do CDC o consumo intermediário, assim entendido como aquele cujo produto retorna para as Cadeias de produção e distribuição, compondo o custo (e, portanto, o preço final) de um novo bem ou serviço. Embora consagre o critério finalista para interpretação do conceito de consumidor, a jurisprudência do STJ também reconhece a necessidade de, em situações específicas, abrandar o rigor desse critério para admitir a aplicabilidade do CDC nas relações entre fornecedores e sociedades empresárias em que, mesmo a sociedade empresária utilizando os bens ou serviços para suas atividades econômicas, fique evidenciado que ela apresenta vulnerabilidade frente ao fornecedor. Diz-se que isso é a teoria finalista mitigada, abrandada ou aprofundada". (REsp 1.195.642/RJ, Min. Rel. Nancy Andrighi, Info 510).

> **Qual o entendimento do STJ sobre o assunto?**
>
> "Há relação de consumo entre a sociedade empresária vendedora de aviões e a sociedade empresária administradora de imóveis que tenha adquirido avião com o objetivo de facilitar o deslocamento de sócios e funcionários. O STJ, adotando o conceito de consumidor da teoria finalista mitigada, considera que a pessoa jurídica pode ser consumidora quando adquirir o produto ou serviço como destinatária final, utilizando-o para atender a uma necessidade sua, não de seus clientes. No caso, a aeronave foi adquirida para atender a uma necessidade da própria pessoa jurídica - o deslocamento de sócios e funcionários -, não para ser incorporada ao serviço de administração de imóveis." (AgRg no REsp 1.321.083/PR, Rel. Min. Paulo de Tarso Sanseverino, Info 548).

Por outro lado, o CDC, levando em consideração a habitualidade na atividade fim, inclusive de entes despersonalizados, conceituou o fornecedor como "toda pessoa física ou jurídica, pública ou privada, nacional ou estrangeira, bem como os entes despersonalizados, que desenvolvem atividade de produção, montagem, criação, construção, transformação, importação, exportação, distribuição ou comercialização de produtos ou prestação de serviços" (art. 3º). Para melhor esclarecimento do alcance das normas consumeristas o legislador, nos parágrafos do referido artigo definiu produto como "qualquer bem, móvel ou imóvel, material ou imaterial" (§ ª1º) e serviço como "qualquer atividade fornecida no mercado de consumo, mediante remuneração, **inclusive as de natureza bancária**, financeira, de crédito e securitária, salvo as decorrentes das relações de caráter trabalhista" (§ 2º).

▸ **Qual o entendimento do STF sobre o assunto?**

"Instituições financeiras. Sujeição delas ao Código de Defesa do Consumidor. Ação direta de inconstitucionalidade julgada improcedente. As instituições financeiras estão, todas elas, alcançadas pela incidência das normas veiculadas pelo Código de Defesa do Consumidor. 'Consumidor', para os efeitos do CDC, é toda pessoa física ou jurídica que utiliza, como destinatário final, atividade bancária, financeira e de crédito" (AI 745.853/PI-AgR, Rel. Min. Luiz Fux, publ. 17.04.2012).

▸ **Qual o entendimento do STJ sobre o assunto?**

Súmula 479: As instituições financeiras respondem objetivamente pelos danos gerados por fortuito interno relativo a fraudes e delitos praticados por terceiros no âmbito de operações bancárias.

Súmula 477: A decadência do artigo 26 do CDC não é aplicável à prestação de contas para obter esclarecimentos sobre cobrança de taxas, tarifas e encargos bancários.

Súmula 381: Nos contratos bancários, é vedado ao julgador conhecer, de ofício, da abusividade das cláusulas.

Súmula 321: O Código de Defesa do Consumidor é aplicável à relação jurídica entre a entidade de previdência privada e seus participantes.

Súmula 297: O Código de Defesa do Consumidor é aplicável às instituições financeiras.

Súmula 285: Nos contratos bancários posteriores ao Código de Defesa do Consumidor incide a multa moratória nele prevista.

Observe-se que a competência para legislar em matéria de proteção ao consumidor é concorrente (art. 24, VIII), cabendo aos municípios legislar sobre assuntos, inclusive relacionados ao direito do consumidor, em que predomine o interesse local.

> **Qual o entendimento do STF sobre o assunto?**
>
> "Farmácia. Fixação de horário de funcionamento. Assunto de interesse local. A fixação de horário de funcionamento para o comércio dentro da área municipal pode ser feita por lei local, visando o interesse do consumidor e evitando a dominação do mercado por oligopólio" (RE 321.796/SP-AgR, Rel. Min. Sydney Sanches, publ. 29.11.2002).
>
> Súmula 646: É competente o município para fixar o horário de funcionamento do estabelecimento comercial.

> **Como esse assunto foi cobrado em concurso?**
>
> No Concurso do CESPE para Juiz Federal da 2ª Região em 2011, foi considerado ERRADO o seguinte enunciado: "O princípio econômico da defesa do consumidor não é violado por **resolução de autoridade estadual** que, no livre exercício do poder de polícia, discipline horário de funcionamento de estabelecimentos comerciais e matérias específicas de consumo do interesse da unidade da Federação".

> **Qual o entendimento do STF sobre o assunto?**
>
> "Atendimento ao público e tempo máximo de espera na fila. Matéria que não se confunde com a atinente às atividades-fim das instituições bancárias. Matéria de interesse local e de proteção ao consumidor. Competência legislativa do Município" (RE 432.789/SC, Rel. Min. Eros Grau, publ. 27.07.2010).
>
> "O Município pode editar legislação própria, com fundamento na autonomia constitucional que lhe é inerente, com o objetivo de determinar, às instituições financeiras, que instalem, em suas agências, em favor dos usuários dos serviços bancários (clientes ou não), equipamentos destinados a proporcionar-lhes segurança (tais como portas eletrônicas e câmeras filmadoras) ou a propiciar-lhes conforto, mediante oferecimento de instalações sanitárias, ou fornecimento de Cadeiras de espera, ou, ainda, colocação de bebedouros" (AI-AgR 347.717/RS, Rel. Min. Celso de Melo, publ. 05.08.2005).

> **Como esse assunto foi cobrado em concurso?**
>
> No Concurso da Fundação Carlos Chagas para Procurador do Município de Campinas/SP em 2016, foi considerado CERTO o seguinte enunciado: "Entendimento pacificado do Supremo Tribunal Federal atribui aos municípios a competência legislativa para dispor sobre a definição do tempo máximo de espera de clientes em filas de instituições bancárias".

"A **vulnerabilidade do consumidor constitui presunção legal absoluta**, que informa *se* as normas do direito do consumidor devem ser aplicadas e *como* devem ser aplicadas. Há na sociedade atual o **desequilíbrio entre dois agentes econômicos**, *consumidor e fornecedor*, nas relações jurídicas que estabelecem entre si. O reconhecimento desta situação pelo direito é que fundamenta a existência de regras especiais, *ratione personae* de proteção do sujeito mais fraco da relação de consumo" (MIRAGEM, 2013, p. 114). Contudo, não há que se confundir a vulnerabilidade, princípio de direito material, que conta com presunção absoluta em favor do consumidor, com a hipossuficiência, regra de direito processual a ser analisada diante do caso concreto.

> **Como esse assunto foi cobrado em concurso?**
>
> No Concurso do CESPE para Juiz Federal da 1ª Região em 2015, foi considerado ERRADO o seguinte enunciado: "A responsabilidade civil objetiva do fornecedor **depende** do reconhecimento, na esfera administrativa ou judicial, da vulnerabilidade do consumidor".

5.6. Princípio da defesa do meio ambiente

A elevação da defesa do meio ambiente ao nível constitucional, seja como princípio da ordem econômica (art. 170, VI), seja pelo tratamento que lhe foi conferido no art. 225 da CRFB demonstra a intenção do legislador constituinte de condicionar a atividade produtiva ao respeito ao meio ambiente, permitindo, assim, que o Poder Público, na condição de gestor, interfira no sentido de exigir que a atividade econômica seja compatível com a preservação ambiental.

A Constituição de 1988 foi a primeira a tratar, no Brasil, de forma explícita da questão ambiental. Assim, o princípio da defesa do meio ambiente deve ser interpretado levando-se em conta as demais referências explícitas e implícitas contidas no texto constitucional, cuja essência determina que "todos têm direito ao meio ambiente ecologicamente equilibrado, bem de uso comum do povo e essencial à sadia qualidade de vida, impondo-se ao Poder Público e à coletividade o dever de defendê-lo para as presentes e futuras gerações" (art. 225, CRFB).

Com isso, e em consonância com as principais normas internacionais sobre a proteção ambiental, quis o legislador constituinte, propiciar à sociedade brasileira, um modelo de desenvolvimento compatível, a um só tempo, com as necessidades de progresso econômico e com a preservação dos recursos ambientais, qual seja, o chamado **desenvolvimento sustentável**, caracterizado por ser "economicamente factível, ecologicamente adequado, socialmente justo e culturalmente equitativo, sem discriminações" (GADOTTI, 1999, p. 42).

> **Qual o entendimento do STF sobre o assunto?**
>
> "A atividade econômica não pode ser exercida em desarmonia com os princípios destinados a tornar efetiva a proteção ao meio ambiente. A incolumidade do meio ambiente não pode ser comprometida por interesses empresariais nem ficar dependente de motivações de índole meramente econômica, ainda mais se se tiver presente que a atividade econômica, considerada a disciplina constitucional que a rege, está subordinada, dentre outros princípios gerais, àquele que privilegia a 'defesa do meio ambiente', que traduz conceito amplo e abrangente

> das noções de meio ambiente natural, de maio ambiente cultural, de meio ambiente artificial (espaço urbano) e de meio ambiente laboral. [...] os instrumentos jurídicos de caráter legal e de natureza constitucional objetivam viabilizar a tutela efetiva do meio ambiente, para que não se alterem as propriedades e os atributos que lhe são inerentes, o que provocaria inaceitável comprometimento da saúde, segurança, cultura, trabalho e bem-estar da população, além de causar graves danos ecológicos ao patrimônio ambiental, considerado este em seu aspecto físico e natural" (ADI 3.540/DF-MC, Rel. Min. Celso de Melo, publ. 03.02.2006).

Em suma, a inserção da defesa do meio ambiente como princípio da ordem econômica na Constituição brasileira refere-se à **utilização racional dos recursos ambientais** enquanto fatores de produção, de forma a proporcionar a sua exploração contínua tanto pela presente quanto pelas futuras gerações. Para tanto, uma série de normas, órgãos e procedimentos instrumentalizam o Poder Público para agir na defesa e proteção do meio ambiente, dentre os quais se destacam o licenciamento ambiental, no qual se incluem o Estudo Prévio de Impacto Ambiental (EIA ou EPIA) e o Relatório de Impacto Ambiental (RIMA); a criação de unidades de conservação (Lei 9.985/98 criou o SNUC – Sistema Nacional de Unidades de Conservação) e de outros espaços ambientais especialmente protegidos, como a Área de Preservação Permanente (APP), a Área de Reserva Legal Florestal (ARL) e as Áreas Verdes Urbanas, previstas no Novo Código Florestal (Lei 12.651/12).

A relação entre o Direito Econômico e o meio ambiente também é encontrada em documentos internacionais. Nesse sentido, o art. 16 da Declaração do Rio sobre Meio Ambiente e Desenvolvimento estabelece que: "As autoridades nacionais devem procurar promover a internalização dos custos ambientais e **o uso de instrumentos econômicos**, tendo em vista a abordagem segundo a qual o poluidor deve, em princípio, arcar com o custo da poluição, com a devida atenção ao interesse público e sem provocar distorções no comércio e nos investimentos internacionais".

Assim, não obstante o papel do Estado no sentido de exercer as funções de fiscalização, incentivo e planejamento, na condição de agente normativo e regulador da ordem econômica, especificamente em relação à defesa do meio ambiente, Romeu Thomé destaca alguns instrumentos econômicos como mecanismos estatais de implementação das políticas públicas sustentáveis (p. 758-770).

Inicialmente o autor menciona o papel do Estado como fiscalizador de atividades poluidoras, diante do qual deve ser efetivado o poder de polícia nas questões ambientais tendo como objetivo a implementação do princípio do desenvolvimento sustentável. Por outro lado, a concretização desse papel somente se dará com a efetiva imposição de multas ambientais (independente de outras sanções de natureza cível, administrativa e penal), cujo objetivo é, nos moldes daquilo que foi previsto na Declaração do Rio de 1992, **internalizar os custos da produção dos agentes poluidores**, concretizando o princípio do **poluidor-pagador**. Para tanto, as multas ambientais devem ter valores altos. Só assim alcançarão sua finalidade dissuasiva (THOMÉ, 2014, p. 759-760).

> **Importante**
>
> "Os instrumentos econômicos, [...] são de fundamental importância para a efetiva aplicação de políticas ambientais eficazes. Constituem peça essencial no mecanismo de redução da degradação ambiental, pois exercem uma forte e constante pressão no orçamento dos poluidores, compelindo-os a reconsiderar a possibilidade de adoção de um comportamento menos nefasto ao meio ambiente" (THOMÉ, 2014, p. 762).

Outra forma de atuação do Poder Público na implementação de políticas públicas ambientalmente sustentáveis é por meio de **instrumentos econômicos**, cujo objetivo é incentivar os empreendedores a integrar a gestão ambiental na administração de seus negócios. No conjunto dos instrumentos econômicos merecem destaque os benefícios ou incentivos fiscais que, se aplicados, permitirão uma redução dos custos da produção ambientalmente sustentável, trazendo benefícios para o meio ambiente, o produtor e o consumidor; dentre os quais (THOMÉ, 2014, p. 763-769):

- ICMS ecológico;
- Isenção de Imposto sobre a Propriedade Territorial Rural;
- CIDE-combustíveis;
- Suspensão da incidência da contribuição para o PIS/PASEP e da Contribuição para o Financiamento da Seguridade Social - Cofins;
- Concessão de incentivos e de financiamentos públicos;
- Pagamento por serviços ambientais.

> **Como esse assunto foi cobrado em concurso?**
>
> No Concurso do CESPE para Juiz Federal Substituto da 5ª Região em 2017, foi considerado ERRADO o seguinte enunciado: "É vedada a concessão de benefício fiscal a empresas do ramo de reciclagem, para coibir tratamento jurídico e econômico diferenciado e garantir a aplicação do princípio da isonomia".

> **Como esse assunto foi cobrado em concurso?**
>
> No Concurso do TRT-4 para Juiz do Trabalho em 2016, foi considerado CERTO o seguinte enunciado: "A tutela do direito à saúde e ao meio ambiente do trabalho ecologicamente equilibrado **não deve** implicar a completa inviabilização da atividade econômica e do livre exercício profissional, sob pena de esvaziamento do conteúdo destes últimos".

> **Como esse assunto foi cobrado em concurso?**
>
> No Concurso do CESPE para Procurador do Estado do Piauí em 2014, foi considerado CERTO o seguinte enunciado: "O Estado deve intervir na economia para garantir a defesa do consumidor - dadas a sua hipossuficiência e vulnerabilidade - e a do meio ambiente, condicionando a utilização e fruição das riquezas naturais e dos fatores de produção".

▸ Como esse assunto foi cobrado em concurso?

No Concurso Procurador da República em 2012, foi considerado CERTO o seguinte enunciado: "A concepção econômica de externalidades negativas encontra-se na estrutura dos princípios do poluidor pagador e do usuário pagador, traduzindo a necessidade de internalização dos prejuízos sociais nos custos de produção, de forma a atrair para o empreendedor o dever de adotar medidas de prevenção e controle de possível deterioração de recursos ambientais decorrente de sua atividade produtiva".

▸ Como esse assunto foi cobrado em concurso?

No Concurso do CESPE para Juiz Federal da 2ª Região em 2011, foi considerado CERTO o seguinte enunciado: "O direito ambiental e o direito econômico são áreas do direito que se **inter-relacionam**, estando ambas voltadas para a melhoria do bem-estar das pessoas e para a estabilidade do processo produtivo".

▸ Como esse assunto foi cobrado em concurso?

No Concurso do CESPE para Juiz Federal da 5ª Região em 2009, foi considerado CERTO o seguinte enunciado: "A defesa do meio ambiente, inclusive mediante tratamento diferenciado conforme o impacto ambiental dos produtos e serviços e de seus processos de elaboração e prestação, é princípio constitucional que fundamenta a atividade econômica".

▸ Como esse assunto foi cobrado em concurso?

No Concurso do CESPE para Procurador Federal em 2004, foi considerado CERTO o seguinte enunciado: "Pelo princípio do poluidor-pagador, consagrado no ordenamento jurídico brasileiro, o degradador deve responsabilizar-se pelos custos destinados à exploração dos recursos naturais e à prevenção dos danos ambientais, **internalizando** tais custos na própria Cadeia de produção".

▸ Qual o entendimento do STF sobre o assunto?

"[...] princípios constitucionais da livre iniciativa e da liberdade de comércio interpretados e aplicados em harmonia com o do desenvolvimento social saudável. [...] desenvolvimento sustentável: crescimento econômico com garantia paralela e superiormente respeitada da saúde da população, cujos direitos devem ser observados em face das necessidades atuais e daquelas previsíveis e a serem prevenidas para garantia e respeito às gerações futuras. Atendimento ao princípio da precaução, acolhido constitucionalmente, harmonizado com os demais princípios da ordem social e econômica. [...] Legitimidade e razoabilidade da atuação estatal preventiva, prudente e precavida, na adoção de políticas públicas que evitem causas do aumento de doenças graves ou contagiosas. Ponderação dos princípios constitucionais: demonstração de que a importação de pneus usados remoldados afronta os preceitos constitucionais de saúde e do meio ambiente ecologicamente equilibrado" (ADPF 101/DF, Rel. Min. Cármen Lúcia, publ. 01.08.2008).

> ▶ **Como esse assunto foi cobrado em concurso?**
>
> No Concurso do CESPE para Juiz Federal da 1ª Região em 2015, foi considerado ERRADO o seguinte enunciado: "No que se refere à defesa do meio ambiente, a CF exige a apresentação de EIA pelo responsável por obra ou atividade potencialmente nociva, **finalizada ou em andamento**".

> ▶ **Como esse assunto foi cobrado em concurso?**
>
> Na segunda fase do Concurso para Juiz Federal da 1ª Região em 2012, os princípios do direito ambiental foram cobrados em questão **discursiva**, da seguinte forma: "Com base no direito ambiental, discorra sobre os princípios do poluidor-pagador, da precaução e da prevenção, bem como sobre as condições específicas da responsabilização penal da pessoa jurídica."

5.7. Princípio da redução das desigualdades regionais e sociais

O inciso III, do art. 3º da Constituição Federal, prevê como objetivo fundamental da República Federativa do Brasil, **"erradicar a pobreza e a marginalização e reduzir as desigualdades sociais e regionais"**, disposição parcialmente reproduzida no inciso VII do art. 170 como princípio geral atividade econômica.

Cuida-se, dessa forma, de regramento direcionado ao Poder Público que, na criação e execução das políticas públicas, deve pautar-se por um **intervencionismo** caracterizado pelo **solidarismo** e com vistas à concretização da **justiça distributiva**.

Observe-se que as desigualdades regionais e sociais no Brasil, historicamente vêm sendo responsáveis, dentre outros aspectos, pelo fluxo migratório de grandes contingentes populacionais de regiões pobres para regiões mais ricas do país. Assim, reduzir tais desigualdades significa, além de enfrentar distorções resultantes do processo histórico de formação da sociedade brasileira, estancar esses movimentos migratórios.

Nessa esteira, a busca pela redução das desigualdades regionais e sociais, deverá nortear a elaboração do plano plurianual que, por sua vez, estabelecerá, "de forma regionalizada, as diretrizes, os objetivos e metas da administração pública federal para as despesas de capital e outras delas decorrentes e para as relativas aos programas de duração continuada" (art. 165, § 1º, CRFB). Da mesma forma, a busca pela redução das desigualdades inter-regionais, segundo critério populacional, deverá estar presente no processo de elaboração da lei orçamentária anual, sobretudo em relação ao orçamento fiscal da União e ao orçamento de investimentos das estatais federais (art. 165, § 7º, CRFB).

A existência de uma significativa assimetria entre as diversas regiões do país e a busca pela concretização de um **federalismo cooperativo** faz com que também seja permitido (e recomendado) à União "articular sua ação em um mesmo complexo geoeconômico e social, visando a seu desenvolvimento e à redução das desigualdades regionais" (art. 43, caput, CRFB).

Por outro lado, compete ao Poder Público buscar a redução das desigualdades sociais através de incentivos decorrentes de normas tributárias e, principalmente, por meio de políticas públicas que permitam a implementação de direitos sociais, tais como aquelas que combatem a fome e a miséria e promovem o acesso de todos à saúde e aos diversos níveis do ensino.

> **Importante**
>
> Como instrumento de redução das desigualdades regionais, a Emenda Constitucional n. 83/2015 **prorrogou a Zona Franca de Manaus por mais 50 anos.** Assim, seu término, previsto para 2023, fica estendido para o ano de 2073. Com isso, mantém-se o regime de incentivos fiscais para as indústrias que lá se instalam.

> **Como esse assunto foi cobrado em concurso?**
>
> No Concurso da FUMARC para Advogado da Prefeitura de Conceição do Mato Dentro/MG em 2016, foi considerado CERTO o seguinte enunciado: "São princípios da ordem econômica: defesa do consumidor e redução das desigualdades regionais e sociais".

5.8. Princípio da busca do pleno emprego

Pautada na **valorização do trabalho humano** (art. 6º, CRFB), a busca do pleno emprego tem como objetivo o máximo aproveitamento da força de trabalho existente, pelo mercado de trabalho. Com isso almeja-se, por um lado, a efetivação da dignidade humana, na medida em que o trabalhador terá condições de lograr sua autonomia e seu desenvolvimento pessoal, e, por outro, a eficiência na aplicação dos recursos públicos na medida em que, quanto maior o número de pessoas economicamente ativas, menores serão os gastos públicos em áreas como previdência e assistência sociais, permitindo, assim, que mais recursos sejam aplicados em áreas prioritárias como saúde e educação.

Pretendeu o legislador constituinte, dessa forma, que o Poder Público aja no sentido de promover políticas públicas de forma a estimular a criação de postos e oportunidades de trabalhos. Por outro lado, compete ao Estado, não apenas promover o acesso ao emprego, mas também, garantir condições dignas de trabalho através da concretização dos direitos trabalhistas previstos na Constituição da República, na Consolidação das Leis Trabalhistas e em legislação esparsa de forma que o trabalhador seja respeitado plenamente em sua dignidade humana.

> **Como esse assunto foi cobrado em concurso?**
>
> No Concurso para Juiz Federal da 5ª Região em 2011, foi considerado ERRADO o seguinte enunciado: "Ao prever o princípio do pleno emprego na CF, o legislador pretendeu defender a absorção da força de trabalho **a qualquer custo,** sem se preocupar com a dignidade da pessoa humana".

Sabe-se que a ideia de "pleno" emprego é quase uma ficção. Por isso o princípio deve ser analisado como uma **norma-objetivo**. Ou seja, compete ao Poder Público agir continuamente no sentido de alcançá-lo, de forma que políticas públicas que sejam contrárias à promoção do pleno emprego, tais como aquelas que induzem a recessão, devem ser tidas como inconstitucionais.

Por outro lado, ciente de que o desemprego é uma realidade, por melhores que sejam as políticas de estímulo ao emprego, cumpre ao Estado o papel de intervir também no sentido de garantir ao trabalhador desempregado, condições de dignas de vida no período em que busca uma recolocação no mercado, tais como aquelas relacionadas ao seguro-desemprego previstas nas Leis 7.998/90 e 13.134/15.

> **Importante**
>
> "'Expansão das oportunidades de emprego produtivo' e, corretamente 'pleno emprego' são expressões que conotam o ideal keynesiano de emprego pleno de todos os recursos e fatores da produção. O princípio informa o conteúdo ativo do princípio da *função social da propriedade*. A *propriedade dotada de função social* obriga o proprietário ou o titular do poder de controle sobre ela ao exercício desse direito-função (*poder-dever*), até para que se esteja a realizar o *pleno emprego*" (GRAU, 2007, p. 253).

> **Como esse assunto foi cobrado em concurso?**
>
> No Concurso para Procurador da República em 2013, foi considerado ERRADO o seguinte enunciado: "**Viola** os princípios da busca do pleno emprego e do livre exercício da atividade econômica a exigência de admissão no exame de Ordem realizado pela Ordem dos Advogados do Brasil para o exercício da advocacia pelo bacharel em Direito".

> **Como esse assunto foi cobrado em concurso?**
>
> No Concurso da ESAF para Procurador da Fazenda Nacional em 2007, o tema foi cobrado da seguinte forma: "São princípios da ordem econômica na Constituição Federal de 1988: a) a livre concorrência e a proteção da propriedade comunitária; b) a defesa do consumidor e o tratamento favorecido às empresas de capital nacional; c) a defesa do meio ambiente e a busca do pleno emprego; d) a função social da propriedade e a aposentadoria integral para os servidores públicos; e) a redução das desigualdades regionais e a intervenção do Estado nas atividades de transporte". Segundo o gabarito oficial, foi considerada CORRETA a alternativa "c".

5.9. Princípio do tratamento favorecido para empresas de pequeno porte

A princípio poder-se-ia imaginar que dispensar um tratamento favorecido para as empresas de pequeno porte constituídas sob as leis brasileiras e que tenham sua sede e administração no país, seria contrário ao princípio da livre concorrência. Contudo, essa interpretação não é razoável, já que a proteção conferida a esses organismos com menores condições de competitividade tem como escopo, justamente, promover a **liberdade de concorrência e de iniciativa**, além de promover o **desenvolvimento nacional**. Segundo André Ramos Tavares: "É uma medida tendente a assegurar a concorrência em condições justas entre micro e pequenos empresários, de uma parte, e de outra, de grandes empresários" (2006, p. 216).

"Trata-se, portanto, da proteção conferida à parcela dos agentes privados que participam do ciclo econômico de produção e circulação, sem, todavia, deter parcela substancial de mercado, tampouco poderio econômico, sendo, corolário lógico da defesa da concorrência" (FIGUEIREDO, 2016, p. 89).

Frise-se que o objetivo constitucional é reiterado no caput do art. 179, ao estabelecer que: "A União, os Estados, o Distrito Federal e os Municípios dispensarão às microempresas e às empresas de pequeno porte, assim definidas em lei, tratamento jurídico diferenciado, visando a incentivá-las pela simplificação de suas obrigações administrativas, tributárias, previdenciárias e creditícias, ou pela eliminação ou redução destas por meio de lei".

▸ Qual o entendimento do STF sobre o assunto?

"O fomento da micro e da pequena empresa foi elevado à condição de princípio constitucional, de modo a orientar todos os entes federados a conferir tratamento favorecido aos empreendedores que contam com menos recursos para fazer frente à concorrência [...]". (ADI 4.033/DF, Rel. Min. Joaquim Barbosa, publ. 17.09.2008)

▸ Como esse assunto foi cobrado em concurso?

No Concurso da FUNDEP para Auditor Conselheiro Substituto do TCE/MG em 2018, foi considerado CERTO o seguinte enunciado: "A União, os estados, o Distrito Federal e os municípios devem dispensar tratamento jurídico diferenciado às microempresas e às empresas de pequeno porte".

▸ Como esse assunto foi cobrado em concurso?

No Concurso para Juiz Federal da 4ª Região em 2016, foi considerado ERRADO o seguinte enunciado: "Tendo em vista o elevado potencial para geração de emprego e de renda para o país, a Constituição Federal conferiu tratamento favorecido para as empresas de pequeno porte constituídas sob as leis brasileiras, **independentemente do local em que tenham sua sede e administração**".

▸ Como esse assunto foi cobrado em concurso?

No Concurso do MPE-GO para Promotor de Justiça Estadual em 2016, foi considerado CERTO o seguinte enunciado: "A ordem econômica, fundada na valorização do trabalho humano e na livre iniciativa, tem por fim assegurar a todos existência digna, conforme os ditames da justiça social, sendo pautada pelos seguintes princípios, **exceto**": "tratamento favorecido para as empresas de pequeno porte instaladas no país, **mesmo que tenham sede a administração no exterior**".

Com base nas previsões constitucionais supracitadas e, ainda, no art. 146, III, d, da CRFB, a Lei Complementar 123/2006 instituiu o Estatuto Nacional da Microempresa e da Empresa de Pequeno Porte, trazendo, dentre suas disposições, a definição dessas organizações, tomando como critério objetivo a receita bruta anual:

- Microempresa: aquela que aufira, em cada ano-calendário, receita bruta igual ou inferior a R$ 360.000,00 (trezentos e sessenta mil reais) (art. 3º, I);
- Empresa de pequeno porte: aquela que aufira, em cada ano-calendário, receita bruta superior a R$ 360.000,00 (trezentos e sessenta mil reais) e igual ou inferior a R$ 3.600.000,00 (três milhões e seiscentos mil reais) (art. 3º, II).

Para fins do enquadramento como microempresa ou empresa de pequeno porte, a lei considera receita bruta "o produto da venda de bens e serviços nas operações de conta própria, o preço dos serviços prestados e o resultado nas operações em conta alheia, não incluídas as vendas canceladas e os descontos incondicionais concedidos" (art. 3º, § 1º da LC 123/06).

Observe-se que o texto original da Constituição da República de 1988 referia-se a "tratamento favorecido para as empresas brasileiras de capital nacional de pequeno porte". Só em 1995, com a Emenda Constitucional n. 6 é que o dispositivo passou a ter a redação atual. Assim, em razão da alteração da redação, ainda é comum que questões de concurso induzam o candidato, reproduzindo total ou parcialmente, o texto revogado, conforme infra:

> **Como esse assunto foi cobrado em concurso?**
>
> No Concurso para Juiz Federal da 2ª Região em 2012, foi considerado ERRADO o seguinte enunciado: "A lei poderá conceder proteção e benefícios temporários a empresas brasileiras de **capital nacional**, adequadas ao desenvolvimento do país". Na mesma questão também foi considerado ERRADO o seguinte enunciado: "Inexiste tratamento favorecido para empresas brasileiras de qualquer natureza".

Uma das principais formas de se concretizar o tratamento favorecido dispensado pelo inciso IX da CRFB é com a institucionalização do SIMPLES Nacional, qual seja, um regime compartilhado de arrecadação, cobrança e fiscalização de tributos aplicável às Microempresas e Empresas de Pequeno Porte, previsto na LC 123/06, abrangendo todos os entes federados (U, E, DF e M).

Para que a empresa ingresse no Simples Nacional, exige-se que sejam observadas concomitantemente as seguintes condições:

- Enquadrar-se na definição de microempresa ou de empresa e pequeno porte;
- Cumprir os requisitos previstos na legislação; e
- Formalizar a opção pelo Simples Nacional.

A Receita Federal apresenta como características principais do Regime do Simples Nacional (http://www8.receita.fazenda.gov.br/SimplesNacional/Documentos/Pagina.aspx?id=3):

- Ser facultativo;
- Ser irretratável para todo o ano-calendário;
- Abrange os seguintes tributos: IRPJ, CSLL, PIS/Pasep, Cofins, IPI, ICMS, ISS e a Contribuição para a Seguridade Social destinada à Previdência Social a cargo da pessoa jurídica (CPP);
- Recolhimento dos tributos abrangidos mediante documento único de arrecadação - DAS;
- Disponibilização às ME/EPP de sistema eletrônico para a realização do cálculo do valor mensal devido, geração do DAS e, a partir de janeiro de 2012, para constituição do crédito tributário;
- Apresentação de declaração única e simplificada de informações socioeconômicas e fiscais;
- Prazo para recolhimento do DAS até o dia 20 do mês subsequente àquele em que houver sido auferida a receita bruta;
- Possibilidade de os Estados adotarem sublimites para EPP em função da respectiva participação no PIB. Os estabelecimentos localizados nesses Estados cuja receita bruta total extrapolar o respectivo sublimite deverão recolher o ICMS e o ISS diretamente ao Estado ou ao Município.

> **Qual o entendimento do STF sobre o assunto?**
>
> "O Simples Nacional surgiu da permanente necessidade de se fazer com que o sistema tributário nacional concretizasse as diretrizes constitucionais do favorecimento às microempresas e às empresas de pequeno porte. [...] O regime foi criado para diferenciar, em iguais condições, os empreendedores com menor capacidade contributiva e menor poder econômico [...]" (RE 627.543/RS, Rel. Min. Dias Toffoli, publ. 30.10.2013).

> **Como esse assunto foi cobrado em concurso?**
>
> No Concurso do CESPE para Juiz Federal da 2ª Região em 2011, foi considerado ERRADO o seguinte enunciado: "A empresa de pequeno porte optante do regime especial unificado de arrecadação de tributos e contribuições é **dispensada** do pagamento das contribuições instituídas pela União para as entidades privadas de serviço social, não se estendendo tal isenção às contribuições às entidades de formação profissional vinculadas ao sistema sindical".

A mesma lei complementar 123/06 disciplina, ainda, regras específicas aplicáveis às microempresas e às empresas de pequeno porte, também aplicáveis às cooperativas (desde que tenham receita bruta anual equivalente às das empresas de pequeno porte) quando participantes de licitações.

Assim, para aquelas, a **regularidade fiscal será exigida apenas no momento da assinatura do contrato**, e não para a sua participação na licitação, como, em regra é exigido. Por outro lado, visando incentivar a contratação de microempresas e empresas de pequeno porte, a lei prevê um **empate ficto** nos casos em que as propostas apresentadas pelas micro e pequenas empresas sejam iguais ou até 10% superiores à melhor proposta (5% em casos de pregão). Nesses casos, a microempresa ou empresa de pequeno porte melhor classificada poderá apresentar proposta de preço inferior àquela considerada vencedora do certame, situação em que será adjudicado em seu favor o objeto licitado (art. 45, I, da LC 123/06).

Além disso, a mesma LC 123/06 prevê casos de licitações destinadas, direta ou indiretamente às microempresas e empresas de pequeno porte, conforme quadro infra.

Principais dispositivos da Lei Complementar 123/06 no sentido de facilitar o acesso das microempresas aos mercados (LC 147/14)
Art. 43. As microempresas e empresas de pequeno porte, por ocasião da participação em certames licitatórios, **deverão apresentar toda a documentação exigida para efeito de comprovação de regularidade fiscal, mesmo que esta apresente alguma restrição.** § 1º **Havendo alguma restrição na comprovação da regularidade fiscal, será assegurado o prazo de 5 (cinco) dias úteis**, cujo termo inicial corresponderá ao momento em que o proponente for declarado o vencedor do certame, prorrogável por igual período, a critério da administração pública, para a regularização da documentação, pagamento ou parcelamento do débito e emissão de eventuais certidões negativas ou positivas com efeito de certidão negativa. Art. 44. **Nas licitações será assegurada, como critério de desempate, preferência de contratação para as microempresas e empresas de pequeno porte.** § 1º Entende-se por empate aquelas situações em que as propostas apresentadas pelas microempresas e empresas de pequeno porte sejam iguais ou até **10% (dez por cento)** superiores à proposta mais bem classificada. § 2º Na modalidade de **pregão**, o intervalo percentual estabelecido no § 1º deste artigo será de **5% (cinco por cento)** superior ao melhor preço. Art. 47. **Nas contratações públicas da administração direta e indireta, autárquica e fundacional, federal, estadual e municipal, deverá ser concedido tratamento diferenciado e simplificado para as microempresas e empresas de pequeno porte objetivando a promoção do desenvolvimento econômico e social no âmbito municipal e regional, a ampliação da eficiência das políticas públicas e o incentivo à inovação tecnológica.** Parágrafo único. No que diz respeito às compras públicas, enquanto não sobrevier legislação estadual, municipal ou regulamento específico de cada órgão mais favorável à microempresa e empresa de pequeno porte, aplica-se a legislação federal. Art. 48. Para o cumprimento do disposto no art. 47 desta Lei Complementar, a administração pública: I - deverá realizar **processo licitatório destinado exclusivamente à participação de microempresas e empresas de pequeno porte nos itens de contratação cujo valor seja de até R$ 80.000,00** (oitenta mil reais); II - poderá, em relação aos processos licitatórios destinados à aquisição de obras e serviços, **exigir dos licitantes a subcontratação de microempresa ou empresa de pequeno porte;**

Principais dispositivos da Lei Complementar 123/06 no sentido de facilitar o acesso das microempresas aos mercados (LC 147/14)
III – deverá estabelecer, em certames para aquisição de bens de natureza divisível, **cota de até 25% (vinte e cinco por cento) do objeto para a contratação de microempresas e empresas de pequeno porte.** § 2º Na hipótese do inciso II do **caput** deste artigo, os **empenhos e pagamentos do órgão ou entidade da administração pública poderão ser destinados diretamente às microempresas e empresas de pequeno porte subcontratadas.** § 3º Os benefícios referidos no **caput** deste artigo poderão, justificadamente, estabelecer a prioridade de contratação para as microempresas e empresas de pequeno porte sediadas local ou regionalmente, **até o limite de 10% (dez por cento) do melhor preço válido.** Art. 49-A. A microempresa e a empresa de pequeno porte beneficiárias do SIMPLES usufruirão de **regime de exportação que contemplará procedimentos simplificados de habilitação, licenciamento, despacho aduaneiro e câmbio**, na forma do regulamento. Parágrafo único. As pessoas jurídicas prestadoras de serviço de logística internacional quando contratadas por beneficiários do SIMPLES estão autorizadas a realizar atividades relativas a licenciamento administrativo, despacho aduaneiro, consolidação e desconsolidação de carga, bem como a contratação de seguro, câmbio, transporte e armazenagem de mercadorias, objeto da prestação do serviço, na forma do regulamento.

Por fim, ainda em relação aos contratos públicos, há que se destacar a possibilidade de as micro e pequenas empresas emitirem a cédula de crédito microempresarial, nos casos de serem titulares de direitos creditórios decorrentes de empenhos liquidados por órgãos e entidades da União, Estados, Distrito Federal e Município não pagos em até 30 dias contados até a data de liquidação (art. 46, LC 123/06).

5.10. Princípios implícitos da ordem econômica

Além dos princípios expressamente previstos nos incisos do art. 170 da CRFB e em seu parágrafo único, Leonardo Vizeu Figueiredo (2016, p. 89-92) ainda aponta princípios implícitos da ordem econômica, a saber:

a) **Subsidiariedade**: enquanto agente regulador, cabe ao Poder Público atuar na ordem econômica, apenas de forma subsidiária à iniciativa privada. Assim, a intervenção somente será cabível em casos expressamente previstos pela Constituição.

> **Importante**
>
> "A subsidiariedade, ainda, apresenta um caráter dúplice, comportando aplicação simultânea, positiva e negativa. O aspecto negativo do princípio revela-se ao preconizar que aquilo que pode ser exercido pelo indivíduo ou por sociedades menores, não deve ser confiado às sociedades de maior envergadura, nem tampouco ao Estado. Por sua vez, o aspecto positivo é evidenciado na medida em que os grupos maiores

> têm a obrigação de suprir eventuais deficiências dos menores, prestando assistência aos atores insuficientes, estimulando, coordenando, fomentando, suplementando e suprindo, se necessário, a iniciativa pessoal" (FIGUEIREDO, 2016, p. 90).

b) **Liberdade Econômica**: consiste na manifestação da liberdade no ciclo econômico (produção, circulação/distribuição e consumo). Abrange a liberdade de empresa e a liberdade de concorrência, devendo o Estado garantir que todos os agentes interessados possam participar do ciclo econômico de seu respectivo mercado.

c) **Igualdade Econômica**: princípio meramente formal, cujo intuito é "nivelar os agentes detentores de poderia econômico, com aqueles que, apesar de não deterem parcela significativa de mercado, dele participam sendo vitais para sua salutar manutenção". Destaca o autor que o reconhecimento desse princípio não afasta a possibilidade de que existam distinções, desde que embasadas por critérios técnicos, como é o caso do tratamento favorecido dispensado às micro e pequenas empresas. Tampouco esse princípio coloca o Poder Público no mesmo patamar dos particulares, sendo, portanto, "perfeitamente constitucional o estabelecimento de tratamento diferenciado, que não traduzam em privilégios odiosos e injustificáveis para o Estado" (FIGUEIREDO, 2016, p. 91).

d) **Desenvolvimento Econômico**: com o intuito de reduzir as desigualdades regionais e sociais, há que se reconhecer a constitucionalidade das políticas públicas de ação afirmativa, desde que atendam a critérios objetivos de adequação, necessidade e proporcionalidade.

e) **Democracia Econômica**: "informa que as políticas públicas devem ampliar a oferta de oportunidades de iniciativa e emprego, com chances iguais para todos os que se encontrem na mesma situação fática e jurídica" (FIGUEIREDO, 2016, p. 91).

f) **Boa-fé econômica**: consiste na aplicação dos princípios da publicidade e da transparência nas relações econômicas, com o intuito de se garantir a simetria informativa, necessária para se evitar falhas de mercado.

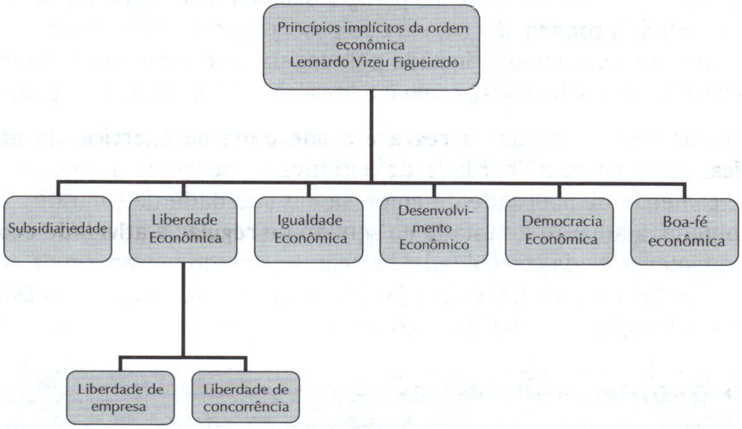

▸ Como esse assunto foi cobrado em concurso?

No Concurso da ESAF para Procurador da Fazenda Nacional em 2007, esse tema foi cobrado da seguinte forma: "São princípios da ordem econômica na Constituição Federal de 1988: a) a defesa do meio ambiente e a busca do pleno emprego; b) a defesa do consumidor e o tratamento favorecido à empresa de capital nacional; c) a função social da propriedade e a aposentadoria integral para os servidores públicos; d) a livre concorrência e a proteção da propriedade comunitária; e) a redução das desigualdades regionais e a intervenção do Estado nas atividades de transporte". Segundo o gabarito oficial, foi considerada CORRETA a alternativa "a".

6. O LIVRE EXERCÍCIO DA ATIVIDADE ECONÔMICA. LIMITAÇÕES E CONDICIONAMENTOS.

O artigo 170 da CRFB/88, além de dispor sobre os fundamentos, objetivos e princípios da ordem econômica, também estabelece, em seu parágrafo único, como deve ser exercida a atividade econômica no país.

▸ Importante

CRFB, Art. 170, parágrafo único. "É assegurado a todos o livre exercício de qualquer atividade econômica, independentemente de autorização de órgãos públicos, salvo nos casos previstos em lei".

▸ Como esse assunto foi cobrado em concurso?

No Concurso do TRT-4 para Juiz do Trabalho em 2016, foi considerado CERTO o seguinte enunciado: "A ordem econômica, fundada na valorização do trabalho humano e na livre iniciativa, tem por fim assegurar a todos existência digna, conforme os ditames da justiça social, assegurando a todos o livre exercício de qualquer atividade econômica, independentemente de autorização de órgãos públicos, salvo nos casos previstos em lei".

Observe-se que a norma contida no parágrafo único do art. 170 é uma norma constitucional de **eficácia contida**, já que, em que pese a aplicabilidade direta e imediata, pode ter seu alcance contido e limitado pelo legislador constitucional, característica das Constituições de cunho social, como é a brasileira (FIGUEIREDO, 2016, p. 92-93).

Assim, compreende-se que a **regra é a liberdade no exercício da atividade econômica**, assim como a liberdade de iniciativa (envolvendo a liberdade de indústria e comércio ou liberdade de empresa e a liberdade de contrato), admitindo-se, contudo, a atuação do Estado no sentido de **regular a atividade econômica** em prol de interesses da coletividade, ou seja, sujeitando o exercício da atividade econômica ao bem-estar coletivo e à justiça social. Assim, compete ao **Estado regulador**, a imposição de requisitos para o exercício de determinadas atividades.

▸ Qual o entendimento do STF sobre o tema?

"Exercício profissional e liberdade de expressão. Exigência de inscrição em Conselho Profissional. Excepcionalidade. Arts. 5º, IX e XIII, da Constituição. **Nem todos os ofícios ou profissões podem ser condicionadas ao cumprimento de condições legais para o seu exercício. A regra é a liberdade**. Apenas quando houver potencial lesivo na atividade é que pode ser exigida inscrição em conselho de fiscalização profissional. A atividade de músico prescinde de controle. Constitui, ademais, manifestação artística protegida pela garantia da liberdade de expressão" (RE 414.426/SC, Rel. Min. Ellen Gracie, publ. 10.01.2011).

▸ Como esse assunto foi cobrado em concurso?

No Concurso da FUNDEP para Auditor Conselheiro Substituto do TCE/MG em 2018, foi considerado CERTO o seguinte enunciado: "É assegurado a todos o livre exercício de qualquer atividade econômica, independentemente de autorização de órgãos públicos, salvo nos casos previstos em lei".

▸ Como esse assunto foi cobrado em concurso?

No Concurso do CESPE para Advogado da União em 2012, foi considerado CERTO o seguinte enunciado: "Com exceção dos casos especificados em lei, toda pessoa dispõe de liberdade para exercer qualquer atividade econômica, independentemente de autorização concedida por órgãos públicos".

Observe-se que o tema tem sido explorado em concursos públicos, com base em julgados do Supremo Tribunal Federal, o que evidencia a necessidade de se manter em dia com a leitura dos informativos, passo importante na preparação para as provas.

▸ Qual o entendimento do STF sobre o assunto?

STF, súmula vinculante 49. "Ofende o princípio da livre concorrência lei municipal que impede a instalação de estabelecimentos comerciais do mesmo ramo em determinada área".

> **Como esse assunto foi cobrado em concurso?**
>
> No Concurso do CESPE para Advogado da União em 2012, foi considerado CERTO o seguinte enunciado: "Com exceção dos casos especificados em lei, toda pessoa dispõe de liberdade para exercer qualquer atividade econômica, independentemente de autorização concedida por órgãos públicos".

> **Qual o entendimento do STF sobre o assunto?**
>
> "Responsabilidade tributária. [...] Sócios de sociedade limitada. [...] O art. 13 da Lei 8.620/1993 [...] se reveste de inconstitucionalidade material, porquanto **não é dado ao legislador estabelecer confusão entre os patrimônios das pessoas física e jurídica**, o que, além de impor desconsideração *ex lege* e objetiva da personalidade jurídica, descaracterizando as sociedades limitadas, implica irrazoabilidade e inibe a iniciativa privada, afrontando os arts. 5º, XIII e 170, parágrafo único, da Constituição" (RE 562.276/PR. Rel. Min. Ellen Gracie, publ. 03.11.2010).

> **Como esse assunto foi cobrado em concurso?**
>
> No Concurso do CESPE para Juiz Federal da 2ª Região em 2011, foi considerado CERTO o seguinte enunciado: **"É inconstitucional**, por infringir o princípio da razoabilidade e inibir a iniciativa privada, norma de lei ordinária que imponha aos sócios das empresas por cotas de responsabilidade limitada a responsabilidade solidária, mediante seus bens pessoais, pelos débitos da pessoa jurídica para com a seguridade social".

> **Qual o entendimento do STF sobre o assunto?**
>
> "Apreensão de mercadorias como forma de coerção ao pagamento de tributos: impossibilidade. É da jurisprudência do Supremo Tribunal que **não é dado à Fazenda Pública obstaculizar a atividade empresarial com a imposição de penalidades no intuito de receber imposto atrasado"**. (RE 496.893/RN-AgR, Rel. Min. Sepúveda Pertence, publ. 24.10.2006)

A possibilidade de o Estado brasileiro limitar o exercício da atividade econômica à observância de determinados requisitos manifesta-se, também, na exigência de que a sociedade estrangeira, qual seja, aquela constituída fora do Brasil ou que, mesmo constituída no Brasil, mantém sua sede fora do território nacional dependa de prévia obtenção de autorização para funcionamento no país, cuja expedição compete ao Ministro do Desenvolvimento, Indústria e Comércio Exterior, conforme Decreto 3.444/2000 (PELUSO, 2010, p. 1094). Essa possibilidade, contida no CC/02, de se exigir a autorização do Poder Executivo para a sociedade estrangeira funcionar no país funda-se não em qualquer tipo de tratamento discriminatório em relação às sociedades estrangeiras, mas na atuação do Estado brasileiro, **condicionando o exercício da atividade econômica**, conforme preceitos do parágrafo único do art. 170 da CRFB/88 ("salvo casos previstos em lei").

Nesse caso, não há que se falar em concessão de privilégios de natureza comercial à empresa brasileira frente às empresas estrangeiras, o que representaria uma violação ao princípio da livre iniciativa. Em verdade, o Código Civil, ao exigir a autorização do Poder Executivo para que estas atuem no país, busca analisar a sua regularidade originária, a comprovação de sua estrutura objetiva e subjetiva, a regularidade de representação local e sua higidez patrimonial (FARIAS, 2014. p. 764).

> **Como esse assunto foi cobrado em concurso?**
>
> No Concurso da FCC para Procurador do BACEN em 2006, esse tema foi cobrado da seguinte forma: "Dispõe o art. 1.134 do Código Civil que 'a sociedade estrangeira, qualquer que seja o seu objeto, não pode, sem autorização do Poder Executivo, funcionar no país'. Esse dispositivo tem respaldo constitucional: [...] e) na possibilidade de a **lei** estatuir a necessidade de autorização dos órgãos públicos para o exercício de atividade econômica por qualquer agente privado em território nacional".

Ainda na análise do parágrafo único do art. 170 da CRFB, o STF já entendeu pela constitucionalidade das normas de comércio exterior que proíbem a importação de pneumáticos usados, o que não significa afronta ao princípio do livre exercício da atividade econômica.

> **Qual o entendimento do STF sobre o assunto?**
>
> "Constitucionalidade de atos normativos proibitivos da importação de pneus usados. Reciclagem de pneus usados: ausência de eliminação total de seus efeitos nocivos à saúde e ao meio ambiente equilibrado. Afrontas aos princípios constitucionais da saúde e do meio ambiente ecologicamente equilibrado. Desenvolvimento sustentável: crescimento econômico com garantia paralela e superiormente respeitada da saúde da população, cujos direitos devem ser observados em face das necessidades atuais e daquelas previsíveis e a serem prevenidas para a garantia e respeito às gerações futuras. Ponderação dos princípios constitucionais". (ADPF 101/DF, Rel. Min. Cármen Lúcia, publ. 04.06.2012)

> **Como esse assunto foi cobrado em concurso?**
>
> No Concurso para Procurador da República em 2012, foi considerado ERRADO o seguinte enunciado: "É inconstitucional o conjunto de normas de comércio exterior que proíbe a **importação de pneumáticos** usados por afronta ao princípio do livre exercício da atividade econômica".

Outra discussão que chegou ao STF, tendo como objeto a análise do livre exercício da atividade econômica, diz respeito à possibilidade de lei estadual permitir a comercialização de produtos em recipientes ou embalagens reutilizáveis, de forma que sejam preenchidos por produtos de marcas concorrentes. Tal matéria foi julgada constitucional em relação ao uso de botijões de gás liquefeito, ou seja, a marca do vasilhame não pode impedir a circulação e reutilização do recipiente por outras empresas, as quais devem estampar a própria marca em rótulo no vasilhame (Adi 2359/ES, Rel. Min. Eros Grau, publ. 07.12.2006). Posteriormente, a matéria foi novamente discutida no STF em relação a garrafões de água reutilizáveis, com manifestação favorável de alguns ministros, conforme Informativo 708/STF, porém, a lei foi revogada e a ação direta de inconstitucionalidade (ADI 3885/PR, Rel. Min. Gilmar Mendes, publ. 28.06.2013) perdeu o objeto. O tema foi objeto de questão objetiva em 2015 no concurso para Procurador da República.

▸ Como esse assunto foi cobrado em concurso?

No Concurso para Procurador da República em 2015, foi considerado CERTO o seguinte enunciado: "É constitucional lei estadual que trata da **comercialização de produtos em recipientes ou embalagens reutilizáveis**, permitindo que sejam preenchidos por produtos de marcas concorrentes".

A mesma questão em que constou o enunciado contido no quadro anterior, apesar de relacionar-se mais ao aspecto da constitucionalidade das normas, conta, ainda, com outros enunciados que merecem atenção pelo seu conteúdo relacionado ao Direito Econômico.

▸ Como esse assunto foi cobrado em concurso?

No Concurso para Procurador da República em 2015, foi considerado ERRADO o seguinte enunciado: "É constitucional lei estadual que proíbe o corte no fornecimento de energia elétrica por falta de pagamento sem prévio comunicado ao usuário". Na mesma questão também foi considerado ERRADO o seguinte enunciado: "É inconstituciona lei estadual que permite a comercialização de artigos de conveniência em farmácias e drogarias".

▸ Qual o entendimento do STJ sobre o assunto?

"[...] É lícito à concessionária interromper o fornecimento de energia elétrica, se, após aviso prévio, o consumidor de energia elétrica permanecer inadimplente no pagamento da respectiva conta (Lei 8.987/95, art. 6.º, § 3.º, II) [...]" (AgRg no REsp 873.174/RS, Rel. Min. Luiz Fux, publ. 17.09.2007).

▸ Qual o entendimento do STJ sobre o assunto?

"[...] autorização para a comercialização de determinados produtos lícitos de consumo comum e rotineiro em farmácias e drogarias - não guarda relação com a temática da proteção e defesa da saúde (art. 24, XII, da CF), visto que somente aborda, supletivamente, o comércio local.

A Lei Federal 5.991/1973 não veda expressamente a comercialização de artigos de conveniência em drogarias e farmácias, e a exclusividade, por ela fixada, para a venda de medicamentos nesses estabelecimentos não autoriza interpretação que obste o comércio de qualquer outro tipo de produto. Atuação legítima da iniciativa legislativa estadual no campo suplementar [...]" (ADI 4949/RJ, Rel. Min. Ricardo Lewandowski, publ. 07.05.2013).

7. A LEI DA LIBERDADE ECONÔMICA (LEI Nº 13.874, DE 2019)

7.1. Lei da Liberdade Econômica: alcance, escopo e princípios

Em 20 de setembro de 2019 foi publicada a Lei nº 13.874, resultado da conversão da MP 881/2019, instituindo a Declaração de Direitos de Liberdade Econômica e estabelecendo garantias de livre mercado, além de alterar uma série de dispositivos, dentre outros, do Código Civil e da Consolidação das Leis do Trabalho. Posteriormente, em 18 de dezembro de 2019, foi editado o Decreto nº 10.178 regulamentando a Lei da Liberdade Econômica para dispor sobre os critérios e os procedimentos para a classificação de risco de atividade econômica e para fixar o prazo para aprovação tácita.

Buscando reduzir a burocracia nas atividades econômicas, garantir mais segurança jurídica aos negócios e estimular a criação de empregos, a Lei da Liberdade Econômica gerou muitas polêmicas no âmbito doutrinário, contando com grandes entusiastas, ao mesmo tempo que é alvo de ásperas críticas. Entretanto, na preparação para concursos públicos, cabe ao candidato conhecer seus principais dispositivos, princípios e os impactos trazidos ao ordenamento jurídico como um todo.

A Lei de Liberdade Econômica (LLE), além de uma parte introdutória, com disposições gerais, conta com outros quatro capítulos, tratando, respectivamente, "Da Declaração de Direitos de Liberdade Econômica", "Das garantias de livre iniciativa", "Da Análise de Impacto Regulatório (AIR)" e "Das alterações legislativas e disposições finais".

Cumpre destacar que a Lei nº 13.847/2019 é uma típica norma de Direito Econômico, o que resta claro já no artigo 1º ao fixar o estabelecimento de normas de proteção à livre iniciativa e ao livre exercício de atividade econômica, além de disposições sobre a atuação do Estado como agente normativo e regulador, pautada, constitucionalmente, pelos artigos 170 e 174 da Constituição da República.

> **▸ Importante**
>
> CRFB/88, Art. 170. A ordem econômica, fundada na valorização do trabalho humano e na livre iniciativa, tem por fim assegurar a todos existência digna, conforme os ditames da justiça social, observados os seguintes princípios:
>
> [...]
>
> IV- livre concorrência
>
> [...]
>
> Parágrafo único. É assegurado a todos o livre exercício de qualquer atividade econômica, independentemente de autorização de órgãos públicos, salvo casos previstos em lei.
>
> CRFB/88, art. 174. Como agente normativo e regulador da atividade econômica, o Estado exercerá, na forma da lei, as funções de fiscalização, incentivo e planejamento, sendo este determinante para o setor público e indicativo para o setor privado. [...]

> **Qual o entendimento do STF sobre o tema?**
>
> "A liberdade de iniciativa garantida pelos artigos 1º, IV, e 170 da Constituição brasileira consubstancia cláusula de proteção destacada no ordenamento pátrio como fundamento da República e é característica de seleto grupo das Constituições ao redor do mundo, por isso que não pode ser amesquinhada para afastar ou restringir injustificadamente o controle judicial de atos normativos que afrontem *liberdades econômicas* básicas." (ADPF 449, Rel. Min. Luiz Fux, p. 02.09.2019).

No mais, o §4º do seu art. 1º expressamente afirma que os artigos 1º ao 4º constituem normas gerais de Direito Econômico, devendo ser observados para todos os atos públicos de liberação da atividade econômica executados pelos Estados, Distrito Federal e Municípios.

Quanto ao seu alcance, a LLE será observada na aplicação e interpretação do direito civil, empresarial, econômico, urbanístico e do trabalho, inclusive no que diz respeito à proteção do meio ambiente (art. 1º, §1º). Por outro lado, a própria lei exclui a aplicação de todo o teor dos seus capítulos I ao III ao Direito Tributário e ao Direito Financeiro, exceto no que diz respeito ao arquivamento de documentos por meio de microfilme ou por meio digital (Atenção: disposição alterada pela lei nº 14.195/2021).

Destaque-se que, a doutrina vem entendendo pela não aplicação da Lei da Liberdade Econômica ao Direito do Consumidor, seja pela ausência de previsão expressa, seja pela incompatibilidade entre suas disposições e o sistema protetivo do Código de Defesa do Consumidor (Lei nº 8.078/90). Assim, enquanto o CDC aplica-se em contextos de vulnerabilidade e hipossuficiência de uma das partes, a LLE volta-se aos negócios jurídicos paritários (art. 3º, VIII e art. 421-A do Código Civil).

A LLE ainda estabelece importante norma sobre interpretação, ao fixar que "interpretam-se em favor da liberdade econômica, da boa-fé e do respeito aos contratos, aos investimentos e à propriedade todas as normas de ordenação pública sobre atividades econômicas privadas" (art. 1º, §2º).

Ainda em suas disposições gerais, a Lei da Liberdade Econômica elencou quatro princípios que deverão nortear sua aplicação. Apesar de não representarem grandes inovações no ordenamento jurídico brasileiro, mas, majoritariamente, a confirmação de regras e princípios já reconhecidos pelos tribunais superiores, tais princípios buscam incutir na cultura jurídica do país, uma postura interpretativa menos intervencionista, especialmente de agentes públicos e juízes (TARTUCE; OLIVEIRA, 2019).

> **Importante**
>
> Lei nº 13.874/2019, art. 2º. São princípios que norteiam o disposto nesta Lei:
>
> I - a liberdade como uma garantia no exercício de atividades econômicas;
>
> II - a boa-fé do particular perante o poder público;
>
> III - a intervenção subsidiária e excepcional do Estado sobre o exercício de atividades econômicas; e

IV - o reconhecimento da vulnerabilidade do particular perante o Estado.

Parágrafo único. Regulamento disporá sobre os critérios de aferição para afastamento do inciso IV do caput deste artigo, limitados a questões de má-fé, hipersuficiência ou reincidência.

▸ Como esse assunto foi cobrado em concurso?

No Concurso da VUNESP para Técnico em Informática da Prefeitura de Birigui-SP em 2019, foi considerado CERTO o seguinte enunciado a respeito da MP da Liberdade Econômica, posteriormente convertida na lei nº 13.874/2019: "A MP aprovada na Câmara visa diminuir a burocracia e facilitar a abertura de empresas, principalmente de micro e pequeno porte".

7.2. Declaração de Direitos de Liberdade Econômica

A seguir, em seu capítulo II, a LLE traz a chamada "Declaração de Direitos de Liberdade Econômica" que, mais uma vez, tem como fundamento a disposição do parágrafo único do art. 170 da Constituição da República, que assegura a todos o livre exercício de qualquer atividade econômica, independentemente de autorização de órgãos públicos, salvo casos previstos em lei.

Inicialmente, tem-se a dispensa de quaisquer atos públicos para a liberação da atividade econômica considerada de baixo risco, qual seja, aquela para a qual se valha exclusivamente de propriedade privada própria ou de terceiros consensuais (art. 3º, I). Para tanto, a LLE determina, ainda, a obrigação de que o Poder Executivo Federal disponha sobre a classificação dessas atividades, norma que deverá ser observada pelos demais entes federativos (art. 3º, §§ 1º e 2º).

Essa regulamentação deu-se com o Decreto nº 10.178/19 que fixou três níveis de riscos: I.) risco leve, irrelevante ou inexistente; II.) risco moderado; e III.) risco alto (art. 3º). Assim, as atividades enquadradas no nível I dispensam a solicitação de qualquer ato público para seu exercício (art. 8º). Já aquelas do nível II contarão com procedimentos administrativos simplificados para as solicitações de liberação (art. 9º).

O Decreto estabeleceu ainda que a classificação do risco será aferida preferencialmente por meio de análise quantitativa e estatística, considerando, no mínimo: I-) a probabilidade de ocorrência de eventos danosos e II-) a extensão, a gravidade ou o grau de irreparabilidade do impacto causado à sociedade na hipótese de ocorrência de evento danoso (art. 4º).

▸ Como esse assunto foi cobrado em concurso?

No Concurso da VUNESP para Titular de Serviços de Notas e de Registros de Goiás em 2021, foi considerado ERRADO o seguinte enunciado: "É direito de toda pessoa, natural ou jurídica, essencial para o desenvolvimento e o crescimento econômico do País desenvolver atividade econômica de baixo risco, para a qual se valha exclusivamente de propriedade privada própria ou de terceiros consensuais, sem a necessidade de quaisquer atos públicos de liberação da atividade econômica, sendo que a fiscalização do exercício desse direito será realizada previamente pela autoridade competente".

▸ Como esse assunto foi cobrado em concurso?

No Concurso da FCC para Procurador do Estado substituto de Goiás em 2021, foi considerado ERRADO o seguinte enunciado: "É assegurado a toda pessoa, natural ou jurídica, desenvolver atividade econômica de baixo risco, para a qual se valha exclusivamente de propriedade privada própria ou de terceiros consensuais, sem a necessidade de quaisquer atos públicos de liberação da atividade econômica, dispensado o pagamento de quaisquer taxas relativas à fiscalização da atividade".

A seguir, é apontado como "Direito da Liberdade Econômica", o de desenvolver qualquer atividade econômica em qualquer horário ou dia da semana, sem a sujeição a quaisquer cobranças ou encargos adicionais, desde que observadas as normas de proteção ambiental, a legislação trabalhista e eventuais restrições contratuais, regulamentares ou decorrentes de outros negócios jurídicos, assim como aquelas decorrentes do direito real (art. 3º, II).

O direito seguinte diz respeito à possibilidade de se definir livremente, em mercados não regulados, o preço de produtos e de serviços como consequência de alterações da oferta e da demanda (art. 3º, III), disposição inaplicável às situações em que o preço de produtos e de serviços seja utilizado com a finalidade de reduzir o valor do tributo, de postergar a sua arrecadação ou de remeter lucros em forma de custos ao exterior e tampouco à legislação de defesa da concorrência, aos direitos do consumidor e às demais disposições protegidas por lei federal.

▸ Qual o entendimento do STJ sobre o assunto?

"Não é válido o disposto no art. 1º, inciso II, do Decreto n. 7.860/2012 que estabelece a intervenção da autoridade pública na atividade de praticagem, para promover, de forma ordinária e permanente, a fixação dos preços máximos a serem pagos na contratação dos serviços em cada zona portuária". (STJ, REsp 1.662.196-RJ, Rel. Min. Og Fernandes, por unanimidade, julgado em 19/09/2017, DJe 25/09/2017).

▸ Qual o entendimento do STJ sobre o tema?

"Como corolário do poder negocial, a decisão de contratar, ou não, e o preço a ser praticado constituem manifestações exercício da liberdade econômica constitucionalmente garantida, que, apenas em situações excepcionais, quando verificada ofensa à liberdade de concorrência, pode ser limitada". (REsp 1317536/MA, Rel. Min. Paulo de Tarso Sanseverino, p. 03.02.2016).

> **Como esse assunto foi cobrado em concurso?**
>
> No Concurso da VUNESP para Titular de Serviços de Notas e de Registros de Goiás em 2021, foi considerado CERTO o seguinte enunciado: "É direito de toda pessoa, natural ou jurídica, essencial para o desenvolvimento e o crescimento econômico do País definir livremente, em mercados não regulados, o preço de produtos e de serviços como consequência de alterações da oferta e da demanda, não se aplicando à legislação de defesa da concorrência, aos direitos do consumidor e às demais disposições protegidas por lei federal".

Os dispositivos seguintes estabelecem o direito de recebimento de tratamento isonômico de órgãos e de entidades da administração pública quanto ao exercício de atos de liberação da atividade econômica (art. 3º, IV) e da presunção de boa-fé nos atos praticados no exercício da atividade econômica (art. 3º, V).

Também foi garantido o direito ao empreendedor de desenvolver, executar, operar ou comercializar novas modalidades de produtos e de serviços quando normas infralegais se tornarem desatualizadas por força de desenvolvimento tecnológico consolidado internacionalmente, nos termos de regulamento ainda não editado (art. 3º, VI).

A LLE representa um claro incentivo à autonomia da vontade das partes no caso de negócios paritários, o que restou bastante claro no art. 3º, VIII, ao determinar que tais negócios jurídicos, no âmbito empresarial, serão objeto de livre estipulação das partes pactuantes, de forma a aplicar as regras de direito empresarial, exceto as normas de ordem pública, de maneira apenas subsidiária.

> **Como esse assunto foi cobrado em concurso?**
>
> No Concurso da VUNESP para Titular de Serviços de Notas e de Registros de Goiás em 2021, foi considerado ERRADO o seguinte enunciado: "É direito de toda pessoa, natural ou jurídica, essencial para o desenvolvimento e o crescimento econômico do País ter a garantia de que os negócios jurídicos empresariais paritários serão objeto de livre estipulação das partes pactuantes, de forma a aplicar todas as regras de direito empresarial apenas de maneira subsidiária ao avençado, inclusive no que diz respeito às empresas públicas e sociedades de economia mista".

Já no inciso IX foi introduzida aquilo que a doutrina vem chamando de cláusula do pôr-do-sol ou *sunset clause* (TARTUCE; OLIVEIRA, 2019), ou ainda, o chamado silêncio eloquente (FORTINI; AMARAL, 2019), qual seja, a garantia de que diante de uma solicitação de liberação de atividade econômica, o interessado não apenas terá direito a informações claras a respeito dos elementos necessários à instrução do processo e de seu prazo como, principalmente, de que o transcurso do prazo fixado, sem a manifestação da autoridade, importará na aprovação tácita para todos os efeitos, salvo hipóteses expressamente vedadas em lei.

Não obstante as disposições constantes dos §§ 6º ao 8º da LLE, o inciso IX do art. 3º foi regulamentado também pelo Decreto nº 10.178/19 com a redação que lhe foi conferida pelo Decreto nº 10.219/20, que reproduz a ideia de aprovação tácita, o que não exime o requerente de cumprir as normas aplicáveis à exploração da atividade econômica que realizar e, tampouco afasta a sujeição à realização das adequações identificadas pelo Poder Público em fiscalizações posteriores (art. 10, §§ 1º e 2º).

Por outro lado, o Decreto em análise (art. 10, § 3º) também estabelece que a aprovação tácita não se aplica:

> I. a ato público de liberação relativo a questões tributárias de qualquer espécie ou de concessão de registro de direitos de propriedade intelectual;
>
> II. quando a decisão importar em compromisso financeiro da administração pública;
>
> III. quando se tratar de decisão sobre recurso interposto contra decisão denegatória de ato público de liberação;
>
> IV. aos processos administrativos de licenciamento ambiental, na hipótese de exercício de competência supletiva, nos termos do disposto na lei complementar nº 140/11, que fixa normas para a cooperação dos entres federativos em matéria ambiental; ou
>
> V. aos demais atos públicos de liberação de atividades com impacto significativo ao meio ambiente, conforme estabelecido pelo órgão ambiental competente no ato normativo de liberação da atividade.

▸ Como esse assunto foi cobrado em concurso?

No Concurso da FGV para Promotor de Justiça de Goiás em 2022, foi considerado CERTO o seguinte enunciado: "O decurso do prazo de autorização da importação de medicamento considerado essencial para auxiliar no combate à pandemia do coronavírus, sem registro na Anvisa, mas com registro na *Food and Drug Administration* (FDA), implica autorização tácita".

▸ Como esse assunto foi cobrado em concurso?

No Concurso da FGV para Promotor de Justiça substituto de Goiás em 2022, foi considerado ERRADO o seguinte enunciado: "O decurso dos prazos de licenciamento ambiental, sem a emissão da licença ambiental, implica emissão tácita".

▸ Como esse assunto foi cobrado em concurso?

No Concurso da FGV para Promotor de Justiça substituto de Goiás em 2022, foi considerado ERRADO o seguinte enunciado: "O decurso dos prazos para atos públicos de liberação de registro de agrotóxicos e afins sem a resposta ao requerimento, implica aprovação tácita".

> **Como esse assunto foi cobrado em concurso?**
>
> No Concurso da FGV para Promotor de Justiça substituto de Goiás em 2022, foi considerado ERRADO o seguinte enunciado: "Tratando-se de licenciamento ambiental de projeto minerário habilitado em política do Comitê Interministerial de Análise de Projetos de Minerais Estratégicos, o decurso do prazo sem a emissão da licença ambiental implica emissão tácita".

O decreto regulamentador ainda fixou que o órgão ou a entidade responsável pela liberação da atividade econômica não poderão estabelecer prazo superior a sessenta dias para a respectiva decisão administrativa. Esse prazo poderá ser superior em razão da natureza dos interesses públicos envolvidos e da complexidade da atividade econômica a ser desenvolvida pelo requerente, mediante fundamentação da autoridade máxima do órgão ou da entidade.

A LLE previu, também, a virtualização do acervo da Administração Pública (art. 3º, X, e art. 18), o que foi regulamentado pelo Decreto nº 10.278/20 que, dentre outros aspectos, estabelece que a digitalização de documentos físicos devem assegurar: I-) a integridade e a confiabilidade do documento digitalizado; II-) a rastreabilidade e a auditabilidade dos procedimentos empregados; III-) o emprego dos padrões técnicos de digitalização para garantir a qualidade da imagem, da legibilidade e do uso do documento digitalizado; IV-) a confidencialidade, quando aplicável; e V-) a interoperabilidade entre sistemas informatizados (art. 4º).

> **Como esse assunto foi cobrado em concurso?**
>
> No Concurso da FCC para Procurador do Estado substituto de Goiás em 2021, foi considerado CERTO o seguinte enunciado: "É direito de toda pessoa, natural ou jurídica, arquivar qualquer documento por meio de microfilme ou por meio digital, conforme técnica e requisitos estabelecidos em regulamento, hipótese em que se equiparará a documento físico para todos os efeitos legais e para a comprovação de qualquer ato de direito público".

Já no seu inciso XI, o art. 3º da Lei da Liberdade Econômica impossibilita à Administração Pública, exigir medidas compensatórias ou mitigatórias abusivas em sede de estudos de impacto ou outras liberações de atividade econômica no direito urbanístico. Esse dispositivo, inaplicável às situações de acordo resultantes de ilicitude, certamente tem como alvo supostas exigências "abusivas" resultantes, sobretudo, do procedimento de licenciamento ambiental.

A própria LLE, nas alíneas do inciso XI do art. 3º estabeleceu que deve ser entendida como abusiva aquela medida que:

- Requeira medida que já era planejada para execução antes da solicitação pelo particular, sem que a atividade econômica altere a demanda para execução da referida medida;

- Utilize-se do particular para realizar execuções que compensem impactos que existiriam independentemente do empreendimento ou da atividade econômica solicitada;
- Requeira a execução ou prestação de qualquer tipo para áreas ou situação além daquelas diretamente impactadas pela atividade econômica; ou
- Mostre-se sem razoabilidade ou desproporcional, inclusive utilizada com meio de doação ou intimidação.

Por fim, o último direito essencial para o desenvolvimento e o crescimento econômico, previsto pelo art. 3º da Lei da Liberdade Econômica diz respeito à necessidade de expressa previsão legal para que o Poder Público exija certidões (art. 3º, XII). No mais, a lei também considerou ilegal a delimitação de prazos de validade de certidão emitida sobre fato imutável, inclusive sobre óbito.

> **▸ Qual o entendimento do TCU sobre o tema?**
>
> "[...] cabe ressaltar que os conselhos profissionais estão sujeitos aos ditames da Lei da Liberdade Econômica (lei 13.874/2019)". (Acórdão 4029/2020, Plenário, Rel. Min. Marcos benquerer, sessão 08.12.2020).

> **▸ Como esse assunto foi cobrado em concurso?**
>
> No Concurso da FCC para Procurador do Estado substituto de Goiás em 2021, foi considerado ERRADO o seguinte enunciado: "Não se exigirá, nos procedimentos licitatórios, certidão relativa à regularidade fiscal dos licitantes, sendo substituída por autodeclaração de regularidade, sob as penas da lei".

7.3. Garantias à livre iniciativa

Buscando destravar a atividade econômica, a Lei nº 13.874/19 parte do pressuposto de que a presença estatal pode se revelar excessiva, traduzindo em obstáculo a ser transposto sem razão que assim justifique" (FORTINI; AMARAL, 2019). Assim, em seu art. 4º, estabeleceu como dever da Administração Pública e das demais entidades vinculadas àquela lei evitar o abuso do poder regulatório, exceto se em estrito cumprimento à previsão explícita em lei.

Para tanto, a própria Lei da Liberdade Econômica entendeu que se caracteriza como abuso do poder regulatório (art. 4º):

> I - criar reserva de mercado ao favorecer, na regulação, grupo econômico, ou profissional, em prejuízo dos demais concorrentes;
>
> II - redigir enunciados que impeçam a entrada de novos competidores nacionais ou estrangeiros no mercado;
>
> III - exigir especificação técnica que não seja necessária para atingir o fim desejado;

IV - redigir enunciados que impeçam ou retardem a inovação e a adoção de novas tecnologias, processos ou modelos de negócios, ressalvadas as situações consideradas em regulamento como de alto risco;

V - aumentar os custos de transação sem demonstração de benefícios;

VI - criar demanda artificiar ou compulsória de produto, serviço ou atividade profissional, inclusive de uso de cartórios, registros ou cadastros;

VII - introduzir limites à livre formação de sociedades empresariais ou de atividades econômicas;

VIII - restringir o uso e o exercício da publicidade e propaganda sobre um setor econômico, ressalvadas as hipóteses expressamente vedadas em lei federal; e

IX - exigir, sob o pretexto de inscrição tributária, requerimentos de outra natureza de maneira a mitigar o efeitos do inciso I, do art. 3º da LLE.

▸ **Qual o entendimento do STF sobre o tema?**

"A portaria ministerial que, sob a justificativa de regulamentar a atuação estatal acerca do exercício de atividade econômica relacionada a agrotóxicos, para imprimir diretriz governamental voltada a incrementar a liberdade econômica, fere direitos fundamentais consagrados e densificados, há muito tempo, concernentes à Saúde Ambiental". (ADPF 656 MC, Rel. Min. Ricardo Lewandowski, p. 31.08.2020).

Em 2021, a lei nº 14.195, chamada de "Lei do Ambiente de Negócios", tratou de diferentes temas relacionados ao Direito Empresarial e Processual Civil, além de acrescentar o art. 4º-A à Lei de Liberdade Econômica, fixando deveres à Administração Pública e às demais entidades que se sujeitam àquela lei, na aplicação da ordenação pública sobre atividades econômicas privada, quais sejam:

I - dispensar tratamento justo, previsível e isonômico entre os agentes econômicos;

II - proceder à lavratura dos autos de infração ou aplicar sanções com base em termos subjetivos ou abstratos somente quando estes forem propriamente regulamentados por meio de critérios claros, objetivos e previsíveis; e

III - observar o critério de dupla visita para lavratura de autos de infração decorrentes do exercício de atividade considerada de baixo ou médio risco.

No exercício da competência prevista no inciso II supratranscrito, os respectivos órgãos e entidades editarão atos normativos, no **prazo de 4 (quatro anos)**, salvo previsão de prazo inferior fixado pelo Poder Executivo em regulamento, observando o seguinte (LLE, art. 4º-A, §1º):

I - Nos casos de imprescindibilidade de juízo subjetivo para a aplicação da sanção, o ato normativo determinará o procedimento para sua aferição, de forma a garantir a maior previsibilidade e impessoalidade possível;

II - a competência da edição dos atos normativos infralegais equivalentes a que se refere este parágrafo poderá ser delegada pelo Poder competente

> conforme sua autonomia, bem como pelo órgão ou pela entidade responsável pela lavratura do auto de infração.

Ademais, o §2º do mencionado art. 4º-A fixa que para fins administrativos, controladores e judiciais, consideram-se plenamente atendidos pela administração pública os requisitos previstos no inciso II do caput daquele artigo, quando a advocacia pública no âmbito da União, do Distrito Federal e dos Municípios, nos limites da respectiva competência, tiver previamente analisado o ato de que trata o §1º do mesmo artigo.

Por fim, foi previsto ainda que as disposições do inciso II do caput do art. 4º-A aplicam-se exclusivamente ao ato de lavratura decorrente de infrações referentes a matérias nas quais a atividade foi considerada de baixo ou médio risco, não se aplicando a órgãos e a entidades da administração pública que não a tenham assim classificado, de forma direta ou indireta, de acordo com os seguintes critérios (art. 4º-A, §4º):

> I - direta, quando realizada pelo próprio órgão ou entidade da administração pública que procede à lavratura; e
>
> II - indireta, quando o nível de risco aplicável decorre de norma hierarquicamente superior ou subsidiária, por força de lei, desde que a classificação refira-se explicitamente à matéria sobre a qual se procederá a lavratura.

7.4. FRENTE INTENSIVA DE AVALIAÇÃO REGULATÓRIA E CONCORRENCIAL (FIARC)

Em 2 de outubro de 2020, a Instrução Normativa SEAE nº 97 criou o programa **"Frente Intensiva de Avaliação Regulatória e Concorrencial" (FIARC)** para o exercício de competências da Secretaria de Advocacia da Concorrência e Competitividade (SEAE) e da Subsecretaria da Advocacia da Concorrência (SAC), dentre as quais:

I) propor a revisão de leis, regulamentos e outros atos normativos da administração pública federal, estadual, municipal e do Distrito Federal que afetem ou possam afetar a concorrência nos diversos setores econômicos do País;

II) acompanhar o funcionamento dos mercados e propor medidas de estímulo à eficiência, à inovação e à competitividade;

III) propor medidas para a melhoria regulatória e do ambiente de negócios;

IV) analisar o impacto regulatório de políticas públicas;

V) estimular o funcionamento eficiente e competitivo dos mercados;

VI) avaliar e manifestar-se de ofício ou quando solicitada, sobre atos normativos e instrumentos legais que afetem a eficiência na prestação de serviços, produção e distribuição de bens;

VII) promover a articulação com órgãos públicos, setor privado e entidades não governamentais envolvidos nas atribuições da Subsecretaria;

VIII) propor políticas concorrenciais com vistas ao desenvolvimento e ao financiamento da infraestrutura; e

IX) realizar pesquisas e outras atividades técnicas que contribuam para o cumprimento das suas atribuições, em parceria com instituições públicas e privadas, brasileiras e estrangeiras.

O ponto mais importante da Instrução Normativa nº 97/2020 diz respeito ao capítulo II, que trata do abuso regulatório e concorrencial. Nesse sentido, "o FIARC orientar-se-á através de critérios de aferição para a avaliação, proposição e promoção do estímulo de melhoramento regulatório e concorrencial pelo rol exemplificativo de características de atos anticoncorrenciais listados na forma do disposto nos incisos do caput do art. 4º da Lei nº 13.874, de 20 de setembro de 2019 (Lei de Liberdade Econômica), observado os detalhamentos nos artigos 4º a 12 desta Instrução Normativa" (art. 3º).

Nessa perspectiva, os artigos 4º a 12 da IN 97/2020 trouxeram um **rol exemplificativo** de condutas que podem se caracterizar como abuso regulatório e concorrencial. São elas:

- Reserva de mercado (art. 4º);
- Enunciados anti-concorrenciais (art. 5º);
- Especificação técnica não necessária ao fim almejado (art. 6º);
- Enunciados anti-inovação e anti-adoção de novas tecnologias, processos ou modelos de negócio (Art. 7º);
- Aumento dos custos de transação sem demonstração de benefícios (arts. 8º e 9º);
- Introdução de limites à livre formação de sociedades empresariais ou de atividades econômicas (art. 10);
- Restrição ao uso e o exercício da publicidade e propaganda sobre um setor econômico (art. 11);
- Exigência de requerimentos que mitiguem os efeitos da dispensa de ato público de liberação em atividades econômicas de baixo risco (Art. 12).

A criação da "Frente Intensiva de Avaliação Regulatória e Concorrencial" (FIARC) causou controvérsia na doutrina, já que, a princípio, tal frente figuraria como "reguladora dos reguladores", conferindo ao Ministério da Economia o poder de monitorar toda a regulação praticada não só pela União, mas por todos os entes federativos, o que descaracterizaria como um todo a ideia de autonomia dos entes reguladores. Assim, esse tema merece muito cuidado, figurando-se como uma excelente opção, sobretudo, para questões dissertativas!

7.5. Análise de Impacto Regulatório

A Lei da Liberdade Econômica (lei nº 13.874/19), assim como a Lei Geral das Agências Reguladoras previram, expressamente, a Análise de Impacto Regulatório (AIR). Esse instrumento não pode ser considerado uma novidade no Brasil, na medida em que já era utilizado por algumas agências e outros entes que atuam na regulação. Contudo, a sua inserção em normas tão importantes, é fator primordial para colocar o país em sintonia com boas práticas propostas pela Organização para Cooperação e Desenvolvimento Econômico (OCDE).

A Análise de Impacto Regulatório surgiu nos Estados Unidos da América do Norte a partir da crítica da Escola de Chicago que buscava impedir o excesso de regulação, o que, por sua vez, resultaria na ineficiência econômica. E esse parece ter sido o mesmo sentido da Lei nº 13.847/19 que, antes de tratar da AIR (art. 5º), garante à livre iniciativa, uma atuação da administração pública no sentido de evitar o abuso do poder regulatório (art. 4º).

Antes mesmo de tais leis, a reforma na Lei de Introdução às normas do Direito Brasileiro, ocorrida com a lei nº 13.655/18, já sinalizava no mesmo sentido ao determinar que "Nas esferas administrativa, controladora e judicial, não se decidirá com base em valores jurídicos abstratos sem que sejam consideradas as consequências práticas da decisão (art. 20, caput). No mais: A motivação demonstrará a necessidade e a adequação da medida imposta ou da invalidação de ato, contrato, ajuste, processo ou norma administrativa, inclusive em face das possíveis alternativas" (art. 20, parágrafo único).

Ainda em 2018, foi aprovado e recomendado pelo Comitê Interministerial de Governança, "um instrumento de recomendação de boas práticas para todos os órgãos da Administração Pública Federal denominado 'Diretrizes Gerais e Guia Orientativo para Elaboração de Análise de Impacto Regulatório - AIR" que acabou norteando a elaboração do Decreto nº 10.411, de 30 de junho de 2020, que regulamentou a AIR (VILELA, 2020b, p. 65)

> **Importante**
>
> Decreto 10.411/20, art. 2º, I. "Análise de impacto Regulatório - AIR - procedimento, a partir da definição de problema regulatório, de avaliação prévia à edição dos atos normativos de que trata este Decreto, que conterá informações e dados sobre os seus prováveis efeitos, para verificar a razoabilidade do impacto e subsidiar a tomada de decisão"

No mesmo sentido, e com base na experiência em diferentes países, a OCDE conceitua a AIR como "um processo de identificação sistemática e avaliação dos efeitos esperados das propostas regulatórias por meio de método analítico de custo/benefício" (OCDE, 2008, p. 3).

O Decreto regulamentador (Decreto nº 10.411/20) determina a aplicação das regras relacionadas à Análise de Impacto Regulatório não apenas às agências reguladoras ou outros entes que atuam na regulação (por isso optamos por tratar desse tema nesse capítulo), mas "aos órgãos e às entidades da administração pública federal direta, autárquica e fundacional, quando da proposição de atos normativos de interesse geral de agentes econômicos ou de usuários dos serviços prestados, no âmbito de suas competências (art. 1º, §1º) alcançando "as propostas de atos normativos formuladas por colegiados por meio do órgão ou da entidade encarregado de lhe prestar apoio administrativo" (art. 1º, §2º).

Por outro lado, expressamente, o Decreto nº 10.411/20 afasta sua aplicação às propostas de edição de decreto ou aos atos normativos a serem submetidos ao Congresso Nacional (art. 1º, §3º). Já em relação à administração tributária e aduaneira da União, a necessidade de AIR só se aplica aos atos normativos que instituam ou modifiquem obrigação acessória (art. 3º, §1º).

> **▸ Importante**
>
> Decreto 10.411/20, art. 3º, *caput*. "A edição, a alteração ou a revogação de atos normativos de interesse geral de agentes econômicos ou de usuários dos sérvios prestados, por órgãos e entidades da administração pública federal direta, autárquica e fundacional será precedida de AIR".

Entretanto, nem todos os atos normativos serão precedidos da Análise de Impacto Regulatório, já que o próprio Decreto nº 10.411/20, excluiu os seguintes:

> I - de natureza administrativa, cujos efeitos sejam restritos ao âmbito interno do órgão ou da entidade;
>
> II - de efeitos concretos, destinados a disciplinar situação específica, sujos destinatários sejam individualizados;
>
> III - que disponham sobre execução orçamentária e financeira;
>
> IV - que disponham estritamente sobre política cambial e monetária;
>
> V - que disponham sobre segurança nacional; e
>
> VI - que visem a consolidar outras normas sobre matérias específicas, sem alteração de mérito.

Assim como ocorre no procedimento licitatório, há também hipóteses e que a Análise de Impacto Regulatório poderá ser dispensada, desde que mediante decisão fundamentada do órgão ou da entidade competente. Contudo, nesses casos, deverá ser elaborada nota técnica ou documento equivalente que fundamente a proposta de edição ou de alteração do ato normativo. A essa nota ou documento será dada publicidade, salvo casos previstos na Lei de Acesso à Informação (Lei nº 12.527/11). As hipóteses de dispensa são as seguintes (art. 4º do Decreto 10.411/2020):

> I - urgência;
>
> II - ato normativo destinado a disciplinar direitos ou obrigações definidos em norma hierarquicamente superior que não permita, técnica ou juridicamente, diferentes alternativas regulatórias;
>
> III - ato normativo considerado de baixo impacto;

> **▸ Importante**
>
> Decreto 10.411/20, art. 2º, II. "Ato normativo de baixo impacto - aquele que: a) não provoque aumento expressivo de custos para os agentes econômicos ou para os usuários dos serviços prestados; b) não provoque aumento expressivo de despesa orçamentária e financeira; e c) não repercuta de forma substancial nas políticas públicas de saúde, segurança, ambientais, econômicas ou sociais."

> IV - ato normativo que vise à atualização ou à revogação de normas consideradas obsoletas, sem alteração de mérito;
>
> V - ato normativo que vise a preservar a liquidez, solvência ou higidez: a) dos mercados de seguro, de resseguro, de capitalização e de previdência complementar; b) dos mercados financeiros, de capitais e de câmbio; ou c) dos sistemas de pagamentos.
>
> VI - ato normativo que vise a manter a convergência a padrões internacionais;
>
> VII - ato normativo que reduza exigências, obrigações, restrições, requerimentos ou especificações com o objetivo de diminuir os custos regulatórios; e
>
> VIII - ato normativo que revise normas desatualizadas para adequá-las ao desenvolvimento tecnológico consolidado internacionalmente.

7.5.1. O procedimento da Análise de Impacto Regulatório

A AIR poderá ocorrer antes ou durante a tomada da decisão regulatória, contando com caráter não vinculante. Será iniciada após a avaliação pelo órgão ou pela entidade competente quanto à obrigatoriedade ou à conveniência e à oportunidade para a resolução do problema (art. 5º do Decreto 10.411/20).

Ao final da AIR será elaborado relatório que permita aos tomadores de decisão, sobretudo, ter a real dimensão da necessidade da ação proposta, assim como reconhecer vantagens e desvantagens das alternativas possíveis. Para uma melhor disciplina da matéria, o Decreto Regulamentador, em seu art. 6º fixou os itens que devem conter no Relatório (art. 6º), assim como indicou, exemplificativamente, as metodologias que poderão ser utilizadas na aferição do impacto econômico (art. 7º).

> **Importante**
>
> Decreto 10.411/20, art. 2º, II. "Relatório de AIR – ato de encerramento da AIR, que conterá os elementos que subsidiaram a escolha da alternativa mais adequada ao enfrentamento do problema regulatório identificado e, se for o caso, a minuta do ato normativo a ser editado."

Assim como a nova Lei Geral das Agências Reguladoras, o Decreto Regulamentador da AIR foi bastante favorável tanto à publicidade quanto à participação popular. Assim, foi incentivada tanto a participação social antes da decisão sobre a melhor alternativa ao problema regulatório e antes da elaboração de eventual minuta de ato normativo (art. 8º), quanto a realização de consultas públicas (art. 9º). Estas últimas serão obrigatórias nos casos de tomada de decisão por parte de agências reguladoras quando envolverem alteração de atos normativos de interesse geral dos agentes econômicos, consumidores ou usuários dos serviços prestados (art. 9º da Lei nº 13.848/19).

Os efeitos da AIR serão mensurados através da Avaliação de Resultado Regulatório (ARR), que poderá ter caráter temático e ser realizada apenas quanto a partes de um ou mais atos normativos (art. 13, §1º, do Decreto 10.411/20). Ainda em relação à ARR, os órgãos e as entidades da administração públicas com competência para a elaboração de atos sujeitos à AIR, instituirão agenda de ARR, a ser divulgada no primeiro ano de cada mandato presidencial, devendo ser concluída até o último ano daquele mesmo mandato.

> **Importante**
>
> Decreto 10.411/20, art. 2º, III. "Avaliação de Resultado Regulatório - ARR - verificação dos efeitos decorrentes da edição de ato normativo, considerados o alcance dos objetivos originalmente pretendidos e os demais impactos observados sobre o mercado e a sociedade, em decorrência de sua implementação."

Os órgãos e as entidades deverão manter seus relatórios de AIR, bem como a análise das informações e as manifestações recebidas no processo de consulta pública em seu sítio eletrônico, ressalvadas, mais uma vez, as exceções previstas na Lei de Acesso à Informação.

Ao final, o Decreto nº 10.411/20 faz a ressalva de que a inobservância às suas disposições não constitui escusa válida para o descumprimento da norma editada e nem acarreta a invalidade da respectiva norma.

Apesar de entrar em vigor na data de sua publicação, o Decreto Regulamentador da AIR apenas produz efeitos a partir de 15 de abril de 2021 para o Ministério da Economia, as agências reguladoras federais e o INMETRO. Para os demais órgãos e entidades da administração pública federal, a produção de efeitos se dá em 14 de outubro de 2021.

> **Importante**
>
> Decreto 10.411/20, art. 2º, VI. "Atualização do estoque regulatório - exame periódico dos atos normativos de responsabilidade do órgão ou da entidade competente, com vistas a averiguar a pertinência de sua manutenção ou a necessidade de sua alteração ou revogação".

7.6. Alterações legislativas decorrentes da Lei da Liberdade Econômica

Além das alterações diretamente relacionadas ao Direito Econômico, a Lei da Liberdade Econômica trouxe uma série de alterações legislativas que impactaram, dentre outras áreas, o Direito Civil, Empresarial, Notarial e Trabalhista e que, certamente, serão objeto de questões de concursos públicos nas respectivas áreas. Dentre elas, merecem destaque:

- Extinção do fundo soberano vinculado ao Ministério da Economia;
- Alterações no Código Civil de forma a privilegiar a autonomia da vontade nas relações paritárias e aumento da segurança jurídica;
- Autorização para a sociedade limitada unipessoal;
- Disciplina da desconsideração da personalidade jurídica (desvio de finalidade e confusão patrimonial);
- Disciplina dos fundos de investimento;
- Autorização dos registros públicos em meio eletrônico;

- Disciplina das súmulas da administração tributária federal;
- Criação da Carteira de Trabalho Eletrônica;
- Alterações relacionadas ao registro de ponto;
- Substituição do e-Social por sistema simplificado de escrituração digital de obrigações previdenciárias, trabalhistas e fiscais.

▸ Qual o entendimento do STJ sobre o tema?

"Antes da edição da lei n. 13.874/2019, as execuções fiscais promovidas pela União e relativas a débitos iguais ou inferiores a R$ 10.000,00 (dez mil reais) deveriam ter seus autos arquivados, sem baixa na distribuição". (Jurisprudência em Teses. Edição n. 159, tese 2)

▸ Como esse assunto foi cobrado em concurso?

No Concurso do MPT para Procurador do Trabalho em 2020, foi considerado ERRADO o seguinte enunciado: "A Lei nº 13.874/2019 alterou disposições do Código Civil relacionadas à exceção do contrato não cumprido para permitir, nos contratos bilaterais, em determinadas hipóteses legais, que um dos contratantes exija o adimplemento da obrigação do outro contratante, ainda que antes de cumprida sua obrigação, desde que tal possibilidade esteja prévia e expressamente pactuada".

▸ Como esse assunto foi cobrado em concurso?

No Concurso do MPT para Procurador do Trabalho em 2020, foi considerado ERRADO o seguinte enunciado: "A Lei nº 13.874/2019 alterou disposições contidas no art. 50 do Código Civil relacionadas à desconsideração da personalidade jurídica, para permiti-la apenas quando os administradores ou sócios da pessoa jurídica sejam beneficiados diretamente pelo abuso".

▸ Como esse assunto foi cobrado em concurso?

No Concurso do MPT para Procurador do Trabalho em 2020, foi considerado CERTO o seguinte enunciado: "Entende-se por confusão patrimonial a ausência de separação de fato entre os patrimônios, caracterizada por: cumprimento repetitivo pela sociedade de obrigações do sócio ou do administrador ou vice-versa; transferência de ativos ou de passivos sem efetivas contraprestações, exceto os de valor proporcionalmente insignificante; e outros de descumprimento da autonomia patrimonial".

▸ Como esse assunto foi cobrado em concurso?

No Concurso da EXATUS para Advogado da Câmara de Candói/PR em 2019, foi considerado CERTO o seguinte enunciado: "A liberdade contratual será exercida nos limites da função social do contrato. Nas relações contratuais privadas, prevalecerão o princípio da intervenção mínima e a excepcionalidade da revisão contratual".

Capítulo 3

Intervenção direta do Estado brasileiro na ordem econômica

1. EXPLORAÇÃO DA ATIVIDADE ECONÔMICA PELO ESTADO

O Estado pode atuar na economia como um agente econômico (atuação direta ou participação) ou ainda, na condição de agente disciplinador (atuação indireta ou intervenção). Na forma de participação, conforme já destacado, a atuação poderá ser através do regime de monopólio ou pela participação em casos de necessidade aos imperativos de segurança nacional ou relevante interesse coletivo (art. 173 da CRFB/88).

▸ Como esse assunto foi cobrado em concurso?

No Concurso da FUNDEP para Auditor Conselheiro Substituto do TCE/MG em 2018, foi considerado CERTO o seguinte enunciado: "Ressalvados os casos previstos na Constituição de 1988, a exploração direta de atividade econômica pelo Estado só será permitida quando necessária aos imperativos da segurança nacional ou a relevante interesse coletivo, conforme definidos em lei".

▸ Como esse assunto foi cobrado em concurso?

No Concurso da FCC para Assistente Jurídico da Assembleia Legislativa do Mato Grosso do Sul em 2016, foi considerado CERTO o seguinte enunciado: "Diante da epidemia de dengue, o Estado, em atenção ao interesse coletivo, resolve produzir, em larga escala, medicação comprovadamente potente contra o vírus. Diante dessa situação hipotética, essa exploração direta da atividade econômica pelo Estado: **é permitida**, pois a Constituição a admite quando se tratar de relevante interesse coletivo".

▸ Como esse assunto foi cobrado em concurso?

No Concurso da FGV para Advogado da Companhia das Docas do Estado da Bahia em 2016, foi considerado ERRADO o seguinte enunciado: "A atuação do Estado no domínio econômico se dá, **unicamente**, por meio de empresas públicas e sociedades de economia mista, cuja criação somente será permitida quando necessário aos imperativos da segurança nacional ou a relevante interesse coletivo".

▸ Como esse assunto foi cobrado em concurso?

No Concurso do CESPE para Juiz Federal da 2ª Região em 2011, foi considerado ERRADO o seguinte enunciado: "Verifica-se, na CF, a opção por sistema econômico voltado primordialmente para a livre-iniciativa, o que legitima a assertiva de que o Estado só **deve intervir na economia** em situações excepcionais, quando necessário aos imperativos da segurança nacional ou de relevante interesse coletivo".

> **Importante**
>
> CRFB, art. 173, *caput*. Ressalvados os casos previstos nesta Constituição, a exploração direta de atividade econômica pelo Estado só será permitida quando necessária aos imperativos da segurança nacional ou a relevante interesse coletivo, conforme definidos em lei.

Assim, presentes tais exigências (segurança nacional/relevante interesse coletivo), será legítima a participação estatal direta na atividade econômica, independentemente de se cogitar de preferência ou de insuficiência da iniciativa privada, não se tratando, portanto, de mera participação suplementar ou subsidiária em relação à iniciativa privada (SILVA, 2007, p. 717).

> **Qual o entendimento do STF sobre o assunto?**
>
> "[...] É certo que a ordem econômica na Constituição de 1988 define opção por um sistema no qual joga um **papel primordial a livre iniciativa**. Essa circunstância não legitima, no entanto, a assertiva de que o Estado só intervirá na economia em situações excepcionais. Mais do que simples instrumento de governo, a nossa Constituição enuncia diretrizes, programas e fins a serem realizados pelo Estado e pela sociedade. Postula um plano de ação global normativo para o Estado e para a sociedade, informado pelos preceitos veiculados pelos seus arts. 1º, 3º e 170 [...]" (ADI 1950/SP, Min. Rel. Eros Grau, publ. 02.06.2006).

> **Como esse assunto foi cobrado em concurso?**
>
> No Concurso do CESPE para Advogado-Geral da União em 2012, foi exigida a seguinte questão **discursiva**: "Considerando os limites constitucionais das políticas que incidem no domínio econômico e tendo em vista que o art. 170, *caput*, da Constituição Federal erige como um dos fundamentos da atividade econômica a livre iniciativa, responda, de forma justificada, se a intervenção do Estado na economia é sempre excepcional."

Considerando que a atividade econômica em sentido lato é aquela que visa ao atendimento das necessidades da sociedade tanto pelo mercado privado (atividade econômica em sentido estrito) quanto pelo Poder Público (serviços públicos, em regra), Leonardo Vizeu Figueiredo (2016, p. 97-98) classifica a atividade econômica em:

a) Atividade econômica em sentido estrito → "todas as atividades típicas do mercado, que envolvem a produção, circulação e o consumo de bens e serviços, sendo regidas exclusivamente pelas normas do direito privado" (FIGUEIREDO, 2016, p. 98). Tais atividades são desenvolvidas **precipuamente pelos particulares** e pelo Poder Público somente quando necessária aos imperativos de segurança nacional, ou a relevante interesse coletivo, mediante autorização legal, em **regime de direito privado** e mediante **concorrência** com os agentes particulares;

b) Serviços públicos → "toda atividade prestada para atendimento das necessidades do Estado ou da sociedade, sempre sob **regime de direi-**

> **to público"**. Serão, **em regra, prestados pelo Poder Público** que, por sua vez, poderá delegá-los aos particulares, por meio de concessão ou permissão, sempre precedida de licitação (art. 175, CRFB). Segundo o autor, "a prestação dos serviços públicos por parte do Estado deve objetivar o atendimento precípuo das necessidades da parcela da população que, por qualquer razão que seja, não esteja em condições de auferir renda e, com o produto do seu labor diário, adquirir os bens essenciais à sua existência digna" (FIGUEIREDO, 2016, p. 98).

Considerando a atual conformação do Estado brasileiro e a prevalência do seu caráter regulador, não cabe mais a este assumir a iniciativa da atividade econômica, que deverá ser avocada apenas de forma excepcional, conforme previsão legal, ante a presença de imperativos da segurança nacional ou relevante interesse coletivo. Observe-se que, não tendo a CRFB exigido qualquer quórum específico, entende-se que o art. 173 refere-se à **lei ordinária**.

> ▸ **Como esse assunto foi cobrado em concurso?**
> No Concurso do CESPE para Procurador do Estado do Piauí em 2014, foi considerado ERRADO o seguinte enunciado: "Na CF, é estabelecido um modelo econômico fundado na livre iniciativa, admitindo-se que o Estado intervenha na atividade econômica **apenas para a prestação de serviços públicos"**.

> ▸ **Como esse assunto foi cobrado em concurso?**
> No Concurso para Juiz Federal da 2ª Região em 2012, foi considerado CERTO o seguinte enunciado: "A exploração direta de atividade econômica pelo Estado **há de ser limitada"**.

> ▸ **Como esse assunto foi cobrado em concurso?**
> No Concurso do CESPE para Juiz Federal da 1ª Região em 2011, foi considerado ERRADO o seguinte enunciado: "O Estado brasileiro não pode assumir a iniciativa de exploração da atividade econômica, devendo avocá-la, em caráter excepcional, nos casos de necessidade para a segurança nacional ou de relevância para o interesse da coletividade, conforme critérios a serem estabelecidos em **lei complementar"**.

Presentes os pressupostos constitucionais e, em conformidade com a lei ordinária específica, o Poder Público deverá atuar através da Administração Indireta, não sendo permitida à Administração Direta a exploração da atividade econômica. Ou seja, para que o Estado (entendendo-se União, Estados, Distrito Federal e Municípios) atue diretamente na atividade econômica, é necessária a criação de empresas estatais (empresas públicas, sociedades de economia mista ou suas subsidiárias), conforme determinação do art. 173, § 1º da CRFB: "A lei [ordinária], estabelecerá o estatuto jurídico da empresa pública, da sociedade de economia mista e de suas subsidiárias que explorem atividade econômica de produção ou comercialização de bens ou de prestação de serviços, dispondo sobre [...]".

> **Atenção**
>
> Depois de décadas de omissão, finalmente a lei a que se refere o § 1º do art. 173 da CRFB foi criada. Cuida-se da Lei 13.303/16 abordada a seguir, no tópico específico sobre as estatais.

> **Como esse assunto foi cobrado em concurso?**
>
> No Concurso da NC-UFPR para Titular de Serviços de Notas e de Registros (Remoção) do TJ/PR em 2019, foi considerado CERTO o seguinte enunciado: "A exploração direta de atividade econômica pelo Estado depende da criação de entidades da Administração Indireta".

> **Como esse assunto foi cobrado em concurso?**
>
> No Concurso do CESPE para Procurador do Estado do Piauí em 2014, foi considerado CERTO o seguinte enunciado: "Nas hipóteses constitucionalmente previstas de exploração da atividade econômica diretamente pelo Estado, essa atividade deverá ser exercida por meio das **empresas estatais**, ou seja, empresas públicas e sociedades de economia mista".

> **Como esse assunto foi cobrado em concurso?**
>
> No Concurso para Juiz Federal da 2ª Região em 2012, foi considerado ERRADO o seguinte enunciado: "É possível a exploração de atividade econômica pelo Estado, desde que necessária aos imperativos da segurança nacional ou a relevante interesse coletivo, **definidos em atos do Poder Executivo**". Na mesma questão também foi considerado ERRADO o seguinte enunciado: "O exercício ou não de atividade econômica diretamente pelo Estado fica **a critério do poder público**, quando o interesse estatal o exigir".

Estabelecidas as premissas autorizadoras da atuação direta do Estado na ordem econômica (segurança nacional/relevante interesse coletivo + criação de estatal + lei), faz-se necessária uma análise mais detalhada do alcance constitucional das expressões contidas no caput do art. 173 da CRFB.

"Segurança nacional", para Eros Grau, diz respeito à segurança atinente à defesa nacional, que, não obstante, não há de conduzir, impositivamente, sempre, à exploração direta, pelo Estado, da atividade econômica em sentido estrito. Já por "interesse coletivo", entende o autor que o sentido da expressão deva ser dado por lei ordinária (federal ou estadual), a ser criada por quem detenha competência sobre a matéria de que trata dispor (2007, p. 281-282).

Do mesmo modo, Leonardo Vizeu Figueiredo entende que os "imperativos de segurança nacional" estarão presentes quando a intervenção for necessária para garantir a própria existência e razão de ser do Estado. Por esse motivo estar-se-ia diante de um conceito eminentemente político, variável conforme a época, o contexto social e as necessidades do Estado, classificando-se, assim, como um conceito jurídico indeterminado (2016, p. 99-100).

> **Como esse assunto foi cobrado em concurso?**
>
> No Concurso para Juiz Federal da 2ª Região em 2011, foi considerado ERRADO o seguinte enunciado: "A proteção à segurança nacional autoriza o Estado a deter o controle de determinadas atividades econômicas para a garantia da soberania e da independência da Nação, tais como o da exploração de minérios portadores de energia atômica e o de combustíveis fósseis, sendo o conceito de segurança nacional **eminentemente jurídico e determinado em lei de forma taxativa**".

Já "interesse coletivo" deve ser compreendido como "todo aquele que deve se sobrepor ao interesse do particular, com o fim de se garantir a sobrevivência da própria liberdade individual e da sociedade" caracterizando-se, sobretudo, pela transindividualidade (FIGUEIREDO, 2016, p. 100-101).

> **Como esse assunto foi cobrado em concurso?**
>
> No Concurso da FEPESE para o Ministério Público junto ao Tribunal de Contas em 2014, foi considerado CERTO o seguinte enunciado: "A exploração direta de atividade econômica pelo Estado excepcionalmente será permitida quando necessária aos **imperativos da segurança nacional ou a relevante interesse coletivo**".

> **Como esse assunto foi cobrado em concurso?**
>
> No Concurso do CESPE para Procurador do Estado do Piauí em 2014, foi considerado ERRADO o seguinte enunciado: "A definição das hipóteses que configuram imperativos da segurança nacional ou relevante interesse coletivo compete ao Presidente da República, por meio de **decreto presidencial**, ouvido previamente o Conselho da República".

> **Como esse assunto foi cobrado em concurso?**
>
> No Concurso do CESPE para Juiz Federal da 5ª Região em 2011, foi considerado ERRADO o seguinte enunciado: "A atuação do Estado, seja por meio do condicionamento da atividade econômica, seja por meio da exploração direta de determinada atividade econômica, **anula, por inteiro, a forma econômica capitalista**".

2. EMPRESAS ESTATAIS

2.1. Conceito

Por "empresas estatais" ou "governamentais", deve-se entender as entidades civis ou comerciais, cujo **controle acionário pertença ao Estado**, alcançando, assim, as empresas públicas e as sociedades de economia mista, dentre outras.

Nesse sentido, caracterizando-se como **pessoas jurídicas de direito privado**, as empresas estatais ou somente "estatais", integram a **Administração Pública Indireta** e, consequentemente, o **Primeiro Setor do Estado Gerencial Brasileiro**. Destaque-se que, caso o Estado possua participação minoritária em empresas privadas, estas não serão consideradas estatais e tampouco serão inseridas na Administração Indireta, ainda que o Estado conte com as chamadas *golden shares*, ações aptas a conferir à União poderes especiais em determinadas matérias, as quais deverão ser caracterizadas nos respectivos estatutos sociais (art. 8º da Lei 9.491/97, que estabeleceu o Programa Nacional de Desestatização - PND).

Estado Gerencial Brasileiro	
EC 19/98 incluiu o princípio da eficiência no art. 37 da Constituição, consolidando a transformação do modelo de Administração Pública burocrática para um modelo gerencial que traz características da administração privada para o setor público, focando-se nos resultados.	
Primeiro Setor	Administração Pública Direta e Indireta.
Segundo Setor	Particulares que colaboram com a Administração COM intuito de lucro. Ex. concessionárias e permissionárias.
Terceiro Setor	Particulares que colaboram com a Administração SEM intuito de lucro. Ex. Sistema "S", OS e OSCIP.

O regime jurídico das empresas estatais passou, recentemente, a ser disciplinado pela Lei 13.303, de 30 de junho e 2016 (regulamentada, em âmbito federal, pelo Decreto 8.945/16), que, além de estabelecer instrumentos de transparência e *compliance* para as empresas públicas e sociedades de economia mista, estabeleceu, em relação a essas, expressamente parâmetros para a observância de sua **função social**.

Importante

Lei 13.303/16, art. 27. A empresa pública e a sociedade de economia mista terão a função social de **realização do interesse coletivo ou de atendimento a imperativo da segurança nacional** expressa no instrumento de autorização legal para a sua criação.

§ 1º A realização do interesse coletivo de que trata este artigo deverá ser orientada para o alcance do **bem-estar econômico** e para a **alocação socialmente eficiente dos recursos** geridos pela empresa pública e pela sociedade de economia mista, bem como para o seguinte:

I. **ampliação economicamente sustentada do acesso de consumidores aos produtos e serviços** da empresa pública ou da sociedade de economia mista;

II. desenvolvimento ou emprego de **tecnologia brasileira** para produção e oferta de produtos e serviços da empresa pública ou da sociedade de economia mista, sempre de maneira economicamente justificada.

§ 2º A empresa pública e a sociedade de economia mista deverão, nos termos da lei, adotar práticas de **sustentabilidade ambiental** e de **responsabilidade social corporativa** compatíveis com o mercado em que atuam.

§ 3º A empresa pública e a sociedade de economia mista poderão celebrar **convênio ou contrato de patrocínio** com pessoa física ou com pessoa jurídica para promoção de atividades culturais, sociais, esportivas, educacionais e de inovação tecnológica, desde que comprovadamente vinculadas ao fortalecimento de sua marca, observando-se, no que couber, as normas de licitação e contratos desta Lei.

> **Como esse assunto foi cobrado em concurso?**
>
> No Concurso do CESPE para Auditor do TCE/ES em 2012, foi exigida a seguinte questão **discursiva**: "Redija um texto dissertativo a respeito das empresas estatais, abordando, necessariamente, os seguintes aspectos: (i) **conceito, subdivisão e finalidades das empresas estatais**; (ii) **semelhanças e diferenças entre os tipos de empresas estatais**; (iii) **regime jurídico e regime de pessoal das empresas estatais e sua eventual sujeição ao regime falimentar**".

2.2. Criação e extinção

A instituição de empresa pública e da sociedade de economia mista depende de **lei específica autorizativa** (lei que envolva apenas esse tema), conforme se depreende do inciso XIX do art. 37 da Constituição da República de 1988. Contudo, a sua criação somente se efetivará com a **inscrição dos atos constitutivos no respectivo Registro** (art. 45 do Código Civil) que, em casos de sociedade de economia mista criada na forma de Sociedade Anônima, será a Junta Comercial.

Ou seja, conforme explica Irene Nohara, "não é o fato de o Estado ter adquirido empresa particular e ser seu controlador que a transforma automaticamente em uma sociedade de economia mista, pois há a necessidade de autorização legislativa específica, cuja inobservância gera o reconhecimento da existência de uma simples empresa sob controle acionário do Estado" (2017, p. 637).

A **lei ordinária** que **autoriza a criação** da estatal estabelecerá o seu objeto, que, por sua vez, repercutirá diretamente no regime jurídico da empresa pública ou da sociedade de economia mista. Deverá, ainda, indicar, de forma clara, a presença do relevante interesse coletivo ou imperativo de segurança nacional, nos termos do caput do art. 173 da CRFB (art. 2º, § 1º, da Lei 13.303/16).

No mesmo sentido, a **criação das subsidiárias** (empresas controladas pelas estatais) depende de autorização legal, assim como a participação de qualquer delas em empresa privada, cujo **objeto social deve estar relacionado ao da investidora**, nos termos do inciso XX do art. 37 da Constituição Federal e § 2º do art. 2º da Lei 13.303/16. A doutrina vem entendendo que se deve admitir, para tanto, uma **autorização genérica**, prevista na lei que possibilitou a criação das empresas matrizes ou de primeiro grau.

Por outro lado, apesar de não haver expressa previsão nesse sentido, a doutrina entende que, em razão do princípio do **paralelismo ou simetria das formas**, a **extinção** dessas empresas também deve se dar por meio de **autorização legislativa**.

> **Qual o entendimento do STF sobre o assunto?**
>
> É desnecessária, em regra, lei específica para inclusão de sociedade de economia mista ou de empresa pública em programa de desestatização. Para a desestatização é suficiente a autorização genérica prevista em lei que veicule programa de desestatização. (ADI 6241/DF, rel. Min. Cármen Lúcia, j. 6.2.2021, Info 1004)

Qual o entendimento do STF sobre o assunto?

"A específica autorização legislativa somente é obrigatória na hipótese de alienação do controle acionário de sociedade de economia mista (empresa-mãe). Não há necessidade dessa prévia e específica anuência para a criação e posterior alienação de ativos da empresa subsidiária, dentro de um elaborado plano de gestão de desinvestimento, voltado para garantir maiores investimentos e, consequentemente, maior eficiência e eficácia da empresa-mãe. (Rcl 42576 MC/DF, rel. orig. Min. Edson Fachin, red. p/ o ac. Min. Alexandre de Moraes, j. 30.9 e 1º.10.2020).

Como esse assunto foi cobrado em concurso?

No Concurso do MPE/PR para Promotor de Justiça em 2016, foi considerado CERTO seguinte enunciado: "Somente por lei específica poderá ser criada autarquia e autorizada a instituição de empresa pública, de sociedade de economia mista e de fundação, cabendo à lei complementar, neste último caso, definir as áreas de sua atuação. Depende de autorização legislativa, em cada caso, a criação de subsidiárias das entidades mencionadas no inciso anterior, assim como a participação de qualquer delas em empresa privada".

Como esse assunto foi cobrado em concurso?

No Concurso do CESPE para Procurador do Estado do Piauí em 2014, foi considerado ERRADO o seguinte enunciado: "Somente por lei específica poderá ser **criada** empresa pública ou sociedade de economia mista".

A Lei 13.303/16 determina, ainda, que a lei que autorizar a criação da empresa pública ou da sociedade de economia mista deverá dispor sobre as diretrizes e restrições a serem consideradas na elaboração do estatuto da companhia, sobretudo sobre a constituição e o funcionamento do **Conselho de Administração**, observados o número mínimo de 7 e máximo de 11 membros e ainda, sobre a **avaliação de desempenho**, individual e coletiva, dos administradores e dos membros de comitês, que, por sua vez, deverá ser anual, observando-se os quesitos previstos no art. 13 da lei.

Como esse assunto foi cobrado em concurso?

No Concurso do CESPE para Delegado de Polícia da PC/MA em 2018, foi considerado CERTO o seguinte enunciado: "As sociedades de economia mista e empresas públicas são entidades de direito privado integrantes da **administração indireta**, criadas por **autorização legal**, para o desempenho de atividades gerais de caráter econômico ou, em certas situações, prestação de serviços públicos".

> **Como esse assunto foi cobrado em concurso?**
>
> No Concurso da CPCON para Advogado da UEPB em 2017, foi considerado CERTO o seguinte enunciado: "As empresas estatais integram a **Administração Indireta** de um ente federativo, sendo dotadas de personalidade jurídica de **direito privado**, constituídas para explorar certa atividade econômica ou prestar determinado serviço público; devem, necessariamente, ter a **autorização de sua criação mediante lei**".

> **Como esse assunto foi cobrado em concurso?**
>
> No Concurso do CESPE para Advogado-Geral da União em 2012, foi exigida a seguinte questão **discursiva**: "Considere que a União pretenda, com base no princípio da eficiência e economicidade administrativa, extinguir uma entidade da administração pública federal, que possui personalidade jurídica de direito privado. Essa entidade, prestadora de serviço público, foi constituída sob a forma de sociedade aberta com maioria do capital votante público. Para substituir a entidade que será extinta, a União planeja criar outra que também possua personalidade jurídica de direito privado, mas que seja constituída sob a forma de sociedade limitada. O capital votante da nova entidade deverá ser integralizado, em sua maioria, com bens da União e o restante, com bens de uma empresa pública estadual e de um município da Federação. Em face dessa situação hipotética, responda às indagações que se seguem. **Quais são os tipos de entidades que a União pretende extinguir e criar? Quais são os procedimentos necessários para a efetiva extinção e criação dessas entidades.**"

2.3. Regime de pessoal

Apesar de as empresas públicas e as sociedades de economia mista contarem com personalidade jurídica de direito privado, o regime jurídico das empresas estatais sofre **derrogações de direito público** o que alcança, dentre outros aspectos, o regime de pessoal.

Assim, os empregados das empresas estatais devem ser contratados através de **concurso público** (art. 37, II, da CRFB) e são submetidos ao **regime celetista** (CLT), típico das pessoas jurídicas de direito privado. Além disso, também se submetem à **impossibilidade de acumulação de empregos públicos** com outros empregos, cargos ou funções públicas, salvo as exceções constitucionalmente previstas (art. 37, XVII, da CRFB) e sujeitam-se ao **teto remuneratório** (art. 37, § 9º, da CRFB), a não ser nos casos em que a estatal não receba recursos públicos.

> **Como esse assunto foi cobrado em concurso?**
>
> No Concurso da CPCON para Advogado da UEPB em 2017, foi considerado CERTO o seguinte enunciado: "A empresa estatal não terá qualquer privilégio fiscal, a não ser que seja também conferido às suas concorrentes privadas. Além disso, não terá qualquer vantagem processual quando for litigante judicial, e seus funcionários serão contratados pelo **regime celetista**".

Outrossim, os empregados públicos que atuam nas estatais são considerados **funcionários públicos para efeitos da legislação penal**, do que resulta a possibilidade de responderem por crimes contra a Administração Pública (art. 327 do CP). Da mesma forma, foram considerados "agentes públicos" pela lei de **improbidade administrativa**, podendo, nessa condição, figurar como sujeitos ativos daquela prática, nos moldes do previsto no art. 2º da Lei 8.429/1992.

Os empregados públicos **não gozam da estabilidade** dos servidores estatutários. Contudo, em observância aos princípios da impessoalidade e da moralidade, a sua **demissão deve ser motivada**, o que garante ao empregado, o contraditório e a ampla defesa. Nesse sentido, entende a doutrina que, "como não é livre a escolha do empregado público, que deve se submeter ao concurso público, não deve ser livre a sua demissão" (OLIVEIRA, 2017, p. 131). Frise-se que as demandas entre o empregado público e a estatal, em razão da atividade por aquele exercida serão julgadas perante a **Justiça do Trabalho** (art. 114 da CRFB).

> **▸ Qual o entendimento do STF sobre o assunto?**
> "É constitucional a determinação de que a participação de trabalhadores nos lucros ou resultados de empresas estatais deve observar diretrizes específicas fixadas pelo Poder Executivo ao qual as entidades estejam sujeitas." (STF, ADI 5417/DF, Rel. Min. Cármen Lúcia, j. 04.12.2020).

> **▸ Como esse assunto foi cobrado em concurso?**
> No Concurso da FAURGS para Juiz do TJRS em 2016, foi considerado ERRADO o seguinte enunciado: "Os empregados das sociedades de economia mista e das empresas públicas, por serem regidos exclusivamente pela Consolidação das Leis do Trabalho, são nomeados **independentemente de prévia aprovação em concurso público**".

> **▸ Como esse assunto foi cobrado em concurso?**
> No Concurso da FGV para Auditor Fiscal da Receita Municipal de Cuiabá/MT em 2016, foi considerado ERRADO o seguinte enunciado: "Os empregados contratados pela subsidiária da Sociedade de Economia Mista são regidos pela Consolidação das Leis do Trabalho-CLT - **não estando sujeitos às regras constitucionais de vedação à acumulação de empregos**".

> **▸ Como esse assunto foi cobrado em concurso?**
> No Concurso da FGV para Procurador Jurídico do Município de Paulínia/SP em 2016, foi considerado CERTO o seguinte enunciado: "Por integrar a Administração Pública indireta, a criação de empregos na empresa pública **depende de prévia dotação orçamentária**".

> **Como esse assunto foi cobrado em concurso?**
>
> No concurso para Procurador da República em 2013, foi considerado ERRADO o seguinte enunciado: "A regra constitucional que submete as empresas públicas ao regime jurídico próprio das empresas privadas **elide** a aplicação a esses entes do artigo 37, II da Constituição Federal que prevê a necessidade de realização de concurso público para a investidura em cargo ou emprego".

2.4. Administração

A Lei 13.303/16 disciplinou também a forma pela qual deve se dar a administração das estatais. Assim, considerando como administradores os membros do **Conselho de Administração e da diretoria**, a nova lei estabeleceu a submissão desses às normas previstas na lei que disciplina a sociedade por ações (Lei 6.404/76).

Uma das maiores polêmicas relacionadas à Lei 13.303/16 diz respeito à fixação de critérios objetivos para a nomeação de administradores das estatais, inclusive presidente, diretor-geral e diretor-presidente, conforme o quadro infra:

> **Importante**
>
> Além de **reputação ilibada e notório conhecimento**, a Lei 13.303/16 previu requisitos para a indicação de administradores das empresas públicas e sociedades de economia mista (art. 17):
>
> I. Preenchimento de pelo menos um dos seguintes requisitos, relacionados à experiência profissional mínima:
>   a) Dez anos, no setor público ou privado, na área de atuação da empresa pública ou da sociedade de economia mista ou em área conexa àquela para a qual forem indicados em função de direção superior;
>   b) Quatro anos ocupando pelo menos um dos seguintes cargos:
>   1. Cargo de direção ou de chefia superior em empresa de porte ou objeto social semelhante ao da estatal, entendendo-se como cargo de chefia superior aquele situado nos dois níveis hierárquicos não estatutários mais altos da empresa;
>   2. Cargo em comissão ou função de confiança equivalente a DAS-4 ou superior, no setor público;
>   3. Cargo de docente ou de pesquisador em áreas de atuação da empresa pública ou da sociedade de economia mista.
>   c) Quatro anos de experiência como profissional liberal em atividade direta ou indiretamente vinculada à área de atuação da empresa pública ou sociedade de economia mista;
>
> II. Ter formação acadêmica compatível com o cargo para o qual foi indicado e;

> III. Não se enquadrar nas hipóteses de inelegibilidade previstas nas alíneas do inciso I do caput da LC 64/90.
>
> Obs.: os requisitos do inciso I poderão ser dispensados desde que atendidos os seguintes quesitos mínimos: I) o empregado tenha ingressado na estatal por meio de concurso público; II) tenha mais de dez anos de trabalho efetivo na empresa estatal; III.) tenha ocupado cargo na gestão superior da empresa, comprovando sua capacidade para assumir as responsabilidades dos cargos (art. 17, § 5º da Lei 13.303/16).

Além desses critérios objetivos, que certamente serão muito exigidos nos próximos concursos públicos, a Lei 13.303/16 traz importantes vedações, visando impedir, ou pelo menos, minimizar o impacto do fisiologismo, do nepotismo e de capturas no âmbito das empresas estatais. Nesse sentido, é **vedada a indicação, para o Conselho de Administração e para a diretoria** (art. 17, § 2º e 3º):

- de representante do órgão regulador ao qual a empresa pública ou a sociedade de economia mista está sujeita, de Ministro de Estado, de Secretário de Estado, de Secretário Municipal, de titular de cargo, sem vínculo permanente com o serviço público, de natureza especial ou de direção e assessoramento superior na administração pública, de dirigente estatutário de partido político e de titular de mandato no Poder Legislativo de qualquer ente da federação, ainda que licenciados do cargo;
- de pessoa que atuou, nos últimos 36 meses, como participante de estrutura decisória de partido político ou em trabalho vinculado a organização, estruturação e realização de campanha eleitoral;
- de pessoa que exerça cargo em organização sindical;
- de pessoa que tenha firmado contrato ou parceria, com fornecedor ou comprador, demandante ou ofertante, de bens ou serviços de qualquer natureza, com a pessoa político-administrativa controladora da empresa pública ou da sociedade de economia mista ou com a própria empresa ou sociedade em período inferior a 3 anos antes da data de nomeação;
- de pessoa que tenha ou possa ter qualquer forma de conflito de interesse com a pessoa político-administrativa controladora da empresa pública ou da sociedade de economia mista ou com a própria empresa ou sociedade;
- de parentes consanguíneos ou afins até o terceiro grau das pessoas supramencionadas.

> **Como esse assunto foi cobrado em concurso?**
>
> No Concurso do CESPE para Analista Judiciário do TRF 1 em 2017 foi considerado ERRADO o seguinte enunciado: "Indivíduo que tenha trabalhado na estrutura decisória de partido político, vinte e quatro meses após o seu desligamento dessa atividade **poderá** ser indicado como membro do conselho de administração de empresa estatal".

> **Importante**
>
> Apesar do pouco tempo de vigência da Lei 13.303/16, a doutrina vem levantando dúvidas sobre a real necessidade de se proibir que pessoa que exerça cargo em organização sindical seja indicada para o Conselho de Administração e para a Diretoria das estatais. Nesse sentido: "É discutível a proibição de indicação de pessoa que exerça cargo em organização sindical, pois parece haver uma presunção de que tal pessoa aja de forma distorcida, visto que ela representa os interesses dos funcionários da empresa, que são impactados também pelas decisões estratégicas dos órgãos de cúpula" (NOHARA, 2022, p. 572).

Mais uma importante inovação diz respeito à expressa previsão no sentido de o estatuto das estatais e de suas subsidiárias poderem dispor sobre a contratação de **seguro de responsabilidade civil pelos administradores**.

Quanto ao Conselho de Administração, a Lei 13.303/16 prevê, além das competências previstas na lei das sociedades por ações (Lei 6.404/76), outras relacionadas, sobretudo, às práticas de **governança corporativa**, sistemas de **gestão de riscos**, de **controle interno** e outras relacionadas às práticas de ***compliance* e transparência** (art. 18), garantindo-se, ainda, a participação de representantes dos acionistas minoritários e dos empregados no Conselho, observando-se, em relação a estes últimos, as disposições da Lei 12.353/10.

> **Qual o entendimento do STF sobre o assunto?**
>
> "É inconstitucional, formal e materialmente, norma estadual que permite a participação de trabalhadores inativos no sufrágio para a escolha de membros da diretoria de empresa pública. (ADI 2296/RS, relator Min. Dias Toffoli, j. 1º.10.2021, Info 1032).

A nova lei determina, ainda, a participação de, no mínimo, 25% de membros independentes no Conselho de Administração, ou pelo menos um, no caso de haver decisão pelo exercício da faculdade do voto múltiplo pelos acionistas minoritários, conforme previsão do art. 141 da Lei 6.404/76. O membro independente não poderá ter qualquer vínculo com a estatal, exceto participação de capital, não podendo, ainda, ser parente até o terceiro grau ou cônjuge de chefes do Executivo, Ministros, Secretários de estados e municípios ou administrador da estatal. Da mesma forma, a lei impede que figure como membro independente, aquele que mantenha ou tenha mantido, em especial nos últimos três anos, vínculo que possa comprometer a sua atuação (ver art. 22 da Lei 13.303/16).

A investidura para cargo de diretoria das estatais condiciona-se à assunção de **compromisso com metas e resultados específicos** a serem alcançados, mediante fiscalização do Conselho de Administração, sob pena de seus integrantes responderem por omissão.

A Lei 13.303/16 prevê, ainda, a necessidade de as empresas públicas e sociedades de economia mista possuírem em sua estrutura societária, um **Comitê de Auditoria Estatutário** (formado por, no mínimo 3 e, no máximo, 5 membros), ao qual competirá, dentre outras atribuições: opinar sobre a contratação e sobre a atuação de auditores independentes e supervisionar as atividades de controle interno e a exposição de risco das empresas.

Por fim, a estrutura da Administração da empresa pública e da sociedade de economia mista contará, ainda, com um **Conselho Fiscal**, cuja competência, mais uma vez, dá-se em conformidade com as disposições da lei da sociedade por ações (Lei 6.404/76) mais aquelas recentemente fixadas pela Lei 13.303/16.

Interessante questão surgiu antes mesmo da entrada em vigor da Lei 13.303/16, quando o Vice-Presidente, então no exercício da Presidência da República, em 17.05.16 exonerou do cargo o Diretor-Presidente da Empresa Brasil de Comunicação S.A. – EBC (Empresa Pública sob forma de Sociedade Anônima) que havia sido nomeado em 03.05 do mesmo ano, para um mandato de 4 anos, segundo o art. 19, § 2º da Lei 11.652/08, instituidora da EBC.

Em razão da exoneração, o Diretor impetrou Mandado de Segurança no STF, levando aquela Corte a se pronunciar sobre a **possibilidade de a lei atribuir mandato fixo ao diretor de uma empresa pública**, tal como ocorre com as agências reguladoras. Em sede de liminar, o Ministro Dias Toffoli determinou a suspensão do ato impugnado (exoneração), garantindo-se ao impetrante o exercício do mandato no cargo até decisão final do mandado de segurança.

Ou seja, em sede de liminar o Ministro entendeu ser **possível que a lei atribua mandato fixo ao Diretor de Empresa Pública**, entendimento que foi alvo de aplausos da doutrina que vê não apenas possível, como até mesmo recomendável, a adoção do modelo de mandatos nas estatais. Esse é a posição de Bernardo Strobel Guimarães, para quem: "[...] na justa medida em que a Constituição prevê uma maior autonomia das figuras empresariais em relação às pessoas sujeitas integralmente ao regime público, a adoção de mandato no âmbito das estatais se mostra consentânea com esse objetivo. Mais ainda, na precisa medida em que a própria Constituição prevê a figura do mandato no art. 173, § 1º, V, a questão verdadeira é saber se o modelo dos mandatos não seria obrigatório em todas as estatais, reforçando a independência de seus gestores e preservando-as das vicissitudes do jogo político" (2016).

▸ Qual o entendimento atual do STF sobre o assunto?

"Se é certo que a autonomia de gestão é um imperativo às agências reguladoras, não menos certo é que não lhe é atributo exclusivo. De igual modo, se é certo que as empresas públicas, como entidades de direito privado da Administração Indireta, são em regra constituídas por Diretoria demissível *ad nutum*, não menos exato é que a Administração Pública não possui engessamento normativo que lhe impeça de atribuir, por lei, certas características típicas de entes de direito público a entes de direito privado, quando condições particulares assim o justifiquem. [...] Observo que esta Corte, em diversos precedentes, tem aplicado regramento próprio de entidades de direito público da Administração Indireta às entidades privadas, sempre que a natureza da atividade por elas exercida justifique a aproximação dos regramentos" (Liminar no MS 34.205/16, Rel. Min. Dias Toffoli, publ. 01.06.2016).

Entretanto, enquanto ainda tramitava o MS 34.205/16, foi editada a Medida Provisória nº 744 de 1º de setembro de 2016, alterando o mencionado art. 19 da Lei 11.652/08, excluindo a previsão de mandato fixo para o Diretor da EBC. Com base nisso, em 06 de setembro do mesmo ano, o Ministro Dias Toffoli julgou prejudicado o Mandado de Segurança por perda de seu objeto, nos moldes do art. 485, VI, do CPC, tendo cassado a liminar anteriormente deferida.

Em 1º de março de 2017, a MP 744 foi convertida na Lei 13.417, alterando-se, definitivamente, a Lei 11.652/08 e acabando com a previsão de mandato do Presidente da EBC, que pode ser substituído a qualquer momento.

2.5. Atos, licitações e contratos

Os atos praticados pelas empresas estatais são considerados **atos privados**. Entretanto, quando praticados no desempenho de funções administrativas, como ocorre, por exemplo, nos concursos públicos ou nas licitações, são considerados **atos materialmente administrativos**, sujeitando-se a controle, inclusive por meio do Mandado de Segurança. Nesse sentido a Súmula 333 do STJ dispõe que "**Cabe mandado de segurança contra ato praticado em licitação promovida por sociedade de economia mista ou empresa pública**".

> **Como esse assunto foi cobrado em concurso?**
>
> No Concurso da FUNDEP para Auditor Conselheiro Substituto do TCE/MG em 2018, esse tema foi cobrado da seguinte forma: "No tocante à sujeição dos atos das empresas públicas e sociedades de economia mista à ação de mandado de segurança, é correto afirmar: Seus **atos de gestão comercial**, praticados por seus administradores, não se sujeitam a mandado de segurança, seja individual ou coletivo"

> **Importante**
>
> O mandado de segurança poderá ser utilizado contra ato praticado pelas empresas estatais, **desde que no exercício de atribuições do poder público** e somente naquilo que disser respeito a essas atribuições. Assim, "não cabe mandado de segurança contra os **atos de gestão comercial** praticados pelos administradores de empresas públicas, de sociedade de economia mista e de concessionárias de serviço público" (art. 1º, § 2º da Lei 12.016/2009).

Em 2021 entrou em vigor a lei nº 14.133, reconhecida como a "Nova lei de licitações e contratos administrativos", que, de forma expressa, afastou sua aplicação sobre as empresas estatais. Nesse sentido, estabelece o §1º de seu art. 1º que "Não são abrangidas por esta Lei as empresas públicas, as sociedades de economia mista e as suas subsidiárias, regidas pela Lei nº 13.303, de 30 de junho de 2016, ressalvado o disposto no art. 178 desta lei" (aspectos penais).

Registre-se que, a Emenda Constitucional nº 19/1998 alterou o §1º do art. 173 da Constituição da República para determinar que "a lei estabelecerá o estatuto jurídico da empresa pública, da sociedade de economia mista e de suas subsidiárias que explorem atividade econômica de produção ou comercialização de bens ou de serviços", dispondo, dentre outros aspectos, sobre "licitação e contratação de obras, serviços, compras e alienações, observados os princípios da administração pública".

Antes mesmo da edição da lei mencionada no dispositivo constitucional, a jurisprudência e a doutrina passaram a defender a tese de que as empresas estatais que atuassem com atividade econômica em sentido estrito, somente seriam obrigadas a seguir a Lei Geral das Licitações nas suas atividades-meios, uma vez que em relação às suas atividades-fim seria aplicado o regime de direito privado (OCTAVIANI; NOHARA,2019, p. 129). Esse entendimento acabou sendo confirmado pela Lei nº 13.303/2016.

Assim, atualmente, o "regime de licitação e contratação das estatais, ou seja, das empresas públicas e sociedades de economia mista, está disposto na lei nº 13.303/2016 (Lei das Estatais), que foi regulamentada pelo Decreto nº 8.945/2016" (NOHARA, 2022, p. 272), tendo sido revogados os decretos que fixavam normas específicas para as licitações das estatais. Nesse sentido, o at. 91 da lei nº 13.303/16 determinou que as estatais constituídas anteriormente à sua vigência, deveria, no prazo de vinte e quadro meses, promover as adaptações necessárias à adequação à nova Lei das Estatais; período encerrado em junho de 2018.

A Lei Geral das Estatais, além de submeter as licitações realizadas pelas estatais às disposições do Estatuto das Micro e Pequenas Empresas (LC 123/06), trouxe regras próprias quanto ao procedimento licitatório e aos contratos celebrados por elas, além de critérios específicos de contratação direta. No mais, a própria lei, em seu artigo 28, traz situações em que as estatais estarão dispensadas de observar os dispositivos relacionados às licitações. São elas:

I. comercialização, prestação ou execução, de forma direta, pelas empresas públicas e sociedade de economia mista, de produtos, serviços ou obras especificamente relacionadas com seus respectivos objetos sociais; e

II. nos casos em que a escolha do parceiro esteja associada a suas características particulares, vinculada a oportunidades de negócio definidas e específicas, justificada a inviabilidade de procedimento competitivo, considerando-se, para tanto, "a formação e a extinção de parcerias e outras formas associativas, societárias ou contratuais, a aquisição e a alienação de participação em sociedade e outras formas associativas, societárias ou contratuais e as operações realizadas no âmbito do mercado de capitais, respeitada a regulação pelo respectivo órgão competente" (lei nº 13.303/2016, art. 28, §4º)

Em registro histórico, que pode ser importante para fins de concursos, quanto à Petrobras, sociedade de economia mista, há que se destacar a previsão da **Lei 9.478/97**, que autorizou o Presidente da República a editar um **decreto** para definir procedimento simplificado de licitação (Decreto 2.745/98). Contudo, a **EC 19/98**, fixou a necessidade de criação de **lei nacional** (art. 173, § 1º, III, da CRFB) para que fosse permitido à estatal exploradora de atividade econômica, afastar-se da aplicação da lei geral das licitações (Lei 8.666/93). Desse conflito entre o decreto em vigor e a necessidade de criação de lei decorre acentuada divergência entre o STF e o TCU.

Em 2006 o **Tribunal de Contas da União** considerou **inconstitucional** a adoção do procedimento simplificado de licitações para a Petrobras oriundo da disposição do art. 67 da Lei 9.478/97, segundo o qual "os contratos celebrados pela Petrobrás, para aquisição de bens e serviços, serão precedidos de procedimento licitatório simplificado, a ser definido em decreto do Presidente da República".

Todavia, o **STF** em liminar no Mandado de Segurança 25.888 reconheceu o direito de a Petrobras **continuar utilizando o processo simplificado** criado pelo Decreto 2.745, do Presidente Fernando Henrique Cardoso, até o julgamento do mérito, o que ainda não havia ocorrido até o encerramento desse livro.

> **Qual o entendimento atual do TCU sobre o assunto?**
> "A Petrobras está sujeita à observância da Lei 8.666/1993 até edição de lei específica para regulamentar aquisições de bens e serviços por aquela sociedade de economia mista" (Acórdão nº 1097/2010 - Plenário) → Lei específica criada em julho de 2016 (Lei 13.303).

Essa questão apresenta-se superada, pois, finalmente, em 2016, a Lei 13.303 disciplinou as regras para as licitações destinadas à **prestação de serviços** às empresas públicas e às sociedades de economia mista, **inclusive de engenharia e de publicidade**, à **aquisição e à locação de bens**, à **alienação de bens e ativos** integrantes do respectivo patrimônio ou à **execução de obras** a serem integradas a esse patrimônio, bem como à **implementação de ônus reais** sobre tais bens.

> **Qual o entendimento do STF sobre o assunto?**
> "O regime de licitação e contratação previsto na Lei 8.666/1993 é inaplicável às sociedades de economia mista que explorem atividade econômica própria das empresas privadas, concorrendo, portanto, no mercado". (RE 441280/RS, rel. Min. Dias Tofolli, j. 6.3.2021, Info 1008).

A Lei Geral das Estatais, ao tratar das licitações realizadas pelas empresas estatais, não trouxe grandes inovações, apesar de ter incorporado avanços oriundos de leis posteriores à Lei nº 8.666/93. Assim, inspirada pela Lei do Pregão (Lei nº 10.520/2002) e pela Regime Diferenciado de Contratações - RDC (Lei nº 12.462/2011), a Lei nº 13.303/16 prevê, dentre outros aspectos: a previsão da inversão de fases, a etapa de lances, bem como o sistema de contratação integrada (OCTAVIANI; NOHARA, 2019, p. 133).

O artigo 32 da Lei nº 13.303/16, pode representar uma síntese de como deve se dar a licitação e os respectivos contratos nas empresas estatais, na medida que aponta as seguintes diretrizes:

> I - padronização do objeto da contratação, dos instrumentos convocatórios e das minutas de contratos, de acordo com normas internas específicas;
>
> II - busca da maior vantagem competitiva para a empresa pública ou sociedade de economia mista, considerando custos e benefícios, diretos e

indiretos, de natureza econômica, social ou ambiental, inclusive os relativos à manutenção, ao desfazimento de bens e resíduos, ao índice de depreciação econômica e a outros fatores de igual relevância;

III - parcelamento do objeto, visando a ampliar a participação de licitantes, sem perda de economia de escala, e desde que não atinja valores inferiores aos limites estabelecidos na lei para a contratação direta;

IV - adoção preferencial da modalidade de licitação denominada pregão, para a aquisição de bens e serviços comuns;

V – observação da política de integridade nas transações com partes interessadas.

A Lei nº 13.303/16 trouxe, ainda, disposições específicas a depender do objeto da licitação. Assim, existem norma relativas à contratação de obras e serviços (arts. 42 a 46), à aquisição de bens (arts. 47 a 48) e à alienação de bens (arts. 49 a 50). Entretanto, qualquer que seja o objeto, o procedimento deverá observar a seguinte sequência de fases: I) preparação, II) divulgação, III) apresentação de lances ou propostas, conforme o modo de disputa adotado, IV) julgamento, V) verificação de efetividade dos lances ou propostas, VI) negociação, VII) habilitação, VIII) interposição de recursos, IX) adjudicação do objeto, e X) homologação do resultado ou revogação do procedimento (art. 51).

Conforme já destacado, a Lei nº 13.303/16 disciplinou não apenas as licitações, mas também os contratos celebrados pelas empresas estatais, aos quais também incidem os **preceitos de direito privado**, respeitando-se a presença das seguintes cláusulas necessárias (art. 69):

I. o objeto e seus elementos característicos;

II. o regime de execução ou a forma de fornecimento;

III. o preço e as condições de pagamento, os critérios, a data-base e a periodicidade do reajustamento de preços e os critérios de atualização monetária entre a data do adimplemento das obrigações e a do efetivo pagamento;

IV. os prazos de início de cada etapa de execução, de conclusão, de entrega, de observação, quando for o caso, e de recebimento;

V. as garantias oferecidas para assegurar a plena execução do objeto contratual, quando exigidas;

VI. os direitos e as responsabilidades das partes, as tipificações das infrações e as respectivas penalidades e valores das multas;

VII. os casos de rescisão do contrato e os mecanismos para alteração de seus termos;

VIII. a vinculação ao instrumento convocatório da respectiva licitação ou ao termo que a dispensou ou a inexigiu, bem como ao lance ou proposta do licitante vencedor;

IX. a obrigação do contratado de manter, durante a execução do contrato, em compatibilidade com as obrigações por ele assumidas, as condições de habilitação e qualificação exigidas no curso do procedimento licitatório.

A Lei nº 13.303/16 ainda tratou de outros importantes aspectos dos contratos celebrados pelas empresas estatais, tais como a prestação de garantias, as formas de alteração dos contratos, publicidade, obrigações do contratado, possibilidades de subcontratação e sanções aplicáveis em casos de atraso e inadimplemento total ou parcial.

A duração dos contratos disciplinados pela Lei Ceral das Empresas Estatais, não excederá a 5 (cinco) anos, exceto nos casos de projetos contemplados no plano de negócios e investimentos da empresa pública ou da sociedade de economia mista ou nos casos em que a pactuação por prazo superior a 5 (cinco) anos seja prática rotineira de mercado e a imposição desse prazo inviabilize ou onere excessivamente a realização do negócio (art. 71). Ainda que a contratação seja por prazo superior aos 5 (cinco) anos, a lei foi bastante clara ao vedar a possibilidade de celebração de contratos por prazo indeterminado.

O presente subitem buscou apontar tão somente diretrizes gerais das licitações e contratos na Lei nº 13.3030/2016. Um aprofundamento sobre o tema deverá ser buscado em uma doutrina de Direito Administrativo.

> **Como esse assunto foi cobrado em concurso?**
>
> No Concurso da FUNDEP para Auditor Conselheiro Substituto do TCE/MG em 2018, foi considerado certo o seguinte enunciado: "É **dispensável** a realização de licitação por empresas públicas e sociedades de economia mista na compra e venda de bens que produzam ou comercializem".

> **Como esse assunto foi cobrado em concurso?**
>
> No Concurso da FUNDEP para Auditor Conselheiro Substituto do TCE/MG em 2018, foi considerado certo o seguinte enunciado: "As empresas públicas e as sociedades de economia mista deverão publicar e manter atualizado **regulamento interno de licitações e contratos**, compatível com o disposto na Lei n° 13.303/2016".

2.6. Patrimônio

O artigo 98 do Código Civil classifica os bens quanto à sua titularidade. Assim, "são públicos os bens do domínio nacional pertencentes às pessoas jurídicas de direito público interno; todos os outros são particulares, seja qual for a pessoa a que pertencerem. Com base nisso, parte da doutrina entende que os bens pertencentes às empresas estatais devem ser considerados **bens particulares** (OLIVEIRA, 2018, p. 132).

Contudo, esse entendimento não é consensual. Assim, por exemplo, Irene Patrícia Nohara e Alessandro Octaviani, em obra específica sobre estatais, seguindo o entendimento de Maria Sylvia Zanella Di Pietro, defendem que os bens das estatais, em razão da adoção de uma perspectiva mais funcional, devem ser reconhecidos como bens públicos, "por conta da destinação e dos efeitos dessa vinculação ao serviço público e à concretização da Constituição" (OCTAVIANI; NOHARA, 2019, p. 115).

Destaque-se, ainda, a posição intermediária defendida por Juarez Freitas, segundo o qual, os bens das empresas estatais são bens "quase públicos", entendendo-se como tais "aqueles que, embora não contemplados pela classificação civilista, são especializados por uma afetação pública, sem alteração de titularidade que permanece particular, ou seja, fazem-se como que publicizados, sem serem propriamente integrantes do domínio públicos" (FREITAS, 1995, p. 70).

Apesar da polêmica acerca da natureza jurídica dos bens das empresas estatais, não há questionamentos ao se reconhecer que também no regime jurídico do patrimônio das empresas estatais, há que se falar em derrogações de direito público. Assim, por exemplo, na alienação dos bens das estatais devem ser observadas exigências contidas nos art. 49 e 50 da Lei nº 13.303/16, semelhantes àquelas previstas na lei de **licitações** (Lei 14.133/2021).

Majoritariamente é possível apontar que os bens das estatais em regra poderão ser alvo de penhora, exceto no que diz respeito aos bens das estatais prestadoras de serviços públicos, quando **afetados aos serviços públicos**, de forma a se observar o **princípio da continuidade**. No caso de a estatal não possuir bens passíveis de penhora e seu patrimônio ser insuficiente para cobrir as suas dívidas, o ente federado respectivo será **subsidiariamente responsável** (OLIVEIRA, 2018, p. 132).

Já em relação à usucapião não se aplicam as mesmas regras da penhora já que o decurso do tempo necessário à ocorrência da prescrição aquisitiva é incompatível com a continuidade do serviço público. Nesse sentido, tanto os bens das estatais que desenvolvem atividade econômica, quanto aqueles pertencentes às estatais que prestam serviços públicos, **sujeitam-se à usucapião**. Ressalte-se que para aqueles que classificam os bens das estatais como bens públicos, a sua usucapião é tida como impossível.

2.7. Falência

As estatais não se sujeitam à falência, conforme expressa disposição do art. 2º, I, da Lei de Falências (LF). Apesar da clara opção do legislador, parte da doutrina contesta a previsão da Lei 11.101/2005, ora entendendo que o dispositivo mencionado deveria ser declarado inconstitucional, aplicando-se o regime falimentar a todas as estatais, ora defendendo que não haveria impedimento legal à submissão (apenas) das estatais que desenvolvem atividade econômica, à Lei de Falências. Para efeitos de concurso público, em caso de questão objetiva, não há dúvidas de que a melhor opção é vincular-se à letra da lei, segundo a qual **o regime falimentar não se aplica nem às empresas públicas, nem às sociedades de economia mista, independentemente da atividade por elas desenvolvida**. Já numa questão discursiva é interessante analisar as correntes doutrinárias e discutir a compatibilidade do art. 2º, I da LF com o art. 173, § 1º, II, da CRFB, segundo o qual as estatais que explorarem atividade econômica de produção ou comercialização de bens ou de prestação de serviços serão sujeitas ao regime próprio das empresas privadas, inclusive quanto aos direitos e obrigações civis, comerciais, trabalhistas e tributários.

> **Como esse assunto foi cobrado em concurso?**
>
> No Concurso do CESPE para Juiz Estadual do Amazonas em 2016, foi considerado ERRADO o seguinte enunciado: "A legislação relativa ao regime falimentar não se aplica às empresas públicas e às sociedades de economia mista, assim como os regimes de execução e penhora".

2.8. Fiscalização pelo Estado e pela sociedade

A preocupação recente com a atuação das estatais é tão grande que a Lei 13.303/16 reservou um capítulo específico para tratar da fiscalização pelo Estado e pela sociedade, cujo dispositivo inicial estabelece que "os órgãos de controle externo e interno das 3 (três) esferas de governo fiscalizarão as empresas públicas e as sociedades de economia mista [ainda que de caráter ou constituição transnacional] a elas relacionadas, inclusive aquelas domiciliadas no exterior, quanto à **legitimidade**, à **economicidade** e à **eficácia da aplicação de seus recursos**, sob o ponto de vista contábil, financeiro, operacional e patrimonial" (art. 85, *caput*), permitindo-se aos órgãos de controle o acesso irrestrito a todos os documentos das empresas estatais, inclusive aqueles considerados sigilosos, nos termos da Lei 12.527/11 (Lei de Acesso à Informação).

A nova lei estabeleceu, ainda, a criação de um **banco de dados** no qual constarão as informações relativas a licitações e contratos das estatais, assim como as atas e demais expedientes oriundos de reuniões dos órgãos de administração. Tais informações serão de acesso restrito e individualizado por parte dos responsáveis pela fiscalização, que responderão administrativa, civil e penalmente por danos causados pelo uso inadequado das mesmas.

Em relação ao controle das estatais pelos tribunais de contas, não há unanimidade na doutrina. Já o STF confere interpretação ao art. 71, II, da CRFB no sentido de reconhecer a possibilidade do controle, por considerar que, **havendo o envolvimento do patrimônio público, danos às estatais repercutiriam também no erário**. Por outro lado, parcela da doutrina afirma que o controle pelos tribunais de contas prejudicaria a agilidade das estatais que atuam no mercado em regime de concorrência com empresas privadas. Dessa forma, o controle dos tribunais de contas não deveria alcançar a atividade-fim das estatais que desenvolvem atividade econômica em sentido estrito. Também essa polêmica restou superada pelo advento da Lei 13.303/16 que claramente prevê a **submissão das contas das estatais ao controle dos tribunais de contas**, desde que o controle não represente interferência na gestão, nem ingerência no exercício de suas competências ou na definição de políticas públicas (art. 90 da lei 13.303/16)

> **Importante?**
>
> Lei 13.303/16. Art. 87. O controle das despesas decorrentes dos contratos e demais instrumentos regidos por esta lei será feito pelos órgãos do sistema de controle interno e **pelo tribunal de contas competente**, na forma da legislação pertinente, ficando as empresas públicas e as sociedades de economia mista responsáveis pela demonstração da legalidade e da regularidade da despesa e da execução, nos termos da Constituição.

> **Qual o entendimento do STF sobre o assunto?**
>
> "Ao Tribunal de Contas da União compete julgar as contas dos administradores e demais responsáveis por dinheiros, bens e valores públicos da administração direta e indireta, incluídas as fundações e **sociedades instituídas e mantidas pelo poder público federal**, e as contas daqueles que derem causa a perda, extravio ou outra irregularidade de que resulte prejuízo ao erário (CF, art. 71, II; Lei 8.433, de 1992, art. 1º, I). **As empresas públicas e as sociedades de economia mista, integrantes da administração indireta, estão sujeitas à fiscalização do Tribunal de Contas**, não obstante os seus servidores estarem sujeitos ao regime celetista" (MS 25092/DF, Rel. Min. Carlos Velloso, publ. 17.03.2006, Info 411).

> **Como esse assunto foi cobrado em concurso?**
>
> No Concurso do CESPE para Juiz Federal Substituto da 5ª Região em 2017, foi considerado CERTO o seguinte enunciado: "Estatuto jurídico de sociedade de economia mista que explore atividade econômica de prestação de serviços, além de estar sujeito ao regime jurídico próprio das empresas privadas, deverá dispor, entre outros, sobre as **formas de fiscalização** pela sociedade".

> **Como esse assunto foi cobrado em concurso?**
>
> No Concurso do CESPE para Técnico Judiciário do TRT da 8ª Região em 2016, foi considerado ERRADO o seguinte enunciado: "As sociedades de economia mista que exploram atividade econômica **não estão sujeitas** à fiscalização do Tribunal de Contas da União".

Além da disponibilização das informações aos órgãos de fiscalização e controle, as estatais também deverão disponibilizar para **conhecimento público**, por meio eletrônico, informação completa **mensalmente atualizada** sobre a execução de seus contratos e de seu orçamento, admitindo-se retardo de até 2 meses na divulgação das informações (Lei 13.303/16, art. 88). Ainda nesse sentido, o Registro Público de Empresas Mercantis e Atividades Afins manterá banco de dados público e gratuito, disponível na internet, contendo a relação de todas as empresas públicas e as sociedades de economia mista (Lei 13.303/16, art. 92).

2.9. Objeto das empresas estatais

O principal motivo de se incluir o estudo das empresas estatais, assunto tradicionalmente abordado na esfera do Direito Administrativo, em um livro de Direito Econômico é a atividade por elas desempenhada. Assim, ainda que as estatais tenham sido criadas, na sua maioria, como **forma de intervenção do Estado no domínio econômico**, ao desenvolver diretamente atividade econômica em sentido estrito; há casos também de estatais criadas com o intuito de prestar **serviços públicos**.

Ao se falar em execução direta de atividade econômica através da estatal, tem-se a chamada **intervenção do Estado por participação**, a qual, nos moldes estabelecidos pela CRFB, dar-se-á apenas de forma excepcional, já que, em respeito aos princípios da **livre iniciativa e da livre concorrência** (art. 170 da CRFB), a atividade econômica é típica dos particulares. Assim, para que o Estado atue diretamente explorando atividade econômica, é imprescindível caracterizar essa intervenção como necessária aos "**imperativos da segurança nacional** ou a **relevante interesse coletivo**, conforme definidos em lei" (art. 173 da CRFB).

Em verdade, a opção por uma maior ou menor participação das empresas estatais no desenvolvimento de atividade econômica acaba por relacionar-se diretamente com o modelo econômico adotado pelo Estado. Nesse sentido: "Apesar de todo o discurso neoliberal, que propugna a 'desestatização', não se pode negar que as empresas estatais também podem cumprir um **significativo papel na dinamização da economia de um país**, sendo frequentemente indutoras de desenvolvimento, a depender do tipo de atividade e da forma como é desempenhada" (NOHARA, 2016, p. 628-629).

Em suma, as empesas públicas e a sociedades de economia mista podem atuar tanto no desempenho de **atividade econômica** quanto na **prestação de serviços públicos**, neste caso, de titularidade do respectivo ente federativo (U, E, DF ou M). Nesse sentido, o art. 175 da CRFB estabelece que: "Incumbe ao Poder Público, na forma da lei, diretamente ou sob regime de concessão ou permissão, sempre através de licitação, a prestação de serviços públicos". Ou seja, o Poder Público poderá prestar **diretamente** os serviços públicos ou então, **indiretamente** por meio de concessões ou permissões à **iniciativa privada**.

> **▸ Como esse assunto foi cobrado em concurso?**
>
> No Concurso da FAURGS para Juiz do TJRS em 2016, foi considerado ERRADO o seguinte enunciado: "As empresas públicas, com a finalidade de explorar atividade econômica, são instituídas **exclusivamente pela União**, dotadas de personalidade jurídica de **direito público** e têm a forma de **sociedades anônimas**".

> **▸ Como esse assunto foi cobrado em concurso?**
>
> No Concurso do CESPE para Procurador do Estado do Piauí em 2014, foi considerado ERRADO o seguinte enunciado: "Às empresas estatais é permitido o exercício de atividade econômica em sentido estrito, sendo-lhes **defeso prestar serviços públicos**".

2.10. Transparência e *compliance*

Em razão dos corriqueiros escândalos de corrupção envolvendo as empresas estatais, a Lei 13.303/16 foi criada com o intuito, sobretudo, de disciplinar regras de governança corporativa e de transparência nas empresas estatais, e de práticas de gestão de riscos e de controle interno, além, de, a depender do caso, mecanismos para a proteção dos acionistas.

Assim, o art. 8º da referida lei estabelece como requisitos mínimos de transparência a serem observados e publicizados:

> I. elaboração de carta anual, subscrita pelos membros do Conselho de Administração, com a explicitação dos compromissos de consecução de objetivos de políticas públicas pela estatal ou por suas subsidiárias, em atendimento ao interesse coletivo ou ao imperativo de segurança nacional que justificou a autorização para suas respectivas criações, com definição clara dos recursos a serem empregados para esse fim, bem como dos impactos econômico-financeiros da consecução desses objetivos, mensuráveis por meio de indicadores objetivos;
>
> II. adequação de seu estatuto social à autorização legislativa de sua criação;
>
> III. divulgação tempestiva e atualizada de informações relevantes, em especial as relativas a atividades desenvolvidas, estrutura de controle, fatores de risco, dados econômico-financeiros, comentários dos administradores sobre o desempenho, políticas e práticas de governança corporativa e descrição da composição e da remuneração da administração;
>
> IV. elaboração e divulgação de política de divulgação de informações, em conformidade com a legislação em vigor e com as melhores práticas;
>
> V. elaboração de política de distribuição de dividendos, à luz do interesse público que justificou a criação da empresa pública ou da sociedade de economia mista;
>
> VI. divulgação, em nota explicativa às demonstrações financeiras, dos dados operacionais e financeiros das atividades relacionadas à consecução dos fins de interesse coletivo ou de segurança nacional;
>
> VII. elaboração e divulgação da política de transações com partes relacionadas, em conformidade com os requisitos de competitividade, conformidade, transparência, equidade e comutatividade, que deverá ser revista, no mínimo, anualmente e aprovada pelo Conselho de Administração;
>
> VIII. divulgação anual de relatório integrado ou de sustentabilidade.

Além disso, o mesmo dispositivo estabelece que quaisquer obrigações e responsabilidades que a estatal que explore atividade econômica assuma em condições distintas às de qualquer outra empresa do setor privado em que atuam, deverão: I) estar claramente definidas em **lei ou regulamento**, bem como previstas em **contrato, convênio ou ajuste** celebrado com o ente público competente para estabelecê-las, observada a publicidade desses instrumentos; e II) ter seu **custo e suas receitas discriminados** e divulgados de forma transparente, inclusive no plano contábil.

Nesse sentido, o artigo 9º da Lei 13.303/16 determina que a empresa pública e a sociedade de economia mista adotarão regras de estruturas e práticas de gestão de riscos e de controle interno que abranjam: I. ação dos administradores e empregados, por meio da implementação cotidiana de práticas de controle interno; II. área responsável pela verificação de cumprimento de obrigações e de gestão de riscos; e III. auditoria interna do Comitê de Auditoria Estatutário.

Adotando normas de *compliance*, já usuais nas corporações privadas, a Lei 13.303/16 previu ainda a obrigatoriedade de elaboração de divulgação de um **Código de Conduta e Integridade** na estatal, o qual deverá dispor sobre princípios, valores e missão da estatal; orientações sobre a **prevenção de conflito de interesses** e **vedação de atos de corrupção e fraude**; canal de denúncias e respectivo mecanismo de proteção que impeça retaliação aos denunciantes; sanções aplicáveis em caso de violação ao Código de Conduta e previsão de treinamento a empregados e administradores sobre o Código e sobre a gestão de riscos, a administradores. Além disso, deve prever também quais serão as instâncias internas responsáveis pela atualização do Código de Conduta e Integridade.

> **Importante**
> "O *compliance*, no cenário corporativo e institucional, pode ser compreendido como um conjunto de disciplinas ou procedimentos destinados a fazer cumprir as normas legais e regulamentares, bem como as políticas e as diretrizes institucionais, além de detectar, evitar e tratar qualquer desvio ou inconformidade que possa ocorrer dentro da organização" (SILVA; COVAC, 2015, p. 3)

A área responsável pela verificação do cumprimento das obrigações e gestão de riscos deverá ser vinculada ao diretor-presidente e caso haja suspeitas de envolvimento deste em irregularidades, a área de *compliance* poderá se reportar diretamente ao Conselho de Administração da empresa.

Ainda visando garantir a transparência na gestão das estatais, a Lei 13.303/16, seguindo aquilo que já vem sendo adotado em diversos setores da Administração Pública, determinou que deverá ser **divulgada toda e qualquer forma de remuneração dos administradores das empresas públicas e das sociedades de economia mista**.

2.11. Especificidades do regime jurídico das estatais que prestam serviços públicos

Ao contrário do que ocorre nas concessões e permissões de serviços públicos à iniciativa privada (descentralização por colaboração), na criação de estatais, o ente que a cria, também transfere, por **outorga**, a **titularidade do serviço** (descentralização por serviço). Excepcionalmente pode haver casos em que a estatal desenvolverá serviço público de titularidade de ente diferente daquele que a criou, casos em que haverá a concessão do respectivo serviço ou então a celebração de **convênios** entre os entes federados envolvidos.

Segundo o disposto no art. 37, § 6º, da CRFB, "as pessoas jurídicas de direito público e as de direito privado prestadoras de serviços públicos responderão pelos danos que seus agentes, nessa qualidade, causarem a terceiros, assegurado o direito de regresso contra o responsável nos casos de dolo ou culpa". Assim, **a responsabilidade civil da estatal prestadora de serviço público será objetiva**.

> **Qual o entendimento do STJ sobre o tema?**
>
> **"Responsabilidade da CEF pela segurança de Casa Lotérica. A Caixa Econômica Federal - CEF não tem responsabilidade pela segurança de agência com a qual tenha firmado contrato de permissão de loterias. [...] as unidades lotéricas não possuem como atividade principal ou acessória, a captação, intermediação e aplicação de recursos financeiros, tampouco dependem de autorização da autoridade central para funcionamento.** Nesse contexto, fica afastada a responsabilidade civil da CEF sobre eventuais prejuízos sofridos pela unidade lotérica, aplicando-se o disposto no art. 2º, IV, da Lei 8.987/1995, segundo o qual o permissionário deve demonstrar capacidade para o desempenho da prestação dos serviços públicos que lhe foram delegados **por sua conta e risco"** (REsp 1.224.236/RS, Rel. Min. Luis Felipe Salomão, j. 11.03.2014, Info 536).

A Constituição Federal de 1988 instituiu a chamada imunidade tributária recíproca, com base na qual é vedado aos entes federados instituir impostos sobre patrimônio, renda ou serviços, uns dos outros (art. 150, VI, "a", da CRFB/88), buscando-se, com isso, a preservação do **pacto federativo**, já que a cobrança de impostos não poderia servir de instrumento de pressão de um ente sobre o outro. Conforme ainda o próprio texto constitucional, essa vedação é extensiva às autarquias e às fundações instituídas e mantidas pelo Poder Público, no que se refere ao patrimônio, à renda e aos serviços, vinculados a suas atividades essenciais ou às delas decorrentes.

Questão que surge é a relacionada à possibilidade de se estender a aplicação do art. 150, VI, "a", da CRFB às empresas públicas e às sociedades de economia mista. A esse questionamento, como regra, a resposta deve ser não, já que às empresas públicas e às sociedades de economia mista incidem, em regra, os impostos. Nessa esteira, antes mesmo da atual Carta Constitucional, o STF já havia sumulado no sentido de que "As sociedades de economia mista não estão protegidas pela imunidade fiscal do art. 31, V, 'a', Constituição Federal" (súmula de 13.12.1963).

Contudo, é imprescindível atentar-se para o fato de que o STF vem entendendo que certas empresas estatais, executoras de **serviços públicos de prestação obrigatória e exclusiva do Estado gozam da imunidade tributária recíproca**. Ou seja, tais entidades teriam um regime jurídico tributário **semelhante ao de uma autarquia**.

> **Qual o entendimento do STF sobre o assunto?**
>
> "Os recursos públicos vinculados ao orçamento de estatais prestadoras de serviço público essencial, em regime não concorrencial e sem intuito lucrativo primário não podem ser bloqueados ou sequestrados por decisão judicial para pagamento de verbas trabalhistas, em virtude do disposto no art. 100 da CF/1988, e dos princípios da legalidade orçamentária (art. 167, VI, da CF), da separação dos poderes (arts. 2º, 60, § 4º, III, da CF) e da eficiência da administração pública (art. 37, 'caput', da CF)". (ADPF 588/PB, rel. Min. Roberto Barroso, j. 26.4.2021, Info 1014)

▸ Como esse assunto foi cobrado em concurso?

No Concurso do MPDFT para Promotor de Justiça Adjunto em 2021, foi considerado CERTO o seguinte enunciado: "As empresas públicas estatais que exploram serviços de saneamento básico em regime de exclusividade não concorrencial podem, se não distribuírem lucro, sujeitar-se ao regime de pagamento por precatórios".

▸ Como esse assunto foi cobrado em concurso?

No Concurso para Procurador da República em 2012, foi exigida a seguinte questão **discursiva**: "Distinção entre empresas estatais prestadoras de serviço público e empresas estatais que desenvolvem atividade econômica em sentido estrito. Regimes jurídicos. Posição do Supremo Tribunal Federal."

▸ Qual o entendimento do STF sobre o assunto?

"A Empresa Brasileira de Correios e Telégrafos - ECT está abrangida pela imunidade tributária recíproca prevista no art. 150, VI, a, da CF, haja vista tratar-se de prestadora de serviço público de prestação obrigatória e exclusiva do Estado" (RE 407099/RS, Rel. Min. Carlos Velloso, publ. 06.08.2004, Info 353).

▸ Como esse assunto foi cobrado em concurso?

No concurso para Procurador da República em 2013, foi considerado CERTO o seguinte enunciado: "Os privilégios da Fazenda Pública são inextensíveis às sociedades de economia mista que executam atividades econômicas em regime de concorrência ou que tenham como objetivo distribuir lucros aos seus acionistas".

▸ Importante

Ao analisar a imunidade recíproca em casos de sucessão, o STF entendeu que: "**A imunidade tributária recíproca não afasta a responsabilidade por sucessão**, na hipótese e que o sujeito passivo era contribuinte regular do tributo devido. [...] a imunidade tributária recíproca seria inaplicável se a atividade ou a entidade tributada demonstrasse capacidade contributiva; se houvesse risco à livre iniciativa e às condições de justa concorrência econômica; ou se não houvesse risco ao pleno exercício da autonomia política que a Constituição conferira aos entes federados. [...] a Constituição seria expressa ao excluir da imunidade: a) o patrimônio; b) a renda; e c) os serviços relacionados com a exploração de atividades econômicas regidas pelas normas aplicáveis a empreendimentos privados ou em que houvesse contraprestação ou pagamento de preços ou tarifas pelo usuário. [...] a Rede Ferroviária Federal S.A., por ser sociedade de economia mista, constituída sob a forma de sociedade por ações, apta, portanto, a cobrar pela prestação de seus serviços e a remunerar o capital investido, não teria jus à imunidade. [...] com a liquidação da pessoa jurídica e com a [...]

sucessão, a União se tornara responsável tributária pelos créditos inadimplidos, nos termos do art. 130 e seguintes do CTN. [...] o sucessor, ainda que se tratasse de um ente federado, deveria arcar com a dívida" (RE 599.176/PR, Rel. Min. Joaquim Barbosa, j. 05.06.2014, Info 749).

▸ **Como esse assunto foi cobrado em concurso?**

Na segunda fase do concurso de Advogado da União em 2015, organizado pelo CESPE, o tema foi abordado na seguinte questão **discursiva**: "Determinada sociedade de economia mista, prestadora de serviços de tratamento de esgoto e abastecimento de água a um estado da Federação, ajuizou contra a União, visando a obtenção do reconhecimento da imunidade tributária sobre os serviços públicos por ela prestados. A partir dessa situação hipotética, redija um **texto dissertativo** a respeito da possibilidade, conforme o entendimento do STF, da extensão da imunidade tributária recíproca prevista na Constituição Federal de 1988 à referida sociedade de economia mista. Em seu texto, aponte os três parâmetros utilizados pelo STF ao pacificar seu entendimento sobre a matéria". O padrão de resposta definitivo, tendo como parâmetro o RE nº 253.472/SP, foi no sentido de as sociedades de economia mista prestadoras de serviços públicos podem ser alcançadas pela imunidade tributária recíproca, desde que observados os seguintes parâmetros:

- A referida imunidade "se aplica apenas à propriedade, bens e serviços utilizados na satisfação dos objetivos institucionais inerentes ao ente federado, cuja tributação poderia colocar em risco a respectiva autonomia política";
- Não podem ser objeto de imunidade tributária recíproca "as atividades de exploração econômica, destinadas primordialmente a aumentar o patrimônio do Estado ou de particulares"por se apresentarem como "manifestações de riqueza e deixarem a salvo a autonomia política";
- A "desoneração não deve ter como efeito colateral relevante a quebra dos princípios da livre-concorrência e do exercício de atividade profissional ou econômica lícita". Isso porque, segundo o STF, "o sucesso ou a desventura empresarial devem pautar-se por virtudes e vícios próprios do mercado e da administração, sem que a intervenção do Estado seja fator preponderante".

2.12. Especificidades do regime jurídico das estatais que desenvolvem atividade econômica

Ao contrário do regime jurídico das estatais prestadoras de serviço público, em relação às empresas públicas e sociedades de economia mista que desenvolvem atividade econômica, não há que se falar em responsabilidade objetiva. Assim, a estas aplicam-se as regras da **responsabilidade civil baseada na culpa (responsabilidade civil subjetiva).**

Mais uma importante diferença a se destacar em relação às estatais que executam serviços públicos e aquelas que desenvolvem atividade econômica, diz respeito à imunidade tributária. Assim, conforme visto, a regra da imunidade recíproca, ainda que inicialmente não se aplique às estatais, segundo entendimento do STF, será aplicada nos casos em que aquelas atuam prestando serviços públicos. Por outro lado, tratando-se de empresa pública ou sociedade de economia mista que desenvolva **atividade econômica, não se aplica a imunidade do art. 150, VI, "a", da CRFB** já que estas não poderão gozar de privilégios fiscais não extensivos às empresas do setor privado (art. 173, § 2º da CRFB).

▸ Qual o entendimento do STF sobre o assunto?

"Sociedade de economia mista, cuja participação acionária é negociada em Bolsas de Valores, e que, inequivocamente, está voltada à remuneração do capital de seus controladores ou acionistas, não está abrangida pela regra de imunidade tributária prevista no art. 150, VI, 'a', da Constituição, unicamente em razão das atividades desempenhadas" (STF, Plenário. RE 600867, Rel. Joaquim Barbosa, Relator p/ Acórdão Luiz Fux, julgado em 29/06/2020 (Repercussão Geral - Tema 508)

▸ Como esse assunto foi cobrado em concurso?

No Concurso do CESPE/CEBRASPE para Assessor Jurídico da CODEVASF em 2021, foi considerado CERTO o seguinte enunciado: "De acordo com a Constituição Federal de 1988, a concessão de benefícios tributários a uma sociedade de economia mista não monopolista os quais não sejam extensivos às demais empresas do setor privado é inconstitucional, independentemente do objeto empresarial da referida empresa estatal".

▸ Como esse assunto foi cobrado em concurso?

No Concurso da PGE/PR para Procurador do Estado do Paraná em 2015, foi exigida a seguinte questão **discursiva**: "O administrador público pretende criar uma empresa estatal para o exercício de atividade econômica. Analise - indicando o fundamento legal - se existem diferenças significativas entre a escolha pela forma societária de sociedade anônima aberta e sociedade limitada no que diz respeito à constituição e funcionamento dos órgãos societários responsáveis pela fiscalização e controle dos administradores."

▸ Como esse assunto foi cobrado em concurso?

No Concurso para Juiz Federal da 3ª Região em 2016, foi considerado CERTO o seguinte enunciado: "Ao explorarem diretamente atividade econômica, as empresas públicas e as sociedades de economia mista: **sujeitam-se ao regime jurídico das empresas privadas quanto aos direitos e obrigações civis, comerciais, tributários e trabalhistas**".

▶ **Como esse assunto foi cobrado em concurso?**

No Concurso para Juiz Federal da 4ª Região em 2016, foi considerado ERRADO o seguinte enunciado: "As empresas públicas prestadoras de **serviços públicos** que atuam diretamente na atividade econômica não podem gozar de privilégios fiscais não extensivos às do setor privado, haja vista a manifesta afronta ao princípio da livre-concorrência".

▶ **Como esse assunto foi cobrado em concurso?**

No Concurso da FGV para Advogado da Companhia das Docas do Estado da Bahia em 2016, foi considerado ERRADO o seguinte enunciado: "As empresas públicas e as sociedades de economia mista **só poderão gozar de privilégios fiscais não extensivos às do setor privado** quando necessários aos imperativos da segurança nacional ou a relevante interesse coletivo".

▶ **Como esse assunto foi cobrado em concurso?**

No Concurso do CESPE para Advogado da União em 2012, foi considerado ERRADO o seguinte enunciado: "As empresas públicas e as sociedades de economia mista, dadas as suas especificidades, **beneficiam-se de determinados privilégios fiscais não atribuídos às empresas privadas**".

▶ **Qual o entendimento do STF sobre o assunto?**

"[...] Este Tribunal possui entendimento no sentido de que **o art. 173, § 2º, da Constituição não se aplica às empresas públicas prestadoras de serviços públicos.** Dessa afirmação, porém, não se pode inferir que a Constituição tenha garantido a estas entidades a isenção de custas processuais ou o privilégio do prazo em dobro para a interposição de recursos" (RE 596.729/SC, Rel. Min. Ricardo Lewandowski, publ. 10.11.2010).

▶ **Como esse assunto foi cobrado em concurso?**

No Concurso do CESPE para Juiz Federal da 1ª Região em 2011, foi considerado ERRADO o seguinte enunciado: "De acordo com previsão constitucional, as empresas públicas **prestadoras de serviços públicos** não podem gozar de privilégios fiscais não extensivos às empresas que operem no setor privado, sob pena de violação do princípio da livre concorrência".

2.13. Diferenças entre empresas públicas e sociedades de economia mista

Em 1967 foi editado o Decreto-lei 200, dispondo sobre a organização da Administração Federal, que, apesar de ter sofrido várias alterações, continua em vigor naquilo que seja compatível com a Constituição Federal de 1988. Contudo, em relação ao regime jurídico das estatais, os dispositivos daquele Decreto foram parcialmente revogados pela Lei **13.303 de 30 de junho de 2016.**

Nesse sentido, segundo o art. 3º da nova lei, **empresa pública** deve ser entendida como "a entidade dotada de personalidade jurídica de **direito privado**, com criação **autorizada por lei** e com **patrimônio próprio**, cujo capital social é **integralmente** detido pela União, pelos Estados, pelo Distrito Federal e pelos Municípios". De forma expressa, o parágrafo único do mesmo dispositivo fixou que "desde que a maioria do capital votante permaneça em propriedade da União, do Estado, do Distrito Federal ou do Município, será admitida, no capital da empresa pública, a participação de **outras pessoas jurídicas de direito público interno**, bem como de entidades da administração indireta da União, dos Estados, do Distrito Federal e dos Municípios".

> ▸ **Como esse assunto foi cobrado em concurso?**
>
> No Concurso da FGV para Técnico Tributário da SEFIN/RO em 2018 esse tema foi cobrado da seguinte forma: "Após amplas pesquisas, constatou que a lei autorizou a instituição desse ente, cujo capital somente pode pertencer ao ente federativo instituidor e a outras pessoas jurídicas de direito público interno, bem como a entidades da Administração indireta. À luz da ordem jurídica brasileira, constitucional e infraconstitucional, é correto afirmar que esse ente tem a natureza jurídica de: a) autarquia; b) sociedade de economia mista; c) fundação pública; d) empresa pública; e) sociedade de mera participação do Estado". Foi apontada como correta a alternativa "d".

> ▸ **Como esse assunto foi cobrado em concurso?**
>
> No Concurso do MPE/PR para Promotor de Justiça em 2016, foi considerado ERRADO o seguinte enunciado: "Empresa pública é a entidade dotada de personalidade jurídica de **direito público**, com criação autorizada por lei e com patrimônio próprio, cujo capital social é integralmente detido pela União, pelos Estados, pelo Distrito Federal ou pelos Municípios. Desde que a maioria do capital votante permaneça em propriedade da União, do Estado, do Distrito Federal ou do Município, será admitida, no capital da empresa pública, a participação de outras pessoas jurídicas de direito público interno, bem como de entidades da administração indireta da União, dos Estados, do Distrito Federal e dos Municípios".

> ▸ **Como esse assunto foi cobrado em concurso?**
>
> No Concurso do CESPE para Escrivão da Polícia Civil/PE em 2016, foi considerado CERTO o seguinte enunciado: "A empresa pública tem personalidade jurídica de direito privado e controle acionário majoritário da União **ou outra entidade da administração indireta**".

Independentemente da forma empresarial adotada, a Lei 13.303/16 expressamente vedou às empresas públicas o lançamento de debêntures ou outros títulos ou valores mobiliários, conversíveis em ações, e emitir partes beneficiárias (art. 11).

Já a sociedade de economia mista, foi definida no art. 4º da Lei 13.303/16 como "a entidade dotada de personalidade jurídica de **direito privado**, com criação **autorizada por lei**, sob a forma de **sociedade anônima**, cujas ações com direito a **voto** pertençam em sua **maioria** à União, aos Estados, ao Distrito Federal, aos Municípios ou a entidades da administração indireta".

▸ Como esse assunto foi cobrado em concurso?

No Concurso do MPE/PR para Promotor de Justiça em 2016, foi considerado CERTO seguinte enunciado: "Sociedade de economia mista é a entidade dotada de personalidade jurídica de direito privado, com criação autorizada por lei, sob a forma de sociedade anônima, cujas ações com direito a voto pertençam em sua maioria à União, aos Estados, ao Distrito Federal, aos Municípios ou a entidade da administração indireta".

▸ Como esse assunto foi cobrado em concurso?

No Concurso do CESPE para Juiz Estadual do Amazonas em 2016, foi considerado CERTO o seguinte enunciado: "A composição do capital das sociedades de economia mista é o resultado da conjugação de recursos públicos e privados, sendo os recursos privados inadmitidos na composição do capital das empresas públicas".

▸ Como esse assunto foi cobrado em concurso?

No Concurso do CESPE para Juiz Estadual do Amazonas em 2016, foi considerado ERRADO o seguinte enunciado: "As empresas públicas assumem obrigatoriamente a forma de sociedades anônimas, enquanto as sociedades de economia mista podem revestir-se de qualquer das formas admitidas em direito".

Destaque para o fato de que enquanto o Decreto-Lei 200/67 tratou da Administração Pública Federal, fazendo menção apenas à União, a **Lei 13.303/16** é clara ao estabelecer que suas disposições incidem sobre o estatuto jurídico da empresa pública, da sociedade de economia mista e de suas subsidiárias, no âmbito **da União, dos Estados, do Distrito Federal e dos Municípios**.

As diferenças quanto ao regime jurídico dar-se-ão conforme a atividade desenvolvida (serviço público ou atividade econômica) e, ainda, segundo a natureza jurídica de empresa pública ou sociedade de economia mista, conforme o quadro infra:

	Empresa Pública	Sociedade de Economia Mista
Forma	Qualquer forma admitida em direito.	Sociedade Anônima.
Formação do capital	Apenas público (não se exige que seja apenas do ente que a criou – art. 3º, parágrafo único da Lei 13.303/16).	Público e particular (maioria do capital votante deve ser público).

Competência para julgamento de suas demandas	No âmbito federal, a competência é da Justiça Federal (art. 109 da CR/88).	Ainda que federal, a competência será da justiça estadual de sua sede.
Prerrogativas fiscais	Não têm, exceto se extensíveis ao setor privado. OBS.: O STF entende que a ECT é entidade autárquica, conferindo-lhe imunidade tributária (RE 407.099/04). O mesmo se aplica à INFRAERO (RE 363.412/07 - Info 475).	Não têm, exceto se extensíveis ao setor privado.
Exemplos	BNDES (Banco Nacional de Desenvolvimento Econômico e Social), CEF (Caixa Econômica Federal), ECT (Empresa de Correios e Telégrafos), Embrapa (Empresa Brasileira de Pesquisa Agropecuária), Empresa Brasil de Comunicação (EBC), Infraero, Casa da Moeda e **NAV Brasil Serviços de Navegação Aérea.**	Petrobras, Banco do Brasil, Furnas, Eletrobrás, Banco do Nordeste, Banco da Amazônia, Brasil Resseguros (IRB), Sabesp e Bancos estaduais (em regra).

▸ Importante

Em 24 de dezembro de 2020, em observância à Lei nº 13.903/2019 foi criada a empresa pública **NAV Brasil Serviços de Navegação Aérea** S.A., vinculada ao Ministério da Defesa por meio do Comando da Aeronáutica, organizada sob a forma de sociedade anônima, com personalidade jurídica de direito privado e patrimônio próprio" (art. 1º do Decreto nº 10.589/2020).

▸ Como esse assunto foi cobrado em concurso?

No Concurso do CESPE para Oficial de Justiça Avaliador Federal do TRF 1 em 2017 foi considerado ERRADO o seguinte enunciado: "O principal critério de distinção entre empresa pública e sociedade de economia mista é que esta integra a administração indireta, enquanto aquela integra a **administração direta**".

▸ Importante

"A **sociedade de economia mista** poderá solucionar, mediante **arbitragem**, as divergências entre acionistas e a sociedade, ou entre acionistas controladores e acionistas minoritários, nos termos previstos em seu estatuto social" (art. 12, parágrafo único, da Lei 13.303/16).

> **Importante**
>
> STF, súmula 556: "É competente a Justiça Comum para julgar as causas que é parte sociedade de economia mista".
>
> STF, súmula 517: "As sociedades de economia mista só têm foro na Justiça Federal quando a União intervém como assistente ou opoente".
>
> STJ, súmula 333: "Cabe mandado de segurança contra ato praticado em licitação promovida por sociedade de economia mista ou empresa pública".
>
> STJ, súmula 42: "Compete à Justiça Comum Estadual processar e julgar as causas cíveis em que é parte sociedade de economia mista e os crimes praticados em seu detrimento".

> **Como esse assunto foi cobrado em concurso?**
>
> No Concurso do CESPE para Juiz Estadual do Amazonas em 2016, foi considerado ERRADO o seguinte enunciado: "O protesto apresentado por empresa pública federal em execução que tramite na justiça estadual **desloca a competência para a justiça federal**".

> **Como esse assunto foi cobrado em concurso?**
>
> No Concurso do CESPE para Escrivão da Polícia Civil/PE em 2016, foi considerado ERRADO o seguinte enunciado: "A sociedade de economia mista tem personalidade jurídica de **direito público** e destina-se à exploração de atividade econômica".

> **Como esse assunto foi cobrado em concurso?**
>
> No Concurso da FCC para Procurador de Recife/PE em 2014, foi exigida a seguinte questão **discursiva**: "Sobre as duas espécies de empresas estatais reconhecidas pelo ordenamento jurídico vigente, esclareça: (i) a natureza jurídica e o enquadramento das mesmas no âmbito da Administração Pública; (ii) as características comumente presentes nessas espécies e em razão das quais elas se assemelham e se diferenciam entre si e em relação a outras espécies da Administração descentralizada; (iii) na condição de procurador judicial do município, como se posicionaria quanto à aplicação ou não da regra de imunidade tributária recíproca (art. 150, VI, "a", da CF) em um caso envolvendo a cobrança de imposto municipal de sociedade de economia mista estadual que tem suas ações negociadas em bolsa de valores; (iv) o(s) regime(s) de responsabilidade extracontratual aplicável(is) a essas empresas estatais."

> **Como esse assunto foi cobrado em concurso?**
>
> No concurso para Procurador da República em 2013, foi considerado ERRADO o seguinte enunciado: "É competente a Justiça Federal para julgar as causas em que é parte **sociedade de economia mista**, cujo foro é o mesmo da Fazenda Pública".

2.14. Empresa de Correios e Telégrafos (ECT)

No estudo das empresas estatais, merece destaque a Empresa de Correios e Telégrafos, considerando-se o tratamento jurídico diferenciado, conforme restou claro no julgamento da ADPF 46.

Apesar de contar com natureza jurídica de empresa pública, por executar o serviço postal, de competência exclusiva da União (art. 21 da CRFB), a ECT recebe o tratamento de Fazenda Pública, do que decorre, dentre outros, a **imunidade tributária recíproca**, o pagamento de seus débitos mediante o regime de **precatórios** e o **tratamento processual diferenciado** (ex.: art. prazo em dobro do art. 183 do Novo Código de Processo Civil).

> **Como esse assunto foi cobrado em concurso?**
>
> No concurso para Procurador da República em 2013, foi considerado ERRADO o seguinte enunciado: "A Empresa Brasileira de Correios e Telégrafos é uma empresa pública que **não goza** dos seguintes privilégios da fazenda pública: impenhorabilidade dos seus bens, privilégios fiscais, prazos e custas processuais".

> **Qual o entendimento do STF sobre o assunto?**
>
> "A prestação do serviço postal consubstancia serviço público. A Empresa Brasileira de Correios e Telégrafos é uma empresa pública, entidade da Administração Indireta da União, como tal tendo sido criada pelo Decreto-Lei 509/69. [...] O Pleno do Supremo Tribunal Federal declarou [...] que a Empresa Brasileira de Correios e Telégrafos é **pessoa jurídica equiparada à Fazenda Pública**, que explora serviço de competência da União (CF, art. 21, X)" (ACO 765/RJ QO, Rel. Min. Eros Grau, publ. 06.11.2008).

> **Importante**
>
> "O serviço postal - conjunto de atividades que torna possível o envio de correspondência, ou objeto postal, de um remetente para endereço final e determinado - não consubstancia atividade econômica em sentido estrito. Serviço postal é serviço público. **A atividade econômica em sentido amplo é gênero que compreende duas espécies, o serviço público e a atividade econômica em sentido estrito. Monopólio é de atividade econômica em sentido estrito, empreendida por agentes econômicos privados. A exclusividade da prestação dos serviços públicos é expressão de uma situação de privilégio.** [...] A Empresa Brasileira de Correios e Telégrafos deve atuar em regime de exclusividade na prestação dos serviços que lhe incumbem em situação de privilégio, o privilégio postal" (ADPF 46/DF, Rel. Min. Eros Grau, publ. 26.02.2010).

▸ **Como esse assunto foi cobrado em concurso?**

No Concurso para Procurador da República em 2012, foi considerado ERRADO o seguinte enunciado: "É inconstitucional o privilégio da exclusividade no envio de objeto postal de um remetente para endereço final e determinado concedido à Empresa Brasileira de Correios e Telégrafos - ECT, por afronta ao princípio da livre concorrência".

▸ **Como esse assunto foi cobrado em concurso?**

No Concurso do CESPE para Juiz Federal da 2ª Região em 2011, foi considerado ERRADO o seguinte enunciado: "A jurisprudência dos tribunais superiores pacificou-se no sentido de que o serviço postal - conjunto de atividades que torna possível o envio de correspondência ou objeto postal de um remetente para endereço final e determinado - **consubstancia atividade econômica em sentido estrito**, de forma que o monopólio postal do Estado, previsto expressamente na CF, não pode ser relativizado".

▸ **Importante**

"SDI-1 OJ 247. Servidor Público. Celetista concursado. Despedida imotivada. Empresa Pública ou sociedade de Economia Mista. Possibilidade. II. A validade do ato de despedida do empregado da Empresa Brasileira de Correios e Telégrafos (ECT) está condicionada à motivação, por gozar a empresa do mesmo tratamento destinado à Fazenda Pública em relação à imunidade tributária e à execução por precatório, além das prerrogativas de foro, prazos e custas processuais".

Recentemente o STF foi instado a decidir sobre a incidência da **imunidade tributária** da Empresa Brasileira de Correios e Telégrafos também nos casos em que aquela empresa pública desenvolve o **transporte de bens e mercadorias**, circunstância em que era questionada a imunidade em relação ao ICMS. A Corte entendeu, antes de mais nada, que referida atividade é atribuição da ECT, conforme previsto no art. 7º, "caput", e § 3º da Lei 6.538/78. Além disso, ao contrário das empresas privadas, **os Correios não poderiam se recusar a entregar encomendas ainda que em lugares remotos do território nacional**. No mais, nos casos em que o serviço é terceirizado mediante licitação, as empresas contratadas seriam contribuintes do ICMS.

A Corte também entendeu que "sendo obrigatórias a regularidade do serviço postal e a garantia de sua **continuidade**, não seria despropositado que a ECT aproveitasse espaços ociosos nos veículos que utilizasse para exercer atividades afins. **Não se estaria, assim, a criar determinada estrutura exclusivamente para competir com particulares**, mas, meramente, a aproveitar meios já disponíveis e utilizados, necessários ao serviço postal".

Ao final, o STF reconheceu que mesmo no serviço de entrega de encomendas a Empresa de Correios e Telégrafos é alcançada pela imunidade recíproca, nos moldes do estabelecido no art. 150, VI, "a", da CRFB, conforme o trecho transcrito no quadro infra. Por ser um tema extremamente relevante e de julgamento recente, certamente será cobrado nos próximos concursos.

▸ Qual o entendimento do STJ sobre o assunto?

"A imposição legal de adoção de recursos de segurança específicos para proteção dos estabelecimentos que constituam sedes de instituições financeiras (Lei nº 7.102/1983) não alcança o serviço de correspondente bancário (Banco Postal) realizado pela Empresa Brasileira de Correios e Telégrafos (ECT)" (REsp 1.497235/SE, Rel. Min. Mauro Campbell Marques, publ. 01.12.2015, Info 574).

▸ Qual o entendimento do STF sobre o assunto?

"[...] **as atividades exercidas sob regime concorrencial existiriam para custear aquela exercida sob o regime constitucional de monopólio**. Se assim não fosse, frustrar-se-ia o objetivo do legislador de viabilizar a integração nacional e dar exequibilidade à fruição do direito básico do indivíduo de se comunicar com outras pessoas ou instituições e de exercer outros direitos, com esse relacionados, fundados na própria Constituição. [...] **Por fim, a ECT não poderia nem deveria ser equiparada a empresa de transporte privado** – cuja atividade fim fosse o transporte de mercadorias – , na medida em que, não apenas o recebimento e a entrega de correspondências e encomendas, mas, notadamente, o próprio transporte, seriam todas fases indissociáveis de um serviço postal que se qualificaria pela incindibilidade, tendo em vista a sua última destinação e sua própria função" (RE 627.051/PE, Rel. Min. Dias Toffoli, j. 12.11.2014, Info 767).

▸ Qual o entendimento do STJ sobre o tema?

Possibilidade de entrega de carnês de IPTU e ISS por agentes administrativos do município. A entrega de carnês de IPTU e ISS pelos municípios sem a intermediação de terceiros no seu âmbito territorial não constitui violação do privilégio da União na manutenção do serviço público postal (AgRg no AREsp 228.049/MG, Rel. Min. Mauro Campbell Marques, publ. 02.05.2014, Info 519).

▸ Como esse assunto foi cobrado em concurso?

No Concurso da UNOESC para Advogado da Prefeitura de Jardinópolis/SC em 2017, foi considerado CERTO o seguinte enunciado: "O serviço postal é **serviço público exclusivo da União**, prestado pela ECT – Empresa de Correios e Telégrafos". Na mesma questão também foi considerado CERTO o seguinte enunciado: "A Empresa de Correios e Telégrafos – ECT – **submete-se ao regime de precatório**".

▸ Como esse assunto foi cobrado em concurso?

No Concurso para Juiz Federal da 4ª Região em 2016, foi considerado ERRADO o seguinte enunciado: "De acordo com o Supremo Tribunal Federal, implica **violação ao princípio da livre-concorrência** a atuação em regime de privilégio da Empresa Brasileira de Correios e Telégrafos na prestação dos serviços que lhe incumbem."

Como esse assunto foi cobrado em concurso?

No Concurso do CESPE para Juiz Federal da 1ª Região em 2015, foi considerado ERRADO o seguinte enunciado: "Conforme entendimento do STF, **não se aplica** imunidade tributária à Empresa de Correios e Telégrafos nos casos em que esta exercer atividades econômicas em concorrência com a iniciativa privada".

2.15. Empresas subsidiárias e controladas

Empresas subsidiárias, no dizer de Carvalho Filho "são aquelas cujo controle e gestão das atividades são atribuídos à empresa pública ou à sociedade de economia mista diretamente criadas pelo Estado" (2014, p. 502-503).

Sociedade de economia mista (sociedade de primeiro grau ou primária)	**Subsidiária** (sociedade de segundo grau ou secundária)

A criação das subsidiárias depende de **autorização legislativa**. Contudo, essa autorização não precisa ser dada para a criação de cada entidade, admitindo-se que a lei de regência da entidade primária autorize a posterior constituição de subsidiárias.

O objetivo das subsidiárias é atuar em algumas das áreas específicas da sociedade de primeiro grau. Assim, por exemplo, tem-se a Petrobras distribuidora, a Petrobras Biocombustível, a Transpetro, a Gaspetro e a Liquigás Distribuidora, como subsidiárias da Petrobras.

Qual o entendimento do STF sobre o assunto?

"[...] se é compatível com a CF a possibilidade de criação de subsidiárias quando houver previsão na lei que cria a respectiva empresa estatal, por paralelismo, não há como obstar, por suposta falta de autorização legislativa, a alienação de ações da empresa subsidiária, ainda que tal medida envolva a perda do controle acionário do Estado". (ADPF 794/DF, rel. Min. Gilmar Mendes, j. 21.5.2021, Info 1018)

Qual o entendimento do STF sobre o assunto?

"[...] É dispensável a autorização legislativa para a criação de empresas subsidiárias, **desde que haja previsão para esse fim na própria lei que instituiu a empresa de economia matriz**, tendo em vista que a lei criadora é a própria medida autorizadora" (Adi 1.649/DF, Rel.Min. Maurício Corrêa, publ. 28.05.2004).

Como esse assunto foi cobrado em concurso?

No Concurso da FGV para Auditor Fiscal da Receita Municipal de Cuiabá/MT em 2016, foi considerado ERRADO o seguinte enunciado: "Após a criação da Sociedade de Economia Mista, **somente nova lei específica** pode autorizar a criação de subsidiária da estatal, em respeito ao princípio da reserva legal".

> **Como esse assunto foi cobrado em concurso?**
>
> No Concurso do Instituto AOCP para Advogado da Companhia Catarinense de Água e Saneamento (CASAN) em 2016, foi considerado CERTO o seguinte enunciado: "A criação de subsidiárias pelas empresas públicas e sociedades de economia mista, bem como sua participação em empresas privadas, depende de autorização legislativa, exceto se já houver previsão para esse fim na própria lei que instituiu a empresa de economia mista matriz, tendo em vista que a lei criadora é a própria medida autorizadora".

Considerando que o Estado controla a empresa primária, que, por sua vez, controla a secundária, é inegável que o controle dessa última acaba sendo exercido pelo próprio Estado, de forma que as subsidiárias inegavelmente compõem a **Administração Pública Indireta daquele ente controlador**.

Observe-se, ainda que a empresa subsidiária poderá ser constituída por capital exclusivo da empresa primária, caso em que, conforme o art. 251 da Lei 6.404/76 haverá a chamada **subsidiária integral**.

Empresas controladas: empresas adquiridas por Empresa Pública ou Sociedade de Economia Mista. Não integram a Administração Pública e sua institucionalização independe de autorização legislativa.

> **Como esse assunto foi cobrado em concurso?**
>
> No Concurso da UFPR para Analista Legislativo da Câmara de Curitiba/PR em 2020, foi considerado CERTO o seguinte enunciado: "Empresa controlada é a sociedade cuja maioria do capital social com direito a voto pertença, direta ou indiretamente, a ente da Federação, entendendo-se este como a União, cada Estado, o Distrito Federal e cada Município".

> **Como esse assunto foi cobrado em concurso?**
>
> No Concurso da UFPR para Analista Legislativo da Câmara de Curitiba/PR em 2020, foi considerado ERRADO o seguinte enunciado: "Empresa estatal dependente é a empresa controlada que receba do ente controlador recursos financeiros para pagamento das despesas com pessoal ou de custeio em geral ou de capital, incluindo-se no último caso, aqueles provenientes de aumento de participação acionária".

> **Como esse assunto foi cobrado em concurso?**
>
> No Concurso da FGV para Auditor Fiscal da Receita Municipal de Cuiabá/MT em 2016, foi considerado ERRADO o seguinte enunciado: "Após a criação da Sociedade de Economia Mista, **somente nova lei específica** pode autorizar a criação de subsidiária da estatal, em respeito ao princípio da reserva legal".

3. SERVIÇOS PÚBLICOS

3.1. Conceito e classificação

O alcance da expressão "serviços públicos" tem variado no decorrer da história. A verdade é que nenhuma atividade, por si mesma, pode ser considerada como tal. Assim, **será serviço público aquilo que a lei, conforme o modelo de Estado de uma determinada época e região, considerar que seja**.

Em verdade, não há consenso na doutrina quanto ao alcance da expressão "serviço público", havendo autores que adotam um conceito amplo e outros que optam por um conceito mais restrito. De qualquer forma, como destaca Maria Sylvia Zanella Di Pietro, em qualquer dessas duas hipóteses são levadas em consideração, três elementos para a definição: "o material (atividades inerentes ao interesse coletivo), o subjetivo (presença do Estado) e o formal (procedimento de direito público)" (2017, p. 131).

Para Fernanda Marinela, serviço público deve ser entendido como "Toda atividade de oferecimento de utilidade e comodidade material, destinada à satisfação da coletividade, mas que pode ser utilizada singularmente pelos administrados, e que o Estado assume como pertinente a seus deveres e presta-a por si mesmo, ou por quem lhe faça as vezes, sob um regime de direito público, total ou parcialmente" (2014. p. 545).

A competência pela prestação dos serviços públicos conta com **previsão constitucional.** Assim, a CRFB/88 previu expressamente as competências administrativas dos municípios (ex. transporte coletivo) e da União (ex. transporte rodoviário interestadual e internacional), restando aos estados a competência residual (ex. transporte intermunicipal). Da mesma forma, extrai-se da disposição constitucional que a **regulamentação** sobre cada um dos serviços públicos é atividade inerente ao **Poder Regulamentar** do ente que o presta, assim como o **controle da prestação**, cuja atribuição também é do **ente competente** para a prestação do respectivo serviço.

> **Qual o entendimento do STF sobre o tema?**
>
> "**Concessionárias de serviços públicos: assinatura básica e competência legislativa.** Prevaleceu o voto do Min. Luiz Fux, que afirmou a **competência exclusiva da União para legislar sobre a matéria**, nos termos dos artigos 21, XI; 22, IV; e 175, parágrafo único, III, todos da CF. [...] muito embora se tratasse de relação de consumo, as regras deveriam ser ditadas pelo poder concedente, ou seja, incumbiria à União estabelecer quais seriam os preços compatíveis com a manutenção de serviços e com o equilíbrio econômico-financeiro do contrato previamente firmado. [...] a assinatura básica não seria voltada apenas ao enriquecimento das concessionárias, mas comporia o serviço prestado e atenderia ao tratamento igualitário das partes. [...] Assim, se o pagamento da assinatura básica não configura questão singular de algum deles - mas se refere à totalidade dos Estados que compõem a Federação, pois submetidos à mesma prestação de serviço público -, a competência legislativa seria da União. (ADI 3343/DF, Rel. Min Luiz Fux, 01.09.2011, Info 638)

▸ Qual o entendimento do STF sobre o assunto?

"Concessão de serviços públicos - Invasão, pelo Estado-membro, da esfera de competência da União e dos Municípios. [...] Os Estados-membros - que não podem interferir na esfera das relações jurídico-contratuais estabelecidas entre o poder concedente (quando este for a União Federal ou o Município) e as empresas concessionárias - também não dispõem de competência para modificar ou alterar as condições, que, previstas na licitação, acham-se formalmente estipuladas no contrato de concessão celebrado pela União (energia elétrica - CF, art. 21, XII, *b*) e pelo Município (fornecimento de água - CF, art. 30, I e V), de um lado, com as concessionárias, de outro, notadamente se essa ingerência normativa, ao determinar a suspensão temporária do pagamento das tarifas devidas pela prestação dos serviços concedidos (serviços de energia elétrica, sob regime de concessão federal, e serviços de esgoto e abastecimento de água, sob regime de concessão municipal), afetar o equilíbrio financeiro resultante dessa relação jurídico-contratual de direito administrativo" (ADI 2.337/SC, Rel. Min Celso de Mello, publ. 21.06.2002).

▸ Como esse assunto foi cobrado em concurso?

No Concurso do CESPE para Juiz Federal da 2ª Região em 2011, foi considerado ERRADO o seguinte enunciado: "Segundo a jurisprudência do STF, o Estado-membro está autorizado a alterar relações jurídico-contratuais entre o poder concedente municipal e as empresas concessionárias, desde que mediante lei específica e existência de substrato fático embasado no interesse público coletivo de natureza econômica".

Classificação dos serviços públicos	
Quanto aos destinatários	*Uti singuli* (individuais ou singulares): prestados a usuários determinados. A remuneração é feita por taxa (regime tributário) ou tarifa (contrato). Ex. energia elétrica, transporte público; *Uti universi* (gerais ou coletivos): não é possível determinar a parcela do serviço utilizada por cada pessoa já que o serviço direciona-se à coletividade em geral. Por isso seu custeio é, em regra, por impostos. Ex. segurança pública.
Quanto à essencialidade	Essenciais ou de necessidade pública: indispensáveis, por isso, prestados apenas pela Administração (ex. serviços judiciários) - Lei 7.783/89; Não essenciais ou de utilidade pública: podem ser prestados por particulares. Ex.: telefonia e serviços funerários.
Quanto à adequação	Próprios: voltados a necessidades coletivas, são prestados direta ou indiretamente pelo Estado; Impróprios: o Estado apenas autoriza, fiscaliza ou regula.
Quanto à finalidade	Administrativos: necessidades internas da Administração (ex. imprensa oficial); Comerciais ou industriais: produzem renda para os prestadores (ex. energia elétrica); Sociais: necessidades coletivas relacionadas a direitos sociais (ex. saúde e educação).

> **Como esse assunto foi cobrado em concurso?**
>
> No Concurso da VUNESP para Procurador do Município de Alumínio/SP em 2016, foi considerado CERTO o seguinte enunciado, sobre os serviços públicos: "*Uti universi* é aquele prestado à coletividade, mas usufruído apenas indiretamente pelos indivíduos".

> **Como esse assunto foi cobrado em concurso?**
>
> No Concurso da VUNESP para Procurador do Município de Alumínio/SP em 2016, foi considerado ERRADO o seguinte enunciado, sobre os serviços públicos: "*Uti singuli* é aquele que tem por finalidade a satisfação individual ou coletiva, porém sempre usufruído diretamente pelos indivíduos".

> **Como esse assunto foi cobrado em concurso?**
>
> No Concurso do CESPE para Escrivão da Polícia Civil/PE em 2016, foi considerado ERRADO o seguinte enunciado: "Os serviços de utilidade pública **não** admitem delegação".

> **Como esse assunto foi cobrado em concurso?**
>
> No Concurso da UFG para Advogado da CELG-GERAÇÃO em 2014, foi exigida a seguinte questão **discursiva**: "Conforme disciplina o artigo 175 da Constituição Federal, "Incumbe ao Poder Público, na forma da lei, diretamente ou sob regime de concessão ou permissão, sempre através de licitação, a prestação de serviços públicos." Com base no exposto, disserte sobre os serviços públicos, expondo o conceito, a classificação, a regulamentação, as formas e a competência de prestação".

3.2. Princípios

A doutrina elenca diferentes princípios que devem nortear a prestação dos serviços públicos:

- **Continuidade** → considerando-se o dever do Estado de promover os direitos fundamentais, os serviços públicos devem ser prestados de forma ininterrupta, não se admitindo, em regra, a sua suspensão ou interrupção.

Observe-se que o fato de a prestação dos serviços públicos observar o princípio da continuidade, não significa que devam ser ofertados em todos os dias e em todos os horários à população. Na verdade, o grau de sua necessidade deverá ser levado em consideração ao se analisar a forma como é ofertado. Assim, por exemplo, sendo considerado **absolutamente necessário**, o serviço prestado pela polícia militar, deve estar disponível a qualquer hora do dia ou da noite. O mesmo não se pode dizer do funcionamento de uma biblioteca municipal que, por se tratar de um serviço de **necessidade relativa**, pode, por exemplo, limitar seu funcionamento ao horário comercial.

Por outro lado, é importante frisar o disposto no art. 6º, §3º, da Lei nº 8.987 de 1995, segundo o qual não será caracterizada como descontinuidade do serviço a sua interrupção nos casos de emergência ou após aviso prévio quando motivada por razões de ordem técnica ou de segurança das instalações, ou ainda, por inadimplemento do usuário, considerado o interesse da coletividade.

Atenção: em relação a essa segunda possibilidade, a lei nº 14.015 de 2020 determinou que **a interrupção não poderá iniciar-se na sexta-feira, no sábado ou no domingo, nem feriado ou no dia anterior a feriado.**

Importante

A Lei 8.987/95, ao disciplinar o regime de concessão e permissão da prestação dos serviços públicos, prevê que não se caracteriza como descontinuidade do serviço a sua interrupção em situação de emergência ou após prévio aviso quando motivada por razões de ordem técnica ou de segurança das instalações ou ainda, por inadimplemento do usuário, considerado o interesse da coletividade (art. 6º, § 3º). Assim, não obstante a previsão da continuidade dos serviços essenciais no art. 22 do CDC, a jurisprudência assentou-se na possibilidade de sua interrupção, desde que observadas as circunstâncias supramencionadas, o que representa uma **prevalência do Direito Administrativo sobre o Direito do Consumidor** mediante a aplicação do **princípio da especialidade**.

Qual o entendimento do STF sobre o assunto?

"Atendida a razoabilidade, é constitucional legislação estadual que prevê a vedação do corte do fornecimento residencial dos serviços de energia elétrica, em razão do inadimplemento, parcelamento do débito, considerada a crise sanitária". (ADI 6588/AM, rel. Min. Marco Aurélio, j. 28.5.2021, Info 1019).

Qual o entendimento do STJ sobre o assunto?

"I. O contrato estabelecido entre o fornecedor de energia elétrica e o usuário é sinalagmático concluindo-se que o contratante só pode exigir a continuidade da prestação a cargo do contratado quando estiver cumprindo regularmente a sua obrigação. II. A suspensão do fornecimento de energia elétrica pode ocorrer em diversas hipóteses inclusive quando houver negativa de pagamento por parte do usuário [...]" (REsp 628.833/RS, Rel. Min. José Delgado, publ. 03.11.2004).

Como esse assunto foi cobrado em concurso?

No Concurso do CESPE para Auditor de Contas Públicas do TCE/PB em 2018, foi considerado CERTO o seguinte enunciado: "A interrupção do serviço público não se caracterizará como descontinuidade quando ocorrer por motivos de ordem técnica, desde que ocorra após prévio aviso.".

Como esse assunto foi cobrado em concurso?

No Concurso do CESPE para Delegado de Polícia da PC/MA em 2018, esse tema foi cobrado da seguinte forma: "De acordo com o entendimento do STJ, atendida a necessária prévia notificação, o inadimplemento do usuário permite que se efetue corte no fornecimento de serviço público essencial, ainda que tal inadimplência se refira a dívida: a) contraída por usuário pessoa jurídica de direito público que não preste serviços indispensáveis à população; b) contraída por usuário pessoa física que dependa da manutenção do serviço, de forma contínua, para sua sobrevivência; c) de valor irrisório; d) não relativa ao mês de consumo; e) decorrente de suposta irregularidade no hidrômetro ou medidor de energia elétrica apurada unilateralmente pela concessionária". Foi apontada como corre-ta a alternativa "a".

▸ **Como esse assunto foi cobrado em concurso?**

No Concurso da FUMARC para a Prefeitura de Conceição do Mato Dentro/MG, em 2016, foi considerado CERTO o seguinte enunciado: "O princípio da continuidade do serviço público, em decorrência do qual o serviço não pode parar, tem como uma de suas consequências a aplicação da teoria da imprevisão, para recompor o equilíbrio econômico-financeiro do contrato e permitir a continuação do serviço".

▸ **Como esse assunto foi cobrado em concurso?**

No Concurso da FUNCAB para Delegado da Polícia Civil do Pará em 2016, foi considerado CERTO o seguinte enunciado: "É **ilegítimo** o corte no fornecimento de serviços públicos essenciais quando o débito for decorrente de suposta fraude no medidor de consumo de energia apurada unilateralmente pela concessionária".

▸ **Como esse assunto foi cobrado em concurso?**

No Concurso da FUNCAB para Delegado da Polícia Civil do Pará em 2016, foi considerado ERRADO o seguinte enunciado: "Não se caracteriza como descontinuidade do serviço a sua interrupção após prévio aviso, quando por inadimplemento, considerado o interesse da coletividade. Sendo assim, é **viável, portanto, responsabilizar-se o atual usuário**, adimplente com suas obrigações, por débito pretérito relativo ao consumo de água, por exemplo, do usuário anterior".

▸ **Como esse assunto foi cobrado em concurso?**

No Concurso do CESPE para Advogado-Geral da União em 2012, foi exigida a seguinte questão **discursiva**: "Considere que uma empresa concessionária de serviço de telefonia efetue reparos mensais na rede de transmissão, interrompendo o serviço a inúmeros usuários durante o período de manutenção. Em face dessa situação hipotética, responda, de forma justificada, aos questionamentos que se seguem. (i) A paralisação do serviço para manutenção técnica caracteriza inadequação do serviço? (ii) Em caso de inadequação de serviço prestado por concessionária de serviço público, pode a União intervir na empresa para garantir a adequação do serviço? (iii) Quais são os requisitos para a intervenção? "

▸ Como esse assunto foi cobrado em concurso?

No Concurso do CESPE para Escrivão da Polícia Civil/PE em 2016, foi considerado CERTO o seguinte enunciado: "Em decorrência do princípio da continuidade do serviço público, admite-se que o poder concedente tenha prerrogativas contratuais em relação ao concessionário. Uma dessas prerrogativas é a **possibilidade de encampação do serviço, quando necessária à sua continuidade**".

▸ Como esse assunto foi cobrado em concurso?

No Concurso do MPE-SC para Promotor de Justiça Estadual em 2016, foi considerado ERRADO o seguinte enunciado: "Não se caracteriza como descontinuidade do serviço público a sua interrupção em situação de emergência ou após prévio aviso, quando motivada por razões de ordem técnica ou de segurança das instalações; por inadimplemento do usuário, considerando o interesse da coletividade; e, por comprovada inviabilidade econômica".

▸ Como esse assunto foi cobrado em concurso?

No Concurso da FCC para Técnico Judiciário do TRT/23ª Região em 2016, foi considerado CERTO o seguinte enunciado: "O princípio da continuidade do serviço público tem aplicação especialmente com relação aos contratos administrativos e ao exercício da função pública".

- **Modicidade das tarifas** → os valores cobrados pela prestação dos serviços públicos devem ser tais que possibilitem a efetivação do princípio da **universalidade**. Ou seja, considerando a essencialidade e a própria razão de ser dos serviços públicos, esses devem ser ofertados em valores acessíveis a toda a população que dele necessita.

▸ Como esse assunto foi cobrado em concurso?

No Concurso da UNOESC para Advogado da Prefeitura de Jardinópolis/SC em 2017, foi considerado CERTO o seguinte enunciado: "A **modicidade das tarifas** é **princípio** da concessão de serviços públicos".

▸ Como esse assunto foi cobrado em concurso?

No Concurso da CONSULPLAN para Técnico Judiciário em 2017, foi considerado CERTO seguinte enunciado: "A educação básica obrigatória, inclusive para os que não tiveram essa oportunidade na idade própria, e o transporte coletivo urbano aos maiores de 65 anos de idade são medidas destinadas a amparar grupos de pessoas em **situação de hipossuficiência** e constituem exemplos de aplicação de importante princípio dos serviços públicos. Trata-se do princípio denominado: **modicidade**".

- **Generalidade ou universalidade** → o alcance do serviço deve ser o mais amplo possível, de forma a alcançar todos os usuários que dele necessitem, sem qualquer tipo de discriminação. Com base nesse princípio é que em determinados setores exige-se a observância de **metas de universalização** a serem fiscalizadas pelas respectivas agências reguladoras.

> **Como esse assunto foi cobrado em concurso?**
>
> No Concurso da FEPESE para Escrivão da Polícia Civil em 2017 esse tema foi cobrado da seguinte forma: "Os serviços públicos devem ser prestados com a maior amplitude possível, beneficiando o maior número possível de indivíduos, além de serem prestados sem discriminação entre os beneficiários, que tenham as mesmas condições técnicas e jurídicas para a fruição. Refere-se ao princípio geral: a) da economicidade; b) da eficiência; c) da generalidade; d) da continuidade; e) da obrigatoriedade". Foi apontada como correta a alternativa "c".

- **Mutabilidade ou atualidade** → compreende a modernidade das técnicas, do equipamento e das instalações e a sua conservação, bem como a melhoria e a expansão do serviço (art. 6º, § 2º, Lei 8.987/95). Assim, com base nesse princípio os serviços públicos devem acompanhar a **evolução tecnológica**, de forma a se adaptar às novas necessidades e possibilidades de oferta.

> **Como esse assunto foi cobrado em concurso?**
>
> No Concurso da FCC para Técnico Judiciário do TRT/23ª Região em 2016, foi considerado ERRADO o seguinte enunciado: "Um dos princípios que regem os serviços públicos denomina-se mutabilidade do regime jurídico, segundo o qual admitem-se mudanças no regime de execução do serviço para **adaptá-lo ao interesse privado**, que é variável no tempo".

- **Uniformidade, neutralidade ou igualdade** → equivale ao princípio da **impessoalidade**, aplicado aos serviços públicos. Ou seja, tanto o Poder Público quanto os concessionários e permissionários, deverão dar o mesmo tratamento a todos os usuários, sem qualquer tipo de discriminação. Contudo, esse princípio não impede o tratamento diferenciado em razão de políticas afirmativas ou inclusivas, tais como a gratuidade do transporte público para idosos ou a incidência de tarifas diferenciadas para a população de baixa renda.
- **Eficiência** → assim como no desempenho das demais atividades administrativas (art. 37, caput, da CRFB/88), ao prestar serviços públicos, a administração pública deve alcançar o **máximo resultado com o mínimo emprego de recursos possível**, mediante critérios de razoabilidade.

3.3. Direitos e deveres dos usuários

A Lei 8.987/95 estabelece, ainda, os principais direitos e deveres/encargos tanto dos usuários quanto do Poder Público e dos prestadores dos serviços públicos, conforme tabelas infra.

<table>
<tr><td rowspan="2">Usuários</td><td>Direitos
Receber serviço adequado (desde que o usuário esteja devidamente aparelhado para receber o serviço);
Ser indenizado pelos prejuízos decorrentes da má prestação do serviço;
Receber do poder concedente e da concessionária, informações para a defesa de interesses individuais ou coletivos;
Obter e utilizar o serviço, com liberdade de escolha entre vários prestadores de serviços quando for o caso, observadas as normas do poder concedente;
Obs.: serviço adequado é o que satisfaz as condições de regularidade, continuidade, eficiência, segurança, atualidade, generalidade, cortesia na sua prestação e modicidade das tarifas (art. 6º, § 1º)</td></tr>
<tr><td>Deveres
Levar ao conhecimento do poder público e da concessionária as irregularidades de que tenham conhecimento, referentes ao serviço prestado;
Comunicar às autoridades competentes os atos ilícitos praticados pela concessionária na prestação do serviço;
Contribuir para a permanência das boas condições dos bens públicos através dos quais lhes são prestados os serviços;
Optar entre, no mínimo, seis datas dentro do mês de vencimento, para o vencimento de seus débitos;
Pagar a tarifa pelo serviço utilizado.</td></tr>
</table>

Atente-se para o fato de que, ao prever a **participação do usuário na administração pública**, a própria Constituição Federal determinou que a lei regulasse as "reclamações relativas à prestação dos serviços públicos em geral, asseguradas a manutenção de serviços de atendimento ao usuário e a avaliação periódica, externa e interna, da qualidade dos serviços" (art. 37, § 3º, I).

3.4. Aplicação do CDC aos serviços públicos

O Código de Defesa do Consumidor (Lei 8.078/90) define como serviço "qualquer atividade fornecida no mercado de consumo, mediante remuneração, inclusive as de natureza bancária, financeira, de crédito e securitária, salvo as decorrentes das relações de caráter trabalhista" (art. 3º, § 2º). Assim, ante a amplitude do conceito, resta clara a opção do legislador por inserir os **serviços públicos dentre aqueles tutelados pelo CDC**.

Contudo, ao exigir a remuneração, a legislação consumerista acabou por **afastar sua aplicação aos serviços públicos gerais (*uti universi*)** já que são não são remunerados diretamente pelos usuários, mas sim, de forma indireta, através da tributação. Assim, o serviço oferecido por uma universidade pública ou por uma unidade de saúde do sistema público, por exemplo, são excluídos da incidência do Código de Defesa do Consumidor.

Por outro lado, os serviços públicos remunerados mediante taxa também não são alcançados pelo CDC já que não se pode confundir a figura do consumidor com a do contribuinte. Dessa forma, conclui-se que **o Código de Defesa do Consumidor é aplicável ao serviço público, desde que conte com remuneração por tarifa** (ex.: fornecimento de água, luz, telefone, internet, transporte público, dentre outros).

Observe-se, que independentemente da aplicação do Código de Defesa do Consumidor, por expressa disposição constitucional, as concessionárias submetem-se ao regime de **responsabilidade civil objetiva**, quer em relação aos danos causados aos usuários, quer a terceiros. Nesse sentido: "as pessoas jurídicas de direito público e as de direito privado prestadoras de serviços públicos responderão pelos danos que seus agentes, nessa qualidade, causarem a terceiros, assegurado o direito de regresso contra o responsável nos casos de dolo e culpa" (art. 37, § 6º, da CRFB).

> **Como esse assunto foi cobrado em concurso?**
>
> No Concurso para Juiz Federal da 3ª Região em 2016, foi considerado CERTO o seguinte enunciado: "A pessoa jurídica prestadora de serviços públicos se sujeita à **responsabilidade civil objetiva**, ainda que estes sejam prestados por concessionárias e permissionárias e ainda que o dano seja causado a usuário ou terceiro". Na mesma questão foi considerado ERRADO o seguinte enunciado: "As empresas públicas, pessoas jurídicas de direito privado, são submetidas à responsabilidade civil objetiva, independentemente de seu objeto".

3.5. Lei de participação, proteção e defesa dos direitos do usuário dos serviços públicos da administração pública (Lei nº 13.460/2017)

Em 26 de junho de 2017 foi publicada a Lei nº 13.460, que dispõe sobre participação, proteção e defesa dos direitos do usuário dos serviços públicos da administração pública. A nova lei vem sendo chamada pela doutrina, de "Código de Defesa do Usuário do Serviço Público", ou ainda "Lei de Defesa do Usuário do Serviço Público", cuja elaboração havia sido prevista na Emenda Constitucional nº 19, de 1998.

> **Importante**
>
> EC 19/98, art. 27. O Congresso Nacional, dentro de cento e vinte dias da promulgação desta Emenda, elaborará lei de defesa do usuário de serviços públicos.

No âmbito federal cumpre destacar ainda a edição do Decreto 9.094, de 17 de julho de 2017 dispondo sobre a simplificação do atendimento prestado aos usuários dos serviços públicos e ratificando a **dispensa do reconhecimento de firma e da autenticação em documentos produzidos no País**, além de instituir a Carta de Serviços ao Usuário.

A Lei 13.460/17 regulamenta o art. 37, § 3º, I da CRFB/88, segundo o qual "a lei disciplinará as formas de participação do usuário na administração pública direta e indireta, regulando especialmente: I. as reclamações relativas à prestação dos serviços públicos em geral, asseguradas a manutenção de serviços de atendimento ao usuário e a avaliação periódica, externa e interna, da qualidade dos serviços".

Observe-se que, segundo a doutrina, as disposições do inciso II do mesmo art. 37, § 3º (o acesso dos usuários a registros administrativos e a informações sobre atos de governo, observado o disposto no art. 5º, X e XXXIII) já haviam sido reguladas pela Lei de Acesso à Informação (Lei 12.527/11). (OLIVEIRA, 2018, p. 254).

No mais, a Lei de Defesa do Usuário do Serviço Público também é fundamentada pelas disposições contidas no art. 175, parágrafo único, II e IV da CRFB/88, segundo os quais "a lei disporá sobre: II. os direitos dos usuários; e IV. a obrigação de manter serviço adequado".

A lei, de alcance nacional, aplica-se a todos os entes federativos e **não afasta a aplicação do Código de Defesa do Consumidor**, quando caracterizada a relação de consumo, aplicando-se, subsidiariamente, aos serviços públicos prestados por particulares.

Além das diretrizes a serem observadas na prestação dos serviços públicos (art. 5º), a lei estabelece um rol de direitos básicos dos usuários (art. 6º):

- Participação no acompanhamento da prestação e na avaliação dos serviços;
- Obtenção e utilização dos serviços com liberdade de escolha entre os meios oferecidos e sem discriminação;
- Acesso e obtenção de informações relativas à sua pessoa constantes de registros ou bancos de dados, observado o disposto no inciso X do caput do art. 5º da Constituição Federal e na Lei nº 12.527, de 18 de novembro de 2011;
- Proteção de suas informações pessoais, nos termos da Lei nº 12.527, de 18 de novembro de 2011;
- Atuação integrada e sistêmica na expedição de atestados, certidões e documentos comprobatórios de regularidade e;
- Obtenção de informações precisas e de fácil acesso nos locais de prestação do serviço, assim como sua disponibilização na internet, especialmente sobre:
  a) Horário de funcionamento das unidades administrativas;
  b) Serviços prestados pelo órgão ou entidade, sua localização exata e a indicação do setor responsável pelo atendimento ao público;
  c) Acesso ao agente público ou órgão encarregado de receber manifestações;
  d) Situação da tramitação dos processos administrativos em que figure como interessado; e
  e) Valor das taxas e tarifas cobradas pela prestação dos serviços, contendo informações para a compreensão exata da extensão do serviço prestado.

As principais novidades introduzidas pela Lei 13.460/17 foram sintetizadas no quadro infra, merecendo destaque as definições extraídas do art. 2º da lei:

Lei 13.460/17 – Lei de Defesa do Usuário do Serviço Público
Estabelece normas básicas para participação, proteção e defesa dos direitos do usuário dos serviços públicos prestados direta ou indiretamente pela administração pública (art. 1º).
Fundamento constitucional: Art. 27 EC 19/98, art. 37, § 3º, I e art. 175, II e IV da CR/88.
Principais conceitos (art. 2º)

<table>
<tr><td>Usuário</td><td>Pessoa física ou jurídica que se beneficia ou utiliza, efetiva ou potencialmente, de serviço público.</td></tr>
<tr><td>Serviço Público</td><td>Atividade administrativa ou de prestação direta ou indireta de bens ou serviços à população, exercida por órgão ou entidade da administração pública (conceito amplo).</td></tr>
<tr><td>Administração Pública</td><td>Órgão ou entidade integrante da administração pública de qualquer dos Poderes da União, dos Estados, do Distrito Federal e dos Municípios, a Advocacia Pública e a Defensoria Pública.</td></tr>
<tr><td>Agente Público</td><td>Quem exerce cargo, emprego ou função pública, de natureza civil ou militar, ainda que transitoriamente ou sem remuneração.</td></tr>
<tr><td>Manifestações</td><td>Reclamações, denúncias, sugestões, elogios e demais pronunciamentos de usuários que tenham como objeto a prestação de serviços públicos e a conduta de agentes públicos na prestação e fiscalização de tais serviços. Serão dirigidas à ouvidoria do órgão ou entidade responsável e conterão a identificação do requerente.</td></tr>
<tr><td colspan="2">Arts. 5º e 6º → Diretrizes a serem observadas pelos prestadores de serviços públicos e direitos dos usuários (ex. cortesia no atendimento, presunção de boa-fé do usuário, atendimento por ordem de chegada (salvo exceções legais), adequação entre meios e fins, igualdade de tratamento, cumprimento de prazos, autenticação de documentos pelo próprio agente público [exigência, apenas excepcionalmente, de autenticação], utilização de linguagem simples e compreensível, dentre outras).</td></tr>
<tr><td>Carta de Serviços ao usuário
(art. 7º)</td><td>Serve para informar o usuário sobre os serviços prestados pelo órgão ou entidade, as formas de acesso, compromissos e padrões de qualidade de atendimento ao público. Deverá conter informações claras e precisas e contar com atualização periódica, além de ser publicada na internet.</td></tr>
<tr><td>Deveres dos usuários
(art. 8º)</td><td>• Utilizar adequadamente os serviços, procedendo com urbanidade e boa-fé;
• Prestar as informações pertinentes ao serviço prestado quando solicitadas;
• Colaborar para a adequada prestação do serviço; e
• Preservar as condições dos bens públicos por meio dos quais lhe serão prestados os serviços públicos.</td></tr>
<tr><td>Ouvidoria
(arts. 13 a 17)</td><td>A lei não estabeleceu a obrigatoriedade de que todos os prestadores de serviços públicos contem com ouvidorias. Caso estas não existam, as manifestações serão apresentadas ao órgão responsável pelo serviço ou aos que lhe sejam superiores.
Deverão promover a participação do usuário na administração pública, acompanhar a prestação do serviço, propor seu aperfeiçoamento, auxiliar na prevenção e correção de atos incompatíveis com a lei, propor medidas para a defesa dos usuários, receber e encaminhar às autoridades competentes as manifestações dos usuários, propor a adoção de mediação e conciliação entre o usuário e o ente público.
Compete à Ouvidoria elaborar o relatório de gestão, consolidando informações e apontando sugestões para a melhoria na prestação do serviço público.</td></tr>
</table>

Conselhos de usuários (arts. 18 a 22)	Órgãos de natureza consultiva, compostos conforme critérios de representatividade e pluralidade → incentivo à participação popular.
Avaliação continuada dos serviços públicos (arts. 23 e 24)	A avaliação será realizada por pesquisa de satisfação feita, no mínimo, a cada um ano, ou por qualquer outro meio que garanta significância estatística aos resultados. O resultado será incluído em ranking das entidades prestadoras dos serviços.
OBS.: a aplicação da Lei 13.460/17 **não afasta a aplicação do Código de Defesa do Consumidor**, quando caracterizada a relação de consumo. Da mesma forma, a disciplina do acesso do usuário a informações continua regida pela Lei 12.527/11 (LAI).	
Vacatio legis: 360 dias para U, E, DF e M com mais de 500 mil habitantes; 540 dias para Municípios entre 100 mil e 500 mil habitantes; 720 dias para Municípios com menos de 100 mil habitantes. Data de publicação da lei: 26 de junho de 2017.	

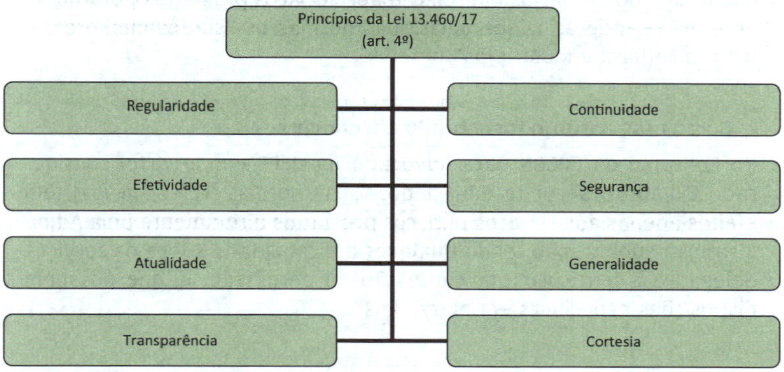

▸ Como esse assunto foi cobrado em concurso?

No Concurso da SELECON para Técnico em Nível Superior da Prefeitura de Cuiabá/MT em 2018 esse tema foi cobrado da seguinte forma: "Sendo o usuário dos serviços públicos inadimplente, é possível que eles sejam cessados segundo doutrina administrativa. Nesse caso, estaria ocorrendo uma exceção ao princípio da: a) mutabilidade; b) anualidade; c) continuidade; d) modicidade". Foi apontada como correta a alternativa "c".

▸ Como esse assunto foi cobrado em concurso?

No Concurso da CPCON para Advogado da UEPB em 2017, foi considerado CERTO o seguinte enunciado: "A referida lei [Lei 13.460/17] consagra que os usuários dos serviços públicos têm presunção de boa-fé. Isso pode dar a entender que os usuários, quando de uma reclamação sobre um serviço, têm suas argumentações como verdadeiras, devendo a Administração Pública agir na investigação e resolução daqueles fatos, já que deve considerar como existente a deficiência na prestação do serviço alegada pelo reclamante".

> **Como esse assunto foi cobrado em concurso?**
>
> No Concurso da CPCON para Advogado da UEPB em 2017, foi considerado ERRADO o seguinte enunciado: "Por estar diretamente voltada para a regulamentação dos direitos do usuário dos serviços públicos, a referida lei [lei 13.460/17] afasta a tese de que se poderia utilizar o Código de Defesa do Consumidor para regulamentar os direitos do usuário/ consumidor lesados pela administração pública, quando de uma relação de consumo. Com isso, o texto da Lei nº 13.460/17 exclui essa possibilidade, afirmando a aplicação exclusiva de suas normas quanto à matéria consumerista nos serviços públicos".

> **Como esse assunto foi cobrado em concurso?**
>
> No Concurso da CPCON para Advogado da UEPB em 2017, foi considerado ERRADO o seguinte enunciado: "Já que se trata de uma lei [Lei 13.460/17] promulgada pela União, só terá efeitos para regulamentar os direitos dos usuários em relação aos serviços prestados por aquele ente, não sendo atingidos pelas suas normas os Estados-membros, o Distrito Federal e Municípios".

> **Como esse assunto foi cobrado em concurso?**
>
> No Concurso da CPCON para Advogado da UEPB em 2017, foi considerado ERRADO o seguinte enunciado: "Suas normas [Lei 13.460/17] têm efeitos apenas aos serviços públicos prestados diretamente pela Administração Pública, não tendo qualquer aplicabilidade sobre os serviços delegados a particular por concessão ou permissão, já que possuem disposições específicas em outras leis".

> **Como esse assunto foi cobrado em concurso?**
>
> No Concurso da CPCON para Advogado da UEPB em 2017, foi considerado ERRADO o seguinte enunciado: "Uma novidade trazida pela lei [Lei 13.460/17] é a denominada 'Carta de Serviços aos Usuários'. Trata-se de um conjunto de informações sobre os serviços prestados pelo órgão ou entidade da administração responsável pelo serviço, explicando as formas de acesso a ele, os compromissos do prestador e padrões de qualidade, com atualização periódica e divulgada na internet e, anualmente, em propagandas de rádio e televisão".

3.6. Delegação dos serviços públicos

Segundo o art. 175 da Constituição Federal, a execução dos serviços públicos é incumbência do Poder Público, que deverá fazê-lo na **forma da lei**, diretamente ou sob regime de concessão ou permissão, sempre através de licitação. Caso opte por prestar diretamente o serviço, a Administração poderá fazê-lo por órgãos da **Administração Direta, mediante desconcentração**, ou, por **órgãos da Administração indireta**, o que se dá por meio de **descentralização legal**. Já no caso de **prestação indireta**, haverá a **delegação da execução do serviço a particulares**, mediante **licitação**, por meio de contrato de concessão ou de permissão.

▸ **Importante**

Transferência da titularidade do serviço → outorga

Transferência da execução do serviço → delegação

▸ **Qual o entendimento do STF sobre o assunto?**

"Surge constitucional norma a proibir o transporte coletivo de passageiros realizado por pessoa, natural ou jurídica, que não possua a devida **concessão, permissão** ou autorização expedida pelo órgão competente". (STF. Plenário. RE 1001104, Rel. Marco Aurélio, j. 15/05/2020 (Repercussão Geral - Tema 854)

▸ **Como esse assunto foi cobrado em concurso?**

No Concurso da FCC para Analista Jurídico de Defensoria da DPE/AM em 2018, foi apontada como presente na delegação de serviços públicos pela Administração pública à iniciativa privada a seguinte característica: "Transferência da execução dos serviços públicos à iniciativa privada mediante a cobrança de tarifa diretamente dos usuários nas concessões comuns e nas concessões patrocinadas, estas que ainda abrangem o pagamento de contraprestação e o oferecimento de garantias por parte do poder concedente".

▸ **Como esse assunto foi cobrado em concurso?**

No Concurso da UNOESC para Advogado da Prefeitura de Jardinópolis/SC em 2017, foi considerado ERRADO o seguinte enunciado: "A titularidade do serviço público é **tanto da pessoa jurídica de direito público quanto da pessoa jurídica de direito privado** pertencente à administração pública indireta".

▸ **Como esse assunto foi cobrado em concurso?**

No Concurso da UNILAVRAS para a Prefeitura de Campo Belo/MG, o tema foi cobrado da seguinte forma: "Incumbe ao Poder Público, na forma da lei, diretamente ou sob regime de concessão ou permissão, sempre através de licitação, a prestação de serviços públicos. Dessa forma, a lei disporá sobre: I. o regime das empresas concessionárias e permissionárias de serviços públicos, o caráter especial de seu contrato e de sua prorrogação, bem como as condições de caducidade, fiscalização e rescisão da concessão ou permissão; II. os direitos dos usuários; III. a política tarifária; IV. a obrigação de manter o serviço adequado". Segundo o gabarito oficial, todas as assertivas foram consideradas corretas.

▸ **Como esse assunto foi cobrado em concurso?**

No Concurso da FCC para Defensor Público do Espírito Santo em 2016, foi considerado ERRADO o seguinte enunciado, a respeito da lei 8.987/95: "**Não se aplica no âmbito estadual**, visto que se trata de lei destinada apenas a regular a concessão e permissão de serviços públicos pela União".

Como esse assunto foi cobrado em concurso?

No Concurso da FCC para Analista Judiciário do TRT/23ª região em 2016, foi considerado CERTO o seguinte enunciado a respeito da titularidade do serviço de transporte público de passageiros: "Remanesce com o ente público ao qual foi atribuída pela legislação, passível de delegação para a iniciativa privada a execução material, salvo em se tratando de pessoa jurídica de direito público integrante da Administração indireta, como as autarquias, para as quais é admissível a delegação legal da titularidade".

Como esse assunto foi cobrado em concurso?

No Concurso da Fundação Carlos Chagas para Auditor Fiscal de Controle Externo do TCE/PI em 2014, o tema foi cobrado da seguinte forma: "Quanto aos serviços públicos é correto afirmar que:

a) sua prestação incumbe exclusivamente ao Poder Público, sendo vedada a atuação da iniciativa privada no setor.

b) a atuação da iniciativa privada no setor pode se dar, na forma da lei, sob o regime de concessão ou permissão, hipótese em que o particular tem o dever de manter a prestação adequada dos serviços que, no entanto, não titulariza.

c) sua prestação incumbe ao Poder Público, sendo possível a prestação indireta do serviço, por meio da atuação da iniciativa privada, necessariamente sob o regime de exclusividade.

d) a atuação da iniciativa privada no setor pode se dar, na forma da lei, sob o regime de concessão ou permissão, hipótese em que o particular tem o dever de manter a prestação adequada dos serviços, que passa a titularizar.

e) sua prestação pode se dar diretamente pelo Estado ou, na forma da lei, indiretamente, por meio de concessão ou permissão, hipótese em que o particular está sujeito apenas às regras gerais de polícia administrativa que disciplinam todas as demais atividades econômicas".

Segundo o gabarito oficial, foi considerada CORRETA a alternativa "b"

A concessão de serviços públicos pode se dar de duas formas: **comum** (disciplinada pela Lei 8.987/95) e **especial** (Parceria Público-Privada, regida pela Lei 11.074/04, que será tratada no próximo tópico). A chamada concessão comum pode ser definida como "o instituto através do qual o Estado atribui o **exercício de um serviço público** a alguém que aceita **prestá-lo em nome próprio**, por **sua conta e risco**, nas condições fixadas e **alteráveis unilateralmente pelo Poder Público**, mas sob garantia contratual de um **equilíbrio econômico-financeiro**, remunerando-se pela própria exploração do serviço, em geral e basicamente mediante **tarifas** cobradas diretamente dos usuários do serviço" (BANDEIRA DE MELLO, 2013, p. 717-718).

▸ Qual o entendimento do STF sobre o tema?

"Responsabilidade Civil do Estado Responsabilidade civil do Estado por ato lícito: intervenção econômica e contrato. A União, na qualidade de contratante, possui responsabilidade civil por prejuízos suportados por companhia aérea em decorrência de planos econômicos existentes no período objeto da ação. [...] Registrou que, portanto, no período do desequilíbrio apontado, o Brasil estaria dotado de normas de eficácia plena referentes ao princípio do equilíbrio econômico e financeiro do contrato. [...] Na sequência, a relatora asseverou que **o princípio constitucional da estabilidade econômico financeira seria uma das expressões do princípio da segurança jurídica.** Por meio desse princípio, buscar-se-ia conferir maior segurança ao negócio jurídico-administrativo, garantindo à empresa contratada, tanto quanto possível, a permanência das circunstâncias e das expectativas que a animaram a assumir a execução, por sua conta e risco, no interesse público, de atribuições que competiriam a pessoa jurídica de direito público. Explicitou que o caso demonstraria que **os reajustes efetivados teriam sido insuficientes para cobrir a variação de custos,** consoante afirmado por perito oficial em laudo técnico. [...] os atos que comporiam o "Plano Cruzado" – conquanto não tivessem se afastado do princípio da legalidade, porque plenamente justificados por imperioso interesse do Estado e da sociedade brasileira – teriam provocado diretamente danos à recorrida". [...] Assim, inconteste que **o Estado deveria ser responsabilizado pela prática de atos lícitos quando deles decorressem prejuízos específicos, expressos e demonstrados** (RE 571969/DF, Rel. Min. Cármen Lúcia, publ. 12.03.2014. Info 738).

▸ Qual o entendimento do STJ sobre o tema?

Equilíbrio econômico-financeiro em contrato de permissão de serviço público. Não há garantia da manutenção do equilíbrio econômico-financeiro do contrato de permissão de serviço de transporte público realizado sem prévia licitação (REsp 1.352.497-DF, Rel. Min. Og Fernandes, j. 04.02.2014, Info 535).

▸ Qual o entendimento do STJ sobre o tema?

Tarifa de esgotamento sanitário. **É legal a cobrança de tarifa de esgoto na hipótese em que a concessionária realize apenas uma – e não todas – das quatro etapas em que se desdobra o serviço de esgotamento sanitário** (a coleta, o transporte, o tratamento e a disposição final de dejetos). [...] a legislação em vigor não estabelece que o serviço público de esgotamento sanitário somente existirá quando todas as etapas forem efetivadas, tampouco proíbe a cobrança da tarifa pela prestação de uma só ou de algumas dessas atividades. [...] **a finalidade da cobrança da tarifa é manter o equilíbrio financeiro do contrato, possibilitando a prestação contínua do serviço público.** (REsp 1.339.313/DF, Rel. Min. Benedito Gonçalves, publ. 21.10.2013, Info 530).

Não obstante a conceituação dada pela doutrina, a própria Lei 8.987/95 definiu, no seu art. 2º, as duas modalidades de concessões comuns, por ela disciplinada:

- **Concessão de serviço público**: a delegação de sua prestação, feita pelo poder concedente, mediante licitação, na modalidade de **concorrência**, à **pessoa jurídica ou consórcio de empresas** que demonstre capacidade para seu desempenho, por sua conta e risco e por **prazo determinado** (art. 2º, II);
- **Concessão de serviço público precedida da execução de obra pública**: a construção, total ou parcial, conservação, reforma, ampliação ou melhoramento de quaisquer obras de interesse público, delegada pelo poder concedente, mediante licitação, na modalidade de **concorrência**, à **pessoa jurídica ou consórcio de empresas** que demonstre capacidade para a sua realização, por sua conta e risco, de forma que o investimento da concessionária seja remunerado e amortizado mediante a exploração do serviço ou da obra por **prazo determinado** (art. 2º, IIII).

> **Como esse assunto foi cobrado em concurso?**
>
> No Concurso do CESPE para Oficial de Justiça Avaliador Federal do TRF 1 em 2017 foi considerado ERRADO o seguinte enunciado: "A concessão de serviço público pode ser feita a **pessoa física** ou jurídica, desde que mediante licitação".

> **Como esse assunto foi cobrado em concurso?**
>
> No Concurso da FCC para Defensor Público do Espírito Santo em 2016, foi considerado ERRADO o seguinte enunciado, a respeito da lei 8.987/95:
>
> "Admite que seja utilizada a **modalidade pregão** para escolha do delegatário na concessão de serviços públicos, bem como na concessão de serviços públicos precedida da execução de obra pública".

Tradicionalmente a concessão se diferenciava da permissão de serviços públicos com base, sobretudo, em dois aspectos: 1) enquanto para a formalização da concessão se exigia um **contrato**, a permissão dava-se mediante **ato administrativo** discricionário e precário; e 2) justamente em razão da precariedade, a permissão **não** contava com prazo determinado, podendo ser **revogada** a qualquer momento, pela Administração, ao passo que a concessão, enquanto **contrato administrativo**, contava com **prazo determinado**.

Contudo, a Constituição de 1988 operou uma verdadeira **contratualização** da permissão do serviço público, o que se depreende da simples leitura do inciso I do parágrafo único do art. 175, segundo o qual a lei disporá sobre "o regime das empresas concessionárias e **permissionárias** de serviços públicos, o caráter especial de seu **contrato** e de sua prorrogação, bem como as condições de caducidade, fiscalização e rescisão da concessão e permissão". De forma ainda mais evidente, a Lei 8.987/95 estabelece que "a permissão de serviço público será formalizada mediante **contrato de adesão**" (art. 40).

> **Como esse assunto foi cobrado em concurso?**
>
> No Concurso do CESPE para Delegado da Polícia Civil/PE em 2016, foi considerado ERRADO o seguinte enunciado: "De acordo com a Lei nº 8.987/1995, as permissões de serviço público feitas mediante licitação **não** podem ser formalizadas por contrato de adesão".

Assim, segundo a conceituação legal, a permissão de serviço público nada mais é que a "delegação, a **título precário**, mediante **licitação**, da prestação de serviços públicos, feita pelo poder concedente à **pessoa física ou jurídica** que demonstre capacidade para seu desempenho, por sua conta e risco" (art. 2º, IV, da Lei 8.987/95).

> **Como esse assunto foi cobrado em concurso?**
>
> No Concurso da FUNDEP para Auditor Conselheiro Substituto do TCE/MG em 2018, esse tema foi cobrado da seguinte forma: "Assinale a característica que não corresponde aos elementos caracterizadores da permissão de serviço público, conforme expresso na legislação pertinente: a) Delegação aplicável a serviços públicos não privativos do Estado, como a educação; b) Delegação efetuada a título precário; c) Delegação efetuada em favor de pessoa física ou de pessoa jurídica; d) Delegação formalizada mediante contrato de adesão; e) Delegação precedida por licitação e por ato que caracterize seu objeto, área e prazo". Foi apontada como correta a alternativa "a".

> **Como esse assunto foi cobrado em concurso?**
>
> No Concurso da CURSIVA para Advogado da Câmara de Lajeado grande/SC em 2017 esse tema foi cobrado da seguinte forma: "A delegação, a título precário, mediante licitação, da prestação de serviços públicos, feita pelo poder concedente à pessoa física ou jurídica que demonstre capacidade para seu desempenho, por sua conta e risco". Trata-se da definição de: a) Concessão de serviço público; b) Permissão de serviço público; c) Permuta de serviço público; d) Licença de serviço público". Foi apontada como correta a alternativa "b".

Concessões e permissões de serviço público		
	Antes de 1988	**Depois de 1988**
Concessão	Contrato	Contrato
Permissão	**Ato**	**Contrato**

> **Qual o entendimento do STF sobre o assunto?**
>
> "[...] o art. 175, parágrafo único, I da CF [...] afastou qualquer distinção conceitual entre permissão e concessão, ao conferir àquela o caráter contratual próprio desta" (ADI 1.491/DF, Rel. Min. Carlos Veloso, publ. 30.10.2014).

Conforme observado, atualmente carece de sentido qualquer tentativa de diferenciar a concessão da permissão de serviços públicos com base no instrumento de formalização da delegação. Contudo, a distinção entre ambos os institutos continua sendo objeto de questionamentos em concursos públicos.

> **Como esse assunto foi cobrado em concurso?**
>
> No Concurso do IOBV para Procurador Municipal de Chapecó/SC em 2016, foi considerado CERTO o seguinte enunciado: "A concessão assim como a permissão para a prestação de um serviço público constitui-se num ato de delegação permanecendo, contudo, a titularidade com o poder público concedente, o que significa dizer, que ocorre uma descentralização administrativa por colaboração".

Apesar da ampla similitude, ainda subsistem distinções entre concessão e permissão de serviços públicos (**atenção**, pois esses critérios diferenciadores **não** são aplicáveis às concessões e permissões do **uso de bens públicos**). Quanto ao delegatário, a concessão exige a presença de uma **pessoa jurídica ou um consórcio de empresas**, ao passo que a concretização da permissão pode se dar tendo como permissionário, tanto **pessoas físicas quanto jurídicas**. Além disso, para a concessão, a licitação deverá ser, necessariamente, na modalidade **concorrência**, ao passo que para a permissão é possível **qualquer modalidade licitatória** compatível com o objeto da delegação.

Não obstante essas duas distinções, a doutrina se divide em relação a uma terceira diferença entre concessão e permissão. Assim, seguindo a definição legal, a permissão seria **precária**, entendendo-se por precariedade, "um atributo indicativo de que o particular que firmou ajuste com a Administração está sujeito ao livre desfazimento por parte desta, sem que se lhe assista direito à indenização por eventuais prejuízos". Entretanto, essa ressalva de que a permissão se dá a título precário não traduz marca distintiva convincente, já que hoje não é mais possível se falar em ausência do direito à indenização em caso de desfazimento unilateral do contrato por parte do Poder Público. Por outro lado, se o critério fosse a mera rescisão unilateral, também não haveria distinção, já que a concessão sujeita-se à encampação que nada mais é que a rescisão unilateral por parte da Administração (CARVALHO FILHO, 2014, p. 424).

> **Como esse assunto foi cobrado em concurso?**
>
> No Concurso da CURSIVA para Advogado da Câmara de Lajeado Grande/SC em 2017 foi considerado CERTO o seguinte enunciado: "O disposto na Lei 8.987/95 **não se aplica** à concessão, permissão e autorização para o serviço de radiodifusão sonora e de sons e imagens".

> **Como esse assunto foi cobrado em concurso?**
>
> No Concurso do CESPE para Auditor Federal de Controle Externo do TCU em 2013, foi considerado ERRADO o seguinte enunciado: "A permissão de serviço público possui contornos bilaterais, mas, diferentemente da concessão de serviço público, **não pode ser caracterizada como de natureza contratual**".

3.7. Licitação

Conforme já demonstrado, a própria Constituição Federal de 1988, em seu art. 175 determina a necessidade de realização de licitação prévia para a delegação de serviços públicos, seja através de concessão, seja de permissão. Assim, numa análise do art. 2º, da Lei 8.987/95, tem-se que a modalidade licitatória adequada à concessão de serviços públicos, é a concorrência, ao passo que não há previsão específica em relação à modalidade a ser adotada para as permissões, admitindo-se qualquer modalidade compatível com o objeto do contrato.

> **Como esse assunto foi cobrado em concurso?**
>
> No Concurso da CURSIVA para Advogado da Câmara de Lajeado grande/SC em 2017 foi considerado ERRADO o seguinte enunciado: "Para os fins do disposto na Lei n. 8.987/95, considera-se concessão de serviço público a delegação de sua prestação, feita pelo poder concedente, mediante licitação, **em qualquer modalidade**, à **pessoa física**, jurídica ou consórcio de empresas que demonstre capacidade para seu desempenho, por sua conta e risco e por prazo determinado".

> **Como esse assunto foi cobrado em concurso?**
>
> No Concurso do CESPE para Juiz do Tribunal de Justiça do Distrito Federal e dos Territórios em 2016, foi considerado ERRADO o seguinte enunciado: "A concessão de serviço público deve ser precedida sempre de licitação. A permissão de serviço público, porém, **deverá ser feita por contratação direta**".

> **Como esse assunto foi cobrado em concurso?**
>
> No Concurso do IOBV para Procurador Municipal de Chapecó/SC em 2016, foi considerado CERTO o seguinte enunciado: "A concessão de um serviço público é precedida obrigatoriamente de licitação, na modalidade concorrência, e ocorrerá por conta e risco da concessionária, e sob a fiscalização do poder concedente".

Frise-se, contudo, que apesar da **previsão genérica do uso da concorrência** para as concessões, é **possível que lei específica preveja outra modalidade**, disposição que prevalecerá ante a regra genérica da Lei 8.987/95. Assim, por exemplo, a Lei 9.427/96 que disciplina as concessões de serviços de energia elétrica previu a adoção do **leilão**, mesma modalidade adotada no Programa Nacional de Desestatização (Lei 9.491/97).

Apesar de ser utilizada, em regra, a concorrência, conforme disciplinava a, então vigente, Lei Geral de Licitações (8.666/93), em 2005 a Lei 11.196 acrescentou o art. 18-A à Lei 8.987/95 para permitir que nas concessões de serviço público, mesmo adotando-se a concorrência como forma de licitação, é possível a **inversão da ordem das fases de habilitação e julgamento**, desde que haja previsão no edital. Nesse caso, primeiramente a Administração definirá o licitante vencedor para, a seguir, verificar seus documentos.

A Lei 8.987/95 fixa, ainda, critérios específicos que deverão ser considerados no julgamento das propostas na licitação (art. 15):

> I. Menor valor da tarifa do serviço público a ser prestado;
>
> II. Maior oferta, nos casos de pagamento ao poder concedente pela outorga da concessão,
>
> III. A combinação, dois a dois, dos critérios referidos nos incisos I, II e VII;
>
> IV. Melhor proposta técnica, com preço fixado no edital;
>
> V. Melhor proposta em razão da combinação dos critérios de menor valor da tarifa do serviço público a ser prestado com o de melhor técnica;
>
> VI. Melhor proposta em razão da combinação dos critérios de maior oferta pela outorga da concessão com o de melhor técnica;
>
> VII. Melhor oferta de pagamento pela outorga após qualificação de propostas técnicas.

Como esse assunto foi cobrado em concurso?

No Concurso do CESPE para Auditor de Contas Públicas do TCE/PB em 2018, foi considerado CERTO o seguinte enunciado: "Na concessão, o julgamento da licitação pode ser feito com base na melhor proposta técnica, a partir de um preço fixado pelo edital".

A doutrina reconhece, ainda, a possibilidade de se aplicar a regra da contratação direta de serviços públicos, desde que mediante a devida **motivação** por parte do poder concedente. Assim, sendo **impossível a competição**, admite-se a aplicação das regras referentes à **inexigibilidade da licitação** (art. 74 da Lei 14.133/2021). Da mesma forma, em determinadas circunstâncias será possível admitir-se a **dispensa da licitação** (art. 75 da Lei 14.133/2021), como, por exemplo, no caso de urgência ou de licitação deserta.

3.8. Cláusulas do contrato de concessão comum

Contando com sua previsão e disciplina na Lei 8.987/95, o contrato de concessão de serviço público é considerado um **contrato administrativo típico**, no qual a Administração figura como poder público, o que faz com que o particular contratante tenha que se submeter às chamadas **cláusulas exorbitantes**. No mais, o art. 23 da mencionada lei prevê as cláusulas que, necessariamente deverão constar do contrato de concessão, dentre as quais aquelas relacionadas ao prazo e suas prorrogações, às condições de prestação do serviço, aos direitos e deveres dos usuários, do concessionário e do poder concedente, aos casos de extinção da concessão e aos bens reversíveis.

Como contrato administrativo, deverão contar com **prazo determinado**, a ser determinado por lei específica ou pelo poder concedente, que levará em consideração, via de regra, a complexidade do contrato, o montante dos investimentos do concessionário e, respectivamente, o tempo necessário para a amortização de tais investimentos. Da mesma forma, o edital deverá conter se e em quais circunstâncias será possível a **prorrogação do contrato**, o que também poderá ocorrer quando imprescindível à recomposição do seu equilíbrio econômico-financeiro.

Na medida em que é determinada mediante licitação, a escolha da concessionária resulta em uma **relação personalíssima** com o poder concedente. Por esse motivo, a **subconcessão** somente será permitida desde que haja **previsão no contrato** de concessão, **expressa autorização do poder concedente** e realização de **licitação** na modalidade concorrência. Observados todos esses requisitos, o subconcessionário se sub-rogará em todos os direitos e obrigações da subconcedente dentro dos limites da subconcessão (art. 26 da Lei 8.987/95).

Cuidado: não há que se confundir a subconcessão com a prerrogativa que tem a concessionária de **(sub)contratar terceiros** para o desenvolvimento de atividades inerentes, acessórias ou complementares ao serviço concedido ou para a implementação de projetos associados, ocasião em que a responsabilidade pela prestação do serviço continuará recaindo sobre a concessionária já que a subcontratada não contará com **nenhum vínculo** com o poder público.

> **Como esse assunto foi cobrado em concurso?**
>
> No Concurso da FCC para Profissional de nível superior da ELETROSUL em 2016, foi considerado CERTO o seguinte enunciado: "A subconcessão é: admitida, nos termos previstos no contrato de concessão, desde que expressamente autorizada pelo poder concedente, sendo que a outorga da subconcessão será sempre precedida de concorrência".

Ainda levando em consideração as características da concessionária, decisivas para seu êxito no procedimento licitatório, a Lei 8.987/95 prevê que a transferência da concessão ou do controle societário da concessionária sem prévia anuência do poder concedente implicará a **caducidade da concessão** (art. 27). Além disso, nessas hipóteses, o novo concessionário ou controlador deverá atender às **exigências de capacidade técnica, idoneidade financeira e regularidade jurídica e fiscal** necessárias à assunção do serviço além de comprometer-se a cumprir **todas as cláusulas do contrato em vigor**.

Obs.: conferir as anotações referentes à cláusula ***step-in rights*** no item relacionado às parcerias público-privadas.

> **Importante**
>
> Apesar da omissão da lei, a doutrina entende que para a transferência integral da concessão também se exige a realização de nova concorrência, assim como ocorre nos casos de subconcessão parcial do objeto do contrato de concessão de serviços públicos.

<table>
<tr><td rowspan="2">Poder concedente</td><td>Encargos (art. 29 da Lei 8.987/95)
Regulamentar o serviço concedido e fiscalizar permanentemente a sua prestação;
Aplicar as penalidades regulamentares e contratuais;
Intervir na prestação do serviço, mediante decreto, nos casos e condições previstos em lei;
Extinguir a concessão, nos casos previstos em lei e na forma prevista no contrato;
Homologar reajustes e proceder à revisão das tarifas na forma da lei, das normas pertinentes e do contrato;
Cumprir e fazer cumprir as disposições regulamentares do serviço e as cláusulas contratuais da concessão;
Zelar pela boa qualidade do serviço, receber, apurar e solucionar queixas e reclamações dos usuários, que serão cientificados, em até trinta dias, das providências tomadas;
Declarar de utilidade pública os bens necessários à execução do serviço ou obra pública, promovendo as desapropriações, diretamente ou mediante outorga de poderes à concessionária, caso em que será desta a responsabilidade pelas indenizações cabíveis;
Declarar de necessidade ou utilidade pública, para fins de instituição de servidão administrativa, os bens necessários à execução de serviço ou obra pública, promovendo-a diretamente ou mediante outorga de poderes à concessionária, caso em que será desta a responsabilidade pelas indenizações cabíveis;
Estimular o aumento da qualidade, produtividade, preservação do meio ambiente e conservação;
Incentivar a competitividade;
Estimular a formação de associações de usuários para defesa de interesses relativos ao serviço.</td></tr>
<tr><td>Encargos (art. 31 da Lei 8.987/95)
Prestar serviço adequado, na forma prevista na lei, nas normas técnicas aplicáveis e no contrato;
Manter em dia o inventário e o registro dos bens vinculados à concessão;
Prestar contas da gestão do serviço ao poder concedente e aos usuários, nos termos definidos no contrato;
Cumprir e fazer cumprir as normas do serviço e as cláusulas contratuais da concessão;</td></tr>
</table>

Poder concedente	Permitir aos encarregados da fiscalização livre acesso, em qualquer época, às obras, aos equipamentos e às instalações integrantes do serviço, bem como a seus registros contábeis; Promover as desapropriações e constituir servidões autorizadas pelo poder concedente, conforme previsto no edital e no contrato; Zelar pela integridade dos bens vinculados à prestação do serviço, bem como segurá-los adequadamente; Captar, aplicar e gerir os recursos financeiros necessários à prestação do serviço.

▸ Como esse assunto foi cobrado em concurso?

No Concurso da FCC para Defensor Público do Espírito Santo em 2016, foi considerado CERTO o seguinte enunciado, a respeito da lei 8.987/95: "Obriga as concessionárias de serviços públicos, de direito público e privado, nos Estados e no Distrito Federal, a oferecer ao consumidor e ao usuário, dentro do mês de vencimento, o **mínimo de seis datas** opcionais para escolherem os dias de vencimento de seus débitos".

▸ Como esse assunto foi cobrado em concurso?

No Concurso da FCM para Procurador do Município de Barbacena/MG em 2016, foi considerado CERTO o seguinte enunciado: "A desapropriação ou a servidão administrativa poderão ser efetivadas pelo próprio concessionário, desde que por intermédio de processo de outorga de poderes".

▸ Qual o entendimento do STF sobre o assunto?

"[...] o Metrô-DF tem contabilidade própria e seu orçamento não é alcançado pelo art. 100 da Constituição Federal (CF). A empresa é concessionária de serviço público e, como as concessionárias em geral, responde pelos débitos trabalhistas e pelos débitos comuns". (STF. 1ª Turma. Rcl 29637 AgR/DF, rel. orig. Min. Luiz Fux, red. p/ o ac. Min. Roberto Barroso, j. 30/6/2020)

▸ Qual o entendimento do STJ sobre o assunto?

"Direito Administrativo e ambiental. [...] Concessão de serviço público. Responsabilidade objetiva do município. Solidariedade do poder concedente. Dano decorrente da execução do objeto do contrato de concessão firmado entre a recorrente e a Companha de Saneamento Básico do Estado de São Paulo – SABESP (Delegatária do serviço municipal). [...] Impossibilidade de exclusão de responsabilidade do município por ato de concessionário do qual é fiador da regularidade do serviço concedido. Omissão no dever de fiscalização da boa execução do contrato perante o povo" (REsp 28.222/SP, Rel. Min. Eliana Calmon, publ. 15.10.2001).

3.9. Remuneração do concessionário

Observe-se que os serviços públicos podem ser prestados de forma **gratuita** para o usuário (caso em que é custeado pelo Estado) ou mediante remuneração, a qual pode ser por meio de **taxa (regime tributário)** ou de **preço público (regime contratual)**. No primeiro caso estão os serviços públicos compulsórios, de forma que a taxa será devida ainda que o usuário não utilize efetivamente o serviço, bastando que o Estado o mantenha a disposição e em efetivas condições de ser utilizado. Por outro lado, serão remunerados mediante preços públicos, aqueles serviços nos quais se tem uma relação contratual entre o prestador e o usuário, casos em que o pagamento somente será devido em caso de efetiva utilização por parte do usuário-consumidor.

> **Como esse assunto foi cobrado em concurso?**
>
> No Concurso do CESPE/ CEBRASPE para Auditor de Finanças e Controle de Arrecadação da Fazenda Estadual da SEFAZ/AL em 2020, foi considerado CERTO o seguinte enunciado: "Os preços de serviços públicos e as taxas não se confundem, porque estas, diferentemente daqueles, são compulsórias e têm sua cobrança condicionada à prévia autorização orçamentária, em relação à lei que as instituiu".

> **Como esse assunto foi cobrado em concurso?**
>
> No Concurso do CESPE para Escrivão da Polícia Civil/PE em 2016, foi considerado CERTO o seguinte enunciado: **"Os serviços públicos gerais (ou *uti universi*) são indivisíveis e devem ser mantidos por impostos".**

Saber se o serviço é remunerado mediante taxa ou tarifa pode representar uma dificuldade para o candidato em concursos públicos. Assim, reproduz-se aqui o critério adotado por Rafael Carvalho Rezende Oliveira (2013, p. 219-220):

a) Quando os serviços forem executados por concessionárias, a tarifa será, necessariamente, a forma remuneratória;

b) Quando o serviço for prestado diretamente pelo Estado, a tarifa será cobrada nos serviços individuais, que não envolvam o poder de autoridade estatal, e a taxa será instituída para os serviços individuais, cuja prestação dependa da autoridade pública.

> **Importante**
>
> STF, Súmula 545: "Preços de serviços públicos e taxas não se confundem, porque estas, diferentemente daqueles, são compulsórias e têm sua cobrança condicionada à prévia autorização orçamentária, em relação à lei que as instituiu".

Assim, reconhecendo-se a **natureza contratual** da relação entre concessionário ou permissionário e poder concedente, tem-se como consequência lógica, a sua remuneração, que será efetivada quer pela **tarifa** cobrada dos usuários pelo serviço, quer através das chamadas **"receitas alternativas"**, quais sejam, receitas oriundas de serviços privados conexos aos serviços públicos concedidos.

> **Importante**
>
> Apesar de a tarifa, em regra, corresponder à remuneração pelo serviço efetivamente utilizado pelo usuário, há casos em que poderá ser cobrada em razão da mera disponibilização do serviço. Nesse sentido é a súmula 356 do STJ, segundo a qual "É legítima a cobrança da tarifa básica pelo uso dos serviços de telefonia fixa".

> **Como esse assunto foi cobrado em concurso?**
>
> No Concurso da COMPERVE para Advogado da Prefeitura de Nova Cruz/RN em 2018, foi considerado CERTO o seguinte enunciado: "A tarifa do serviço público concedido será fixada pelo preço da proposta vencedora da licitação e, diante da força da legalidade estrita, preservada pelas regras de revisão previstas na Lei 8.987/95, e não pelas regras do edital e do contrato".

Além da cobrança da tarifa e das "receitas alternativas", desde que haja previsão na lei e no edital da licitação, será possível ao concessionário ter, ainda, como forma de remuneração, **receitas oriundas do orçamento do poder concedente**, o que ocorrerá com o intuito de garantir a **modicidade** da tarifa e, consequentemente, a **universalidade** do serviço. A doutrina ainda admite que, excepcionalmente, as subvenções estatais sejam efetivadas sem previsão contratual, o que ocorrerá em casos de superveniência de fatos imprevisíveis durante a execução do contrato (OLIVEIRA, 2013, p. 155-156).

> **Como esse assunto foi cobrado em concurso?**
>
> No Concurso da FCC para Defensor Público do Espírito Santo em 2016, foi considerado ERRADO o seguinte enunciado, a respeito da lei 8.987/95: "Estabelece como **única** fonte de receitas das concessões e permissões de serviços públicos a tarifa fixada pelo preço da proposta vencedora da licitação e preservada pelas regras de revisão previstas nessa lei, no edital e no contrato".

Da mesma forma será possível ao poder concedente, mediante lei, fixar casos de **gratuidade** do serviço público objeto da concessão, o que se dá, em regra, com o intuito de propiciar políticas públicas de inclusão social. Por isso, os benefícios tarifários jamais poderão ser concedidos a **título singular**, mas sim, de forma a alcançar uma **classe ou coletividade de usuários dos serviços**, tais como idosos, estudantes ou pessoas incluídas em determinados programas sociais, por exemplo.

> **Qual o entendimento do STF sobre o tema?**
>
> "**ADI e Passe Livre a Portadores de Deficiência Carentes.** [...] a livre iniciativa presta-se à garantia de liberdade empresarial para atividades desta natureza, sendo que para os concessionários e permissionários

> de serviço público, o regime não seria de livre iniciativa, mas de **iniciativa de liberdade regulada nos termos da lei, segundo as necessidades da sociedade.** [...] Rejeitou-se, de igual modo, a apontada ofensa ao princípio da igualdade, ao fundamento de que a lei em questão teria dado forma justa ao direito do usuário que, pela sua diferença, haveria de ser tratado nesta condição desigual para se igualar nas oportunidades de ter acesso àquele serviço público (ADI 2649/DF, Rel. Min. Cármen Lúcia, 08.05.2008, Info 505).

No caso de a gratuidade ser concedida durante a execução do contrato de concessão, ter-se-á significativa alteração no equilíbrio econômico-financeiro do contrato, do que resultará, para o concessionário, o direito à **revisão da estrutura tarifária do serviço**. Da mesma forma, a lei instituidora do benefício tarifário ficará condicionada à previsão da origem dos recursos. Assim, o benefício somente entrará em vigor no momento em que seja assegurado ao concessionário os meios para a manutenção do equilíbrio econômico-financeiro do contrato.

> ▸ **Como esse assunto foi cobrado em concurso?**
>
> No Concurso da COMPERVE para Advogado da Prefeitura de Nova Cruz/RN em 2018, foi considerado ERRADO o seguinte enunciado: "As tarifas **não poderão** ser diferenciadas em função das características técnicas e dos custos específicos provenientes do atendimento aos distintos segmentos de usuários".

> ▸ **Como esse assunto foi cobrado em concurso?**
>
> No Concurso da FCC para Procurador do Estado do Mato Grosso em 2016, foi considerado CERTO o seguinte enunciado: "A alteração das alíquotas do imposto de renda **não** é causa que justifique pedido de revisão tarifária pela concessionária".

> ▸ **Como esse assunto foi cobrado em concurso?**
>
> No Concurso da FCM para Procurador do Município de Barbacena/MG em 2016, foi considerado ERRADO o seguinte enunciado: "A administração Pública **possui a prerrogativa de alterar unilateralmente os mecanismos de revisão de tarifas**, objetivando a manutenção do equilíbrio econômico-financeiro do contrato".

> ▸ **Como esse assunto foi cobrado em concurso?**
>
> No Concurso do CESPE para Auditor Federal de Controle Externo do TCU em 2013, foi considerado ERRADO o seguinte enunciado: "Nos contratos de concessão e permissão de serviço público, vigora a regra da unicidade da tarifa, **vedado o estabelecimento de tarifas diferenciadas** em função das características técnicas e dos custos específicos, ressalvados os casos provenientes do atendimento a segmentos idênticos de usuários que, pelo vulto dos investimentos, exijam tal distinção".

3.10. Intervenção do poder concedente

Ao poder concedente, qual seja, "a União, o Estado, o Distrito Federal ou o Município, em cuja competência se encontre o serviço público, precedido ou não da execução de obra pública, objeto de concessão ou permissão" (art. 2º, I da Lei 8.987/95) incumbe, ainda, intervir na concessão, mediante **decreto**, com o fim de assegurar a adequação na prestação do serviço, bem como o fiel cumprimento das normas contratuais, regulamentares e legais pertinentes (art. 33, da Lei 8.987/95).

No caso de intervenção, a lei das concessões estabelece que o decreto deverá designar **interventor, o prazo, os objetos e os limites da medida**, devendo, ainda, o poder concedente instaurar **procedimento administrativo** no prazo de **trinta dias** para apurar as responsabilidades e as causas da intervenção, assegurando-se, conforme art. 5º, LV da CRFB/88 a garantia ao **contraditório e à ampla defesa** dos envolvidos.

Respectivo procedimento deverá ser concluído, no máximo em **cento e oitenta dias** e, ao final, não sendo extinta a concessão, será o objeto do contrato devolvido à concessionária, mediante a **prestação de contas por parte do interventor**, que responderá pelos seus atos durante a gestão. Caso seja, em qualquer momento, constatada a nulidade da intervenção, o serviço será imediatamente devolvido à concessionária, sem prejuízo de eventual direito à indenização.

> **Como esse assunto foi cobrado em concurso?**
>
> No Concurso da FGV para Auditor Fiscal de Tributos Estaduais da SEFIN/RO em 2018, o tema foi cobrado da seguinte forma: A empresa "Tem Trem S.A.", concessionária do serviço estadual de transporte ferroviário, atravessa grave crise econômica e de gestão. Com os atrasos de salários e a notícia da prisão do Presidente e do Diretor Financeiro da empresa, os funcionários passaram a adotar seguidas paralisações, prejudicando o fluxo de passageiros, especialmente nos horários de maior movimento. A Assessoria Jurídica da Chefia do Poder Executivo, consultada, informou que o Estado, concedente, poderia intervir na concessão, com o fim de assegurar a adequação na prestação do serviço. Sobre a hipótese narrada foi considerado CERTO o seguinte enunciado: "A intervenção far-se-á por **decreto do poder concedente**, que conterá a designação do interventor, o prazo, os objetivos e limites da medida".

> **Como esse assunto foi cobrado em concurso?**
>
> No Concurso do MPE-SC para Promotor de Justiça Estadual em 2016, foi considerado CERTO o seguinte enunciado: "Cessada a intervenção na concessão de serviço público, quando a concessão não for extinta, a administração do serviço será devolvida à concessionária, precedida de prestação de contas pelo interventor, que responderá pelos atos praticados durante a sua gestão".

3.11. Extinção da concessão

A extinção do contrato de concessão dar-se-á conforme as possibilidades elencadas no art. 35 da Lei 8.987/95, a saber:

- **Advento do termo contratual** → todo contrato administrativo conta com prazo determinado. Assim, o seu termo levará à extinção do contrato de concessão.

- **Encampação** → retomada do serviço pelo poder concedente durante o prazo da concessão, por motivo de **interesse público**, mediante **lei autorizativa específica** e após prévio pagamento da indenização aplicável nos casos de reversão dos bens.

> **▸ Como esse assunto foi cobrado em concurso?**
>
> No Concurso da UNOESC para Advogado da Prefeitura de Jardinópolis/SC em 2017 esse tema foi cobrado da seguinte forma: "O Município X concedeu determinado serviço público e, durante o prazo da concessão, decidiu, por motivo de interesse público, mediante lei autorizadora específica e após prévio pagamento da indenização, retomar o serviço. Esta situação é denominada: a) Caducidade; b) Intervenção; c) Rescisão; d) Encampação". Foi apontada como correta a alternativa "d".

> **▸ Como esse assunto foi cobrado em concurso?**
>
> No Concurso do CESPE para Técnico do Seguro Social em 2016, foi considerado CERTO o seguinte enunciado: "A encampação, que consiste em rescisão unilateral da concessão pela administração antes do prazo acordado, dá ao concessionário o **direito a ressarcimento** de eventual prejuízo por ele comprovado".

- **Caducidade** → inexecução total ou parcial do contrato pelo concessionário, sendo precedida de processo administrativo no qual sejam observados os princípios do contraditório e da ampla defesa. Não há que se falar em indenização prévia por parte do poder público, ante ao **descumprimento das cláusulas contratuais por parte do concessionário.**

- **Rescisão** → **descumprimento das normas contratuais pelo poder concedente**, mediante ação judicial própria para esse fim (a não ser que haja acordo administrativo). Mesmo nesse caso, deverá ser observado, por parte do concessionário, o princípio da **continuidade** dos serviços públicos, não podendo interrompê-los ou paralisá-los até a decisão judicial transitada em julgado. Apesar da expressa previsão legal nesse sentido, admite-se a suspensão do serviço em razão de **decisão judicial liminar**.

▸ **Como esse assunto foi cobrado em concurso?**

No Concurso do CESPE para Auditor Federal de Controle Externo do TCU em 2013, foi considerado ERRADO o seguinte enunciado: "A rescisão, como forma de extinção da concessão, é de **iniciativa da administração**, determinada por ato unilateral e escrito no caso de descumprimento, pelo concessionário, de obrigações regulamentares".

- **Anulação** → decorre da existência de vício insanável na licitação ou no contrato de concessão. Nesse caso, aplica-se a disposição do parágrafo único do art. 149 da Lei 14.133/21, segundo o qual "a nulidade não exonerará a Administração do dever de indenizar o contratado pelo que houver executado até a data em que for declarada ou tornada eficaz, bem como por outros prejuízos regularmente comprovados, desde que não lhe seja imputável, e será promovida a responsabilização de quem lhe tenha dado causa".

▸ **Importante**

STF, Súmula 473: "A administração pode anular seus próprios atos, quando eivados de vícios que os tornem ilegais, porque deles não se originam direitos; ou revogá-los, por motivo de conveniência ou oportunidade, respeitados os direitos adquiridos, e ressalvada, em todos os casos, a apreciação judicial".

- **Falência ou extinção da empresa concessionária.**
- **Falecimento ou incapacidade do titular, no caso de empresa individual.**

Além dessas hipóteses, expressamente previstas na lei, a doutrina fala ainda em extinção do contrato de concessão em razão de:

- Distrato (ato bilateral e consensual);
- Força maior;
- Desaparecimento do objeto.

▸ **Como esse assunto foi cobrado em concurso?**

No Concurso do CESPE para Auditor de Contas Públicas do TCE/PB em 2018, foi considerado ERRADO o seguinte enunciado: "O contrato de concessão **não** pode ser rescindido por iniciativa da concessionária".

3.12. Reversão dos bens

O edital de licitação da concessão de serviços públicos deverá conter, dentre outros aspectos já destacados, a indicação dos **bens reversíveis**, assim como suas características e as condições em que se encontram no momento em que o concessionário assume a sua administração.

Assim, tendo-se como objetivo a efetiva **continuidade do serviço público**, todos os bens necessários à adequada prestação do serviço poderão (poder-dever da Administração Pública) ser transferidos ao poder concedente nos casos de extinção da concessão. Caso se trate de bem público afetado à prestação do serviço, não há que se falar em qualquer tipo de indenização que, por sua vez, será cabível nos casos em que os bens alvos da reversão sejam de propriedade da concessionária. Caso contrário haveria um **confisco**, ensejador de locupletamento ilícito por parte do poder concedente.

3.13. Concessão Florestal

A Lei 11.284/2006 estabeleceu uma nova modalidade de concessão comum, qual seja, a concessão florestal, caracterizada como "a delegação onerosa, feita pelo poder concedente, do direito de praticar manejo florestal sustentável para exploração de produtos e serviços numa unidade de manejo, mediante licitação, à pessoa jurídica, em consórcio ou não, que atenda às exigências do respectivo edital de licitação e demonstre capacidade para seu desempenho, por sua conta e risco e por prazo determinado" (art. 3º, VII).

A concessão florestal tem natureza jurídica de **contrato administrativo** (onerosidade) e será precedida de ato administrativo que justifique a conveniência da delegação e licitação na modalidade **concorrência**, que observará os princípios da legalidade, moralidade, publicidade, igualdade, do julgamento por critérios objetivos e da vinculação ao instrumento convocatório, aplicando-se, supletivamente as disposições da legislação que cuida especificamente das licitações (Lei 14.133/21) e das concessões de serviços públicos (Lei 8.897/95).

> **Importante**
> A Lei 11.284/06, no art. 13, § 2º, expressamente veda a declaração de inexigibilidade que era prevista no art. 25 da Lei 8.666/93.

3.14. Prestação de serviços públicos em regime de parceria com agentes privados

Considerando as novas configurações do **Estado Regulador**, bem como a necessidade de se atender às novas demandas sociais, Leonardo Vizeu Figueiredo destaca as formas pelas quais a prestação de serviços públicos pode se dar em regime de parceria do Poder Público com agentes privados (2016, p. 123-124):

a) **Serviços desestatizados**: trata-se da transferência, para a **iniciativa privada**, da execução de serviços públicos explorados pela União, diretamente ou através de entidades controladas, bem como daqueles de sua responsabilidade (art. 2º, § 1º, "b", Lei 9.491/1997).

b) **Serviços sob gestão associada**: são aqueles serviços prestados mediante a instituição de **consórcios públicos** (art. 241, CRFB; Lei n. 11.107/2005).

> **Importante**
>
> Segundo o Decreto 6.017/07, consórcio público é a pessoa jurídica formada **exclusivamente por entes da Federação**, na forma da Lei nº 11.107, de 2005, para estabelecer relações de cooperação federativa, inclusive a realização de objetivos de interesse comum, constituída como associação pública, com personalidade jurídica de direito público e natureza autárquica, ou como pessoa jurídica de direito privado sem fins econômicos (art. 2º, I).

c) **Serviços em regime de parceria**: cuida-se, nesse caso, de associação celebrada entre o Estado e o particular para a realização de atividades de relevante interesse coletivo. Pode se dar de três formas:

- **Convênio administrativo**: "ajuste firmado **por pessoas administrativas entre si, ou entre estas e entidades particulares**, com vistas a ser alcançado determinado objetivo de interesse público" (CARVALHO FILHO, 2014, p. 225).
- **Contrato de gestão**: instrumento firmado entre o Poder Público e a entidade qualificada como **organização social (OS)** com vistas à formação de parceria entre as partes para fomento e execução de atividades relativas ao ensino, à pesquisa científica, ao desenvolvimento tecnológico, à proteção e preservação do meio ambiente, à cultura e à saúde (arts. 1º e 5º da Lei 9.637/98).
- **Gestão por colaboração**: mediante a celebração de **termo de parceria** entre o Poder Público e as entidades qualificadas como **Organizações da Sociedade Civil de Interesse Público (OSCIP)**, destinado à formação de vínculo de cooperação entre as partes para o fomento e a execução das atividades de interesse público previstas na Lei 9.790/99.

Por outro lado, a consolidação do modelo de estado regulador acaba por proporcionar importantes modificações na forma de se compreender os serviços públicos. Assim, há que se destacar como tendências contemporâneas: 1) a submissão do serviço público ao **regime de competição** (concorrência), sendo o monopólio ou a exclusividade em sua prestação cada vez mais raros; 2) a **desverticalização ou fragmentação (*unbundling*)**, qual seja, a dissociação de diferentes etapas do processo de prestação do serviço, de forma a se evitar a concentração econômica ou o abuso do poder econômico; 3) o compartilhamento compulsório das redes de infraestrutura (***essential facilities doctrine***) e 4) a redução das hipóteses de titularidade exclusiva do Estado (OLIVEIRA, 2013, p. 212).

> **Como esse assunto foi cobrado em concurso?**
>
> No Concurso do CESPE para Consultor Legislativo da Câmara dos Deputados em 2014, foi exigida o seguinte **parecer**: "A Lei Geral de Concessões e Permissões de Serviços Públicos é omissa quanto à competência dos entes federados — estados, Distrito Federal e municípios — na fiscalização da prestação dos serviços públicos e quanto ao atendimento de suas exigências, especialmente à da prestação do serviço público adequado. A lei especial sobre o serviço de telecomunicações (Lei n. 9.472, de 1997) contém determinação nesse sentido, ao estipular que a concessão, permissão ou autorização de serviço de telecomunicações não isenta a prestadora do atendimento às normas de engenharia e às leis municipais, estaduais ou do Distrito Federal relativas à construção civil e à instalação de cabos e equipamentos em logradouros públicos (artigo 74). Assim, uma interpretação jurídica equivocada, mas com bastante adesão, tem levantado o argumento de que se a lei especial contém a norma, e a lei geral não o faz, porque o legislador quis especificar somente para o caso das telecomunicações e não para outras concessões essa disciplina do poder de polícia. Cumpre, assim, alterar a Lei Geral de Concessões e Permissões, para deixar clara a atribuição dos estados, do Distrito Federal e dos municípios na fiscalização dos serviços concedidos à iniciativa privada, naturalmente no âmbito de suas competências constitucionais". (Texto extraído da justificação de projeto de lei de autoria parlamentar, com adaptações). Considerando que o texto acima tem caráter unicamente motivador, redija **parecer** acerca do seguinte projeto de lei. "Projeto de Lei n. XXXX, de 20XX Altera a Lei n. 8.987, de 13 de fevereiro de 1995, que "dispõe sobre o regime das concessões e permissões de serviços públicos previstos no artigo 175 da Constituição e dá outras providências." Art. 1º A Lei n. 8.987, de 13 de fevereiro de 1995 (Lei de Concessões e Permissões Públicas), passa a viger acrescida do seguinte artigo 3º-A: "Art. 3º-A. A concessão ou permissão obriga a prestadora ao atendimento às normas de postura e às leis municipais, estaduais ou distritais fundadas no poder de polícia." (NR) Art. 2º O Poder Executivo regulamentará o disposto nesta lei no prazo de noventa dias. Art. 3º Esta lei entra em vigor na data de sua publicação." Na elaboração do parecer, atenda ao que se pede a seguir. (i) Aponte e corrija eventuais impropriedades técnicas da proposição. (ii) Apresente argumentos contrários ou favoráveis e adequação dos aspectos formais, jurídicos e materiais. Considere que a matéria objeto da proposição seja inédita, isto é, nunca tenha sido apreciada pelo Congresso Nacional nem por qualquer uma de suas Casas."

4. PARCERIAS PÚBLICO-PRIVADAS

4.1. Conceito e princípios

A ampliação das atribuições do Estado e a insuficiência dos recursos necessários para o cumprimento de tais atribuições faz com que o Poder Público se aproxime dos particulares, conforme já demonstrado na análise da Lei 8.987/95, ou ainda por meio dos supramencionados termos de parceria, contratos de gestão e convênios.

Nessa perspectiva, e seguindo uma tendência mundial, a Lei 11.079/04 criou, no Brasil, a chamada Parceria Público-Privada, qual seja, o contrato administrativo de concessão, denominado pela doutrina de **concessão especial**, caracterizando-se como uma forma de financiamento para investimentos em diferentes áreas de interesse coletivo, cujas diferenças em relação à concessão comum, situam-se em dois aspectos:

a) A **contraprestação do Estado** como obrigação do parceiro público estabelecido no contrato de concessão;

b) A previsão de novos instrumentos de **garantia** do investimento do parceiro privado, com a repartição e a segmentação dos riscos negociais (MIRAGEM, 2013, p. 105).

Para Vizeu Figueiredo a PPP "trata-se de instrumento para execução de obras, serviços e atividades de interesse público, cuja responsabilidade pelo investimento e pela execução incumbe, no todo ou em parte, ao ente privado, e a viabilidade econômico-financeira do empreendimento depende de um fluxo de receitas total ou parcialmente proveniente do setor público" (2016, p. 168).

> **Como esse assunto foi cobrado em concurso?**
> No Concurso da CONSULPLAN para Consultor Legislativo da Câmara de Belo Horizonte/MG em 2018 esse tema foi cobrado da seguinte forma: "A parceria público-privada, prevista na Lei nº 11.079/04, possui em comum com a concessão de serviços públicos ao particular a seguinte característica: a) formaliza-se por contrato de gestão; b) permite o compartilhamento de riscos; c) prevê a hipótese de remuneração variável; d) depende de licitação na modalidade de concorrência". Foi apontada como correta a alternativa "d".

> **Como esse assunto foi cobrado em concurso?**
> No Concurso da VUNESP para Juiz Estadual do Rio de Janeiro em 2016, foi considerado CERTO o seguinte enunciado: "O acordo firmado entre a Administração Pública e pessoa do setor privado com o objetivo de implantação ou gestão de serviços públicos, com eventual execução de obras ou fornecimento de bens, mediante financiamento do contratado, contraprestação pecuniária do Poder Público e compartilhamento dos riscos e dos ganhos entre os pactuantes é denominado: contrato de parceria público-privada".

Por sua vez, Rafael Carvalho Oliveira apresenta três fatores que justificam a inserção das PPPs no direito brasileiro (2014, p. 170):

- Limitação ou esgotamento da capacidade de endividamento público;
- Necessidade de prestação de serviços públicos não autossustentáveis;
- Princípio da subsidiariedade e necessidade de eficiência do serviço.

Princípios ou diretrizes das PPPs (art. 4º)

- Eficiência no cumprimento das missões de Estado e no emprego dos recursos da sociedade
- Respeito aos interesses e direitos dos destinatários dos serviços e dos entes privados incumbidos de sua execução
- Indelegabilidade das funções de regulação, jurisdicional, do exercício do poder de polícia e de outras atividades exclusivas do Estado
- Responsabilidade fiscal na celebração e execução das parcerias
- Transparência dos procedimentos e das decisões
- Repartição objetiva dos riscos entre as partes
- Sustentabilidade financeira e vantagens socioeconômicas dos projetos de parceria

▸ Como esse assunto foi cobrado em concurso?

No Concurso da FAFIPA/UNESPAR para Procurador Jurídico da Câmara Municipal de Cambará/PR em 2016, o tema foi cobrado da seguinte forma: "A Lei 11.079 instituiu normas gerais para licitação e contratação de parceria público-privada no âmbito da administração pública. Nesse diapasão, na contratação de PPP, qual das diretrizes abaixo citadas NÃO será observada? a) Eficiência no cumprimento das missões de Estado e no emprego dos recursos da sociedade; b) Respeito aos interesses e direitos dos destinatários dos serviços e dos entes privados incumbidos da sua execução; c) Delegabilidade das funções de regulação jurisdicional do exercício do poder de polícia e de outras atividades exclusivas do Estado; d) Repartição objetiva de riscos entre as partes. Segundo o gabarito oficial foi considerada CORRETA a alternativa "c".

▸ Como esse assunto foi cobrado em concurso?

No concurso do Cespe para Auditor Federal de Controle Externo em 2013, foi considerado CERTO o seguinte enunciado: "Um dos traços caracterizadores da parceria público-privada é a **indelegabilidade de funções que somente o Estado executa**, como, por exemplo, as de regulação e as decorrentes do exercício do poder de polícia".

A Lei 11.079/04 decorre do exercício da competência da União para estabelecer normas gerais sobre licitações e contratos. Assim, as disposições da lei aplicam-se "aos órgãos da administração pública direta dos **Poderes Executivo e Legislativo**, aos fundos especiais, às autarquias, às fundações públicas, às empresas públicas, às sociedades de economia mista e às demais entidades controladas direta ou indiretamente pela União, Estados, Distrito Federal e Municípios", conforme redação dada ao art. 1º pela Lei 13.137/15.

Além de disposições aplicáveis a todos os entes federativos (regras nacionais), a Lei 11.079 conta com normas aplicáveis somente à União (regras federais). Dessa forma, no exercício da competência concorrente, vários estados contam com leis que também disciplinam as parcerias público-privadas, dentre as quais a Lei 11.688/04 de São Paulo e a Lei 9.290/04 do Estado da Bahia.

> **Como esse assunto foi cobrado em concurso?**
>
> No concurso da FCC para Procurador do Estado de São Paulo em 2012, foi considerado CERTO o seguinte enunciado: "Numa concessão administrativa (PPP) a ser contratada pelo Estado de São Paulo é possível prever que a contratação da prestação de serviços por prazo maior do que aqueles permitidos pela Lei 8.666/93, juntamente com a construção de obras ou fornecimento de mercadorias, propicia uma redução dos custos de transação inerentes à renovação anual e contínua dos contratos, que deixam de ser celebrados".

4.2. Modalidades

As Parcerias Público-Privadas podem ser de duas formas distintas:

I. **PPP patrocinada**: é a concessão de serviços públicos, ou de obras públicas de que trata a Lei 8.987/95, quando envolver, adicionalmente à tarifa cobrada dos usuários **contraprestação pecuniária do parceiro público** (art. 2º, § 2º, Lei 11.079/04).

II. **PPP administrativa**: contrato de prestação de serviços de que a Administração Pública seja a **usuária direta ou indireta**, ainda que envolva execução de obra ou fornecimento e instalação de bens (art. 2º, § 2º, Lei 11.079/04).

Assim, a PPP administrativa difere-se da patrocinada, inicialmente, em razão da forma pela qual se dá a remuneração do concessionário. Enquanto na administrativa o concessionário será remunerado exclusivamente pelo Estando, na PPP patrocinada a sua remuneração será pelo Estado e por meio de tarifas cobradas dos usuários.

> **Importante**
>
> A lei das PPPs prevê expressamente que as concessões patrocinadas em que **mais de 70% (setenta por cento)** da remuneração do parceiro privado for paga pela Administração Pública dependerão de autorização legislativa.

> **Como esse assunto foi cobrado em concurso?**
>
> No Concurso do MPE/PR para Promotor de Justiça em 2016, foi considerado ERRADO o seguinte enunciado: "Segundo a Lei n. 11.079/2004, que institui normas gerais para licitação e contratação de parceria público-privada, a **concessão patrocinada** é o contrato de prestação de serviços de que a Administração Pública seja a usuária direta ou indireta, ainda que envolva execução de obra ou fornecimento e instalação de bens".

▸ **Como esse assunto foi cobrado em concurso?**

No Concurso da FCC para Procurador do Estado do Mato Grosso em 2016, foi considerado ERRADO o seguinte enunciado: "O contrato de parceria público-privada **não é compatível** com a cobrança de tarifas dos usuários do serviço público, sendo suportado exclusivamente pela contrapartida do parceiro público".

▸ **Como esse assunto foi cobrado em concurso?**

No Concurso da FGV para Procurador Municipal de Niterói/RJ em 2015, foi exigida a seguinte questão **discursiva**: "Determinado Município pretende celebrar uma parceria público privada, na modalidade concessão patrocinada. A modelagem do edital e do contrato é proposta nos seguintes termos: (a) com vedação expressa para obtenção de recursos financeiros para a execução do empreendimento, na forma do disposto na Lei nº 8.666/93; (b) o aporte de recursos, previsto no Art. 6º, § 2º, da Lei nº 11.079, de 30/12/04, é utilizado como critério de julgamento, ou seja, o licitante que exigir o menor aporte de recursos pelo parceiro público se sagra vencedor da licitação; (c) a ausência de obrigatoriedade para que o parceiro privado elabore projeto executivo no mesmo nível de detalhamento exigido pela Lei nº 8.666/93. Na qualidade de Procurador do Município, analise a juridicidade da formatação proposta, examinando os aspectos conceituais dos regimes jurídicos envolvidos."

Outra distinção entre ambas as modalidades diz respeito ao seu objeto. Enquanto a PPP patrocinada deve alcançar exclusivamente os serviços públicos, a PPP administrativa poderá ter como objeto tanto os serviços públicos quanto a execução de serviços administrativos prestados ao Estado.

▸ **Como esse assunto foi cobrado em concurso?**

No Concurso para Juiz Federal da 3ª Região em 2016, foi considerado ERRADO o seguinte enunciado: "**Concessão patrocinada** é o contrato de prestação de serviços de que a Administração Pública seja a usuária direta ou indireta, ainda que envolva execução de obra ou financiamento e instalação de bens". Na mesma questão também foi considerado ERRADO o seguinte enunciado: "**Concessão administrativa** é a concessão de serviços públicos ou de obras públicas de que trata a Lei nº 8.987, de 13 de fevereiro de 1995, quando envolver, adicionalmente à tarifa cobrada dos usuários contraprestação pecuniária do parceiro público ao parceiro privado".

▸ **Como esse assunto foi cobrado em concurso?**

No Concurso do MPE-SC para Promotor de Justiça Estadual em 2016, foi considerado ERRADO o seguinte enunciado: "São modalidades de parceria público-privada a concessão patrocinada, definida como a concessão comum, assim entendida a concessão de serviços públicos ou de obras públicas de que trata a Lei 8.987/95 (Concessão e Permissão), quando não envolver a contraprestação pecuniária do parceiro público ao parceiro privado, e a concessão administrativa, definida como contrato de prestação de serviços de que a Administração Pública seja a usuária direta e indireta, ainda que envolva execução de obra ou fornecimento e instalação de bens".

▸ **Como esse assunto foi cobrado em concurso?**

No concurso do Cespe para Auditor Federal de Controle Externo em 2013, foi considerado ERRADO o seguinte enunciado: "Se o governo de determinado estado da Federação, ao contratar uma empresa privada para a construção e administração de uma penitenciária, realizar pagamento mensal proporcional ao número de detentos e fiscalizar a prestação dos serviços, estará executando o contrato de concessão **patrocinada**, por meio do qual o concessionário recebe da administração, em caráter adicional ao pagamento efetuado pelos beneficiários, a contraprestação pecuniária devida".

▸ **Como esse assunto foi cobrado em concurso?**

No concurso da PUC/PR para Auditor do TCE/MS em 2013, foi considerado ERRADO o seguinte enunciado: "Parceria público-privada é o **ato administrativo** de outorga de direitos, exclusivamente na modalidade patrocinada".

4.3. Características e vedações

Maria Sylvia Zanella Di Pietro reconhece diversas características comuns tanto à PPP patrocinada quanto à PPP administrativa (2014, p. 326-329):

- Previsão de contraprestação pecuniária do parceiro público ao parceiro privado;
- Garantia do equilíbrio econômico-financeiro;
- Compartilhamento dos ganhos econômicos;
- Financiamento por terceiros;
- Presença de três tipos de garantias: 1) prestada pelo parceiro público ao parceiro privado, 2) prestada pelo parceiro privado ao parceiro público e 3) contragarantia prestada pelo parceiro público à entidade financiadora do projeto;
- Constituição de sociedade de propósito específico;
- Previsão de penalidades aplicáveis à Administração Pública;
- Delimitação do prazo contratual;
- Normas próprias para licitações de parcerias público-privadas;
- Imposição de limite de despesa.

Ainda em relação às características há que se destacar outras que, ao mesmo tempo, configuram **vedações** à celebração de contratos de PPPs:

a) Quanto ao valor do contrato: é vedada a celebração de PPP cujo **valor seja inferior a R$ 10 milhões (Lei 13.529/17)**;

b) Quanto ao prazo: o contrato de PPP deverá ter **prazo mínimo de 5 anos e máximo de 35 anos, incluída eventual prorrogação**;

c) Quanto ao objeto do contrato: é vedada a PPP que tenha como **objeto único o fornecimento de mão de obra, o fornecimento e instalação de equipamentos ou a execução de obra pública**.

> ▸ **Como esse assunto foi cobrado em concurso?**
>
> No Concurso do CESPE para Defensor Público de Pernambuco em 2018, foi considerado CERTO o seguinte enunciado: "É vedado o contrato de PPP que tenha como **objeto único o fornecimento de mão de obra ou o fornecimento e a instalação de equipamentos**".

> ▸ **Como esse assunto foi cobrado em concurso?**
>
> No Concurso do CESPE para Juiz Federal Substituto da 5ª Região em 2017, foi considerado CERTO o seguinte enunciado: "Situação hipotética: O estado X pretende realizar obra de restauração no parque estadual com a construção de pistas de corrida, quadras poliesportivas e parque aquático. Em decorrência de restrição orçamentária, o estado pretende firmar uma PPP para tal fim. Assertiva: Nesse caso, é vedada a realização da PPP, por se tratar **exclusivamente de contrato de execução de obra pública**".

A fixação de um valor mínimo serve ainda para afastar a possibilidade de endividamento de pequenos Municípios (NOHARA, 2016, p. 538).

> ▸ **Como esse assunto foi cobrado em concurso?**
>
> No Concurso para Juiz Federal da 3ª Região em 2016, foi considerado CERTO o seguinte enunciado: "As cláusulas dos contratos de parceria público-privada deverão prever, dentre outros, o prazo de vigência do contrato compatível com a amortização dos investimentos realizados, **não inferior a 5 (cinco) nem superior a 35 (trinta e cinco) anos**, incluindo eventual prorrogação".

> ▸ **Como esse assunto foi cobrado em concurso?**
>
> No Concurso do MP/RS para Promotor de Justiça substituto em 2016, foi considerado CERTO o seguinte enunciado: "É vedada a celebração de contrato de parceria público-privada cujo valor seja **inferior a R$ 20.000.000,00** (vinte milhões de reais)". Obs.: conforme a nova redação do art. 2º, § 4º, I da Lei 11.079/04, esse valor passou a ser de R$ 10 milhões.

> **Como esse assunto foi cobrado em concurso?**
>
> No Concurso da FAFIPA/UNESPAR para Procurador Jurídico da Câmara Municipal de Cambará/PR em 2016, foi considerado CERTO o seguinte enunciado: "É permitida a celebração de contrato de parceria público-privada cujo período de prestação do serviço seja de **sete anos**".

> **Como esse assunto foi cobrado em concurso?**
>
> No concurso do Cespe para Procurador do Estado do Piauí em 2014, foi considerado CERTO o seguinte enunciado: "O prazo total de vigência do contrato de PPP não pode ultrapassar **trinta e cinco anos**, incluindo eventual prorrogação".

> **Como esse assunto foi cobrado em concurso?**
>
> No concurso da PUC/PR para Auditor do TCE/MS em 2013, foi considerado ERRADO o seguinte enunciado: "É possível a celebração de contrato de parceria público-privada cujo valor do contrato seja **inferior** a R$ 20.000.000,00 (vinte milhões de reais), notadamente na modalidade de concessão comum para serviços ou obras públicas". Obs.: conforme a nova redação do art. 2º, § 4º, I da Lei 11.079/04, esse valor passou a ser de R$ 10 milhões. Na mesma questão ainda foi considerado ERRADO o seguinte enunciado: "É de 05 (cinco) anos o período **máximo** da prestação do serviço advindo de parceria público-privada".

> **Como esse assunto foi cobrado em concurso?**
>
> No concurso da PUC/PR para Auditor do TCE/MS em 2013, foi considerado CERTO o seguinte enunciado: "É vedada a celebração de contrato de parceria público-privada que tenha como objeto único o fornecimento de mão-de-obra, o fornecimento e instalação de equipamentos ou a execução de obra pública".

4.4. Licitação

A licitação da PPP que será, necessariamente, na modalidade **concorrência ou diálogo competitivo**, possui regramento próprio na Lei 11.079/04, aplicando-se, apenas de forma subsidiária, as regras da Lei 14.133/21. Assim, sempre com o intuito de fazer valer o **princípio da vantajosidade**, cumpre destacar que o processo licitatório estará condicionado a:

- Autorização da autoridade competente, fundamentada em **estudo técnico** que demonstre a conveniência e a oportunidade da contratação e que as despesas criadas não afetarão os resultados fiscais;

> **Importante**
>
> "[...] no tocante ao juízo discricionário sobre a conveniência e oportunidade da concessão e da adoção da modalidade de parceria público-privada, a decisão do agente público deve ser fundada em ***estudo técnico obrigatório***, o que conduz a **juízo de discricionariedade técnica**, que condiciona o motivo do ato, uma vez que o poder decisório de escolha fica restrito às opções autorizadas sob **fundamento técnico-científico**, que deverá estar explicitado no procedimento administrativo do qual emergir autorização para licitação e contratação da concessão" (MIRAGEM, 2013a, p. 116).

- Compatibilidade do contrato com a Lei de Responsabilidade fiscal (LC 101/2000) e com as respectivas leis orçamentárias (PPA, LDO e LOA);
- Elaboração de estimativa do impacto orçamentário-financeiro nos exercícios em que deva vigorar o contrato de PPP;
- Estimativa do fluxo de recursos públicos suficientes para o cumprimento, durante a vigência do contrato e por exercício financeiro, das obrigações contraídas pela Administração Pública;
- Submissão do edital e do contrato de PPP à consulta pública prévia;
- Licença ambiental prévia ou expedição das diretrizes para o licenciamento ambiental do empreendimento, na forma do regulamento, sempre que objeto do contrato a exigir;
- Procedimento de Manifestação de Interesse (PMI) ou Manifestação de Interesse da Iniciativa Privada, nos moldes da previsão do art. 21 da Lei 8.987/95;
- Possibilidade de participação direta ou indireta dos autores ou responsáveis economicamente pelos projetos básico ou executivo da licitação ou da execução de obras ou serviços (art. 31 da Lei 9.074/95).

> **Como esse assunto foi cobrado em concurso?**
>
> No concurso da PUC/PR para Auditor do TCE/MS em 2013, foi considerado ERRADO o seguinte enunciado: "A contratação de parceria público-privada poderá ser precedida de licitação na modalidade de **tomada de preços**, estando a abertura do processo licitatório condicionada, dentre outras, à licença ambiental prévia ou expedição das diretrizes para o licenciamento ambiental do empreendimento, na forma do regulamento, sempre que o objeto do contrato exigir".

O edital convocatório da licitação deverá conter a minuta do contrato, e poderá prever ainda: exigência de garantia de proposta do licitante e o emprego dos **mecanismos privados de solução de disputa**, inclusive a **arbitragem**, a ser realizada no Brasil e em língua portuguesa, para dirimir conflitos decorrentes ou relacionados ao contrato e ainda, quando for o caso, as garantias da contraprestação do parceiro público a serem concedidas ao parceiro privado.

Apesar de ter adotado o modelo concorrência para a realização das licitações que visem à contratação da concessão especial (PPP), a Lei 11.079/04 estabeleceu um procedimento próprio em relação àquele disciplinado pela, então vigente Lei 8.666/93, **assemelhando-se** muito ao procedimento do pregão. Assim, o edital poderá prever a inversão da ordem das fases de habilitação e julgamento e, ainda, a possibilidade de apresentação de propostas escritas, seguidas de lances em viva voz, além da tradicional apresentação de propostas escritas em envelopes lacrados. Da mesma forma, a lei estabelece que o edital poderá prever a possibilidade de saneamento de falhas, de complementação de insuficiências ou ainda de correções de caráter formal no curso do procedimento, desde que o licitante possa satisfazer as exigências dentro do prazo fixado no instrumento convocatório.

Destaque-se, ainda, que o julgamento, na licitação de PPPs, poderá ser precedido de etapa de qualificação de propostas técnicas, desclassificando-se os licitantes que não alcançarem a pontuação mínima, eliminando-os das etapas seguintes.

Os critérios que serão adotados no julgamento das propostas serão os seguintes:

- Menor valor da tarifa do serviço público a ser prestado (art. 15, I, da Lei 8.987/95);
- Melhor proposta em razão da combinação dos critérios de menor valor da tarifa do serviço público a ser prestado com o de melhor técnica (art. 15, V, da Lei 8.987/95);
- Menor valor da contraprestação a ser paga pela Administração Pública (art. 12, II, "a", da Lei 11.079/04);
- Melhor proposta em razão da combinação do critério anterior com o de melhor técnica, de acordo com os pesos estabelecidos no edital (art. 12, II, "b", da Lei 11.079/04).

> **Como esse assunto foi cobrado em concurso?**
>
> No Concurso da FCC para Oficial de Justiça Avaliador Federal do TRF da 5ª Região em 2017, o tema foi cobrado da seguinte forma: "A Administração pública realizou estudos concluindo pela viabilidade técnica, econômica e fiscal de um projeto de infraestrutura de grande vulto a ser implementado por Parceria Público-Privada, na modalidade concessão patrocinada. Considerando que os contratos de PPP são precedidos de licitação, a partir da disciplina legal aplicável ao processo licitatório desta modalidade contratual, a Administração, em relação às obras de engenharia". Sobre a hipótese narrada foi considerado CERTO o seguinte enunciado: "Está obrigada a disponibilizar estudos de engenharia que contenham **nível de detalhamento compatível com anteprojeto de engenharia**, utilizados para a definição do valor do investimento da PPP".

4.5. Cláusulas contratuais

Nos contratos de concessão especial deverão constar as cláusulas comuns aos demais contratos de concessão (art. 23 da Lei 8.987/95), desde que cabíveis e, considerando a complexidade da relação jurídica a ser estabelecida também deverão constar cláusulas previstas na Lei 11.079/04, em seu art. 5º, como obrigatórias, cuja ausência gerará a nulidade do contrato:

- Prazo de vigência, compatível com a amortização dos investimentos do concessionário (entre 5 e 35 anos);
- Penalidades aplicáveis tanto à Administração quanto ao parceiro privado;
- Repartição dos riscos entre as partes, inclusive os referentes a caso fortuito, força maior, fato do príncipe e álea econômica extraordinária;
- Formas de remuneração e de atualização dos valores contratuais;
- Mecanismos para a preservação da atualização da prestação dos serviços;
- Fatos que caracterizam a inadimplência pecuniária do parceiro público, os modos e o prazo de regularização e, quando houver, a forma de acionamento da garantia;
- Critérios objetivos de avaliação do desempenho do parceiro privado;
- Prestação, pelo parceiro privado de garantias de execução suficientes e compatíveis com os ônus e riscos envolvidos, observados os limites legais;
- Compartilhamento com a Administração Pública de ganhos econômicos efetivos do parceiro privado decorrentes da redução do risco de crédito dos financiamentos utilizados pelo parceiro privado;
- Realização de vistoria dos bens reversíveis;
- Cronograma e marcos para o repasse ao parceiro privado das parcelas do aporte de recursos.

▸ Como esse assunto foi cobrado em concurso?

No Concurso do CESPE para Defensor Público de Pernambuco em 2018, foi considerado ERRADO o seguinte enunciado: "É cláusula essencial do contrato de PPP a repartição de riscos entre as partes, **salvo aquelas referentes a caso fortuito, fato do príncipe ou a álea econômica extraordinária**".

▸ Como esse assunto foi cobrado em concurso?

No Concurso do MP/RS para Promotor de Justiça substituto em 2016, foi considerado ERRADO o seguinte enunciado: "No contrato de parceria público-privada o **risco é assumido exclusivamente pelo parceiro privado**".

▸ Como esse assunto foi cobrado em concurso?

No concurso da FCC para Analista Técnico de Controle Externo em 2013, foi considerado CERTO o seguinte enunciado que apontava como **cláusula obrigatória** dos contratos de parceria público-privada: "o compartilhamento com a Administração Pública de ganhos econômicos efetivos do parceiro privado decorrentes da redução do risco de crédito dos financiamentos utilizados pelo parceiro privado".

Além das chamadas "cláusulas obrigatórias" ou "essenciais", os contratos de parceria público-privada poderão prever aquilo que a doutrina chama de **cláusulas facultativas**, cuja inclusão fica a critério do administrador.

Assim, será facultativa a inclusão de cláusula relacionada à possibilidade de emissão de empenho em nome dos financiadores do projeto em relação às obrigações pecuniárias da Administração Pública. Também é tratada como cláusula não obrigatória pela Lei 11.079/04 aquela relacionada à legitimidade dos financiadores do projeto para receber indenizações por extinção antecipada do contrato, bem como pagamentos efetuados pelos fundos e empresas estatais garantidores das parcerias público privadas (art. 5º, § 2º, II e III). Da mesma forma, será facultativa a inclusão de cláusula relacionada ao *step-in rights* nas concessões especiais, tema tratado infra.

> **Como esse assunto foi cobrado em concurso?**
>
> No Concurso do CESPE para Juiz Federal Substituto da 5ª Região em 2017, foi considerado ERRADO o seguinte enunciado: "Situação hipotética: O estado X firmou uma PPP, na modalidade patrocinada, com a empresa Y: o objeto é a concessão de uma rodovia estadual. Nos termos das cláusulas de reajustes do contrato de concessão, a concessionária aumentou o valor do pedágio, o que causou forte insatisfação popular. Assertiva: Nessa situação, é **legalmente permitido** ao estado X revogar o reajuste com alteração da equação econômico-financeira e pagar à concessionária os valores correspondentes".

4.6. Contraprestação do Poder Público

A contraprestação da Administração Pública, que será obrigatoriamente **precedida da disponibilização do serviço** objeto do contrato de parceria público-privada, poderá ser feita por:

- Ordem bancária;
- Cessão de créditos não tributários;
- Outorga de direitos em face da Administração;
- Outorga de direitos sobre bens públicos dominicais;
- Outros meios admitidos em lei.

"O pagamento da contraprestação devida pelo Parceiro Público é condicionada, como visto, à disponibilização do serviço objeto do contrato de PPP. Eventuais aportes realizados previamente a este momento não poderão ter a natureza de remuneração, mas de **investimento** em bens necessários à exploração do serviço e que serão, ao final do prazo contratual, revertidos ao Poder Concedente. A lei prevê, contudo, a possibilidade de pagamento parcial da contraprestação, em medida proporcional à parcela fruível do serviço já efetivamente disponibilizado pelo concessionário" (MUNHÓS; FIDALGO, 2014, p. 693).

Importante

O contrato de PPP poderá prever o pagamento ao parceiro privado de **remuneração variável vinculada ao seu desempenho**, conforme metas e padrões de qualidade e disponibilidade definidos no contrato (art. 6º, § 1º da Lei 11.079/04).

Como esse assunto foi cobrado em concurso?

No Concurso da FGV para Advogado da Companhia das Docas do Estado da Bahia em 2016, foi considerado ERRADO o seguinte enunciado: "A contraprestação do parceiro público ao parceiro privado **somente** pode ser realizada por meio de transferência bancária".

Como esse assunto foi cobrado em concurso?

No Concurso da FGV para Advogado da Companhia das Docas do Estado da Bahia em 2016, foi considerado CERTO o seguinte enunciado: "O contrato poderá prever o pagamento ao parceiro privado de **remuneração variável** vinculada ao seu desempenho".

Como esse assunto foi cobrado em concurso?

No concurso da PUC/PR para Auditor do TCE/MS em 2013, foi considerado ERRADO o seguinte enunciado: "É **vedado** à Administração Pública, mesmo que previsto contratualmente, efetuar o pagamento da contraprestação relativa à parcela fruível do serviço objeto do contrato de parceria público-privada".

4.7. Garantias

A regra das concessões comuns é a exigência de garantias por parte do concessionário. Contudo, no caso de parcerias público-privadas, tendo-se em vista a repartição dos riscos, a Administração Pública também deverá apresentar garantias às suas obrigações, que poderão ser mediante:

- Vinculação de receitas, observada a vedação da vinculação de receita de impostos a órgão, fundo ou despesa, contida no art. 167, IV, da CRFB;
- Instituição ou utilização de fundos especiais previstos em lei;
- Contratação de seguro garantia com as companhias seguradoras que não sejam controladas pelo Poder Público;
- Garantia prestada por organismos internacionais ou instituições financeiras;
- Garantias prestadas por fundo garantidor ou empresa estatal criada para essa finalidade;
- Outros mecanismos admitidos em lei.

Já o parceiro privado deverá prestar, conforme art. 5º, VIII, da Lei das PPPs, garantias de execução suficientes e compatíveis com os ônus e riscos envolvidos, observando-se os seguintes limites: a) até 10% do valor do contrato, acrescido do valor dos bens entregues em depósito pela Administração, se houver; e b) em concessões patrocinadas onde os serviços são precedidos da execução de obra, as garantias referentes à obra pública serão limitadas ao valor da obra (art. 18, XV, da Lei 8.987/95) (NOHARA, 2016, p. 544).

> **Como esse assunto foi cobrado em concurso?**
>
> No concurso da PUC/PR para Auditor do TCE/MS em 2013, foi considerado CERTO o seguinte enunciado: "As obrigações pecuniárias contraídas pela Administração Pública em contrato de parceria público-privada poderão ser asseguradas mediante garantias prestadas por fundo garantidor ou empresa estatal criada para essa finalidade".

> **Como esse assunto foi cobrado em concurso?**
>
> No concurso da PUC/PR para Auditor do TCE/MS em 2013, foi considerado ERRADO o seguinte enunciado: "As obrigações pecuniárias contraídas pela Administração Pública em contrato de parceria público-privada não poderão ser garantidas por organismos internacionais ou instituições financeiras que não sejam controladas pelo Poder Público".

4.8. Sociedade de propósito específico

Antes da celebração do contrato de PPP, o parceiro privado deverá constituir sociedade de propósito específico – SPE (*special purpose company*), incumbida de implantar e gerir o objeto da parceria, **com quem o Poder Público celebrará o respectivo contrato**. Busca-se, com isso, a segregação patrimonial, contábil e jurídica entre esta sociedade e a empresa licitante vencedora (ARAGÃO, 2007, p. 713-714).

> **Importante**
>
> "Apesar de não haver vedação legal, **deve ser considerada ilegal a exigência, no edital, de instituição da SPE como condição para participação na licitação**, tendo em vista que tal exigência frustraria a competitividade, reduzindo o número de interessados, bem como violaria o princípio da **proporcionalidade/razoabilidade**, dado que apenas a licitante vencedora assinará o contrato de PPP, sendo desnecessário onerar excessivamente os demais participantes" (OLIVEIRA, 2013, p. 180).

A sociedade de propósito específico **poderá** assumir a forma de companhia aberta, com valores mobiliários admitidos a negociação no mercado. Contudo, deverá, necessariamente, obedecer a padrões de governança corporativa e adotar contabilidade e demonstrações financeiras padronizadas, conforme regulamento.

A Administração Pública não poderá ser titular da maioria do capital votante da SPE (o que a aproximaria de uma empresa pública), a não ser no caso de eventual aquisição da maioria do seu capital votante por instituição financeira controlada pelo Poder Público em caso de inadimplemento de contratos de financiamento.

> **Como esse assunto foi cobrado em concurso?**
>
> No Concurso do CESPE para Defensor Público de Pernambuco em 2018, foi considerado ERRADO o seguinte enunciado: "É obrigatória a constituição prévia de sociedade de propósito específico incumbida de implantar e gerir o objeto da PPP, podendo a administração pública ser titular da **maioria do capital votante** da referida entidade".

> **Como esse assunto foi cobrado em concurso?**
>
> No concurso do Cespe para Procurador Federal em 2013, foi considerado CERTO o seguinte enunciado: "**Antes** da celebração de contrato de parceria público-privada, deve ser constituída sociedade de propósito específico para implantar e gerir o objeto da parceria".

4.9. *Step-in rights* nas concessões comuns e especiais

> **Atenção**
>
> A Lei 13.097/2015 inseriu o art. 27-A na Lei 8.987/95 e o art. 5º-A na Lei 11.079/04, além de alterar o art. 5º, § 2º, I desta última, de forma a disciplinar a transferência do controle ou da administração temporária seja da concessionária na concessão comum, seja da Sociedade de Propósito Específico nas parcerias público-privadas para os seus financiadores e garantidores (cláusula ***step-in rights***). Trata-se de tema bastante complexo que poderá ser cobrado em provas de Direito Administrativo, Econômico ou Empresarial, seja em primeira ou em segunda fase de concursos públicos.

Assim, o contrato de concessão comum deverá conter, e no contrato de PPP será **facultativa**, a cláusula que preveja os requisitos e condições em que o poder concedente (concessão comum) ou o parceiro público (PPP) autorizará a **transferência do controle ou a administração temporária** da concessionária (concessão comum) ou da sociedade de propósito específico (PPP) aos seus **financiadores e garantidores** com quem não mantenha vínculo societário direto, com o objetivo de promover a sua **reestruturação financeira** e assegurar a **continuidade da prestação dos serviços**.

A cláusula ***step-in right*** já era prevista em relação aos financiadores e em casos de transferência do controle da concessionária. Com as alterações, passa a alcançar também os **garantidores** e os casos de **administração temporária**, qual seja, a situação em que, apesar de não haver a transferência da propriedade de ações ou quotas, são outorgados **poderes de administração**, tais como a indicação de membros do Conselho de Administração (sociedades anônimas) ou administradores (demais modalidades societárias), membros do Conselho Fiscal (SAs) ou ainda, o exercício do poder de veto sobre qualquer proposta submetida à votação dos acionistas ou quotistas da concessionária, além de outros poderes necessários à reestruturação financeira e à continuidade da prestação dos serviços da concessionária (art. 5º-A, II, da Lei 11.079/04 e art. 27-A, § 4º da Lei 8.987/95).

O prazo da administração temporária será disciplinado pelo Poder Concedente e, por outro lado, essa espécie de interferência, cujo objetivo é proporcionar maior segurança aos financiadores e garantidores da empresa, não lhes gerará responsabilidade em relação à tributação, encargos, ônus, sanções, obrigações ou compromissos com terceiros, inclusive com o poder concedente ou empregados.

Já o controle da concessionária ou da Sociedade de Propósito específico é definido como a propriedade resolúvel de ações ou quotas por seus financiadores e garantidores que atendam os requisitos do art. 116 da Lei das Sociedades Anônimas (Lei 6.404/76) que disciplina os deveres ao acionista controlador.

Destaque-se ainda a possibilidade de, na assunção do controle ou na administração temporária serem dispensados os requisitos do art. 27, I, da Lei 8.987/95 (capacidade técnica, idoneidade financeira, regularidade fiscal e jurídica necessárias à assunção do serviço) nos casos das PPPs, mantida a exigência de regularidade fiscal e jurídica nos casos das concessões comuns (art. 27-A, § 1º).

4.10. Disposições aplicáveis à União

Conforme já mencionado, não obstante a Lei 11.079/04 tratar-se de uma lei nacional, cuja aplicação atinge a todos os entes federados, ela também traz disposições aplicáveis exclusivamente à União, quais sejam, **normas federais** (arts. 14 ao 20) relacionadas a:

- Criação do órgão gestor de PPP Federal vinculado ao Ministério do Planejamento, Orçamento e Gestão (Comitê Gestor de PPP Federal, criado pelo Decreto 5.385/05) com competência para:

  I. Definir os serviços prioritários para execução no regime de parceria público-privada;

  II. Disciplinar os procedimentos para celebração desses contratos;

  III. Autorizar a abertura de licitação e aprovar seu edital;

  IV. Apreciar os relatórios de execução dos contratos.

- Elaboração de Relatórios anuais de desempenho que terão ampla publicidade na internet e serão submetidos pelo órgão gestor ao Congresso Nacional e ao Tribunal de Contas da União;
- Determinação para que os Ministérios e as Agências Reguladoras submetam o edital de licitação ao órgão gestor, procedam à licitação, acompanhem e exerçam a fiscalização sobre as parcerias público-privadas celebradas pela União;
- Instituição de Fundo Garantidor de PPP (FGP), o que representa a vinculação de receitas aos fins buscados com a parceria.

Segundo Irene Nohara, "o **Fundo Garantidor de Parcerias Público-Privadas** (FGP) é patrimônio próprio que tem por finalidade prestar garantia de pagamento de obrigações pecuniárias assumidas pelos parceiros público-privados. Trata-se de um importante meio de garantir ao investidor privado que mesmo diante da alternância de governos em prazos curtos, em comparação com a duração das PPPs, haverá meios de assegurar a continuidade dos contratos" (2011, p. 548).

Assim, conforme disposição legal, o FGP terá **natureza privada e patrimônio próprio separado do patrimônio dos cotistas** e será sujeito a direitos e obrigações próprios. Seu patrimônio será formado pelo aporte de bens e direitos realizado pelos cotistas, por meio da integralização de cotas e pelos rendimentos obtidos com sua administração (art. 16, §§ 1º e 2º da Lei 11.079/04). Será criado, administrado, gerido e representado judicial e extrajudicialmente por instituição financeira controlada, direta ou indiretamente, pela União, cabendo a esta instituição financeira deliberar sobre a gestão e alienação dos bens e direitos do FGP, zelando pela manutenção de sua rentabilidade e liquidez (art. 17, *caput*, § 3º, da Lei 11.079/04).

Em 2017 foi editada a Medida Provisória 786, mais tarde convertida na Lei 13.529/17, dispondo sobre a participação da União em fundo de apoio à estruturação e ao desenvolvimento de projetos de concessões e parcerias público-privadas. Contudo, em 15 de julho de 2020, a Lei nº 14.026, que estabeleceu o marco legal do saneamento básico no Brasil, dentre seus vários dispositivos, acabou também por alterar, significativamente, as disposições da mencionada Lei nº 13.529/17.

Assim, conforme a nova redação, a União está autorizada a participar de fundo que tenha por finalidade exclusiva financiar serviços técnicos profissionais especializados, com vistas a apoiar a estruturação e o desenvolvimento de projetos de concessão e parcerias público-privadas da União, dos Estados, do Distrito Federal e dos Municípios, em regime isolado ou consorciado (art. 1º da Lei nº 13.529/17).

Tal fundo será criado, administrado e representado judicial e extrajudicialmente por instituição financeira controlada direta ou indiretamente pela União e funcionará sob o regime de cotas, as quais poderão ser adquiridas e integralizadas por pessoas jurídicas de direito público e pessoas físicas ou jurídicas de direito privado, estatais ou não estatais. No mais, a lei determina que o fundo não terá personalidade jurídica própria. Assim, assumirá natureza jurídica privada e patrimônio segregado do patrimônio dos cotistas e da instituição administradora.

A nova redação da Lei nº 13.529/17 também alterou a forma pela qual se dará a constituição do fundo, a saber:

- Pela integralização de cotas;
- Por doações de qualquer natureza, inclusive de Estados, do Distrito Federal, de Municípios, de outros países, de organismos internacionais e de organismos multilaterais;
- Pelo reembolso de valores despendidos pelo administrador e pelas bonificações decorrentes da contratação dos serviços previstos no art. 1º da Lei 13.529/17;
- Pelo resultado das aplicações financeiras dos seus recursos; e

- Pelos recursos derivados de alienação de bens e direitos, ou de publicações, material técnico, dados e informações; e
- Por outros recursos definidos em lei.

A participação da União ocorrerá por meio da integralização de cotas em moeda corrente, observada a disponibilidade orçamentária e financeira. Já a representação da União na assembleia de cotistas deverá se dar conforme o Decreto-lei nº 147/1967, que estabeleceu a Lei Orgânica da Procuradoria Geral da Fazenda Nacional.

A Lei nº 13.529/17 estabelece, ainda, o conteúdo que deverá constar no estatuto do fundo (art. 2º, §4º) fixando, também, a possibilidade de que o agente administrador possa celebrar contratos, acordos ou ajustes que estabeleçam deveres e obrigações necessários à realização de suas finalidades, desde que tais obrigações não ultrapassem a disponibilidade financeira do fundo.

Há, ainda, a limitação das obrigações do agente administrador e dos cotistas, à integralização das cotas que subscreverem. Por outro lado, os cotistas não receberão rendimentos do fundo, assegurando-se, contudo, o direito de requererem o resgate total ou parcial de suas cotas por meio da liquidação com base na situação patrimonial do fundo, hipótese em que será vedado o resgate de cotas em valor superior ao montante de recursos financeiros disponíveis ainda não vinculados às estruturações integradas já contratadas, nos termos do estatuto do fundo (art. 2º, §7º, da Lei nº 13.529/17).

No mais, as contratações de estudos, planos e projetos obedecerão aos critérios estabelecidos pela instituição administradora e serão realizadas na forma prevista na Lei das Estatais (Lei nº 13.303/16), observando-se os princípios da legalidade, impessoalidade, moralidade, publicidade e eficiência.

Também foi criado o Conselho de Participação no fundo de apoio à estruturação e ao desenvolvimento de projetos de concessão e parcerias público-privadas da União, dos Estados, do Distrito Federal e dos Municípios, em regime isolado ou consorciado, como órgão colegiado que terá sua composição, sua forma de financiamento e sua competência estabelecidas em ato do Poder Executivo Federal (art. 4º da Lei nº 13.529/17).

Principais diferenças entre os regimes contratuais		
Lei 14.133/21	Risco da Administração	Pagamento via dotação orçamentária
Lei 8.987/95	Risco do particular (concessionário ou permissionário)	Pagamento pelo usuário (tarifa)
Lei 11.079/04	Risco compartilhado (Administração/concessionário)	Pagamento apenas por dotação orçamentária (PPP administrativa) ou parte em tarifa, parte em dotação orçamentária (PPP patrocinada)

> **Como esse assunto foi cobrado em concurso?**
>
> No Concurso da FCC para Procurador do Estado do Mato Grosso em 2016, foi considerado ERRADO o seguinte enunciado: "Na contratação das concessões de serviços públicos, deve haver a repartição objetiva dos riscos entre as partes".

> **Como esse assunto foi cobrado em concurso?**
>
> No Concurso do CESPE para Delegado da Polícia Civil/PE em 2016, foi considerado ERRADO o seguinte enunciado: "Por meio da concessão, o poder público delega a prestação de serviço público a concessionário que demonstre capacidade para seu desempenho, sendo esse serviço realizado por **conta e risco do poder concedente**".

5. MONOPÓLIOS NA CONSTITUIÇÃO FEDERAL DE 1988

A expressão "monopólio" é compreendida como o "**poder de atuar em um mercado como único agente econômico**, isto é, significa uma estrutura de mercado em que uns (Monopólio) ou alguns produtores (Oligopólio) exercem o controle de preços e suprimentos, não sendo possível, por força de imposição de obstáculos naturais ou artificiais, a entrada de novos concorrentes", tratando-se, assim, de "situação específica de **concorrência imperfeita**, em que um agente econômico detém o mercado de produto ou serviço, impondo sua vontade e estabelecendo os preços aos que comercializam" (FIGUEIREDO, 2016, p. 106).

É importante destacar o cuidado que o candidato deve ter em concursos públicos em relação à distinção entre monopólio e privilégio. Segundo Eros Grau, o monopólio é de atividade econômica em sentido estrito, ao passo que o privilégio ocorre na prestação de serviços públicos (2007, p. 140).

Monopólio	Privilégio
Sobre atividade econômica em sentido estrito	Sobre serviços públicos
Ex: refinação de petróleo	Ex: serviço postal

Classificação de Leonardo Vizeu Figueiredo (2011. p. 111).	
Monopólio natural	Decorre da **impossibilidade física** da mesma atividade ser realizada por mais de um agente, do direito à exploração patenteada e exclusiva de determinado fator de produção ou da maior **eficiência** competitiva de determinado agente. Não é proibido pela Constituição.

Monopólio convencional	Decorre de **práticas abusivas** de agentes econômicos, bem como de **acordos** estabelecidos por dois ou mais agentes, com o fito de eliminar os demais competidores. É proibido pela Constituição.
Monopólio legal ou estatal	Decorre de lei, é exclusividade de exploração de atividade econômica estabelecida pelo Poder Público para si ou para terceiros.

▸ Como esse assunto foi cobrado em concurso?

No Concurso do CESPE para Procurador do Estado do Piauí em 2014, foi considerado ERRADO o seguinte enunciado: **"Vedado pela CF e pela Lei de Defesa da Concorrência**, o monopólio natural ocorre quando um setor da economia é dominado por um único agente econômico, em razão da exploração patenteada e exclusiva de determinado fator de produção".

▸ Como esse assunto foi cobrado em concurso?

No Concurso do CESPE para Procurador do Estado do Piauí em 2014, foi considerado ERRADO o seguinte enunciado: "O monopólio convencional **não** pode ser objeto de intervenção do Estado, por não constituir política abusiva".

Observe-se que o monopólio natural decorre da impossibilidade de diferentes agentes econômicos atuarem na mesma atividade, seja em razão da eficiência competitiva de determinado agente, da impossibilidade física ou da detenção de patentes exclusivas. Por essas razões, não é combatido pelo sistema de defesa da concorrência, sendo aceito pelo ordenamento brasileiro.

▸ Como esse assunto foi cobrado em concurso?

No concurso para Procurador da República 2012, foi considerado ERRADO o seguinte enunciado: "O monopólio natural no setor de infraestrutura com alto custo de produção representa prejuízo aos agentes econômicos e custos elevados para os consumidores e, por isso, é **combatido** pelo sistema brasileiro de defesa da concorrência".

Já os casos de monopólio legal estabelecidos em favor do Poder Público, no Brasil, foram expressamente previstos na Constituição Federal de 1988, **vedando-se a sua ampliação por normas infraconstitucionais**. Assim, conforme determinação do poder constituinte originário, o monopólio da União incide apenas sobre o combustível fóssil derivado e os materiais nucleares.

▸ Como esse assunto foi cobrado em concurso?

No Concurso do CESPE para Procurador do Estado do Piauí em 2014, foi considerado CERTO o seguinte enunciado: "As hipóteses de monopólio estatal estão previstas expressamente na CF, **não se admitindo a ampliação dessas hipóteses por legislação infraconstitucional**".

> **Como esse assunto foi cobrado em concurso?**
>
> No Concurso do CESPE para Juiz Federal da 5ª Região em 2011, foi considerado ERRADO o seguinte enunciado: **"Sempre que entender cabível,** e independentemente de previsão na CF, o Estado pode intervir na economia, utilizando-se do monopólio de exploração direta da atividade econômica".

Gás natural	CRFB, Art. 25. Os Estados organizam-se e regem-se pelas Constituições e leis que adotarem, observados os princípios desta Constituição. [...] § 2º Cabe aos Estados explorar diretamente, ou mediante concessão, os serviços locais de gás canalizado, na forma da lei, vedada a edição de medida provisória para a sua regulamentação.

> **Como esse assunto foi cobrado em concurso?**
>
> No Concurso do CESPE para Procurador do Estado do Piauí em 2014, foi considerado ERRADO o seguinte enunciado: "Ao passo que garante aos estados o monopólio dos serviços locais de gás canalizado, a CF **veda a delegação da prestação desses serviços a terceiros** por meio de concessão".

Disciplina jurídica dos monopólios da União	
Materiais nucleares	CRFB, Art. 21. Compete à União: XXIII – explorar os serviços e instalações nucleares de qualquer natureza e exercer monopólio estatal sobre a pesquisa, a lavra, o enriquecimento e reprocessamento, a industrialização e o comércio de minérios nucleares e seus derivados, atendidos os seguintes princípios e condições: a) toda atividade nuclear em território nacional somente será admitida para fins pacíficos e mediante aprovação do Congresso Nacional; b) sob regime de permissão, são autorizadas a comercialização e a utilização de radioisótopos para a pesquisa e usos médicos, agrícolas e industriais; c) sob regime de permissão, são autorizadas a produção, comercialização e utilização de radioisótopos de meia-vida igual ou inferior a duas horas; d) a responsabilidade civil por danos nucleares independe da existência de culpa.
Petróleo	CRFB, Art. 177. Constituem monopólio da União: I – a pesquisa e a lavra das jazidas de petróleo e gás natural e outros hidrocarbonetos fluidos; II – a refinação do petróleo nacional ou estrangeiro; III – a importação e exportação dos produtos e derivados básicos resultantes das atividades previstas nos incisos anteriores; IV – o transporte marítimo do petróleo bruto de origem nacional ou de derivados básicos de petróleo produzidos no País, bem assim o transporte, por meio de conduto, de petróleo bruto, seus derivados e gás natural de qualquer origem; V – a pesquisa, a lavra, o enriquecimento, o reprocessamento, a industrialização e o comércio de minérios e minerais nucleares e seus derivados, com exceção dos radioisótopos cuja produção,

	comercialização e utilização poderão ser autorizadas sob regime de permissão, conforme as alíneas b e c do inciso XXIII do caput do art. 21 desta Constituição Federal. § 1º A União poderá contratar com empresas estatais ou privadas a realização das atividades previstas nos incisos I a IV deste artigo observadas as condições estabelecidas em lei. [...]

▸ **Como esse assunto foi cobrado em concurso?**

No Concurso da FUNDEP para Auditor Conselheiro Substituto do TCE/MG em 2018, foi considerado ERRADO o seguinte enunciado: "A pesquisa e a lavra das jazidas de petróleo e gás natural, bem como a refinação de petróleo, constituem monopólio dos entes públicos, que poderão contratar a realização dessas atividades com empresas privadas".

▸ **Como esse assunto foi cobrado em concurso?**

No Concurso da VUNESP para Procurador do Município de Presidente Prudente/SP em 2016, o tema foi cobrado da seguinte forma: "No que se refere à Ordem Econômica, é correto afirmar que constituem monopólio da União: a) a pesquisa de células-tronco embrionárias; b) o transporte marítimo de petróleo bruto de origem nacional; c) a pesquisa de fármacos de origem nacional; d) a importação e exportação de produtos farmacológicos controlados; e) a pesquisa de princípios ativos para composição de medicamentos genéricos". Segundo o gabarito oficial foi considerada CORRETA a alternativa "b".

▸ **Como esse assunto foi cobrado em concurso?**

No concurso para Juiz Federal da 2ª Região em 2014, esse tema foi cobrado da seguinte forma: Embora a regra seja a livre iniciativa, a Constituição Federal estabelece hipóteses de monopólio. Constitui monopólio da União Federal: a) A pesquisa e a lavra de riquezas minerais do solo e subsolo, salvo radioisótopos cuja produção, comercialização e utilização poderão ser autorizadas sob regime de permissão; b) A refinação do petróleo nacional ou estrangeiro; c) Transporte do petróleo refinado e seus derivados básicos, e bem assim o transporte, por meio de dutos e condutos, de petróleo, seus derivados e de gás de qualquer origem; d) A produção e comercialização de radioisótopos que, por seu conteúdo nuclear, não podem ser objeto de permissão; e) Importação e exportação de riquezas naturais". Segundo o gabarito oficial, foi considerada CERTA a alternativa "b".

▸ **Como esse assunto foi cobrado em concurso?**

No Concurso do CESPE para Advogado da União em 2012, foi considerado CERTO o seguinte enunciado: "A CF prevê áreas em que a exploração direta de atividade econômica pela União é feita por meio de monopólio".

Como esse assunto foi cobrado em concurso?

No Concurso da ESAF para Procurador da Fazenda Nacional em 2007, o tema do monopólio foi cobrado da seguinte forma: "Constituem monopólio da União, exceto: a) a pesquisa e a lavra das jazidas de petróleo e gás natural e outros hidrocarbonetos fluidos; b) a refinação do petróleo nacional ou estrangeiro, que poderá ser contratada com empresas estatais ou privadas; c) a navegação de cabotagem entre portos localizados no mar territorial brasileiro; d) o transporte marítimo do petróleo produzido no país; e) a pesquisa e o comércio de minérios e minerais nucleares e seus derivados". Segundo o gabarito oficial, foi considerada CORRETA a alternativa "c".

Observe-se que a **Emenda Constitucional n. 9/95** possibilitou a contratação de empresas privadas para a exploração do Petróleo no Brasil (art. 177, § 1º, da CR/88). Há, dessa forma, uma **"flexibilização"**, já que não se trata de uma cabal eliminação das características próprias do monopólio (TAVARES, 2006, p. 286).

O regime jurídico do Petróleo é comumente abordado em questões de concursos, principalmente em relação ao tratamento dispensado pela Constituição Federal. Assim, há que se destacar a literalidade do disposto no art. 177, I da Constituição Federal e seu parágrafo primeiro, segundo o qual, "é monopólio da União a pesquisa e a lavra das jazidas de petróleo e gás natural e outros hidrocarbonetos fluidos". Apesar disso, a União poderá contratar com empresas estatais ou privadas a realização de tal atividade, conforme disposição legal. Ou seja, **é possível que o contratado detenha a propriedade do produto, embora não seja titular da sua livre disponibilidade**.

Qual o entendimento do STF sobre o assunto?

"São inconstitucionais leis estaduais que preveem a incidência do Imposto sobre Circulação de Mercadorias e Serviços (ICMS) sobre a operação de extração de petróleo e sobre a operação de circulação de petróleo desde os poços de extração até a empresa concessionária". (ADI 5481/RJ, rel. Min. Dias Toffoli, j. 26.3.2021, Info 1011).

Qual o entendimento do STF sobre o assunto?

"[...] O conceito de monopólio pressupõe apenas um agente apto a desenvolver as atividades econômicas a ele correspondentes. Não se presta a explicitar características da propriedade, que é sempre exclusiva, sendo redundantes e desprovidas de significado as expressões 'monopólio da propriedade' ou 'monopólio do bem'. [...] A Constituição do Brasil enumera atividades que consubstanciam monopólio da União (art. 177) e os bens que são de sua exclusiva propriedade (art. 20).

A existência ou o desenvolvimento de uma atividade econômica sem que a propriedade do bem empregado no processo produtivo ou comercial seja concomitantemente detida pelo agente daquela atividade não ofende a Constituição. O conceito de atividade econômica (enquanto atividade empresarial) prescinde da propriedade dos bens de produção [...]" (ADI 3.366/DF, Rel. Min Carlos Brito, publ. 02.03.2007).

▸ Qual o entendimento do STF sobre o assunto?

"[...] A propriedade dos produtos ou serviços da atividade não pode ser tida como abrangida pelo monopólio do desenvolvimento de determinadas atividades econômicas. A propriedade do produto da lavra das jazidas minerais atribuídas ao concessionário pelo preceito do art. 176 da Constituição do Brasil é inerente ao modo de produção capitalista. [...] Tanto as atividades previstas no art. 176 quanto as contratações de empresas estatais ou privadas, nos termos do disposto no § 1º do art. 177 da Constituição, seriam materialmente impossíveis se os concessionários e contratados, respectivamente, não pudessem apropriar-se, direta ou indiretamente, do produto da exploração das jazidas". (ADI 3.273/DF, Rel. Min. Carlos Brito, publ. 02.03.2007).

▸ Como esse assunto foi cobrado em concurso?

No Concurso para Juiz Federal da 4ª Região em 2016, foi considerado CERTO o seguinte enunciado: "Não obstante constituam monopólio da União a pesquisa e a lavra das jazidas de petróleo e gás natural, **é lícita a contratação de empresas privadas para a realização dessas atividades.**"

▸ Como esse assunto foi cobrado em concurso?

No Concurso do CESPE para Juiz do Tribunal de Justiça do Distrito Federal e dos Territórios em 2016, foi considerado ERRADO o seguinte enunciado: "A refinação do petróleo nacional ou estrangeiro constitui monopólio da União, que pode, para realizá-la, contratar **apenas empresas estatais**, observadas as condições estabelecidas em lei".

▸ Como esse assunto foi cobrado em concurso?

No Concurso do CESPE para Juiz Federal da 1ª Região em 2011, foi considerado ERRADO o seguinte enunciado: "A existência ou o desenvolvimento de atividade econômica em regime de monopólio sem que a propriedade do bem empregado no processo produtivo ou comercial seja concomitantemente detida pelo agente daquela atividade **ofende o texto constitucional**".

▸ Como esse assunto foi cobrado em concurso?

No Concurso do CESPE para Juiz Federal da 5ª Região em 2011, foi considerado ERRADO o seguinte enunciado: "O monopólio estatal na refinação do petróleo nacional **impede** a contratação, pela União, de empresa privada para a realização dessa atividade".

▸ Como esse assunto foi cobrado em concurso?

No Concurso do CESPE para Juiz Federal da 2ª Região em 2011, foi considerado CERTO o seguinte enunciado: "O poder constituinte derivado reformador alterou o texto original da CF, no que se refere à disciplina dos monopólios estatais em relação aos combustíveis fósseis derivados, e **permitiu a contratação**, por parte da União, de empresas estatais ou privadas para as atividades relacionadas ao abastecimento de petróleo".

> **Como esse assunto foi cobrado em concurso?**
>
> No Concurso do CESPE para Procurador Federal em 2010, foi considerado CERTO o seguinte enunciado: "Segundo entendimento do STF, a distinção entre atividade e propriedade **permite** que o domínio do resultado da lavra das jazidas de petróleo, de gás natural e de outros hidrocarbonetos fluidos seja atribuído a terceiro pela União, sem que tal conduta configure afronta à reserva de monopólio".

Já o monopólio referente à **exploração dos minérios nucleares** foi disciplinado, inicialmente, pela Lei 4.118/62, regulamentada pelo Decreto 51.726/63. Somente mais tarde esse tema foi alçado à esfera constitucional, constando, hoje, do art. 21, XXIII do texto constitucional de 1988. Assim como ocorreu em relação à exploração do petróleo, através da Emenda Constitucional n. 49/06, houve uma **flexibilização do regime**, passando-se a admitir a comercialização e a utilização de radioisótopos de meia-vida igual ou inferior a duas horas, por particulares.

> **Como esse assunto foi cobrado em concurso?**
>
> No Concurso da FCC para Técnico Judiciário do TRF 5 em 2017 foi considerado ERRADO o seguinte enunciado: "Poderão ser autorizados sob regime de permissão a pesquisa, a lavra, o enriquecimento, o reprocessamento, a industrialização e o comércio de minérios e minerais nucleares e seus derivados, com exceção dos radioisótopos cuja produção, comercialização e utilização constituem **monopólio da União**".

> **Como esse assunto foi cobrado em concurso?**
>
> No Concurso para Juiz Federal da 2ª Região em 2011, foi considerado ERRADO o seguinte enunciado: "A Emenda Constitucional nº 49/2006 exclui **do monopólio da União a pesquisa, a lavra, o enriquecimento, o reprocessamento,** a produção, a comercialização e a utilização de minérios e minerais nucleares e seus derivados, como, por exemplo, os radioisótopos de meia-vida curta, para usos médicos, agrícolas e industriais".

Capítulo 4

Intervenção indireta do Estado brasileiro na ordem econômica

1. INTERVENÇÃO INDIRETA NA CONSTITUIÇÃO FEDERAL DE 1988

José Afonso da Silva, em consonância com o entendimento de diversos outros autores, classifica em duas as formas de atuação do Estado na economia. A primeira delas seria a **participação, com base nos arts. 173 e 177** da CRFB, caracterizando o Estado como administrador de atividades econômicas. A segunda seria a **intervenção, fundada no art. 174 da CRFB**, em que o estado aparece como "agente normativo e regulador da atividade econômica, que compreende as funções de fiscalização, incentivo e planejamento, caracterizando o Estado regulador, o Estado promotor e o Estado planejador da atividade econômica" (2009, p. 721).

> **Como esse assunto foi cobrado em concurso?**
>
> No Concurso da FCC para Procurador Estadual do Mato Grosso em 2016, esse tema foi abordado da seguinte forma: "Ao atuar como agente normativo e regulador da atividade econômica, o Estado dispõe de variados meios de intervenção, com vistas a propiciar o desenvolvimento nacional equilibrado. **Não é considerada uma intervenção válida**: a) o estabelecimento, por lei federal, de monopólio de serviço postal; b) a fixação, por lei estadual, de piso salarial regional, no tocante às categorias que não tenham esse mínimo estabelecido em lei federal, convenção ou acordo coletivo; c) a criação, por lei federal, de passe livre em favor de deficientes físicos, no transporte interestadual; d) **a limitação, por lei municipal, de número de estabelecimentos comerciais do mesmo ramo em determinada área**; e) a fixação, por lei municipal, de horário para funcionamento de estabelecimentos comerciais". Segundo o gabarito oficial, foi considerada CORRETA a alternativa "d".

> **Como esse assunto foi cobrado em concurso?**
>
> No concurso da ESAF para Procurador da Fazenda Nacional em 2007, foi considerado ERRADO o seguinte enunciado: "A intervenção no domínio econômico, por parte da União, **pressupõe autorização** expressa do Comitê de Subsídios da OMC".

Nesse sentido, a intervenção por meio de **regulamentação** da atividade econômica teria surgido como forma de manter um regime de livre concorrência, ao passo que a **fiscalização** tem como pressuposto o poder de regulamentação com o intuito de controlar o cumprimento das suas determinações e aplicar penalidades cabíveis (controle de juridicidade do exercício econômico pelos particulares). Por fim, o **incentivo** representa a ideia de Estado promotor da economia. Nada mais é que o fomento, que consiste em "estimular, promover, apoiar, favorecer e auxiliar, sem empregar meios coativos, as atividades particulares que satisfaçam necessidades ou conveniências de caráter global" (SILVA, 2009, p. 721).

> **Importante**
>
> "Fala-se em incentivo para denominar o implemento de determinada atividade econômica pelo Estado. Esta continua sendo exercida pela iniciativa privada, mas benefícios ou vantagens concedidas pelo Estado incidem na autonomia dos particulares, guiando-a ao **interesse público**. Por isso, o incentivo não pode redundar em impedimento para outras atividades ou para determinado grupo de agentes econômicos. O benefício de uns não pode provocar a derrocada de outros" (TAVARES, 2006, p. 312-313).

> **Como esse assunto foi cobrado em concurso?**
>
> No Concurso do CESPE para Procurador do Estado do Piauí em 2014, foi considerado ERRADO o seguinte enunciado: "É **vedado** ao Estado a outorga de privilégios a particulares como forma de fomento da atividade econômica".

Em relação ao desempenho do **papel regulador do Estado**, a doutrina, em geral, destaca duas características importantes: 1) essa forma de intervenção é **contrária às instituições clássicas do liberalismo**; 2) só é possível mediante uma **maior atuação do Poder Executivo**, em virtude da necessidade de que as decisões, em matéria econômica, sejam tomadas de forma rápida. Dessa forma, "delega-se ao Poder Executivo a capacidade de edição de normas gerais, de forma que o Estado possa responder, mais prontamente, às conjunturas econômicas desfavoráveis" (TAVARES, 2006, p. 307), com base naquilo que é chamado de **"capacidade normativa de conjuntura"**. O tema "regulação" é tão importante para o Direito Econômico e para os concursos, que preferimos tratá-lo especificamente em outro tópico.

> **Importante**
>
> CRFB, art. 174. Como agente normativo e regulador da atividade econômica, o Estado exercerá, na forma da lei, as funções de **fiscalização, incentivo e planejamento**, sento este **determinante para o setor público e indicativo para o setor privado.**
>
> § 1º A lei estabelecerá as diretrizes e bases do planejamento do desenvolvimento nacional equilibrado, o qual incorporará e compatibilizará os planos nacionais e regionais de desenvolvimento.

§ 2º A lei apoiará e estimulará o cooperativismo e outras formas de associativismo.

§ 3º O Estado favorecerá a organização da atividade garimpeira em cooperativas, levando em conta a proteção do meio ambiente e a promoção econômico-social dos garimpeiros.

§ 4º As cooperativas a que se refere o parágrafo anterior terão prioridade na autorização ou concessão para pesquisa e lavra dos recursos e jazidas de minerais garimpáveis, nas áreas onde estejam atuando, e naquelas fixadas de acordo com o artigo 21, XXV, na forma da lei.

Como esse assunto foi cobrado em concurso?

No Concurso da FUNDEP para Auditor Conselheiro Substituto do TCE/MG em 2018, foi considerado CERTO o seguinte enunciado: "O planejamento, exercido pelo Estado como agente normativo e regulador da atividade econômica, é **determinante para o setor público e apenas indicativo para o setor privado**".

Como esse assunto foi cobrado em concurso?

No Concurso do CESPE para Juiz Federal da 5ª Região em 2011, foi considerado ERRADO o seguinte enunciado: "A atividade normativa e reguladora do Estado exercida por meio da intervenção na atividade econômica compreende as funções de **fiscalização, participação e incentivo**". Na mesma prova também foi considerado ERRADO o seguinte enunciado: "A **participação** em atividades econômicas e a **administração** dessas atividades são as duas possíveis formas de ingerência do Estado na economia".

Na análise do art. 174 da CRFB merece destaque a ideia de **Planejamento**. Assim, "compreendido como um processo técnico instrumentado para transformar a realidade existente no sentido de objetivos previamente estabelecidos", representa um mecanismo jurídico por meio do qual o administrador executa sua atividade governamental buscando estabelecer as condições necessárias ao **desenvolvimento econômico** (SILVA, 2009, p. 722).

A natureza jurídica dos planos resta evidente na análise do art. 48, IV, da CRFB/88, segundo o qual cabe ao Congresso Nacional, com a sanção do Presidente da República, dispor sobre: "planos e programas nacionais, regionais e setoriais de desenvolvimento". Dessa forma, resta evidente que o planejamento não é apenas uma faculdade estatal, mas um **poder-dever**.

Segundo Eros Grau, a disposição do art. 174 refere-se a um **planejamento do desenvolvimento nacional e não o planejamento da economia ou da atividade econômica**. Em suma, o Poder Executivo Federal deverá elaborar planos nacionais e regionais de desenvolvimento econômico e social, os quais deverão ser aprovados pelo Congresso Nacional, com a sanção do Presidente da República, e serão executados pela União, abrangendo os planos regionais, a serem executados pelos organismos regionais (2007, p. 309-311).

Ainda segundo o ex-Ministro do STF, os planos são, fundamentalmente, **normas-objetivo**, isto é, normas que definem fins a alcançar (2007, p. 311). Trazem, dessa forma, uma **visão prospectiva**, conferindo "consistência racional à atuação do Estado, (previsão de comportamentos, formulação de objetivos, disposição de meios), instrumentando o desenvolvimento de políticas públicas, no horizonte do longo prazo, voltadas à condução da sociedade a um determinado destino", configurando-se, assim, como uma imposição da **Constituição dirigente** (2007, p. 348-349).

Observe-se que o que a Constituição brasileira prevê é o planejamento, que se diferencia da **planificação** já que, enquanto esta é **compulsória** (como na ex-URSS), aquele apesar de ser imperativo para o setor público, é apenas indicativo para o setor privado. Dessa forma, o planejamento, conforme previsão na CRFB/88, deve se dar em harmonia com os princípios da ordem econômica, sobretudo em respeito à livre-iniciativa. Contudo, isso não impede que os planos sirvam como meios indiretos de atração do setor privado ao planejamento estatal.

Destaque-se, ainda, que é da natureza do plano a sua **flexibilidade** e sua **revisibilidade**, de forma que ninguém terá direito adquirido aos benefícios e estímulos específicos, nem à sua execução. Por outro lado, "se a alteração do plano ou a sua não execução, por razões de conveniência e interesse público, gerarem prejuízo ao interessado, o máximo que se pode exigir (ocorrendo os pressupostos concretos para tanto) é sua composição pecuniária. Se a ação for concertada, a relação jurídica se regerá nos termos convencionados" (SILVA, 2009, p. 724).

Questões relacionadas ao planejamento são extremamente comuns em concursos públicos, sobretudo, exigindo-se do candidato conhecimentos a respeito da sua imperatividade para o setor público e para o privado.

▸ Como esse assunto foi cobrado em concurso?

No Concurso do CESPE para Juiz Federal da 1ª Região em 2015, foi considerado ERRADO o seguinte enunciado: "A intervenção do Estado no domínio econômico é regulada por princípios próprios e específicos da ordem econômica, motivo pelo qual **independe da obediência aos princípios da razoabilidade e da proporcionalidade**".

▸ Como esse assunto foi cobrado em concurso?

No Concurso da FEPESE para o Ministério Público junto ao Tribunal de Contas em 2014, foi considerado ERRADO o seguinte enunciado: "Como agente normativo e regulador da atividade econômica, o Estado exercerá, na forma da lei, as funções de fiscalização, planejamento e incentivo que serão **determinantes para os setores público e o privado**".

▸ Como esse assunto foi cobrado em concurso?

No Concurso do CESPE para Procurador Federal em 2013, foi considerado CERTO o seguinte enunciado: "A CF, como Constituição diretiva, anuncia programas e fins a serem concretizados pelo Estado e pela sociedade, o que legitima a intervenção estatal por direção, estando tal característica evidenciada na determinação de que a ordem econômica tem como fundamento a valorização do trabalho humano e a livre iniciativa e objetiva assegurar a todos existência digna, conforme os ditames da justiça social".

> **Como esse assunto foi cobrado em concurso?**
>
> No Concurso do CESPE para Advogado da União em 2012, foi considerado ERRADO o seguinte enunciado: "A atuação do Estado como agente normativo e regulador da atividade econômica compreende, entre outras funções, a de planejamento, que é determinante **tanto para o setor público quanto para o setor privado**".

> **Como esse assunto foi cobrado em concurso?**
>
> No Concurso do CESPE para Juiz Federal da 5ª Região em 2011, foi considerado CERTO o seguinte enunciado: "O planejamento da atividade econômica pelo Estado, na nova ordem constitucional econômica, é sempre **indicativo para o setor privado**, em harmonia com o princípio da livre iniciativa".

2. ESTADO REGULADOR

A regulação é um tema oriundo das ciências econômicas, mas que a cada dia ganha maior destaque nos estudos jurídicos, sendo, na atualidade, um dos assuntos mais relevantes do Direito Econômico. No direito brasileiro, o estudo da regulação tem **amparo constitucional**, com destaque para os artigos 21, XI; 162, § 2º; 172; 174; 177, § 2º, III; 186, III; 190 e 192 da CRFB/88.

O tema, por si só, não é novo, mas na perspectiva doutrinária era tradicionalmente abordado sob o viés do poder de polícia, das limitações administrativas à liberdade empresarial e das prerrogativas inerentes ao poder concedente dos serviços públicos (ARAGÃO, 2012, p. 201). Sem deixar de envolver esses institutos, a regulação, no direito brasileiro ganhou maior destaque a partir da **Reforma Administrativa dos anos 90** que, dentre outros aspectos, criou as agências reguladoras independentes e redefiniu as relações entre Direito e mercado no Brasil.

Luís Roberto Barroso apresenta uma interessante evolução das formas de intervenção do Estado brasileiro na economia, abordagem que poderá ser extremamente útil na introdução de questões discursivas em concursos. Para tanto, o Ministro divide a evolução histórica em três contextos: 1) **Estado pré-moderno ou liberal, caracterizando-se como um Estado de funções reduzidas, resumidas à segurança, justiça e alguns serviços essenciais; 2)Estado moderno ou social, o qual assume alguns papéis econômicos visando conduzir o desenvolvimento e atenuar distorções causadas pelo livre mercado; e 3) Estado pós-moderno, identificado com a ideia de ineficiência, desperdício de recursos, morosidade, burocracia e corrupção** (BARROSO, 2005, p. 1-2).

Durante alguns séculos, até os anos 30 do século XX, o modelo de economia desenvolvido no Brasil foi caracterizado pelo **liberalismo do estado pré-moderno**. Contudo, como decorrência de fatores externos (como as Constituições do México de 1917 e de Weimar de 1919), esse modelo foi substituído pelo **Estado Social (*welfare state*)** que institucionalizou-se com a Constituição de 1934 e, após ter-se pervertido no Estado Novo, reviveu um novo momento entre 1946 e 1964, tendo eclodido com o golpe militar (BARROSO, 2005, p. 2).

O fim do regime militar e a nova Constituição deram origem a um novo ciclo no que diz respeito à relação entre Estado e economia, no qual, o modelo neoliberal representou significativas transformações, principalmente em decorrência da **extinção de determinadas restrições ao capital estrangeiro, da flexibilização dos monopólios estatais e do processo de privatização** (BARROSO, 2005, p. 3-4) ou, pelo menos, desestatização, iniciado com a Lei 8.031/90, ocasião em que passou a merecer destaque a atuação do Estado-regulador, notadamente através de seu principal instrumento de regulação do domínio econômico: as agências reguladoras.

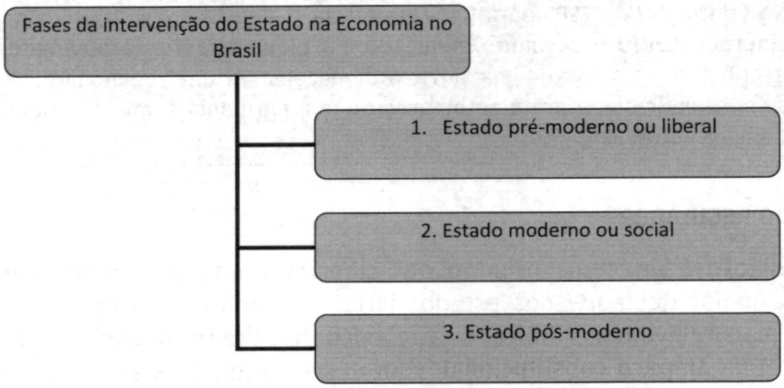

Nesse sentido, Barroso (2005) destaca que o Brasil teria chegado à pós-modernidade "sem ter conseguido ser liberal nem moderno". Assim, nos últimos anos do século XX o Estado teria sido altamente criticado, ganhando relevo o discurso da desregulamentação, da privatização e das organizações não governamentais, o que teria possibilitado a reforma do Estado brasileiro, caracterizada por três transformações estruturais:

1) **extinção de determinadas restrições ao capital estrangeiro;**

2) **flexibilização dos monopólios estatais; e**

3) **privatização.**

Essas transformações, por sua vez, não resultaram em um Estado mínimo, mas foram responsáveis por "deslocar a atuação estatal do campo empresarial para o domínio da disciplina jurídica, com a ampliação de seu papel na regulação e fiscalização dos serviços públicos e atividades econômicas" (BARROSO, 2005, p. 5). Nesse contexto o Estado não deixou de ser um agente econômico decisivo, apenas teria se **transformado de Estado-prestador para Estado-regulador**.

> **Importante**
>
> "O Estado deixa de ser controlador, diretor, planejador e indutor do desenvolvimento, e passa a atuar como **regulador das atividades privatizadas**, como balizador da concorrência, como estimulador da oferta de serviços essenciais num ambiente competitivo, como garantidor dos direitos do consumidor e como criador de oportunidades de negócio para a iniciativa privada e de investimentos para o desenvolvimento tecnológico" (FARIA, 2002, p. 8)

No Brasil, o ápice dessa transformação opera-se com o **Plano Diretor de Reforma do Aparelho do Estado (PDRAE)**, estabelecido pelo Ministério da Administração e Reforma do Estado e liderado pelo então Ministro Luiz Carlos Bresser Pereira que buscava, nos anos 90, **modernizar as práticas do Estado brasileiro**. Nesse sentido, buscou-se a transferência para particulares de atividades antes desenvolvidas pelo Estado que, nesse contexto, deixando de exercê-las diretamente, passa a intensificar sua atividade regulatória.

Com base nessa premissa foi aprovada, em 1997, a Lei 9.491 que, revogando a Lei 8.031 de 1990, estabeleceu o **Programa Nacional de Desestatização**, trazendo como objetivos fundamentais: a) reordenar a posição estratégica do Estado na economia, transferindo à iniciativa privada atividades indevidamente exploradas pelo setor público; b) contribuir para a reestruturação econômica do setor público, especialmente através da melhoria do perfil e da redução da dívida pública líquida; c) permitir a retomada de investimentos nas empresas e atividades que vierem a ser transferidas à iniciativa privada; d) contribuir para a reestruturação econômica do setor privado, especialmente para a modernização da infraestrutura e do parque industrial do País; e) permitir que a Administração Pública concentre seus esforços nas atividades em que a presença do Estado seja fundamental para a consecução das prioridades nacionais e f) contribuir para o fortalecimento do mercado de capitais, através do acréscimo da oferta de valores mobiliários e da democratização da propriedade do capital das empresas que integram o Programa (art. 1º, Lei 9.491/97).

Dessa forma, sob o pretexto de superar um modelo exclusivista e ineficiente de Estado (MIRAGEM, 2013a, p. 24) numa concepção nitidamente **pós-fordista**, buscava-se reduzir seu papel em relação aos serviços públicos, o que, por outro lado, representava a prevalência do princípio da eficiência, símbolo máximo desse contexto, alçado a status constitucional com o advento da Emenda Constitucional n. 19 de 1998 que o inseriu no caput do art. 37 da Constituição Federal, ao lado dos já tradicionais princípios da legalidade, impessoalidade, moralidade e publicidade.

Ou seja, constatando-se que o Estado não conta com recursos suficientes para os investimentos necessários e que, além disso, é ineficiente, transfere-se para o setor privado a execução de uma série de serviços públicos. Contudo, **o fato de que tais serviços passaram a ser prestados por empresas privadas concessionárias, não lhes retira a natureza pública**, de forma que o Estado, a partir desse processo de privatização, deixa de atuar como gestor e prestador de atividades econômicas, passando a exercer as funções de planejamento, regulação e fiscalização (BARROSO, 2005, p. 7).

Vislumbra-se, nesse modelo, o **princípio da subsidiariedade** da atuação estatal na economia, na medida em que o Estado passa a ser mero garantidor e regulador de diversos serviços públicos, deixando de prestá-los diretamente.

Diante dessa nova forma de atuação do Estado na economia, e do fortalecimento do papel privado em setores estratégicos e atividades econômicas relevantes, fez-se imprescindível a readequação do aparato estatal, de forma a garantir a eficiência da Administração Pública. É com base nisso, que, seguindo o **modelo estadunidense**, são introduzidas ao direito brasileiro as chamadas **agências reguladoras**.

Tais agências, criadas no Brasil com natureza jurídica de autarquias em regime especial, receberam do legislador um conjunto diversificado de tarefas, dentre as quais merecem destaque o **controle das tarifas do serviço prestado, visando garantir um equilíbrio econômico e financeiro do contrato; a universalização do serviço, levando-o à parte da população não atendida; o fomento da competitividade, desde que numa área em que não haja monopólio natural e o arbitramento dos conflitos entre poder concedente, concessionária e consumidores** (BARROSO, 2005, p. 11), havendo, ainda, agências reguladoras como a ANEEL (Agência Nacional de Energia Elétrica) e a ANATEL (Agência Nacional de Telecomunicações) que, além das tarefas já apresentadas, também contam com a competência de poder concedente, "cabendo a elaboração dos editais de licitação para contratações públicas, a promoção da licitação, a celebração do contrato em nome do poder concedente, bem como a fiscalização de sua execução" (CUÉLLAR, 2008, p. 55).

Surge, assim, um dos mais polêmicos entes administrativos do direito brasileiro, seja em virtude da delimitação do alcance da atividade regulatória, seja pela assimetria entre o modelo brasileiro e o estadunidense, ou ainda pelo "modismo" resultante da criação de inúmeras agências, sejam elas federais, estaduais, distritais ou mesmo municipais, especializadas ou "multissetoriais".

Contudo, o contexto econômico pelo qual as agências reguladoras foram criadas, nos anos 90, passou, no Brasil e no mundo, por significativas alterações, culminando com a **crise econômica iniciada em 2008**, resultante da volatilidade do capital internacional que fez com que até mesmo países símbolos do liberalismo (como EUA e Inglaterra) tomassem medidas altamente intervencionistas para salvar suas economias.

Com base nisso, há autores que vislumbram um chamado **"neointervencionismo estatal"** a partir da crise do sistema capitalista global iniciada em 2008, causada pela desregulação do sistema financeiro, contexto que, novamente, teria impactado decisivamente nas relações entre Direito e Economia (VILELA, 2016). Entretanto, a onda neoliberal que atinge o Brasil e a América Latina em razão dos acontecimentos políticos dos últimos anos, impede uma análise mais concreta dos rumos que serão tomados pelo Direito Econômico e pela regulação. Ao candidato em concursos públicos cumpre estar sempre atualizado com as questões econômicas contemporâneas, cuja abordagem poderá ser um diferencial, sobretudo em provas discursivas e orais.

> **▸ Como esse assunto foi cobrado em concurso?**
>
> No Concurso da VUNESP para Analista Técnico Científico - Administrador do MPE/SP em 2019, esse tema foi cobrado da seguinte forma: Leia o trecho a seguir e responda à questão: "*Fusão do Itaú Unibanco é marco no processo de consolidação do mercado.* O processo de concentração bancária pelo qual o Brasil passou na última década poderia inviabilizar hoje uma fusão da magnitude da travada entre Itaú e Unibanco em 2008 e que levou à criação do maior banco privado do país. (...) "Não sei se hoje o Cade aprovaria a fusão [entre Itaú e Unibanco]. De lá para cá a concorrência do sistema financeiro, principalmente de grandes

bancos, caiu muito", diz Furlan. O negócio entre Itaú e Unibanco foi aprovado no Cade em 2010 por unanimidade. Antes, passou pela Seae (Secretaria de Acompanhamento Econômico do Ministério da Fazenda), foi acompanhada pela SDE (Secretaria de Direito Econômico do Ministério da Justiça) e recebeu o "sim" do Banco Central. (Folha de S.Paulo, 05 de novembro de 2018)

A atuação do Conselho Administrativo de Defesa Econômica em processos de fusão entre empresas, como no caso mencionado, revela uma atuação do Estado correspondente a qual alternativa a seguir? a) Executor, interferindo na iniciativa privada e participando do mercado; b) Intervencionista, atuando como um ator de mercado, quando conveniente para o desenvolvimento; c) Regulador, editando normas e interferindo na iniciativa privada; d) Liberal, interferindo na concorrência apenas em situações específicas; e) Monopolista, privilegiando a concentração de mercado e manutenção do status quo. Segundo gabarito oficial, foi considerada correta a alternativa "c".

3. NATUREZA JURÍDICA E OBJETIVOS DA REGULAÇÃO

A regulação caracteriza-se como uma forma de **intervenção indireta do Estado na economia**. Dessa forma, é muito mais que o mero exercício do poder de polícia (atividade restritiva) alcançando, ainda, o estímulo comportamental dos agentes econômicos na indução ou direção da atividade privada. Dessa forma, a regulação, tendo como baliza os chamados "marcos regulatórios", deve pautar-se pelos valores humanos e sociais do Estado Democrático de Direito, sobretudo, no caso brasileiro, pelos princípios gerais da atividade econômica, previstos no art. 170 da Constituição republicana de 1988.

Segundo a doutrina, **regulação e regulamentação não se confundem**. Por isso o art. 174 da CRFB teria mencionado a necessidade de o Estado atuar como "agente normativo e regulador". Assim: "enquanto a regulação representa uma função administrativa, processualizada e complexa, que compreende o exercício de função normativa, executiva e judicante, a regulamentação é caracterizada como função política, inerente ao chefe do Executivo, que envolve a edição de atos administrativos normativos (atos regulamentares), complementares à lei" (OLIVEIRA, 2013, p. 482).

Nesse sentido pode-se definir a regulação da economia "como o conjunto de medidas legislativas, administrativas, convencionais, materiais ou econômicas, abstratas ou concretas, pelas quais o Estado, de maneira restritiva da autonomia empresarial ou meramente indutiva, determina, controla, ou influencia o comportamento dos agentes econômicos, evitando que lesem os interesses sociais definidos no marco da Constituição e os orientando em direções socialmente desejáveis" (ARAGÃO, 2012, p. 208).

Por outro lado, numa outra perspectiva, "de um ângulo material, a regulação não é função política, pois não implica em elaboração e implementação de políticas públicas, entregues como seria adequado em democracias, aos órgãos e entes legitimados democraticamente para tanto; a regulação, também, não é função jurídica, pois não implica em elaboração de normas gerais e nem mesmo em implementação de normas gerais e abstratas a situações concretas e particulares, entregues, novamente, àqueles que as constituições democraticamente legitimaram a tanto; por fim, a regulação é função consistente na elaboração e implementação de parâmetros técnicos para a atuação de agentes econômicos em sentido amplo" (TURA, 2015, p. 9-10).

Importante

Escopo da regulação: "atingimento de um resultado prático, que alie a maior satisfação do interesse público substantivo com o menor sacrifício possível de outros interesses constitucionalmente protegidos, bem como, secundariamente, com o menor dispêndio de recursos públicos" (MOREIRA NETO, 2003, p. 93).

Como esse assunto foi cobrado em concurso?

Na segunda fase do Concurso para Juiz Federal da 5ª Região em 2013, a **regulação** foi cobrada da seguinte forma: "Disserte sobre o tema direito administrativo e regulação, abordando, necessariamente, os seguintes aspectos:

1) do Estado liberal ao Estado regulador (à guisa de introdução);
2) regulação: conceito e razões justificadoras;
3) formas tradicionais de regulação e regulação independente;
4) agências reguladoras: natureza e suas autonomias;
5) competência normativa;
6) agências reguladoras e controle pelos tribunais de contas e pelo Poder Judiciário."

Como esse assunto foi cobrado em concurso?

No concurso do CESPE para Juiz Federal da 5ª região em 2015, foi considerado ERRADO o seguinte enunciado: "A regulação econômica exercida pelo Estado consiste na intervenção **direta** nos setores econômicos considerados estratégicos para o desenvolvimento nacional, ora por meio de indução (incentivo e planejamento), ora por meio de direção (fiscalização e controle". Na mesma prova, também foi considerado ERRADO o seguinte enunciado: "Predomina no Brasil a modalidade regulatória denominada **autorregulação**, na qual o agente estatal assume as funções de normatização, fiscalização e fomento dos setores econômicos".

Como esse assunto foi cobrado em concurso?

No Concurso do CESPE para Procurador do Estado do Piauí em 2014, foi considerado ERRADO o seguinte enunciado: "A **regulação de atividades econômicas pelo Estado é excepcional**, admitida apenas quando necessária aos imperativos da segurança nacional ou ao atendimento de relevante interesse coletivo".

Como esse assunto foi cobrado em concurso?

No concurso da PUC/PR para Auditor do TCE/MS em 2013, o tema da regulação foi abordado da seguinte forma: "Sobre a regulação é correto afirmar que: a) Abrange a edição de regulamentos destinados a facilitar a aplicação da lei, mas não pode com ela conflitar, pois sempre se subordina a esta; b) Pode ser exercida por agências reguladoras ou não; c) Compreende a competência para praticar somente atos administrativos putativos; e) Compreende a competência para praticar atos administrativos normativos e também putativos". Segundo o gabarito oficial, foi considerada correta a alternativa "b".

3.1. Instrumentos de regulação e de mercado

Importante

"**Mecanismos de mercado** são todos os **atos de cunho empresarial e societário**, dos quais podem se valer os agentes econômicos para garantir a sua permanência saudável em seus respectivos nichos econômicos, em respeito ao devido processo competitivo e às regras e normas do direito concorrencial. [...]

Por **mecanismos de regulação** entende-se o conjunto de atos de cunho contratual, previstos e nominados em legislação específica, aplicáveis setorialmente a determinado mercado regulado, dos quais **os agentes econômicos podem se valer para controlar a oferta e demanda de seus produtos e serviços, desde que previamente autorizados pelo Poder Público.** Isto é, trata-se de cláusulas estipuladas nos contratos de prestação de serviços celebrados entre os usuários e os agentes econômicos com a prévia autorização do ente regulador, **destinados a controlar a demanda dos serviços prestados**, evitando-se, assim, que, em virtude de abusos de direitos, os consumidores aumentem o risco moral da atividade e majorem indevidamente a contraprestação cobrada pelos prestadores". (FIGUEIREDO, 2016, p. 141)

Qual o entendimento do STF sobre o assunto?

"GESTÃO DA CRISE DE ENERGIA ELÉTRICA. FIXAÇÃO DE METAS DE CONSUMO E DE UM REGIME ESPECIAL DE TARIFAÇÃO. 1. O valor arrecadado como tarifa especial ou sobretarifa imposta ao consumo de energia elétrica acima das metas estabelecidas pela Medida Provisória em exame será utilizado para custear despesas adicionais, decorrentes da implementação do próprio plano de racionamento, além de beneficiar os consumidores mais poupadores, que serão merecedores de bônus. Este acréscimo não descaracteriza a tarifa como tal, tratando-se de um mecanismo que permite a continuidade da prestação do serviço, com a captação de recursos que têm como destinatários os fornecedores/concessionários do serviço. Implementação, em momento de escassez da oferta de serviço, de política tarifária, por meio de regras com força de lei, conforme previsto no art. 175, III da Constituição Federal. 2 **Atendimento aos princípios da proporcionalidade e da razoabilidade**, tendo em vista a preocupação com os direitos dos consumidores em geral, na adoção de medidas que permitam que todos continuem a utilizar-se, moderadamente, de uma energia que se apresenta incontestavelmente escassa. 3. Reconhecimento da necessidade de imposição de medidas como a suspensão do fornecimento de energia elétrica aos consumidores que se mostrarem insensíveis à necessidade do exercício da solidariedade social mínima, assegurada a notificação prévia (art. 14, § 4º, II) e a apreciação de casos excepcionais (art. 15, § 5º). 4. Ação declaratória de constitucionalidade cujo pedido de julga procedente. (ADI n. 9/DF, Rel. Min. Ellen Gracie, publ. 23.04.2004).

▸ **Como esse assunto foi cobrado em concurso?**

No concurso do CESPE para Procurador do Estado/PI em 2014, foi considerado ERRADO o seguinte enunciado: "Exemplo de mecanismo de regulação utilizado pelos agentes econômicos setoriais no passado recente, a cobrança de sobretaxa incidente sobre o aumento no consumo de energia elétrica por consumidores, ocorrida no Brasil no período de racionamento que ficou conhecido como 'apagão', foi declarada **inconstitucional** pelo STF".

▸ **Como esse assunto foi cobrado em concurso?**

No concurso do CESPE para Procurador do Estado/PI em 2014, foi considerado ERRADO o seguinte enunciado: "Os instrumentos de regulação são institutos jurídicos que permitem às empresas estatais o desempenho de atividade econômica **em igualdade de condições** com os agentes privados".

▸ **Como esse assunto foi cobrado em concurso?**

No concurso do CESPE para Procurador do Estado/PI em 2014, foi considerado ERRADO o seguinte enunciado: "Mecanismos de mercado são todos os atos praticados pelos setores econômicos, de cunho empresarial ou societário, **com a finalidade de escapar à aplicação da legislação protetiva dos direitos do consumidor**". Outrossim, a mesma questão também apontou como CERTO o seguinte enunciado: "Mecanismos de mercado são atos que efetivam a autorregulação; instrumentos de regulação são atos que materializam a heterorregulação".

4. REGULAÇÃO E PROMOÇÃO DA CONCORRÊNCIA

Um dos principais objetivos da regulação é promover a concorrência no setor regulado, sobretudo no que diz respeito à atuação de diferentes concessionários e permissionários na prestação de serviços públicos, o que tende a gerar benefícios para os respectivos consumidores/usuários.

Assim, a regulação dos serviços públicos vem se caracterizando pela **criação de condições favoráveis á competição entre as concessionárias**, de forma que "a premissa (econômica) da regulação é a maior eficiência gerada pela concorrência, quando comparada à prestação de serviços em regime de monopólio", destacando-se, sobretudo, a regulação dos monopólios naturais, tendo por objetivo impedir que o monopolista utilize o seu poder de mercado e suas instalações essenciais para impedir a competição nas demais atividades do setor (OLIVEIRA, 2015).

> **Como esse assunto foi cobrado em concurso?**
>
> No Concurso do MPDFT para Promotor de Justiça Adjunto em 2021, foi considerado CERTO o seguinte enunciado: "A intervenção estatal na economia como instrumento de regulação dos setores econômicos deve compatibilizar os esforços de promover a livre concorrência, a eficiência e o livre jogo dos mercados, de modo a não ocasionar, com seu ingresso, distorções ainda maiores de monopólios, oligopólios, cartéis, trustes ou outras deformações, sob pena de se lhe impor dever indenizatório contra terceiros prejudicados".

Para proporcionar condições propícias à concorrência nos setores regulados, a regulação jurídica dos serviços públicos utiliza-se de diferentes estratégias econômicas, dentre as quais a doutrina destaca:

a) **Liberdade de entrada**, qual seja, a diminuição ou eliminação completa de barreiras à prestação dos serviços públicos. "No caso dos serviços públicos, a prestação indireta, por meio de concessões e permissões, na forma do art. 175 da CRFB, deve ser instrumentalizada, na medida do possível, para delegatários diversos, sem exclusividade, garantindo a competição no respectivo setor (concorrência horizontal), conforme previsão do art. 16 da Lei 8.987/1995" (OLIVEIRA, 2015).

> **Importante**
>
> Art. 16 da Lei 8.987/1995, que dispõe sobre o regime de concessão e permissão de serviços públicos. "A outorga de concessão ou permissão **não terá caráter de exclusividade**, salvo no caso de inviabilidade técnica ou econômica justificada no ato a que se refere o art. 5º desta lei".

b) **Liberdade relativa de preços**: abandona-se o cálculo do valor da tarifa com base no custo histórico do serviço (COS: *cost-of-service*) ou da taxa de retorno (ROR: *rate-of-return* ou *cost-plus*), passando-se a adotar outros critérios, como, por exemplo, o preço-teto (*price-cap*) "em que o regulador estabelece um **valor teto** para a tarifa, reajustada anualmente pela taxa de inflação, descontada de um índice de ganho de produtividade pré-fixado. Nesse caso, os ganhos de produtividade, superiores ao valor projetado pelo regulador, são revertidos à concessionária e compartilhados com os consumidores a partir da aplicação de um redutor de tarifa em revisões periódicas, o que garantiria maior eficiência na prestação do serviço" (OLIVEIRA, 2015).

c) **Fragmentação do serviço público**: também chamada de ***unbundling*, desverticalização ou fragmentação do serviço público**, significa a dissociação das diversas etapas da prestação do serviço, atribuindo-as a diferentes agentes, buscando-se evitar a concentração. Com isso, é possível haver concorrência em setores tradicionalmente caracterizados por monopólios naturais, proporcionando ganhos de economia em escala e diminuição dos custos de transação em razão do desenvolvimento tecnológico de todos os segmentos. A **desverticalização pode ser contábil, jurídica e societária.** Na primeira, exige-se que a empresa mantenha contabilidades distintas para cada uma das etapas da cadeia produtiva, permitindo-se "a identificação de qualquer prática de subsídio de uma etapa à outra e seu impacto sobre a formação dos preços, e desses na concorrência com os demais agentes econômicos". Na jurídica, exige-se que cada segmento regulado seja explorado por diferentes pessoas jurídicas e, por fim, a desverticalização societária "impede que um mesmo grupo econômico concentre a exploração de mais de uma etapa do ciclo dos serviços públicos" (OLIVEIRA, 2015).

d) **Compartilhamento compulsório das redes e infraestruturas (*essential facilities doctrine*)**: segundo essa doutrina, a infraestrutura monopolizada por determinado agente econômico é considerada essencial para o desempenho da atividade, devendo, por isso, ser compartilhada pelos concorrentes. O compartilhamento justifica-se em razão do princípio da **função social da propriedade**, assim como a **livre concorrência** e a **defesa do consumidor**. A obrigatoriedade do uso compartilhado das instalações essenciais, além de ser disciplinada pelo regulador, reduz os custos da criação e manutenção dessas infraestruturas, além de possibilitar a prestação dos serviços em caráter competitivo quando for inviável a duplicação da própria infraestrutura (ex. redes de eletricidade e telecomunicações) (OLIVEIRA, 2015).

▸ Como esse assunto foi cobrado em concurso?

No Concurso do CESPE para Juiz Federal da 1ª Região em 2015, foi considerado CERTO o seguinte enunciado: "A doutrina das infraestruturas essenciais, ou *essential facilities*, pressupõe **situações de dependência de um agente econômico em relação a outro**, titular de bem crucial para a produção de determinado bem ou serviço".

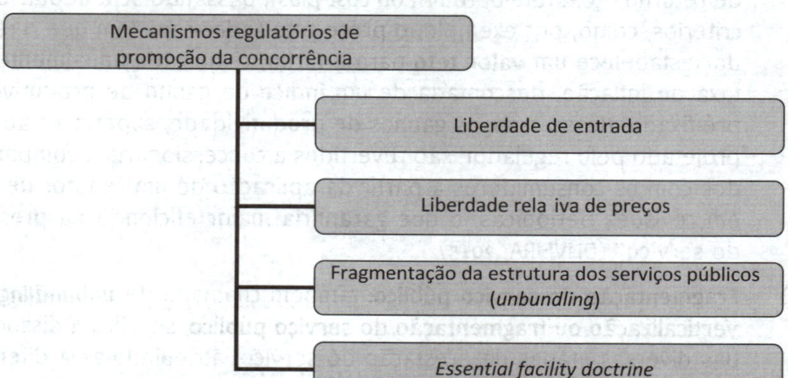

5. AGÊNCIAS REGULADORAS INDEPENDENTES

Nesse contexto de transformação do Estado brasileiro é que surgem as chamadas agências reguladoras independentes, com o objetivo de desenvolver atividades de regulação e fiscalização de contratos e atos relacionados à prestação de um serviço público específico ou de determinada atividade econômica. A existência das agências reguladoras é resultante, de dois fundamentos principais: a) **despolitização** (ou "desgovernamentalização") conferindo tratamento técnico e maior segurança jurídica ao setor regulado; e b) **necessidade de regulação** de determinadas atividades técnicas (OLIVEIRA, 2013, p. 94).

> **Importante**
> "Regulação e **agencificação** nada mais são do que movimentos compensatórios. Movimentos que despontam para salvaguardar os interesses públicos no contexto de um estado que quase não mais executa seus serviços e não mais cria tantas empresas estatais" (MARRARA, 2015, p. 18)

Assim, o legislador brasileiro buscou no **direito estadunidense**, não por acaso caracterizado como **"direito das agências"**, a inspiração para incorporar esse modelo de agências reguladoras apto a promover uma intervenção enérgica na ordem econômica e social, corrigindo as falhas do mercado, buscando a especialização da atuação estatal e a neutralização da influência política na regulação de setores sensíveis (OLIVEIRA, 2009, p. 160-161).

Observe-se, contudo, que não obstante a relevância das agências reguladoras no contexto de Estado regulador brasileiro, **não há uma disciplina constitucional sobre o tema**. Sequer a expressão "agência reguladora" aparece no texto constitucional. A Constituição Federal de 1988 apenas prevê a necessidade de criação de um "órgão regulador" para o setor de telecomunicações (art. 21, XI) e outro para o setor de petróleo (art. 177, § 2º, III).

Até o ano de 2019, não havia uma lei geral para as agências reguladoras no Brasil. Assim, a disciplina jurídica de tais entes se dava, sobretudo, por meio da norma criadora da agência e do respectivo decreto regulamentador, além da Lei nº 9.986/2000 que dispõe (tão somente) sobre a gestão de recursos humanos nas agências reguladoras, conforme será analisado a seguir.

Entretanto, a Lei nº 13.848 de 2019 supriu a lacuna ao dispor sobre a gestão, a organização, o processo decisório e o controle social das agências reguladoras. Para tanto, alterou dispositivos de todas as leis específicas, assim como da mencionada lei nº 9.986/2000 que trata dos recursos humanos em tais agências. A nova lei é dividida em três artigos introdutórios e sete capítulos: I) Do processo decisório das agências reguladoras; II) Da prestação de contas e do controle social; III) Da interação entre as agências reguladoras e os órgãos de defesa da concorrência; IV) Da articulação entre as agências reguladoras; V) Da articulação das agências reguladoras com os órgãos de defesa do consumidor e meio ambiente; VI) Da interação operacional entre as agências reguladoras e os órgãos estaduais, distritais e municipais; e VII) Disposições finais e transitórias.

No âmbito do Direito Administrativo, as agências reguladoras têm natureza jurídica de **autarquias em regime especial**, caracterizando-se como pessoas jurídicas de direito público integrantes da **Administração Indireta**. A natureza de autarquia especial conferida às agências reguladoras é caracterizada por **autonomia administrativa, financeira, patrimonial e de gestão de seus recursos humanos, autonomia nas suas decisões técnicas e mandato fixo de seus dirigentes**, conforme, em regra, é explicitado na lei instituidora de cada uma das agências reguladoras e no art. 3º da Lei Geral das Agências Reguladoras (Lei nº 13.848/19).

> **Importante**
>
> Lei nº 13.848/2019, art. 3º, *caput*. "A natureza especial conferida à agência reguladora é caracterizada pela **ausência de tutela ou de subordinação hierárquica, pela autonomia funcional, decisória, administrativa e financeira** e pela **investidura a termo de seus dirigentes e estabilidade durante os mandatos**, bem como pelas demais disposições constantes desta Lei ou de leis específicas voltadas à sua implementação"

Destaque-se ainda que, mesmo tendo apresentado o rol taxativo das agências reguladoras federais, o art. 2º da Lei nº 13.848/19 "deixou em aberto a possibilidade da criação de novas autarquias federais em regime especial, as quais, automaticamente, estarão sujeitas ao microssistema jurídico instituído pela nova lei" (VILELA, 2020b, p. 32).

Agências Reguladoras (art. 2º da lei nº13.848/19)	
Agência	**Norma instituidora**
Agência Nacional de Energia Elétrica – Aneel	Lei 9.427/96
Agência Nacional de Telecomunicações – Anatel	Lei 9.472/97
Agência Nacional do Petróleo, Gás Natural e Biocombustíveis – ANP	Lei 9.478/97
Agência Nacional de Vigilância Sanitária – Anvisa	Lei 9.782/99
Agência Nacional de Saúde Suplementar – ANS	Lei 9.961/2000
Agência Nacional de Águas e Saneamento Básico – ANA	Lei 9.984/2000
Agência Nacional de Transportes Terrestres – ANTT	Lei 10.233/2001
Agência Nacional de Transportes Aquaviários – ANTAQ	Lei 10.233/2001
Agência Nacional do Cinema – Ancine	MP 2.228-1/2001 (alterada pela Lei 12.485/11)
Agência Nacional de Aviação Civil – ANAC	Lei 11.182/2005
Agência Nacional de Mineração – ANM	Lei 13.575/2017
OBS.: **NÃO são agências reguladoras** a Agência Brasileira de Inteligência – Abin (despersonalizada) e Agência Espacial Brasileira – AEB (autarquia comum). Da mesma forma o Conselho Administrativo de Defesa Econômica (CADE) e a Comissão de Valores Mobiliários (CVM) são autarquias comuns. Por outro lado, o projeto que resultou na Lei nº 13.848/19 propunha transformar o Instituto Nacional de Metrologia, Qualidade e Tecnologia (INMETRO) em agência reguladora, mas isso acabou não acontecendo e ele continua também como autarquia comum.	

▸ **Qual o entendimento do STF sobre o assunto?**

"**Agência reguladora estadual e destituição de dirigentes.** [...] a natureza da investidura a termo no referido cargo, bem assim a incompatibilidade da demissão "*ad nutum*" com esse regime, exigiriam a fixação de balizas precisas quanto às situações de demissibilidade dos dirigentes dessas entidades. [...] a destituição desses dirigentes, no curso dos mandatos, dar-se-ia em virtude de: a) renúncia; b) condenação judicial transitada em julgado; ou c) processo administrativo disciplinar, sem prejuízo da superveniência de outras possibilidades legais, desde que observada a necessidade de motivação e de processo formal, sem espaço para discricionariedade pelo chefe do Executivo. [...] **a Constituição permite que a legislação condicione a nomeação de determinados titulares de cargos públicos à prévia aprovação do Senado Federal (art. 52, III), aplicável aos Estados-membros, por simetria**" (ADI 1949/RS, Rel. Min. Dias Toffoli, 17.9.2014, Info759)

▸ **Como esse assunto foi cobrado em concurso?**

No Concurso da FAURGS para Juiz Estadual do TJRS em 2016, foi considerado CERTO o seguinte enunciado: "As agências reguladoras têm a forma de **autarquia especial**, regem-se pelo direito público e integram a administração pública indireta".

Além das atribuições de competência regulatória, com a ampliação das funções normativas e judicantes da Administração Pública indireta, pode-se congregar os seguintes elementos confirmadores da autonomia das Agências Reguladoras: organização colegiada; impossibilidade de exoneração *ad nutum* dos seus dirigentes; autonomia financeira e orçamentária, e, por último, a independência decisória (GUERRA, 2012, p. 118).

▸ **Importante**

Não confunda agência reguladora com agência executiva!

"Agência executiva reflete uma **qualificação** concedida, por decreto específico, a autarquias ou fundações que celebrem **contrato de gestão** com a Administração a que se acharem vinculadas, para a melhora da eficiência e redução de custos. A atribuição da qualidade de agência executiva não implica a instituição de uma nova entidade da Administração, nem abrange qualquer alteração nas relações de trabalho dos funcionários das instituições assim qualificadas. [...] Note-se que uma agência reguladora pode simultaneamente ser qualificada como agência executiva, se tiver seu plano estratégico de reestruturação e desenvolvimento aprovado e celebrar contrato de gestão com o Ministério supervisor correspondente à sua área de atuação" (NOHARA, 2016, p. 595-596).

> ▸ **Como esse assunto foi cobrado em concurso?**
>
> No Concurso da VUNESP para Procurador Jurídico do IPSMI/SP em 2016, foi considerado ERRADO o seguinte enunciado: "As agências executivas possuem natureza de pessoa jurídica de direito privado, diferenciando-se, assim, das autarquias e fundações".

> ▸ **Como esse assunto foi cobrado em concurso?**
>
> No concurso para Procurador da República em 2015, foi considerado ERRADO o seguinte enunciado: "No plano federal as agências reguladoras **estão previstas no texto constitucional** e foram constituídas como autarquias, integrantes da **administração direta**, vinculadas à Presidência da República, com subordinação hierárquica entre elas e o Ministério competente para tratar da respectiva atividade".

> ▸ **Como esse assunto foi cobrado em concurso?**
>
> No concurso do CESPE Técnico em regulação da ANAC em 2012, foi considerado CERTO o seguinte enunciado: "Uma das medidas tomadas pelo governo no processo de modernização do Estado foi a criação de um grupo especial de autarquias, denominadas agências, que se classificam, didaticamente, em reguladoras e executivas". Na mesma prova, também foi considerado CERTO o seguinte enunciado: "As agências reguladoras têm a função de controlar a prestação dos serviços públicos e o exercício de atividades econômicas, em toda a sua extensão".

> ▸ **Como esse assunto foi cobrado em concurso?**
>
> No concurso para Procurador da República em 2011, o tema foi cobrado da seguinte forma: "As agências reguladoras: a) São entidades ligadas ao Estado, tendo em vista sua independência; b) São entidades ligadas ao **governo**, considerando seu importante papel como instrumentos de políticas públicas; c) São entidades ligadas ao **Poder Legislativo**, assim como os tribunais de contas, tendo em vista o exercício independente de seu poder de polícia, inclusive em relação ao Poder Executivo; d) São entidades ligadas ao **Poder Legislativo, assim como os tribunais de contas**, tendo em vista o exercício independente de seu poder de polícia, inclusive em relação ao Poder Executivo". Segundo o gabarito, foi considerada certa a alternativa "a".

5.1. Atividades

As atividades das agências reguladoras foram muito bem sintetizadas por Irene Nohara (2016, p. 607-608), que as apresenta como sendo, basicamente:

- **Poder de polícia**, que compreende a imposição de limitações administrativas previstas em lei, a fiscalização e a repressão a atividades não compatíveis com o bem-estar geral, como, por exemplo, a Anvisa;
- **Fomento e fiscalização** de atividades privadas, como a Ancine;

- **Regulação e controle do uso de bem público**, como a ANA;
- Atividades que, quando o Estado presta, ele protagoniza a título de **serviços públicos**, mas são simultaneamente "livres" à iniciativa privada. Isto é, são desempenhadas com controle estatal, mas não por meio de concessão ou permissão de serviços públicos, como a Agência Nacional de Saúde Suplementar (ANS);
- **Regulação, controle e fiscalização de atividades econômicas** (como a ANP, voltada para a indústria do petróleo), que não englobam serviço público, mas atividade econômica em sentido estrito desenvolvida em forma de monopólio flexibilizado pela Emenda nº 9/95, ou seja, as atividades dos incisos I a IV do art. 177 podem ser desenvolvidas por empresas privadas, não em regime de liberdade, mas por contratação com o Estado, de acordo com lei específica; e
- **Regulam e controlam atividades objeto de permissão e concessão de serviços públicos**, como a ANEEL, ANATEL, ANTT, ANTAQ e ANAC.

Por outro lado, seguindo-se a doutrina de Rafael Carvalho Oliveira, é possível afirmar que a atividade regulatória, exercida pelas agências reguladoras brasileiras, é complexa, pois envolve o exercício de três atividades diversas: a) **administrativas clássicas** (ex. poder de polícia); b) **poder normativo** (ex. prerrogativa de editar atos normativos); e c) **judicantes** (ex. atribuição para resolver conflitos entre os agentes regulados) (2013, p. 95).

> **Como esse assunto foi cobrado em concurso?**
>
> No Concurso do CESPE para Analista Judiciário do TRF 1 em 2017 esse tema foi cobrado da seguinte forma: "Alguns meses após a assinatura de contrato de concessão de geração e transmissão de energia elétrica, a falta de chuvas comprometeu o nível dos reservatórios, o que deteriorou as condições de geração de energia, elevando os custos da concessionária. A agência reguladora promoveu, então, alterações tarifárias visando restabelecer o equilíbrio econômico-financeiro firmado no contrato. Todavia, sem que houvesse culpa ou dolo da concessionária, o fornecimento do serviço passou a ser intermitente, o que provocou danos em eletrodomésticos de usuários de energia elétrica. Considerando essa situação hipotética, julgue os itens que se seguem. A alteração tarifária promovida pela agência reguladora é exemplo de exercício do poder hierárquico da agência sobre as concessionárias". Segundo o gabarito oficial, esse item foi considerado falso.

> **Como esse assunto foi cobrado em concurso?**
>
> No Concurso da FCC para Procurador Estadual do Mato Grosso em 2016, foi considerado CERTO o seguinte enunciado: "O Estado X pretende criar estrutura administrativa destinada a zelar pelo patrimônio ambiental estadual e atuar no exercício de fiscalização de atividades potencialmente causadoras de dano ao meio ambiente. Sabe-se que tal estrutura terá **personalidade jurídica própria** e será

dirigida por um **colegiado**, com **mandato fixo**, sendo que suas decisões de **caráter técnico** não estarão sujeitas à revisão de mérito pelas autoridades da Administração Direta. Sabe-se também que os bens a ela pertencentes serão considerados bens públicos. Considerando-se as características acima mencionadas, pretende-se criar uma: agência reguladora, pessoa de direito público, cuja criação se dará diretamente por lei".

O **poder de polícia** administrativa, pautado pela **legalidade e proporcionalidade**, deve ser entendido como o poder-dever de disciplinar o exercício da autonomia privada para a concretização dos direitos fundamentais incidindo sobre bens, direitos e atividades exercidas por particulares. No mais, o exercício de tal poder por parte das agências reguladoras não se limita ao âmbito das concessões (ex. ANS e ANCINE) nem tampouco aos serviços públicos (ex. ANP).

Para o exercício do poder de polícia, as agências contam com poderes amplos para, dentre outros aspectos, efetuar averiguações, inspecionar locais, exigir acesso a documentos, examiná-los, impedir ou restringir determinadas ações dos agentes regulados, etc. As empresas reguladas devem sempre colaborar para esse fim, não opondo óbices desnecessários ou procrastinatórios, que porventura impeçam ou dificultem a atividade fiscalizadora das agências (CUÉLLAR, 2008, p. 64).

▸ **Importante**

"Considera-se **poder de polícia** a atividade da administração pública que, limitando ou disciplinando direito, interesse ou liberdade, regula a prática de ato ou abstenção de fato, em razão de interesse público concernente à segurança, à higiene, à ordem, aos costumes, à disciplina da produção e do mercado, ao exercício de atividades econômicas dependentes de concessão ou autorização do Poder Público, à tranquilidade pública ou ao respeito à propriedade e aos direitos individuais ou coletivos" (art. 78 do Código Tributário Nacional).

▸ **Como esse assunto foi cobrado em concurso?**

No concurso da PUC/PR para Auditor do TCE/MS em 2013, o tema dos poderes das agências reguladoras foi abordado da seguinte forma: "Sobre o poder de polícia das agências reguladoras é correto afirmar: a) Compreende exclusivamente o poder de fiscalizar a atuação dos concessionários e remeter seus pareceres ao Ministério Público a que se subordina; b) Compreende exclusivamente o poder de punir concessionários e remeter seus pareceres ao Ministério Público a que se subordina; c) Compreende exclusivamente o poder de fiscalizar a atuação dos usuários do serviço público e remeter seus pareceres ao Ministério a que se subordina hierarquicamente; d) Compreende exclusivamente o poder de punir os ilícitos praticados pelos usuários do serviço público e remeter seus pareceres ao Ministério a que se subordina; e) Compreende todos os poderes inerentes à polícia administrativa e também não se limita apenas ao âmbito das concessões nem apenas ao dos serviços públicos". Segundo o gabarito oficial, foi considerada correta a alternativa "e".

Também faz parte do rol de atividades das agências reguladoras, a sua competência para dirimir conflitos, o que alcança não apenas a adoção de medidas ex *officio*, mas também a solução de controvérsias que podem envolver a Administração e pessoas privadas ou somente pessoas privadas. Ademais, as agências reguladoras de serviços públicos detêm competência para decidir administrativamente conflitos entre delegatários, o Poder Concedente, a própria agência e os usuários (CUÉLLAR, 2008, p. 65).

Ainda no exercício da função regulatória, compete às agências reguladoras, a **edição de atos normativos**, dotados de conteúdo técnico, respeitando-se a política pública do setor delimitada na lei. Com isso, busca-se "despolitizar o respectivo setor, retirando do âmbito político e transferindo ao corpo técnico da agência a atribuição para normatizar a atividade regulada". Dessa forma, estar-se-ia diante da chamada **deslegalização (ou delegificação)**, qual seja, da "retirada, pelo próprio legislador, de certas matérias do domínio da lei, passando-as ao domínio do regulamento" (OLIVEIRA, 2013, p. 96-97).

▸ Qual o entendimento do STF sobre o assunto?

Não se trata, portanto, de delegação de poderes legislativos, pois a expedição de normas regulatórias é sempre exercida com fundamento na lei, que também lhe serve de limite, mas que não esgota as possibilidades de mediação dos interesses diversos colocados para composição pelos órgãos reguladores. (ADI 1668/DF, rel. Min. Edson Fachin, j. 27.2.2021, Info 1007)

▸ Qual o entendimento do STF sobre o assunto?

"A função normativa das agências reguladoras não se confunde com a função regulamentadora da Administração (art. 84, IV, da Lei Maior), tampouco com a figura do regulamento autônomo (arts. 84, VI, 103-B, § 4º, I, e 237 da CF). (STF, ADI 4874, Rel. Min. Rosa Weber, Pleno, j. 01.02.2018, p. 01.02.2019).

▸ Como esse assunto foi cobrado em concurso?

No Concurso do CESPE para Juiz Federal da 1ª Região em 2015, foi considerado CERTO o seguinte enunciado: "Os atos normativos expedidos pelos entes reguladores têm natureza de atos administrativos, não podendo modificar, suspender, suprimir ou revogar disposição legal, nem tampouco inovar na ordem jurídica. **O poder normativo dos entes reguladores está limitado à complementação e à suplementação normativa da lei**".

▸ Como esse assunto foi cobrado em concurso?

No Concurso do CESPE para Juiz Federal da 1ª Região em 2015, foi considerado ERRADO o seguinte enunciado: "A transferência das competências tipicamente legislativas para o novo ente administrativo, que passou a exercer a atividade regulatória, é um fenômeno conhecido como deslegalização ou como congelamento do grau hierárquico".

Como esse assunto foi cobrado em concurso?

No Concurso do CESPE para Juiz Federal da 1ª Região em 2015, foi considerado ERRADO o seguinte enunciado: "A transferência, ao ente administrativo, da competência para dispor sobre matéria anteriormente disciplinada por lei em sentido estrito, fundamentada no rebaixamento da valoração objetiva das atividades reguladas, é um fenômeno conhecido como degradação hierárquica".

Essa possibilidade (poder-dever) de editar atos normativos, desperta polêmica na doutrina, em razão do princípio da separação dos poderes e da legalidade. Por isso, é faz-se necessário destacar que **não se trata de espécie de delegação legislativa**, pois essa tem como pressuposto uma transferência a outros órgãos, pelo Poder Legislativo, da função que lhe fora constitucionalmente atribuída. Além disso, "quando se fala em poder das agências reguladoras para emitir normas de natureza e eficácia abstratas, admite-se a competência normativa das agências e nunca a competência legislativa", cuidando-se de um poder normativo regulamentar temperado, "adaptado ao sistema jurídico brasileiro, não podendo (i) inovar de forma absoluta, *ab ovo*, na ordem jurídica, (ii) contrariar a lei e o direito, (iii) desrespeitar o princípio da tipicidade, (iv) impor restrições à liberdade, igualdade e propriedade ou determinar alterações do estado das pessoas, (v) ter efeito retroativo (em princípio). Além disso, a expedição de regulamentos deve ser fundamentada, precisa respeitar a repartição de competências entre os entes da Federação, e se submete a controle pelo Poder Judiciário" (CUÉLLAR, 2008, p. 58-59).

Nesse mesmo sentido, cumpre registrar a existência de **limites constitucionais à deslegalização**, destacados por Rafael Carvalho Oliveira (2013, p. 98):

a) Casos de "**reserva legislativa específica**", previstos na Constituição Federal, que devem ser veiculados por lei formal (ex.: art. 5º, VI, VII, VIII, XII, da CRFB); e

b) **Matérias que devem ser reguladas por lei complementar** não admitem deslegalização, pois encerram verdadeiras reservas legislativas específicas, além das matérias que devem ser legisladas com caráter de normas gerais (ex. art. 24, §§ 1º e 2º, da CRFB), tendo em vista que estas últimas possuem alcance federativo, abrangendo Estados-membros e Municípios.

Qual o entendimento do STF sobre o assunto?

"Com efeito, as agências reguladoras não possuem a prerrogativa de legislar em matéria de licitação. Primeiro, porque isso viola a competência legislativa privativa da União (CF, art. 22, XXVII). Segundo, porque inovar no ordenamento jurídico não se encontra dentre os atributos que a função regulatória desses órgãos detém, uma vez que eles colmatam lacunas propositais de natureza técnica na legislação, mas não podem estabelecer, de forma originária e primária, deveres e obrigações aos particulares, menos ainda exercer atividade criativa no que concerne a modalidades licitatórias e contratuais". (ADI 1668/DF, rel. Min. Edson Fachin, j. 27.2.2021, Info 1007)

▸ **Como esse assunto foi cobrado em concurso?**

No Concurso para Juiz Federal da 3ª Região em 2016, foi considerado CERTO o seguinte enunciado: "As agências reguladoras foram criadas no intuito de regular, em sentido amplo, os serviços públicos, havendo previsão na legislação ordinária delegando à agência reguladora **competência para a edição de normas e regulamentos no seu âmbito de atuação**".

▸ **Como esse assunto foi cobrado em concurso?**

No concurso para Procurador da República em 2015, foi considerado ERRADO o seguinte enunciado: "O sistema constitucional brasileiro **não adota o princípio da deslegalização.** Nesse sentido, o Supremo Tribunal Federal declarou inconstitucional o poder normativo delegado às agências reguladoras, impedindo-as de editar atos que normatizem obrigações a serem observadas pelos entes que compõem o mercado regulado". Já no concurso para Procurador da República em 2013, foi considerado CERTO o seguinte enunciado: "Sua competência para expedir normas **subordina-se aos preceitos legais e regulamentares** que regem a outorga, prestação e fruição dos serviços e deve ser exercido nos limites impostos pela Constituição e pelas leis e regulamentos, em perfeita consonância com a legislação stricto sensu que rege a matéria".

Por outro lado, ainda que, por vezes, de forma indireta, é papel das agências reguladoras proteger a concorrência e os direitos dos usuários/consumidores, bem como o meio ambiente. Por essa razão é que a Lei Geral das Agências Reguladoras estabeleceu a necessidade de interação dessas agências tanto com os órgãos de defesa da concorrência (Capítulo III, arts. 25 a 28), assim como da articulação delas com os órgãos de defesa do consumidor e do meio ambiente (Capítulo V, arts. 31 a 33).

Nesse sentido, a Lei nº 13.848/19 não apenas determinou que as agências reguladoras auxiliem os órgãos de defesa da concorrência, como também estabeleceu parâmetros para evitar conflitos de competências entre tais entes (VILELA, 2020b, p. 143). Assim, a Lei Geral determina que "os órgãos de defesa da concorrência são responsáveis pela aplicação da legislação de defesa da concorrência nos setores regulados, incumbindo-lhes a análise de atos de concentração, bem como a instauração e instrução de processos administrativos para apuração de infrações contra a ordem econômica" (art. 26, §1º).

Por outro lado, exaltando-se a imprescindível cooperação entre o CADE e as agências reguladoras, a lei também determina a necessidade de que aquele notifique a agência do respectivo setor "do teor da decisão sobre condutas potencialmente anticompetitivas cometidas no exercício das atividades reguladas", assim como "das decisões relativas a atos de concentração julgados por aquele órgão, no prazo máximo de 48 (quarenta e oito) horas após a publicação do respectivo acórdão, para que sejam adotadas as providências legais" (art. 28 da lei nº 13.848/19).

Em relação aos consumidores, a Lei Geral das Agências Reguladoras determinou a articulação das agências com o Sistema Nacional de Defesa do Consumidor

(SNDC) e com o órgão de defesa do consumidor do Ministério da Justiça e Segurança Pública (art. 31, *caput*, da Lei nº 13.848/19). Nesse ponto, cumpre destacar que a lei fez clara distinção entre consumidor e usuário do serviço público. Dessa forma, "não obstante a necessária atuação das agências reguladoras em articulação com o SNDC em defesa dos interesses dos consumidores, não há dúvidas quanto à também imprescindível necessidade de atuação delas em parceria com eventuais órgãos ou entidades de natureza pública ou privada, voltadas à concretização da lei nº 13.460/17" (VILELA, 2020b, p. 160).

Para a consecução dos objetivos traçados pela nova lei, foi prevista expressamente a possibilidade de as agências reguladoras celebrarem, como força de título executivo extrajudicial, termo de ajustamento de conduta com pessoas físicas ou jurídicas sujeitas a sua competência regulatória, devendo conter: "I) a descrição das obrigações assumidas; II) o prazo e o modo para o cumprimento das obrigações; III) a forma de fiscalização da sua observância; IV) os fundamentos de fato e de direito; e V) a previsão de multa ou de sanção administrativa, no caso de seu descumprimento" (art. 4º-A da Lei nº9.497/97).

> **Qual o entendimento do TCU sobre o assunto?**
>
> "As agências reguladoras, no âmbito de sua discricionariedade e nos limites de suas competências, podem optar pela celebração de TAC (art. 5º, inciso IV e § 6º, da Lei 7.347/1985) com concessionárias de serviços públicos, a fim de corrigir pendências, cessar irregularidades ou afastar infrações verificadas na execução do contrato de concessão, em substituição à abertura de processo administrativo sancionador, devendo a escolha, contudo, ser motivada, de modo que a regularidade do procedimento e o atendimento ao interesse público possam ser aferidos pelos órgãos de controle. (Acórdão 2533/2017, Representação, Plenário, Rel. Min. Walton Alencar Rodrigues, Boletim de Jurisprudência nº 199/2017).

Por outro lado, tendo-se como pressuposto a relação direta entre a atuação das agências reguladoras e a preservação ambiental, a nova Lei Geral trouxe a possibilidade (poder-dever) de que elas se articulem com os órgãos de defesa do meio ambiente mediante a celebração de convênios e acordos de cooperação, visando ao intercâmbio de informações, à padronização de exigências e procedimentos, à celeridade na emissão de licenças ambientais e à maior eficiência nos processos de fiscalização (art. 33 da lei nº 13.848/19).

Nessa perspectiva de articulação, vale destacar que a Lei Geral das Agências Reguladoras determinou ainda a possibilidade de que duas ou mais agências reguladoras, no exercício de suas competências legais, poderão editar atos normativos conjuntos dispondo sobre matéria cuja disciplina envolva agentes econômicos sujeitos a mais de uma regulação setorial (art. 29).

Do mesmo modo, a lei prevê a necessária interação operacional entre as agências reguladoras federais e as agências reguladoras ou os órgãos de regulação estaduais, distritais ou municipais, admitindo-se, para tanto, mediante acordo de cooperação, a descentralização das atividades fiscalizatórias, sancionatórias e arbitrais desenvolvidas pelas agências, exceto quanto a atividades do Sistema Único de Saúde (SUS), que observarão o disposto em legislação própria.

Entretanto, em consonância com a previsão do art. 13 da Lei nº 9.784/99 (Processo Administrativo Federal), a lei das agências reguladoras vedou a delegação de competências normativas, quais sejam, aquelas que representem determinações de caráter geral, editadas para a atuação administrativa, tais como os decretos regulamentares, os regimentos, as resoluções, as deliberações e as portarias, desde que tenham conteúdo geral (NOHARA; MARRARA, 2009, p. 144).

5.2. Classificação

Não obstante a existência das agências reguladoras federais, é permitido que Estados, Distrito Federal e Municípios criem suas próprias agências autárquicas quando se tratar de serviço público de sua respectiva competência, cuja execução tenha sido delegada a pessoas do setor privado, inclusive, e principalmente, concessionários e permissionários. Nesse caso, tais agências deverão ser instituídas por lei, que cuidará da organização, das competências e da devida função reguladora (CARVALHO FILHO, 2017, p. 518).

A criação de agências reguladoras municipais ainda pode ser vista como uma alternativa para a superação do déficit regulatório que, geralmente, alcança os serviços públicos delegados a particulares nesse âmbito federativo. Além disso, "tende a aumentar a **profissionalização** da própria administração pública, pois deve ter por base um corpo técnico altamente qualificado. [...] Mais do que isto, as agências reguladoras podem se constituir em escudos contra os usuais instrumentos de pressão realizados pelos mais diversos grupos de interesses, a permitir uma gestão profissionalizada, o que não significa desmerecer o espaço da política". Outrossim, admite-se, ainda, que municípios se unam para a constituição de **agências reguladoras intermunicipais**, na forma de **consórcio público**, a permitir a efetivação desta atuação regulatória (CORRALO, 2015, p. 154).

Por fim, admite-se, ainda, a existência de **agências reguladoras multissetoriais**, apesar de isso representar uma desnaturação do modelo de agências, já que impediria, ou, pelo menos, dificultaria a especialização que se espera dessas autarquias especiais. Nesse sentido é a crítica de Leila Cuéllar, para quem "a concepção de uma agência única com competência para regular diversas áreas é contrária à própria noção de regulação independente exercida com apuro técnico. [...] O que se dá nas entidades multissetoriais é antes a previsão de uma estrutura de todo semelhante àquela que existia ao interior da Administração, que traz consigo a ampla maioria dos vícios do passado" (2008, p. 52).

Assim, com base nas atividades e nas formas de atuação das agências reguladoras, a doutrina as classifica sob diferentes aspectos:

> I. Quanto à titularidade federativa: agências reguladoras federais, estaduais, distritais ou municipais (além das intermunicipais supramencionadas);

II. Quanto à quantidade de setores regulados: agências reguladoras monossetoriais e agências reguladoras plurissetoriais ou multissetoriais;

III. Quanto ao tipo de atividade regulada: agências reguladoras de serviços públicos concedidos e agências reguladoras de atividades econômicas em sentido estrito.

5.3. Autonomia administrativa

"Um dos principais pontos caracterizadores do regime especial das agências reguladoras é a **estabilidade reforçada** de seus dirigentes, tendo como premissa a atuação técnica e, no menor grau possível, sujeita à interferência política ou de qualquer outro matiz" (VILELA, 2020b, p. 193). Assim, a nova Lei Geral, em suas disposições finais e transitórias, alterou significativamente a lei nº 9.986/2000 que dispõe sobre a gestão de recursos humanos das agências reguladoras, com o objetivo de padronizar critérios referentes à composição e mandatos de seus dirigentes.

Assim, a partir da entrada em vigor da nova lei, todas as agências terão como órgão máximo o Conselho Diretor ou a Diretoria Colegiada, composto de até quatro Conselheiros ou Diretores e um Presidente, Diretor-Presidente ou Diretor-Geral. Salvo a Ancine (Diretor-Presidente e três diretores) e a Antaq (Diretor-Geral e dois diretores), todas as demais agências reguladoras federais seguiram o número indicado pela nova redação do art. 4º a Lei nº 9.986/2000.

Houve também a fixação de um mandato comum a todas as agências reguladoras, que passa a ser de cinco anos, vedando-se a recondução, salvo hipóteses de transição previstas na própria lei ou de vacância. No mais, os mandatos serão não coincidentes, de modo que, sempre que possível, a cada ano, ocorra o término de um mandato e uma consequente nova indicação.

Outro avanço importante da Lei nº 13.848/19 diz respeito à fixação de critérios para a indicação dos membros das Diretorias Colegiadas ou Conselhos Diretores das agências reguladoras. Assim, além de serem brasileiros, indicados pelo Presidente da República e por ele nomeados, após aprovação pelo Senado Federal, escolhidos entre cidadãos de reputação ilibada e de notório conhecimento no campo de sua especialidade, a lei determinou que devem ter formação acadêmica compatível com o cargo para o qual foram indicados, além de atenderem um dos seguintes requisitos (art. 5º da Lei nº 9.986/2000):

I Ter experiência profissional de, no mínimo:

a) Dez anos, no setor público ou privado, no campo de atividade da agência reguladora ou em área a ela conexa, em função de direção superior; ou

b) Quatro anos ocupando pelo menos um dos seguintes cargos:

1. Cargo de direção ou de chefia superior em empresa no campo de atividade da agência reguladora, entendendo-se como cargo de chefia superior aquele situado nos dois níveis hierárquicos não estatutários mais altos da empresa;

2. Cargo em comissão ou função de confiança equivalente a DAS-4 ou superior, no setor público;

3. Cargo de docente ou de pesquisador no campo de atividade da agência reguladora ou em área conexa; ou

c) Dez anos de experiência como profissional liberal no campo de atividade da agência reguladora ou em área conexa.

Destaque-se, ainda, que a nova redação da Lei nº 9.986/2000 também estabeleceu vedações às indicações dos membros do Conselho Diretor ou da Diretoria Colegiada, em termos semelhantes ao que a lei nº 13.303/16 fez em relação às empresas estatais (art. 17, § 2º).

> **Qual o entendimento do STF sobre o assunto?**
>
> "É constitucional dispositivo legal que veda a indicação de pessoa que exerça cargo em organização sindical ou que seja membro de conselho ou diretoria de associação patronal ou trabalhista para a alta direção das agências reguladoras" (ADI 6276/DF, rel. Min. Edson Fachin, j. 17.9.2021, Info 1030).

Por outro lado, os dirigentes das agências reguladoras **somente perderão o mandato em caso de renúncia, de condenação judicial transitada em julgado ou de condenação em processo administrativo disciplinar**, ou ainda, por infringência das vedações previstas no art. 8º-B da lei nº 9.986/2000, dentre as quais se incluem o recebimento, a qualquer título e sob qualquer pretexto, honorários, percentagens ou custas; o exercício de qualquer outra atividade profissional, salvo exceções constitucionais e o exercício de atividade sindical ou político-partidária.

Além disso, após deixarem o exercício do mandato, os dirigentes das agências reguladoras deverão se submeter a um regime de "quarentena". Assim, durante o período de seis meses (art. 8º da lei nº 9.986/2000), contados da exoneração ou do término de seu mandato, não poderão exercer atividade ou prestar qualquer serviço no setor regulado pela respectiva agência, Contudo, durante esse período, ao ex-dirigente será assegurada remuneração compensatória.

> **Qual o entendimento do STF sobre o assunto?**
>
> "[...] São inconstitucionais as disposições que amarram a destituição dos dirigentes da agência reguladora estadual somente à decisão da Assembleia Legislativa. O voluntarismo do legislador infraconstitucional não está apto a criar ou ampliar os campos de intersecção entre os poderes estatais constituídos sem autorização constitucional, como no caso em que se extirpa a possibilidade de qualquer participação do governador do estado na destituição do dirigente da agência reguladora, transferindo-se, de maneira ilegítima, a totalidade da atribuição ao Poder Legislativo local". [...] "Tal fato poderia subverter a própria natureza da autarquia especial, destinada à regulação e à fiscalização dos serviços prestados no âmbito do ente político, tendo a lei lhe conferido certo grau de autonomia." (STF, ADI 1949 RS, Rel. Min. Dias Toffoli, j. 17.09.2014, DJe 13.11.2014).

> **Como esse assunto foi cobrado em concurso?**
>
> No Concurso da FUNCAB para Escrivão de Polícia da PC/PA em 2016, o tema foi cobrado da seguinte forma: "Por mais impopular que seja uma decisão, embasada por estudo técnico dos seus servidores, os dirigentes não poderão ser exonerados à vontade do Chefe do executivo" (PINHEIRO MADEIRA, José Maria. Administração Pública, Freitas Bastos, 12a. ed., 2014, p. 929). Em relação às entidades que integram a Administração Pública Indireta, nessa citação acima, é correto afirmar que há referência à(ao): a) órgão autônomo; b) empresa pública; c) sociedade de economia mista; d) fundação; e) agência reguladora". Segundo o gabarito oficial foi considerada CORRETA a alternativa "e".

> **Como esse assunto foi cobrado em concurso?**
>
> No Concurso para Juiz Federal da 3ª Região em 2016, foi considerado CERTO o seguinte enunciado: "Configura **conflito de interesses** após o exercício de cargo ou emprego no âmbito do Poder Executivo federal, incluindo o de Diretor em agência reguladora, no período de 6 (seis) meses, contado da data da dispensa, exoneração, destituição, demissão ou aposentadoria, salvo quando expressamente autorizado, conforme o caso, pela Comissão de Ética Pública ou pela Controladoria-Geral da União, prestar, direta ou indiretamente, qualquer tipo de serviço a pessoa física ou jurídica com quem tenha estabelecido relacionamento relevante em razão do exercício de cargo ou emprego".

> **Como esse assunto foi cobrado em concurso?**
>
> No Concurso para Juiz Federal da 3ª Região em 2016, foi considerado ERRADO o seguinte enunciado: "Ausente previsão legal expressa, os Conselheiros e os Diretores [das agências reguladoras] **somente** perderão o mandato em caso de renúncia ou de condenação judicial transitada em julgado".

> **Como esse assunto foi cobrado em concurso?**
>
> No concurso para Procurador da República em 2015, foi considerado ERRADO o seguinte enunciado, relacionado às agências reguladoras: "A autonomia administrativa se caracteriza pela exigência de que seus dirigentes sejam **funcionários de carreira, concursados** e com a garantia de só poderem ser afastados de suas funções motivadamente em sentença judicial transitada em julgado por atos de improbidade administrativa".

Em relação aos demais agentes que desenvolvem atividades nas agências reguladoras, a Lei 9.986/2000 que dispõe sobre a gestão de recursos humanos das Agências Reguladoras, havia subordinado suas relações de trabalho à Consolidação das Leis do Trabalho (CLT), ou seja, ao regime do emprego público. Contudo, na ADI 2.310-1/DF foi concedida liminar para suspender a eficácia do dispositivo, entendendo-se que o regime celetista seria incompatível com a atividade desempenhada pelas agências reguladoras.

Com base nessa decisão, o próprio Poder Legislativo agiu no sentido de revogar as disposições relacionadas ao regime da CLT. Assim, o art. 6º da Lei 10.871/04 revogou o art. 1º da Lei 9.986/2000. Dessa forma, **o regime de pessoal das agências reguladoras é disciplinado pelas regras do cargo público, ou seja, tais autarquias contam com servidores estatutários** (Lei 8.112/90).

Outro aspecto relevante da autonomia das agências reguladoras, diz respeito à polêmica envolvendo sua **independência decisória versus o cabimento de recurso hierárquico impróprio** dirigido ao Ministro de Estado ao qual esteja a agência reguladora vinculada. Em que pese entendimento da Advocacia-Geral da União (Parecer n. 51/2006), reconhecendo a **possibilidade de interposição de recurso hierárquico impróprio** dirigido ao Ministro da pauta supervisora da agência reguladora, a aprovação da nova Lei Geral das Agências Reguladoras parece ter, definitivamente, afastado tal hipótese. Assim, por si só o texto do caput do art. 3º, ao falar em "ausência de tutela ou de subordinação hierárquica" afastou a possibilidade do recurso hierárquico impróprio.

> **Importante**
>
> "Considera-se **poder de polícia** a atividade da administração pública que, limitando ou disciplinando direito, interesse ou liberdade, regula a prática de ato ou abstenção de fato, em razão de interesse público concernente à segurança, à higiene, à ordem, aos costumes, à disciplina da produção e do mercado, ao exercício de atividades econômicas dependentes de concessão ou autorização do Poder Público, à tranquilidade pública ou ao respeito à propriedade e aos direitos individuais ou coletivos" (art. 78 do Código Tributário Nacional).

> **Importante**
>
> "I Jornada de Direito Administrativo do Conselho da Justiça Federal. Enunciado 25: A ausência de tutela a que se refere o art. 3º, *caput*, da Lei 13.848/2019 impede a interposição de recurso hierárquico impróprio contra decisões finais proferidas pela diretoria colegiada das agências reguladoras, ressalvados os casos de previsão expressa e assegurada, em todo caso, a apreciação judicial, em atenção ao disposto no art. 5º, XXXV, da Constituição Federal".

> **Como esse assunto foi cobrado em concurso?**
>
> No Concurso do CESPE para Juiz Federal Substituto da 5ª Região em 2017, foi considerado ERRADO o seguinte enunciado: "Ato regulamentar de determinada agência reguladora é passível de questionamento por meio de **recurso hierárquico** dirigido à instância de governo à qual a agência seja vinculada".

> **Como esse assunto foi cobrado em concurso?**
>
> No Concurso da FUNDATEC para Procurador do Estado do Rio Grande do Sul em 2015, foi exigida a seguinte questão **discursiva**: "Cabe recurso hierárquico de decisão da diretoria colegiada agência reguladora, quando inexistente previsão legal expressa? Responda de maneira fundamentada."

A autonomia financeira das agências reguladoras, por sua vez, dá-se em razão da possibilidade de instituição de **"taxas regulatórias" (ou taxa de fiscalização)**, além da autonomia orçamentária, garantida pelo envio de proposta orçamentária ao Ministério ao qual se vinculam.

A taxa de fiscalização, segundo Leila Cuéllar, será "cobrada pelas agências reguladoras daquelas empresas que por elas são reguladas" e contará com "valor variável, que é fixado de acordo com a atividade desenvolvida por cada empresa regulada e com o benefício econômico anual auferido por ela, conforme definido na legislação aplicável a cada uma das agências" (2008, p. 99).

Ainda a respeito da natureza jurídica da taxa de fiscalização, cumpre destacar a discussão em relação à sua natureza jurídica. Para Rafael Carvalho Oliveira, "a taxa regulatória será tributo (taxa propriamente dita) apenas na hipótese de agências que regulam atividades econômicas, em razão dos pressupostos normativos: legalidade, compulsoriedade e o fato gerador – poder de polícia. Por outro lado, a 'taxa' cobrada por agência reguladora de serviços públicos não possui natureza tributária, mas sim contratual (preço público), pois não há o exercício do poder de polícia propriamente dito por parte das agências, mas sim, poder disciplinar no âmbito de relação de supremacia especial (fiscalização do contrato de concessão, e não poder de autoridade em relação aos particulares em geral)" (2013, p. 103).

> **Como esse assunto foi cobrado em concurso?**
>
> No Concurso da FGV para Advogado da COMPESA/PE em 2016, o tema foi cobrado da seguinte forma: "As opções a seguir apresentam prerrogativas das agências reguladoras, à exceção de uma. Assinale-a: a) Autonomia decisória; b) Independência administrativa; c) Poder normativo técnico; d) Autonomia econômico-financeira; e) Competência tributária". Segundo o gabarito oficial foi considerada CORRETA a alternativa "e".

5.4. O processo decisório nas Agências Reguladoras

O Capítulo I da Lei nº 13.848/19 trouxe importantes novidades em relação ao processo decisório nas agências reguladoras, que vão desde a adoção dos **princípios da proporcionalidade e da razoabilidade** (adequação entre meio e fins) até a **observância obrigatória de prazos fixados na legislação**.

> **Qual o entendimento do STF sobre o assunto?**
>
> "Deve ser reduzido o valor da multa aplicada na seara administrativa. O princípio da razoabilidade exige proporcionalidade entre os meios de que se utiliza a Administração e os fins que ela tem que alcançar. Nesse contexto, mostra-se destituído de razoabilidade a **ANP** infligir à empresa penalização pecuniária no montante de R$ 50.000,00, valor correspondente a 2,5 vezes o seu capital social que é de R$ 20.000,00. Tal sanção poderia significar o encerramento da pequena empresa [...]" (STF, ARE 966044 SC, Rel. Min. Luiz Fux, j. 20.09.2017, DJe 25.09.2017).

O artigo 5º estabeleceu o **dever de motivação**, buscando fazer com que "os agentes envolvidos na tomada de decisão de uma agência reguladora, ao terem que motivar suas decisões, tenham maior cuidado e responsabilidade ao tomá-las, cientes de que ficarão sujeitos às mais diversas formas de controle, o que seria prejudicado no caso da inobservância da necessária motivação" (VILELA, 2020b, p. 55).

Contudo, certamente uma das mais importantes inovações da nova lei foi a previsão da **Análise de Impacto Regulatório (AIR)**, disciplinada pelo Decreto nº 10.411, de 30 de junho de 2020. Assim, "a adoção de propostas de alteração de atos normativos de interesse geral dos agentes econômicos, consumidores ou usuários dos serviços prestados serão, nos termos de regulamento, precedidas da realização de Análise de Impacto Regulatório (AIR), que conterá informações e dados sobre os possíveis efeitos do ato normativo" (art. 6º, *caput*, da Lei nº 13.848/19).

> ▸ **Importante**
> "Decreto nº 10.411/19, art. 2º, I. Análise de impacto regulatório - AIR - procedimento, a partir da definição de problema regulatório, de avaliação prévia à edição dos atos normativos de que trata este Decreto, que conterá informações e dados sobre os seus prováveis efeitos, para verificar a razoabilidade do impacto e subsidiar a tomada de decisão".

Mesmo com a edição do Decreto regulamentador, a Lei Geral das agências reguladoras ainda deixou margem para que cada agência disponha, em seu regimento interno, sobre a operacionalização da AIR em seu âmbito, desde que preservada a publicidade inerente ao procedimento. No mais, reconhecendo-se a possibilidade de não realização da AIR, a lei prevê que "nos casos em que ela não seja realizada, deverá ser disponibilizada, no mínimo, nota técnica ou documento equivalente que tenha fundamentado a proposta de decisão" (art. 6º, §5º).

A Análise de Impacto Regulatório também foi expressamente prevista na Lei da Liberdade Econômica (art. 5º). Assim, para um maior detalhamento sobre o tema, remetemos o leitor àquele tema, abordado no capítulo 2 desse livro.

Ainda em relação ao processo decisório nas agências reguladoras, a Lei nº 13.848/19 prevê que as decisões relacionadas à regulação, terão, sempre, **caráter colegiado**, sendo as deliberações do Conselho-Diretor ou da Diretoria Colegiada tomadas por maioria absoluta. Assim, a decisão colegiada gerará "maior garantia de objetividade e tecnicismo nas decisões, porquanto órgãos que atuam em regime de colegiado discutem/debatem muito mais os assuntos que lhe são submetidos, o que reduz as possibilidades de edição de atos caprichosos ou pautados em motivações egoísticas ou de índole meramente subjetiva, mais próprias dos sistemas onde há chefia unipessoal" (NOHARA, 2020, p. 653).

Por outro lado, a lei também fixou a necessidade de que as reuniões deliberativas do Conselho Diretor ou da Diretoria Colegiada das agências reguladoras sejam **públicas e gravadas em meio eletrônico**. Para concretizar essa publicidade, as **pautas** deverão ser divulgadas com antecedência e as **gravações e atas** após a realização das reuniões, exceto nos casos que envolvam documentos classificados como sigilosos ou matéria de natureza administrativa.

Também foram previstas a realização tanto de **consultas** (art. 9º) quanto de **audiências** públicas (art. 10) ou quaisquer **outros meios de participação dos interessados** em suas decisões, diretamente ou por meio de organizações e associações legalmente reconhecidas (art. 11). Destaque-se que a audiência pública, assim como a consulta pública representa importante instrumento "de participação popular, cujo objetivo primordial é promover uma perspectiva mais dialógica na relação da Administração Pública com os administrados, consagrando aspecto essencial do Estado Democrático de Direito, podendo ser caracterizada como um instrumento de participação social que tem como objetivo debater ou apresentar, oralmente, matéria de interesse relevante" (VILELA, 2020b, p. 90). Nesse sentido, a Lei nº 13.848/19, também fixou os seguintes conceitos:

- Consulta Pública: "instrumento de apoio à tomada de decisão por meio do qual a sociedade é consultada previamente, por meio do envio de críticas, sugestões e contribuições por quaisquer interessados, sobre proposta de norma regulatória aplicável ao setor de atuação da agência reguladora" (art. 9º, §1º).
- Audiência Pública: "instrumento de apoio à tomada de decisão por meio do qual é facultada a manifestação oral por quaisquer interessados em sessão pública previamente destinada a debater matéria relevante" (art. 10, §1º).

5.5. Prestação de contas e controle social

Como autarquias que são as agências reguladoras submetem-se a diversas formas de controle, de forma que sua independência deve ser entendida em termos compatíveis com o regime constitucional brasileiro.

Assim, Maria Sylvia Zanella Di Pietro destaca que praticamente não se pode falar em independência das agências reguladoras em relação ao Poder Judiciário, já que o fato de as agências poderem dirimir conflitos em última instância administrativa, não impede o controle de suas decisões pelo Judiciário (art. 5º, XXXV, CRFB), com base na adoção, pelo direito brasileiro, do sistema da **unidade de jurisdição**. Assim, qualquer tipo de ato praticado pelas agências reguladoras, desde que cause lesão ou ameaça de lesão, pode ser apreciado pelo Poder Judiciário (2014, p. 544).

Por outro lado, também não há que se falar em independência em relação ao Poder Legislativo, considerando-se, conforme já destacado, que os atos normativos das agências reguladoras não podem conflitar com as normas constitucionais ou legais, por força do **princípio da legalidade** (DI PIETRO, 2014, p. 544). Da mesma forma, compete ao Poder Legislativo, "fiscalizar e controlar, diretamente ou por qualquer de suas Casas, os atos do Poder Executivo, incluídos os da administração indireta" (art. 49, X, CRFB). Além disso, a legislação o controle externo das agências reguladoras será exercido pelo Congresso Nacional, com auxílio do Tribunal de Contas da União (art. 14 da Lei nº 13.848/19).

Qual o entendimento do TCU sobre o assunto?

"O TCU pode determinar medidas corretivas a ato praticado na esfera de discricionariedade das *agências reguladoras*, desde que viciado em seus requisitos, a exemplo da inexistência do motivo determinante e declarado. Em tais hipóteses, se a irregularidade for grave, pode até mesmo determinar a anulação do ato". (Acórdão 435/2020, Agência Reguladora, Plenário, Rel. Min. Augusto Nardes, Boletim de Jurisprudência nº 300/2020).

Qual o entendimento do TCU sobre o assunto?

"A competência do TCU para fiscalizar as atividades-fim das agências reguladoras caracteriza-se como controle de segunda ordem, cabendo respeitar a discricionariedade das agências quanto à escolha da estratégia e das metodologias utilizadas para o alcance dos objetivos delineados. Isso não impede, todavia, que o TCU determine a adoção de medidas corretivas a ato praticado na esfera discricionária dessas entidades, quando houver violação ao ordenamento jurídico, do qual fazem parte os princípios da finalidade, da economicidade e da modicidade tarifária na prestação dos serviços públicos. (Acórdão 1166/2019, Agência Reguladora, Plenário, Rel. Min. Augusto Nardes. Boletim de Jurisprudência nº 266/2019).

Ainda em relação ao controle exercido pelo Poder Legislativo sobre as agências reguladoras, destaque-se a necessidade de que seus diretores sejam aprovados pelo Senado Federal, após indicação do Presidente da República. Outrossim, as comissões parlamentares de inquérito poderão solicitar que membros das agências reguladoras prestem depoimentos ou forneçam informações e documentos, por exemplo, evidenciando uma forma de controle indireto sobre a atuação dessas agências. Além disso, o Poder Legislativo "poderá legislar a respeito dos entes reguladores, criando agências reguladoras, alterando dispositivos a elas relativos ou até mesmo as extinguindo" (CUÉLLAR, 2008, p. 105).

Em relação Poder Executivo, o controle se dá, inicialmente, pela nomeação dos seus diretores e pela sua já mencionada estabilidade reforçada. Por outro lado, como autarquias em regime especial, seus atos não podem ser revistos ou alterados pelo Poder Executivo.

Essas formas de controle, por sua vez, não excluem a possibilidade de **controle interno**, corolário de toda a Administração Pública, com base no qual poderá "anular seus próprios atos quando eivados de vícios que os tornem ilegais, porque deles não se originam direitos; ou revogá-los, por motivo de conveniência e oportunidade, respeitados os direitos adquiridos, e ressalvada, em todos os casos, a apreciação judicial" (STF, súmula 473).

Da mesma forma, as agências reguladoras submetem-se ao **controle social**, que poderá se efetivar, por exemplo, através da atuação de representantes da sociedade em seus órgãos deliberativos ou em órgãos de direção, ou ainda, por meio da participação popular em consultas e audiências públicas promovidas pelas agências.

Em suma, além do controle financeiro exercido pelo Tribunal de Contas, o controle finalístico, que não alcançará o controle da discricionariedade da atuação das agências reguladoras, é exercido pelo Poder Executivo (que pode com elas celebrar contratos de gestão) e Legislativo (CPIs). Além disso, a juridicidade de seus atos é disciplinada, no âmbito interno, por suas próprias procuradorias e, no âmbito externo, pelo Poder Judiciário.

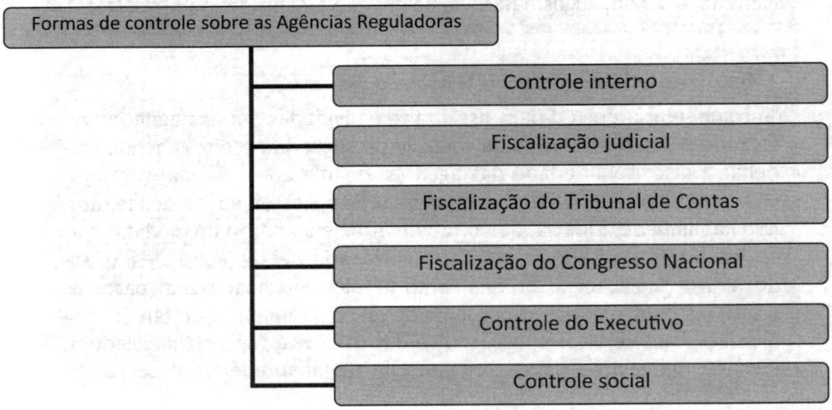

Visando ao aperfeiçoamento da prestação de contas e do controle social das agências reguladoras, a Lei nº 13.848/19, em seu segundo e mais extenso capítulo, prevê a elaboração, pela agência, de um **relatório anual** circunstanciado de suas atividades (art. 15) no qual deverá destacar a observância da política do setor, definida pelos Poderes Legislativo e Executivo, assim como o cumprimento do **plano estratégico** vigente (art. 17) e do **plano de gestão anual** (art. 18).

> ▸ **Importante**
>
> Lei nº 13.848/19, art. 15, §2º. "O relatório anual de atividades de que trata o caput deverá conter sumário executivo e será elaborado em consonância com o relatório de gestão integrante da prestação de contas da agência reguladora, nos termos do art. 9º da Lei nº 8.443, de 16 de julho de 1992, devendo ser encaminhado pela agência reguladora, por escrito, no prazo de até 90 (noventa) dias após a abertura da sessão legislativa do Congresso Nacional, ao ministro de Estado da pasta a que estiver vinculada, ao Senado Federal, à Câmara dos Deputados e ao Tribunal de Contas da União, e disponibilizado aos interessados na sede da agência e no respectivo sítio na internet".

No mais, cada agência reguladora também deverá implementar, em cada exercício, um **plano de comunicação**, destinado à divulgação, com caráter informativo e educativo, de suas atividades e dos direitos dos usuários perante a agência reguladoras e as empresas que compõem o setor regulado (art. 16 da Lei nº 13.848/19). Do mesmo modo foi prevista a implementação de uma agenda regulatória que, por sua vez, deverá ser alinhada com os objetivos do plano estratégico e integrará o plano de gestão anual.

Documentos exigidos pela Lei Geral das Agências Reguladoras (Lei nº 13.848/19)	
Relatório anual	Objetiva demonstrar o comprimento da política do setor e o cumprimento do plano estratégico vigente e do plano de gestão anual (art. 15).
Plano de comunicação	Cada exercício; Divulgação, com caráter informativo e educativo, de suas atividades e dos direitos dos usuários perante a agência reguladora e as empresas que compõem o setor regulado (art. 16)
Plano estratégico	Quadrienal/compatível como o Plano Plurianual; Conterá os objetivos, as metas e os resultados estratégicos esperados das ações da agência reguladora relativos a sua gestão e a suas competências regulatórias, fiscalizatórias e normativas, bem como a indicação dos fatores externos alheios ao controle da agência que poderão afetar significativamente o cumprimento do plano (art. 17, caput).
Plano de gestão anual	Anual/alinhado às diretrizes estabelecidas no plano estratégico; Instrumento do planejamento consolidado da agência reguladora, contemplando ações, resultados e metas relacionados aos processos finalísticos de gestão (art. 18). Deverá: I. especificar, no mínimo, as metas de desempenho administrativo e operacional e as metas de fiscalização a serem atingidas durante sua vigência, as quais deverão ser compatíveis com o plano estratégico (art. 19, I); II. prever estimativa de recursos orçamentários e cronograma de desembolso dos recursos financeiros necessários ao alcance das metas definidas (art. 19, II)
Agenda regulatória	Integrante do plano de gestão anual; Instrumento de planejamento da atividade normativa que conterá o conjunto dos temas prioritários a serem regulamentados pela agência durante sua vigência (art. 21, caput).

Outra novidade muito positiva trazida pela lei nº 13.848/19 foi a exigência de que cada agência reguladora conte com uma **Ouvidoria**, cujo ouvidor, que atuará sem subordinação hierárquica e sem acúmulo com outras funções, terá as seguintes atribuições: I-) zelar pela qualidade e pela tempestividade dos serviços prestados pela agência; II-) acompanhar o processo interno de apuração de denúncias e reclamações dos interessados contra a atuação da agência; e III-) elaborar relatório anual de ouvidoria sobre as atividades da agência, sem caráter impositivo. No mais, fixou-se que o ouvidor terá acesso a todos os processos da agência reguladora, devendo manter em sigilo as informações de caráter reservado ou confidencial.

O ouvidor será escolhido pelo Presidente da República e por ele nomeado após prévia aprovação do Senado Federal, devendo não se enquadrar nas hipóteses de inelegibilidade previstas na lei, além de ter notório conhecimento em administração pública ou em regulação de setores econômicos, ou no campo específico de atuação da agência reguladoras. Seu mandato será de três anos, vedada a recondução. Somente perderá o cargo em caso de renúncia, condenação judicial transitada em julgado ou condenação em processo administrativo disciplinar.

Além disso, é importante destacar que a lei conferiu ao ouvidor estrutura compatível com suas atribuições e com espaço em canal de comunicação e divulgação institucional da agência. Por outro lado, vedou-lhe participar direta ou indiretamente de empresa sob regulação da respectiva agência reguladora.

▸ Como esse assunto foi cobrado em concurso?

No Concurso da FCC Auditor Fiscal da Receita Municipal de Teresina/PI em 2016, o tema foi cobrado da seguinte forma: "Município pretende instituir regulação dos serviços de abastecimento de água e esgotamento sanitário que seja consentânea com diretriz nacional estabelecida nos incisos I e II do art. 21 da Lei federal nº 11.445, de 5 de janeiro de 2007 (instituidora de diretrizes nacionais para o saneamento básico). Trata-se da diretriz segundo a qual o exercício da função de regulação atenderá aos princípios da "independência decisória, incluindo autonomia administrativa, orçamentária e financeira da entidade reguladora" (inciso I) e da 'transparência, tecnicidade, celeridade e objetividade das decisões' (inciso II). Para instituir regulação com tais características, a solução juridicamente mais adequada, entre outras, é: 'criar autarquia em regime especial, que poderá ser denominada agência reguladora, cuja lei de criação discrimine como características desse regime especial o mandato fixo de seus dirigentes, que assim terão maior independência decisória em relação ao Prefeito, a garantia de autonomia administrativa, orçamentária e financeira e, ainda, a tomada de decisões mediante processos administrativos balizados pelos valores jurídicos da transparência, tecnicidade, celeridade e objetividade'".

▸ Como esse assunto foi cobrado em concurso?

No concurso do CESPE para Juiz Federal da 5ª região em 2015, foi considerado ERRADO o seguinte enunciado: "No Brasil, diferentemente das *agencies* do direito norte-americano, cujos atos **não se submetem ao *judicial review***, as agências reguladoras estão submetidas ao controle jurisdicional de seus atos, da mesma forma que quaisquer outros órgãos estatais". Ainda sobre a autonomia das agências reguladoras, no concurso para Procurador da República em 2015, foi considerado ERRADO o seguinte enunciado: "A autonomia financeira e administrativa das agências reguladoras se caracterizam pela liberdade de gestão, sendo-lhes permitido arrecadar receitas próprias e organizar suas despesas, **sem ingerência dos Poderes Executivo ou Legislativo** nos aspectos financeiros e contábeis das despesas relativas às atividades meio e fim".

▸ Como esse assunto foi cobrado em concurso?

No concurso para Procurador da República em 2015, foi considerado CERTO o seguinte enunciado: **"A independência das agências reguladoras é mitigada pelo controle de juridicidade prévio exercido pelas suas procuradorias, que são vinculadas à Advocacia-Geral da União; pela possibilidade de reexame '*a posteriori*' de seus atos pelo Poder Judiciário, pela vinculação de seu poder normativo à lei; e, pelo controle financeiro realizado pelo Tribunal de Contas".**

Por outro lado, no concurso para Procurador da República em 2013, foi considerado ERRADO o seguinte enunciado: "A autonomia financeira permite a realização de compras **sem licitação** e em relação às atividades-meio não é possível o controle dos gastos pelo Tribunal de Contas da União". Outrossim, ainda no concurso para Procurador da República em 2013, foi considerado ERRADO o seguinte enunciado sobre as características das agências reguladoras: "No exercício das funções regulatória e de fiscalização devem atuar em consonância com os **interesses conjunturais do Poder Executivo** e as determinações do Ministério ao qual se vincula".

▸ **Como esse assunto foi cobrado em concurso?**

Na segunda fase do concurso para Juiz Federal da 1ª Região em 2014, foi cobrada a seguinte questão: **"Discorra acerca das possibilidades de controle sobre as agências reguladoras".**

5.6. Teoria da Captura

Não obstante a presença de instrumentos para se buscar a independência dos diretores das agências reguladoras, tais fatores não foram suficientes para afastar indevidas influências dos agentes econômicos regulados sobre as agências reguladoras, de modo a beneficiarem-se, seja em relação aos consumidores usuários, sejam em relação ao próprio Estado. Tem-se, dessa forma, o que a moderna doutrina denomina de **teoria da captura** (*"capture theory"*, na doutrina estadunidense), pela qual se busca impedir uma vinculação promíscua entre a agência, de um lado, e o governo instituidor ou os entes regulados, de outro, com flagrante comprometimento da independência da pessoa controladora. (CARVALHO FILHO, 2014, p. 495)

Assim, diante da chamada **teoria da cooptação ou da captura**, a agência reguladora ou seus funcionários podem ser capturados pelos agentes privados e cooptados por interesses individuais ou de uma minoria, em prejuízo aos interesses da coletividade." Para se evitar a captura e "garantir que o mercado atue em eficiência e em lealdade de competição, assegurado pelo funcionamento da agência pautado em decisões técnicas, deve-se afirmar a transparência na regulação econômica de modo a controlar o abuso do poder econômico. Em transparência, reduz-se o risco da captura e a assimetria da informação. Com informação, transfere-se a decisão ao consumidor, que poderá fazer as melhores escolhas, acirrando a concorrência. Em concorrência entre os agentes do mercado, reduzem-se os preços, aumenta a qualidade, viabilizam-se avanços tecnológicos e contribui-se para o desenvolvimento socioeconômico" (BAGNOLI, 2013, p. 154).

Para se garantir a legitimidade democrática e afastar os riscos de captura das agências reguladoras, Rafael Oliveira sugere quatro medidas (2013, p. 104):

a) Transparência do processo regulatório e efetivação de instrumentos de democracia direta na elaboração de decisões e normas regulatórias (consultas e audiências públicas);

b) Os órgãos colegiados das agências reguladoras devem ser compostos de representantes das mais diversas linhas de interesse (governo, empresas reguladas e sociedade civil), o que garante a pluralidade representativa e democrática;

c) Transferência de legitimidade democrática que ocorre no momento da nomeação dos dirigentes pelo chefe do Poder Executivo, após aprovação do Senado, órgãos de forte expressão majoritária (representantes eleitos pelo povo);

d) Teoria dos poderes neutrais: a insuficiência da soberania popular para efetivação da democracia demonstra a necessidade de instituições estatais dotadas de forte autonomia em relação às diretrizes político-governamentais (ex.: Tribunais de Contas, Conselhos Nacionais, agências reguladoras, etc.).

Agências Reguladoras (VILELA; LEITE, 2015, p. 119)	
Natureza jurídica	Autarquias em regime especial (Pessoa jurídica de Direito Público da Administração Indireta);
Origem no Brasil	Processo de privatizações e reforma do Estado iniciado no Brasil nos anos noventa (neoliberalismo);
Função	Atividade de regulação e fiscalização de contratos e atos relacionados à prestação de um serviço público específico ou de determinada atividade econômica;
Dirigentes	Nomeados pelo Presidente da República após aprovação do Senado para o exercício de um mandato de 5 anos, o que garante maior autonomia na sua atuação. Só podem perder o mandato em caso de renúncia, condenação judicial transitada em julgado ou processo administrativo disciplinar;
Quarentena	Período de 6 meses após a exoneração ou final do mandato durante o qual o ex-dirigente não poderá atuar no setor regulado pela respectiva agência. Durante esse período, receberá a remuneração compensatória (art. 8º da Lei 9.986/2000);
Regime de pessoal	Cargo público (estatutário). A Lei 9.986/2000 dispõe sobre a gestão de recursos humanos das Agências Reguladoras;
Poder normativo	Discricionariedade técnica. Seus atos têm caráter infralegal (deslegalização);
Controle	Financeiro: Tribunal de Contas; Finalístico: Poder Executivo (contrato de gestão) e Legislativo (CPIs). Não alcança o controle da oportunidade e conveniência da atuação das agências; Juridicidade: Procuradorias próprias (preventivo) e Poder Judiciário.

▸ **Como esse assunto foi cobrado em concurso?**

No concurso para Procurador da República em 2011, o tema foi cobrado da seguinte forma: "As agências reguladoras: a) São entidades ligadas ao Estado, tendo em vista sua independência; b) São entidades ligadas ao governo, considerando seu importante papel como instrumentos de políticas públicas; c) são entidades ligadas ao Poder Judiciário, tendo em vista o poder judicante de que são dotadas; d) São entidades ligadas ao Poder Legislativo, assim como os tribunais de contas, tendo em vista o exercício independente de seu poder de polícia, inclusive em relação ao Poder Executivo". Segundo o gabarito oficial, foi considerada CORRETA a alternativa "a".

▸ **Como esse assunto foi cobrado em concurso?**

No Concurso do CESPE para Juiz Federal da 5ª Região em 2013, foi exigida a seguinte questão **discursiva**: "Disserte sobre o tema direito administrativo e regulação, abordando, necessariamente, os seguintes aspectos: (i) do Estado liberal ao Estado regulador (à guisa de introdução); (ii) regulação: conceito e razões justificadoras; (iii) formas tradicionais de regulação e regulação independente; (iv) agências reguladoras: natureza e suas autonomias; (v) competência normativa; (vi) agências reguladoras e controle pelos tribunais de contas e pelo Poder Judiciário".

6. AGÊNCIAS EM ESPÉCIE

Em geral, a maioria dos concursos não exige conhecimentos detalhados sobre cada uma das agências reguladoras. Contudo, é imprescindível conhecer, ainda que por alto, as competências de cada uma delas, sobretudo as mais importantes. Por isso, nessa parte, transcrevemos alguns dispositivos legais, na maioria das vezes não disponíveis em compêndios de legislação, resumindo-os quando possível, para facilitar o estudo e a preparação daqueles que participam de concursos públicos. Em razão do período de instabilidade política e das mudanças no Governo Federal, o candidato deve ficar atento à nomenclatura dos Ministérios, sendo importante uma conferência às vésperas da prova.

6.1. Agência Nacional de Energia Elétrica (ANEEL)

- ✓ Normas de regência: Lei 9.427/96 e Decreto 2.335/97;
- ✓ Regimento interno: Portaria MME nº 349/97;
- ✓ Ministério Supervisor: Ministério de Minas e Energia;
- ✓ Diretoria: 1 Diretor-Geral e 4 Diretores.

Primeira agência reguladora federal de serviços públicos, a ANEEL tem por finalidade regular e fiscalizar a produção, transmissão, distribuição e comercialização de energia elétrica, em conformidade com as diretrizes do governo federal. Sua missão é proporcionar condições favoráveis para que o mercado de energia elétrica se desenvolva com equilíbrio entre os agentes e em benefício da sociedade (FIGUEIREDO, 2016, p. 227).

As competências da ANEEL, estabelecidas pela Lei 9.427/96 foram restringidas pela Lei 10.848/04 de forma que atualmente compete-lhe, dentre outras funções (art. 3º da Lei 9.427/96):

> I – **implementar as políticas e diretrizes do governo federal para a exploração da energia elétrica e o aproveitamento dos potenciais hidráulicos;**
>
> II – **promover, mediante delegação, com base no plano de outorgas e diretrizes aprovadas pelo Poder Concedente, os procedimentos licitatórios para a contratação de concessionárias e permissionárias de serviço público para produção, transmissão e distribuição de energia elétrica e para a outorga de concessão para aproveitamento de potenciais hidráulicos;**
>
> III – revogado
>
> IV – **gerir os contratos de concessão ou de permissão de serviços públicos de energia elétrica, de concessão de uso de bem público, bem como fiscalizar, diretamente ou mediante convênios com órgãos estaduais, as concessões, as permissões e a prestação dos serviços de energia elétrica;**
>
> V – **dirimir, no âmbito administrativo, as divergências entre concessionárias, permissionárias, autorizadas, produtores independentes e autoprodutores, bem como entre esses agentes e seus consumidores;**
>
> VI – fixar os critérios para cálculo do preço de transporte de que trata o § 6º do art. 15 da Lei nº 9.074, de 7 de julho de 1995, e arbitrar seus valores nos casos de negociação frustrada entre os agentes envolvidos;
>
> VII – articular com o órgão regulador do setor de combustíveis fósseis e gás natural os critérios para fixação dos preços de transporte desses combustíveis, quando destinados à geração de energia elétrica, e para arbitramento de seus valores, nos casos de negociação frustrada entre os agentes envolvidos;
>
> VIII – estabelecer, com vistas a propiciar concorrência efetiva entre os agentes e a impedir a concentração econômica nos serviços e atividades de energia elétrica, restrições, limites ou condições para empresas, grupos empresariais e acionistas, quanto à obtenção e transferência de concessões, permissões e autorizações, à concentração societária e à realização de negócios entre si;
>
> IX – **zelar pelo cumprimento da legislação de defesa da concorrência**, monitorando e acompanhando as práticas de mercado dos agentes do setor de energia elétrica;
>
> X – **fixar as multas administrativas a serem impostas aos concessionários, permissionários e autorizados de instalações e serviços de energia elétrica;**
>
> XI – estabelecer tarifas para o suprimento de energia elétrica realizado às concessionárias e permissionárias de distribuição, inclusive às Cooperativas de Eletrificação Rural enquadradas como permissionárias, cujos mercados próprios sejam inferiores a 500 (quinhentos) GWh/ano, e tarifas

de fornecimento às Cooperativas autorizadas, considerando parâmetros técnicos, econômicos, operacionais e a estrutura dos mercados atendidos;

XII – **estabelecer, para cumprimento por parte de cada concessionária e permissionária de serviço público de distribuição de energia elétrica, as metas a serem periodicamente alcançadas, visando a universalização do uso da energia elétrica;**

XIII – efetuar o controle prévio e a posteriori de atos e negócios jurídicos a serem celebrados entre concessionárias, permissionárias, autorizadas e seus controladores, suas sociedades controladas ou coligadas e outras sociedades controladas ou coligadas de controlador comum, impondo-lhes restrições à mútua constituição de direitos e obrigações, especialmente comerciais e, no limite, a abstenção do próprio ato ou contrato;

XIV – aprovar as regras e os procedimentos de comercialização de energia elétrica, contratada de formas regulada e livre;

XV – **promover processos licitatórios para atendimento às necessidades do mercado;**

XVI – homologar as receitas dos agentes de geração na contratação regulada e as tarifas a serem pagas pelas concessionárias, permissionárias ou autorizadas de distribuição de energia elétrica, observados os resultados dos processos licitatórios referidos no inciso XV do caput deste artigo;

XVII – estabelecer mecanismos de regulação e fiscalização para garantir o atendimento à totalidade do mercado de cada agente de distribuição e de comercialização de energia elétrica, bem como à carga dos consumidores que tenham exercido a opção prevista nos arts. 15 e 16 da Lei nº 9.074, de 7 de julho de 1995;

XVIII – **definir as tarifas de uso dos sistemas de transmissão e distribuição;**

XIX – **regular o serviço concedido, permitido e autorizado e fiscalizar permanentemente sua prestação;**

XX – definir adicional de tarifas de uso específico das instalações de interligações internacionais para exportação e importação de energia elétrica, visando à modicidade tarifária dos usuários do sistema de transmissão ou distribuição;

XXI - definir as tarifas das concessionárias de geração hidrelétrica que comercializarem energia no regime de cotas de que trata a Medida Provisória nº 579, de 11 de setembro de 2012.

Com o processo de desestatização do setor elétrico brasileiro, houve o fracionamento desse subsistema econômico, de forma que é possível observar a presença de quatro fases: **geração, transmissão, distribuição e comercialização**. Dentre essas, a transmissão e a distribuição, são serviços públicos de competência da União, portanto, regulados pela ANEEL (GUERRA, 2012, p. 137).

Atualmente a ANEEL vem delegando atividades relacionadas à fiscalização e à ouvidoria às Agências Reguladoras Estaduais, o que se dá através de Convênios de Cooperação, conforme previsão do art. 19 do Decreto 2.335/97.

As receitas da autarquia especial serão oriundas da **Taxa de Fiscalização de Serviços de Energia Elétrica**, que será anual, diferenciada em função da modalidade e proporcional ao porte do serviço concedido, permitido ou autorizado (art. 12 da Lei 9.427/96), além de recursos ordinários do Tesouro Nacional; produtos da venda de materiais produzidos pela própria agência; emolumentos administrativos e taxas de inscrição em concursos públicos; rendimentos oriundos das operações financeiras que realizar ou de convênios e demais acordos celebrados; doações, legados e subvenções ou, por fim, valores apurados na venda ou no aluguel de bens móveis ou imóveis.

> **Como esse assunto foi cobrado em concurso?**
>
> No Concurso da FCC para Profissional de Nível Superior da ELETROSUL em 2016, o tema foi cobrado da seguinte forma: "No tocante à ANEEL considere: I. É uma **autarquia sob regime especial**, vinculada ao Ministério de Minas e Energia, com sede e foro no Distrito Federal e prazo de duração indeterminado. II. Possui em sua direção um Diretor-Geral e quatro Diretores, em regime de **colegiado.** III. É permitido exercer cargo de direção na ANEEL membro do conselho de administração, fiscal ou de diretoria executiva em empresa concessionária ou permissionária que seja regulamentada ou fiscalizada pela autarquia. IV. A ANEEL somente aceitará como bens reversíveis da concessionária ou permissionária do serviço público de energia elétrica aqueles utilizados, exclusiva e permanentemente, para produção, transmissão e distribuição de energia elétrica. De acordo com a Lei no 9.427/1996, está correto o que se afirma APENAS em: a) III e IV; b) I e IV; c) I, II e III; d) I, II e IV; e) II, III e IV". Segundo o gabarito oficial, foi considerada CORRETA a alternativa "d".

6.2. Agência Nacional de Telecomunicações (Anatel)

- ✓ Normas de regência: Lei 9.472/97 e Decreto 2.338/97;
- ✓ Regimento interno: Resolução 612/13;
- ✓ Ministério Supervisor: Ministério das Comunicações;
- ✓ Conselho Diretor: Presidente e 4 conselheiros;

Inicialmente cumpre destacar que **a Agência Nacional de Telecomunicações (art. 21, XI) e a Agência Nacional do Petróleo, Gás Natural e Biocombustíveis (art. 177, § 2º, III) são as únicas agências reguladoras com previsão constitucional.**

> **Importante**
>
> CRFB, art. 21. Compete à União: [...] XI. Explorar, diretamente ou mediante autorização, concessão, ou permissão, os serviços de telecomunicações, nos termos da lei, que disporá sobre a organização dos serviços, a **criação de um órgão regulador** e outros aspectos institucionais.

> **Como esse assunto foi cobrado em concurso?**
>
> No concurso do CESPE para Juiz Federal da 5ª região em 2015, foi considerado CERTO o seguinte enunciado: "Apenas duas agências reguladoras brasileiras possuem previsão constitucional específica: ANATEL e ANP".

A ANATEL foi criada com a função de órgão regulador das telecomunicações, com sede no Distrito Federal, podendo estabelecer unidades regionais. Compete-lhe adotar as medidas necessárias para o atendimento do interesse público e para o desenvolvimento das telecomunicações brasileiras, atuando com independência, imparcialidade, legalidade, impessoalidade, publicidade e, especialmente (art. 19 da Lei 9.472/97):

> I – **implementar**, em sua esfera de atribuições, **a política nacional de telecomunicações**;
>
> II – representar o Brasil nos organismos internacionais de telecomunicações, sob a coordenação do Poder Executivo;
>
> III – elaborar e propor ao Presidente da República, por intermédio do Ministro de Estado das Comunicações, medidas relacionadas à prestação de serviços de telecomunicações, tais como o **plano geral de outorgas** e as **metas para a progressiva universalização** do serviço;
>
> IV – **expedir normas quanto à outorga, prestação e fruição dos serviços de telecomunicações no regime público**;

Qual o entendimento do STF sobre o assunto?

Na esteira da jurisprudência do Supremo Tribunal Federal (STF), cabe às agências reguladoras, como a ANATEL, desempenhar a tarefa ordenadora e fiscalizatórias dos setores a elas submetidos. E, para a adequada execução dessa função, exsurge o poder de expedir normas como imanente à atividade regulatória das agências, a quem compete, no âmbito de sua atuação e nos limites do arcabouço normativo sobre o tema, disciplinar a prestação dos serviços. (ADI 1668/DF, rel. Min. Edson Fachin, j. 27.2.2021, Info 1007)

> V – editar **atos de outorga e extinção de direito de exploração** do serviço no regime público;
>
> VI – **celebrar e gerenciar contratos** de concessão e fiscalizar a prestação do serviço no regime público, **aplicando sanções e realizando intervenções**;
>
> VII – **controlar, acompanhar e proceder à revisão de tarifas** dos serviços prestados no regime público, podendo fixá-las nas condições previstas nesta Lei, bem como homologar reajustes;
>
> VIII – administrar o espectro de radiofrequências e o uso de órbitas, expedindo as respectivas normas;
>
> IX – editar atos de outorga e extinção do direito de uso de radiofrequência e de órbita, fiscalizando e aplicando sanções;
>
> X – **expedir normas sobre prestação de serviços de telecomunicações no regime privado**;
>
> XI – expedir e extinguir autorização para prestação de serviço no regime privado, fiscalizando e aplicando sanções;
>
> XII – **expedir normas e padrões** a serem cumpridos pelas prestadoras de serviços de telecomunicações quanto aos equipamentos que utilizarem;

XIII – **expedir ou reconhecer a certificação de produtos**, observados os padrões e normas por ela estabelecidos;

XIV – **expedir normas e padrões que assegurem** a compatibilidade, a operação integrada e a **interconexão entre as redes**, abrangendo inclusive os equipamentos terminais;

XV – realizar busca e apreensão de bens no âmbito de sua competência;

XVI – deliberar na esfera administrativa quanto à interpretação da legislação de telecomunicações e sobre os casos omissos;

XVII – **compor administrativamente conflitos de interesses entre prestadoras de serviço de telecomunicações;**

XVIII – **reprimir infrações dos direitos dos usuários;**

XIX – exercer, relativamente às telecomunicações, as competências legais em matéria de controle, prevenção e repressão das infrações da ordem econômica, ressalvadas as pertencentes ao Conselho Administrativo de Defesa Econômica – CADE;

XX – **propor ao Presidente da República, por intermédio do Ministério das Comunicações, a declaração de utilidade pública, para fins de desapropriação ou instituição de servidão administrativa, dos bens necessários à implantação ou manutenção de serviço no regime público;**

XXI – arrecadar e aplicar suas receitas;

XXII – resolver quanto à celebração, alteração ou extinção de seus contratos, bem como quanto à nomeação, exoneração e demissão de servidores, realizando os procedimentos necessários, na forma em que dispuser o regulamento;

XXIII – contratar pessoal por prazo determinado;

XXIV – adquirir, administrar e alienar seus bens;

XXV – decidir em último grau sobre as matérias de sua alçada, sempre admitido recurso ao Conselho Diretor;

XXVI – revogado;

XXVII – aprovar o seu regimento interno;

XXVIII – elaborar relatório anual de suas atividades, nele destacando o cumprimento da política do setor definida nos termos do artigo anterior;

XXIX – **revogado;**

XXX – rever, periodicamente, os planos de outorgas e de universalização do serviço, submetendo-os, por intermédio do Ministro de Estado das Comunicações, ao Presidente da República, para aprovação;

XXXI – promover interação com administrações de telecomunicações dos países do Mercado Comum do Sul – MERCOSUL, com vistas à consecução de objetivos de interesse comum;

XXXII – reavaliar, periodicamente, a regulamentação com vistas à promoção da competição e à adequação à evolução tecnológica e de mercado.

A Lei 9.472/97 é expressa no sentido de afirmar que a atividade da ANATEL será condicionada pelos princípios da legalidade, celeridade, finalidade, razoabilidade, proporcionalidade, impessoalidade, igualdade, devido processo legal, publicidade e moralidade (art. 38).

> **Qual o entendimento do STF sobre o assunto?**
>
> A competência da Agência Nacional de Telecomunicações (ANATEL) para expedir normas subordina-se aos preceitos legais e regulamentares que regem a outorga, prestação e fruição dos serviços de telecomunicações no regime público e no regime privado. O art. 19, IV e X, da Lei 9.472/19973, desse modo, é constitucional. (ADI 1668/DF, rel. Min. Edson Fachin, j. 27.2.2021, Info 1007)

> **Qual o entendimento do STF sobre o assunto?**
>
> A competência atribuída ao Conselho Diretor da ANATEL para editar normas próprias de licitação e contratação (Lei 9.472/1997, art. 22, II) deve observar o arcabouço normativo atinente às licitações e aos contratos, em respeito ao princípio da legalidade.
>
> [...]
>
> A ANATEL não pode disciplinar procedimento licitatório simplificado por meio de norma de hierarquia inferior à Lei Geral de Licitações, sob pena de ofensa ao princípio da reserva legal. Por isso, são inconstitucionais as expressões "simplificado" e "nos termos por ela regulados" do art. 119, da Lei 9.472/1997. (ADI 1668/DF, rel. Min. Edson Fachin, j. 27.2.2021, Info 1007)

> **Qual o entendimento do STJ sobre o assunto?**
>
> "[...] no que se refere ao litisconsórcio passivo necessário com a Anatel, esta Corte Superior possui firme entendimento de que a inclusão da agência reguladora ocorre quando se discute o poder regulador daquele órgão, o que não é o caso dos autos". (AgInt no AREsp 1287400/MG, Rel. Min. Og Fernandes, 2ª Turma, j. 20.02.2020, DJe 02.03.2020).

> **Qual o entendimento do STJ sobre o assunto?**
>
> "[...] Sempre que condutas praticadas no mercado de consumo atingirem diretamente o interesse de consumidores, é **legítima a atuação do Procon** para aplicar as sanções administrativas previstas em lei, no regular exercício do poder de polícia que lhe foi conferido no âmbito do Sistema Nacional de Defesa do Consumidor. Tal atuação, no entanto, não exclui **nem se confunde com o exercício da atividade regulatória setorial realizada pelas agências criadas por lei**, cuja preocupação não se restringe à tutela particular do consumidor, mas abrange a execução do serviço público em seus vários aspectos, a exemplo, da continuidade e universalização do serviço, da preservação do equilíbrio econômico-financeiro do contrato de concessão e da modicidade tarifária. No caso, **a sanção da conduta não se referiu ao descumprimento do Plano Geral de Metas traçado pela ANATEL**, mas guarda relação com a qualidade dos serviços prestados pela empresa de telefonia que, mesmo após firmar compromisso, deixou de resolver a situação do consumidor prejudicado pela não instalação da linha telefônica" (REsp 1.138.591/RJ, Rel. Min. Castro Meira, publ. 05.10.2009).

> ▸ **Como esse assunto foi cobrado em concurso?**
>
> No concurso para Procurador da República em 2012, foi considerado ERRADO o seguinte enunciado: "Nos termos da Lei 9.472/97, a Agência Nacional de Telecomunicações - ANATEL é uma autarquia especial, administrativamente independente e financeiramente autônoma, que tem **entre suas atribuições a outorga dos serviços de radiodifusão sonora e de sons e imagens**".

Obs.: art. 211 da Lei 9.472/97. A outorga dos serviços de radiodifusão sonora e de sons e imagens **fica excluída da jurisdição da Agência [ANATEL]**, permanecendo no âmbito de competências do Poder Executivo, devendo a Agências elaborar e manter os respectivos planos de distribuição de canais, levando em conta, inclusive, os aspectos concernentes à evolução tecnológica. Parágrafo único. Caberá à Agência a fiscalização, quanto aos aspectos concernentes à evolução tecnológica.

6.3. Agência Nacional do Petróleo, Gás Natural e Biocombustíveis (ANP)

- ✓ Norma de regência: Lei 9.478/97;
- ✓ Regimento interno: Portaria nº 69/11;
- ✓ Ministério Supervisor: Ministério de Minas e Energia;
- ✓ Diretoria: 1 Diretor-Geral e 4 Diretores.

Com a Emenda Constitucional nº 9/95, tornou-se possível que as atividades relacionadas à pesquisa, lavra, importação, exportação e transporte de petróleo e gás natural fossem exploradas por empresas privadas (GUERRA, 2012, p. 148-149), tornando-se necessária a regulamentação de tais atividades, o que se deu através da Lei Federal 9.478/97, que disciplina a Política Energética Nacional e institui o Conselho Nacional de Política Energética e a ANP.

Observe-se que, ao disciplinar o monopólio da União em relação à exploração do petróleo, a CRFB/88 previu que lei deveria dispor sobre a estrutura e atribuições do órgão regulador do monopólio da União (art. 177, § 2º, III). Em razão desse dispositivo, é possível afirmar que **a ANP conta com previsão constitucional** (assim como a ANATEL).

A ANP integra a Administração Federal Indireta e submete-se ao regime autárquico especial. Tem sede e foro no Distrito Federal e escritórios centrais na cidade do Rio de Janeiro, podendo instalar unidades administrativas regionais. Tem como finalidade promover a regulação, a contratação e a fiscalização das atividades econômicas integrantes da indústria do petróleo, do gás natural e dos biocombustíveis, cabendo-lhe, conforme o art. 8º da Lei 9.478/97, com a redação que lhe foi dada pelas Leis 11.097/05 e 11.909/09:

> I - **implementar**, em sua esfera de atribuições, **a política nacional de petróleo, gás natural e biocombustíveis**, contida na política energética nacional, nos termos do Capítulo I desta Lei, com ênfase na garantia do suprimento de derivados de petróleo, gás natural e seus derivados, e de biocombus-

tíveis, em todo o território nacional, e na proteção dos interesses dos consumidores quanto a preço, qualidade e oferta dos produtos;

II – **promover estudos** visando à delimitação de blocos, para efeito de concessão ou contratação sob o regime de partilha de produção das atividades de exploração, desenvolvimento e produção;

III – regular a execução de serviços de geologia e geofísica aplicados à prospecção petrolífera, visando ao levantamento de dados técnicos, destinados à comercialização, em bases não-exclusivas;

IV – **elaborar os editais e promover as licitações para a concessão de exploração, desenvolvimento e produção, celebrando os contratos delas decorrentes e fiscalizando a sua execução**;

V – autorizar a prática das atividades de refinação, liquefação, regaseificação, carregamento, processamento, tratamento, transporte, estocagem e acondicionamento;

VI – estabelecer critérios para o cálculo de tarifas de transporte dutoviário e arbitrar seus valores, nos casos e da forma previstos nesta Lei;

VII – **fiscalizar** diretamente e de forma concorrente, ou mediante convênios com órgãos dos Estados e do Distrito Federal **as atividades integrantes da indústria do petróleo, do gás natural e dos biocombustíveis, bem como aplicar as sanções administrativas e pecuniárias previstas em lei, regulamento ou contrato**;

VIII – **declarar a utilidade pública, para fins de desapropriação e instituição de servidão administrativa**, das áreas necessárias à exploração, desenvolvimento e produção de petróleo e gás natural, bem como à construção de refinarias, de unidades de processamento de gás natural, de instalações de estocagem subterrânea, de dutos e de terminais;

IX – fazer cumprir as boas práticas de conservação e uso racional do petróleo, gás natural, seus derivados e biocombustíveis e de preservação do meio ambiente;

X – **estimular a pesquisa e a adoção de novas tecnologias** na exploração, produção, transporte, refino e processamento;

XI – **organizar e manter o acervo das informações** e dados técnicos relativos às atividades reguladas da indústria do petróleo, do gás natural e dos biocombustíveis;

XII – **consolidar anualmente as informações** sobre as reservas nacionais de petróleo e gás natural transmitidas pelas empresas, responsabilizando-se por sua divulgação;

XIII – **fiscalizar o adequado funcionamento do Sistema Nacional de Estoques de Combustíveis e o cumprimento do Plano Anual de Estoques Estratégicos de Combustíveis**;

XIV – articular-se com os outros órgãos reguladores do setor energético sobre matérias de interesse comum, inclusive para efeito de apoio técnico ao CNPE;

XV – **regular e autorizar as atividades relacionadas com o abastecimento nacional de combustíveis**, fiscalizando-as diretamente ou mediante convênios com outros órgãos da União, Estados, Distrito Federal ou Municípios;

XVI – regular e autorizar as atividades relacionadas à produção, à importação, à exportação, à armazenagem, à estocagem, ao transporte, à transferência, à distribuição, à revenda e à comercialização de biocombustíveis, assim como avaliação de conformidade e certificação de sua qualidade, fiscalizando-as diretamente ou mediante convênios com outros órgãos da União, Estados, Distrito Federal ou Municípios;

XVII – exigir dos agentes regulados o envio de informações relativas às operações de produção, importação, exportação, refino, beneficiamento, tratamento, processamento, transporte, transferência, armazenagem, estocagem, distribuição, revenda, destinação e comercialização de produtos sujeitos à sua regulação;

XVIII – especificar a qualidade dos derivados de petróleo, gás natural e seus derivados e dos biocombustíveis;

XIX – **regular e fiscalizar o acesso à capacidade dos gasodutos de transporte;**

XX, XXI e XXII – revogados pela lei nº 14.134/2021, que dispõe sobre as atividades relativas ao transporte de gás natural, de que trata o art. 177 da Constituição Federal, e sobre as atividades de escoamento, tratamento, processamento, estocagem subterrânea, acondicionamento, liquefação, regaseificação e comercialização de gás natural.

XXIII – regular e fiscalizar o exercício da atividade de estocagem de gás natural, e acesso de terceiros às instalações autorizadas;

XXIV e XXV – revogados pela lei nº 14.134/2021;

XXVI – autorizar e fiscalizar a prática da atividade de comercialização de gás natural;

XXVII – estabelecer critérios para a aferição da capacidade dos gasodutos de transporte e de transferência;

XXVIII – articular-se com órgãos reguladores estaduais e ambientais, objetivando compatibilizar e uniformizar as normas aplicáveis à indústria e aos mercados de gás natural;

XXIX – promover medidas para ampliar a concorrência no mercado de gás natural;

XXX – regular, autorizar e fiscalizar o autoprodutor e o autoimportador de gás natural;

XXXI – estabelecer os procedimentos para as situações caracterizadas como de contingência no suprimento de gás natural e supervisionar a execução dos planos de contingência;

XXXII – certificar transportadores quanto ao enquadramento em critérios de independência e autonomia estabelecidos em regulação;

XXXIII – regular e aprovar os planos coordenados de desenvolvimento do sistema de transporte de gás natural, bem como fiscalizar a sua execução;

XXXIV – regular, autorizar e fiscalizar o exercício da atividade de transporte de gás natural com vistas ao acesso não discriminatório à capacidade de transporte e à eficiência operacional e de investimentos;

> XXXV – estabelecer princípios básicos para a elaboração dos códigos de condutas e práticas de acesso aos terminais de Gás Natural Liquefeito (GNL) e às infraestruturas de escoamento, tratamento e processamento de gás natural.

A lei nº 14.134/2021 inseriu o art. 8º-A na lei nº 9.478/97 que, tratando das competências da ANP, passou a estabelecer que caberá à agência, supervisionar a movimentação de gás natural na rede de transporte e as medidas adotadas nas situações caracterizadas como de contingência.

> **Como esse assunto foi cobrado em concurso?**
>
> No Concurso do CESPE para Delegado da Polícia Civil/PE em 2016, foi considerado ERRADO o seguinte enunciado: "As agências reguladoras **não podem** promover licitações que tenham por objeto a concessão de serviço público do objeto por ela regulado".

> **Como esse assunto foi cobrado em concurso?**
>
> No concurso para Procurador da República em 2012, foi considerado ERRADO o seguinte enunciado: "A Agência Nacional de Petróleo, Gás Natural e Biocombustíveis (ANP) é uma autarquia especial, vinculada ao Ministério de Minas e Energia, que tem por finalidade a regulação e a fiscalização das atividades econômicas relacionadas à indústria do petróleo, inclusive a **fixação do preço final máximo da gasolina aos consumidores**".

6.4. Agência Nacional de Vigilância Sanitária (ANVISA)

- ✓ Normas de regência: Lei 9.782/99 e Decreto 3.029/99;
- ✓ Regimento interno: Resolução da Diretoria Colegiada nº 255/2018;
- ✓ Ministério Supervisor: Ministério da Saúde;
- ✓ Diretoria: Presidente e 4 membros;

A Lei 9.782/99 criou a ANVISA, autarquia sob regime especial, com sede e foro no Distrito Federal, prazo de duração indeterminado e atuação em todo território nacional, cuja finalidade institucional é promover a proteção da saúde da população, por intermédio do controle sanitário da produção e da comercialização de produtos e serviços submetidos à vigilância sanitária, inclusive dos ambientes, dos processos, dos insumos e das tecnologias a eles relacionados, bem como o **controle de portos, aeroportos e de fronteiras**, competindo-lhe, conforme o art. 7º da referida lei:

> I – **coordenar o Sistema Nacional de Vigilância Sanitária**;
>
> II – **fomentar e realizar estudos e pesquisas** no âmbito de suas atribuições;
>
> III – **estabelecer normas, propor, acompanhar e executar as políticas, as diretrizes e as ações de vigilância sanitária**;
>
> IV – estabelecer normas e padrões sobre limites de contaminantes, resíduos tóxicos, desinfetantes, metais pesados e outros que envolvam risco à saúde;

V - **intervir, temporariamente**, na administração de entidades produtoras, que sejam financiadas, subsidiadas ou mantidas com recursos públicos, assim como nos prestadores de serviços e ou produtores exclusivos ou estratégicos para o abastecimento do mercado nacional, obedecido o disposto no art. 5º da Lei nº 6.437, de 20 de agosto de 1977;

VI - **administrar e arrecadar a taxa de fiscalização de vigilância sanitária**;

VII - **autorizar o funcionamento de empresas** de fabricação, distribuição e importação dos produtos mencionados no art. 8º desta Lei e de comercialização de medicamentos;

VIII - **anuir com a importação e exportação** dos produtos mencionados no art. 8º desta Lei;

IX - **conceder registros de produtos**, segundo as normas de sua área de atuação;

X - conceder e cancelar o certificado de cumprimento de boas práticas de fabricação;

XI, XII e XIII - revogados;

XIV - **interditar**, como medida de vigilância sanitária, os locais de fabricação, controle, importação, armazenamento, distribuição e venda de produtos e de prestação de serviços relativos à saúde, em caso de violação da legislação pertinente ou de risco iminente à saúde;

XV - **proibir a fabricação, a importação, o armazenamento, a distribuição e a comercialização de produtos e insumos, em caso de violação da legislação pertinente ou de risco iminente à saúde**;

XVI - **cancelar a autorização de funcionamento** e a autorização especial de funcionamento de empresas, em caso de violação da legislação pertinente ou de risco iminente à saúde;

XVII - coordenar as ações de vigilância sanitária realizadas por todos os laboratórios que compõem a rede oficial de laboratórios de controle de qualidade em saúde;

XVIII - **estabelecer, coordenar e monitorar os sistemas de vigilância toxicológica e farmacológica**;

XIX - promover a revisão e atualização periódica da farmacopeia;

XX - **manter sistema de informação** contínuo e permanente para integrar suas atividades com as demais ações de saúde, com prioridade às ações de vigilância epidemiológica e assistência ambulatorial e hospitalar;

XXI - monitorar e auditar os órgãos e entidades estaduais, distrital e municipais que integram o Sistema Nacional de Vigilância Sanitária, incluindo-se os laboratórios oficiais de controle de qualidade em saúde;

XXII - coordenar e executar o controle da qualidade de bens e produtos relacionados no art. 8º desta Lei, por meio de análises previstas na legislação sanitária, ou de programas especiais de monitoramento da qualidade em saúde;

XXIII - fomentar o desenvolvimento de recursos humanos para o sistema e a cooperação técnico-científica nacional e internacional;

XXIV – **autuar e aplicar as penalidades previstas em lei**;

XXV – **monitorar a evolução dos preços** de medicamentos, equipamentos, componentes, insumos e serviços de saúde;

XXVI – **controlar, fiscalizar e acompanhar**, sob o prisma da legislação sanitária, **a propaganda e publicidade de produtos submetidos ao regime de vigilância sanitária**;

XXVII – definir, em ato próprio, os locais de entrada e saída de entorpecentes, psicotrópicos e precursores no País, ouvido o Departamento de Polícia Federal e a Secretaria da Receita Federal.

Parte da doutrina entende que a atuação da ANVISA não se enquadra no modelo de regulação sistêmica, como a maioria das agências reguladoras. Por isso, ela exerceria apenas um poder de polícia reforçado (REsp 906.175) na área sanitária, consistindo "em um conjunto de intervenções no intuito de disciplinar a atuação de determinadas atividades econômicas, objetivando prevenir ou reprimir perturbações à saúde pública" (GUERRA, 2012, p. 155).

▸ **Qual o entendimento do STF sobre o assunto?**

"Cabe ao Estado fornecer, em termos excepcionais, medicamento que, embora não possua registro na Anvisa, tem a sua importação autorizada pela agência de vigilância sanitária, desde que comprovada a incapacidade econômica do paciente, a imprescindibilidade clínica do tratamento, e a impossibilidade de substituição por outro similar constante das listas oficiais de dispensação de medicamentos e os protocolos de intervenção terapêutica do SUS." (RE 1165959/SP, rel. Min. Marco Aurélio, j. 18.6.2021, Info 1022).

▸ **Qual o entendimento do STF sobre o assunto?**

"A competência específica da ANVISA para regulamentar os produtos que envolvam risco à saúde (art. 8º, § 1º, X, da Lei nº 9.782/1999) necessariamente inclui a competência para definir, por meio de critérios técnicos e de segurança, os ingredientes que podem e não podem ser usados na fabricação de tais produtos. [...] não cabe ao Poder Judiciário, no exercício do controle jurisdicional da exegese conferida por uma Agência ao seu próprio estatuto legal, simplesmente substituí-la pela sua própria interpretação da lei. Deferência da jurisdição constitucional à interpretação empreendida pelo ente administrativo acerca do diploma definidor das suas próprias competências e atribuições, desde que a solução a que chegou a agência seja devidamente fundamentada e tenha lastro em uma interpretação da lei razoável e compatível com a Constituição. (STF, ADI 4874, Rel. Min. Rosa Weber, Pleno, j. 01.02.2018, p. 01.02.2019).

Qual o entendimento do STJ sobre o assunto?

"É de cobertura obrigatória pela operadora de plano de saúde, o medicamento que, apesar de não registrado pela ANVISA, teve a sua importação excepcionalmente autorizada pela referida Agência Nacional". (REsp 1.943.628-DF, Rel. Min. Nancy Andrighi, Terceira Turma, j. 26/10/2021, Info 717)

Qual o entendimento do STJ sobre o assunto?

"O Estado não é obrigado a fornecer medicamento para utilização off label, salvo autorização da ANVISA". (PUIL 2.101-MG, Rel. Min. Sérgio Kukina, Primeira Seção, j. 10/11/2021, Info 717)

Qual o entendimento do STJ sobre o assunto?

"É incabível salvo-conduto para o cultivo da *cannabis* visando a extração do óleo medicinal, ainda que na quantidade necessária para o controle da epilepsia, posto que a autorização fica a cargo da análise do caso concreto pela ANVISA". (RHC 123.402-RS, Rel. Min. Reynaldo Soares da Fonseca, Quinta Turma, j. 23/03/2021, Info 690)

Qual o entendimento do STJ sobre o assunto?

"A Agência Nacional de Vigilância Sanitária – ANVISA deve exigir, na rotulagem dos produtos alimentícios, a advertência da variação de 20% nos valores nutricionais". (STJ, REsp 1.537.571-SP, Rel. Min. Herman Benjamin, Segunda Turma, por unanimidade, julgado em 27/09/2016, DJe 20/08/2020).

Qual o entendimento do STJ sobre o assunto?

"Se a ANVISA classificou determinado produto importado como 'cosmético', a autoridade aduaneira não poderá alterar essa classificação para defini-lo como 'medicamento'" (REsp 1.555.004/SC, Rel. Min. Napoleão Nunes Maia Filho, publ. 25.02.2016, Info 577).

Como esse assunto foi cobrado em concurso?

No concurso para Procurador da República em 2012, foi considerado ERRADO o seguinte enunciado: "Nos termos da Lei 9.782/99, a segurança sanitária de produtos e serviços que envolvam risco à saúde pública dos consumidores nas áreas de portos, aeroportos e fronteiras **não são** de competência da Agência Nacional de Vigilância Sanitária – ANVISA mas da Polícia Federal".

6.5. Agência Nacional de Saúde Suplementar (ANS)

✓ Normas de regência: Lei 9.961/2000 e Decreto 3.327/2000;

✓ Regimento interno: Resolução Regimental nº 01/17;

- ✓ Ministério Supervisor: Ministério da Saúde;
- ✓ Diretoria: Diretor-Presidente e 4 diretores.

A ANS é o órgão de regulação, normatização, controle e fiscalização de atividades que garantam a assistência suplementar à saúde. Tem por finalidade institucional promover a defesa do interesse público na assistência suplementar à saúde, regulando as operadoras setoriais, inclusive quanto à suas relações com prestadores e consumidores, contribuindo para o desenvolvimento das ações de saúde no País.

Seguindo a esteira das demais agências reguladoras, a ANS é caracterizada pela autonomia administrativa, entendida como capacidade de autogestão; autonomia financeira, qual seja, a capacidade de autofinanciamento; autonomia patrimonial e de gestão de recursos humanos; autonomia nas suas decisões técnicas e mandato fixo de seus dirigentes (VILELA, 2015b, p. 106), competindo-lhe, conforme o art. 4º da Lei 9.961/2000:

> I - **propor políticas e diretrizes gerais ao Conselho Nacional de Saúde Suplementar - Consu para a regulação do setor de saúde suplementar;**
>
> II - **estabelecer as características gerais dos instrumentos contratuais** utilizados na atividade das operadoras;
>
> III - **elaborar o rol de procedimentos e eventos em saúde, que constituirão referência básica** para os fins do disposto na lei que dispõe sobre os planos e seguros privados de assistência à saúde (Lei 9.656/98), e suas excepcionalidades;
>
> IV - **fixar critérios para os procedimentos de credenciamento e descredenciamento de prestadores de serviço às operadoras;**
>
> V - **estabelecer parâmetros e indicadores de qualidade** e de cobertura em assistência à saúde para os serviços próprios e de terceiros oferecidos pelas operadoras;
>
> VI - **estabelecer normas para ressarcimento ao Sistema Único de Saúde - SUS;**
>
> VII - estabelecer normas relativas à adoção e utilização, pelas operadoras de planos de assistência à saúde, de mecanismos de regulação do uso dos serviços de saúde;
>
> VIII - deliberar sobre a criação de câmaras técnicas, de caráter consultivo, de forma a subsidiar suas decisões;
>
> IX - **normatizar os conceitos de doença e lesão preexistentes;**
>
> X - definir, para fins de aplicação da Lei nº 9.656, de 1998, a segmentação das operadoras e administradoras de planos privados de assistência à saúde, observando as suas peculiaridades;
>
> XI - **estabelecer critérios, responsabilidades, obrigações e normas de procedimento** para garantia dos direitos assegurados nos arts. 30 e 31 da Lei nº 9.656, de 1998;
>
> XII - **estabelecer normas para registro dos produtos** definidos no inciso I e no § 1º do art. 1º da Lei nº 9.656, de 1998;

XIII - decidir sobre o estabelecimento de sub-segmentações aos tipos de planos definidos nos incisos I a IV do art. 12 da Lei nº 9.656, de 1998;

XIV - estabelecer critérios gerais para o exercício de cargos diretivos das operadoras de planos privados de assistência à saúde;

XV - **estabelecer critérios de aferição e controle da qualidade** dos serviços oferecidos pelas operadoras de planos privados de assistência à saúde, sejam eles próprios, referenciados, contratados ou conveniados;

XVI - estabelecer normas, rotinas e procedimentos para concessão, manutenção e cancelamento de registro dos produtos das operadoras de planos privados de assistência à saúde;

XVII - **autorizar reajustes e revisões** das contraprestações pecuniárias dos planos privados de assistência à saúde, ouvido o Ministério da Fazenda;

XVIII - expedir normas e padrões para o envio de informações de natureza econômico-financeira pelas operadoras, com vistas à homologação de reajustes e revisões;

XIX - proceder à integração de informações com os bancos de dados do Sistema Único de Saúde;

XX - **autorizar o registro dos planos privados de assistência à saúde**;

XXI - **monitorar a evolução dos preços de planos de assistência à saúde**, seus prestadores de serviços, e respectivos componentes e insumos;

XXII - **autorizar o registro e o funcionamento das operadoras de planos privados de assistência à saúde, bem assim sua cisão, fusão, incorporação, alteração ou transferência do controle societário**;

XXIII - **fiscalizar as atividades das operadoras de planos privados de assistência à saúde e zelar pelo cumprimento das normas atinentes ao seu funcionamento**;

XXIV - exercer o controle e a avaliação dos aspectos concernentes à garantia de acesso, manutenção e qualidade dos serviços prestados, direta ou indiretamente, pelas operadoras de planos privados de assistência à saúde;

XXV - avaliar a capacidade técnico-operacional das operadoras de planos privados de assistência à saúde para garantir a compatibilidade da cobertura oferecida com os recursos disponíveis na área geográfica de abrangência;

XXVI - fiscalizar a atuação das operadoras e prestadores de serviços de saúde com relação à abrangência das coberturas de patologias e procedimentos;

XXVII - fiscalizar aspectos concernentes às coberturas e o cumprimento da legislação referente aos aspectos sanitários e epidemiológicos, relativos à prestação de serviços médicos e hospitalares no âmbito da saúde suplementar;

XXVIII - avaliar os mecanismos de regulação utilizados pelas operadoras de planos privados de assistência à saúde;

XXIX - fiscalizar o cumprimento das disposições da Lei nº 9.656, de 1998, e de sua regulamentação;

XXX - **aplicar as penalidades pelo descumprimento da Lei nº 9.656, de 1998, e de sua regulamentação;**

XXXI - requisitar o fornecimento de informações às operadoras de planos privados de assistência à saúde, bem como da rede prestadora de serviços a elas credenciadas;

XXXII - **adotar as medidas necessárias para estimular a competição no setor de planos privados de assistência à saúde;**

XXXIII - instituir o regime de direção fiscal ou técnica nas operadoras;

XXXIV - **proceder à liquidação extrajudicial e autorizar o liquidante a requerer a falência ou insolvência civil das operadoras de planos privados de assistência à saúde;**

XXXV - determinar ou promover a **alienação da carteira de planos privados de assistência à saúde das operadoras;**

XXXVI - articular-se com os órgãos de defesa do consumidor visando a eficácia da proteção e defesa do consumidor de serviços privados de assistência à saúde;

XXXVII - zelar pela qualidade dos serviços de assistência à saúde no âmbito da assistência à saúde suplementar;

XXXVIII - administrar e arrecadar as taxas instituídas por esta Lei;

XXXIX - **celebrar, nas condições que estabelecer, termo de compromisso de ajuste de conduta e termo de compromisso e fiscalizar os seus cumprimentos;**

XL - definir as atribuições e competências do diretor técnico, diretor fiscal, do liquidante e do responsável pela alienação de carteira;

XLI - fixar as normas para constituição, organização, funcionamento e fiscalização das operadoras de produtos de que tratam o inciso I e o § 1º do art. 1º da Lei nº 9.656, de 3 de junho de 1998;

XLII - estipular índices e demais condições técnicas sobre investimentos e outras relações patrimoniais a serem observadas pelas operadoras de planos de assistência à saúde.

Qual o entendimento do STF sobre o assunto?

"O ressarcimento de serviços de saúde prestados por unidade privada em favor de paciente do Sistema Único de Saúde, em cumprimento de ordem judicial, deve utilizar como critério o mesmo que é adotado para o ressarcimento do Sistema Único de Saúde por serviços prestados a beneficiários de planos de saúde. A tabela da Agência Nacional de Saúde Suplementar (ANS) deve servir de parâmetro para o pagamento dos serviços de saúde prestados por hospital particular, em cumprimento de ordem judicial, em favor de paciente do SUS". (RE 666094/DF, rel. Min. Roberto Barroso, j.30.9.2021, Info 1032).

▸ **Qual o entendimento do STJ sobre o assunto?**

"O contrato de seguro saúde internacional firmado no Brasil não deve observar as normas pátrias alusivas aos reajustes de mensalidades de planos de saúde individuais fixados anualmente pela ANS". (REsp 1.850.781-SP, Rel. Min. Ricardo Villas Bôas Cueva, Terceira Turma, j. 28/09/2021, Info 712)

▸ **Qual o entendimento do STJ sobre o assunto?**

"O rol de procedimentos e eventos em saúde da Agência Nacional de Saúde Suplementar - ANS não é meramente exemplificativo". (STJ, REsp 1.733.013-PR, Rel. Min. Luis Felipe Salomão, Quarta Turma, por unanimidade, julgado em 10/12/2019, DJe 20/02/2020).

▸ **Qual o entendimento do STJ sobre o assunto?**

"A discussão de cláusulas de plano de saúde e do alcance das suas coberturas não justifica a intervenção da ANS no processo, porque não há interesse jurídico da agência reguladora em controvérsias contratuais". (REsp 1832004/RJ, Rel. Min. Nancy Andrighi, 3ª Turma, j. 03.12.2019, DJe 05.12.2019).

▸ **Qual o entendimento do STJ sobre o tema?**

"Prazo prescricional para a Agência Nacional de Saúde (ANS) promover execução fiscal dos valores despendidos pelo SUS em favor de serviços prestados a contratantes de planos de saúde. **Prescreve em cinco anos,** nos termos do art. 1° do Decreto 20.910/1932, - e não em três anos como previsto no art. 206, § 3º, V, do CC - **a pretensão da ANS de promover execução fiscal para reaver de operadora de plano de saúde os valores despendidos por instituição pública ou privada, conveniada ou contratada pelo SUS, pelos atendimentos efetuados em favor dos contratantes de plano de saúde e respectivos dependentes**, quando os serviços prestados estejam previstos em contrato firmado entre a operadora de plano de saúde e seus filiados. [...] os valores devidos e não recolhidos pelas operadoras de plano de saúde devem ser inscritos na **dívida ativa da ANS**, a qual detém competência para cobrar judicialmente o débito. Desse modo, inscritos em dívida ativa, os valores não se qualificam mais como espécie de indenização civil, como se extrai do art. 39, § 2º, da Lei 4.320/1964. Além do mais, **a relação jurídica que há entre a ANS e as operadoras de planos de saúde é regida pelo Direito Administrativo,** por isso inaplicável o prazo prescricional previsto no Código Civil" (REsp 1.435.077/RS, Rel. Min. Rel. Humberto Martins, j. 19.08.2014, Info 545).

▸ **Como esse assunto foi cobrado em concurso?**

No concurso para Procurador da República em 2012, foi considerado CERTO o seguinte enunciado: "A Agência Nacional de Saúde Suplementar (ANS), criada pela Lei 9.961/2000, é vinculada ao Ministério da Saúde, e tem por finalidade a promoção da defesa do interesse público na assistência **suplementar** à saúde, regulando as operadoras setoriais e podendo estabelecer critérios de aferição e controle da qualidade dos serviços oferecidos pelas operadoras de planos privados de assistência à saúde, bem como normatizar os conceitos de doença e lesão preexistentes".

6.6. Agência Nacional de Águas e Saneamento Básico (ANA)

- ✓ Normas de regência: Lei 9.984/2000 e Decreto 3.692/2000;
- ✓ Regimento interno: Resolução nº 76/19;
- ✓ Ministério Supervisor: Ministério do Desenvolvimento Regional;
- ✓ Diretoria: Diretor-Presidente e 4 membros;

A Agência Nacional de Águas e Saneamento Básico caracteriza-se como uma autarquia sob o regime especial, com autonomia administrativa e financeira, vinculada ao Ministério do Desenvolvimento Regional, com a finalidade de implementar, em sua esfera de atribuições, a Política Nacional de Recursos Hídricos, integrando o Sistema Nacional de Gerenciamento de Recursos Hídricos (Singreh). Além disso, é responsável pela instituição de normas de referência para a regulação dos serviços públicos de saneamento básico. Tem sede e foro no Distrito Federal podendo instalar unidades administrativas regionais.

A atuação da ANA obedecerá aos fundamentos, objetivos, diretrizes e instrumentos da Política Nacional dos Recursos Hídricos e será desenvolvida em articulação com órgãos e entidades públicas e privadas, cabendo-lhe (art. 4º da Lei 9.984/2000):

> I – **supervisionar, controlar e** avaliar as ações e atividades decorrentes do cumprimento da legislação federal pertinente aos recursos hídricos;
>
> II – **disciplinar, em caráter normativo, a implementação, a operacionalização, o controle e a avaliação dos instrumentos da Política Nacional de Recursos Hídricos;**
>
> III – vetado;
>
> IV – **outorgar, por intermédio de autorização, o direito de uso de recursos hídricos em corpos de água de domínio da União**;
>
> V – **fiscalizar os usos de recursos hídricos nos corpos de água de domínio da União**;
>
> VI – **elaborar estudos técnicos** para subsidiar a definição, pelo Conselho Nacional de Recursos Hídricos, dos valores a serem cobrados pelo uso de recursos hídricos de domínio da União, com base nos mecanismos e quantitativos sugeridos pelos Comitês de Bacia Hidrográfica, na forma do inciso VI do art. 38 da Lei nº 9.433, de 1997;
>
> VII – estimular e apoiar as iniciativas voltadas para a criação de Comitês de Bacia Hidrográfica;

VIII - implementar, em articulação com os Comitês de Bacia Hidrográfica, a cobrança pelo uso de recursos hídricos de domínio da União;

IX - arrecadar, distribuir e aplicar receitas auferidas por intermédio da cobrança pelo uso de recursos hídricos de domínio da União;

X - planejar e promover ações destinadas a prevenir ou minimizar os efeitos de secas e inundações, no âmbito do Sistema Nacional de Gerenciamento de Recursos Hídricos, em articulação com o órgão central do Sistema Nacional de Defesa Civil, em apoio aos Estados e Municípios;

XI - promover a elaboração de estudos para subsidiar a aplicação de recursos financeiros da União em obras e serviços de regularização de cursos de água, de alocação e distribuição de água, e de controle da poluição hídrica, em consonância com o estabelecido nos planos de recursos hídricos;

XII - definir e fiscalizar as condições de operação de reservatórios por agentes públicos e privados, visando a garantir o uso múltiplo dos recursos hídricos, conforme estabelecido nos planos de recursos hídricos das respectivas bacias hidrográficas;

XIII - promover a coordenação das atividades desenvolvidas no âmbito da rede hidrometeorológica nacional, em articulação com órgãos e entidades públicas ou privadas que a integram, ou que dela sejam usuárias;

XIV - organizar, implantar e gerir o Sistema Nacional de Informações sobre Recursos Hídricos;

XV - estimular a pesquisa e a capacitação de recursos humanos para a gestão de recursos hídricos;

XVI - prestar apoio aos Estados na criação de órgãos gestores de recursos hídricos;

XVII - propor ao Conselho Nacional de Recursos Hídricos o estabelecimento de incentivos, inclusive financeiros, à conservação qualitativa e quantitativa de recursos hídricos;

XVIII - participar da elaboração do Plano Nacional de Recursos Hídricos e supervisionar a sua implementação;

XIX - regular e fiscalizar, quando envolverem corpos d'água de domínio da União, a prestação dos serviços públicos de irrigação, se em regime de concessão, e adução de água bruta, cabendo-lhe, inclusive, a disciplina, em caráter normativo, da prestação desses serviços, bem como a fixação de padrões de eficiência e o estabelecimento de tarifa, quando cabíveis, e a gestão e auditagem de todos os aspectos dos respectivos contratos de concessão, quando existentes;

XX - organizar, implantar e gerir o Sistema Nacional de Informações sobre Segurança de Barragens (SNISB);

XXI - promover a articulação entre os órgãos fiscalizadores de barragens;

XXII - coordenar a elaboração do Relatório de Segurança de Barragens e encaminhá-lo, anualmente, ao Conselho Nacional de Recursos Hídricos (CNRH), de forma consolidada.

> XXIII – declarar a situação crítica de escassez quantitativa ou qualitativa de recursos hídricos nos corpos hídricos que impacte o atendimento aos usos múltiplos localizados em rios de domínio da União, por prazo determinado, com base em estudos e dados de monitoramento, observados os critérios estabelecidos pelo Conselho Nacional de Recursos Hídricos; e
>
> XXIV – estabelecer e fiscalizar o cumprimento de regras de uso da água, a fim de assegurar os usos múltiplos durante a vigência da declaração de situação crítica de escassez de recursos hídricos a que se refere o inciso XXII do caput deste artigo.

Há que se atentar para o fato de que, inicialmente, a ANA era tão somente "Agência Nacional de Águas". Apenas em 2020, com a lei nº 14.026 que atualizou o marco legal do saneamento básico, a agência passou a se denominar "Agência Nacional de Águas e Saneamento Básico", passando a ser responsável pela edição de normas de referência também relacionadas ao saneamento.

> **Qual o entendimento do STF sobre o assunto?**
>
> "É constitucional o novo marco legal do saneamento básico". (ADI 6.492/DF, rel. Min. Luiz Fux, j. 2.12.2021, Info 1040)

Assim, segundo o art. 4º-A, § 1º, da Lei nº 9.984/2000, com redação dada pela Lei 14.026/2020, caberá à ANA estabelecer normas de referência sobre:

> I - padrões de qualidade e eficiência na prestação, na manutenção e na operação dos sistemas de saneamento básico;
>
> II - regulação tarifária dos serviços públicos de saneamento básico, com vistas a promover a prestação adequada, o uso racional de recursos naturais, o equilíbrio econômico-financeiro e a universalização do acesso ao saneamento básico;
>
> III - padronização dos instrumentos negociais de prestação de serviços públicos de saneamento básico firmados entre o titular do serviço público e o delegatário, os quais contemplarão metas de qualidade, eficiência e ampliação da cobertura dos serviços, bem como especificação da matriz de riscos e dos mecanismos de manutenção do equilíbrio econômico-financeiro das atividades;
>
> IV - metas de universalização dos serviços públicos de saneamento básico para concessões que considerem, entre outras condições, o nível de cobertura de serviço existente, a viabilidade econômico-financeira da expansão da prestação do serviço e o número de Municípios atendidos;
>
> V - critérios para a contabilidade regulatória;
>
> VI - redução progressiva e controle da perda de água;
>
> VII - metodologia de cálculo de indenizações devidas em razão dos investimentos realizados e ainda não amortizados ou depreciados;
>
> VIII - governança das entidades reguladoras, conforme princípios estabelecidos no art. 21 da Lei nº 11.445, de 5 de janeiro de 2007;

> IX - reúso dos efluentes sanitários tratados, em conformidade com as normas ambientais e de saúde pública;
>
> X - parâmetros para determinação de caducidade na prestação dos serviços públicos de saneamento básico;
>
> XI - normas e metas de substituição do sistema unitário pelo sistema separador absoluto de tratamento de efluentes;
>
> XII - sistema de avaliação do cumprimento de metas de ampliação e universalização da cobertura dos serviços públicos de saneamento básico;
>
> XIII - conteúdo mínimo para a prestação universalizada e para a sustentabilidade econômico-financeira dos serviços públicos de saneamento básico.

Além disso, diante das alterações trazidas pelo novo marco do saneamento básico, a ANA "passará a emitir normas de referência relacionadas ao manejo de resíduos sólidos e à drenagem de águas pluviais em cidades" (Disponível em: https://www.gov.br/ana/pt-br/assuntos/saneamento-basico/a-ana-e-o-saneamento Acesso em: 28 dez. 2020).

6.7. Agência Nacional de Transportes Terrestres (ANTT) – Lei 10.233/2001

- ✓ Normas de regência: Lei 10.233/01 e Decreto 4.130/02;
- ✓ Regimento interno: Resolução nº 5.888/20;
- ✓ Ministério Supervisor: Ministério da Infraestrutura;
- ✓ Diretoria: 1 Diretor-Geral e 4 Diretores.

A Lei 10.233/01 foi responsável por reestruturar os **transportes aquaviário e terrestre**, criar o Conselho Nacional de Integração de Políticas de Transporte e o Departamento Nacional de Infraestrutura de Transportes. Além disso, o mesmo diploma legal criou, de uma só vez, tanto a Agência Nacional de Transportes Terrestres (ANTT) quanto a Agência Nacional Transportes Aquaviários (ANTAQ), compreendidas como entidades integrantes da administração federal indireta e submetidas ao regime autárquico especial. Ambas têm sede e foro no Distrito Federal, podendo instalar unidades administrativas regionais.

Antes de delimitar as competências de cada uma das agências criadas, a Lei 10.233/01 estabeleceu a esfera de atuação de cada uma delas. Assim, compreende a esfera de atuação da ANTT: I. O transporte ferroviário de passageiros e cargas ao longo do Sistema Nacional de Viação; II. a exploração da infraestrutura ferroviária e o arrendamento dos ativos operacionais correspondentes; III. o transporte rodoviário interestadual e internacional de passageiros; IV. o transporte rodoviário de cargas; V. a exploração da infraestrutura rodoviária federal; VI. o transporte multimodal; e VII. O transporte de cargas especiais e perigosas em rodovias e ferrovias.

Em relação à ANTT, a lei fixou, além de competências gerais, competências específicas em relação ao transporte ferroviário e ao rodoviário. Assim, segundo o art. 24 da Lei 10.233/01, cabe à ANTT, em sua esfera de atuação, como atribuições gerais:

I - **promover pesquisas e estudos específicos de tráfego e de demanda de serviços de transporte;**

II - **promover estudos aplicados às definições de tarifas, preços e fretes,** em confronto com os custos e os benefícios econômicos transferidos aos usuários pelos investimentos realizados;

III - **propor** ao Ministério dos Transportes, nos casos de concessão e permissão, **os planos de outorgas, instruídos por estudos específicos de viabilidade técnica e econômica, para exploração da infraestrutura e a prestação de serviços de transporte terrestre;**

IV - **elaborar e editar normas e regulamentos** relativos à exploração de vias e terminais, garantindo isonomia no seu acesso e uso, bem como à prestação de serviços de transporte, mantendo os itinerários outorgados e fomentando a competição;

V - **editar atos de outorga e de extinção de direito de exploração de infraestrutura e de prestação de serviços de transporte terrestre, celebrando e gerindo os respectivos contratos e demais instrumentos administrativos;**

VI - reunir, sob sua administração, os instrumentos de outorga para exploração de infraestrutura e prestação de serviços de transporte terrestre já celebrados antes da vigência desta Lei, resguardando os direitos das partes e o equilíbrio econômico-financeiro dos respectivos contratos;

VII - proceder à **revisão e ao reajuste de tarifas dos serviços prestados,** segundo as disposições contratuais, após prévia comunicação ao Ministério da Fazenda;

VIII - **fiscalizar a prestação dos serviços e a manutenção dos bens arrendados,** cumprindo e fazendo cumprir as cláusulas e condições avençadas nas outorgas e aplicando penalidades pelo seu descumprimento;

IX - **autorizar projetos e investimentos** no âmbito das outorgas estabelecidas, quando o contrato assim o exigir;

X - adotar procedimentos para a incorporação ou desincorporação de bens, no âmbito dos arrendamentos contratados;

XI - promover estudos sobre a logística do transporte intermodal, ao longo de eixos ou fluxos de produção;

XII - habilitar o Operador do Transporte Multimodal, em articulação com as demais agências reguladoras de transportes;

XIII - promover levantamentos e organizar cadastro relativos ao sistema de dutovias do Brasil e às empresas proprietárias de equipamentos e instalações de transporte dutoviário;

XIV - estabelecer padrões e normas técnicas complementares relativos às operações de transporte terrestre de cargas especiais e perigosas;

XV - elaborar o seu orçamento e proceder à respectiva execução financeira;

XVI - representar o Brasil junto aos organismos internacionais e em convenções, acordos e tratados na sua área de competência, observadas as diretrizes do Ministro de Estado dos Transportes e as atribuições específicas dos demais órgãos federais;

XVII - exercer, diretamente ou mediante convênio, as competências expressas no inciso VI, quanto à infração prevista no art. 209-A, e VIII do caput do art. 21 da Lei nº 9.503, de 23 de setembro de 1997 (Código de Trânsito Brasileiro), nas rodovias federais por ela administradas;

XVIII - dispor sobre as infrações, sanções e medidas administrativas aplicáveis aos serviços de transportes;

XIX - declarar a utilidade pública para fins de desapropriação ou de servidão administrativa de bens e propriedades necessários à execução de obras no âmbito das outorgas estabelecidas.

Já em relação às atribuições específicas pertinentes ao Transporte Ferroviário, a lei apresenta em seu art. 25:

I - **publicar os editais, julgar as licitações e as seleções e celebrar os contratos para exploração indireta de ferrovias**, permitida sua vinculação com contratos de arrendamento de ativos ou concessão de uso;

II - administrar os contratos de concessão e arrendamento de ferrovias celebrados até a vigência desta Lei, em consonância com o inciso VI do art. 24;

III - publicar editais, julgar as licitações e celebrar contratos de concessão para construção e exploração de novas ferrovias, com cláusulas de reversão à União dos ativos operacionais edificados e instalados;

IV - **fiscalizar** diretamente, com o apoio de suas unidades regionais, ou por meio de convênios de cooperação, **o cumprimento das cláusulas contratuais de prestação de serviços ferroviários e de manutenção e reposição dos ativos arrendados**;

V - **regular e coordenar a atuação dos concessionários**, permissionários e auotrizatários, de modo a assegurar a neutralidade com relação aos interesses dos usuários e dos clientes, orientar e disciplinar a interconexão entre as diferentes ferrovias, e arbitrar as questões não resolvidas pelas partes ou pela autorregulação;

OBS: art. 25, parágrafo único da lei nº10.233/2001. "No cumprimento do disposto no inciso V do caput deste artigo, a ANTT estimulará a formação de conselhos de usuários, no âmbito de cada ferrovia explorada em regime público, para a defesa de interesses relativos aos serviços prestados".

VI - **articular-se com órgãos e instituições dos Estados, do Distrito Federal e dos Municípios** para conciliação do uso da via permanente sob sua jurisdição com as redes locais de metrôs e trens urbanos destinados ao deslocamento de passageiros;

VII - contribuir para a preservação do patrimônio histórico e da memória das ferrovias, em cooperação com as instituições associadas à cultura nacional, de modo a orientar e estimular a participação das empresas outorgadas do setor;

VIII - regular os procedimentos e as condições para cessão a terceiros de capacidade de tráfego disponível na ferrovia explorada em regime público, de modo a orientar e disciplinar o tráfego mútuo e o direito de passagem;

IX – supervisionar as associações privadas de autorregulação ferroviária, cuja criação e cujo funcionamento reger-se-ão por legislação específica.

Por fim, segundo o art. 26 da mesma Lei 10.233/01, cabe à ANTT, como atribuições específicas pertinentes ao Transporte Rodoviário:

I – **publicar os editais, julgar as licitações e celebrar os contratos de permissão para prestação de serviços regulares de transporte rodoviário interestadual semiurbano de passageiros;**

II – **autorizar o transporte de passageiros, realizado por empresas de turismo, com a finalidade de turismo;**

III – **autorizar o transporte de passageiros, sob regime de fretamento;**

IV – promover estudos e levantamentos relativos à frota de caminhões, empresas constituídas e operadores autônomos, bem como organizar e manter um registro nacional de transportadores rodoviários de cargas;

V – habilitar o transportador internacional de carga;

VI – **publicar os editais, julgar as licitações e celebrar os contratos de concessão de rodovias federais a serem exploradas e administradas por terceiros;**

OBS: art. 26, §2º da lei nº 10.233/2001. "Na elaboração dos editais de licitação para o cumprimento do dispositivo no inciso VI do caput deste artigo, a ANTT promoverá a compatibilização da tarifa do pedágio com as vantagens econômicas e o conforto de viagem proporcionados aos usuários em decorrência da aplicação dos recursos de sua arrecadação no aperfeiçoamento da via em que é cobrado, bem como a utilização de sistema tarifário que guarde maior proporcionalidade com o trecho da via efetivamente utilizado".

VII – **fiscalizar** diretamente, com o apoio de suas unidades regionais, ou por meio de convênios de cooperação, **o cumprimento das condições de outorga de autorização e das cláusulas contratuais de permissão para prestação de serviços ou de concessão para exploração da infraestrutura;**

VIII – **autorizar a prestação de serviços regulares de transporte rodoviário interestadual e internacional de passageiros.**

IX – dispor sobre os requisitos mínimos a serem observados pelos terminais rodoviários de passageiros e pontos de parada dos veículos para a prestação dos serviços disciplinados por esta Lei.

6.8. Agência Nacional de Transportes Aquaviários (ANTAQ) – Lei 10.233/2001

- ✓ Normas de regência: Lei 10.233/01 e Decreto 4.122/02;
- ✓ Regimento interno: Resolução nº 3.585/14;
- ✓ Ministério Supervisor: Ministério da Infraestrutura;
- ✓ Diretoria: 1 Diretor-Geral e 2 Diretores.

Conforme já mencionado, a ANTAQ foi criada no mesmo contexto e pelo mesmo diploma normativo que criou a ANTT. Assim, da mesma forma que fez em relação à ANTT, a Lei 10.233/01 estabeleceu a esfera de atuação da ANTAQ que, conforme alterações legais ocorridas com a Lei 12.815/13, passou a ser: I. a navegação fluvial, lacustre, de travessia, de apoio marítimo, de apoio portuário, de cabotagem e de longo curso; II. os portos organizados e as instalações portuárias neles localizadas; III. as instalações portuárias previstas no art. 8º da Lei 12.815/13; IV. o transporte aquaviário de cargas especiais e perigosas; e V. a exploração da infraestrutura aquaviária federal.

As competências da ANTAQ foram previstas no art. 27 da Lei 10.233/01, a saber:

> I – **promover estudos específicos de demanda de transporte aquaviário e de atividades portuárias**;
>
> II – **promover estudos aplicados às definições de tarifas, preços e fretes, em confronto com os custos e os benefícios econômicos transferidos aos usuários pelos investimentos realizados**;
>
> III – **propor ao Ministério dos Transportes o plano geral de outorgas de exploração da infraestrutura aquaviária e de prestação de serviços de transporte aquaviário**;
>
> IV – **elaborar e editar normas e regulamentos** relativos à prestação de serviços de transporte e à exploração da infraestrutura aquaviária e portuária, garantindo isonomia no seu acesso e uso, assegurando os direitos dos usuários e fomentando a competição entre os operadores;
>
> V – **celebrar atos de outorga de permissão ou autorização de prestação de serviços de transporte pelas empresas de navegação fluvial, lacustre, de travessia, de apoio marítimo, de apoio portuário, de cabotagem e de longo curso**, observado o disposto nos art. 13 e 14, gerindo os respectivos contratos e demais instrumentos administrativos;
>
> VI – reunir, sob sua administração, os instrumentos de outorga para exploração de infraestrutura e de prestação de serviços de transporte aquaviário celebrados antes da vigência desta Lei, resguardando os direitos das partes;
>
> VII – **promover as revisões e os reajustes das tarifas portuárias**, assegurada a comunicação prévia, com antecedência mínima de 15 (quinze) dias úteis, ao poder concedente e ao Ministério da Fazenda;
>
> VIII – promover estudos referentes à composição da frota mercante brasileira e à prática de afretamentos de embarcações, para subsidiar as decisões governamentais quanto à política de apoio à indústria de construção naval e de afretamento de embarcações estrangeiras;
>
> IX – (VETADO);
>
> X – representar o Brasil junto aos organismos internacionais de navegação e em convenções, acordos e tratados sobre transporte aquaviário, observadas as diretrizes do Ministro de Estado dos Transportes e as atribuições específicas dos demais órgãos federais;
>
> XI – (VETADO);
>
> XII – supervisionar a participação de empresas brasileiras e estrangeiras na navegação de longo curso, em cumprimento aos tratados, convenções,

acordos e outros instrumentos internacionais dos quais o Brasil seja signatário;

XIII – (VETADO);

XIV – **estabelecer normas e padrões a serem observados pelas administrações portuárias, concessionários, arrendatários, autorizatários e operadores portuários**, nos termos da Lei na qual foi convertida a Medida Provisória nº 595, de 6 de dezembro de 2012;

XV – **elaborar editais e instrumentos de convocação e promover os procedimentos de licitação e seleção para concessão, arrendamento ou autorização da exploração de portos organizados ou instalações portuárias**, de acordo com as diretrizes do poder concedente, em obediência ao disposto na Lei na qual foi convertida a Medida Provisória nº 595, de 6 de dezembro de 2012;

XVI – cumprir e fazer cumprir as cláusulas e condições dos contratos de concessão de porto organizado ou dos contratos de arrendamento de instalações portuárias quanto à manutenção e reposição dos bens e equipamentos reversíveis à União de que trata o inciso VIII do caput do art. 5º da Lei na qual foi convertida a Medida Provisória nº 595, de 6 de dezembro de 2012;

XVII – autorizar projetos e investimentos no âmbito das outorgas estabelecidas, encaminhando ao Ministro de Estado dos Transportes ou ao Secretário Especial de Portos, conforme o caso, propostas de declaração de utilidade pública;

XVIII – (VETADO);

XIX – **estabelecer padrões e normas técnicas relativos às operações de transporte aquaviário de cargas especiais e perigosas**;

XX – elaborar o seu orçamento e proceder à respectiva execução financeira;

XXI – **fiscalizar o funcionamento e a prestação de serviços das empresas de navegação de longo curso, de cabotagem, de apoio marítimo, de apoio portuário, fluvial e lacustre**;

XXII – fiscalizar a execução dos contratos de adesão das autorizações de instalação portuária de que trata o art. 8º da Lei na qual foi convertida a Medida Provisória nº 595, de 6 de dezembro de 2012;

XXIII – adotar procedimentos para a incorporação ou desincorporação de bens, no âmbito das outorgas;

XXIV – autorizar as empresas brasileiras de navegação de longo curso, de cabotagem, de apoio marítimo, de apoio portuário, fluvial e lacustre, o afretamento de embarcações estrangeiras para o transporte de carga, conforme disposto na Lei nº9.432, de 8 de janeiro de 1997;

XXV – celebrar atos de outorga de concessão para a exploração da infraestrutura aquaviária, gerindo e fiscalizando os respectivos contratos e demais instrumentos administrativos;

XXVI – fiscalizar a execução dos contratos de concessão de porto organizado e de arrendamento de instalação portuária, em conformidade com o disposto na Lei na qual foi convertida a Medida Provisória nº 595, de 6 de dezembro de 2012;

XXVII – (revogado);

XXVIII – publicar os editais, julgar as licitações e celebrar os contratos de concessão, precedida ou não de execução de obra pública, para a exploração de serviços de operação de eclusas ou de outros dispositivos de transposição hidroviária de níveis situados em corpos de água de domínio da União.

XXIX – regulamentar outras formas de ocupação e exploração de áreas e instalações portuárias não previstas pela legislação específica.

XXX – fomentar a competição e tomar as medidas necessárias para evitar práticas anticoncorrenciais especialmente no tocante à má-fé na oferta de embarcações que não atendam adequadamente às necessidades dos afretadores na hipótese prevista no inciso I do caput do art. 9º da Lei nº 9.432, de 8 de janeiro de 1997.

6.9. Agência Nacional do Cinema (ANCINE)

- ✓ Norma de regência: MP 2.228-1/2001 (alterada pela Lei 12.485/11);
- ✓ Regimento interno: Resolução da Diretoria Colegiada nº 59/14;
- ✓ Ministério Supervisor: Ministério do Turismo;
- ✓ Diretoria: 1 Diretor-Presidente e 3 Diretores.

A ANCINE é caracterizada pela MP 2.228-1, como uma autarquia especial, vinculada ao Ministério do Turismo, órgão de fomento, regulação e fiscalização da indústria cinematográfica e videofonográfica, dotada de autonomia administrativa e financeira, com sede e foro no Distrito Federal e escritório central na cidade do Rio de Janeiro, podendo estabelecer escritórios regionais.

Seus objetivos são: I – promover a cultura nacional e a língua portuguesa mediante o estímulo ao desenvolvimento da indústria cinematográfica e videofonográfica nacional em sua área de atuação; II – promover a integração programática, econômica e financeira de atividades governamentais relacionadas à indústria cinematográfica e videofonográfica; III – aumentar a competitividade da indústria cinematográfica e videofonográfica nacional por meio do fomento à produção, à distribuição e à exibição nos diversos segmentos de mercado; IV – promover a autossustentabilidade da indústria cinematográfica nacional visando o aumento da produção e da exibição das obras cinematográficas brasileiras; V – promover a articulação dos vários elos da Cadeia produtiva da indústria cinematográfica nacional; VI – estimular a diversificação da produção cinematográfica e videofonográfica nacional e o fortalecimento da produção independente e das produções regionais com vistas ao incremento de sua oferta e à melhoria permanente de seus padrões de qualidade; VII – estimular a universalização do acesso às obras cinematográficas e videofonográficas, em especial as nacionais; VIII – garantir a participação diversificada de obras cinematográficas e videofonográficas estrangeiras no mercado brasileiro; IX – garantir a participação das obras cinematográficas e videofonográficas de produção nacional em todos os segmentos do mercado interno e estimulá-la no mercado externo; X – estimular a capacitação dos recursos humanos e o desenvolvimento tecnológico da indústria cinematográfica e videofonográfica nacional; XI – zelar pelo respeito ao direito autoral sobre obras audiovisuais nacionais e estrangeiras (art. 6º da MP 2.228-1).

Já as competências da ANCINE, conforme previsão do art. 7º da MP 2.228-1, são:

> I. **executar a política nacional de fomento ao cinema;**
>
> II. **fiscalizar o cumprimento da legislação referente à atividade cinematográfica e videofonográfica nacional e estrangeira nos diversos segmentos de mercados;**
>
> III. **promover o combate à pirataria** de obras audiovisuais;
>
> IV. **aplicar multas e sanções**, na forma da lei;
>
> V. **regular as atividades de fomento e proteção à indústria cinematográfica e videofonográfica nacional, resguardando a livre manifestação do pensamento, da criação, da expressão e da informação;**
>
> VI. coordenar as ações e atividades governamentais referentes à indústria cinematográfica e videofonográfica, ressalvadas as competências dos Ministérios da Cultura e das Comunicações;
>
> VII. articular-se com os órgãos competentes dos entes federados com vistas a otimizar a consecução dos seus objetivos;
>
> VIII. gerir programas e mecanismos de fomento à indústria cinematográfica e videofonográfica nacional;
>
> IX – estabelecer critérios para a aplicação de recursos de fomento e financiamento à indústria cinematográfica e videofono gráfica nacional;
>
> X – promover a participação de obras cinematográficas e videofonográficas nacionais em festivais internacionais;
>
> XI – aprovar e controlar a execução de projetos de coprodução, produção, distribuição, exibição e infraestrutura técnica a serem realizados com recursos públicos e incentivos fiscais, ressalvadas as competências dos Ministérios da Cultura e das Comunicações;
>
> XII – fornecer os Certificados de Produto Brasileiro às obras cinematográficas e videofonográficas;
>
> XIII – fornecer Certificados de Registro dos contratos de produção, coprodução, distribuição, licenciamento, cessão de direitos de exploração, veiculação e exibição de obras cinematográficas e videofonográficas;
>
> XIV – gerir o sistema de informações para o monitoramento das atividades da indústria cinematográfica e videofonográfica nos seus diversos meios de produção, distribuição, exibição e difusão;
>
> XV – articular-se com órgãos e entidades voltados ao fomento da produção, da programação e da distribuição de obras cinematográficas e videofono-

gráficas dos Estados membros do Mercosul e demais membros da comunidade internacional;

XVI – prestar apoio técnico e administrativo ao Conselho Superior do Cinema;

XVII – atualizar, em consonância com a evolução tecnológica, as definições referidas no art. 1º desta Medida Provisória;

XVIII – regular e fiscalizar o cumprimento dos princípios da comunicação audiovisual de acesso condicionado, das obrigações de programação, empacotamento e publicidade e das restrições ao capital total e votante das produtoras e programadoras fixados pela lei que dispõe sobre a comunicação audiovisual de acesso condicionado;

XIX – elaborar e tornar público plano de trabalho como instrumento de avaliação da atuação administrativa do órgão e de seu desempenho, estabelecendo os parâmetros para sua administração, bem como os indicadores que permitam quantificar, objetivamente, a sua avaliação periódica, inclusive com relação aos recursos aplicados em fomento à produção de audiovisual;

XX – enviar relatório anual de suas atividades ao Ministério da Cultura e, por intermédio da Presidência da República, ao Congresso Nacional;

XXI – tomar dos interessados compromisso de ajustamento de sua conduta às exigências legais no âmbito de suas competências, nos termos do § 6º do art. 5º da Lei nº 7.347, de 24 de julho de 1985;

XXII – promover interação com administrações do cinema e do audiovisual dos Estados membros do Mercosul e demais membros da comunidade internacional, com vistas na consecução de objetivos de interesse comum; e

XXIII – estabelecer critérios e procedimentos administrativos para a garantia do princípio da reciprocidade no território brasileiro em relação às condições de produção e exploração de obras audiovisuais brasileiras em territórios estrangeiros.

Qual o entendimento do STF sobre o assunto?

"São constitucionais a cota de tela, consistente na obrigatoriedade de exibição de filmes nacionais nos cinemas brasileiros, e as sanções administrativas decorrentes de sua inobservância". (RE 627432/RS, rel. Min. Dias Toffoli, j. 18.3.2021, Info 1010)

6.10. Agência Nacional de Aviação Civil (ANAC) – Lei 11.182/2005

- ✓ Norma de regência: Lei 11.182/2005;
- ✓ Regimento interno: Resolução nº 381/16;
- ✓ Ministério Supervisor: Ministério da Infraestrutura;
- ✓ Diretoria: 1 Diretor-Presidente e 4 Diretores. Mandato.

A Lei 11.182/05 caracteriza a ANAC como entidade integrante da Administração Pública Federal indireta, submetida a regime autárquico especial, vinculada ao Ministério da Infraestrutura, com prazo de duração indeterminado. Tem sede e foro no Distrito Federal, podendo instalar unidades administrativas regionais, competindo-lhe regular e fiscalizar as atividades de aviação civil e de infraestrutura aeronáutica e aeroportuária. Suas competências, segundo o art. 8º da referida lei, são:

> I – **implementar, em sua esfera de atuação, a política de aviação civil**;
>
> II – representar o País junto aos organismos internacionais de aviação civil, exceto nos assuntos relativos ao sistema de controle do espaço aéreo e ao sistema de investigação e prevenção de acidentes aeronáuticos;
>
> III – **elaborar relatórios e emitir pareceres** sobre acordos, tratados, convenções e outros atos relativos ao transporte aéreo internacional, celebrados ou a ser celebrados com outros países ou organizações internacionais;
>
> IV – realizar estudos, estabelecer normas, **promover a implementação das normas e recomendações internacionais de aviação civil**, observados os acordos, tratados e convenções internacionais de que seja parte a República Federativa do Brasil;
>
> V – **negociar o estabelecimento de acordos e tratados sobre transporte aéreo internacional**, observadas as diretrizes do CONAC;
>
> VI – negociar, realizar intercâmbio e articular-se com autoridades aeronáuticas estrangeiras, para validação recíproca de atividades relativas ao sistema de segurança de voo, inclusive quando envolvam certificação de produtos aeronáuticos, de empresas prestadoras de serviços e fabricantes de produtos aeronáuticos, para a aviação civil;
>
> VII – **regular e fiscalizar a operação de serviços aéreos** prestados, no País, por empresas estrangeiras, observados os acordos, tratados e convenções internacionais de que seja parte a República Federativa do Brasil;
>
> VIII – promover, junto aos órgãos competentes, o cumprimento dos atos internacionais sobre aviação civil ratificados pela República Federativa do Brasil;
>
> IX – regular as condições e a designação de empresa aérea brasileira para operar no exterior;
>
> X – **regular e fiscalizar os serviços aéreos, os produtos e processos aeronáuticos, a formação e o treinamento de pessoal especializado, os serviços auxiliares, a segurança da aviação civil, a facilitação do transporte aéreo, a habilitação de tripulantes, as emissões de poluentes e o ruído aeronáutico, os sistemas de reservas, a movimentação de passageiros e carga e as demais atividades de aviação civil;**
>
> XI – **expedir regras sobre segurança em área aeroportuária e a bordo de aeronaves civis, porte e transporte de cargas perigosas**, inclusive o porte ou transporte de armamento, explosivos, material bélico ou de quaisquer outros produtos, substâncias ou objetos que possam pôr em risco os tripulantes ou passageiros, ou a própria aeronave ou, ainda, que sejam nocivos à saúde;
>
> XII – regular e fiscalizar as medidas a serem adotadas pelas empresas prestadoras de serviços aéreos, e exploradoras de infraestrutura aeroportuária, para prevenção quanto ao uso por seus tripulantes ou pessoal

técnico de manutenção e operação que tenha acesso às aeronaves, de substâncias entorpecentes ou psicotrópicas, que possam determinar dependência física ou psíquica, permanente ou transitória;

XIII - regular e fiscalizar a outorga de serviços aéreos (Revogado pela Medida Provisória nº 1.089, de 2021);

XIV - exigir certificação do operador como condição para exploração dos serviços aéreos, quando julgar necessário, conforme disposto em regulamentação (Redação dada pela Medida Provisória nº 1.089, de 2021);

XV - promover a apreensão de bens e produtos aeronáuticos de uso civil, que estejam em desacordo com as especificações;

XVI - fiscalizar as aeronaves civis, seus componentes, equipamentos e serviços de manutenção, com o objetivo de assegurar o cumprimento das normas de segurança de voo;

XVII - proceder à homologação e emitir certificados, atestados, aprovações e autorizações, relativos às atividades de competência do sistema de segurança de voo da aviação civil, bem como licenças de tripulantes e certificados de habilitação técnica e de capacidade física e mental, observados os padrões e normas por ela estabelecidos;

XVIII - administrar o Registro Aeronáutico Brasileiro e disciplinar seu funcionamento, os requisitos e os procedimentos para o registro (Redação dada pela Medida Provisória nº 1.089, de 2021);

XIX - regular as autorizações de horários de pouso e decolagem de aeronaves civis, observadas as condicionantes do sistema de controle do espaço aéreo e da infraestrutura aeroportuária disponível;

XX - **compor, administrativamente, conflitos de interesses entre prestadoras de serviços aéreos e de infraestrutura aeronáutica e aeroportuária;**

XXI - **regular e fiscalizar a infraestrutura aeronáutica e aeroportuária**, com exceção das atividades e procedimentos relacionados com o sistema de controle do espaço aéreo e com o sistema de investigação e prevenção de acidentes aeronáuticos;

XXII - aprovar os planos diretores dos aeroportos;

XXIII - (revogado);

XXIV - **conceder ou autorizar a exploração da infraestrutura aeroportuária**, no todo ou em parte;

XXV - estabelecer o regime tarifário da exploração da infraestrutura aeroportuária, no todo ou em parte, e disciplinar a remuneração do seu uso (Redação dada pela Medida Provisória nº 1.089, de 2021);

XXVI - homologar, registrar e cadastrar os aeródromos;

XXVII - (revogado);

XXVIII - fiscalizar a observância dos requisitos técnicos na construção, reforma e ampliação de aeródromos e aprovar sua abertura ao tráfego;

XXIX - expedir normas e padrões que assegurem a compatibilidade, a operação integrada e a interconexão de informações entre aeródromos;

XXX - **expedir normas e estabelecer padrões mínimos de segurança de voo, de desempenho e eficiência**, a serem cumpridos pelas prestadoras de serviços aéreos e de infraestrutura aeronáutica e aeroportuária, inclusive quanto a equipamentos, materiais, produtos e processos que utilizarem e serviços que prestarem;

XXXI - expedir certificados de aeronavegabilidade;

XXXII - regular e fiscalizar os serviços aéreos prestados por aeroclubes, escolas e cursos de aviação civil (Redação dada pela Medida Provisória nº 1.089, de 2021);

XXXIII - expedir, homologar ou reconhecer a certificação de produtos e processos aeronáuticos de uso civil, observados os padrões e normas por ela estabelecidos;

XXXIV - integrar o Sistema de Investigação e Prevenção de Acidentes Aeronáuticos - SIPAER;

XXXV - **reprimir infrações à legislação, inclusive quanto aos direitos dos usuários, e aplicar as sanções cabíveis**;

XXXVI - arrecadar, administrar e aplicar suas receitas;

XXXVII - contratar pessoal por prazo determinado, de acordo com a legislação aplicável;

XXXVIII - adquirir, administrar e alienar seus bens;

XXXIX - apresentar ao Ministro de Estado Chefe da Secretaria de Aviação Civil da Presidência da República proposta de orçamento;

XL - elaborar e enviar o relatório anual de suas atividades à Secretaria de Aviação Civil da Presidência da República e, por intermédio da Presidência da República, ao Congresso Nacional;

XLI - aprovar o seu regimento interno;

XLII - administrar os cargos efetivos, os cargos comissionados e as gratificações de que trata esta Lei;

XLIII - decidir, em último grau, sobre as matérias de sua competência;

XLIV - deliberar, na esfera administrativa, quanto à interpretação da legislação, sobre serviços aéreos e de infraestrutura aeronáutica e aeroportuária, inclusive casos omissos, quando não houver orientação normativa da Advocacia-Geral da União;

XLV - deliberar, na esfera técnica, quanto à interpretação das normas e recomendações internacionais relativas ao sistema de segurança de voo da aviação civil, inclusive os casos omissos;

XLVI - editar e dar publicidade às instruções e aos regulamentos necessários à aplicação desta Lei;

XLVII - (revogado);

XLVIII - firmar convênios de cooperação técnica e administrativa com órgãos e entidades governamentais, nacionais ou estrangeiros, tendo em vista a descentralização e fiscalização eficiente dos setores de aviação civil e infraestrutura aeronáutica e aeroportuária; e

XLIX - contribuir para a preservação do patrimônio histórico e da memória da aviação civil e da infraestrutura aeronáutica e aeroportuária, em cooperação com as instituições dedicadas à cultura nacional, orientando e incentivando a participação das empresas do setor.

> **Qual o entendimento do STF sobre o assunto?**
>
> "[...] a Lei nº 11.182/2005, que criou a ANAC, conferiu-lhe atribuição para regular e fiscalizar as atividades de aviação civil e de infraestrutura aeronáutica e aeroportuária, bem como para expedir normas de segurança, reprimir infrações à legislação e aplicar as respectivas sanções. [...] é certo que o Poder Judiciário tem competência para, nos casos em que há violação aos princípios da proporcionalidade e da razoabilidade, tornar sem efeito autuações perpetradas pela Administração Pública [...]". (STF, RE 1157272 RJ, Rel. Min. Edson Fachin, j. 18.09.2018, DJE 20.09.2018).

6.11. Agência Nacional de Mineração (ANM) - Lei 13.575/2017

- ✓ Norma de regência: Lei 13.575/2017 e Decreto nº 9.406/18;
- ✓ Regimento interno: Resolução nº 02/2018;
- ✓ Ministério Supervisor: Ministério de Minas e Energia;
- ✓ Diretoria: 1 Diretor-Geral e 4 Diretores.

A Lei nº 13.575/2017, resultado da conversão da Medida Provisória nº 791 do mesmo ano, além de criar a Agência Nacional de Mineração (ANM), extinguiu o Departamento Nacional de Produção Mineral (DNPM), dentre outras medidas. A ANM, segundo disposição de sua lei de regência, no exercício de suas competências, observará e implementará as orientações e diretrizes fixadas no Código de Mineração (Decreto-Lei nº 227, de 28 de fevereiro de 1967), em legislação correlata e nas políticas estabelecidas pelo Ministério de Minas e Energia, e terá como finalidade promover a gestão dos recursos minerais da União, bem como a regulação e a fiscalização das atividades para o aproveitamento dos recursos minerais no País, competindo-lhe (art. 2º):

I - **implementar a política nacional para as atividades de mineração**;

II - **estabelecer normas e padrões para o aproveitamento dos recursos minerais**, observadas as políticas de planejamento setorial definidas pelo Ministério de Minas e Energia e as melhores práticas da indústria de mineração;

III - prestar apoio técnico ao Ministério de Minas e Energia;

IV - **requisitar, guardar e administrar os dados e as informações sobre as atividades de pesquisa e lavra produzidos por titulares de direitos minerários**;

V - **gerir os direitos e os títulos minerários para fins de aproveitamento de recursos minerais**;

VI – **estabelecer os requisitos técnicos, jurídicos, financeiros e econômicos a serem atendidos pelos interessados na obtenção de títulos minerários;**

VII – estabelecer os requisitos e os critérios de julgamento dos procedimentos de disponibilidade de área, conforme diretrizes fixadas em atos da ANM;

VIII – regulamentar os processos administrativos sob sua competência, notadamente os relacionados com a outorga de títulos minerários, com a fiscalização de atividades de mineração e aplicação de sanções;

IX – consolidar as informações do setor mineral fornecidas pelos titulares de direitos minerários, cabendo-lhe a sua divulgação periódica, em prazo não superior a um ano;

X – emitir o Certificado do Processo de Kimberley, de que trata a Lei nº 10.743, de 9 de outubro de 2003, ressalvada a competência prevista no § 2º do art. 6º da referida Lei;

XI – fiscalizar a atividade de mineração, podendo realizar vistorias, notificar, autuar infratores, adotar medidas acautelatórias como de interdição e paralisação, impor as sanções cabíveis, firmar termo de ajustamento de conduta, constituir e cobrar os créditos delas decorrentes, bem como comunicar aos órgãos competentes a eventual ocorrência de infração, quando for o caso;

XII – regular, fiscalizar, arrecadar, constituir e cobrar os créditos decorrentes:

a) da Compensação Financeira pela Exploração de Recursos Minerais (CFEM), de que trata a Lei nº 7.990, de 28 de dezembro de 1989;

b) da taxa anual, por hectare, a que se refere o inciso II do caput do art. 20 do Decreto-Lei nº 227, de 28 de fevereiro de 1967 (Código de Mineração); e

c) das multas aplicadas pela ANM;

XIII – normatizar, orientar e fiscalizar a extração e coleta de espécimes fósseis a que se refere o inciso III do caput do art. 10 do Decreto-Lei nº 227, de 28 de fevereiro de 1967 (Código de Mineração), e o Decreto-Lei nº 4.146, de 4 de março de 1942, e adotar medidas para promoção de sua preservação;

XIV – **mediar, conciliar e decidir os conflitos entre os agentes da atividade de mineração;**

XV – decidir sobre direitos minerários e outros requerimentos em procedimentos administrativos de outorga ou de fiscalização da atividade de mineração, observado o disposto no art. 3º desta Lei;

XVI – julgar o processo administrativo instaurado em função de suas decisões;

XVII – **expedir os títulos minerários** e os demais atos referentes à execução da legislação minerária, observado o disposto no art. 3º desta Lei;

XVIII – decidir requerimentos de lavra e outorgar concessões de lavra das substâncias minerais de que trata o art. 1º da Lei nº 6.567, de 24 de setembro de 1978;

XIX - declarar a caducidade dos direitos minerários, cuja outorga de concessões de lavra seja de sua competência;

XX - estabelecer as condições para o aproveitamento das substâncias minerais destinadas à realização de obras de responsabilidade do poder público;

XXI - **aprovar a delimitação de áreas e declarar a utilidade pública para fins de desapropriação ou constituição de servidão mineral**;

XXII - estabelecer normas e exercer fiscalização, em caráter complementar, sobre controle ambiental, higiene e segurança das atividades de mineração, atuando em articulação com os demais órgãos responsáveis pelo meio ambiente e pela higiene, segurança e saúde ocupacional dos trabalhadores;

XXIII - definir e disciplinar os conceitos técnicos aplicáveis ao setor de mineração;

XXIV - fomentar a concorrência entre os agentes econômicos, monitorar e acompanhar as práticas de mercado do setor de mineração brasileiro e cooperar com os órgãos de defesa da concorrência, observado o disposto na Lei no 12.529, de 30 de novembro de 2011, e na legislação pertinente;

XXV - regular e autorizar a execução de serviços de geologia e geofísica aplicados à atividade de mineração, visando ao levantamento de dados técnicos destinados à comercialização, em bases não exclusivas;

XXVI - estabelecer os requisitos e procedimentos para a aprovação e decidir sobre o relatório final de pesquisa;

XXVII - apreender, destruir, doar a instituição pública substâncias minerais e equipamentos encontrados ou provenientes de atividades ilegais ou promover leilão deles, conforme dispuser resolução da ANM, com acompanhamento de força policial sempre que necessário, ficando autorizado o leilão antecipado de substâncias minerais e equipamentos, no caso de risco de depreciação, mantido o valor apurado em depósito até o término do procedimento administrativo de perdimento pertinente;

XXVIII - normatizar, fiscalizar e arrecadar os encargos financeiros do titular do direito minerário e os demais valores devidos ao poder público nos termos desta Lei, bem como constituir e cobrar os créditos deles decorrentes e efetuar as restituições devidas;

XXIX - **normatizar e reprimir as infrações à legislação e aplicar as sanções cabíveis**, observado o disposto nesta Lei;

XXX - instituir o contencioso administrativo para julgar os créditos devidos à ANM em 1a instância administrativa e os recursos voluntários, assim como os pedidos de restituição do indébito, assegurados o contraditório e a ampla defesa;

XXXI - manter o registro mineral e as averbações referentes aos títulos e aos direitos minerários;

XXXII - expedir certidões e autorizações;

XXXIII - conceder anuência prévia aos atos de cessão ou transferência de concessão de lavra cuja outorga seja de sua competência, conforme estabelecido pelo § 3º do art. 176 da Constituição Federal;

> XXXIV – regulamentar o compartilhamento de informações sobre a atividade de mineração entre órgãos e entidades da União, dos Estados, do Distrito Federal e dos Municípios;
>
> XXXV – normatizar o sistema brasileiro de certificação de reservas e recursos minerais, no prazo de até um ano, contado da publicação desta Lei;
>
> XXXVI – aprovar seu regimento interno;
>
> XXXVII – regulamentar a aplicação de recursos de pesquisa, desenvolvimento tecnológico e inovação, do setor mineral.

Merece destaque o fato de que a Lei 13.575/17 estabeleceu expressamente a ANM deverá, ao tomar conhecimento de fato que possa configurar indício de infração da ordem econômica, comunicá-lo imediatamente ao Cade. Nesse caso, se tal comunicação decorrer de cessão de direitos minerários que não atenda aos critérios previstos na legislação de defesa da concorrência brasileira, a anuência da cessão estará vinculada à decisão terminativa proferida pelo Cade publicada em meio oficial (art. 2º, §§ 1º e 2º). Da mesma forma, a ANM, ao tomar conhecimento de fato que possa configurar indício de infração penal, comunicá-lo imediatamente à autoridade competente (art. 2º, § 3º).

7. CONTRIBUIÇÃO DE INTERVENÇÃO NO DOMÍNIO ECONÔMICO (CIDE)

Outra forma de intervenção indireta do Estado, no caso, especificamente da União, sobre o domínio econômico, diz respeito à Contribuição de Intervenção no domínio econômico (CIDE), conforme expressamente previsto no art. 149 da CRFB. Nesse sentido, tais contribuições, assim como as demais contribuições especiais, são **tributos teleológicos**, ou seja, vocacionados à promoção de fins determinados (PAULSEN; VELLOSO, 2010, p. 242).

Assim, as contribuições interventivas, como a CIDE, são vocacionadas a promover a atividade de **incentivo**, que gera despesas de grande monta ao Poder Público. Deste modo, não há que se confundir a contribuição de intervenção no domínio econômico das contribuições sociais, cuja atuação do Poder Público volta-se para a ordem social, como ocorre nos casos de contribuições para a seguridade social, educação, cultura, tecnologia e meio ambiente (PAULSEN; VELLOSO, 2010, p. 245).

Considerando o fato de as CIDEs serem espécies de contribuições especiais, deverão ser instituídas observando-se: a) as limitações constitucionais ao poder de tributar; b) existência de competência impositiva; c) busca da finalidade especificada pela norma atributiva de competência; d) necessidade; e) referibilidade (liame entre a finalidade e a contribuição); f) atividade passível de ser financiada mediante a cobrança de CIDEs; g) caráter setorial; e h) observância dos princípios gerais da ordem econômica (PAULSEN; VELLOSO, 2010, p. 245).

A competência para a instituição da CIDE é **exclusiva da União** (art. 149, *caput*, da CRFB), devendo ser instituída, em regra, por lei ordinária, sujeitando-se, contudo, à lei complementar de normas gerais em matéria tributária, ou seja, às disposições do Código Tributário Nacional em temas como obrigação, lançamento, crédito, decadência e prescrição (SABBAG, 2015, p. 537).

Como esse assunto foi cobrado em concurso?

No Concurso do CESPE para a ANTAQ em 2014, foi considerado ERRADO o seguinte enunciado: "É exclusiva da União a competência para instituir contribuições sociais e de intervenção no domínio econômico, as quais são fonte de financiamento de políticas públicas federais nas áreas social e econômica, inclusive para o custeio do sistema de previdência social dos servidores públicos".

Como esse assunto foi cobrado em concurso?

No Concurso do CESPE para a Analista de Administração Pública do TC/DF em 2014, foi considerado ERRRADO o seguinte enunciado: "O DF, por ser um ente federativo híbrido, **pode** instituir contribuição social ou de intervenção no domínio econômico, desde que os seus valores, direta ou indiretamente, sejam revertidos aos servidores públicos".

Qual o entendimento do STF sobre o assunto?

"[...] A referência ao artigo 146, inciso III, da Constituição Federal, apenas define uma relação de hierarquia, determinando o conteúdo, mas não a forma legislativa válida para a instituição das contribuições de intervenção no domínio econômico que, assim, **podem ser criadas formalmente por meio de lei ordinária, observadas as prescrições materiais da lei complementar de normas gerais**, que são aplicáveis, por evidente, a toda e qualquer espécie tributária" (RE 541.274/CE, Rel. Min. Dias Toffoli, publ. 17.05.2011).

Como esse assunto foi cobrado em concurso?

No Concurso do CESPE para Especialista em Regulação da ANATEL em 2014, foi considerado ERRADO o seguinte enunciado: "De acordo com o entendimento do STF, a criação de contribuições de intervenção no domínio econômico deve ser feita por meio de edição de **lei complementar**".

Como esse assunto foi cobrado em concurso?

No Concurso para Juiz Federal da 1ª Região em 2011, foi considerado CERTO o seguinte enunciado: "É constitucional a instituição, por **lei ordinária**, da contribuição de intervenção no domínio econômico, sendo desnecessária a vinculação direta entre os benefícios dela decorrentes e o contribuinte".

Eduardo Sabbag aponta, ainda, importantes normas aplicáveis às CIDEs, em conformidade com o art. 149, § 2º, I, II e III, da CRFB (2015, p. 553):

- Não incidirão sobre as receitas decorrentes de exportação;
- Incidirão também sobre a importação de produtos estrangeiros ou serviços;
- Poderão ter alíquotas *ad valorem* ou específicas;

- Obedecerão a todos os princípios constitucionais tributários (ressalvado o caso da CIDE-Combustível);
- Poderão incidir uma única vez, conforme a estipulação prevista em lei.

A CIDE somente poderá ser instituída com o intuito de incentivar a atuação privada em **segmento econômico determinado e específico** (jamais de forma geral), "em caráter excepcional, quando e enquanto persistirem a desorganização de determinado nicho da economia, que acarrete, por consequência, desequilíbrio de mercado" (FIGUEIREDO, 2016, p. 152).

Dentre as contribuições de intervenção no domínio econômico, é possível destacar:

- Contribuição exigida pelo extinto IAA (instituto do Açúcar e do Álcool);
- Contribuição exigida pelo extinto IBC (Instituto Brasileiro do Café);
- Adicional ao Frete para Renovação da Marinha Mercante - AFRMM (Lei nº 10.893/04);
- Adicional de tarifa portuária - ATP (Lei nº 7.700/88);
- Contribuição destinada ao INCRA;
- Contribuição ao SEBRAE;
- CIDE-combustíveis;
- CIDE-*Royalties*.

Leandro Pausen e Andrei Pitten Veloso chamam a atenção para o debate em torno das contribuições destinadas aos serviços sociais autônomos, destacando que a qualificação das atividades desses serviços acaba por dificultar a determinação da natureza tributária específica das contribuições que os financiam. Assim, a solução deve ser buscada, em regra, na análise da lei que autorizou a sua criação. Dessa forma, aqueles serviços autônomos vinculados à atuação imediata no domínio econômico terão suas contribuições enquadradas nitidamente na categoria de contribuições interventivas quais sejam: Serviço Brasileiro de Apoio às Micro e Pequenas Empresas (SEBRAE), Agência de Promoção de Exportações do Brasil (APEX-Brasil) e Agência Brasileira de Desenvolvimento Industrial (ABDI) (2010, p. 252).

> **Qual o entendimento do STJ sobre o assunto?**
>
> "[...] É pacífico no STJ o entendimento de que, a Contribuição para o SEBRAE configura intervenção no domínio econômico e, por isso, é exigível de todos aqueles que se sujeitam às Contribuições para o SESC, SESI, SENAC e SENAI, independentemente do porte econômico [...]" (AgRg no Ag 600.795/PR, Rel. Min. Herman Benjamin, publ. 24.10.2007).

Em que pese entendimentos doutrinários em sentido contrário, entendendo-a como contribuição social, a Contribuição destinada ao Instituto Nacional de Colonização e Reforma Agrária (INCRA) foi reconhecida pelo STJ como uma espécie de Contribuição de Intervenção no Domínio Econômico, com "finalidade específica constitucionalmente determinada de promoção da reforma agrária e da colonização, visando atender aos princípios da função social da propriedade e a diminuição das desigualdades regionais e sociais" (SABBAG, 2015, p. 557).

> ▸ **Qual o entendimento do STJ sobre o assunto?**
>
> "[...] A Primeira Seção desta Corte Superior, no REsp 977.058/RS, submetido ao rito do art. 543-C do CPC, firmou compreensão no sentido de que a contribuição destinada ao INCRA, que tem natureza de Contribuição de Intervenção no Domínio Econômico-CIDE, não foi extinta pela Lei nº 7.787/89, tampouco pelas Leis nºs 8.212/91 e 8.213/91, sendo devida **inclusive por empresas urbanas** [...]". (STJ - AgReg no AREsp 504.123, Rel. Min. Sérgio Kukina, publ. 18.06.2014)
>
> "A política agrária encarta-se na Ordem Econômica (art. 184 da CF/1988), por isso que a exação que lhe custeia tem inequívoca natureza de Contribuição de Intervenção no Domínio Econômico [...]" (REsp 977.058/RS, Rel. Min. Luiz Fux, publ. 10.11.2008).

> ▸ **Como esse assunto foi cobrado em concurso?**
>
> No Concurso para Juiz Federal da 1ª Região em 2011, foi considerado ERRADO o seguinte enunciado: "Conforme pacífica jurisprudência do STJ, a contribuição especial de intervenção no domínio econômico para financiar os programas e projetos vinculados à reforma agrária e suas atividades complementares **não** pode ser cobrada de empresas urbanas".

7.1. Cide-combustível

Dentre as Contribuições de Intervenção no Domínio Econômico, aquela com maior destaque e maior incidência em concursos públicos é a Cide-combustível, cuja previsão foi inserida na Constituição Federal de 1988 pela EC 33/2001 que incluiu o § 4º no texto do art. 177, com a seguinte redação:

> CRFB, Art. 177, § 4º. "A lei que instituir contribuição de intervenção no domínio econômico relativa às atividades de importação ou comercialização de petróleo e seus derivados, gás natural e seus derivados e álcool combustível deverá atender aos seguintes requisitos: I - a alíquota da contribuição poderá ser: a) diferenciada por produto ou uso; b) reduzida e restabelecida por ato do Poder Executivo, não se lhe aplicando o disposto no art. 150, III, *b*; **II - os recursos arrecadados serão destinados:** a) ao pagamento de subsídios a preços ou transporte de álcool combustível, gás natural e seus derivados e derivados de petróleo; b) ao financiamento de projetos ambientais relacionados com a indústria do petróleo e do gás; c) **ao financiamento de programas de infraestrutura de transportes.**

Assim, conforme disposição constitucional é importante destacar que o tributo é exceção aos princípios da legalidade e anterioridade tributárias, quanto ao restabelecimento de alíquotas, que tenham sido reduzidas por ato do Poder Executivo. Além disso, o tributo poderá ter sua alíquota diferenciada em razão da natureza do produto (SABBAG, 2015, p. 554). Por outro lado, apesar de não se submeter à anterioridade anual, a CIDE combustíveis deve observar a anterioridade nonagesimal.

> **Como esse assunto foi cobrado em concurso?**
> No Concurso do CESPE para Analista Legislativo da Câmara dos Deputados em 2014, foi considerado CERTO o seguinte enunciado: **"É possível** reduzir e restabelecer as alíquotas da Contribuição de Intervenção no Domínio Econômico (CIDE) sobre os combustíveis por meio de decreto do presidente da República".

> **Como esse assunto foi cobrado em concurso?**
> No Concurso da ESAF para Procurador da Fazenda Nacional em 2012, foi considerado CERTO o seguinte enunciado: "A lei que instituir ou aumentar a CIDE-combustível **deve observar** a anterioridade nonagesimal prevista no art. 150, II, c, da Constituição".

> **Como esse assunto foi cobrado em concurso?**
> No Concurso da ESAF para Procurador da Fazenda Nacional em 2012, foi considerado ERRADO o seguinte enunciado: "A alíquota da contribuição [Cide-combustível] pode ser reduzida e reestabelecida por ato do Poder Executivo, **vedada** sua cobrança no mesmo exercício financeiro em que haja sido instituída ou aumentada".

> **Como esse assunto foi cobrado em concurso?**
> No Concurso do CESPE para Procurador Federal em 2007, foi considerado CERTO o seguinte enunciado: "O produto da arrecadação da contribuição de intervenção no domínio econômico relativa às atividades de importação e comercialização de petróleo e seus derivados será destinado, entre outros fins, ao financiamento de programa de infraestrutura de transportes".

Respeitando-se as disposições constitucionais, a Cide-combustível foi instituída pela Lei 10.336/2001 de forma a incidir sobre a importação e a comercialização de petróleo e seus derivados, gás natural e seus derivados, e álcool etílico combustível, sendo seu produto destinado, na forma da lei orçamentária, ao:

> I. Pagamento de subsídios a preços ou transporte de álcool combustível, de gás natural e seus derivados e de derivados de petróleo;
>
> II. Financiamento de projetos ambientais relacionados com a indústria do petróleo e do gás; e
>
> III. Financiamento de programas de infraestrutura de transportes.

Observe-se, ainda, que, apesar de ser um tributo a ser arrecadado pela União, por expressa disposição constitucional (art. 159, III), esta deverá entregar 29% do produto da arrecadação da Cide-combustível para os Estados e o Distrito Federal, distribuídos na forma da lei.

> **Como esse assunto foi cobrado em concurso?**
>
> No Concurso da ESAF para Procurador da Fazenda Nacional em 2012, foi considerado CERTO o seguinte enunciado: "Do produto da arrecadação da contribuição de intervenção no domínio econômico prevista no art. 177, § 4º, a União entregará 29% (vinte e nove por cento) para os Estados e o Distrito Federal".

8. REGIME JURÍDICO DOS RECURSOS NATURAIS

Leonardo Vizeu Figueiredo diferencia recurso de riqueza natural. Para o autor, por recursos naturais deve-se entender **os fatores de produção derivados do meio ambiente, sejam estes renováveis ou esgotáveis.** Por outro lado, riqueza natural deve ser compreendida como o "recurso ambiental industrialmente beneficiado, que lhe agrega valor econômico e o torna apto a circular no mercado, com finalidade lucrativa" (2016, p. 153).

A disciplina dos recursos naturais tem envergadura constitucional, estando prevista no art. 176 da Constituição Federal de 1988. Considerando que as questões de concursos relacionadas ao tema em geral exigem a letra da lei, a leitura do dispositivo deve se dar com muito cuidado e atenção.

> **Importante**
>
> CRFB, art. 176. As jazidas, em lavra ou não, e demais recursos minerais e os potenciais de energia hidráulica constituem propriedade distinta da do solo, para efeito de exploração ou aproveitamento, e pertencem à União, garantida ao concessionário a propriedade do produto da lavra.
>
> § 1º A pesquisa e a lavra de recursos minerais e o aproveitamento dos potenciais a que se refere o caput deste artigo somente poderão ser efetuados mediante autorização ou concessão da União, no interesse nacional, por brasileiros ou empresa constituída sob as leis brasileiras e que tenha sua **sede e administração no País**, na forma da lei, que estabelecerá as condições específicas quando essas atividades se desenvolverem na faixa de fronteira ou em terras indígenas.
>
> § 2º É assegurada a participação ao proprietário do solo nos resultados da lavra, na forma e no valor que dispuser a lei.
>
> § 3º A autorização de pesquisa será sempre por prazo determinado, e as autorizações e concessões previstas neste artigo não poderão ser cedidas ou transferidas, total ou parcialmente sem prévia anuência do poder concedente.
>
> § 4º Não dependerá de autorização ou concessão o aproveitamento do potencial de energia renovável de capacidade reduzida.

> **Como esse assunto foi cobrado em concurso?**
>
> No Concurso do CESPE para Procurador Federal em 2007, foi considerado ERRADO o seguinte enunciado: "Considere que o Presidente da República outorgue, por intermédio de decreto, à **pessoa jurídica Shevchenko do Brasil, com sede em Moscou**, Rússia, concessão para pesquisa e lavra de jazida de carvão mineral em determinada região brasileira. Nessa situação, segundo a ordenação normativa vigente, o ato de concessão será considerado constitucional se, em virtude do interesse nacional, a outorga tiver sido realizada com base no grau de especialização da referida pessoa jurídica".

Conforme leitura do dispositivo constitucional é possível concluir pela existência daquilo que Vizeu Figueiredo (2016, p. 153) chamou de propriedade tripartite:

a) **Superfície: particular;**

b) **Recursos naturais: União;**

c) **Produto da lavra: delegatário.**

> **Qual o entendimento do STF sobre o assunto?**
>
> "O sistema de direito constitucional positivo vigente no Brasil – fiel à tradição republicana iniciada com a Constituição de 1934, instituiu verdadeira **separação jurídica entre a propriedade do solo e a propriedade mineral** (que incide sobre as jazidas, em lavra ou não, e demais recursos minerais existentes no imóvel) e atribuiu, à União Federal, a titularidade da propriedade mineral, para o específico efeito de exploração econômica e/ou de aproveitamento industrial. A propriedade mineral submete-se ao regime de dominialidade pública. Os bens que a compõem qualificam-se como bens públicos dominiais, achando-se constitucionalmente integrados ao patrimônio da União Federal" (RE n. 140.254/SP-AgR, Rel. Min. Celso de Mello, publ. 06.06.1997).

8.1. Recursos para produção de energia hidráulica

Conforme observado no texto do art. 176 da Constituição Federal de 1988, em regra, o aproveitamento dos potenciais de energia hidráulica somente poderá ser efetuado mediante autorização ou concessão da União, na forma da lei (*caput* e § 1º). Assim, a Lei 9.433/97 instituiu a **Política Nacional de Recursos Hídricos** e criou o Sistema Nacional de Gerenciamento de Recursos Hídricos e na sua Seção III estabeleceu regras para a outorga de direitos de recursos hídricos, tendo como objetivos assegurar o controle quantitativo e qualitativo dos usos da água e o efetivo exercício dos direitos de acesso à água. Nesse sentido, o art. 12 fixou os casos em que estarão sujeitos a outorga pelo Poder Público os direitos dos usos de recursos hídricos, dentre os quais destaca-se o "aproveitamento os potenciais hidrelétricos".

▸ **Como esse assunto foi cobrado em concurso?**

No Concurso da FCC para Técnico Judiciário do TRF 5 em 2017 foi considerado ERRADO o seguinte enunciado: "A pesquisa e a lavra de recursos minerais e o aproveitamento dos potenciais de energia hidráulica somente poderão ser efetuados mediante concessão da União, no interesse nacional, por brasileiros ou empresa estrangeira, independentemente do país em que se localize sua sede e administração, desde que tenha sido constituída sob as leis brasileiras, na forma da lei, que estabelecerá as condições específicas quando essas atividades se desenvolverem em faixa de fronteira ou terras indígenas".

▸ **Como esse assunto foi cobrado em concurso?**

No Concurso do CESPE para Juiz Federal Substituto da 5ª Região em 2017, foi considerado CERTO o seguinte enunciado: "O aproveitamento dos potenciais de energia elétrica será realizado por brasileiros ou por empresa constituída sob as leis brasileiras **com sede e administração no país**".

▸ **Como esse assunto foi cobrado em concurso?**

No Concurso para Procurador da República em 2015, foi considerado ERRADO o seguinte enunciado: "Como os potenciais de energia hidráulica são bens da União, a exploração do aproveitamento energético dos cursos de água **independe** de autorização, concessão, permissão ou registro dos Estados onde se situam os potenciais hidroenergéticos".

O regime das concessões de serviços públicos foi disciplinado pela Lei 9.427/96 (mesma lei que criou a Agência Nacional de Energia Elétrica – ANEEL). Observe-se, contudo, que § 4º do mesmo art. 176, dispensou da autorização ou concessão o aproveitamento do potencial de energia renovável de capacidade reduzida. Assim, o Decreto 2.003/96 foi editado com o objetivo de regulamentar a produção de energia elétrica por produtor independente e por autoprodutor.

No art. 4º, o Decreto 2.003/96 fixa os casos que dependerão de autorização: I. a implantação de usina termelétrica de potência superior a 5.000 kW, destinada a autoprodutor e a produtor independente e II. o aproveitamento de potencial hidráulico de potência superior a 1.000 kW e igual ou inferior a 10.000 kW, por autoprodutor.

No artigo seguinte, por sua vez, foram disciplinados os casos em que o aproveitamento de potencial hidráulico não dependerá de concessão ou autorização: "Art. 5º- O aproveitamento de potencial hidráulico igual ou inferior a 1.000 kW e a implantação de usina termelétrica de potência igual ou inferior a 5.000 kW independem de concessão ou autorização, devendo, entretanto, ser comunicados ao órgão regulador e fiscalizador do poder concedente, para fins de registro".

▸ **Como esse assunto foi cobrado em concurso?**

No Concurso da FCC para Técnico Judiciário do TRF 5 em 2017 foi considerado ERRADO o seguinte enunciado: "O aproveitamento do potencial de energia renovável, mesmo que seja de capacidade reduzida, dependerá de autorização ou concessão".

▸ **Como esse assunto foi cobrado em concurso?**

No Concurso para Procurador da República em 2015, foi considerado ERRADO o seguinte enunciado: "Compete à Agência Nacional de Energia Elétrica - ANEEL, por meio de resolução, impor restrições, limites e condições para obtenção de outorga ou transferência de autorização para exploração de potencial de energia hidráulica de capacidade reduzida de até 1.000 kw. E nos casos de Pequena Central Elétrica (PCH), entre 1.000 e 3.000 kw, a outorga da concessão será sempre precedida por licitação".

▸ **Como esse assunto foi cobrado em concurso?**

No Concurso do CESPE para Procurador Federal em 2007, foi considerado CERTO o seguinte enunciado: "A construção de pequena represa em propriedade rural, para o aproveitamento do potencial de energia hídrica, a fim e suprir a demanda de energia elétrica da casa dos proprietários, **independe de autorização ou concessão"**.

Da mesma forma, as normas para outorga e prorrogações das concessões e permissões dos serviços de energia elétrica, previstas na Lei 9.074/95, determinam expressamente que "O aproveitamento de potenciais hidráulicos, iguais ou inferiores a 3.000 kW, e a implantação de usinas termelétricas de potência igual ou inferior a 5.000 kW, estão dispensadas de concessão, permissão ou autorização, devendo apenas ser comunicados ao poder concedente" (redação dada pela Lei 13.097/15).

▸ **Importante**

Em 1º de março de 2021 foi aprovada a lei nº 14.120, tratando de importantes aspectos sobre energia. Já em 6 de janeiro de 2022 foi aprovada a lei nº 14.300, instituindo o marco legal da microgeração e minigeração distribuída, o Sistema de Compensação de Energia Elétrica (SCEE) e o Programa de Energia Renovável Social (PERS). Por serem temas cobrados apenas em concursos muito específicos, não foram abordados nesse livro.

▸ **Como esse assunto foi cobrado em concurso?**

No Concurso para Procurador da República em 2015, foi considerado CERTO o seguinte enunciado: "O aproveitamento do potencial hidráulico de capacidade reduzida (até 1.000 kw) não dependerá de autorização ou concessão da Agência Nacional de Energia Elétrica - ANEEL, mas deverá ser comunicado à agência para fins de registro. Essa comunicação e registo não eximem o interessado das responsabilidades quanto aos aspectos ambientais e de recursos hídricos". (na época em que essa questão foi aplicada, o texto da Lei 9.074/95, em sua redação original, dispunha como potencial hidráulico de capacidade reduzida até 1.000 kW. Por isso foi considerada correta).

8.2. Recursos minerais

> ▸ **Qual o entendimento do STF sobre o assunto?**
>
> "O sistema minerário vigente no Brasil atribui, à concessão de lavra - que constitui verdadeira ***res in comercio*** - caráter negocial e conteúdo de natureza econômico-financeira. O impedimento causado pelo Poder Público na exploração empresarial das jazidas legitimamente concedidas gera o dever estatal de indenizar o minerador que detém, por efeito de regular delegação presidencial, o direito de industrializar e de aproveitar o produto resultante da extração mineral. Objeto de indenização há de ser o título de concessão de lavra, enquanto bem jurídico suscetível de apreciação econômica, e não a jazida em si mesma considerada, pois esta, enquanto tal, acha-se incorporada ao domínio patrimonial da União Federal. A concessão de lavra, que viabiliza a exploração empresarial das potencialidades das jazidas minerais, investe o concessionário em posição jurídica favorável, eis que, além de conferir-lhe a titularidade de determinadas prerrogativas legais, acha-se essencialmente impregnada, quanto ao título que a legitima, de valor patrimonial e de conteúdo econômico. Essa situação subjetiva de vantagem atribui, ao concessionário da lavra, direito, ação e pretensão à indenização, toda vez que, por ato do Poder Público, vier o particular a ser obstado na legítima fruição de todos os benefícios resultantes do processo de extração mineral (RE n. 140.254-AgR, Rel. Min. Celso de Mello, publ. 01.08.1995).

A exploração dos recursos minerais no Brasil é disciplinada pelo chamado Código de Mineração, Decreto 227 de 1967, alvo de várias alterações, sobretudo em decorrência das Leis 9.314/96 e 9.827/99. Segundo o art. 1º desse dispositivo, "compete à União administrar os recursos minerais, a indústria de produção mineral e a distribuição, o comércio e o consumo de produtos minerais".

O Decreto traz importantes definições, dentre as quais, a de jazida e mina, expressões usualmente objeto de confusão:

- Jazida → "toda massa individualizada de substância mineral ou fóssil, aflorando à superfície ou existente no interior da terra, e que tenha valor econômico" (Art. 4º, Decreto 227/67).
- Mina → "jazida em lavra, ainda que suspensa" (Art. 4º, Decreto 227/67).

Segundo o Decreto, o aproveitamento das jazidas dependerá de alvará de autorização de pesquisa, do Diretor-Geral do Departamento Nacional da Produção Mineral (DNPM), e de concessão de lavra, outorgada pelo Ministro de Estado de Minas e Energia (art. 7º). A autorização, por sua vez, será outorgada a brasileiros, pessoa natural, firma individual ou empresas legalmente habilitadas, mediante requerimento do interessado (art. 15).

> **Importante**
>
> **A Lei nº 13.575, de 26 de dezembro de 2017 extinguiu o DNPM.** Confira trechos da norma:
>
> Art. 11, § 3º. O regimento interno da ANM estabelecerá a competência da Diretoria Colegiada, do Diretor-Geral, dos Diretores e de outras autoridades da ANM para a prática dos atos atribuídos ao Departamento Nacional de Produção Mineral (DNPM) [...].
>
> Art. 32. Ficam transferidos para a ANM o acervo técnico, documental e patrimonial do DNPM.
>
> Parágrafo único. A ANM será sucessora das obrigações, dos direitos, das receitas do DNPM, das lides em curso e daquelas ajuizadas posteriormente à entrada em vigor desta lei, ficando afastada a legitimidade passiva da União.

O Código da Mineração, disciplina, ainda, a participação do proprietário do solo nos resultados da lavra, de que trata o art. 176, § 2º, da CRFB. Assim, referida participação será de **50% do valor** total devido aos Estados, Distrito Federal, Municípios e órgãos da administração direta da União, a título de compensação financeira (*royalties*) pela exploração de recursos minerais, devendo tal pagamento ser mensal (art. 11 do Decreto 227/67).

Observe-se que o **direito de participação** do proprietário do solo nos resultados da lavra não poderá ser objeto de transferência ou caução **separadamente do imóvel** a que corresponder, o que não exclui o direito de o proprietário transferir ou caucionar o direito ao recebimento de determinadas prestações futuras, ou ainda, renunciar ao direito (art. 12, Decreto 227/67).

> **Como esse assunto foi cobrado em concurso?**
>
> No Concurso da FCC para Técnico Judiciário do TRF 5 em 2017 foi considerado CERTO o seguinte enunciado: "As jazidas, em lavra ou não, e demais recursos minerais e os potenciais de energia hidráulica constituem propriedade distinta da do solo, para efeito de exploração ou aproveitamento, e pertencem à União, **garantida ao concessionário a propriedade do produto da lavra**".

> **Como esse assunto foi cobrado em concurso?**
>
> No Concurso do CESPE para Juiz Federal Substituto da 5ª Região em 2017, foi considerado CERTO o seguinte enunciado: "A propriedade exclusiva da União dos recursos minerais, inclusive os do subsolo, **não implica domínio do resultado da lavra** de jazidas de petróleo, de gás natural e de outros hidrocarbonetos fluídos: a União pode atribuir a terceiros a exploração desses recursos, sem qualquer ofensa à reserva de monopólio para pesquisa e lavra".

> **Como esse assunto foi cobrado em concurso?**
>
> No Concurso da FCC para Técnico Judiciário do TRF 5 em 2017 foi considerado ERRADO o seguinte enunciado: "A autorização de pesquisa será sempre por prazo determinado, e as autorizações e concessões de exploração de jazidas e demais recursos minerais, bem como de potenciais de energia hidráulica, poderão ser cedidas ou transferidas totalmente, com prévia anuência do poder concedente, ou parcialmente, sem a necessidade da referida anuência".

Por outro lado, o Código da Mineração disciplina, também, as formas e condições a serem observadas na autorização de pesquisa, observando-se, dentre outros aspectos:

> I - o título **poderá ser objeto de cessão ou transferência**, desde que o cessionário satisfaça os requisitos legais exigidos. Os atos de cessão e transferência só terão validade depois de devidamente averbados no DNPM;
>
> II - é **admitida a renúncia à autorização**, sem prejuízo do cumprimento, pelo titular, das obrigações decorrentes deste Código, observado o disposto no inciso V deste artigo, parte final, tornando-se operante o efeito da extinção do título autorizativo na data da protocolização do instrumento de renúncia, com a desoneração da área, na forma do art. 26 deste Código;
>
> III - o prazo de validade da autorização **não será inferior a um ano, nem superior a três anos**, a critério do DNPM, consideradas as características especiais da situação da área e da pesquisa mineral objetivada, admitida a sua prorrogação, sob as seguintes condições:
>
> a) a **prorrogação poderá ser concedida**, tendo por base a avaliação do desenvolvimento dos trabalhos, conforme critérios estabelecidos em portaria do Diretor-Geral do DNPM;
>
> b) a prorrogação deverá ser **requerida até sessenta dias antes de expirar-se o prazo da autorização vigente**, devendo o competente requerimento ser instruído com um relatório dos trabalhos efetuados e justificativa do prosseguimento da pesquisa;
>
> c) a **prorrogação independe da expedição de novo alvará**, contando-se o respectivo prazo a partir da data da publicação, no Diário Oficial da União, do despacho que a deferir;
>
> IV - **o titular da autorização responde, com exclusividade, pelos danos causados a terceiros, direta ou indiretamente decorrentes dos trabalhos de pesquisa**;
>
> V - o titular da autorização fica obrigado a realizar os respectivos trabalhos de pesquisa, devendo submeter à aprovação do DNPM, dentro do prazo de vigência do alvará, ou de sua renovação, relatório circunstanciado dos trabalhos, contendo os estudos geológicos e tecnológicos quantificativos da jazida e demonstrativos da exequibilidade técnico-econômica da lavra, elaborado sob a responsabilidade técnica de profissional legalmente habilitado. Excepcionalmente, poderá ser dispensada a apresentação do relatório, na hipótese de renúncia à autorização de que trata o inciso II deste artigo, conforme critérios fixados em portaria do Diretor-Geral do DNPM, caso em que não se aplicará o disposto no § 1º deste artigo.

> ▸ **Como esse assunto foi cobrado em concurso?**
>
> No Concurso para Juiz Federal da 3ª Região em 2016, foi considerado CERTO o seguinte enunciado: "A autorização de pesquisa será sempre por **prazo determinado**, e as autorizações e concessões não poderão ser cedidas ou transferidas, total ou parcialmente, sem prévia anuência do poder concedente".

> ▸ **Como esse assunto foi cobrado em concurso?**
>
> No Concurso para Juiz Federal da 3ª Região em 2016, foi considerado CERTO o seguinte enunciado: "O prazo de validade da autorização de pesquisa **não será inferior a um ano, nem superior a três anos**, a critério do DNPM – Departamento Nacional da Produção Mineral, consideradas as características especiais da situação da área e da pesquisa mineral objetivada".

> ▸ **Como esse assunto foi cobrado em concurso?**
>
> No Concurso para Juiz Federal da 3ª Região em 2016, foi considerado CERTO o seguinte enunciado: "É admitida a prorrogação do alvará de pesquisa, sob as seguintes condições: a prorrogação poderá ser concedida, tendo por base a avaliação do desenvolvimento dos trabalhos, conforme critérios estabelecidos em portaria do Diretor-Geral do DNPM; a prorrogação deverá ser requerida até sessenta dias antes de expirar-se o prazo da autorização vigente, devendo o competente requerimento ser instruído com um relatório dos trabalhos efetuados e justificativa do prosseguimento da pesquisa; a prorrogação independe da expedição de novo alvará, contando-se o respectivo prazo a partir da data da publicação, no Diário Oficial da União, do despacho que a deferir."

Ainda em relação à autorização de pesquisa, destaque-se que seu titular poderá realizar os trabalhos respectivos, e também as obras e serviços auxiliares necessários, em terrenos de domínio público ou particular, abrangidos pelas áreas a pesquisar, desde que pague aos respectivos proprietários ou posseiros uma renda pela ocupação dos terrenos e uma indenização pelos danos e prejuízos que possam ser causados pelos trabalhos de pesquisa, observando-se as regras contidas no art. 27 do Decreto 227/67.

> ▸ **Como esse assunto foi cobrado em concurso?**
>
> No Concurso para Juiz Federal da 3ª Região em 2016, foi considerado CERTO o seguinte enunciado: "O titular de autorização de pesquisa poderá realizar os trabalhos respectivos, e também as obras e serviços auxiliares necessários, em terrenos de domínio público ou particular, abrangidos pelas áreas a pesquisar, devendo pagar aos respectivos proprietários ou posseiros uma renda pela ocupação dos terrenos e uma indenização pelos danos e prejuízos que possam ser causados pelos trabalhos de pesquisa, observadas, dentre outras, as seguintes regras: no caso de terrenos públicos, é dispensado o pagamento da

renda, ficando o titular da pesquisa sujeito apenas ao pagamento relativo a danos e prejuízos; se o titular do Alvará de Pesquisa, até a data da transcrição do título de autorização, não juntar ao respectivo processo prova de acordo com os proprietários ou posseiros do solo acerca da renda e indenização, o Diretor-Geral do Departamento Nacional de Produção Mineral enviará ao Juiz de Direito da Comarca onde estiver situada a jazida, cópia do referido título, ocasião em que, após o devido procedimento, sendo exigida a representação da União, o Juiz mandará proceder à avaliação da renda e dos danos e prejuízos a que se refere este artigo, na forma prescrita no Código de Processo Civil".

Como esse assunto foi cobrado em concurso?

No Concurso do CESPE para Oficial de Justiça do TRT da 8ª Região em 2016, foi considerado ERRADO o seguinte enunciado: "O concessionário **dependerá de autorização ou concessão do proprietário do solo** para a exploração de jazidas e demais recursos minerais, cabendo ao proprietário participação nos resultados da lavra".

Como esse assunto foi cobrado em concurso?

No Concurso para Procurador da República em 2012, foi considerado CERTO o seguinte enunciado: "O particular pode desenvolver trabalhos de pesquisa de jazidas mineral ou fóssil em terra de sua propriedade, mediante autorização por alvará de pesquisa do Departamento Nacional de Produção Mineral – DNPM".

Como esse assunto foi cobrado em concurso?

No Concurso para Procurador da República em 2012, foi considerado ERRADO o seguinte enunciado: "O particular proprietário da terra não pode se opor à pesquisa mineralógica em seu subsolo e, se apurada a existência da jazida, fará jus à concessão da lavra sem prazo determinado, **que poderá ser cedida ou transferida, total ou parcialmente, por contrato particular entre as partes**".

Em situações excepcionais, a pesquisa e a lavra dos recursos minerais ficarão sujeitas a outros condicionamentos. Assim, caso estes se encontrem em terras indígenas, compete ao Congresso Nacional a autorização, devendo ser ouvidas as comunidades afetadas, ficando-lhes assegurada participação nos resultados da lavra, na forma da lei.

Por outro lado, cuidando-se de faixa de fronteira, a competência para deliberar sobre a preservação e exploração dos recursos naturais será do Conselho de Defesa Nacional, conforme disposição do art. 91, § 1º, III da Constituição Federal que, dentre as suas competência estabelece: "propor os critérios e condições de utilização de áreas indispensáveis à segurança do território nacional e opinar sobre seu efetivo uso, especialmente na faixa de fronteira e nas relacionadas com a preservação e a exploração dos recursos naturais de qualquer tipo".

> **Como esse assunto foi cobrado em concurso?**
>
> No Concurso do CESPE para Juiz Federal Substituto da 5ª Região em 2017, foi considerado ERRADO o seguinte enunciado: "O usufruto das riquezas do solo, dos rios e dos lagos em terras indígenas devidamente demarcadas pela União **não poderá ser relativizado**: no desenvolvimento do processo demarcatório, a União já teve a oportunidade de analisar o interesse público nas eventuais riquezas presentes nas terras demarcadas".

> **Como esse assunto foi cobrado em concurso?**
>
> No Concurso para Procurador da República em 2012, foi considerado ERRADO o seguinte enunciado: "A pesquisa e a lavra das riquezas minerais em terras indígenas só podem ser efetivadas com autorização do **Ministério de Minas e Energia**, após a oitiva da Fundação Nacional do Índio - FUNAI".

> **Como esse assunto foi cobrado em concurso?**
>
> No Concurso para Procurador da República em 2012, foi considerado ERRADO o seguinte enunciado: "Compete ao **Ministério da Defesa** deliberar de forma vinculante e terminativa sobre a preservação e exploração dos recursos naturais na faixa de fronteiras".

8.3. *Royalties*

Importante aspecto em relação à exploração dos recursos minerais, diz respeito ao regime jurídico dos *royalties*. Assim, segundo o art. 20, § 1º, da Constituição Federal, "é assegurada, nos termos da lei, aos Estados, ao Distrito Federal e aos Municípios, bem como a órgãos da administração direta da União, participação no resultado da exploração de **petróleo ou gás natural, de recursos hídricos** para fins de geração de energia elétrica e de **outros recursos minerais** no respectivo território, plataforma continental, mar territorial ou zona econômica exclusiva, ou compensação financeira por essa exploração".

> **Como esse assunto foi cobrado em concurso?**
>
> No Concurso da ESAF para Procurador da Fazenda Nacional em 2012, foi considerado ERRADO o seguinte enunciado: "É **incompatível** com a Constituição a cobrança de fator percentual sobre o faturamento da empresa que explora recursos minerais, por não se amoldar ao modelo constitucional de compensação financeira".

Assim, os *royalties* consistem em "**instrumento vocacionado à efetivação de uma contrapartida financeira pela transferência de propriedade do produto obtido com a exploração das jazidas**" (PGFN/CAT/Nº 328/2010, p. 10). Ou seja, seu pagamento representa uma forma de compensar Estados e Municípios pelos impactos ambientais e socioeconômicos causados ou potencializados pela atividade, destacando-se, dentre outros, o aumento da demanda por serviços públicos e atividades governamentais, como a distribuição de água, energia elétrica e gás natural, segurança pública, transportes, habitação, urbanismo, defesa civil e proteção ao meio ambiente (BARROSO, 2010, p. 16).

> **Importante**
>
> "A compensação financeira se vincula, a meu ver, **não à exploração em si, mas aos problemas que gera**. Com efeito, a exploração de recursos minerais e de potenciais de energia elétrica é atividade potencialmente geradora de um sem número de problemas para os entes públicos, especialmente para os municípios onde se situam as minas e as represas. Problemas ambientais – como a remoção da cobertura vegetal do solo, poluição, inundação de extensas áreas, comprometimento da paisagem e que tais –, sociais e econômicos, advindos do crescimento da população e da demanda por serviços públicos. Além disso, a concessão de uma lavra e a implantação de uma represa inviabilizam o desenvolvimento de atividades produtivas na superfície, privando Estados e Municípios das vantagens delas decorrentes". (voto do Min. Sepúlveda Pertence no RE 228.800)

Observação: Pelo fato de a participação/compensação ser devida em razão dos ônus suportados pelos Estados-membros, em decorrência de uma atividade econômica de interesse da União, Luís Roberto Barroso defendeu que tal participação só seria devida aos entes que, de fato, sofressem tais consequências. Contudo, esse não foi o entendimento que prosperou ao final, em relação à divisão dos *royalties* do pré-sal, prevista na Lei 12.734/12.

O art. 20, § 1º, da Constituição Federal foi regulamentado por diversos dispositivos. Assim, em relação à exploração de óleo bruto, xisto betuminoso e gás, a compensação devida, é, em regra, no montante de 5% do valor da produção (art. 7º da Lei 7.990/89); 3% no caso de minério de alumínio, manganês, sal-gema e potássio, 2% para ferro, fertilizante, carvão e demais substâncias minerais; 0,2% para pedras preciosas, pedras coradas lapidáveis, carbonados e metais nobres e 1% para ouro quando extraído por empresas mineradoras e 0,2% nas demais hipóteses de extração (art. 2º, § 1º, da Lei 8.00190). Cada uma dessas normas institui os critérios para a sua repartição entre os entes estatais beneficiados.

> **Como esse assunto foi cobrado em concurso?**
>
> No Concurso da ESAF para Procurador da Fazenda Nacional em 2012, foi considerado CERTO o seguinte enunciado: "Nada impede que a lei atribua o resultado da propriedade das lavras das jazidas de produtos minerais a terceiros, desde que assegurada a participação ou compensação financeira ao ente produtor sobre o resultado decorrente da extração, **ainda que em percentual inferior a 10% (dez por cento) da produção"**.

A lei do petróleo (Lei 9.478/97), editada na esteira da abertura do mercado ocorrida com a EC 9/95, reproduziu a previsão constitucional e fixou em seu art. 47 que "Os *royalties* serão pagos mensalmente, em moeda nacional, a partir da data de início da produção comercial de cada campo, em montante correspondente a **10% da produção de petróleo ou gás natural**". Já no parágrafo primeiro do mesmo dispositivo legal admitiu-se a redução do valor dos *royalties* para um montante correspondente a, **no mínimo, 5% da produção**, considerando-se os riscos geológicos, as expectativas de produção e outros fatores pertinentes, desde que mediante previsão no edital de licitação correspondente.

Ainda em relação, especificamente, aos *royalties* decorrentes da exploração de petróleo, gás natural e outros hidrocarbonetos fluídos, o inciso XIII do art. 2º da lei do Pré-sal (12.351/2010), segue os mesmos parâmetros constitucionais e os define como a "compensação financeira devida aos Estados, ao Distrito Federal e aos Municípios, bem como a órgãos da administração direta da União, em função da produção de petróleo, de gás natural e de outros hidrocarbonetos fluidos sob o regime de partilha de produção". **A repartição dos *royalties* do Pré-sal conta com disciplina própria, prevista na Lei 12.734/12.**

Observe-se que a área do pré-sal deve ser compreendida como a "região do subsolo formada por um prisma vertical de profundidade indeterminada, com superfície poligonal definida pelas coordenadas geográficas de seus vértices estabelecidas no Anexo desta Lei, bem como outras regiões que venham a ser delimitadas em ato do Poder Executivo, de acordo com a evolução do conhecimento geológico".

▸ Qual o entendimento do STJ sobre o assunto?

"A Lei n. 12.734/2012, que alterou os arts. 48, § 3º, e 49, § 7º, da Lei n. 9.478/1997 e passou a considerar os pontos de entrega de gás canalizado (*city gates*) como instalações de embarque e desembarque, para fins de pagamento de *royalties* aos municípios afetados por tais operações, não tem eficácia retroativa". (STJ, REsp 1.452.798-RJ, Rel. Min. Napoleão Nunes Maia Filho, Rel. Acd. Min. Gurgel de Faria, por maioria, julgado em 19/04/2018, DJe 07/05/2018)

▸ Como esse assunto foi cobrado em concurso?

No Concurso da ESAF para Procurador da Fazenda Nacional em 2012, foi considerado ERRADO o seguinte enunciado: "A pesquisa e a lavra das jazidas de petróleo e gás natural e outros hidrocarbonetos fluídos constituem monopólio da União, mas a Constituição de 1988 assegura aos entes federados produtores a participação **mínima de 10% (dez por cento)** no resultado da exploração de petróleo e recursos minerais em seus territórios".

▸ Como esse assunto foi cobrado em concurso?

No Concurso da ESAF para Procurador da Fazenda Nacional em 2012, foi considerado ERRADO o seguinte enunciado: "A **participação mínima de 10%** (dez por cento) no resultado da exploração de petróleo e recursos minerais, assegurada constitucionalmente aos entes produtores, dá-se a título de 'compensação financeira pela exploração de recursos minerais'".

O fato de os *royalties* decorrerem da exploração de bens públicos da União, representam **forma originária de receita pública**, o que afastaria sua classificação como tributos e, consequentemente, receita derivada (RIBEIRO, 2003, p. 380). Não se restringindo, contudo, à dimensão financeira, englobando, igualmente, a valoração dos recursos minerais, sob a ótica do princípio do **poluidor pagador**.

▸ Qual o entendimento do TRF 1ª Região sobre o assunto?

"Embora os recursos naturais da plataforma continental e os recursos minerais sejam bens da União (CF, art. 20, V e IX), a participação ou compensação aos Estados, Distrito Federal e Municípios no resultado da exploração de petróleo, xisto betuminoso e gás natural são **receitas originárias** destes últimos entes federativos (CF, art. 20, § 1º)". (MS 24312, Rel. Min. Ellen Gracie, publ. 30.08.2002).

▸ Qual o entendimento do TRF 1ª Região sobre o assunto?

"[...] O Supremo Tribunal Federal firmou posicionamento no sentido de excluir da competência do TCU a fiscalização das receitas oriundas da exploração do petróleo, ao fundamento de se tratar de receita originária da unidade federada". (TRF1 - AC 1.363, Rel Des. Maria do Carmo Cardoso, publ. 24.11.2006).

▸ Como esse assunto foi cobrado em concurso?

No Concurso da FCC para Procurador do Estado de São Paulo em 2012, foi considerado CERTO o seguinte enunciado em relação aos *royalties*: "Classificam-se como **receitas originárias** dos Estados Federados e decorrem da exploração de patrimônio público da União".

▸ Como esse assunto foi cobrado em concurso?

No Concurso da ESAF para Procurador da Fazenda Nacional em 2012, foi considerado ERRADO o seguinte enunciado: "A importância cobrada das concessionárias que exploram recursos minerais é classificada como **receita pública derivada**, por se tratar de prestação pecuniária compulsória instituída em lei".

▸ Atenção

O tema dos *royalties*, não obstante sua relevância, é pouco abordado pela doutrina, seja de Direito Econômico, Financeiro ou Constitucional. Assim, para um aprofundamento e uma boa compreensão do tema, sugere-se a leitura do Parecer PGFN/CAT/Nº 328/2010, elaborado por Flaviane Ribeiro de Araújo, disponível na página oficial da Procuradoria Geral da Fazenda Nacional (http://dados.pgfn.fazenda.gov.br/dataset/pareceres/resource/3282010). Da mesma forma, recomenda-se a leitura do Parecer elaborado por Luís Roberto Barroso, antes mesmo de se tornar Ministro do STF, na condição de Procurador do Estado do Rio de Janeiro, no qual defende a inconstitucionalidade da redistribuição dos royalties do petróleo (Disponível em: http://download.rj.gov.br/documentos/10112/321182/DLFE-18706.pdf/PGE_Royalties_ 28jun10.pdf.

9. PROMOÇÃO E INCENTIVO AO TURISMO

Ainda no título VII, que dispõe sobre a Ordem Econômica e Financeira, a Constituição Federal de 1988 estabelece a necessidade de se promover e incentivar o turismo, o que será feito por **todos os entes federativos**, como fator de desenvolvimento social e econômico.

O turismo foi disciplinado no Brasil pela Lei 11.771/08, que o define como "as atividades realizadas por **pessoas físicas** durante viagens e estadas em lugares diferentes do seu entorno habitual, por um período inferior a um ano, com finalidade de lazer, negócios ou outras"; que gerarão "movimentação econômica, trabalho, emprego, renda e receitas públicas, constituindo-se instrumento de desenvolvimento econômico e social, promoção e diversidade cultural e preservação da biodiversidade" (art. 2º, *caput* e parágrafo único).

A Lei 11.771/08 dispõe, ainda, sobre a Política Nacional de Turismo e define as atribuições do Governo Federal no planejamento, desenvolvimento e estímulo ao setor turístico, além de instituir o Sistema Nacional de Turismo, composto pelo Ministério do Turismo, EMBRATUR (Instituto Brasileiro de Turismo), Conselho Nacional de Turismo e Fórum Nacional de Secretários e Dirigentes Estaduais de Turismo, além de fóruns, conselhos e órgãos estaduais e instâncias de governança macrorregionais, regionais e municipais.

▸ **Importante**

CRFB, art. 180. A União, os Estados, o Distrito Federal e os Municípios promoverão e incentivarão o turismo **como fator de desenvolvimento social e econômico.**

▸ **Como esse assunto foi cobrado em concurso?**

No Concurso do MPDFT para Promotor de Justiça Adjunto em 2021, foi considerado CERTO o seguinte enunciado: "O Estado que mantem programas permanentes de incentivo a atividades econômicas de turismo para sua economia local, sem que outros ramos da economia tenham igual tratamento, não frustra regra de competitividade do mercado".

▸ **Como esse assunto foi cobrado em concurso?**

No Concurso do CESPE para Juiz do Tribunal de Justiça do Distrito Federal e dos Territórios em 2016, foi considerado CERTO o seguinte enunciado: "A União, os estados, o DF e os municípios devem incentivar o turismo, como fator de desenvolvimento social e econômico".

10. DISCIPLINA DO CAPITAL ESTRANGEIRO

A Assembleia Nacional Constituinte de 1988 entendeu por bem inserir no texto constitucional, um dispositivo acerca da disciplina dos investimentos estrangeiros no país, tema que, apesar da pouca incidência, também já foi cobrado em concursos públicos.

> **Importante**
>
> CRFB, art. 172. A lei disciplinará, com base no interesse nacional, os investimentos de capital estrangeiro, incentivará os reinvestimentos e regulará a remessa de lucros.

Inserido no Título da Ordem Econômica e Financeira, o art. 172 evidencia a receptividade ao capital estrangeiro. Contudo, estabelece, em observância à soberania nacional, que sua atuação será disciplinada, o que já havia sido concretizado pela Lei 4.131/62 (recepcionada pela Carta de 1988), segundo a qual consideram-se capitais estrangeiros "os bens, máquinas e equipamentos, entrados no Brasil sem dispêndio inicial de divisas, destinados à produção de bens ou serviços, bem como os recursos financeiros ou monetários, introduzidos no país, para aplicação em atividades econômicas desde que, em ambas as hipóteses, pertençam a pessoas físicas ou jurídicas residentes, domiciliadas ou com sede no exterior" (art. 1º).

Já os reinvestimentos devem ser compreendidos como os rendimentos auferidos por empresas estabelecidas no País e atribuídos a residentes e domiciliados no exterior, e que forem **reaplicados nas mesmas empresas de que procedem ou em outro setor da economia nacional** (art. 7º da Lei 4.131/62).

Em relação à remessa de lucros, o texto constitucional busca regular a atuação tanto de sucursais de empresas estrangeiras autorizadas a funcionar no Brasil, quanto de sociedades organizadas sob as leis brasileiras que, transferem lucros ou para as matrizes sediadas no exterior (no primeiro caso) ou ainda, distribuem seus lucros na forma de dividendos aos quotistas e acionistas estrangeiros (segundo caso). Assim, busca-se impedir a remessa clandestina de lucros ao exterior. Ou seja, **a Constituição não veda a remessa de lucros, mas tão somente determina que essa atividade deva ser regulada**.

> **Como esse assunto foi cobrado em concurso?**
>
> No Concurso do CESPE para Advogado da União em 2012, foi considerado ERRADO o seguinte enunciado: "Como forma de estímulo à atração de investimentos de capital estrangeiro, a CF **veda a regulação da remessa de lucros**".

Ainda em relação à disciplina dos investimentos estrangeiros, cumpre uma análise sobre aspectos relacionados à **bitributação**, tema de altíssima complexidade, exigido no concurso para Procurador da Fazenda Nacional em 2007, conforme enunciados infra.

Em um clássico trabalho, publicado em 1966, Geraldo Ataliba chamava a atenção para o problema da bitributação, considerando-o como um dos "mais tormentosos problemas com que se depara a política comercial e econômica internacional e a política financeira nacional". Assim, o autor considerava pluritributação, **quando mais de uma nação toma, como objeto de tributação, fatos geradores semelhantes**, o que importa "graves detrimentos para a economia internacional, para o comércio entre os países e para os contribuintes de todos eles, acarretando, como consequência, dificuldades de ordem jurídica, nas relações internacionais" (p. 159-165).

Para evitar esse problema, tem sido cada vez mais comum a celebração de tratados bilaterais ou multilaterais entre os diversos países. Segundo o site da Receita Federal, em 2016 o Brasil contava com Acordos para evitar a bitributação com os seguintes países: África do Sul, Alemanha, Argentina, Áustria, Bélgica, Canadá, Chile, China, Coreia do Sul, Dinamarca, Equador, Eslováquia, Espanha, Filipinas, Finlândia, França, Hungria, Índia, Israel, Itália, Japão, Luxemburgo, México, Noruega, Países Baixos, Peru, Portugal, República Tcheca, Suécia, Trinidad e Tobago, Turquia, Ucrânia e Venezuela. (Disponível em: http://idg.receita.fazenda.gov.br/acesso-rapido/legislacao/acordos-internacionais/acordos-para-evitar-a-dupla-tributacao/acordos-para-evitar-a-dupla-tributacao. Acesso em 19 jul. 2016).

Observe-se, contudo, que, apesar da relevância do tema para o Direito Econômico e Tributário, os tratados internacionais que versem sobre matéria tributária recebem o mesmo tratamento dos demais tratados quanto ao seu processo de incorporação ao direito interno (exceto aqueles sobre direitos humanos). Assim, para serem incorporados ao direito interno brasileiro, submetem-se ao procedimento de referendo do Congresso Nacional (art. 49, I da CR/88) e posterior ratificação por parte do(a) Presidente da República (art. 84, VIII da CR/88).

No âmbito do Mercosul inexiste até o momento qualquer tratado específico para se evitar a bitributação. O que existe, na verdade, é um Código Aduaneiro, aprovado em 2010, na cidade argentina de San Juan, que progressivamente eliminará a dupla cobrança da Tarifa Externa Comum (TEC), em continuidade ao processo de consolidação da União Aduaneira.

Apesar de o Brasil ter assinado alguns acordos internacionais sobre a proteção de investimentos, até o presente, nenhum deles foi ratificado. Tampouco o Brasil assinou a Convenção de Washington (1965) que criou o ICSID (*International Centre for Settlement of Investment Disputes*/Centro Internacional para Solução de Controvérsias sobre Investimentos). Os críticos desse órgão defendem a não assinatura e ratificação por parte do Brasil alegando cuidar-se de um modelo totalmente favorável ao investidor.

> **Importante**
>
> O **Centro Internacional para Solução de Controvérsias sobre Investimentos** é uma instituição internacional criada no âmbito da Convenção para a Resolução de Disputas sobre Investimentos entre Estados Nacionais e outros Estados e tem como objetivo principal a facilitação na conciliação e arbitragem de disputas internacionais de investimento. Até julho de 2016 eram 161 Estados signatários e contratantes, dentre os quais **NÃO se inclui o Brasil.**

O artigo primeiro do tratado, em seu item 1 é bastante claro ao determinar que: "O Centro terá como objetivo facilitar a solução de disputas sobre investimentos entre os **Estados Contratantes e nacionais de outros Estados Contratantes** a um processo de conciliação e arbitragem, em conformidade com as disposições do presente acordo". Ou seja, o nacional de um Estado Contratante não poderá acionar esse mesmo Estado por meio de uma arbitragem internacional, mas apenas poderá fazê-lo em relação ao outro Estado.

▸ **Como esse assunto foi cobrado em concurso?**

No concurso da ESAF para Procurador da Fazenda Nacional em 2007, foi considerado CERTO o seguinte enunciado: "O Brasil atualmente se encontra juridicamente vinculado a vários tratados internacionais para evitar a bitributação. Entre os países com os quais o Brasil tem acordos dessa natureza estão, por exemplo, a Argentina e a Espanha".

▸ **Como esse assunto foi cobrado em concurso?**

No concurso da ESAF para Procurador da Fazenda Nacional em 2007, foi considerado ERRADO o seguinte enunciado: "O Brasil atualmente se encontra juridicamente vinculado a vários tratados internacionais para promover a proteção de investimentos que, entre outros aspectos, preveem a arbitragem entre o investidor estrangeiro e o Estado receptor dos investimentos".

▸ **Como esse assunto foi cobrado em concurso?**

No concurso da ESAF para Procurador da Fazenda Nacional em 2007, foi considerado ERRADO o seguinte enunciado: "No Brasil, os instrumentos jurídicos-internacionais destinados a evitar a bitributação **dispensam aprovação do Congresso Nacional** por tratarem de tema de competência exclusiva do Poder Executivo".

▸ **Como esse assunto foi cobrado em concurso?**

No concurso da ESAF para Procurador da Fazenda Nacional em 2007, foi considerado ERRADO o seguinte enunciado: "As regras do Centro Internacional para Solução de Controvérsias sobre investimentos permitem que um nacional do Estado 'x' acione esse mesmo Estado por meio de uma arbitragem internacional, desde que o Estado 'x' tenha ratificado a Convenção internacional que estabeleceu o Centro".

▸ **Como esse assunto foi cobrado em concurso?**

No concurso da ESAF para Procurador da Fazenda Nacional em 2007, foi considerado ERRADO o seguinte enunciado: "Em 2007 entrou em vigor o Protocolo de Bariloche, destinado a evitar a bitributação e prevenir a evasão fiscal em matéria de imposto sobre a renda" entre os membros do Mercosul".

Capítulo 5

Direito da Concorrência

Em uma preparação para concursos públicos, o Direito da Concorrência, é, sem dúvida, o ponto mais importante do Direito Econômico. Primeiramente porque, enquanto alguns temas podem ser estudados em outras disciplinas, como as estatais, em Direito Administrativo; os princípios, em Direito Constitucional ou os crimes econômicos, no Direito Penal; a concorrência é tema tratado exclusivamente no âmbito do Direito Econômico que, por ser disciplina raramente obrigatória nos cursos de graduação em Direito, torna-se bastante complexa para não iniciados. Em segundo lugar porque, sem sombra de dúvidas, é o tema que conta com maior incidência em concursos que exigem Direito Econômico.

Nesse sentido, preparamos um capítulo detalhado, com destaque para a análise das publicações do Cade que evidenciam especificamente a opinião daquela autarquia em relação aos temas por ele tratados.

1. ORIGEM DO DIREITO DA CONCORRÊNCIA

A proteção ao **devido processo competitivo** pode ser apontada como uma questão de **segurança econômica** nos países que possuem empresas de alto nível global, sendo fator decisivo de atração de investimentos privados. Apesar de o Canadá ter editado, em 1889, o *Competition Act*, considerada a primeira lei antitruste do mundo, a preocupação com a combinação ou conspiração no sentido de restringir o comércio, ou ainda, com o monopólio e sua tentativa, ganha expressão a partir do ***Sherman Act***, lei antitruste estadunidense de 1890, de iniciativa do Senador John Sherman, alterada em 1914, pelo *Clayton Act* (FIGUEIREDO, 2016, p. 248-249).

Sherman Act (1890/EUA) → Entenda o caso: Na década de 1870 as estradas de ferro dos EUA iniciaram um processo de competição predatória com redução dos preços e, consequentemente, da margem de lucro, até tomarem uma decisão em sentido absolutamente contrário: para sua mútua proteção e para poderem praticar tarifas razoáveis, acertaram, entre si, um cartel, abrindo-se espaço para que o mesmo ocorresse em outros setores econômicos. Contudo, como esses acordos eram bastante instáveis, os resultados para os agentes econômicos não foram os esperados. Diante disso, buscaram, a partir da criação de trustes, a administração centralizada, impedindo o restabelecimento da concorrência. O mais conhecido desses trustes foi o ***Standard Oil*** (1882) administrado por Rockfeller e que exerceu controle sobre a indústria do petróleo. Disso decorre um conflito entre diferentes setores da sociedade. Grandes empresários e economistas defendiam que a concentração gerava incremento na produção e expansão da indústria, ao passo que para consumidores, agricultores, trabalhadores e pequenos empresários, a concentração era a causa de muitos males da época. Em 1888 o Senador John Sherman apresentou ao Congresso estadunidense um projeto de lei, promulgado em 1890, que buscava disciplinar o processo de concentração de empresas. Assim, o *Sherman Act* constitui-se como uma **reação ao liberalismo econômico** visando corrigir distorções que eram trazidas pela excessiva concentração do capital, ou seja, **corrigir distorções criadas pelo próprio capital.** (FORGIONI, 2013. p. 67-73).

Na Europa, o tema ganhou relevância com a assinatura do Tratado de Roma, de 1957, com o início da Comunidade Econômica Europeia, do qual resultou uma série de outras normas internas dos seus países membros, progressivamente difundindo-se por toda a Europa.

> **Importante**
>
> **Escola de Harvard** (estruturalista): combate a concentração de poder de mercado já que ocasionam disfunções que prejudicarão as relações econômicas. Propõe a conservação e o aumento do número de agentes econômicos de forma a evitar as disfunções do mercado decorrentes, sobretudo, da ação concertada desses agentes. Tem como foco, portanto, o controle preventivo.
>
> **Escola Neoclássica de Chicago**: afasta a presunção de dano decorrente da concentração *per se*, passando a se concentrar na eficiência alocativa do mercado, em que se analisam os resultados conforme os benefícios gerados aos consumidores.
>
> **Escola de Freiburg**: Teoria Ordoliberal. O direito deve estabelecer condições para que a ordem privada permita a autocoordenação e o autocontrole, capazes de garantir o funcionamento de uma economia de mercado. Assim, não admite a determinação prévia de objetivos econômicos ao direito da concorrência, tais como a eficiência.

2. HISTÓRICO E FUNDAMENTO CONSTITUCIONAL DA DEFESA DA CONCORRÊNCIA NO BRASIL

O subsistema normativo de defesa da concorrência, baseado na Lei 12.529/11, é composto basicamente por duas modalidades de regras: 1) as que estabelecem sanções a condutas consideradas anticompetitivas, tais como cartéis e práticas predatórias (**controle de condutas**) e 2) as que disciplinam o mecanismo de autorização para operações de concentrações econômicas, tais como fusões e aquisições (**controle de estruturas**) (PEREIRA NETO; CASAGRANDE, 2016, p. 19).

Porém, muitos passos foram necessários até se chegar ao complexo Sistema Brasileiro de Defesa da Concorrência (SBDC) existente na atualidade. Paula Forgioni destaca inicialmente, a presença do que ela chama de **"política fiscalista"** no processo de colonização do país, em que se buscava viabilizar da forma mais profícua possível, a exploração, para que dela resultasse uma boa arrecadação. Nesse contexto, eram sufocadas quaisquer tentativas de desenvolvimento da indústria brasileira, não se podendo falar, sob qualquer pretexto, de defesa da livre concorrência (2013, p. 85-87).

Nesse contexto, a economia no Brasil desenvolvia-se em meio a monopólios reais ou concedidos pela coroa portuguesa, situação que somente viria a sofrer transformações com a transferência da família real para o Brasil, em 1808, ocasião em que a política fiscalista é parcialmente substituída por **políticas de incentivo ao desenvolvimento econômico** brasileiro, marcada por forte viés liberal (FORGIONI, 2013, p. 88-90).

Mesmo no Brasil independente, a intervenção do Estado no domínio econômico deu-se, por muito tempo, sobretudo, por **atuação sobre as tarifas alfandegárias**, ao passo que quase nada havia de relevante em termos de defesa da concorrência (FORGIONI, 2013, p. 94-95). Somente em 1934, como consequência da **crise de 1929**, a questão econômica foi alçada ao nível constitucional, abrindo-se espaço para uma maior intervenção do Estado no domínio econômico.

Em 1938 foi aprovado o Decreto-Lei 869 que definia os crimes contra a economia popular, que, dentre outros aspectos, tipificava a conduta de "promover ou participar de consórcio, convênio, ajuste aliança ou fusão de capitais, com o fim de impedir ou dificultar, para o efeito de aumento arbitrário de lucros, a concorrência em matéria de produção, transportes ou comércio" (art. 2º, II) e ainda, "vender mercadorias abaixo do preço de custo com o fim de impedir a concorrência" (art. 2º, V).

O Decreto-Lei 869/38 teve pouca vigência e as suas disposições acabaram sendo reproduzidas na Lei 1.521/51 que regulou os crimes e as contravenções contra a economia popular, evidenciando a preocupação do legislador em punir, através do Direito Penal, **condutas anticompetitivas e lesivas à economia**.

Já em 1945, o Decreto-Lei 7.666 (Lei Malaia), ao dispor sobre os atos contrários à ordem moral e econômica, criou a **Comissão Administrativa de Defesa Econômica** (C.A.D.E.), órgão autônomo, com personalidade jurídica própria, subordinado ao Presidente da República, com a competência, dentre outras, para "julgar a existência ou inexistência, em cada caso concreto que lhe for presente de atos ou práticas contrárias aos interesses da economia nacional, ou nocivos ao interesse público, ou da coletividade". Além disso, fixava uma série de ilícitos administrativos. Entretanto, essa norma seria revogada no mesmo ano, após a queda de Getúlio Vargas.

Apenas em 1962, com a Lei 4.137, que regulava a **repressão ao abuso do Poder Econômico**, passa a existir, de forma efetiva, no Brasil, uma lei antitruste. Nesse contexto, cria-se o **Conselho Administrativo de Defesa Econômica** (Cade), cuja incumbência era "apurar e reprimir os abusos do poder econômico" (art. 8º da revogada Lei 4.137/62). Com essa lei, "o subsistema normativo de defesa da concorrência se torna independente do subsistema de defesa do consumidor, passando ambos os conjuntos normativos a caminharem paralelamente a partir de então, um preocupado com a proteção do espaço competitivo dos mercados e outro com a proteção da parte hipossuficiente nas relações de consumo" (PEREIRA NETO; CASAGRANDE, 2016, p. 22).

O regime militar, a política de planejamento centralizado e a intervenção estatal direta na economia fizeram com que a Lei 4.137/62 tivesse eficácia bastante limitada. Contudo, o processo de liberação econômica do fim dos anos 80 fez com que se tornassem necessárias novas regras de defesa da concorrência, do que resultou a Lei 8.137/90 que define crimes contra a ordem tributária, econômica e contra as relações de consumo; e a Lei 8.158/91 que alterou a Lei 4.137/62 e criou a **Secretaria Nacional de Direito Econômico** (SNDE), "órgão do Ministério da Justiça responsável pela investigação de condutas anticoncorrenciais, que deveria interagir com o Cade na sua função administrativa judicante" (PEREIRA NETO; CASAGRANDE, 2016, p. 23).

Entretanto, a grande novidade viria com a Lei 8.884 de 1994 que, além de dispor sobre a prevenção e a repressão às infrações contra a ordem econômica, transformou o Cade em autarquia e reformulou aquilo que seria chamado de "Sistema Brasileiro de Defesa da Concorrência" (SBDC). A complexidade, que muitas vezes representava morosidade do sistema, conduziu a críticas que, não obstante tentativas de reformas, resultaram na Lei 12.529 de 30 de novembro de 2011, atualmente em vigor, que estrutura o SBDC em três vertentes basilares (FIGUEIREDO, 2016, p. 257):

a) o **controle de estruturas de mercado**: via apreciação de fusões e aquisições entre empresas (atos de concentração);

b) a **repressão a condutas anticompetitivas**; e

c) a **promoção da cultura da concorrência**.

2.1. Fundamento constitucional

A defesa da concorrência e a proteção do mercado interno contam com *status* constitucional e devem ser pautados pelos princípios gerais da atividade econômica do art. 170, em especial aquele que consagra a livre concorrência (inciso IV).

Assim, na esteira das constituições anteriores, a Carta de 1988 não reprime o poder econômico **em si**, mas tão somente o seu **exercício abusivo**, com vistas à dominação dos mercados, à eliminação da concorrência e ao aumento arbitrário dos lucros. Dessa forma, é papel do Estado atuar no sentido de, garantindo a livre concorrência, proporcionar condições para um mercado mais eficiente e que, ao mesmo tempo, contemple os direitos do consumidor.

> **Importante**
>
> CRFB, art. 173, § 4º. A lei reprimirá o **abuso do poder econômico** que vise à dominação dos mercados, à eliminação da concorrência e ao aumento arbitrário dos lucros.
>
> CRFB, art. 219. O mercado interno integra o **patrimônio nacional** e será incentivado de modo a viabilizar o desenvolvimento cultural e socioeconômico, o bem-estar da população e a autonomia tecnológica do País, nos termos de lei federal.

> ▸ **Como esse assunto foi cobrado em concurso?**
>
> No Concurso da FUNDATEC para Procurador do Estado do Rio Grande do Sul em 2021, foi considerado CERTO o seguinte enunciado: "O mercado interno integra o patrimônio público nacional e será incentivado nos termos de Lei Federal".

Observe-se que o art. 173 da Constituição de 1988 e nem tampouco o art. 219 supratranscritos apresentam qualquer reserva de lei complementar em suas disposições. Dessa forma, a defesa da concorrência e a repressão ao abuso do poder econômico, no Brasil, devem ser disciplinadas por lei federal ordinária.

> ▸ **Como esse assunto foi cobrado em concurso?**
>
> No concurso do CESPE para Juiz Federal da 5ª Região em 2013, foi considerado ERRADO o seguinte enunciado: "O ordenamento pátrio permite que hipóteses de isenção à lei antitruste sejam fixados em **lei complementar**".

Por sua vez, o art. 1º da Lei 12.529/11 reproduz alguns dos mais importantes princípios da ordem econômica, evidenciando sua perfeita conexão com a ordem constitucional em vigor.

> ▸ **Importante**
>
> Lei 12.529/11, art. 1º. Esta lei estrutura o Sistema Brasileiro de Defesa da Concorrência - SBDC e dispõe sobre a prevenção e a repressão às infrações contra a ordem econômica, orientada pelos ditames constitucionais de **liberdade de iniciativa, livre concorrência, função social da propriedade, defesa dos consumidores e repressão ao abuso do poder econômico.**
>
> Parágrafo único. A **coletividade** é a titular dos bens jurídicos protegidos por essa lei.

3. EXTRATERRITORIALIDADE DA LEI 12.529/11

Conforme se extrai do artigo 2º da Lei 12.529/11, sua aplicação alcança condutas praticadas **no todo ou em parte no território nacional**, assim como aquelas que **nele produzam ou possam produzir efeitos**. Dessa forma, a lei brasileira adotou, a um só tempo, os três critérios utilizados no Direito Comparado para definir o campo de aplicabilidade das normas concorrenciais, quais sejam: territorialidade, nacionalidade dos agentes e local de verificação dos efeitos, assim resumidos por Leonardo Vizeu Figueiredo (2016, p. 291):

a) Territorialidade → trata-se de fator geográfico de fixação da área sob a qual determinado Estado exerce, de forma independente, sua soberania;

b) Nacionalidade dos agentes → traduz-se em fator jurídico no qual se analisa se a constituição de determinada empresa se deu sob a observância da legislação de determinado Estado;

c) Local de verificação dos efeitos → trata-se de elemento estritamente fático, no qual se verifica qual o território em que a conduta adotada por determinado agente terá eficácia.

Outrossim, a lei brasileira "permite a aplicação extraterritorial de seus efeitos jurídicos ao determinar que empresas estrangeiras sejam investigadas, processadas e punidas, ainda que não sejam devidamente constituídas sob as leis brasileiras, bastando, para tanto, que haja representação no território brasileiro" (FIGUEIREDO, 2016, p. 291).

▸ Qual o entendimento do CADE sobre o assunto?

"**A aplicação da Lei nº 12.529/2011 e, por consequência, a jurisdição do Cade sobre cartéis internacionais exige que a conduta produza ou possa produzir efeitos no Brasil.** A competência da jurisdição brasileira ocorrerá quando demonstrado que o Brasil estava, ao menos implicitamente, incluído no cartel internacional, ou, em caso envolvendo cartel mundial, que o Brasil não teria sido explicitamente excluído de seu objeto". (Processo Administrativo 08012.003970/2010-10. ABB Cable, ABBLtd, Exsym Corporation. 157ª Sessão Ordinária de Julgamento. Rel. Cons. Paulo Burnier da Silveira. Boletim de Jurisprudência, Ano 1, nº 2, agosto de 2020).

▸ Como esse assunto foi cobrado em concurso?

No Concurso para Juiz Federal da 4ª Região em 2016, foi considerado CERTO o seguinte enunciado: "A Lei nº 12.529/2011 (Lei Antitruste) aplica-se quando os atos de concentração econômica realizados no exterior **produzam ou possam produzir** efeitos significativos no mercado interno brasileiro".

Ao abordar a extraterritorialidade das leis concorrenciais, Paula Forgioni chama a atenção para as ***blocking laws* ou leis de bloqueio**, destinadas a impedir, em território nacional, a produção de efeitos de ordens proferidas por autoridades estrangeiras, as quais, nem sempre, apresentam-se de forma inequívoca, mas, por vezes, decorre da atuação da jurisprudência ou dos órgãos administrativos de molde a impedir a produção de efeitos de atos de autoridades estrangeiras (2013, p. 433). No Brasil, as "leis de bloqueio" aproximam-se daquilo que o Direito Internacional Privado chama de "normas de aplicação imediata" (VILELA, 2003) e têm como principal dispositivo legislativo o art. 17 da LINDB, segundo o qual "as leis, atos e sentenças de outro país, bem como quaisquer declarações de vontade, não terão eficácia no Brasil, quando ofenderem a soberania nacional, a ordem pública e os bons costumes".

Destaca ainda a autora que "as leis de bloqueio, algumas vezes, assumem caráter desvantajoso para os agentes econômicos nacionais, chegando a prejudicar suas atividades. Se, na origem, a promulgação desse tipo de lei foi destinada a proteger os cidadãos e as empresas, permitindo-lhes autênticos álibis para não cumprirem ordens de autoridades estrangeiras, acabou por colocar o destinatário da norma em situação de conflito: caso cumpra sua lei nacional, pode ser sancionado pelo outro país; de outra parte, se decidir colaborar com a autoridade estrangeira, deverá suportar as penalidades que lhe são impostas pelas autoridades nacionais". Por essa razão, a jurisprudência estadunidense fixou-se no sentido de que ao interpretar as *blocking laws*, deve-se considerar a boa-fé do agente e os interesses que país estrangeiro procurou proteger quando da promulgação da lei de bloqueio (FORGIONI, 2013, p. 437).

4. SISTEMA BRASILEIRO DE DEFESA DA CONCORRÊNCIA

A Lei 8.884/94 estabeleceu o Sistema Brasileiro de Defesa da Concorrência composto pelo Cade, pela Secretaria de Direito Econômico (órgão do Ministério da Justiça), com atribuições instrutórias e investigativas e pela Secretaria de Acompanhamento Econômico (órgão subordinado ao Ministério da Fazenda) com a competência de assessoramento técnico.

Assim, ante a complexidade do sistema anterior, uma das ideias da Lei 12.529/11 foi simplificar a estrutura do Sistema Brasileiro de Defesa da Concorrência, concentrando em apenas um guichê (Cade) a análise e decisão dos casos de matéria concorrencial, conferindo-se maior celeridade ao trato da matéria, diferentemente do que ocorria sob a vigência da Lei 8.884/94 (BAGNOLI, 2013. p. 214).

Sistema Brasileiro de Defesa da Concorrência	
Lei 8.884/94	**Lei 12.529/11**
Secretaria de Direito Econômico – SDE (Min. Justiça) – Órgão Público – análise jurídica. Secretaria de Acompanhamento Econômico - SEAE (Min. Fazenda) - Órgão Público - análise econômica. Conselho Administrativo de Defesa Econômica - Cade (transformado em autarquia por essa lei).	SEPRAC - Secretaria de Promoção da Produtividade e Advocacia da Concorrência - Órgão Público. CADE – Autarquia, com três órgãos: 1. Tribunal Administrativo de Defesa Econômica - mesmas atribuições do antigo Cade; 2. Superintendência Geral - substituiu a antiga SDE. Responsável por instaurar e instruir os processos 3. Departamento de Estudos Econômicos - visa elaborar análises de natureza econômica

Em 16 de janeiro de 2018, o Decreto nº 9.266 alterou a estrutura regimental do Ministério da Fazenda extinguindo a Secretaria de Acompanhamento Econômico e criando duas novas secretarias com o remanejamento das competências e cargos da SEAE: a Secretaria de Promoção da Produtividade e Advocacia da Concorrência (SEPRAC) e a Secretaria de Acompanhamento Fiscal, Energia e Loterias (art. 5º).

> ▸ **Importante**
>
> A Lei nº 13.844, de 2019, transformou o **Ministério da Fazenda, o Ministério do Planejamento, Desenvolvimento e Gestão,** o Ministério da Indústria, Comércio Exterior e Serviços e o Ministério do Trabalho no **Ministério da Economia** (art. 57, I).

> **Como esse assunto foi cobrado em concurso?**
>
> No Concurso do MPDFT para Promotor de Justiça Adjunto em 2021, foi considerado ERRADO o seguinte enunciado: "O acionamento de recall para produtos fabricados no Brasil, com distribuição nacional, é feito por provocação de qualquer PROCON interessado e gerido pela Secretaria de Acompanhamento Econômico do Ministério da Justiça".

4.1. Conselho Administrativo de Defesa Econômica (Cade)

O Cade, entidade judicante com jurisdição em todo o território nacional, tem natureza jurídica de **autarquia federal**, vinculada ao Ministério da Justiça e com sede e foro no Distrito Federal (art. 4º da Lei 12.529/11). Sua estrutura é composta pelo Tribunal Administrativo de Defesa Econômica, Superintendência-Geral e Departamento de Estudos Econômicos. Além disso, ainda que não pertencentes ao Sistema Brasileiro de Defesa da Concorrência, atuam junto ao CADE o Ministério Público Federal e a Procuradoria Federal Especializada.

> **Importante**
>
> Por expressa previsão legal, o disposto no art. 3º e, no que couber, nos arts. 14 a 20 da Lei Geral das Agências Reguladoras aplica-se ao Cade (art. 51 da Lei nº 13.848/19).

> **Como esse assunto foi cobrado em concurso?**
>
> No Concurso do IESES para Advogado da SCGás em 2019, foi considerado CERTO o seguinte enunciado: "A determinação da natureza jurídica do Cade parte do reconhecimento de que o órgão se sujeita, sempre, ao império e autoridade do Poder Judiciário. De um lado, há o controle judicial dos atos administrativos do Cade (sejam eles decisões de cunho condenatório por ofensas à ordem econômica, sejam no exercício de sua competência de fiscalização, relativos a atos de concentração). A compulsoriedade da execução judicial das decisões do Cade é, portanto, absolutamente compatível com o princípio da inafastabilidade do Poder Judiciário".

> **Como esse assunto foi cobrado em concurso?**
>
> No Concurso do CESPE para Juiz Federal da 1ª Região em 2015, foi considerado ERRADO o seguinte enunciado: "O CADE é constituído pelo TADE e pela **Secretaria de Acompanhamento Econômico do Ministério da Fazenda**".

> **Como esse assunto foi cobrado em concurso?**
>
> No concurso do CESPE para Juiz Federal da 5ª Região em 2015, foi considerado CERTO o seguinte enunciado: "O CADE, **autarquia federal vinculada ao Ministério da Justiça**, é entidade judicante com jurisdição em todo o território nacional". Já no concurso para Juiz Federal da 4ª Região em 2014, também foi considerado CERTO o seguinte enunciado: "O Conselho Administrativo de Defesa Econômica – CADE – é uma **entidade judicante com jurisdição em todo o território nacional** e decide sobre a existência de infração à ordem econômica, aplicando as penalidades previstas em lei".

Fonte: organograma extraído do site http://antigo.cade.gov.br/acesso-a-informacao/institucional/estrutura

Qual o entendimento do CADE sobre o assunto?

"A competência do Cade para atuar em casos que versam sobre requerimento de licença compulsória de cultivares protegidas é inequívoca, estando explícita na Lei de Proteção de Cultivares nos §2º, do art. 31, e no art. 32, ambos da Lei nº 9.456/1997, bem como no art. 22 do Decreto nº 2.366/1997, o qual estabelece com quais informações e documentos ditos requerimentos devem ser instruídos para oportuna apreciação por Sistema Nacional de Proteção de Cultivares e Sistema Brasileiro de Defesa da Concorrência (SBDC). A licença compulsória objetiva assegurar: i) a disponibilidade de cultivar no mercado, a preços razoáveis, quando a manutenção de fornecimento regular esteja sendo injustificadamente impedida pelo titular do direito; ii) garantir a regular distribuição da cultivar e manutenção de sua qualidade; e, concomitantemente, assegurar iii) remuneração razoável ao titular do direito. A licença compulsória de cultivar se justifica, por conseguinte, quando configurada restrição injustificada à concorrência. Nesse sentido, cabe/compete ao Cade avaliar, em pedidos dessa natureza, se há ou não abuso no âmbito do exercício dos direitos de propriedade intelectual sobre as cultivares, se há ou não restrição ou restrições injustificadas à concorrência e não aos concorrentes" (Despacho Presidência nº 170/2020 em referência ao Processo nº 08700.004353/2020-55. 165ª Sessão Ordinária de Julgamento. Boletim de Jurisprudência, Ano 1, nº 3/2020).

4.1.1. *Tribunal Administrativo de Defesa Econômica (TADE)*

O Tribunal Administrativo de Defesa Econômica (TADE) é o órgão judicante do Cade, composto por um Presidente e seis Conselheiros, escolhidos dentre cidadãos com mais de 30 anos de idade, de notório saber jurídico ou econômico e reputação ilibada, nomeados pelo Presidente da República, depois de aprovados pelo Senado Federal. Seus mandatos são de 4 anos, não coincidentes, vedada a recondução (art. 1º da Lei 12.529/11).

A perda dos mandatos do Presidente e dos Conselheiros poderá ocorrer em virtude de decisão do Senado Federal, por provocação do Presidente da República, ou ainda, em razão de condenação penal irrecorrível por crime doloso, ou de processo disciplinar de conformidade com a Lei 8.112/90 e a Lei 8.429/92, pela prática de alguma das práticas que lhes são vedadas pela própria Lei 12.529/11, a saber: I. receber, a qualquer título, e sob qualquer pretexto, honorários, percentagens ou custas; II. exercer profissão liberal; III. participar, na forma de controlador, diretor, administrador, gerente, preposto ou mandatário, de sociedade civil, comercial ou empresarial de qualquer espécie; IV. emitir parecer sobre matéria de sua especialização, ainda que em tese, ou funcionar como consultor de qualquer tipo de empresa; V. manifestar, por qualquer meio de comunicação, opinião sobre processo pendente de julgamento, ou juízo depreciativo sobre despachos, votos ou sentenças de órgãos judiciais, ressalvada a crítica nos autos, em obras técnicas ou no exercício de magistério; e VI. exercer atividade político-partidária (art. 8º). Da mesma forma, perderá o mandato de forma automática, o membro do Tribunal que faltar a três reuniões ordinárias consecutivas, ou vinte intercaladas, ressalvados os afastamentos temporários autorizados pelo Plenário (art. 7º, parágrafo único).

> **Como esse assunto foi cobrado em concurso?**
>
> No Concurso do CESPE para Juiz Federal da 1ª Região em 2015, foi considerado ERRADO o seguinte enunciado: "A perda de mandato do presidente ou dos conselheiros do TADE **só** poderá ocorrer por decisão judicial".

Pelo fato de exercerem **função típica de Estado**, os cargos de Presidente e de Conselheiro são de dedicação exclusiva, não se admitindo qualquer acumulação, salvo as constitucionalmente permitidas, a saber, exercício de função de magistério, desde que haja compatibilidade de horários (FIGUEIREDO, 2016, p. 267).

As decisões do TADE serão tomadas por **maioria**, com a presença mínima de quatro membros, sendo o quórum de deliberação mínimo de três membros. Tais decisões **não comportam revisão no âmbito do Poder Executivo**, promovendo-se, de imediato, sua execução e comunicando-se, em seguida, ao Ministério Público, para as demais medidas cabíveis no âmbito de suas atribuições.

> **Qual o entendimento do STF sobre o assunto?**
>
> "[...] O dever de deferência do Judiciário às decisões técnicas adotadas por entidades reguladoras repousa em duas premissas: i) a falta de conhecimento técnico e capacidade institucional de tribunais para decidir sobre intervenções regulatórias, que envolvem questões policêntricas e prognósticos especializados; e (ii) a possibilidade de a revisão judicial ensejar efeitos sistêmicos nocivos à coerência e dinâmica regulatória administrativa. A expertise técnica e a capacidade institucional do CADE em questões de regulação econômica demandam uma postura deferente do Poder Judiciário ao mérito das decisões proferidas pela autarquia. O controle jurisdicional deve cingir-se ao exame da legalidade ou abusividade dos atos administrativos [...]" (STF, RE 1083955/DF, rel. Min. Luiz Fux, julgamento em 28.5.2019). (Informativo 942, Primeira Turma)

> ▸ **Como esse assunto foi cobrado em concurso?**
>
> No Concurso da VUNESP para Especialista em Regulação e Fiscalização de Serviços Públicos I (Relações Institucionais), da ARSESP em 2018, foi considerado CERTO o seguinte enunciado sobre o TADE: "Os cargos de Presidente e de Conselheiro são de dedicação exclusiva, não se admitindo qualquer acumulação, salvo as constitucionalmente permitidas".

> ▸ **Como esse assunto foi cobrado em concurso?**
>
> No concurso para Procurador da República em 2013, foi considerado ERRADO o seguinte enunciado: "As decisões do plenário do Tribunal Administrativo de Defesa Econômica que imponham sanções administrativas por infrações à ordem econômica em processos instaurados pela Superintendência-Geral **são passíveis de revisão no âmbito do poder Executivo**, suspendendo-se a sua execução enquanto perdurar o recurso administrativo".

Da mesma forma que ocorre com as agências reguladoras, a Lei 12.529/11 prevê uma espécie de "quarentena" ao Presidente e aos Conselheiros do TADE que, após deixarem o cargo, não poderão, por 120 dias, representar qualquer pessoa, física ou jurídica, ou interesse perante o SBDC, ressalvada a defesa de direito próprio, período no qual, receberão a mesma remuneração do cargo que ocupavam.

O artigo 9º da Lei 12.529/11 estabelece, de forma **exemplificativa**, as atribuições do TADE, dentre as quais, Paula Forgioni (2013, p. 129) elenca como principais:

> i. O julgamento das condutas dos agentes econômicos, determinando se constituem, ou não, infrações à ordem econômica, bem como a imposição de multas e demais penalidades previstas em lei;
>
> ii. Apreciar os atos de concentração econômica, aprovando-os, rejeitando-os ou aprovando-os com restrições;
>
> iii. Aprovar os termos de compromisso de cessação, mediante os quais os agentes econômicos obrigam-se a abandonar práticas suspeitas;
>
> iv. Aprovar os termos de acordos em controle de concentrações, visando a garantir que as operações aprovadas efetivamente tragam os benefícios econômicos esperados;
>
> v. Apreciar, em grau de recurso, as medidas preventivas adotadas pelos conselheiros ou pela Superintendência-Geral, bem como concedê-las; e
>
> vi. Responder a consultas sobre condutas de práticas em andamento.

Em relação a essa última competência, há que se destacar que é **facultado ao TADE responder a consultas sobre condutas em andamento**, mediante pagamento de taxa e acompanhadas dos respectivos documentos (art. 9º, § 4º da Lei 12.529/11).

> ▸ **Como esse assunto foi cobrado em concurso?**
>
> No Concurso do CESPE para Juiz Federal da 1ª Região em 2015, foi considerado ERRADO o seguinte enunciado: "É **vedado** ao TADE responder a consultas sobre condutas em andamento".

Destaque-se, ainda, a competência do TADE para determinar que as autoridades federais, os diretores de autarquia, fundação, empresas estatais federais e agências reguladoras prestem, sob pena de responsabilidade, toda a assistência e colaboração que lhes for solicitada pelo Cade, inclusive elaborando pareceres técnicos sobre as matérias de sua competência (art. 9º, § 3º da Lei 12.529/11).

▸ **Qual o entendimento do CADE sobre o assunto?**

"O escopo da análise e da atuação do Tribunal, no âmbito de recurso voluntário, cinge-se a verificar se os requisitos de plausibilidade do direito e de perigo na demora encontram-se presentes, em linha com as disposições do art. 300 do Código de Processo Civil e do art. 84 da Lei 12.529/2011. **A decisão na Consulta é vinculante para o Tribunal e para as partes, nos limites estritos dos fatos originalmente expostos, pelo prazo máximo de 5 (cinco) anos,** nos termos do art. 8º da Resolução 12/2015 do Cade, e o descumprimento das premissas autorizativas definidas pelo Cade para aprovação do Contrato tem a potencialidade de alterar o cenário pró-competitivo e efeitos negativos ao mercado, atendendo ao requisito de plausibilidade do direito. **A jurisprudência do Cade compreende que o perigo de lesão deve recair não apenas sobre o agente que requer a medida, mas sobre o mercado como um todo, afetando a concorrência e o bem-estar do consumidor".** (Recurso Voluntário 08700.000989/2019-94. Conectar Soluções de Mobilidade Eletrônica S.A. Centro de Gestão de Meios de Pagamentos Ltda e Companhia Brasileira de Soluções e Serviços (Atualmente denominada Alelo S.A.) 157ª Sessão Ordinária de Julgamento. Rel. Cons. Paula Azevedo. Boletim de Jurisprudência, Ano 1, nº 2, agosto de 2020).

4.1.2. *Superintendência-Geral*

A Superintendência-Geral do CADE, composta por um Superintendente-Geral e dois Superintendentes-Adjuntos, absorveu as competências da SEAE e da SDE no que se refere às investigações anticoncorrenciais e à instrução/análise de atos de concentração, previstas na Lei 8.884/94 (PEREIRA NETO; CASAGRANDE, 2016, p. 38).

Da mesma forma que ocorre com o Presidente e os Conselheiros do TADE, os cargos de Superintendente-Geral e os Superintendentes-Adjuntos são de dedicação exclusiva, não se admitindo qualquer acúmulo, salvo as constitucionalmente previstas.

O Superintendente-Geral será escolhido dentre cidadãos com mais de 30 anos de idade, notório saber jurídico ou econômico e reputação ilibada. Será nomeado pelo Presidente da República, depois de ter seu nome aprovado pelo Senado Federal, para um mandato de 2 anos, permitindo-se a recondução para um único período subsequente. Por expressa previsão legal, o Superintendente-Geral se submete às mesmas regras sobre vedações e sobre a quarentena, aplicáveis ao Presidente e aos Conselheiros do TADE.

Por outro lado, os Superintendentes-Adjuntos serão nomeados pelo Superintendente-Geral (art. 12, § 7º da Lei 12.529/11).

A Superintendência-Geral é responsável, pela **apuração e investigação de infrações à ordem econômica**, podendo, para tanto: a) promover procedimento preparatório de inquérito administrativo e inquérito administrativo; b) decidir pela insubsistência dos indícios, arquivando os autos do inquérito administrativo ou de seu procedimento preparatório; c) propor termo de compromisso de cessação (TCC), submetendo-o à aprovação do Tribunal, e fiscalizar seu cumprimento; d) receber, instruir e aprovar ou impugnar perante o Tribunal os processos administrativos para análise de ato de concentração econômica; dentre outras competências previstas no art. 13 da lei.

> **Como esse assunto foi cobrado em concurso?**
> No concurso para Procurador da República em 2013, foi considerado CERTO o seguinte enunciado: "A Superintendência-Geral do CADE pode promover procedimento preparatório de inquérito administrativo e inquérito administrativo para apurar infrações à ordem econômica e pode decidir pela insubsistência de indícios arquivando os autos de inquérito administrativo". Na mesma questão outro enunciado foi considerado ERRADO: "O Superintendente-Geral do CADE é nomeado pelo Ministro da Justiça e pode ser exonerado *ad nutum*".

Para a consecução de suas competências, a lei atribui extensos poderes à Superintendência-Geral (art. 13, VI):

> a) requisitar informações e documentos de quaisquer pessoas, físicas ou jurídicas, órgãos, autoridades e entidades, públicas ou privadas, bem como determinar as diligências que se fizerem necessárias ao exercício de suas funções;
>
> b) requisitar esclarecimentos orais de quaisquer pessoas, físicas ou jurídicas, órgãos, autoridades e entidades, públicas ou privadas;
>
> c) realizar inspeção na sede social, estabelecimento, escritório, filial ou sucursal de empresa investigada, de estoques, objetos, papéis de qualquer natureza, assim como livros comerciais, computadores e arquivos eletrônicos, podendo-se extrair ou requisitar cópias de quaisquer documentos ou dados eletrônicos;
>
> d) requerer ao Poder Judiciário, por meio da Procuradoria Federal junto ao CADE, mandado de busca e apreensão de objetos, papéis de qualquer natureza, assim como de livros comerciais, computadores e arquivos magnéticos de empresa ou pessoa física, no interesse de inquérito administrativo ou de processo administrativo para imposição de sanções administrativas por infrações à ordem econômica;
>
> e) requisitar vista e copia de documentos e objetos constantes de inquéritos e processos administrativos instaurados por órgãos ou entidades da administração pública federal;
>
> f) requerer vista e copia de inquéritos policiais, ações judiciais de quaisquer natureza, bem como de inquéritos e processos administrativos instaurados por outros entes da federação;

Da mesma forma, em relação às pessoas físicas ou jurídicas que detenham posição dominante em mercado relevante de bens ou serviços, poderá a Superintendência-Geral acompanhar, permanentemente, as atividades e práticas, para prevenir infrações à ordem econômica, podendo requisitar as informações e documentos necessários (art. 13, II).

> **Qual o entendimento do CADE sobre o assunto?**
>
> "A análise de conhecimento de recurso interposto por terceiro interessado em ato de concentração aprovado, nos temos do art. 65, §1º, da Lei nº 12.529/2011, deve considerar, em linha com precedentes do Cade e, subsidiariamente, do processo civil, naquilo que for aplicável, os requisitos de admissibilidade recursais intrínsecos de (i) cabimento, (ii) legitimidade recursal, (iii) interesse recursal e (iv) inexistência de ato impeditivo de recurso, bem como os requisitos de admissibilidade recursais extrínsecos de (i) tempestividade e (ii) regularidade formal". (Ato de Concentração 08700.006163/2019-39. Telefônica Brasil S.A. e TIM S.A., Claro S.A. 159ª Sessão Ordinária de Julgamento. Rel. Cons. Lenisa Prado. Boletim de Jurisprudência, Ano 1, nº 2, agosto de 2020).

4.1.3. Procuradoria Federal junto ao Cade

Funcionará junto ao Cade Procuradoria Federal Especializada (ProCADE), com a função de: I. prestar consultoria e assessoramento jurídico ao Cade; II. representar o Cade judicial e extrajudicialmente; III. promover a execução judicial das decisões e julgados do Cade; IV. proceder à apuração da liquidez dos créditos do Cade, inscrevendo-os em dívida ativa para fins de cobrança administrativa ou judicial; V. tomar as medidas judiciais solicitadas pelo Tribunal ou pela Superintendência--Geral; VI. promover acordos judiciais; VII. emitir, sempre que solicitado, pareceres não vinculantes nos processos de competência do Cade .

O Procurador-chefe será nomeado pelo Presidente da República, depois de aprovado pelo Senado Federal, dentre cidadãos brasileiros com mais de 30 anos de idade, de notório conhecimento jurídico e reputação ilibada. Terá mandato de 2 anos, admitindo-se uma única recondução. Poderá participar das reuniões do TADE, sem direito a voto. Além disso, ao Procurador-Geral aplicam-se as mesmas normas e impedimentos aplicáveis aos Conselheiros do TADE, exceto no que diz respeito ao comparecimento às sessões (art. 16 da Lei 12.529/11).

Leonardo Vizeu Figueiredo destaca o fato de que "o órgão jurídico do CADE encontra-se em exercício descentralizado junto a este órgão, não guardando qualquer relação de subordinação hierárquica, tampouco regime de vinculação técnica, uma vez que se trata de **órgão vinculado à AGU**" (2016, p. 283).

Em suma, não se pode confundir a atuação da Procuradoria Federal junto ao CADE com a do representante do Ministério Público Federal. No primeiro caso, tem-se a atuação de **procuradores da carreira da Advocacia Geral da União (AGU)**, aos quais compete, precipuamente, representar o Cade judicial e extrajudicialmente e emitir pareceres não vinculativos em processos administrativos e de concentração. Já ao Ministério Público Federal junto ao Cade compete emitir pareceres, nos processos administrativos para imposição de sanções administrativas por infrações à ordem econômica, de ofício ou a requerimento do Conselheiro-Relator (art. 20, Lei 12.529/11).

> **Como esse assunto foi cobrado em concurso?**
>
> No Concurso do CESPE/CEBRASPE para Procurador do TC/DF em 2021, foi considerado CERTO o seguinte enunciado: "As decisões do Tribunal Administrativo de Defesa Econômica não comportam revisão no âmbito do Poder Executivo, competindo à Procuradoria Federal especializada executá-las de imediato".

> **Como esse assunto foi cobrado em concurso?**
>
> No concurso do CESPE para Procurador Federal em 2013, foi considerado ERRADO o seguinte enunciado: "As funções do CADE de consultoria, assessoramento jurídico e promoção da execução judicial das decisões e julgados são efetuados pelo **representante do Ministério Público Federal** junto a esse Conselho".

Observação: o art. 129, IX da CRFB veda expressamente a atuação do Ministério Público na representação judicial e na consultoria jurídica de entidades públicas.

4.1.4. *Departamento de Estudos Econômicos*

Junto ao Cade ainda funcionará um Departamento de Estudos Econômicos, dirigido por um Economista-Chefe, competindo-lhe elaborar estudos e pareceres econômicos, zelando pelo rigor e atualização técnica e científica das decisões do órgão. O Economista-Chefe será nomeado, conjuntamente, pelo Superintendente-Geral e pelo Presidente do Tribunal, dentre brasileiros de ilibada reputação e notório conhecimento econômico. Por sua vez, o Economista-Chefe poderá participar das reuniões, sem direito a voto e submeter-se-á aos mesmos impedimentos impostos aos Conselheiros do TADE.

4.1.5. *Gestão Administrativa, orçamentária e financeira do Cade*

A Lei 12.529/11 disciplina, ainda, no capítulo destinado ao Cade, sua autonomia financeira, característica decorrente de sua natureza jurídica de autarquia em regime especial (não se confundindo com as agências reguladoras). Assim, é conferida ao Cade, capacidade tributária para arrecadar a taxa processual, cujos valores foram atualizados em 2015, devendo ser objeto de muita atenção dos candidatos em concursos:

> **Importante**
>
> Lei 12.529/11, art. 23. Instituem-se taxas processuais sobre os processos de competência do CADE, no valor de **R$ 85.000,00 (oitenta e cinco mil reais)**, para os processos que têm como fato gerador a apresentação dos atos previstos no art. 88 desta Lei [atos de concentração], e no valor de R$ 15.000,00 (quinze mil reais), para os que têm como fato gerador a apresentação das consultas referidas no § 4º do art. 9º desta Lei [consultas sobre condutas em andamento]. (Redação dada pela Lei 13.196/15)

Segundo Leonardo Vizeu Figueiredo, o fato gerador da taxa processual cobrada pelo Cade é "o regular exercício do **poder de polícia administrativa** no que se refere à análise e apuração das concentrações de mercado, sendo devida ainda nos casos de consulta sobre os feitos administrativos em trâmite no Cade".

Além das taxas, constituem receitas próprias do Cade:

- a retribuição por serviços de qualquer natureza prestados a terceiros;
- as dotações consignadas no Orçamento Geral da União, créditos especiais, créditos adicionais, transferências e repasses que lhe forem conferidos;
- os recursos provenientes de convênios, acordos ou contratos celebrados com entidades ou organismos nacionais e internacionais;
- as doações, legados, subvenções e outros recursos que lhe forem destinados;
- os valores apurados na venda ou aluguel de bens móveis e imóveis de sua propriedade;
- o produto da venda de publicações, material técnico, dados e informações;
- os valores apurados em aplicações no mercado financeiro das receitas previstas neste artigo, na forma definida pelo Poder Executivo; e
- quaisquer outras receitas, afetas às suas atividades.

Importante

Lei 12.529/11, art. 28, § 3º. **O produto da arrecadação das multas aplicadas pelo CADE, inscritas ou não em dívida ativa, será destinado ao Fundo de Defesa de Direitos Difusos** de que trata o art. 13 da Lei nº 7.347, de 24 de julho de 1985 [LACP] e a Lei nº 9.008, de 21 de março de 1995.

4.2. Secretaria de Promoção da Produtividade e Advocacia da Concorrência (SEPRAC)

Em 16 de janeiro de 2018, o Decreto nº 9.266 extinguiu a Secretaria de Acompanhamento Econômico (SEAE) e parte de suas competências foram transferidas para a Secretaria de Promoção da Produtividade e Advocacia da Concorrência (SEPRAC). Assim, ao lado do Cade, a SEPRAC passou a compor o Sistema Brasileiro de Defesa da Concorrência (SBDC), passando a realizar a advocacia da concorrência perante o governo e a sociedade. Assim, "ela promove a livre concorrência, opinando sobre proposições legislativas ou minutas de atos normativos nos aspectos relacionados ao tema, propondo a revisão de leis, decretos e regulamentos, manifestando-se sobre pedidos de revisão de tarifas e realizando estudos que avaliem a concorrência em setores específicos da economia, para subsidiar as decisões de órgãos governamentais" (Disponível em: http://antigo.cade.gov.br/acesso-a-informacao/institucional/estrutura. Acesso em: 27 dez 2020).

No mais, a Secretaria de Promoção da Produtividade e a Advocacia da Concorrência (SEPRAC) "também atua no acompanhamento de mercados e na análise de impacto regulatório de políticas públicas setoriais, além de propor, coordenar e executar ações relativas à gestão de políticas de infraestrutura". (Disponível em: https://www.gov.br/fazenda/pt-br/acesso-a-informacao/institucional/estrutura-organizacional/secretaria-de-promocao-da-produtividade-e-advocacia-da-concorrencia. Acesso em: 27 dez. 2020)

4.3. Ministério Público Federal perante o Cade

O art. 219 da Constituição Federal de 1988 estabeleceu a natureza transindividual do mercado interno, ao fixar que este "integra o **patrimônio nacional** e será incentivado de modo a viabilizar o desenvolvimento cultural e socioeconômico, o bem-estar da população e a autonomia tecnológica do País, nos termos de lei federal". Por outro lado, o art. 129, III, também da Constituição de 1988, estabelece como uma das funções básicas do Ministério Público, "promover o inquérito civil e a ação civil pública, para a **proteção do patrimônio público e social**, do meio ambiente e de outros interesses difusos e coletivos", do que resulta a inequívoca competência do Ministério Público para atuar na defesa do mercado interno, de titularidade da coletividade.

Assim, a atuação do Ministério Público no SBDC foi delineada pelo artigo 20 da Lei 12.529/11, segundo o qual: "O Procurador-Geral da República, ouvido o Conselho Superior, designará membro do Ministério Público Federal para, nesta qualidade, emitir parecer, nos processos administrativos para imposição de sanções administrativas por infrações à ordem econômica, **de ofício ou a requerimento do Conselheiro-Relator**".

> **▸ Qual o entendimento do STJ sobre o assunto?**
>
> Transportadoras de veículos. "Cegonheiros". **Indícios de abuso de poder econômico e formação de cartéis.** [...] Deveras, a atuação paralela das entidades administrativas do setor (CADE e SDE), não inibe a intervenção do Judiciário *in casu*, por força do princípio da inafastabilidade, segundo o qual nenhuma ameaça ou lesão a direito deve escapar à apreciação do Poder Judiciário, posto inexistente em nosso sistema o contencioso administrativo e, *a fortiori*, desnecessária a exaustão da via extrajudicial para invocação da prestação jurisdicional. [...]. **Inexiste violação ao princípio do *ne bis in idem*, tendo em vista a possibilidade de instauração concomitante de ação civil pública e de processo administrativo.** [...] **legitima-se o MP a toda e qualquer demanda que vise à defesa do patrimônio público**, sob o ângulo material (perdas e danos) ou imaterial (lesão à moralidade), bem como à defesa da ordem econômica [...] (CC 119350/PR, Rel. Des. Newton Trisotto, publ. 04.12.2014).

> **Como esse assunto foi cobrado em concurso?**
>
> No Concurso do CESPE para Juiz Federal da 1ª Região em 2015, foi considerado ERRADO o seguinte enunciado: "A emissão de parecer por membro do MPF que atue perante o CADE é **condicionada** a eventual requerimento do presidente ou conselheiro-relator do *parquet*".

> **Como esse assunto foi cobrado em concurso? Art. 20**
>
> No concurso para Juiz Federal da 4ª Região em 2014, foi considerado CERTO o seguinte enunciado: "O membro do Ministério Público Federal designado junto ao Conselho Administrativo de Defesa Econômica – CADE emitirá parecer nos **processos administrativos para imposição de sanções administrativas por infrações à ordem econômica**". Outrossim, no concurso para Procurador da República em 2013, foi considerado ERRADO o seguinte enunciado: "O Procurador-Geral da República designará membro do Ministério Público Federal para oficiar em **todos os casos** sujeitos à apreciação do Conselho Administrativo de Defesa Econômica (CADE), tanto em atos de concentração, quanto na apuração de condutas anticompetitivas".

5. INFRAÇÕES DA ORDEM ECONÔMICA

Não obstante o Direito Antitruste como um todo ser extremamente importante na preparação para concursos que exigem Direito Econômico, o Título V da Lei 12.529/11 assume relevância ainda maior.

Inicialmente, antes mesmo de tratar das infrações em si, optou o legislador por delimitar alcance subjetivo da Lei 12.529/11, fazendo-o de forma bastante ampla, garantindo a subsunção punitiva de **pessoas físicas ou jurídicas, públicas ou privadas, ainda que não tenham finalidade de lucro ou que não estejam legalmente constituídas, alcançando, inclusive, aquelas que atuam sob monopólio legal**.

Como se percebe, a norma também alcança as estatais (empresas públicas e sociedades de economia mista) e esse deve ser o entendimento a ser assinalado em questões objetivas. Contudo, em uma prova discursiva, em que se exige uma análise mais crítica do candidato, há que se levar em consideração que na prática brasileira, as estatais federais não têm sido objeto de controle concorrencial, seja sob o prisma da repressão de condutas, seja pela ótica do controle de estruturas. Isso, pois a atuação destas empresas em regra relaciona-se diretamente à consecução de **políticas públicas**, fazendo com que o controle sobre elas seja, essencialmente, prévio e realizado pelo próprio regulador. Com base nisso, por exemplo, a "escolha pela concentração pode implicar, no limite, a opção pelo monopólio e a estatização do setor". Por outro lado, a prática de preços predatórios pode ser utilizada para coibir o aumento acentuado de preços em setores sensíveis à população e ainda, a cartelização para reduzir a concorrência, no âmbito das estatais, poderia ser um meio de se afastar a entrada de estrangeiros no setor. "Em todo caso, vê-se, claramente, a regulação da economia por um mecanismo alternativo" (TAUFICK, 2012, p. 139-142).

Destaca, ainda, o mesmo autor, que "A isenção concorrencial a essa regulação indireta não se opera, entretanto, quando a figura do controlador das empresas públicas ou das sociedades de economia mista não coincidir com a do regulador competente. Assim ocorre quando a regulação setorial é da União e as empresas públicas ou sociedades de economia mista forem controladas por outro ente federado. Nesse caso, o comportamento das empresas públicas e das sociedades de economia mista não expressa uma regulação setorial e está, nos termos deste dispositivo legal, sujeito ao controle pelo SBDC. A isenção também não há quando a sociedade não for, efetivamente, controlada pelo Estado" (TAUFICK, 2012, p. 145).

▸ Importante

Lei 12.529/11, art. 31. Esta lei aplica-se às pessoas físicas ou jurídicas de direito público ou privado, bem como a quaisquer associações de entidades ou pessoas, constituídas de fato ou de direito, ainda que temporariamente, com ou sem personalidade jurídica, mesmo que exerçam atividades sob regime de monopólio legal.

▸ Qual o entendimento do CADE sobre o assunto?

"Estados não configuram, por si, grupos econômicos para fins concorrenciais. Os faturamentos de empresas sob controle do governo não se somam para atingir o critério legal de notificação. Não conhecimento". (Ato de Concentração 08700.002815/2020-08. Wirtschaftsstabilisierungsfonds e Deutsche Lufthansa AG. Análise de conhecimento de operações pela Superintendência-Geral. Boletim de Jurisprudência, Ano 1, nº 2, agosto de 2020).

▸ Como esse assunto foi cobrado em concurso?

No concurso do CESPE para Procurador do Estado/PI em 2014, foi considerado ERRADO o seguinte enunciado: "Não estarão sujeitas ao cometimento de infração à ordem econômica empresas que exerçam atividade **sob regime de monopólio legal**". Já no concurso do CESPE para Analista Legislativo e Consultor Legislativo da Câmara dos Deputados em 2014, foi considerado CERTO o seguinte enunciado: **"As pessoas jurídicas de direito público estão sujeitas às sanções aplicadas às infrações à ordem econômica".** Da mesma forma o tema foi abordado no concurso do CESPE para Juiz Federal da 5ª Região em 2013, oportunidade em que foi considerado ERRADO o seguinte enunciado: "Estão sujeitos à Lei Antitruste brasileira pessoas físicas ou jurídicas de direito público ou privado, associações de entidades ou de pessoas, **desde que suas atividades tenham fins lucrativos**".

▸ Como esse assunto foi cobrado em concurso?

No concurso da CONSULPLAN para Promotor de Justiça de Minas Gerais em 2012, foi considerado CERTO o seguinte enunciado sobre a Lei 12.529/11: "Se aplica às pessoas físicas ou jurídicas de direito público ou privado, bem como a quaisquer associações de entidades ou pessoas, constituídas de fato ou de direito, ainda que temporariamente, com ou sem personalidade jurídica, mesmo que exerçam atividade sob regime de monopólio legal".

Por outro lado, a responsabilização pela infração contra a ordem econômica alcançará, além da empresa, seus dirigentes e administradores individual e **solidariamente**. Da mesma forma, também serão **solidariamente** responsáveis, as empresas ou entidades integrantes de grupo econômico, de fato ou de direito, quando pelo menos uma delas praticar infração à ordem econômica. Cumpre recordar que a solidariedade não comporta benefício de ordem.

Ou seja, buscando-se garantir a eficácia das decisões do Cade, a responsabilização "transcende a individualidade das pessoas jurídicas envoltas, alcançando as demais entidades integrantes do mesmo grupo econômico, bem como as pessoas naturais que exerceram poderes de gestão à época dos fatos apurados, todos solidariamente responsáveis" (FIGUEIREDO, 2016, p. 194).

▸ Como esse assunto foi cobrado em concurso?

No Concurso para Juiz Federal Substituto, do TRF/3ª Região em 2018, esse tema foi cobrado da seguinte forma: "A fornecedora 'A' escoa sua produção por meio de uma rede de distribuidores [rede 'A']. Em uma licitação, um dos distribuidores ['X'] celebra acordo com outros licitantes, não integrantes da rede 'A', e sagra-se vencedor do certame. Posteriormente, 'X' é condenado pelo CADE, por participação em cartel, com base na Lei nº 12.529, de 2011. Assinale a alternativa CORRETA:

a) "A" é solidariamente responsável pela infração à ordem econômica cometida por "X", mesmo sem ter participado do acordo com os outros licitantes. A responsabilidade de "A", no caso, é objetiva.

b) Outro membro da rede "A" possui legitimidade para propor ação civil de reparação de danos contra "X", por descumprimento do contrato existente entre "X" e "A".

c) A decisão do CADE não pode ser revista pelo Poder Judiciário.

d) Mesmo antes de ser proferida a decisão do CADE reconhecendo a existência de infração à ordem econômica, os prejudicados podem propor ação de indenização contra X.

Segundo gabarito oficial, foi considerada correta a alternativa "d".

▸ Como esse assunto foi cobrado em concurso?

No concurso para Juiz Federal da 2ª Região em 2014, foi considerado ERRADO o seguinte enunciado: "As diversas formas de infração da ordem econômica implicam responsabilidade solidária entre a sociedade empresária, os seus dirigentes e os **sócios majoritários**". Já no concurso da CONSULPLAN para Promotor de Justiça de Minas Gerais em 2012, foi considerado CERTO o seguinte enunciado sobre a Lei 12.529/11: "As diversas formas de infração da ordem econômica implicarão responsabilidade da empresa e responsabilidade individual de seus dirigentes ou administradores, **de modo solidário**".

> ▸ **Como esse assunto foi cobrado em concurso?**
>
> No concurso para Procurador do Estado/PI em 2014, foi considerado ERRADO o seguinte enunciado: "As empresas integrantes de grupo econômico de fato ou de direito serão **subsidiariamente** responsáveis quando pelo menos uma delas praticar infração à ordem econômica".

Desconsideração da personalidade jurídica → adoção da teoria MAIOR
"A personalidade jurídica do responsável por infração da ordem econômica poderá ser desconsiderada quando houver da parte deste abuso de direito, excesso de poder, infração da lei, fato ou ato ilícito ou violação dos estatutos ou contrato social" (art. 34, Lei 12.529/11).

Compete ao Cade tanto a **análise prévia de atos de concentração econômica quanto a atuação repressiva em relação a condutas anticompetitivas**. Assim, o art. 36 da Lei 12.529/11 disciplinou tais condutas na esteira do preceito constitucional que determina que "a lei reprimirá o abuso do poder econômico que vise à dominação dos mercados, à eliminação da concorrência e ao aumento arbitrário dos lucros" (art. 173, § 4º).

A doutrina, em regra, classifica as condutas anticoncorrenciais como práticas coordenadas, entre empresas distintas ou como práticas unilaterais. Por outro lado, tais condutas podem ainda ser classificadas como: i) horizontais, quando envolvem empresas que atuam em um mesmo mercado (i.e., se envolve concorrentes diretos) ou (ii) verticais, quando afetam elos distintos de uma determinada cadeia produtiva (i.e., empresas com relação fornecedor-cliente)" (PEREIRA NETO; CASAGRANDE, 2016, p. 92).

Assim como previa a Lei 8.884/94, em seu art. 20, o caput do art. 36 da Lei 12.529/11 prevê como infração da ordem econômica, **independentemente de culpa**, os atos sob qualquer forma manifestados, que tenham por objeto ou possam produzir os efeitos previstos em seus incisos, **ainda que estes não sejam alcançados,** quais sejam:

> **I. Limitar, falsear ou de qualquer forma prejudicar a livre-concorrência ou a livre iniciativa;**
>
> **II. Dominar mercado relevante de bens ou serviços;**
>
> **III. Aumentar arbitrariamente os lucros; e**
>
> **IV. Exercer de forma abusiva posição dominante.**

> ▸ **Qual o entendimento do CADE sobre o assunto?**
>
> "A cooperação entre empresas concorrentes em caráter emergencial, com o objetivo de superar adversidades decorrentes de uma situação de crise e mitigar seus efeitos é medida excepcional a ser adotada por tempo limitado. O acordo não deve envolver a coordenação de ações comerciais (que serão definidas e implementadas individualmente por

cada uma das empresas parte) ou a troca de informações sensíveis entre as partes. Ainda que não se amolde a nenhum dos tipos processuais específicos da legislação antitruste, pedidos sobre colaboração entre concorrentes acomodam-se no poder geral de petição, devendo, portanto, ser recebidos e apreciados por esta autarquia como petição e examinados, sob a ótica concorrencial, suas solicitações. Como pressupostos na avaliação de possível colaboração entre concorrentes, podem ser elencados a excepcionalidade da situação enfrentada, a urgência necessária para a adoção de medidas, a relação de causalidade entre a crise e a cooperação pretendida, o universo temporal limitado para a coordenação, as eficiências geradas e seu repasse ao consumidor, dentre outros que se apresentem para a situação concreta". (Petição 08700.002395/2020-51. Ambev S.A., BRF S.A., Coca-Cola Indústrias Ltda., Mondelez Brasil Ltda., Nestlé brasil Ltda. E Pepsico do Brasil Ltda. Sessão Extraordinária de Julgamento. Boletim de Jurisprudência, Ano 1, nº 2, agosto de 2020).

▸ Como esse assunto foi cobrado em concurso?

No Concurso do CESPE/CEBRASPE para Procurador do TC/DF em 2021, foi considerado ERRADO o seguinte enunciado: "A constatação de infração à ordem econômica que tenha por objeto o prejuízo à livre concorrência ou à livre iniciativa exige a ocorrência de dano efetivo ou potencial ao mercado, devendo ser verificado, ainda, o nexo de causalidade e a presença do elemento volitivo do infrator".

▸ Como esse assunto foi cobrado em concurso?

No Concurso do CESPE para Advogado da União em 2015, foi considerado ERRADO o seguinte enunciado: "Para que se configure a infração de exercer de forma abusiva posição dominante, **há que se provar o dolo** na prática da conduta".

▸ Como esse assunto foi cobrado em concurso?

No concurso do CESPE para Analista Legislativo e Consultor Legislativo da Câmara dos Deputados em 2014, foi considerado ERRADO o seguinte enunciado: "A Lei Antitruste aplica-se a fatos que produzam resultado concreto no mercado, **não se aplicando, no entanto, a condutas que não cheguem a alcançar os resultados pretendidos**, com o fim de prejudicar a concorrência". Já no concurso do CESPE para Juiz Federal da 5ª região em 2013, foi considerado CERTO o seguinte enunciado: **"É possível que um ato que não tenha chegado a existir no mundo jurídico configure infração à ordem econômica"**. Por outro lado, abordando da mesma forma o assunto, no concurso do CESPE para Procurador Federal em 2007, foi considerado CERTO o seguinte enunciado: "Se determinada pessoa jurídica praticar ato que seja potencialmente eficaz para produzir efeito prejudicial à concorrência ou à livre iniciativa, **ainda que este efeito não seja alcançado efetivamente**, essa pessoa estará incorrendo em infração à ordem econômica".

> ▸ **Como esse assunto foi cobrado em concurso?**
>
> No concurso do CESPE para Procurador do Estado/PI em 2014, foi considerado ERRADO o seguinte enunciado: "A caracterização de infração à ordem econômica independe de dolo do agente, mas requer, **necessariamente, a comprovação de culpa**".

> ▸ **Como esse assunto foi cobrado em concurso?**
>
> No concurso do CESPE para Procurador do MP junto ao TCE-PB em 2014, esse tema foi cobrado da seguinte forma: "Nos termos da lei, a infração da ordem econômica é configurada: a) independentemente de culpa; b) quando houver dolo ou culpa; c) somente quando houver dolo; d) somente quando houver culpa; e) somente quando houver culpa grave". Foi apontada como correta a alternativa "a".

5.1. Limitar, falsear ou de qualquer forma prejudicar a livre concorrência ou a livre-iniciativa

O inciso I traz um dispositivo genérico e os seguintes cuidam de subtipos exemplificativos. Nesse sentido, "limitar, falsear ou de qualquer forma prejudicar a livre concorrência ou a livre-iniciativa", traduz-se em práticas que impeçam ou dificultem a entrada ou permanência de agentes econômicos em seus respectivos mercados, impedindo a disputa saudável de espaço em determinado nicho mercadológico. Caracteriza-se, dessa forma, como uma forma de **violação ao devido processo competitivo** (FIGUEIREDO, 2016, p. 301-302).

5.2. Dominar mercado relevante de bens ou serviços

A compreensão da expressão "mercado relevante" é imprescindível para o adequado entendimento acercada da conduta prevista no § 2º do art. 36 da Lei 12.529. Assim, segundo o próprio Cade, por **"mercado relevante"** deve-se entender "a unidade de análise para avalição do poder de mercado. Define a fronteira da concorrência entre as firmas. A definição de mercado relevante leva em consideração duas dimensões: a **dimensão produto e a dimensão geográfica**. A ideia por trás desse conceito é definir um espaço em que não seja possível a substituição do produto por outro, seja em razão do produto não ter substitutos, seja porque não é possível obtê-lo" (CADE. Perguntas gerais sobre a defesa da concorrência. Disponível em: http://www.cade.gov.br/servicos/perguntas-frequentes/perguntas-gerais-sobre-defesa-da-concorrencia Acesso em 19 abr. 2016).

Paula Forgioni descreve "mercado relevante" como "aquele em que se travam as relações de concorrência ou atua o agente econômico cujo comportamento está sendo analisado", analisando-o sob dois aspectos indissociáveis. Primeiramente, sob o **aspecto geográfico**, é considerado como "a área onde se trava a concorrência relacionada à prática que está sendo considerada como restritiva", observando-se, para tanto, os hábitos dos consumidores, a incidência de custos de transporte, as características do produto, os incentivos das autoridades locais à produção ou comercialização, a existência de barreiras à entrada de novos agentes econômicos e a taxa de câmbio eventualmente praticada. Já o **mercado relevante material** é, pela autora, considerado "aquele em que o agente econômico enfrenta a concorrência, considerando o bem ou serviço que oferece", devendo-se, para tanto, analisar a fungibilidade do produto, ou seja, quão disposto o consumidor está a substituí-lo por outro (2013, p. 213-216).

Leonardo Vizeu Figueiredo entende haver ainda, o **mercado relevante histórico**, o qual "cuida dos aspectos casuísticos que determinados nichos da economia apresentam durante épocas específicas do ano, os quais são capazes de alterar o comportamento de seus agentes privados, bem como suas políticas empresariais, tendo reflexo sobre as escolhas consumeristas. Trata-se, portanto, da verificação das circunstâncias momentâneas da dimensão material" (2016, p. 301).

> **Como esse assunto foi cobrado em concurso?**
> No Concurso do CESPE para Juiz Estadual do Amazonas em 2016, foi considerado ERRADO o seguinte enunciado: "A expressão mercado relevante refere-se à **importância econômica** da atividade analisada".

> **Como esse assunto foi cobrado em concurso?**
> No Concurso do CESPE para Juiz Federal da 1ª Região em 2015, foi considerado ERRADO o seguinte enunciado: "O conceito de mercado relevante **prescinde** do elemento geográfico".

Dessa forma, "mercado relevante" é um dos principais conceitos do Direito Econômico, sendo pressuposto para a incidência da lei antitruste no que diz respeito à presença de condutas anticoncorrenciais ou para se avaliar os efeitos de uma concentração empresarial. Assim, "para a delimitação do mercado relevante podem ser utilizados alguns testes econômicos, entre os quais o teste do **'monopolista hipotético'**. Esse teste delimita o mercado relevante como sendo **o menor grupo de produtos e a menor área geográfica necessários para que um suposto monopolista esteja em condições de impor um 'pequeno, porém significativo e não transitório', amento de preços**" (GABAN; DOMINGUES, 2012. p. 92).

Em suma, a conduta de "dominar mercado relevante de bens ou serviços" se concretizará mediante "imposição arbitrária da vontade de um agente econômico aos demais que atuam no mesmo nicho, por meio de atuação monopolística, ou tendente a esta, objetivando a exclusão dos demais competidores" (FIGUEIREDO, 2016, p. 302).

> **Como esse assunto foi cobrado em concurso?**
> No Concurso para Juiz Federal da 4ª Região em 2016, foi considerado ERRADO o seguinte enunciado: "A dominação de mercado relevante de bens ou serviços constitui infração contra a ordem econômica **apenas quando comprovada a culpa** do agente ativo".

▸ Como esse assunto foi cobrado em concurso? Art. 88, § 5º

No concurso para Procurador da República em 2015, foi considerado ERRADO o seguinte enunciado: "O conceito de mercado relevante para verificação do abuso do poder econômico passou a ser definido **objetivamente** pela dimensão geográfica e territorial onde o produto ou serviço é vendido ou prestado".

▸ Como esse assunto foi cobrado em concurso? Art. 88, § 5º

No concurso do CESPE para Juiz Federal da 5ª Região em 2013, foram considerados ERRADOS os seguintes enunciados: "Os mercados de telefonia fixa e de telefonia celular pertencem ao mesmo mercado relevante"; "Considera-se que o varejo tradicional e o mercado de vendas a distância pertencem ao mesmo mercado relevante" e "Não se consideram, na delimitação de mercado relevante geográfico, os custos de transportes, os incentivos de autoridades locais e a taxa de câmbio". Por outro lado, na mesma questão, foi considerado CERTO o seguinte enunciado: "O mercado de venda de espaço virtual para publicidade é isolado, não se reconhecendo um mercado relevante de vendas de espaços publicitários em geral".

Observe-se que a norma constitucional fala em repressão ao **abuso** do poder econômico, de forma que aqueles que conquistam o poder econômico em razão de sua eficiência e o exercem de forma não abusiva, não sofrerão qualquer repressão legal. Ou seja, "a aquisição de poder e participação de mercado pelo chamado crescimento orgânico ou interno não se sujeita ao escrutínio do Cade" (TAUFICK, 2012, p. 180). Ou ainda, segundo Paula Forgioni, "consagra-se a **vantagem competitiva (*competitive advantage*)** do agente econômico: se há maior **eficiência**, nada se deve punir" (2013, p. 264).

Assim, o ordenamento incentiva a eficiência ao tutelar o livre mercado e a livre concorrência, e, para se identificar a existência de abusos da posição dominante, o direito concorrencial recorre ao princípio geral que veda o abuso do direito.

▸ Importante

Lei 12.529/11, art. 36, § 1º. A conquista de mercado resultante de processo natural fundado na maior eficiência de agente econômico em relação a seus competidores não caracteriza o ilícito previsto no inciso II do caput deste artigo.

▸ Como esse assunto foi cobrado em concurso?

No Concurso do CESPE para Juiz Federal da 1ª Região em 2015, foi considerado ERRADO o seguinte enunciado: "A conquista de mercado relevante de bens ou serviços que decorrer de maior eficiência de um agente econômico em relação aos seus concorrentes **constituirá** infração à ordem econômica".

> **Como esse assunto foi cobrado em concurso?**
>
> No Concurso do CESPE para Advogado da União em 2015, foi considerado ERRADO o seguinte enunciado: "Dominar mercado relevante, para efeito de infração prevista na lei antitruste, corresponde ao fato de um agente econômico conquistar o mercado mediante **processo natural**, fundado na maior eficiência em relação a seus competidores".

> **Como esse assunto foi cobrado em concurso? Art. 36, § 1º**
>
> No concurso do CESPE para Procurador do Estado/PI em 2014 foi considerado CERTO o seguinte enunciado: "Atos que tenham por objetivo dominar mercado relevante de bens ou serviços constituem infração à ordem econômica, **salvo se a conquista de mercado resultar de processo natural fundado na maior eficiência do agente econômico em relação a seus competidores**".

Ao lado da ideia de mercado relevante, faz-se necessária uma abordagem sobre a ideia de **mercado perfeitamente competitivo**, e imperfeitamente competitivo. O primeiro seria aquele, ideal, mas utópico, em que haveria a perfeita competitividade, em razão da equivalência de produtos e compradores, todos pequenos em relação ao todo, e, por isso, incapazes de influenciar no preço de produtos ou serviços e na atuação de outros competidores em suas decisões individuais. Nesse contexto, uma empresa jamais poderia elevar seus preços ou reduzi-los demasiadamente, caso contrário perderia participação de mercado, já que os consumidores procurariam outro fornecedor, ou os custos de produção implicariam em prejuízos. Nesse contexto, os preços seriam formados de forma a atender aos interesses e necessidades tanto do vendedor quanto do comprador, permitindo um permanente equilíbrio ente oferta e demanda (BAGNOLI, 2013, p. 191). O autor ainda apresenta as características do mercado perfeitamente competitivo:

- Um grande número de compradores e vendedores, todos de pequenos portes;
- Os produtos são homogêneos;
- A ausência de assimetria de informação (transparência);
- A livre entrada e saída de empresas; e
- A empresa é tomadora de preços.

Já nos **mercados imperfeitamente competitivos**, apesar de existir a concorrência, suas condições não são ideais, já que ausentes as caraterísticas supramencionadas. Nesse modelo, também chamado de regime de concorrência monopolística, alguns agentes econômicos se destacam dos demais, permitindo aplicar preços maiores que de fato seriam caso houvesse uma competição perfeita. Nesses casos, a competição não se estabelece de forma natural, exigindo-se a atuação do Estado para fomentar a competição entre os agentes econômicos, regular e fiscalizar a atuação desses (BAGNOLI, 2013, p. 191).

Também são imperfeitamente competitivos, os mercados oligopolizados e os monopolizados. No primeiro caso, observa-se "um pequeno número de produtores ou prestadores de serviço, ou ainda a existência de grandes agentes econômicos, ainda que em pequena quantidade, concorrendo com agentes de porte bem inferior e sem qualquer condição de alterar a situação do mercado". Já nos mercados monopolizados, tem-se a "atuação de uma única empresa para ofertar um produto ou serviço sem a ameaça do ingresso de um concorrente" (BAGNOLI, 2013, p. 193).

> **Importante**
>
> **Monopsônio**: "atuação de um **único agente econômico no mercado para adquirir** de fornecedores um produto ou serviço para ele, monopsionista, oferecer ao consumidor final. Sem a ameaça da concorrência, ou, ainda, a possibilidade de 'fornecedores' ofertarem seus produtos ou serviços para outros agentes econômicos que atuariam junto ao consumidor final, cria-se uma **sujeição dos fornecedores ao agente monopsionista**. É o monopsionista que poderá determinar preços e condições de pagamento e, caso o fornecedor não se sujeite a essas determinações, poderá ver restringida a oferta de seus produtos ou serviços ao consumidor final" (BAGNOLI, 2013, p. 195).
>
> **Oligopsônios: "pequeno número de agentes econômicos atuando no mercado como tomadores de serviços ou adquirentes de produtos para repassá-los ao consumidor final"** (BAGNOLI, 2013, p. 195).

> **Como esse assunto foi cobrado em concurso?**
>
> No concurso para Procurador da República 2012, foi considerado CERTO o seguinte enunciado: "O monopsônio ocorre quando existe um grande comprador de determinada mercadoria, em geral matéria-prima, e o preço é determinado em grande medida por ele e não pelo vendedor".

5.3. Aumentar arbitrariamente os lucros

Em uma economia de mercado, como a brasileira, a regra é que compete aos agentes (pessoas físicas e jurídicas), determinar, livremente os preços de seus produtos e serviços, nada havendo de ilícito na busca pelo lucro, motor da atividade empresarial. Todavia, na esteira do mandamento constitucional contido no § 4º do artigo 173, que determina a repressão ao "aumento arbitrário dos lucros", a Lei 12.529/11 busca punir tão somente aquele lucro ocorra em detrimento do devido processo competitivo, isso porque, segundo Leonardo Vizeu Figueiredo, "ao aumentar arbitrariamente seus lucros, os agentes econômicos promovem extração indevida de renda dos respectivos consumidores, o que implica o **desequilíbrio econômico-financeiro** da aquisição de bens, produtos e serviços, fato que serve para gerar o empobrecimento destes, em virtude da gradual perda de seu poder aquisitivo, com a consequente redução do consumo a médio prazo" (2016, p. 302).

Como esse assunto foi cobrado em concurso?

No Concurso do CESPE para Advogado da União em 2015, foi considerado CERTO o seguinte enunciado: "Empresa que arbitrariamente aumentar seus lucros, **mesmo que não tenha concorrente no mercado,** praticará infração contra a ordem econômica".

Como esse assunto foi cobrado em concurso?

No concurso para Juiz Federal da 2ª Região em 2014, foi considerado CERTO o seguinte enunciado: "A conduta de impor preços excessivos pode, até mesmo independentemente de culpa, ser infratora da ordem econômica, quando tenha por objeto ou possa produzir efeitos tais como limitar, falsear ou de qualquer forma prejudicar a livre concorrência ou a livre iniciativa". Na alternativa seguinte da mesma questão foi considerado ERRADO o seguinte enunciado: "Ao contrário da Lei 8.884/1994, a Lei 12.529/2011 não tipificou a infração de 'impor preços excessivos', de modo que tal conduta não é por si passível de punição, salvo quando, na forma dolosa, alcançar os resultados descritos no item anterior, hipótese que será punível". Ainda nessa mesma questão também foi considerado ERRADO o seguinte enunciado: "A conduta de impor preços excessivos apenas prejudica quem os impõe, que terá dificuldades em achar comprador, de modo que, exatamente por isso, a Lei nº 12.529/2011 não menciona tal prática, que nem a título doloso pode ser punida".

Como esse assunto foi cobrado em concurso?

No concurso do CESPE para Procurador Federal em 2010, foi considerado ERRADO o seguinte enunciado: "O aumento dos lucros e o poder econômico, **por si sós**, são manifestações da dilapidação da livre concorrência".

5.4. Exercer de forma abusiva posição dominante

Exercer posição dominante significa **concentrar parcela significativa do ciclo econômico de respectivo mercado**. Mais uma vez cumpre destacar que a posição dominante em si não é punida, já que pode ter sido alcançada, assim como o domínio de mercado relevante, através de uma maior eficiência em relação aos competidores. O que a Lei 12.529/11 coíbe é, mais uma vez, o **abuso** dessa posição, capaz de impor a vontade arbitrária daquele que detém a posição dominante, proporcionando-lhe uma posição injustificadamente vantajosa em relação aos demais competidores.

Como esse assunto foi cobrado em concurso?

No Concurso do CESPE/CEBRASPE para Assessor Jurídico da CODEVASF em 2021, foi considerado CERTO o seguinte enunciado: "O domínio de mercado relevante de bens ou serviços não é considerado uma infração da ordem econômica se decorrer de um processo natural fundado na maior eficiência da empresa, mesmo que ela exerça uma posição dominante".

Há que se destacar que a posição dominante pode ser detida por mais de um agente econômico já que a situação de independência e indiferença em relação aos demais *players* poderá ser desfrutada ou decorrer da existência de um grupo de empresas, o que permitiria a determinadas empresas a detenção de um poder econômico muito maior do que teria isoladamente. Com isso, consagra-se, segundo Paula Forgioni, o conceito europeu da *unique economic entity*, que tende a considerar **sociedades coligadas como um único agente econômico**, para a caracterização da posição dominante (2013, p. 269).

Não existe uma fórmula matemática que possa ser utilizada como critério para se distinguir um mercado concentrado de um mercado competitivo, de forma que a existência ou não de uma posição dominante deve ser sempre analisada no caso concreto. Contudo, visando garantir maior segurança jurídica, a Lei 12.529/11 estabeleceu a **presunção (relativa)** de que a posição dominante se caracterizará sempre que a empresa ou grupo controlarem 20% ou mais do mercado relevante, percentual que pode ser alterado pelo Cade em setores específicos da economia.

Além disso, é comum que a análise sobre estrutura do mercado relevante tenha como ponto de partida o critério da observação do *market share*, na medida em que se apresenta como significativo indício da existência de posição dominante. Nesse sentido, esclarece Paula Forgioni: "Há uma aproximação quase intuitiva entre a parcela de mercado detida pelo agente econômico e o poder dela derivado. Presume-se que, quando a empresa detém parcela substancial do mercado (***market share***), possui poder econômico tal que lhe permite atuação independente e indiferente, ou, na terminologia norte-americana, possui ***market power***. Ao revés, a participação diminuta da empresa faz presumir que esta não é capaz de afetar o mercado com seu comportamento ou, para usar a terminologia da lei brasileira, não é 'capaz de alterar unilateral ou coordenadamente as condições de mercado'" (2013, p. 272).

▸ Importante

Lei 12.529/11, art. 36, § 2º. Presume-se posição dominante sempre que uma empresa ou grupo de empresas for capaz de alterar unilateral ou coordenadamente as condições de mercado ou quando controlar 20% ou mais do mercado relevante, podendo este percentual ser alterado pelo CADE para setores específicos da economia.

▸ Como esse assunto foi cobrado em concurso?

No Concurso do CESPE/CEBRASPE para Procurador do Ministério Público de Contas do TC/RO em 2019, foi considerado CERTO o seguinte enunciado: "Constitui infração da ordem econômica o exercício de forma abusiva de posição dominante, que se presume sempre quando uma empresa ou grupo de empresas controlar 20% ou mais de um mercado relevante, podendo esse percentual ser alterado pelo CADE para setores específicos da economia".

> **Como esse assunto foi cobrado em concurso?**
>
> No Concurso da FCC para Procurador Jurídico da SANASA Campinas em 2019, foi considerado CERTO o seguinte enunciado: "De acordo com a legislação vigente de prevenção e repressão às infrações contra a ordem econômica, posição dominante é presumida sempre que uma empresa ou grupo de empresas for capaz de alterar unilateral ou coordenadamente as condições de mercado ou quando controlar 20% ou mais do mercado relevante".

> **Como esse assunto foi cobrado em concurso?**
>
> No Concurso do MPDFT para Promotor Estadual em 2013, foi exigida a seguinte questão **discursiva**: "Como é exercido, no Brasil, o controle do abuso da posição dominante? Na resposta, examine: (i) o conceito de posição dominante; (ii) o abuso; e (iii) quem exerce o controle."

> **Como esse assunto foi cobrado em concurso?**
>
> No Concurso para Procurador da República em 2011, foi exigida a seguinte questão **discursiva**: "Discorra sobre a caracterização do abuso de posição dominante, sob a perspectiva da Lei n. 8.884/94". (apesar de a lei mencionada ter sido revogada, o tema ainda pode ser exigido em conformidade com a Lei 12.429/11).

> **Como esse assunto foi cobrado em concurso?**
>
> No concurso do CESPE para Procurador Federal em 2013, foi considerado ERRADO o seguinte enunciado: "A presunção de posição dominante é **elemento bastante** para a caracterização de infração à ordem econômica".

> **Como esse assunto foi cobrado em concurso?**
>
> No concurso do CESPE para Juiz Federal da 5ª Região em 2013, foi considerado ERRADO o seguinte enunciado: "O abuso de posição dominante **não implica, necessariamente**, restrição à livre concorrência e à livre iniciativa ou aumento arbitrário dos lucros". Já no concurso do CESPE para Procurador Federal em 2010, foi considerado CERTO o seguinte enunciado: "A posição dominante no mercado é **presumida** pela Lei Antitruste quando a empresa ou grupo de empresas controla **20% de mercado relevante**, podendo esse percentual ser alterado pelo CADE para setores específicos da economia".

5.5. Infrações à ordem econômica em sentido estrito

Segundo Leonardo Vizeu Figueiredo, as condutas previstas nos incisos do art. 36 caracterizariam as infrações à ordem econômica em sentido lato, ao passo que aquelas discriminadas no § 3º do mesmo artigo, seriam as infrações em sentido estrito (2016, p. 301-303). Nesse sentido, merece muita atenção o **rol exemplificativo** do referido parágrafo, que estabelece como infração da ordem econômica:

I – acordar, combinar, manipular ou ajustar com concorrente, sob qualquer forma:

a) os preços de bens ou serviços ofertados individualmente;

b) a produção ou a comercialização de uma quantidade restrita ou limitada de bens ou a prestação de um número, volume ou frequência restrita ou limitada de serviços;

c) a divisão de partes ou segmentos de um mercado atual ou potencial de bens ou serviços, mediante, dentre outros, a distribuição de clientes, fornecedores, regiões ou períodos;

d) preços, condições, vantagens ou abstenção em licitação pública;

II – promover, obter ou influenciar a adoção de conduta comercial uniforme ou concertada entre concorrentes;

III – limitar ou impedir o acesso de novas empresas ao mercado;

IV – criar dificuldades à constituição, ao funcionamento ou ao desenvolvimento de empresa concorrente ou de fornecedor, adquirente ou financiador de bens ou serviços;

V – impedir o acesso de concorrente às fontes de insumo, matérias-primas, equipamentos ou tecnologia, bem como aos canais de distribuição;

VI – exigir ou conceder exclusividade para divulgação de publicidade nos meios de comunicação de massa;

VII – utilizar meios enganosos para provocar a oscilação de preços de terceiros;

VIII – regular mercados de bens ou serviços, estabelecendo acordos para limitar ou controlar a pesquisa e o desenvolvimento tecnológico, a produção de bens ou prestação de serviços, ou para dificultar investimentos destinados à produção de bens ou serviços ou à sua distribuição;

IX – impor, no comércio de bens ou serviços, a distribuidores, varejistas e representantes preços de revenda, descontos, condições de pagamento, quantidades mínimas ou máximas, margem de lucro ou quaisquer outras condições de comercialização relativos a negócios destes com terceiros;

X – discriminar adquirentes ou fornecedores de bens ou serviços por meio da fixação diferenciada de preços, ou de condições operacionais de venda ou prestação de serviços;

XI – recusar a venda de bens ou a prestação de serviços, dentro das condições de pagamento normais aos usos e costumes comerciais;

XII – dificultar ou romper a continuidade ou desenvolvimento de relações comerciais de prazo indeterminado em razão de recusa da outra parte em submeter-se a cláusulas e condições comerciais injustificáveis ou anticoncorrenciais;

XIII – destruir, inutilizar ou açambarcar matérias-primas, produtos intermediários ou acabados, assim como destruir, inutilizar ou dificultar a operação de equipamentos destinados a produzi-los, distribuí-los ou transportá-los;

XIV - açambarcar ou impedir a exploração de direitos de propriedade industrial ou intelectual ou de tecnologia;

XV - vender mercadoria ou prestar serviços injustificadamente abaixo do preço de custo;

XVI - reter bens de produção ou de consumo, exceto para garantir a cobertura dos custos de produção;

XVII - cessar parcial ou totalmente as atividades da empresa sem justa causa comprovada;

XVIII - subordinar a venda de um bem à aquisição de outro ou à utilização de um serviço, ou subordinar a prestação de um serviço à utilização de outro ou à aquisição de um bem; e

XIX - exercer ou explorar abusivamente direitos de propriedade industrial, intelectual, tecnologia ou marca.

▸ Como esse assunto foi cobrado em concurso?

No Concurso do CESPE para Juiz Federal da 1ª Região em 2015, ao abordar as infrações contra a ordem econômica previstas na Lei nº 12.529/2011, foi considerado ERRADO o seguinte enunciado: "O rol das infrações previstas na lei é **taxativo** e sua tipificação pressupõe a valoração de seus efeitos e impactos na ordem econômica". O tema foi abordado de forma quase idêntica em outras duas provas recentes organizadas pelo CESPE. Assim, concurso para Procurador do Estado/PI em 2014, foi considerado ERRADO o seguinte enunciado: "A lei em questão [Lei 12.529/11] tipifica, de forma **exaustiva**, as condutas que caracterizam infração à ordem econômica". Mesma abordagem dada pelo concurso para Juiz Federal da 5ª Região em 2013, ocasião em que foi considerado ERRADO o seguinte enunciado: "As condutas passíveis de caracterizar infração à ordem econômica são **apenas as descritas expressamente** na lei antitruste".

O inciso I do § 3º do art. 36 estabelece a conduta de **formação de cartel**, qual seja, "o acordo entre agentes do mercado sobre as variáveis econômicas". Segundo Taufick, os cartéis podem ser classificados em clássicos e difusos. Os primeiros, também chamados de cartéis tipo I, são aqueles que visam ajustar preços/quantidades, ao passo que o tipo II (ou difusos), menos comuns, englobam qualquer outro ajuste para reduzir a concorrência entre os agentes econômicos. "O denominado cartel de crise, acordo que visa garantir a própria sobrevivência dos agentes econômicos em momentos de debilidade do setor e, por esse motivo, pode não constituir ilícito em função da inexigibilidade de conduta diversa", enquadra-se no gênero difuso (2012, p. 186).

Por outro lado, Paula Forgioni entende que os cartéis são acordos entre concorrentes, atuais ou potenciais, destinados a **arrefecer ou neutralizar a competição** entre eles e que têm seu objeto ou efeito tipificado nos incisos do art. 36, caput, da Lei 12.529 de 2011 (2013. p. 337-339). Na verdade, apesar de a lei trazer exemplificativamente, algumas formas pelas quais se caracterizará, a doutrina destaca o fato de não haver uma definição jurídica clara sobre a definição de cartel, nem, tampouco, quando deva ser punido e qual o grau de punição.

Roberto Taufick entende que a expressão "cartel" deva extrapolar a ideia de ajustes horizontais e verticais, alcançando, ainda, arranjos conglomerados, destacando que a grande maioria dos casos de cartel julgados pelo Cade não envolve apenas concorrentes, havendo ativa participação das associações de classe ou patronais (art. 36, § 3º, II) destacando-se, dentre as práticas, além da uniformização de preços por tabelas, casos de compressão de margens de revendedores (***price squeeze***), redução da produção/*output* e exclusão de concorrentes (2012, p. 186-187).

A prática de cartéis, além de prejudicar o direito de concorrência e impedir a permanência de agentes no mercado, causa danos diretos ao consumidor, na medida em que, via de regra, representa a imposição de preços bem maiores que aqueles que seriam encontrados em um mercado competitivo. Observe-se, contudo, que não apenas o acordo ou manipulação dos preços representará a prática colusiva. O próprio § 3º, I, do art. 36 da Lei 12.529/11 apresenta como exemplo, também a produção ou a comercialização de uma quantidade restrita ou limitada de bens ou a prestação de um número, volume ou frequência restrita ou limitada de serviços; a divisão de partes ou segmentos do mercado (alocação espacial) além da manipulação ou ajuste de preços em licitações públicas (*bid rigging*). Assim, o compartilhamento de informações sobre a produtividade é tão nocivo quanto o compartilhamento de preços, pois permite a ação conjunta entre concorrentes, prejudicando a livre concorrência.

> ▸ **Importante**
>
> **Acordos horizontais** → "são aqueles celebrados entre agentes econômicos que atuam no mesmo mercado relevante (geográfico e material) e estão, portanto, em direta relação de concorrência" (FORGIONI, 2013, p. 334);
>
> **Acordos verticais** → "disciplinam relações entre agentes econômicos que desenvolvem suas atividades em mercados relevantes diversos, muitas vezes complementares. [...] lida-se com imaginária linha vertical que nos conduz, através da extração da matéria-prima, das várias fases da produção e da comercialização, até o comprador final do produto" (FORGIONI, 2013, p. 334).

> ▸ **Qual o entendimento do CADE sobre o assunto?**
>
> "A diferença entre um **cartel clássico e difuso** está relacionada ao nível de institucionalização do acordo, e não à presunção de seus efeitos negativos. Assim, sua classificação enquanto clássico ou difuso resulta, em efeitos práticos, em uma possível variação da dosimetria a ser aplicada, de acordo com a gravidade da conduta, mas não em uma diferenciação na forma de análise, que segue sendo de um ilícito pelo objeto. [...]". (Processo Administrativo nº 08700.001422/2017-73. BR Plásticos Indústrias Ltda e outros. Rel. Cons. Sérgio Costa Ravagnani. 165ª Sessão Ordinária de Julgamento. Boletim de Jurisprudência, Ano 1, nº 3/2020).

▸ Qual o entendimento do CADE sobre o assunto?

"A sucessão empresarial para fins concorrenciais se configura com a aquisição da integralidade de participações societárias ou com a extinção jurídica da entidade por meio de operações societárias de fusão, incorporação ou cisão integral. **A configuração do ilícito administrativo de compartilhamento ou troca de informações concorrencialmente sensíveis, como infração autônoma, configura-se por meio do compartilhamento de informações como metas de preços e descontos, diferenciando-se da estruturação de um cartel pela ausência de elementos que comprovem que essas informações tenham sido compartilhadas para combinar preços, aumentos artificiais ou divisão de mercado.** Para sua configuração, é necessário verificar ainda a ausência de explicações plausíveis que justifiquem outra finalidade para o compartilhamento. A prescrição da pretensão punitiva em casos de compartilhamento ou troca de informações concorrencialmente sensíveis, como ilícito autônomo, segue o prazo estabelecido pela Lei nº 9.784/1999, sendo aplicável o prazo de 5 anos". (Processo Administrativo nº 08700.001486/2017-74. Faurecia Emissions Technologies do Brasil S.A. e outros. Rel. Cons. Sérgio Costa Ravagnani. 163ª Sessão Ordinária de Julgamento. Boletim de Jurisprudência, Ano 1, nº 3/2020).

▸ Como esse assunto foi cobrado em concurso?

No Concurso para Juiz Federal Substituto, do TRF/3ª Região em 2018, foi considerado CERTO o seguinte enunciado: "A celebração de acordos verticais tende a diminuir os custos de transação a serem incorridos pelos agentes econômicos partícipes".

▸ Como esse assunto foi cobrado em concurso?

No Concurso para Juiz Federal Substituto, do TRF/3ª Região em 2018, foi considerado CERTO o seguinte enunciado: "O mero paralelismo consciente dos preços entre agentes econômicos é insuficiente para comprovar a existência de um cartel".

▸ Como esse assunto foi cobrado em concurso?

No Concurso para Juiz Federal da 4ª Região em 2016, foi considerado ERRADO o seguinte enunciado: "A prática de truste consiste na associação entre empresas **do mesmo ramo de produção** com objetivo de dominar o mercado e disciplinar a concorrência, implicando prejuízo da economia por impedir o acesso do consumidor à livre concorrência".

▸ Como esse assunto foi cobrado em concurso?

No concurso para Procurador da República em 2012, foi considerado ERRADO o seguinte enunciado: "O cartel se caracteriza pela celebração de acordo vertical entre agentes econômicos que desenvolvem suas atividades em mercados relevantes diversos, mas complementares".

O inciso II do § 3º do art. 36, ao estabelecer como infração à ordem econômica a conduta de "promover, obter ou influenciar a adoção de conduta comercial uniforme ou concertada entre concorrentes", alcança a conduta das associações, que acabam por servir como facilitadoras na formação dos cartéis. É comum que tais associações, em sua defesa, aleguem ter emitido meras sugestões que, por não contarem com caráter coercitivo, não representariam infração da ordem econômica. Contudo, conforme entendimento do Cade, corroborado pela doutrina, **o que importa não é o caráter coercitivo da atuação da associação, mas sim a sua capacidade de alinhar artificialmente as políticas comerciais dos concorrentes, servido de ponto focal para prejudicar a livre concorrência** (TAUFICK, 2012, p. 201).

> **▸ Como esse assunto foi cobrado em concurso?**
>
> No Concurso do SELECON para Advogado da EMGEPRON em 2021, foi considerado CERTO esse tema foi cobrado da seguinte forma: "As duas maiores indústrias de calçados, indústrias T e W, dominam mais de 50% (cinquenta por cento) desse mercado. Assim, visando assegurar uma maior margem de lucro, as respectivas indústrias decidem, conjuntamente, um mesmo preço para os produtos por elas produzidos. Pelo exposto, a situação acima descrita se configura como: a) ato de livre mercado; b) abuso do poder econômico; c) ato de infração à ordem social; d) ato de infração à responsabilidade fiscal". Segundo o gabarito oficial, foi considerada correta a alternativa "b".

> **▸ Como esse assunto foi cobrado em concurso?**
>
> No Concurso do CESPE para Juiz Federal da 1ª Região em 2015, foi considerado ERRADO o seguinte enunciado: "O acordo tácito para a uniformização de preços e condições de venda entre concorrentes **não** caracteriza colusão horizontal, visto que esta deve ser expressamente acordada entre os concorrentes".

> **▸ Como esse assunto foi cobrado em concurso?**
>
> No Concurso do CESPE para Advogado da União em 2015, foi considerado ERRADO o seguinte enunciado: "O fato de empresas coligadas do mesmo grupo econômico acordarem ou combinarem os preços dos seus produtos caracteriza a prática de infração contra a ordem econômica".

> **▸ Como esse assunto foi cobrado em concurso?**
>
> No concurso para Juiz Federal da 2ª Região em 2014, foi considerado ERRADO o seguinte enunciado: "O concerto de condutas, ou a conduta uniforme acertada entre empresas concorrentes **não** foi mencionada pela Lei nº 12.529/2011 como infração contra a ordem econômica por estar, em regra, na esfera da livre iniciativa dos interessados".

Ainda como práticas contrárias à concorrência, é possível destacar aquelas condutas previstas no art. 36, que têm como objetivo excluir o concorrente, seja reduzindo seus ganhos, seja, por outro lado, elevando seus custos. São exemplos dessas práticas predatórias: limitar ou impedir o acesso de novas empresas ao mercado (inciso III); criar dificuldades à constituição, ao funcionamento ou ao desenvolvimento de empresa concorrente ou de fornecedor, adquirente ou financiador de bens ou serviços (inciso IV); impedir o acesso de concorrente às fontes de insumo, matérias-primas, equipamentos ou tecnologia, bem como aos canais de distribuição (inciso V); utilizar meios enganosos para provocar a oscilação de preços de terceiros (inciso VII); discriminar adquirentes ou fornecedores de bens ou serviços por meio da fixação diferenciada de preços, ou de condições operacionais de venda ou prestação de serviço (inciso X); recusar a venda de bens ou a prestação de serviços, dentro das condições de pagamento normais aos usos e costumes comerciais (inciso XI); destruir, inutilizar ou açambarcar matérias-primas, produtos intermediários ou acabados, assim como destruir, inutilizar ou dificultar a operação de equipamentos destinados a produzi-los, distribui-los ou transportá-los (inciso XIII); açambarcar ou impedir a exploração de direitos de propriedade industrial ou intelectual ou de tecnologia (inciso XIV); vender mercadoria ou prestar serviços injustificadamente abaixo do preço de custo (inciso XV) e subordinar a venda de um bem à aquisição de outro ou à utilização de um serviço, ou subordinar a prestação de um serviço à utilização de outro ou à aquisição de um bem - venda casada (inciso XVIII).

Mesmo que essas condutas, por vezes, possam representar ganhos de curto prazo para os consumidores, como, por exemplo, a redução dos preços, no médio/longo prazo, a exclusão de concorrentes permitirá que os agentes dominem os mercados e imponham os preços e condições sem se preocupar com os efeitos sobre a concorrência.

> **▸ Como esse assunto foi cobrado em concurso?**
>
> No Concurso do CESPE para Juiz Federal da 1ª Região em 2015, foi considerado ERRADO o seguinte enunciado: "O combate à exclusão de concorrentes por predação ou por negociação compulsória tem por finalidade impedir a dominação dos mercados, o que constitui fim diverso do combate à colusão horizontal, visto que esta afeta os preços para o consumo, mas não interfere na dinâmica dos mercados".

Abordagem especial merecem os chamados "**preços predatórios**". Assim, previstos no art. 36, § 3º, XV, ocorrem, segundo Leonardo Vizeu Figueiredo, "quando os agentes econômicos aplicam estratégia de mercado, baixando propositadamente os preços de seus produtos a valores inferiores ao seu preço de custo" com o objetivo de "eliminar os demais agentes econômicos concorrentes, uma vez que eles não poderão manter seus preços nos mesmos patamares". O autor alerta para a necessidade de não se confundir essa prática com a do *dumping*, infração ao comércio exterior, caracterizada quando um agente exportador oferta no mercado internacional mercadoria a valor inferior ao preço praticado em seu mercado de origem (ver item 7.1, do capítulo 7) (2016, p. 305).

> **Como esse assunto foi cobrado em concurso?**
>
> No concurso para Procurador da República em 2012, foi considerado ERRADO o seguinte enunciado: "De acordo com a Lei 8.884/94, a possibilidade de impor preços não equitativos ao mercado é uma das características da posição dominante. Entretanto, apenas constitui infração à ordem econômica a fixação artificial do preço acima do custo, por ser prejudicial ao consumidor, a fixação do preço abaixo do custo, a contrario sensu, **não pode ser considerada infração à ordem econômica**". Observação: o artigo da 21, XVIII, da Lei 8.884/94, objeto da questão, equivale ao art. 36, § 3º, XV da Lei 12.529/11.

Por fim, em relação à prática da **venda casada** (inciso XVIII), há que se atentar para a diferença entre a norma consumerista e a norma concorrencial no tratamento do tema. Nesse sentido, Código de Defesa do Consumidor (Lei 8.078/90), em seu art. 39, estabelece que "É vedado ao fornecedor de produtos ou serviços, dentre outras práticas abusivas: I. condicionar o fornecimento de produto ou de serviço ao fornecimento de outro produto ou serviço, bem como, sem justa causa, a limites quantitativos".

Apesar de a redação do CDC ser bastante semelhante à da Lei 12.529/11, a doutrina alerta para o fato de que para que haja a prática da infração ao direito do consumidor basta que se atrele a venda de um bem ou a prestação de um serviço à venda de outro bem ou à prestação de outro serviço, possibilitando, assim, a reparação de danos de forma individual ou coletiva. Já na relação concorrencial, considerando tratar-se da tutela de um direito difuso, é imprescindível a verificação do dano à ordem econômica (TAUFICK, 2012, p. 240).

> **Como esse assunto foi cobrado em concurso?**
>
> No Concurso do CESPE/CEBRASPE para Auditor Fiscal Jurídico da Receita Estadual da SEFAZ/CE em 2021, foi considerado CERTO o seguinte enunciado: "De acordo com a lei que estrutura o Sistema Brasileiro de Defesa da Concorrência, constitui infração à ordem econômica a denominada venda casada, na qual o fornecedor de determinado bem ou serviço impõe, para sua venda, a condição de que o comprador também adquira um outro bem ou serviço".

Infrações à ordem econômica (VILELA; LEITE, 2015, p. 115)
Alcance da norma: • Pessoas físicas ou jurídicas; • De direito público ou privado; • Quaisquer associações de entidades ou pessoas; • Constituídas de fato ou de direito, ainda que temporariamente; • Com ou se personalidade jurídica; • Mesmo que exerçam atividade sob regime de **monopólio legal.** Responsabilidade **solidária** entre a empresa e seus dirigentes ou administradores; Entidades integrantes de mesmo grupo econômico → responsabilidade **solidária**; **Responsabilidade OBJETIVA**.

<table>
<tr><th>Infrações à ordem econômica (VILELA; LEITE, 2015, p. 115)</th></tr>
<tr><td>Infrações:
• imitar, falsear ou de qualquer forma prejudicar a livre concorrência ou a livre iniciativa;
• dominar mercado relevante de bens ou serviços;
• aumentar arbitrariamente os lucros; e
• exercer de forma abusiva posição dominante.</td></tr>
<tr><td>OBS.: presume-se posição dominante sempre que uma empresa ou grupo de empresas for capaz de alterar unilateral ou coordenadamente as condições de mercado ou quando controlar 20% ou mais do mercado relevante, podendo esse percentual ser alterado pelo CADE para setores específicos da economia (art. 36, § 2º, Lei 12.529/11)</td></tr>
<tr><td>A conquista de mercado resultante de processo natural fundado na maior eficiência do agente econômico em relação aos competidores não caracteriza infração à ordem econômica (art. 36, § 1º, da Lei 12.529/11).</td></tr>
<tr><td>Prescrição das ações punitivas objetivando apurar infrações da ordem econômica: 5 anos contados da data da prática do ilícito ou, no caso de infração permanente ou continuada, do dia em que tiver cessada a prática do ilícito.
• Interrupção da prescrição: qualquer ato administrativo ou judicial que tenha por objeto a apuração da infração, a notificação ou a intimação da investigada;
• Suspensão da prescrição: vigência do compromisso de cessação ou do acordo em controle de concentrações;
• Prescrição intercorrente: incidirá a prescrição no procedimento administrativo paralisado por mais de 3 anos, pendente de julgamento ou despacho, cujos autos serão arquivados de ofício ou mediante requerimento da parte interessada, sem prejuízo da apuração da responsabilidade funcional decorrente da paralisação, se for o caso (art. 46, § 3º da Lei 12.529/11).
OBS.: quando o fato objeto da ação punitiva da administração também constituir crime a prescrição reger-se-á pelo prazo previsto na lei penal.</td></tr>
<tr><td>Direito de ação: Os prejudicados, por si ou pelos legitimados referidos no art. 82 do CDC poderão ingressar em juízo para, em defesa de seus interesses individuais ou individuais homogêneos, obter a cessação de práticas que constituam infração da ordem econômica, bem como o recebimento de indenização por perdas e danos sofridos, independentemente do inquérito ou processo administrativo, que não será suspenso em virtude do ajuizamento de ação. (art. 47 da lei nº 12.529/11).</td></tr>
</table>

▸ Qual o entendimento do CADE sobre o assunto?

"Para a aferição da ocorrência ou não da **prescrição intercorrente** pelo decurso do prazo de três anos não cabe a análise se ato de apuração da infração praticado pela Administração Pública era pertinente ou restou produtivo ou infrutífero. Para que seja afastada, basta que seja um ato com a motivação de apurar a verdade material sobre eventual infração à ordem econômica, sendo irrelevante o resultado dele decorrente. Nesse sentido, ao mesmo tempo em que prescrição intercorrente objetiva instigar a continuidade da investigação ou persecução administrativas, intenta também assegurar que o Administrado tenha a segurança jurídica de que eventuais pretensões punitivas do Estado não perdurarão indefinidamente no tempo" (Processo Administrativo nº 08012.009581/2010-06. Nippon Soda Company Ltd. Degussa AG., Aventis Animal Nutrition e Aventis SA. Rel. Cons. Paula Azevedo. 162ª Sessão Ordinária de Julgamento. Boletim de Jurisprudência, Ano 1, nº 3/2020).

▸ **Qual o entendimento do STJ sobre o assunto?**

"[...] A proteção da livre concorrência não consta de rol constitucional nas matérias reservadas, privativamente, à esfera legislativa da União (art. 22). Ao contrário, o constituinte de 1988 atribui, simultaneamente, também aos Estados, o poder para legislar sobre "direito econômico" (art. 21, I). Se é assim no que tange à competência legislativa, com maior razão se justifica a intervenção dos Estados e Distrito Federal no âmbito da competência de implementação da legislação vigente". **O combate às práticas anticoncorrenciais é medida que se insere, concomitantemente, nos microssistemas do consumidor e da concorrência.** Daí a legitimidade concorrente e competência *ratione materiae* dos órgãos de defesa do consumidor (inclusive os estaduais) para, em favor da incolumidade das relações jurídicas de consumo, exercitarem o poder de polícia que a lei lhes confere. **Diálogo das fontes** que, além de aplicável no contexto das normas ou microssistemas envolvidos, deve, pelas mesmas razões, iluminar o poder de polícia e as competências dos órgãos incumbidos da implementação legal" (AgRg no EResp 938.607/SP, Rel. Min. Francisco Falcão, publ. 08.10.2007).

▸ **Como esse assunto foi cobrado em concurso?**

No Concurso do CESPE para Juiz Federal da 1ª Região em 2015, ao abordar as infrações contra a ordem econômica previstas na Lei nº 12.529/2011, foi considerado CERTO o seguinte enunciado: "Se um procedimento administrativo que tenha por fim julgar possíveis infrações da ordem econômica estiver paralisado e aguardando decisão há **mais de três anos**, será permitido o reconhecimento de ofício da **prescrição intercorrente**".

5.6. Das penas

As infrações da ordem econômica, ainda que exemplificativamente delineadas pela Lei 12.529/11, representam ilícitos de natureza administrativa, cujas sanções serão aplicadas pelo Cade, no exercício de seu poder de polícia, respeitando-se os princípios que orientam o processo administrativo, em especial o respeito ao **contraditório** e à **ampla defesa**. Assim, cabe à autarquia federal a aplicação, em regra, de sanções pecuniárias, assim como obrigações de fazer ou não fazer, além de sanções específicas (extraordinárias) quando assim exigir a gravidade dos fatos ou o interesse público (art. 38).

Os critérios para a aplicação de sanções de natureza pecuniária serão calculados conforme o sujeito infrator, aplicando-as em **dobro no caso de reincidência.**

Assim, no caso de empresa, a multa será de 0,1% a 20% do valor do faturamento bruto da empresa, grupo ou conglomerado obtido, no último exercício anterior à instauração do processo administrativo, no ramo de atividade empresarial em que ocorreu a infração, a qual **nuca será inferior à vantagem auferida**, quando for possível sua estimação (art. 37, I da Lei 12.529/11).

Já para os casos de pessoas físicas (que não administradores) ou jurídicas de direito público ou privado, bem como quaisquer associações de entidades ou pessoas constituídas de fato ou de direito, ainda que temporariamente, com ou sem personalidade jurídica, que não exerçam atividade empresarial, não sendo possível utilizar-se o critério do valor do faturamento bruto, a multa será entre R$ 50 mil e R$ 2 bilhões (art. 37, I da Lei 12.529/11).

Qual o entendimento do CADE sobre o assunto?

"Considerando a jurisprudência do Cade sobre mutas aplicadas a associações, cooperativas, sindicatos e outras entidades de classe, o fundamento legal destas sanções de natureza pecuniária é descrito no art. 37, inciso II, da Lei nº 12.529/2011 (ou seu correspondente no art. 23, inciso III, da Lei 8.884/1994), tendo em vista que, *strictu sensu*, estas não possuem faturamento por não exercerem atividade econômica". (Processo Administrativo nº 08012.003893/2009-64. Cooperativa e Anestesiologistas da Região Nordeste do Rio Grande do Sul - Carene e outros. Rel. Cons. Lenisa Rodrigues Prado. 163ª Sessão Ordinária de Julgamento. Boletim de Jurisprudência, Ano 1, nº 3/2020).

Qual o entendimento do CADE sobre o assunto?

"O exercício de poder compensatório, se traduzido como argumento de defesa, requer dos Representados a demonstração de eficiências, tais como redução de custos de transação e a melhoria na qualidade do atendimento, que compensem as ineficiências advindas da criação artificial de poder de barganha. Ademais, ainda que reste caracterizado, não afasta a análise dos efeitos do acordo, de modo a evitar possíveis ofensas aos bens jurídicos protegidos pela Lei nº 12.529/2011. Nesse sentido, a inexistência de efeitos econômicos negativos, advinda de poder compensatório ou outra razão, observado o contexto específico do caso concreto, pode ser levado em consideração na dosimetria da pena enquanto atenuante, conforme previsto no art. 45, VI, da Lei nº 12.529/2011. Ademais, para fins de dosimetria e considerando a jurisprudência do Cade sobre multas aplicadas a associações, cooperativas, sindicatos e outras entidades de classe, o fundamento legal destas sanções de natureza pecuniária é descrito no art. 37, inciso II, da Lei 12.529/2011 (ou seu correspondente no art. 23, inciso III, da Lei 8.848/1994), tendo em vista que, *strictu sensu*, estas não possuem faturamento por não exercerem atividade econômica". (Processo Administrativo nº 08012.007011/2006-97. Associação dos Hospitais do Estado do Ceará (AHECE) e outros. Rel. Cons. Luis Henrique Bertolino Braido. 165ª Sessão Ordinária de Julgamento. Boletim de Jurisprudência, Ano 1, nº 3/2020).

Por fim, no caso de administrador, direta ou indiretamente responsável pela infração cometida, quando comprovada a sua culpa ou dolo, multa de 1% a 20% daquela aplicada à empresa, no caso previsto no inciso I do *caput* deste artigo, ou às pessoas jurídicas ou entidades, nos casos previstos no inciso II do caput deste artigo (art. 37, I da Lei 12.529/11).

Os critérios para a apuração das sanções pecuniárias serão analisados com mais detalhe na análise do Guia para a Celebração de Termos de Compromisso de Cessação (infra).

Por outro lado, o Cade também poderá impor sanções de caráter pecuniário nos casos previstos nos arts. 40 a 44 da Lei 12.529/11, a saber:

- Recusa, omissão ou retardamento injustificado de informação ou documentos solicitados pelo Cade ou pela SEAE → multa diária de R$ 5 mil, podendo ser aumentada em até 20 vezes, se necessário para garantir sua eficácia, em razão da situação econômica do infrator (art. 40);
- Falta injustificada do representado ou de terceiros, quando intimados para prestar esclarecimentos, no curso de inquérito ou processo administrativo, → multa de R$ 500 a R$ 15 mil para cada falta, aplicada conforme sua situação econômica (art. 41);
- Impedir, obstruir ou de qualquer outra forma dificultar a realização de inspeção autorizada pelo Plenário do Tribunal, pelo Conselheiro-Relator ou pela Superintendência-Geral no curso de procedimento preparatório, inquérito administrativo, processo administrativo ou qualquer outro procedimento → multa de R$ 20 mil a R$ 400 mil, conforme a situação econômica do infrator, mediante a lavratura de auto de infração pelo órgão competente (art. 42);
- A enganosidade ou a falsidade de informações, de documentos ou de declarações prestadas por qualquer pessoa ao Cade ou à SEAE → multa pecuniária no valor de R$ 5 mil a R$ 5 milhões, de acordo com a gravidade dos fatos e a situação econômica do infrator, sem prejuízo das demais cominações legais cabíveis (art. 43);
- Aquele que prestar serviços ao Cade ou a Seae, a qualquer título, e que der causa, mesmo que por mera culpa, à disseminação indevida de informação acerca de empresa, coberta por sigilo → multa pecuniária de mil reais a R$ 20 mil, sem prejuízo de abertura de outros procedimentos cabíveis. Nesse caso, a multa será o dobro caso o autor da infração esteja servindo o Cade em virtude de mandato, Procurador Federal ou Economista-Chefe (art. 44).

Considerando que as sanções de natureza pecuniária nem sempre serão suficientes para se restabelecer a ordem do mercado, abalada pela prática da infração, o art. 38 da Lei 12.529/11 prevê a imposição de outras penas, de diferentes matizes:

> I - a **publicação**, em meia página e a expensas do infrator, em jornal indicado na decisão, **de extrato da decisão condenatória**, por 2 dias seguidos, de 1 a 3 semanas consecutivas;

II – a **proibição de contratar com instituições financeiras oficiais e participar de licitação** tendo por objeto aquisições, alienações, realização de obras e serviços, concessão de serviços públicos, na administração pública federal, estadual, municipal e do Distrito Federal, bem como em entidades da administração indireta, por prazo não inferior a 5 anos;

III – **a inscrição do infrator no Cadastro Nacional de Defesa do Consumidor**;

IV – a recomendação aos órgãos públicos competentes para que:

a) seja concedida **licença compulsória de direito de propriedade intelectual** de titularidade do infrator, quando a infração estiver relacionada ao uso desse direito;

b) **não seja concedido ao infrator parcelamento de tributos federais** por ele devidos ou para que sejam cancelados, no todo ou em parte, incentivos fiscais ou subsídios públicos;

V – a **cisão de sociedade, transferência de controle societário, venda de ativos ou cessação parcial de atividade;**

VI – a **proibição de exercer o comércio em nome próprio ou como representante de pessoa jurídica**, pelo prazo de até 5 anos; e

VII – qualquer outro ato ou providência necessários para a eliminação dos efeitos nocivos à ordem econômica.

Ainda em relação às penas, vale destacar, além da **legalidade** e da **proporcionalidade**, os critérios que serão levados em consideração na sua aplicação, conforme quadro infra:

Importante

Lei 12.529/11, art. 45. Na aplicação das penas estabelecidas nesta Lei, levar-se-á em consideração:

I. A gravidade da infração;
II. A boa-fé do infrator;
III. A vantagem auferida ou pretendida pelo infrator;
IV. A consumação ou não da infração;
V. O grau de lesão, ou perigo de lesão, à livre concorrência, à economia nacional, aos consumidores, ou a terceiros;
VI. A situação econômica do infrator; e
VII. A reincidência.

Como esse assunto foi cobrado em concurso?

No Concurso do CESPE para Juiz Federal da 1ª Região em 2015, ao abordar as infrações contra a ordem econômica previstas na Lei nº 12.529/2011, foi considerado ERRADO o seguinte enunciado: "Para o cálculo de multa nas infrações administrativas contra a ordem econômica previstas na lei em questão, é **irrelevante** o fato de ter ou não se consumado a infração".

A continuidade de atos ou situações que configurem infração da ordem econômica, após decisão do TADE determinado sua cessação, o não cumprimento de obrigações de fazer ou não fazer, o descumprimento de medida preventiva ou termo de compromisso de cessação poderão levar à imposição de **astreinte administrativa**, sujeitando o responsável à multa diária no valor de R$ 5 mil, podendo ser aumentada em até 50 vezes, se assim recomendar a situação econômica do infrator e a gravidade da infração.

A Lei 12.529/11 estabelece, ainda, a possibilidade de se exigir reparação pecuniária, no âmbito cível, por qualquer pessoa que se sinta prejudicada em razão da conduta anticoncorrencial da qual resulte infração da ordem econômica, o que poderá se dar tanto de forma **individual quanto coletiva**, sendo neste último caso através de ação civil pública, pelos legitimados do art. 82 do Código de Defesa do Consumidor. A propositura de qualquer dessas ações **não** suspenderá o inquérito ou processo administrativo perante o Cade.

6. CONTROLE DE CONCENTRAÇÕES

No direito antitruste, a expressão "concentração" refere-se situações distintas que demonstram uma aglutinação de poder ou de capacidade de alterar as condições do mercado. Nesse sentido, destaca Paula Forgioni: "A mais comum liga-se a situações em que os partícipes (ou ao menos alguns deles) perdem sua autonomia, como nas operações de fusão, incorporação etc. Há, também, concentração quando se dá a constituição de nova sociedade ou grupo econômico cujo poder de controle é compartilhado ou quando uma empresa adquire ativos ou parcela do patrimônio de outra" (2020, p. 413-414).

> **Qual o entendimento do CADE sobre o assunto?**
>
> "A compra de ativos, ações, títulos e valores mobiliários conversíveis estão sujeitos a notificação obrigatória, de acordo com a Lei nº 12.529/2011, sempre que o objeto da compra: (i) for operacional, isto é, desempenhar ou estar relacionado à atividade econômica para a produção ou circulação de bens e serviços (conceito abrangente de empresa); (ii) for essencial para as atividades da Compradora e/ou meso resultar em aumento de capacidade. Conhecimento. Aprovação sem restrições (Ato de Concentração 08700.002190/2020-76. Aiscastle Holding Corporation Limited e GE Capital Aviation Services Limited. Análise de conhecimento de operações pela Superintendência-Geral. Boletim de Jurisprudência, Ano 1, nº 2, agosto de 2020).

Deverão ser submetidos ao Cade os atos de concentração econômica em que, cumulativamente:

> **I - pelo menos um dos grupos envolvidos na operação tenha registrado, no último balanço, faturamento bruto anual ou volume de negócios total no País, no ano anterior à operação, equivalente ou superior a R$ 750 milhões; e**

II - pelo menos um outro grupo envolvido na operação tenha registrado, no último balanço, faturamento bruto anual ou volume de negócios total no País, no ano anterior à operação, equivalente ou superior a R$ 75 milhões.

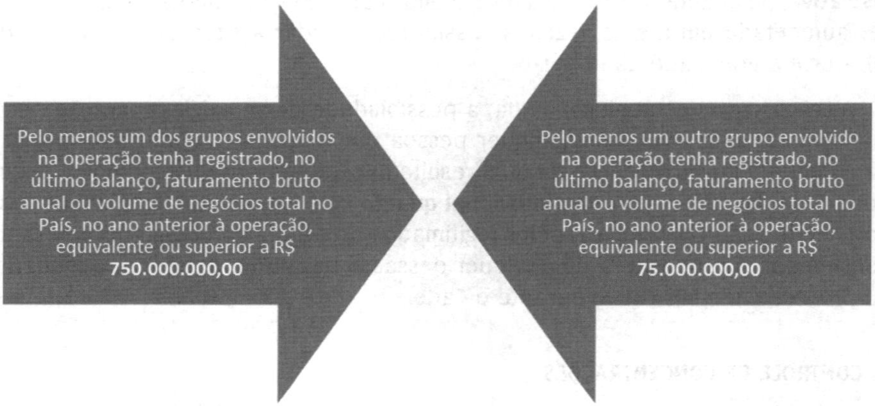

Qual o entendimento do CADE sobre o assunto?

"Os grupos econômicos das estatais são tratados como sistemas independentes, no qual cada sistema que tem o Estado como acionista controlador é tratado como um grupo econômico distinto tanto para fins de faturamento quanto para definição de participação de mercado. **A operação econômica entre empresas sob controle comum do Estado é um ato de concentração de notificação obrigatória ao CADE**, nos termos da Lei nº 12.529/2011." (Ato de Concentração 08700.003594/2019-43. Companhia Energética de Minas Gerais. Rel. Cons. Lenisa Rodrigues Prado. Boletim de Jurisprudência, Ano 1, nº 1, maio de 2020).

Qual o entendimento do CADE sobre o assunto?

"**Desconsideração do gestor na formação de grupo para fins de cálculo de faturamento** (art. 88, incisos I e II, da Lei nº 12.529/2011). Não conhecimento". (Ato de Concentração 08700.002483/2020-53. Monama Indústria e Comércio de Alimentos S.A. e Anucibus Participações S.A. Análise de conhecimento de operações pela Superintendência-Geral. Boletim de Jurisprudência, Ano 1, nº 2, agosto de 2020).

Qual o entendimento do CADE sobre o assunto?

"**O gestor do fundo de investimentos deve ser considerado integrante do grupo econômico para fins de cálculo dos faturamentos constantes do art. 88 da Lei nº 12.529/11 quando exercer de fato o controle do fundo de investimento, em virtude das peculiaridades do caso concreto e em decorrência da declaração das partes**". (Ato de Concentração 08700.000180/2020-04. Fundo de Investimento Multimercado Profit 1552 e Kepler Weber S.A. Boletim de Jurisprudência, Ano 1, nº 1, maio de 2020).

Se esses parâmetros mínimos previstos na lei não forem alcançados, as concentrações poderão ocorrer independentemente da anuência do Cade → nesse caso, não se aplica mais o critério da porcentagem do mercado relevante. Contudo, a lei reserva ao Cade o direito de **requerer a submissão dos atos de concentração que não se enquadrem nesses requisitos, no prazo de um ano a contar de sua consumação** (art. 88, § 7º).

▸ Qual o entendimento do CADE sobre o assunto?

"Utilização do art. 88, §7º da Lei nº 12.529/2011 como competência residual do CADE para requisição de submissão de atos de concentração de notificação não obrigatória, uma vez que critérios objetivos nem sempre capturam de forma adequada se uma operação gerará efeitos negativos à concorrência. A análise do mérito do APAC deve recair sobre a conveniência e oportunidade para requisição da submissão de ato de concentração. **A existência de indícios de probabilidade de exercício de poder de mercado é suficiente para a determinação de notificação de atos de concentração**" (Ato de Concentração 08700.00500079/2019-06. Prosegur Brasil Transportadora de Valores e Segurança S.A. Rel. Cons. Paula Azevedo. Boletim de Jurisprudência, Ano 1, nº 1, maio de 2020).

▸ Como esse assunto foi cobrado em concurso?

No Concurso para Juiz Federal da 3ª Região em 2016, foi considerado ERRADO o seguinte enunciado: "O critério de submissão dos atos de concentração ao CADE decorre da aferição, **cumulativamente**, do faturamento bruto anual e do volume de negócios total no País dos grupos envolvidos, apurados no ano anterior à operação".

▸ Como esse assunto foi cobrado em concurso?

No concurso para Procurador da República em 2015, foi considerado ERRADO o seguinte enunciado: "Serão submetidos ao Conselho Administrativo de Defesa Econômica - CADE, os atos de concentração econômica entre grupos que detenham conjuntamente mais de 30% do mercado e faturamento bruto anual mínimo de R$ 100 milhões registrados no último balanço". Da mesma forma, no concurso de 2013 esse tema também foi objeto de questionamento, sendo considerado ERRADO o seguinte enunciado: "A Lei 12.529/11 instituiu o controle prévio dos atos de concentração, exigindo que todas as empresas aguardem a aprovação do Conselho Administrativo de Defesa Econômica (CADE) antes de implementarem os seus processos de fusão, sob pena de nulidade".

▸ Como esse assunto foi cobrado em concurso?

No concurso do CESPE para Juiz Federal da 5ª Região, em 2013, foi considerado ERRADO o seguinte enunciado: "Quando o faturamento de um dos grupos partícipes do negócio for inferior a vinte milhões de reais, não há necessidade de o CADE autorizar previamente o ato de concentração; basta que a autoridade antitruste seja informada do negócio". Na mesma questão também foi considerado errado o seguinte enunciado: "Todos os negócios que geram concentração dependem de autorização do CADE".

Segundo a lei, ocorre ato de concentração quando:

> I - 2 (duas) ou mais empresas anteriormente independentes se fundem;
>
> II - 1 (uma) ou mais empresas adquirem, direta ou indiretamente, por compra ou permuta de ações, quotas, títulos ou valores mobiliários conversíveis em ações, ou ativos, tangíveis ou intangíveis, por via contratual ou por qualquer outro meio ou forma, o controle ou partes de uma ou outras empresas;
>
> III - 1 (uma) ou mais empresas incorporam outra ou outras empresas; ou
>
> IV - 2 (duas) ou mais empresas celebram contrato associativo, consórcio ou *joint venture* (exceto nos casos que sejam destinados às licitações públicas e aos contratos delas decorrentes).

▸ Importante

"**Fusão** é um ato societário pelo qual dois ou mais agentes econômicos independentes formam um novo agente econômico, deixando de existir como entidades jurídica distintas";

"**Incorporação** é um ato societário pelo qual um ou mais agentes econômicos incorporam, total ou parcialmente, outros agentes econômicos dentro de uma mesma pessoa jurídica, no qual o agente incorporado desaparece enquanto pessoa jurídica, mas o adquirente mantém a identidade jurídica anterior à operação";

"**Aquisição** ocorre quando um agente econômico adquire o controle ou parcela substancial da participação acionária de outro agente econômico";

"***Joint venture*** é a associação entre dois ou mais agentes econômicos para a criação de um novo agente econômico, sem a extinção dos agentes que lhe deram origem. Pode ter por objeto a pesquisa e o desenvolvimento de novos produtos e serviços, a atuação em um novo mercado distinto dos mercados individuais de cada empresa, ou ainda a participação no mesmo mercado relevante dos agentes econômicos, dentre outros".

Disponível em: https://www.gov.br/cade/pt-br/acesso-a-informacao/perguntas-frequentes/perguntas-sobre-atos-de-concentracao-economica. Acesso em: 4 jan. 2021.

▸ Qual o entendimento do CADE sobre o assunto?

"Em virtude da ausência de transferências societárias, valores ou ativos, entrada ou saída de agente econômico, alteração de estrutura societária das empresas relacionadas, celebração de contrato ou associação com novo objeto, bem como não ocorrendo alteração das diretrizes e regras centrais notificadas ao Cade e já aprovadas, não há que se falar em novo ato de concentração, pois a mudança a se implementada não se enquadra em nenhum dos incisos do art. 90 da Lei 12.529/11". Não conhecimento. (Ato de Concentração 08700.002601/2020-23. Juntos Somos Mais Fidelização S.A. Análise de conhecimento de operações pela Superintendência-Geral. Boletim de Jurisprudência, Ano 1, nº 2, agosto de 2020).

Qual o entendimento do CADE sobre o assunto?

"As alterações de controle de empresas sujeitas ao controle do Cade são caracterizadas de forma ampla, abrangendo aquelas ocorridas 'por via contratual ou por qualquer outro meio ou forma' e também via aquisição ou troca de ações, quotas ou valores mobiliários, assim como quando envolver ativos, revelando uma preocupação do legislador em endereças propositadamente qualquer modificação de controle de sociedades como foco relevante da análise concorrencial no sistema de notificação prévia, independente da forma que é instrumentalizada a alteração de controle da empresa. Conhecimento. Aprovação sem restrições (Ato de Concentração 08700.002058/2020-64. Companhia de Investimentos em Infraestrutura e Serviços e VLT Carioca S.A. Análise de conhecimento de operações pela Superintendência-Geral. Boletim de Jurisprudência, Ano 1, nº 2, agosto de 2020).

Como esse assunto foi cobrado em concurso?

No Concurso para Juiz Federal da 3ª Região em 2016, foi considerado CERTO o seguinte enunciado: "São considerados atos de concentração econômica, pela LDC, as operações nas quais: i) duas ou mais empresas anteriormente independentes se fundem; ii) uma ou mais empresas adquirem, direta ou indiretamente, por compra ou permuta de ações, quotas, títulos ou valores mobiliários conversíveis em ações, ou ativos, tangíveis ou intangíveis, por via contratual ou por qualquer outro meio ou forma, o controle ou partes de uma ou outras empresas; iii) uma ou mais empresas incorporam outra ou outras empresas, ou iv) duas ou mais empresas celebram contrato associativo, consórcio ou *joint venture*, exceto quanto destinadas às licitações promovidas pela Administração Pública direta ou indireta".

Considerando os mercados de atuação das empresas participantes, as concentrações podem ser classificadas em três espécies (FORGIONI, 2020, p. 416):

a) Concentrações horizontais: envolvem agentes econômicos que atuam no mesmo mercado relevante, estando em direta relação de concorrência;

b) Concentrações verticais: casos em que os partícipes desenvolvem suas atividades em mercados relevantes "a montante" ou "a jusante", ou seja, concatenados no processo produtivo ou de distribuição do produto;

c) Concentrações conglomeradas: envolvem empresas que atuam em mercados relevantes apartados, subdivididas em: "(i) de expansão de mercado (*market extension*); (ii) de expansão de produto (*product extension*); e (iii) de diversificação (ou *pura*). De forma residual, são entendidas como conglomeradas as concentrações que não são verticais nem horizontais" (FORGIONI, 2020, p. 416).

Serão proibidos os atos de concentração que impliquem eliminação da concorrência em parte substancial de mercado relevante, que possam criar ou reforçar uma posição dominante ou que possam resultar na dominação de mercado relevante de bens ou serviços. Contudo, **tais atos poderão ser autorizados**, desde que sejam observados os limites estritamente necessários para atingir os seguintes objetivos:

> I - cumulada ou alternativamente:
>
> a) aumentar a produtividade ou a competitividade;
>
> b) melhorar a qualidade de bens ou serviços; ou
>
> c) propiciar a eficiência e o desenvolvimento tecnológico ou econômico; e
>
> II - sejam repassados aos consumidores parte relevante dos benefícios decorrentes.

Ainda que aprovados, os atos de concentração poderão ser revistos pelo Tribunal do Cade, de ofício ou mediante provocação da Superintendência-Geral, se a decisão for baseada em informações falsas ou enganosas prestadas pelo interessado, se ocorrer o descumprimento de quaisquer das obrigações assumidas ou não forem alcançados os benefícios visados. Nesse caso, será possível a de imposição de multa de R$ 60 mil a R$ 60 milhões, sem prejuízo da abertura de processo por infração à ordem econômica e adoção das demais medidas cabíveis.

> **▸ Qual o entendimento do CADE sobre o assunto?**
>
> **"Para determinar se um contrato se configura como associativo para enquadramento como hipótese de ato de concentração, é necessário que ele atenda a todas as condições previstas no artigo 2º da Resolução 17.** Conhecimento. Aprovação sem restrições (Ato de Concentração 08700.006235/2019-48. AstraZeneca UK Limited e Daiichi SankyoCompany, Limited. Análise de conhecimento de operações pela Superintendência-Geral. Boletim de Jurisprudência, Ano 1, nº 2, agosto de 2020).

> **▸ Como esse assunto foi cobrado em concurso?**
>
> No concurso do CESPE para Juiz Federal da 5ª Região em 2013, foi considerado ERRADO o seguinte enunciado: "A autorização regularmente concedida pelo CADE **só** pode ser revista se houver comprovação de má-fé dos agentes econômicos".

> **▸ Como esse assunto foi cobrado em concurso?**
>
> No XIX concurso para Juiz Federal da 3ª Região em 2018, esse tema foi cobrado da seguinte forma em questão discursiva: "Críticas lançadas sobre a lei nº 12.529, de 2011, sustentam que esse diploma não viabiliza um controle efetivo, por parte do CADE, sobre (i) a aquisição de pequenas empresas pelas gigantes dos respectivos setores e (ii) os acordos verticais. Essas críticas são procedentes? Justifique".

6.1. A regra da razão (*rule of reason*)

A regra da razão, considerada um **abrandamento do rigor das normas antitruste**, tem sua origem no direito estadunidense, no julgamento de 1897, envolvendo a *Transmissouri Freight Association* e "fundamenta-se na tolerância e aceitação de determinadas restrições à concorrência, uma vez que estas fomentam a rivalidade econômica no mercado pertinente, sendo, portanto, consideradas razoáveis, enquanto outras, por impedirem o desenvolvimento econômico e o estabelecimento de agentes concorrentes, traduzem-se em restrições não razoáveis, devendo ser coibidas" (FIGUEIREDO, 2016, p. 296).

No direito brasileiro, a regra da razão foi contemplada na Lei 12.529/11, em seu artigo 88, § 6º, de forma que os atos que limitem ou prejudiquem a livre concorrência **não serão ilícitos *per se*, mas a depender dos seus resultados**. Dessa forma, poderão ser autorizados, desde que sejam observados os limites estritamente necessários para atingir, cumulada ou alternativamente, os seguintes objetivos: a) aumentar a produtividade ou a competitividade; b) melhorar a qualidade de bens ou serviços ou c) propiciar a eficiência e o desenvolvimento tecnológico ou econômico e ainda, d) nos casos em que sejam repassados aos consumidores parte relevante dos benefícios decorrentes. Ou seja, a adoção da regra da razão permite a avaliação da conduta no **caso concreto**, possibilitando observar, casuisticamente, se haverá ou não violação às normas concorrenciais e danos ao mercado.

Nesse mesmo sentido, pode-se dizer que segundo a regra da razão as condutas somente serão caracterizadas como ilícitas "se forem devidamente comprovados os seus efeitos anticoncorrenciais, ponderando-se eventuais aspectos restritivos com os possíveis benefícios econômicos dela decorrentes, em termos de diminuição dos custos, eficiência produtiva ou incentivos para inovação" (PEREIRA NETO; CASAGRANDE, 2016, p. 93).

Leonardo Vizeu Figueiredo destaca ainda que, apesar de a regra da razão ter surgido para a análise de acordos restritivos da concorrência, tem, na atualidade, sua aplicação estendida às análises de concentração econômica, bem como nas verificações de infrações à ordem econômica, conforme se depreende da análise dos arts. 36, 45 e 88, § 6º da Lei 12.529/11.

Qual o entendimento do CADE sobre o assunto?

"Abuso do direito de petição (sham litigation) deve ser analisado de forma sistemática, examinando as ações, judiciais ou administrativas, tanto de forma individualizada quanto em sua totalidade, de forma a aferir o caráter anticompetitivo da conduta investigada. Assim, para sua caracterização, é preciso que se ateste, para além da dúvida razoável, que a demanda movida carece de fundamento e plausibilidade jurídica ou que tenha cunho estratégico de elevar os custos e/ou dificultar a atuação de concorrentes. **Contratos de exclusividade devem ser examinados sob a regra da razão**, de modo que, havendo fechamento de mercando e não restando demonstrados justificativa econômica razoável ou efeitos positivos decorrentes da conduta capazes de se sobrepor aos prejuízos à concorrência, há infração à ordem econômica". (Processo Administrativo nº 08012.005009/2010-60. PST Eletrônica S.A. Rel Cons. Luiz Augusto Azevedo de Almeida Hoffmann. 162ª Sessão Ordinária de Julgamento. Boletim de Jurisprudência, Ano 1, nº 3/2020).

Assim, a aplicação da regra da razão consagra a análise casuística e concreta. Por outro lado, afasta a regra do **per se**, segundo a qual determinada conduta é considerada sancionável mediante a mera comprovação de sua prática, independentemente dos resultados que possam causar. Observe-se que, considerando o caráter fechado de tipificação penal, **não há que se falar em aplicação da regra da razão aos crimes econômicos**, mas tão somente nas infrações de natureza administrativa.

▸ Como esse assunto foi cobrado em concurso?

No concurso do CESPE para Juiz Federal da 5ª Região em 2015, foi considerado ERRADO o seguinte enunciado: "A aplicação da denominada 'regra da razão' permite avaliar, **em tese**, se a conduta praticada implica ou não violação das normas concorrenciais, ou seja, se causa ou não dano a mercado relevante". Em 2013 o mesmo concurso já havia cobrado esse tema. Porém, em virtude de falhas na redação, a questão foi anulada pela banca.

▸ Como esse assunto foi cobrado em concurso?

No concurso do CESPE para Juiz Federal da 5ª Região em 2013, foi considerado ERRADO o seguinte enunciado: "**Toda** restrição à livre concorrência ou à livre iniciativa é domínio do mercado ou abuso de posição dominante". Já no concurso do CESPE para Procurador Federal em 2010, foi considerado CERTO o seguinte enunciado: "O CADE **pode autorizar** atos que, sob qualquer forma manifestados, possam limitar ou de qualquer forma prejudicar a livre concorrência, ou, ainda, resultar na dominação de mercados relevantes de bens ou serviços".

▸ Como esse assunto foi cobrado em concurso?

No concurso para Procurador da República em 2011, esse tema foi cobrado da seguinte forma: "Se determinada operação realizada por empresa causar restrição à concorrência: a) Essa operação será considerada uma infração antitruste; b) Essa operação poderá ser considerada lícita, **dependendo das eficiências que ocasionar**; c) Essa operação será considerada lícita, se realizada por uma empresa estatal em regime de monopólio legal; d) Essa operação será considerada lícita se não houver oposição pelos demais concorrentes nesse mesmo mercado". Segundo o gabarito oficial, foi considerada CERTA a alternativa "b".

▸ Como esse assunto foi cobrado em concurso?

No concurso do CESPE para Procurador do BACEN em 2013, a regra da razão foi cobrada da seguinte forma: "No direito antitruste brasileiro, a regra da razão ou da razoabilidade (*rule of reason*) significa: a) aplicação do princípio da proporcionalidade no direito econômico, de acordo com seus subprincípios: adequação, necessidade e proporcionalidade em sentido estrito; b) a aplicação da norma com base na racionalidade do agente econômico, que responde a estímulos por meio de estratégias que avaliam o comportamento dos demais agentes de acordo com a teoria dos jogos; c) o abrandamento da ilicitude dos atos de concentração e das práticas anticompetitivas, visto que algumas operações e condutas ainda que restrinjam a concorrência, podem trazer efeitos benéficos ou ganhos de eficiência; d) o abrandamento da ilicitude somente dos atos de concentração, visto que algumas operações, ainda que restrinjam a concorrência, podem trazer efeitos benéficos ou ganhos de eficiência; e) o abrandamento da ilicitude somente das práticas anticompetitivas, visto que algumas condutas, ainda que restrinjam a concorrência podem trazer efeitos benéficos ou ganhos de eficiência". Segundo o gabarito oficial, foi considerada CORRETA a alternativa "c".

<table>
<tr><td rowspan="2">Sistema da razão ou sistema da autorização (adotado no Brasil)</td><td>Serão proibidos os atos de concentração que impliquem eliminação da concorrência em parte substancial de mercado relevante, que possam criar ou reforçar uma posição dominante ou que possam resultar na dominação de mercado relevante de bens ou serviços. Contudo, tais atos poderão ser autorizados, desde que sejam observados os limites estritamente necessários para atingir os seguintes objetivos (concentração consentida):</td></tr>
<tr><td>I - cumulada ou alternativamente:
a) aumentar a produtividade ou a competitividade;
b) melhorar a qualidade de bens ou serviços; ou</td></tr>
<tr><td>Sistema da razão ou sistema da autorização (adotado no Brasil)</td><td>c) propiciar a eficiência e o desenvolvimento tecnológico ou econômico; e
II - sejam repassados aos consumidores parte relevante dos benefícios decorrentes.</td></tr>
<tr><td colspan="2">Para que haja a concentração consentida, o CADE pode determinar restrições que deverão ser observadas como condição para a validade e eficácia do ato, dentre as quais incluem (art. 61 da Lei 12.529/11):
• a venda de ativos ou de um conjunto de ativos que constitua uma atividade empresarial;
• a cisão de sociedade;
• a alienação de controle societário;
• a separação contábil ou jurídica de atividades;
• o licenciamento compulsório de direitos de propriedade intelectual, e
• qualquer outro ato ou providência necessários para a eliminação dos efeitos nocivos à ordem econômica.</td></tr>
</table>

▸ **Como esse assunto foi cobrado em concurso?**

No Concurso do CESPE para Procurador do BACEN em 2009, foi exigida a seguinte questão **discursiva**: "Uma empresa que atua no ramo de roupas esportivas, com vistas a aumentar a produtividade e melhorar a qualidade de seus serviços, adotou determinada prática restritiva da concorrência. A referida conduta foi submetida à apreciação do Conselho Administrativo de Defesa Econômica (CADE), no prazo legal, tendo sido autorizada, mesmo com prejuízo causado à livre concorrência, pelas seguintes razões: os benefícios dela decorrentes foram distribuídos

> equitativamente entre os seus participantes, de um lado, e os consumidores, de outro; não implicou eliminação da concorrência de parte substancial do mercado relevante; foram observados, nessa conduta, os limites estritamente necessários para atingir os objetivos visados. A propósito da situação hipotética acima descrita, indique como se denomina a técnica/regra adotada pelo legislador brasileiro que, segundo a doutrina majoritária, permite que o CADE, de forma excepcional, autorize a prática de ato que possa limitar ou de alguma forma prejudicar a livre concorrência, e explicite o seu significado."

7. PROCESSO ADMINISTRATIVO

A Lei 12.529/11, nos arts. 48 a 84, disciplina, de forma minuciosa, uma série de procedimentos administrativos que poderão ser instaurados para prevenção, apuração e repressão de infrações à ordem econômica. Dessa forma, as regras específicas contidas na lei antitruste prevalecerão sobre a disciplina conferida ao processo administrativo pela Lei 9.784/99, que, por sua vez, poderá ser aplicada de forma subsidiária, conforme disposto em seu artigo 69.

Tais regras têm como objetivo concretizar o devido processo legal, estabelecendo institutos que viabilizam o contraditório e a ampla defesa, o que é de extrema importância no exercício das funções do Cade, considerando que a autarquia concentra as **funções de investigador, acusador e julgador de atos de concentração e condutas anticompetitivas** (PEREIRA NETO; CASAGRANDE, 2016, p. 167-168).

A regra nos procedimentos administrativos perante o Cade será o tratamento **sigiloso** de documentos, informações e atos processuais necessários à elucidação dos fatos, sendo o sigilo um aspecto muito destacado nos Guias do Cade, de forma, a servir de incentivo para que as partes celebrem Termos de Compromisso de Cessação ou Acordos de Leniência.

Processos Administrativos na ordem econômica (rol exemplificativo - art. 48, Lei 12.529/11) (VILELA; LEITE, 2015, p. 116)	
Infrações à ordem econômica	I - procedimento preparatório de inquérito administrativo para apuração de infrações à ordem econômica; II - inquérito administrativo para apuração de infrações à ordem econômica; III - processo administrativo para imposição de sanções administrativas por infrações à ordem econômica;
Atos de concentração	IV - processo administrativo para análise de ato de concentração econômica; V - procedimento administrativo para apuração de ato de concentração econômica; e
Sanções processuais incidentais possíveis em qualquer dos outros processos	VI - processo administrativo para imposição de sanções processuais incidentais.

Nos processos administrativos em trâmite no Cade, a Superintendência-Geral ou o Conselheiro Relator poderá admitir a intervenção tanto dos terceiros titulares de direitos ou interesses que possam ser afetados pela decisão a ser adotada, quanto dos legitimados à propositura de ação civil pública conforme previsão dos incisos III e IV do art. 82 do Código de Defesa do Consumidor (III. as entidades e órgãos da administração pública, direta ou indireta, ainda que sem personalidade jurídica, especificamente destinados à defesa dos interesses e direitos protegidos por este Código e IV. as associações legalmente constituídas há pelo menos um ano e que incluam entre seus fins institucionais a defesa dos interesses e direitos protegidos por este Código [CDC], dispensada a autorização assemblear).

▸ **Qual o entendimento do CADE sobre o assunto?**

"O pedido de **intervenção como terceiro interessado em atos de concentração**, previsto no artigo 50 da Lei nº 12.529/2011 c/c o art. 117 do Regimento Interno do CADE (RiCade), deve possuir requisitos que norteiam sua apreciação pela autoridade competente, quais sejam: i) titularidade de direitos ou interesses que possam ser afetados pela decisão (art. 117, caput do RiCade); ii) apresentação de todos os documentos e pareceres necessários à comprovação de suas alegações (art. 117, §1º do RiCade); iii) pertinência com os fins da análise do ato de concentração (art. 117, §6º, do RiCade). Ademais, nos termos do art. 42 do RiCade, a prática dos atos processuais por eventual terceiro interessado limitar-se-ão aos casos em que a autoridade competente julgar oportuna e conveniente para a instrução processual. Por fim, o exame de admissibilidade de pedidos de intervenção de terceiros interessados em atos de concentração baliza-se pela análise a respeito do interesse público, da utilidade à instrução processual e das questões de cunho exclusivamente concorrencial que possa ser eventualmente afetadas." (Despacho Presidência nº 125/2020 em referência ao Ato de Concentração nº 08700.002860/2020-54. 2ª Sessão Extraordinária de Julgamento. Boletim de Jurisprudência, Ano 1, nº 3/2020).

▸ **Como esse assunto foi cobrado em concurso?**

No concurso para Procurador da República em 2015, foi considerado ERRADO o seguinte enunciado: "No processo administrativo instaurado para prevenção, apuração e repressão de infração à ordem econômica, **somente** se admite a intervenção de terceiros titulares de direitos ou interesses que possam ser afetados pela decisão a ser adotada".

O art. 51 da Lei 12.529/11 estabelece as disposições gerais a que se submeterão os processos em tramitação no Cade que, além desta, deverão também observar as previsões do **Regimento Interno do Cade (Resolução n. 1, de 29 de maio de 2012 – RICade)**:

> I – os atos de concentração terão prioridade sobre o julgamento de outras matérias;
>
> II – a sessão de julgamento do Tribunal é **pública**, salvo nos casos em que for determinado tratamento sigiloso ao processo, ocasião em que as sessões serão reservadas;

III - nas sessões de julgamento do Tribunal, poderão o Superintendente-Geral, o Economista-Chefe, o Procurador-Chefe e as partes do processo requerer a palavra, que lhes será concedida, nessa ordem, nas condições e no prazo definido pelo regimento interno, a fim de sustentarem oralmente suas razões perante o Tribunal;

IV - a pauta das sessões de julgamento será definida pelo Presidente, que determinará sua publicação, com pelo menos 120 (cento e vinte) horas de antecedência; e

V - os atos e termos a serem praticados nos autos dos procedimentos, em regra, poderão ser encaminhados de forma eletrônica ou apresentados em meio magnético ou equivalente, nos termos das normas do Cade.

Ainda nas disposições gerais, a lei estabelece que o cumprimento das decisões do TADE e de compromissos e acordos firmados poderá, a critério do Tribunal, ser fiscalizado pela Superintendência-Geral, com o respectivo encaminhamento dos autos, após a decisão final do Tribunal (art. 52 da Lei 12.529/11). Outrossim, cumprida integralmente a decisão do Tribunal ou os acordos em controle de concentrações e compromissos de cessação, a Superintendência-Geral, de ofício ou por provocação do interessado, manifestar-se-á sobre o seu cumprimento.

> **Atenção**
>
> Em 2016 a Lei 13.245/2016 deu nova redação ao Estatuto da OAB (Lei nº 8.906/94) fixando dentre os direitos do advogado previstos no art. 7º, o direito de: "examinar, **em qualquer instituição** responsável por conduzir investigação, mesmo sem procuração, autos de flagrante e de investigações de qualquer natureza, findos ou em andamento, ainda que conclusos à autoridade, podendo copiar peças e tomar apontamentos, em meio físico ou digital" (inciso XIV). Assim, o novo texto alcança, dentre outros, a CVM e o Cade, além de sindicâncias e inquéritos civis conduzidos pelo Ministério Público. O § 11 do mesmo artigo ainda estabelece que "no caso previsto no inciso XIV, a autoridade competente poderá delimitar o acesso do advogado aos elementos de prova relacionados a diligências em andamento e ainda não documentados nos autos, quando houver risco de comprometimento da eficiência, da eficácia ou da finalidade das diligências".

Além disso, o § 12 do referido art. 7º passou a estipular que a inobservância daquele direito estabelecido no inciso XIV, o fornecimento incompleto dos autos ou o fornecimento de autos em que houve a retirada de peças já incluídas no caderno investigativo implicará **responsabilização criminal e funcional por abuso de autoridade** do responsável que impedir o acesso do advogado com o intuito de prejudicar o exercício da defesa, sem prejuízo do direito subjetivo do advogado de requerer acesso aos autos ao juiz competente.

7.1. Processo Administrativo no controle de atos de concentração

É de competência do Cade o **controle prévio dos atos de concentração econômica**, que deverá ocorrer em até 240 dias, a contar do protocolo de petição ou de sua emenda, prazos que poderão ser prorrogados por até 60 dias mediante pedido das partes envolvidas na operação, ou 90 dias mediante decisão fundamentada do TADE. Dessa forma, não se admite o chamado **gun jumping**, qual seja, a consumação da operação antes da autorização do órgão antitruste, sob pena de nulidade, além da possibilidade de imposição de multa de R$ 60 mil a R$ 60 milhões (art. 88, § 3º da Lei 12.529/11).

> **Qual o entendimento do CADE sobre o assunto?**
>
> "**Aquisição realizada por controlador externo não deve ser considerada de notificação obrigatória**, por analogia ao disposto no parágrafo único, do art. 9º, da Resolução CADE nº 02/2012. Não conhecimento". (Ato de Concentração 08700.001750/2020-75. Petróleo Brasileiro S.A. - petrobras, CDMPI Investment Co., Ltd. E CDMPI Holding Co., Ltd. Análise de conhecimento de operações pela Superintendência-Geral. Boletim de Jurisprudência, Ano 1, nº 2, agosto de 2020).

> **Qual o entendimento do CADE sobre o assunto?**
>
> "Configura violação ao §3º do art. 88 da Lei nº 12.529/2011, bem como ao art. 106, §1º do RiCade, a consumação de atos de concentração econômica de notificação prévia obrigatória antes de sua apreciação pelo Cade (**gun jumping**), ainda que sob a forma de contrato verbal de cessão dos direitos de marca e de produção, seguida da consumação da compra dos ativos. A formalização de Acordos em APAC e atualmente regida pela Resolução Cade nº 24/2019, sendo direito da parte buscar a solução do processo pela via negocial, desde que atendidos os pressupostos normativos aplicáveis". (Procedimento Administrativo de Apuração de Ato de Concentração (APAC) nº 08700.000422/2020-51. Tintas Hidracor S.A. e Nacional Arco-Íris Industria e Comércio de Tintas Ltda. Rel. Cons. Maurício Oscar Bandeira Maia. 164ª Sessão Ordinária de Julgamento. Boletim de Jurisprudência, Ano 1, nº 3/2020).

Assim, tais atos não poderão ser consumados antes de apreciados, sob pena de nulidade, de imposição de multa pecuniária, sem prejuízo da abertura de processo administrativo. Impede-se, dessa forma, a criação de fatos consumados que gerem dificuldades econômicas e sociais para o desfazimento do negócio. Contudo, destaque-se que, caso os prazos próprios, previstos para os atos de concentração, não sejam observados pela Administração Pública, as operações serão **aprovadas tacitamente**.

Observe-se que na lei anterior (Lei 8.884/94) os atos de concentração eram apresentados para exame previamente ou no prazo máximo de **quinze dias úteis da sua realização** (art. 54, § 4º). Em razão dessa modificação, esse ponto é bastante cobrado em concursos. Fique atento!

> **Importante**
>
> RICade, Art. 133, O descumprimento dos prazos previstos nos §§ do art. 88 da Lei nº 12.529, de 2011, implica a **aprovação tácita do ato de concentração econômica**.

> **Como esse assunto foi cobrado em concurso?**
>
> No Concurso para Juiz Federal da 2ª Região em 2013, o direito concorrencial foi cobrado em questão **discursiva** da seguinte forma: "As empresas de laticínios OST S/A e MANDEL S/A, com sede no Município do Rio de Janeiro, realizam uma fusão em março de 2013, passando a se chamar KAYA S/A. Já em pleno funcionamento, recebem uma notificação do CADE sobre a abertura de processo administrativo para a análise do negócio societário, bem como a imposição de multa de vinte mil reais, para cada uma, por ausência de comunicação prévia à autarquia sobre a fusão. Inconformadas, ingressam com ação anulatória na Justiça Federal no Rio de Janeiro em face do CADE, buscando anular o processo administrativo instaurado e a própria multa. Alegam que o negócio: 1) pode sofrer controle prévio ou posterior pelo CADE; 2) diminuirá o preço do produto, em razão do aumento da produção; 3) aumentará a oferta de emprego. Como Juiz Federal Substituto da Vara Cível da Seção Judiciária do Rio de Janeiro para a qual foi distribuída a demanda, como V. Sª decidiria a questão?

> **Como esse assunto foi cobrado em concurso?**
>
> No concurso para Procurador da República em 2015, foi considerado CERTO o seguinte enunciado: "O controle dos atos de concentração será **prévio**, impedindo a criação de fatos consumados que gerem dificuldades econômicas e sociais para o desfazimento do negócio e a sua revisão". Nesse mesmo concurso foi considerado ERRADO o seguinte enunciado: "Não há prazo preclusivo para o controle do ato de concentração pelo Conselho Administrativo de Defesa Econômica - CADE, possibilitando a análise minuciosa de todas as variáveis e condicionantes da operação". Outrossim, no concurso do CESPE para Procurador Federal em 2010, foi considerado CERTO o seguinte enunciado: "As fusões e aquisições, nominadas na lei em apreço [Lei 12.529/11] como atos de concentração, não podem ser consumadas antes de apreciadas pelo CADE, sob pena de nulidade, de imposição de multa pecuniária e de abertura de processo administrativo para a imposição de sanções administrativas por infração à ordem econômica".

O **pedido de aprovação dos atos de concentração** será endereçado à **SG/Cade** e instruído com as informações e documentos indispensáveis à instauração do processo, além do comprovante de recolhimento da taxa administrativa. Não sendo verificados os requisitos, ou constatando-se a presença de defeitos e irregularidades, a SG/Cade determinará, **uma única vez**, a emenda da petição, sob pena de arquivamento.

Após o protocolo da apresentação do ato de concentração ou sua emenda, a SG/Cade publicará edital indicando o nome dos requerentes, a natureza da operação e os setores econômicos envolvidos, após o que, poderá (art. 54 da Lei 12.529/11):

> I - conhecer diretamente do pedido, **proferindo decisão terminativa**, quando o processo dispensar novas diligências ou nos casos de menor potencial ofensivo à concorrência, assim definidos em resolução do Cade; ou

II – determinar a realização da instrução complementar, especificando as diligências a serem produzidas.

Concluída a instrução preliminar o a SG/Cade manifestará sobre seu satisfatório cumprimento, recebendo-a como adequada ao exame do mérito ou determinar seu refazimento, por estar incompleta, ou ainda, declarando a operação complexa, determinar a realização de instrução complementar, especificando as diligências a serem produzidas, mediante prorrogação do prazo.

Encerrada a instrução, a SG/Cade proferirá decisão aprovando o ato sem restrições ou oferecerá impugnação fundamentada perante o TADE, caso entenda que o ato deva ser rejeitado, aprovado com restrições ou que não existam elementos conclusivos quanto a seus efeitos no mercado.

A seguir, inicia-se o **processo administrativo perante o TADE**. Nesse caso, o requerente poderá oferecer, em 30 dias da impugnação da SG, manifestação ao Presidente do Tribunal, expondo as razões de fato e de direito com que se opõe à respectiva impugnação, juntando as provas, estudos e pareceres que corroboram seu pedido. Em até 48 horas da decisão que trata da impugnação da SG/Cade o processo será distribuído a um Conselheiro-Relator, mediante sorteio.

Após a manifestação do requerente, o Conselheiro-Relator poderá proferir decisão determinando a inclusão do processo em pauta para julgamento OU determinar a realização de instrução complementar (podendo acompanhar as respectivas diligências).

> **Importante**
>
> Lei 12.529/11, art. 59, § 1º. O Conselheiro-Relator poderá autorizar, conforme o caso, **precária e liminarmente**, a realização do ato de concentração econômica, impondo as condições que visem à preservação da **reversibilidade da operação**, quando assim recomendarem as condições do caso concreto.

Encerrada a instrução, o Conselheiro-Relator determinará a inclusão do processo em pauta para julgamento, no qual o Tribunal poderá aprová-lo integralmente, rejeitá-lo ou aprová-lo parcialmente, determinando as restrições que deverão ser observadas como condição de validade e eficácia do ato, incluindo:

I – a venda de ativos ou de um conjunto de ativos que constitua uma atividade empresarial;

II – a cisão de sociedade;

III – a alienação de controle societário;

IV – a separação contábil ou jurídica de atividades;

V – o licenciamento compulsório de direitos de propriedade intelectual; e

VI – qualquer outro ato ou providência necessários para a eliminação dos efeitos nocivos à ordem econômica.

A decisão proferida pelo Tribunal faz **preclusão administrativa**. Dessa forma, julgado o processo de mérito, o ato de concentração não poderá ser novamente apresentado nem revisto no âmbito do Poder Executivo (FIGUEIREDO, 2016, p. 337). Por outro lado, a lei estabelece, em seu art. 62, que em caso de recusa, omissão, enganosidade, falsidade ou retardamento injustificado, por parte dos requerentes, de informações ou documentos cuja apresentação for determinada pelo Cade, sem prejuízo das demais sanções cabíveis, poderá o pedido de aprovação do ato de concentração ser rejeitado por falta de provas, caso em que o requerente somente poderá realizar o ato mediante apresentação de **novo pedido**, reiniciando-se todo o procedimento.

Observe-se que a partir da publicação da decisão da Superintendência-Geral, que aprovar o ato de concentração (aprovação provisória), "qualquer terceiro interessado que tenha apresentado objeção no início do processo de análise do ato de concentração (art. 122 do Regimento Interno) ou, se for o caso, a **Agência Reguladora** competente, poderão interpor recurso ao Tribunal no prazo de quinze dias. Ademais, o próprio Tribunal poderá avocar o processo para julgamento no mesmo prazo. Tal recurso será distribuído por sorteio a um Conselheiro Relator, o qual o apreciará ou arquivará (neste caso aprovando a operação). No caso de avocação, o Conselheiro que a provocar fica prevento para relatar o incidente (art. 31 do RICADE). Na hipótese de nenhum recurso ser interposto e não haver avocação no prazo de quinze dias, a aprovação da operação será definitiva na esfera administrativa" (PEREIRA NETO; CASAGRANDE, 2016, p. 183). A interposição do recurso, por sua vez, ou a decisão que de avocar o processo suspendem a execução do ato de concentração econômica até a decisão final do Tribunal.

> ▸ **Como esse assunto foi cobrado em concurso?**
>
> No concurso para Procurador da República em 2015, foi considerado CERTO o seguinte enunciado: "A **Agência Reguladora** poderá recorrer ao Tribunal Administrativo de Defesa Econômica contra a decisão da Superintendência-Geral do CADE que aprovar ato de concentração entre empresas que atuem no seu mercado regulado".

7.2. Inquérito Administrativo para apuração de infrações da Ordem Econômica

A Superintendência-Geral do Cade poderá instaurar inquérito administrativo, procedimento investigatório de natureza inquisitorial, para apurar infrações à ordem econômica. O inquérito, por sua vez, poderá ser precedido de procedimento preparatório para apurar se a conduta se trata de matéria de competência do Sistema Brasileiro de Defesa da Concorrência (SBDC), cujas diligências deverão ser realizadas no prazo de 30 dias.

O inquérito administrativo, principal procedimento para a coleta de elementos de prova referentes à autoria e materialidade de práticas anticompetitivas (PEREIRA NETO; CASAGRANDE, 2016, p. 186), será instaurado de ofício ou em face de representação fundamentada de qualquer interessado, ou em decorrência de peças de informação, quando os indícios de infração à ordem econômica não forem suficientes para a instrução do processo administrativo.

> **Importante**
>
> Lei 12.529/11, art. 66, § 6º. A representação de Comissão do Congresso Nacional ou de qualquer de suas Casas, bem como da Secretaria de Acompanhamento Econômico, das agências reguladoras e da Procuradoria Federal junto ao CADE, **independe de procedimento preparatório**, instaurando-se desde logo o inquérito administrativo ou o processo administrativo.

O inquérito administrativo deverá ser encerrado no prazo de 180 dias, contado da data de sua instauração, prorrogáveis por até 60 dias. Tanto no inquérito quanto no procedimento preparatório, poderá ser conferido tratamento sigiloso a critério do Superintendente-Geral. Da mesma forma, poderá ser solicitado o concurso da autoridade policial, do Ministério Público ou de qualquer outra autoridade pública competente nas investigações.

Em até dez dias úteis a partir da data de encerramento do inquérito administrativo, a Superintendência-Geral decidirá pela instauração do processo administrativo ou pelo seu arquivamento. Do despacho que ordenar o arquivamento de procedimento preparatório, indeferir o requerimento de abertura de inquérito administrativo, ou seu arquivamento, caberá recurso de qualquer interessado ao Superintendente-Geral, no prazo de 5 dias ou avocação pelo Tribunal Administrativo em até 15 dias (art. 139 § 4º e 140 do RICade).

7.3. Processo Administrativo para imposição de sanções administrativas por infrações à ordem econômica

A Lei 12.529/11 define esse processo administrativo como o procedimento em contraditório que visa garantir ao acusado a ampla defesa a respeito das conclusões do inquérito administrativo, cuja nota técnica final, aprovada nos termos das notas do Cade, constituirá peça inaugural. Nesse sentido, **a doutrina diferencia o processo administrativo do inquérito administrativo prévio já que este, além de ter caráter inquisitorial, pode ser sigiloso.** "Ademais, a denominação completa desse procedimento deixa claro ser ele requisito fundamental para a aplicação de qualquer sanção por eventual infração da ordem econômica" (PEREIRA NETO; CASAGRANDE, 2016, p. 188).

O despacho que determinar a instauração do processo administrativo, deverá conter: I) indicação do representado e, quando for o caso, do representante; II) enunciação da conduta ilícita imputada ao representado, com a indicação dos fatos a serem apurados; III) indicação do preceito legal relacionado à suposta infração; e IV) determinação de notificação do representado para apresentar defesa no prazo legal e especificar as provas que pretende sejam produzidas, declinando a qualificação completa de até 3 testemunhas (art. 147 do RICade). Além disso, será determinada a notificação do representado para apresentar defesa no prazo de 30 dias, prorrogáveis por mais 10 a pedido do representado (art. 70, caput e § 5º, da Lei 12.529/11).

O representado poderá acompanhar o processo administrativo por seu titular e seus diretores ou gerentes, ou por seu procurador, assegurando-lhes amplo acesso aos autos no Tribunal. Não apresentada defesa no prazo legal, serão aplicados os efeitos da revelia ao representado que, por sua vez, mesmo sendo revel, poderá intervir em qualquer fase do processo, sem que sejam repetidos os atos já praticados.

Em até trinta dias úteis após a apresentação da defesa, a Superintendência-Geral determinará a produção de provas. Após a conclusão da instrução, em até 5 dias úteis a SG/Cade notificará o representado para se manifestar em até 5 dias úteis. A seguir, em até 15 dias úteis a SG/Cade remeterá os autos do processo ao Presidente do TADE, opinando pelo seu arquivamento ou pela configuração da infração.

Recebido o processo, o Presidente do Tribunal o distribuirá, por sorteio, ao Conselheiro-Relator, que poderá, caso entenda necessário, solicitar à Procuradoria Federal junto ao Cade que se manifeste no prazo de 20 dias. Da mesma forma, poderá determinar diligências, podendo, a seu critério, solicitar que a SG/Cade as realize, no prazo assinado, após o que será notificado o representado para apresentar alegações finais no prazo de 15 dias úteis.

Apresentadas as alegações, em até 15 dias úteis o Conselheiro-Relator solicitará a inclusão do processo em pauta de julgamento, no qual a decisão fundamentada do Tribunal, quando pela existência da infração, deverá conter:

> I – especificação dos fatos que constituam a infração apurada e a indicação das providências a serem tomadas pelos responsáveis para fazê-la cessar;
>
> II – prazo dentro do qual devam ser iniciadas e concluídas as providências referidas no inciso I do caput deste artigo;
>
> III – multa estipulada;
>
> IV – multa diária em caso de continuidade da infração; e
>
> V – multa em caso de descumprimento das providências estipuladas.

A decisão do Tribunal, adotada por maioria, será publicada em 5 dias úteis no Diário Oficial da União. "Desta decisão final não cabem mais recursos no âmbito administrativo, salvo eventuais embargos de declaração para aclarar algum ponto obscuro ou contraditório" (PEREIRA NETO; CASAGRANDE, 2016, p. 188). Caso a decisão seja descumprida, no todo ou em parte, o fato será comunicado ao Presidente do TADE, que determinará à Procuradoria Federal junto ao CADE que providencie sua execução judicial.

Importante

Lei 12.529/11, art. 84. Em qualquer fase do inquérito administrativo para apuração de infrações ou do processo administrativo para imposição de sanções por infrações à ordem econômica, poderá o Conselheiro-Relator ou o Superintendente-Geral, por **iniciativa própria ou**

mediante provocação do Procurador-Chefe do Cade, adotar **medida preventiva**, quando houver indício ou fundado receio de que o representado, direta ou indiretamente, cause ou possa causar ao mercado **lesão irreparável ou de difícil reparação, ou torne ineficaz o resultado final do processo.**

§ 1º Na medida preventiva, determinar-se-á a **imediata cessação da prática** e será ordenada, quando materialmente possível, a **reversão à situação anterior**, fixando **multa diária** nos termos do art. 39 desta Lei.

§ 2º Da decisão que adotar medida preventiva caberá recurso voluntário ao Plenário do Tribunal, em 5 (cinco) dias, **sem efeito suspensivo.**

<table>
<tr><td rowspan="5">Medida preventiva (art. 84 da Lei 12.529/11)</td><td>Qualquer fase do inquérito ou do processo administrativo</td></tr>
<tr><td>Competência do Conselheiro Relator ou do Superintendente-Geral por iniciativa própria ou mediante provocação do Procurador-Chefe do Cade</td></tr>
<tr><td>Indício ou fundado receio de que o representado cause ou possa causar ao mercado lesão irreparável ou de difícil reparação ou torne ineficaz o resultado final do processo</td></tr>
<tr><td>Será determinada a imediata cessação da prática e, quando possível, a reversão à situação anterior, fixando-se multa diária</td></tr>
<tr><td>Da decisão que adotar medida preventiva caberá recurso voluntário ao Plenário do Tribunal em 5 dias, sem efeito suspensivo</td></tr>
<tr><td colspan="2">OBS.: ainda que não houvesse previsão expressa na Lei 12.529/11, a Lei 9.784/99, em seu art. 45 prevê a medida cautelar unilateral.</td></tr>
</table>

▸ **Qual o entendimento do CADE sobre o assunto?**

"A existência de provas indiretas robustas sobre autoria e materialidade da conduta é suficiente para a condenação do representado acusado no cometimento de infração à ordem econômica. A participação do Representado em pregões indicando a apresentação de propostas idênticas de cobertura, a utilização da estratégia de bloqueio aos pregões presenciais, a ausência de concorrência na fase de lances, a não utilização de direito de preferência de micro e pequenas empresas, e a divisão geográfica de lotes e relações de fornecimento são indícios que analisados conjuntamente permitem concluir pela prática de infração à ordem econômica". (Processo Administrativo 08700.005615/2016-12. Wendliz Bernardo ME (atualmente denominada WBS Energia Eirelli - EPP. 159ª Sessão Ordinária de Julgamento. Rel. Cons. Sérgio Costa Ravagnani. Boletim de Jurisprudência, Ano 1, nº 2, agosto de 2020).

8. MECANISMOS CONSENSUAIS DE SOLUÇÃO DE CONTROVÉRSIAS NO DIREITO CONCORRENCIAL

A utilização de mecanismos consensuais de solução de controvérsias tem sido uma prática cada vez mais comum no direito concorrencial brasileiro, já que permitem uma **maior agilidade e eficácia das decisões do órgão antitruste**. São eles: o Termo de Compromisso de Cessação (TCC), o Acordo de Leniência, o Acordo em Controle de Concentração (ACC) e os acordos judiciais.

Em razão disso, e visando disseminar a prática, esse tema tem sido o principal foco dos Guias elaborados pelo Cade. Dessa forma, após a apresentação do tema, optamos por apresentar uma sinopse de tais guias, apresentando, de forma didática, os principais pontos abordados nas publicações do Cade que, além de facilitar a compreensão dos institutos, permitirá ao candidato em concursos um aprofundamento em temas que poderão ser cobrados a qualquer momento, como alguns já o foram.

8.1. Termo de Compromisso de Cessação

Nos procedimentos administrativos preparatórios de inquéritos administrativos para apuração de infrações à ordem econômica, assim como nos respectivos inquéritos e processos administrativos o Cade poderá tomar do representado compromisso de cessação da prática sob investigação ou dos seus efeitos lesivos, sempre que, em juízo de conveniência e oportunidade, devidamente fundamentado, entender que atende aos interesses protegidos por lei.

Previsto no art. 85 da Lei 12.529/11, o Termo de Compromisso de Cessação prevê, necessariamente:

> I – a especificação das obrigações do representado no sentido de não praticar a conduta investigada ou seus efeitos lesivos, bem como obrigações que julgar cabíveis;
>
> II – a fixação do valor da multa para o caso de descumprimento, total ou parcial, das obrigações compromissadas;
>
> III – a fixação do valor da contribuição pecuniária ao Fundo de Defesa de Direitos Difusos quando cabível.

Por outro lado, a lei foi expressa ao determinar que a **proposta** do TCC somente poderá ser apresentada **uma única vez** (art. 85, § 4º), **podendo ter caráter confidencial** (art. 85, § 5º). Já o **TCC** propriamente dito **terá caráter público**, devendo ser publicado no site do Cade em 5 dias após a sua celebração (art. 85, § 7º).

O tema foi regulamentado de forma bastante detalhada nos arts. 179 e seguintes do RICade, com a redação que lhes foi dada pela resolução nº 5 de 6 de março de 2013, conferindo-se especial destaque aos TCCs que envolvem cartéis, do que resultou a elaboração do Guia de TCC para os casos de cartel, publicado em maio de 2016, texto de 95 páginas, sintetizado infra.

O termo de compromisso de cessação (TCC) da prática sob investigação ou dos seus efeitos lesivos é um acordo firmado pela Superintendência-Geral do Cade (art. 13, IX da Lei 12.529/11) que poderá ser realizado em qualquer fase do procedimento administrativo ou, até mesmo, em sede de procedimento preparatório ou inquérito administrativo (BAGNOLI, 2013. p. 239). Por outro lado, "O protocolo do requerimento de termo de compromisso **não implica confissão** quanto à matéria de fato nem reconhecimento da ilicitude da conduta objeto do processo administrativo, do inquérito administrativo ou do procedimento preparatório de inquérito administrativo" (art. 179, § 5º do RICade).

Termo de compromisso de cessação (TCC)	Tem os mesmos objetivos da medida preventiva, mas é bilateral
	Acordo do CADE com o agente econômico para que este cesse sua prática
	A **mera proposta não suspende o processo**, o que só ocorrerá mediante seu cumprimento
	O termo de compromisso constitui título executivo extrajudicial

> **Como esse assunto foi cobrado em concurso? Art. 13, IX**
>
> No concurso para Procurador da República em 2013, foi considerado ERRADO o seguinte enunciado: "O termo de compromisso de cessação da prática sob investigação ou dos seus efeitos lesivos é um acordo firmado pela Superintendência-Geral do CADE que poderá ser realizado em qualquer fase do procedimento administrativo e ter **caráter confidencial**". Na mesma questão também foi considerado ERRADO o seguinte enunciado: "A apresentação de proposta de termo de compromisso de cessação importa em confissão da ilicitude da conduta, impõe o fornecimento de provas acerca das práticas que o compromissário reconhece a priori como ilícitas e suspende o andamento do processo administrativo".

8.2. Sinopse do Guia de Termo de Compromisso de Cessação para os casos de cartel

Sob a coordenação de Eduardo Frade Rodrigues, Diogo Thomsom de Andrade, Marcela Campos Gomes Fernandes; Fernanda Garcia Machado; Ravvi Augusto de Abreu C. Madruga, o Guia de Termo de Compromisso de Cessação, cuja versão definitiva foi publicada em maio de 2016, traz 95 páginas com esclarecimentos e modelos de forma a orientar eventuais compromissários e seus procuradores. Assim como os demais guias, **não é vinculativo e não possui caráter de norma**, de forma que as práticas e procedimentos nele descritos poderão ser alterados a juízo de conveniência e oportunidade do próprio Cade.

Ainda na introdução, o Guia apresenta o Termo de Compromisso de Cessação (TCC) como "uma **modalidade de acordo celebrado entre o Cade e as empresas e/ou pessoas físicas investigadas por infrações à ordem econômica a partir do qual a autoridade antitruste anui em suspender o prosseguimento das investigações em relação ao(s) Compromissário(s) de TCC enquanto estiverem sendo cumpridos os temas do compromisso, ao passo que o(s) Compromissário(s) se compromete(m) às obrigações por ele expressamente previstas**" (Cade, 2016a, p. 6).

Segundo o RICade, o TCC deverá ser proposto perante a Superintendência-Geral do Cade (SG), exceto no caso de os autos já se encontrarem no Tribunal do Cade (TADE) para julgamento, caso em que a proposta será negociada perante o Conselheiro-Relator do processo. As propostas serão recebidas, em fila única, por meio de um sistema de senhas (***markers***). Após o recebimento dessa senha o interessado deverá protocolar em 5 dias (sob pena de perda da validade de certidão que contém a senha), o Requerimento de TCC, declarando, formalmente, seu interesse em iniciar as negociações. Caso o interessado opte por protocolar diretamente o requerimento do TCC (sem a solicitação de *marker*), sua desistência implicará nas consequências previstas no § 4º do art. 85 da Lei 12.529/11: "A proposta do termo de compromisso de cessação de prática somente poderá ser apresentada uma única vez" (Cade, 2016a, p. 6).

Protocolada a manifestação do interessado perante a Superintendência-Geral, o Superintendente-Geral determinará um prazo para as negociações, em regra de 60 dias (prorrogáveis). Sendo protocolado perante o TADE o prazo será de 30 dias (prorrogável por igual prazo). "Para as negociações, é constituída uma **'Comissão de Negociação'**, composta por no mínimo 3 servidores que conduzem as negociações e encaminham o requerimento ao Tribunal do Cade com sugestão de homologação ou rejeição da proposta" (Cade, 2016a, p. 6-7).

Nos casos de acordo, combinação ou ajuste entre concorrentes (ex. cartel), o TCC deverá observar os seguintes requisitos, contidos no RICade e detalhados no Guia (p. 7-9):

> i. Quando o TCC for protocolado perante a SG/Cade, colaboração do compromissário com a instrução processual (elaboração do Histórico da Conduta – HC pela Superintendência-Geral);
>
> ii. Pagamento de contribuição pecuniária ao Fundo de Defesa de Direitos Difusos;
>
> iii. Fixação do valor da multa para o caso de descumprimento das obrigações compromissadas;
>
> iv. Reconhecimento da participação na conduta investigada;
>
> v. Especificação das obrigações do proponente do TCC no sentido de não praticar a conduta investigada ou seus efeitos lesivos (Art. 85, § 1º da Lei 12.529/11).

Importante

"[...] o TCC, ao contrário do Acordo de Leniência, **não gera benefícios na seara criminal**. Não obstante, caso o interessado em celebrar TCC com o Cade queira também negociar, paralelamente, acordo de colaboração premiada com o Ministério Público e/ou a Polícia Federal (conforme Lei 12.850/13, Lei 8.137/90 ou outras normas aplicáveis), a SG/Cade pode auxiliar os proponentes do TCC nessa interlocução" (Cade, 2016a, p. 9).

8.2.1. *Da colaboração*

Após a introdução, o Guia passa a destacar a colaboração, enquanto **requisito para a celebração de TCCs** quando o processo ainda estiver em trâmite perante a SG/Cade (arts. 186 e 187 do RICade), apesar de não ser imprescindível no caso de os autos já estarem no TADE para julgamento (a colaboração poderá ser exigida conforme juízo de conveniência e oportunidade do Conselheiro Relator). A análise da colaboração será levada em consideração no **cálculo dos percentuais de desconto da contribuição pecuniária, mas não na definição da multa esperada** (Cade, 2016a, p. 9-10).

Além de configurarem condições necessárias para a celebração do TCC perante a SG/Cade, os critérios empregados para análise da colaboração em Acordo de Leniência (art. 86 da Lei 12.529/11), aplicados por analogia, também serão levados em consideração na análise da amplitude e da utilidade da colaboração apresentada pelo(s) Compromissário(s), quais sejam: a) identificação dos demais envolvidos na infração e b) obtenção de informações e documentos que comprovem a infração noticiada ou sobe investigação. Assim, "o interessado em celebrar respectivo TCC deverá estar apto a entregar às autoridades todos os documentos que tiver em sua posse e todas as informações que tiver conhecimento que possam levar à identificação os envolvidos e comprovação da infração" (Cade, 2016a, p. 11).

Outro aspecto a ser valorado na colaboração apresentada pelo Compromissário é o **momento processual** de apresentação do TCC. Assim, quanto antes for apresentada a proposta de TCC, maior será o desconto a ser concedido ao proponente. "Isso porque um TCC pode reduzir significativos custos processuais, tanto para a Administração Pública como para o proponente e isso será tão mais verdade quando mais no início das investigações ele ocorrer. Além disso, um TCC celebrado em fases prematuras do processo, possivelmente, terá maior capacidade de auxiliar na investigação agregando informações ainda desconhecidas ou pouco compreendidas pela autoridade e, com isso, indicando melhores caminhos de instrução. Como consequência, a própria duração da investigação tenderá a ser menor" (Cade, 2016a, p. 15).

> **Importante**
>
> RICade, Art. 187. A análise da contribuição pecuniária nas propostas de TCC realizadas nos termos do art. 186 deste Regimento Interno levará em consideração a **amplitude e utilidade** da colaboração do compromissário com a instrução processual e o **momento de apresentação da proposta**, observados, quando possíveis de estimação e caso seja celebrado o TCC, os seguintes parâmetros:
>
> I - redução percentual entre 30% e 50% da multa esperada para o **primeiro** Representado que propuser TCC no âmbito da investigação de uma conduta;
>
> II - redução percentual entre 25% e 40% da multa esperada para o **segundo** Representado que propuser TCC no âmbito da investigação de uma conduta;
>
> III - redução percentual de até 25% da multa esperada para os **demais** Representados que propuserem TCC no âmbito da investigação de uma conduta.

Ao quantificar a colaboração, o Cade parte do mínimo da faixa de desconto em que o Compromissário se encontra, passando em seguida a uma soma de pontos à medida que determinados parâmetros de colaboração são ou não preenchidos. Há que se destacar a regra contida no Art. 189 do RICade, segundo a qual **o desconto a ser concedido em um determinado TCC não pode ser superior ao desconto já concedido em um TCC anterior já celebrado no mesmo processo** (Cade, 2016a, p. 17).

Caso o conjunto de elementos trazidos como colaboração pelo Compromissário seja considerado insuficiente, o Cade poderá rejeitar a proposta de TCC (Cade, 2016a, p. 17).

Em suma, para se chegar à conclusão quanto ao desconto que o Compromissário fará jus, o Guia apresenta uma tabela com a pontuação específica conforme os seguintes parâmetros: a) identificação dos participantes da infração; b) apresentação de informações sobre a infração; c) apresentação de documentos que comprovem a infração; e d) momento processual (Cade, 2016a, p. 18).

8.2.2. Da Contribuição pecuniária

A obrigação pecuniária deverá necessariamente constar do TCC, que terá caráter público. "Por sua vez, para o cálculo da contribuição pecuniária nos casos de cartel e de influência de conduta comercial uniforme, a Lei determina que o valor não poderá ser inferior ao mínimo previsto no seu art. 37:

> **Importante**
>
> Art. 37. A prática de infração da ordem econômica sujeita os responsáveis às seguintes penas:
>
> I - no caso de empresa, multa de 0,1% (um décimo por cento) a 20% (vinte por cento) do valor do faturamento bruto da empresa, grupo ou conglomerado obtido, no último exercício anterior à instauração do processo administrativo, no ramo de atividade empresarial em que ocorreu a infração, a qual nunca será inferior à vantagem auferida, quando for possível sua estimação;
>
> II - no caso das demais pessoas físicas ou jurídicas de direito público ou privado, bem como quaisquer associações de entidades ou pessoas constituídas de fato ou de direito, ainda que temporariamente, com ou sem personalidade jurídica, que não exerçam atividade empresarial, não sendo possível utilizar-se o critério do valor do faturamento bruto, a multa será entre R$ 50.000,00 (cinquenta mil reais) e R$ 2.000.000.000,00 (dois bilhões de reais);
>
> III - no caso de administrador, direta ou indiretamente responsável pela infração cometida, quando comprovada a sua culpa ou dolo, multa de 1% (um por cento) a 20% (vinte por cento) daquela aplicada à empresa, no caso previsto no inciso I do caput deste artigo, ou às pessoas jurídicas ou entidades, nos casos previstos no inciso II do caput deste artigo.

§ 1º Em caso de reincidência, as multas cominadas serão aplicadas em dobro.

§ 2º No cálculo do valor da multa de que trata o inciso I do caput deste artigo, o Cade poderá considerar o faturamento total da empresa ou grupo de empresas, quando não dispuser do valor do faturamento no ramo de atividade empresarial em que ocorreu a infração, definido pelo Cade, ou quando este for apresentado de forma incompleta e/ou não demonstrado de forma inequívoca e idônea.

Nesse sentido, "ao negociar a contribuição pecuniária em sede de TCC, a SG/Cade segue a exigência legal de que esta **nunca esteja abaixo da multa mínima aplicável ao Proponente do TCC** e também, em caso de empresa, que ela nunca esteja abaixo da vantagem auferida, quando for possível sua estimação" (Cade, 2016a, p. 22). Para estimar a multa esperada, o Cade levará em consideração, além da razoabilidade e da proporcionalidade, os critérios do art. 45 da Lei 12.529/11.

Para o cálculo da contribuição pecuniária, o primeiro passo do Cade é definir se será aplicada a Lei 12.529/11 ou a Lei 8.884/94, aos casos anteriores a 2012, já que a norma mais recente alterou as penas aplicáveis às infrações antitrustes, agravando-as ou reduzindo-as a depender do sujeito. Nesse sentido, o Guia menciona o Processo Administrativo nº 08012.009834/2006-57 no qual ficou consignada, conforme regramento constitucional, a aplicação da **lei posterior mais benéfica ao administrado no campo do direito antitruste sancionador**. Com base nesse critério, a Lei 12.529/11 deve ser aplicada às empresas e aos administradores, por terem sanções mais benéficas que a lei anterior. Já em relação aos demais sujeitos, aplica-se, em regra, a Lei 8.884/94 (Cade, 2016a, p. 23-24).

Definida a lei a ser aplicada, o Cade passará ao cálculo da contribuição, que levará em conta os seguintes critérios: "necessidade de uma sanção **proporcional** em relação à conduta; necessidade de uma multa que se mostre dissuasória aos administradores e a terceiros; e necessidade de dar segurança jurídica e isonomia entre os representados". O Guia enfatiza, ainda, que "para atrair as empresas a fazer ditos acordos, o valor do TCC tem que ser menor que o da multa, mas não necessariamente será menor que o valor da vantagem auferida", variando conforme se tratar de empresas ou pessoas físicas (administradores e não administradores), conforme art. 37 da Lei 12.529/11, supratranscrito (Cade, 2016a, p. 24).

Assim, o cálculo da multa esperada seguirá, em regra, os seguintes passos: 1. Definição da base de cálculo/faturamento; 2. Atualização da base de cálculo/faturamento; 3. aplicação da alíquota; e 4. Aplicação do desconto. Destaque-se que, "considerando a regra da solidariedade prevista no art. 33 da Lei 12.529/11, e para que a proteção conferida pelo TCC tenha como escopo todo o grupo econômico da Proponente, é necessário que a base de cálculo utilizada considere o **faturamento do grupo como um todo no ramo** em questão" (Cade, 2016a, p. 25).

Na fixação da alíquota, segundo o Guia, para o caso de cartel clássico (ou cartel *hard core*), a referência inicial adotada pelo Cade na aplicação do TCC tem sido a aplicação de uma alíquota de 15%, podendo variar entre 12% (mínimo considerado pelo Cade adequado para essa conduta) e 20% (máximo previsto na lei), conforme atenuantes e agravantes consideradas no caso concreto (Cade, 2016a, p. 28). Para os casos de cartel pontual ou difuso o Cade entende adequada, em geral, a aplicação da alíquota de 5% a 12% (Cade, 2016a, p. 30).

O Guia traz, ainda, um rol **exemplificativo** de situações que considera agravantes ou atenuantes (Cade, 2016a, p. 29-30):

- Atenuantes: gravidade da infração (ter sido coagido a participar da conduta, participação lateral/esporádica na conduta, curtíssima duração), boa-fé do infrator (sugestão prévia de adoção da conduta por parte do ente público, existência de programas de *compliance*) e situação econômica do infrator (capacidade financeira comprometida e comprovada);
- Agravantes: gravidade da infração (liderança sem ou com coação, duração elevada, muito elevada ou substancialmente elevada da conduta e da participação do compromissário nela), ausência de boa-fé do infrator (sugestão prévia de interrupção da conduta por parte do ente público), grau de lesão, ou perigo de lesão à livre concorrência, à economia nacional, aos consumidores, ou a terceiros (essencialidade ou relevância do produto objeto de cartelização, impacto negativo direto em políticas públicas estratégicas para o país) e efeitos econômicos negativos produzidos no mercado (impactos econômicos negativos em nível elevado).

Destaque-se, ainda, a possibilidade "de se conjugar os institutos do TCC com a leniência plus. Caso o signatário de um novo Acordo de Leniência, em um outro cartel, opte por celebrar um TCC com relação à conduta já sob investigação, à qual não estava disponível a negociação do Acordo de Leniência, os benefícios da Leniência Plus e do TCC poderão ser conjugados a critério do Cade" (Cade, 2016a, p. 31).

Já o cálculo da contribuição pecuniária para pessoas físicas, nos moldes previstos no art. 37 da lei, deverá levar em consideração o fato de ser ou não administrador. Além disso, segundo o Guia, também dependerá da sua abrangência nas chamadas "cláusulas de adesão" e "cláusula guarda-chuva".

Cláusula de adesão → apesar de, em rega, as pessoas físicas celebrarem TCCs diretamente na condição de proponentes, é possível que sejam **incluídas em TCC** negociado e celebrado pela empresa na qual trabalhavam à época dos fatos. Nesse caso, a empresa poderá negociar e firmar individualmente seu TCC, **deixando já previstas as condições para a inclusão posterior de seus funcionários e ex-funcionários envolvidos na conduta**. Estas condições estarão previstas no acordo por meio da chamada "cláusula de adesão", o que, dentre outras vantagens, reduzirá os custos de eventuais futuras negociações individuais. Essa cláusula será celebrada com um prazo máximo de vigência de 1 ano contado a partir da data de publicação da homologação do respectivo termo no DOU; ou 60 dias da data de publicação no DOU do despacho de instrução de processo administrativo em desfavor do funcionário; o que ocorrer primeiro (Cade, 2016a, p. 34-35).

Cláusula guarda-chuva → "poderá ser utilizada nas hipóteses em que a empresa desejar **encerrar toda sua relação com o processo**, incluindo a eventualidade de vir a ser descoberto algum funcionário seu que tenha se envolvido na conduta, mas ainda não tenha sido identificado (seja por ela, seja pela Administração Pública) até o momento da celebração do TCC. Portanto, é utilizada quando é baixa a probabilidade de se identificar novos participantes da conduta". Busca-se, assim, "endereçar a responsabilidade de todas as pessoas físicas relacionadas àquela empresa que está negociando TCC que possam vir a ser identificados como envolvidas na conduta, evitando-se que seja necessário incluir novos representados no polo passivo ou instaurar novos processos a cada vez que se identifica a participação de um funcionário adicional na conduta (Cade, 2016a, p. 35).

Cláusula de adesão	Cláusula guarda-chuva
Pessoas já identificadas na investigação	Pessoas ainda não identificadas
O valor é pago por indivíduo quando de sua adesão	Empresa já deixa paga um valor fixo
Impõe que se instaure processo administrativo contra funcionários posteriormente identificados	Torna sem sentido a instauração de processo administrativo contra novas pessoas relacionadas à Compromissária
Prazo máximo de 1 ano a partir da publicação homologação, ou 60 dias da publicação do despacho de instauração do processo contra o funcionário	Não possui prazo

Segundo o Guia, dependendo do caso concreto, será possível **ainda a definição de uma cláusula de adesão e/ou de guarda-chuva destinada às pessoas** jurídicas de um mesmo grupo econômico (Cade, 2016a, p. 36).

Forma de pagamento da contribuição pecuniária → Segundo o art. 196 do RICade, nos TCCs que contenham obrigação de contribuição pecuniária, o Cade poderá aceitar seu pagamento parcelado (até 2 anos ou, excepcionalmente, até 4 anos). Nessa situação as parcelas serão **corrigidas pela SELIC**.

8.3. Acordo de Leniência

"A análise do *standard* de prova para casos de cartéis aponta para a dificuldade de obtenção de evidências hábeis para a comprovação desse tipo de prática. Usualmente acordos de cartéis são mantidos em segredo, pois os partícipes buscam impedir o conhecimento da prática por parte de clientes e, principalmente, pelas autoridades. Tendo isso em conta, seguindo a experiência internacional, a legislação brasileira prevê o instituto do *acordo de leniência*, o qual permite a **outorga de imunidade administrativa e criminal para participante de prática anticompetitiva que colabore com as autoridades por meio da delação da conduta e apresentação de provas**" (PEREIRA NETO; CASAGRANDE, 2016, p. 124).

O Programa de leniência está previsto no art. 86 da Lei 12.529/11 e, segundo o Regimento Interno do Cade atualmente em vigor (com redação dada pela Resolução nº 5, de 6 de março de 2013), o programa de leniência é o **conjunto de iniciativas com vistas a: I. detectar, investigar e punir infrações contra a ordem econômica; II. informar e orientar permanentemente as empresas o os cidadãos a respeito dos direitos e garantias previstos na Lei 12.529/11 e III. incentivar, orientar e assistir os proponentes à celebração do acordo de leniência** (art. 197). É um dos temas mais cobrados em questões de concursos públicos relacionadas a Direito Econômico. Por isso, é importante conhecer detalhadamente o teor dos arts. 86 e 87 da lei antitruste, bem como arts. 197 a 210 do Regimento interno do Cade.

O **acordo de leniência** será celebrado por intermédio da Superintendência-Geral, com todas as **pessoas físicas ou jurídicas** que sejam autoras de infração à ordem econômica e que possam colaborar efetivamente com as investigações e com o processo. Apesar de ser permitido em relação a quaisquer práticas anticompetitivas, a celebração do Acordo de Leniência é mais comum nos casos de cartéis clássicos, o que levou o Cade a elaborar o Guia de Programa de Leniência Antitruste, sintetizado a seguir.

<table>
<tr><td rowspan="5">Acordo de leniência (art. 86 da Lei 12.529/11)</td><td>Semelhante a delação premiada do direito penal</td></tr>
<tr><td>Não importará em confissão quanto à matéria de fato nem reconhecimento da ilicitude da conduta a proposta de acordo de leniência rejeitada</td></tr>
<tr><td>Acordo celebrado pela Superintendência-Geral e materializado pelo Tribunal, que também verificará o seu cumprimento</td></tr>
<tr><td>Quanto a Superintendência-Geral não tinha conhecimento da infração haverá a extinção da ação punitiva da Administração. Nos demais casos, redução de 1 a 2/3 das penas aplicáveis a depender da efetividade da colaboração e da boa-fé do infrator.</td></tr>
<tr><td>Em caso de descumprimento o beneficiário ficará impedido de celebrar novo acordo pelo prazo de 3 anos contados da data do seu julgamento</td></tr>
</table>

▸ **Como esse assunto foi cobrado em concurso?**

No concurso para Procurador da República em 2015, foi considerado ERRADO o seguinte enunciado: "O acordo de leniência é celebrado pelo presidente do **Tribunal Administrativo de Defesa Econômica** com todas as empresas ou pessoas jurídicas que possam colaborar com as investigações de infrações à ordem econômica". Já em 2013, também no concurso para Procurador da República, foi considerado CERTO o seguinte enunciado: "O acordo de leniência pode ser celebrado pela **Superintendência-Geral do CADE em qualquer fase investigativa, com pessoa física, ou jurídica, autora da infração à ordem econômica que colabore efetivamente com a investigação identificando os demais envolvidos na infração e fornecendo informações e documentos que comprovem a infração noticiada ou sob investigação**".

▸ **Como esse assunto foi cobrado em concurso?**

No concurso para Juiz Federal da 2ª Região em 2014, esse tema foi cobrado da seguinte forma: "Sobre o acordo de leniência, previsto na Lei 12.529/11, assinale a opção correta: a) O beneficiário do acordo, que o descumprir, somente pode assinar outro ajuste de leniência depois de decorridos 5 anos do julgamento da infração perante o Tribunal Administrativo de Defesa Econômica; b) O acordo de leniência é celebrado entre as empresas envolvidas na infração contra a ordem econômica e a União, por intermédio da Secretaria de Direito Econômico; c) Mesmo a sociedade empresária que tenha estado à frente da conduta tida como infracionária pode celebrar o acordo de leniência; d) O referido acordo tem como possíveis consequências a suspensão do processo administrativo que averigua a infração econômica ou a redução de 2/3 (dois terços) da penalidade aplicável; e) O acordo de leniência é parte integrante do processo administrativo, aplicando-se a independência das esferas, de modo que ele não impede a instauração da ação penal se a infração contra a ordem econômica constituir crime". Foi considerada correta a alternativa "c".

Além dos benefícios de ordem administrativa, nos crimes contra a ordem econômica, a celebração do acordo de leniência determina a **suspensão do curso do prazo prescricional e impede o oferecimento da denúncia com relação ao agente beneficiário da leniência** (art. 87 da Lei 12.529/11).

▸ **Qual o entendimento do CADE sobre o assunto?**

"A disponibilização de informações e documentos obtidos mediante acordos junto ao Cade para apuração de eventuais condutas anticompetitivas, conforme previsto na Resolução 21/2018 e regulamentado, posteriormente, na Portaria nº 869/2019, aplicar-se-á somente a Acordos de Leniência (AL) e Termos de Compromisso de Cessação (TCC) **firmados após a edição e publicação, em 12 de setembro de 2018**, da Resolução em destaque." (Despacho Presidência nº 167/2020 em referência ao Processo Administrativo nº 08700.004631/2015-15. 165ª Sessão Ordinária de Julgamento. Boletim de Jurisprudência, Ano 1, nº 3/2020).

▸ **Como esse assunto foi cobrado em concurso?**

No concurso para Procurador da República em 2015, foi considerado ERRADO o seguinte enunciado: "O acordo de leniência **não impede** o oferecimento de denúncia criminal com relação ao agente beneficiário da leniência e nem suspende o curso do prazo prescricional dos crimes contra a ordem econômica e dos demais crimes relacionados à prática de cartel". Por outro lado, no concurso do CESPE para Procurador Federal em 2013, foi considerado CERTO o seguinte enunciado: "A lei em apreço [Lei 12.529/11] prevê um programa de leniência com disposição expressa quanto à suspensão do prazo prescricional e ao impedimento do oferecimento da denúncia com relação ao agente beneficiário da leniência, na hipótese de sua celebração".

8.4. Sinopse do Guia de Programa de Leniência Antitruste do Cade

Elaborado em 2016, sob a coordenação de Vinícius Marques de Carvalho, Eduardo Frade Rodrigues e Amanda Athayde Linhares Martins, diferentemente dos demais guias sintetizados nesse livro, este foi elaborado em forma de perguntas e respostas. Cuida-se, mais uma vez, de um documento consolidado com as melhores práticas e procedimentos usualmente adotados pelo Cade em negociações de Acordos de Leniência. Ou seja, **não possui caráter de norma, não sendo, portanto, vinculativo**. O objetivo, segundo o próprio guia, é "registrar a memória institucional e servir de referência para negociações futuras, norteando servidores, advogados e sociedade nos procedimentos dessa relevante atividade para a política brasileira de defesa da concorrência e de combate a cartéis e práticas anticoncorrenciais coletivas" (Cade, 2016b, p. 8).

O guia contém 91 questões e é dividido em quatro partes, seguindo o procedimento para o Acordo de Leniência. Assim, inicia com aspectos gerais sobre o tema, a seguir traz questões sobre as fases da negociação do Acordo e, na terceira parte, sobre aspectos posteriores à sua celebração. Há, ainda, uma quarta parte, chamada pelo guia de "leniência *plus*".

8.4.1. Aspectos gerais do Programa de Leniência Antitruste do Cade

Inicialmente o Programa de Leniência Antitruste do Cade, introduzido no Brasil pela Lei 10.149/2000, é apresentado como "um **conjunto de iniciativas com vistas a detectar, investigar e punir infrações contra a ordem econômica**; informar e orientar permanentemente as empresas e os cidadãos em geral a respeito dos direitos e garantias previstos nos artigos 86 e 87 da Lei nº 12.529/11 e nos artigos 197 a 210 do Regimento Interno do Cade (RICade); e **incentivar, orientar e assistir os proponentes à celebração de Acordo de Leniência Antitruste do Cade**" (Cade, 2016b, p. 9), permitindo que empresas e/ou pessoas físicas envolvidas em práticas anticoncorrenciais obtenham **benefícios na esfera administrativa e criminal**.

Consequências da celebração de Acordo de leniência	
Esfera Administrativa (art.86, § 4º da Lei 12.529/11)	Extinção da ação punitiva da administração pública em favor do infrator, nas hipóteses em que a proposta de acordo tiver sido apresentada à Superintendência-geral sem que essa tivesse conhecimento prévio da infração noticiada; ou Nas demais hipóteses, redução de 1/3 a 2/3 das penas aplicáveis, considerando-se, ainda, na gradação da pena, a efetividade da colaboração prestada e a boa-fé do infrator no cumprimento do acordo.
Esfera Penal (art.87 da Lei 12.529/11)	Suspensão do curso do prazo prescricional e impedimento de oferecimento da denúncia com relação ao agente beneficiário da leniência em relação aos crimes contra a ordem econômica e nos demais crimes relacionados à prática do cartel. Cumprido o acordo, extingue-se automaticamente a punibilidade de tais crimes.

Consequências da celebração de Acordo de leniência	
Esfera Cível	Não se exige o ressarcimento dos danos para a celebração do acordo. Por outro lado, o beneficiário da leniência poderá responder por danos concorrenciais em ação civil pública ou ação privada de ressarcimento (Cade, 2016, p. 10).

Importante

Entende-se que o "conhecimento prévio" da conduta pela Superintendência-Geral do Cade "ocorre na hipótese de haver, à época da apresentação da proposta de acordo, **procedimento administrativo aberto** com indícios razoáveis de práticas anticompetitivas para apurar a infração objeto da proposta de Acordo de Leniência. Representações feitas por meio do 'clique denúncia', notícias na mídia ou informação sobre a existência de investigação em outro órgão da Administração Pública ainda não apuradas pelo Cade, dentre outras situações, em regra, não configuram 'conhecimento prévio' por parte da Superintendência-Geral do Cade, exceto se trouxerem elementos probatórios suficientes para ensejar a abertura do procedimento administrativo" (Cade, 2016b, p. 19).

O Acordo de Leniência poderá ser celebrado diante da prática das infrações previstas no art. 36 da Lei 12.529/11, geralmente relacionadas à prática de cartel, conduta que se caracteriza com um **ilícito tanto no âmbito administrativo, quanto penal**. No primeiro caso, a competência para a investigação e para a instauração de processos administrativos é da Superintendência-Geral. Já a competência para o julgamento é do Plenário do Tribunal do Cade. Na esfera penal a investigação compete ao Ministério Público e o julgamento ao juízo criminal (Cade, 2016b, p. 11).

As sanções pecuniárias aplicáveis às infrações da ordem econômica são (art. 37, I a III da Lei 12.529/11):

> I. No caso de empresa, multa de 0,1% a 20% do valor do faturamento bruto da empresa, grupo ou conglomerado obtido, no último exercício anterior à instauração do processo administrativo, no ramo de atividade empresarial em que ocorreu a infração, a qual nunca será inferior à vantagem auferida, quando for possível sua estimação;
>
> II. No caso das demais pessoas físicas ou jurídicas de direito público ou privado, bem como quaisquer associações de entidades ou pessoas constituídas de fato ou de direito, ainda que temporariamente, com ou sem personalidade jurídica, que não exerçam atividade empresarial, não sendo possível utilizar-se o critério do valor do faturamento bruto, a multa será entre R$ 50 mil e R$ 2 bilhões;
>
> III. No caso de administrador, direta ou indiretamente responsável pela infração cometida, quando comprovada a sua culpa ou dolo, multa de 1% a 20% daquela aplicada à pessoa jurídica.

Observe-se que em caso de reincidência tais multas serão aplicadas **em dobro**. Por outro lado, o art. 38 da Lei 12.529/11 prevê outras sanções, além daquelas de natureza pecuniária, como, por exemplo, a publicação da decisão em jornal de grande circulação, a proibição de contratar com instituições financeiras oficiais e participar de licitações, a cisão da sociedade, a proibição de exercer o comércio em nome próprio ou como representante de pessoa jurídica, pelo prazo de até 5 anos e qualquer outro ato ou providência necessários para a eliminação dos efeitos nocivos à ordem econômica.

> **Importante**
>
> "[...] a prática de cartel é considerada um **'ilícito pelo objeto'**. Isso significa que não é necessário que o cartel gere efeitos no mercado, sendo suficiente que tenha a potencialidade de produzir tais efeitos, ainda que não sejam alcançados. Além disso, a infração da ordem econômica existe **independentemente de culpa** com relação às empresas envolvidas" (Cade, 2016b, p. 10).

O Acordo de Leniência Antitruste somente poderá ser celebrado se preenchidos, cumulativamente, os seguintes requisitos (art. 86, § 1º):

- A empresa seja a **primeira** a se qualificar com respeito à infração noticiada ou sob investigação;
- A empresa cesse completamente seu envolvimento na infração noticiada ou sob investigação a partir da data de propositura do acordo;
- A Superintendência-Geral não disponha de provas suficientes para assegurar a condenação da empresa ou pessoa física por ocasião da propositura do acordo;
- A empresa confesse sua participação no ilícito e coopere plena e permanentemente com as investigações e o processo administrativo, comparecendo, sob suas expensas, sempre que solicitada, a todos os atos processuais, até seu encerramento;
- Da cooperação resulte a identificação dos demais envolvidos na infração e a obtenção de informações e documentos que comprovem a infração noticiada ou sob investigação (Art. 198 do RICADE).

Acordo de Leniência Antitruste	
É possível celebrar diretamente com os Ministérios Públicos e/ou na esfera judicial	Não
É possível celebrar com relação a condutas ocorridas fora do Brasil?	SIM, desde que produzam ou possam produzir efeitos no Brasil
Quem pode propor?	Tanto pessoas físicas quanto jurídicas
O líder do cartel pode propor o acordo?	SIM (diferentemente do que ocorria na Lei 8.884/94)
É possível denunciar um eventual cartel ainda que o denunciante não tenha participado da infração a ser denunciada?	SIM, mas não se configurará como uma proposta de Acordo de Leniência.

Caso o proponente do Acordo de Leniência seja uma empresa, os benefícios **poderão alcançar seus dirigentes, administradores e empregados** (atuais e passados), bem como as empresas do mesmo grupo econômico, de fato ou de direito, envolvidas na infração, desde que cooperem com as investigações e firmem o instrumento em conjunto com a empresa proponente, respeitadas as condições impostas (art. 86, § 6º da Lei 12.529/11). Observe-se que "a assinatura das pessoas físicas e de empresas do mesmo grupo econômico pode ser realizada conjuntamente com a empresa proponente ou em adesão posterior formalizada em documento apartado, quando autorizada pelo Cade, segundo critério de oportunidade e conveniência (art. 198, § 2º do RICade)" (Cade, 2016b, p. 10).

Ainda segundo o Regimento Interno do Cade, faz-se necessário destacar que "caso a pessoa jurídica não seja proponente do acordo de leniência, isso não impedirá seu funcionário ou ex-funcionário de propô-lo, hipótese em que, caso firmado o acordo, os benefícios **não se estenderão à pessoa jurídica**" (art. 198, § 3º do RICADE)

Os benefícios oriundos do Acordo de Leniência somente serão concedidos com a declaração de seu cumprimento pelo Tribunal do Cade, que, por sua vez, **não exige homologação judicial**.

O Acordo de Leniência somente poderá ser celebrado pelo **primeiro** agente infrator a reportar a conduta anticoncorrencial entre os concorrentes ao Cade. Os demais participantes do cartel, caso queiram, poderão celebrar o Termo de Cessação de Conduta (TCC), alcançando os benefícios administrativos que lhe são próprios (não alcançam a seara penal).

> **Importante**
>
> "[...] as negociações de acordo de leniência previstas na Lei nº 12.529/11 e na Lei nº 12.846/13 ["Lei da Empresa Limpa"/"Lei Anticcorupção"] ocorrem no âmbito de autoridades distintas e as negociações são independentes entre si. A negociação e a assinatura de ambos os acordos de leniência, portanto, ocorrem a critério das autoridades competentes e não dependem da celebração ou de acordos com outras autoridades" (Cade, 2016, p. 23).

O Cade desenvolveu um modelo padrão de Acordo de Leniência. Os interessados poderão acessá-lo no endereço: http://www.Cade.gov.br/assuntos/programa-de-leniencia/modelo_acordo-de-leniencia_bilingue.pdf.

8.4.2. *Fases da negociação do Acordo de Leniência no Cade*

A negociação do Acordo de Leniência no Cade compreende três fases:

I. Fase do pedido de senha ("marker");

II. Fase de apresentação de informações e documentos que comprovem a infração noticiada ou sob investigação; e

III. Fase de formalização do Acordo de Leniência.

O pedido de senha é "o ato em que o proponente do Acordo de Leniência entra em contato com a Superintendência-Geral do Cade a fim de **comunicar o interesse em propor** o Acordo em relação a uma determinada conduta anticoncorrencial coletiva e, assim, garantir que é o primeiro proponente em relação a essa conduta" (Cade, 2016b, p. 25).

Apresentado o pedido, a Superintendência-Geral analisará se há algum pedido anterior ou mesmo algum Acordo de Leniência já assinado ou em negociação em relação à mesma conduta. Não havendo, o denunciante receberá o "Termo de Marker" (declaração que atesta ter sido o **primeiro** a apresentar informações sobre a prática anticompetitiva). Caso o proponente não seja o primeiro, ele passará a constar em uma "fila de espera", podendo vir a ser chamado se a negociação em andamento for rejeitada, ou ainda, **caso seja exitosa, o pedido que ainda estiver na "fila" será automaticamente convertido em pedido para negociação de Termo de Compromisso de Cessação (TCC)**. Destaque-se que ao proponente é lícito desistir do Acordo de Leniência a qualquer tempo, antes de sua assinatura, conforme o art. 205 do RICade, caso em que os documentos apresentados ser-lhes-ão devolvidos e as informações mantidas em sigilo.

A segunda fase do Acordo de Leniência perante o Cade consiste na apresentação de informações e documentos que comprovem a infração noticiada ou sob investigação, o que, na verdade, representa a primeira proposta do Acordo, sendo feita após o pedido de senha e obtenção do Termo de *Marker*. A seguir, terá início a fase de negociação propriamente dita, em que o proponente deverá fornecer informações detalhadas e documentos a respeito da prática denunciada como, por exemplo, aquelas que descrevem a conduta, identificam os proponentes do Acordo e demais participantes da infração e os efeitos oriundos da prática (Cade, 2016b, p. 32).

Durante a negociação, a Superintendência-Geral do Cade poderá realizar entrevistas com os proponentes do Acordo para obter informações mais detalhadas sobre os documentos apresentados. Além disso, preenchidos os requisitos do art. 86 da Lei 12.529/11, e do art. 198 do RICade, a negociação poderá ser ampliada, desde que o proponente não tenha agido de má-fé ou tentado ocultar e dissimular as informações posteriormente relatadas. Caso essas novas informações configurarem conduta anticompetitiva distinta, o proponente deverá proceder a um novo pedido de senha, reiniciando, de forma autônoma, o procedimento (Cade, 2016b, p. 36).

A elaboração da proposta de Acordo de Leniência não significa sua automática aprovação. Assim, o Guia traz alguns exemplos que poderão levar à sua rejeição (Cade, 2016b, p. 37):

> I. Não apresentação da proposta do Acordo de Leniência no prazo de até 30 dias da concessão do Termo de *Marker*;
>
> II. Ausência de cooperação, ao longo da negociação, seja pelo não fornecimento das informações e documentos requisitados pela Superintendência-Geral do Cade, seja pela obstrução às investigações, de qualquer modo;
>
> III. Insuficiência das informações e/ou documentos para evidenciar a prática noticiada ou sob investigação;

IV. Não demonstração dos efeitos da infração praticada em território estrangeiro no território nacional.

"Uma vez apresentadas todas as informações e os documentos requeridos, o Chefe de Gabinete da SG/Cade encaminhará a proposta de Acordo de Leniência para a apreciação do Superintendente Adjunto" que, por sua vez, "poderá solicitar novos ajustes e/ou esclarecimentos ao proponente ou poderá encaminhar a proposta ao Superintendente-geral para análise final. Se a análise for positiva, a proposta será considerada completa pela Superintendência-Geral do Cade e se inicia a fase de formalização do Acordo de Leniência" (Cade, 2016b, p. 38).

Mesmo não havendo previsão expressa da participação do Ministério Público na celebração do Acordo de Leniência, a prática do Cade é no sentido de entrar em contato com seus representantes após o encerramento da fase de apresentação de documentos e informações, respeitando-se o sigilo do procedimento. Assim, como titular privativo da ação penal pública e detentor de atribuição criminal, tendo em vista as repercussões criminais derivadas da leniência, **o Ministério Público participa como agente interveniente no acordo, a fim de conferir maior segurança jurídica aos signatários do acordo e facilitar a investigação criminal do cartel** (Cade, 2016b, p. 40).

> **Importante**
>
> "Em regra, casos relacionados a infrações em um município ou inseridos em um único Estado são assinados com o Ministério Público Estadual – ao passo que casos relacionados a crimes contra a ordem econômica previstos no art. 109, VI da Constituição Federal, casos de interesse suprarregional/nacional e casos de interesse da União (que envolvam, por exemplo, recursos federais) são assinados com o Ministério Público Federal" (Cade, 2016, p. 41).

O § 6º da Lei 12.529/11 estende às **empresas do mesmo grupo**, de fato ou de direito, e aos seus dirigentes, administradores e empregados envolvidos na infração os efeitos do Acordo de Leniência, desde que firmem em conjunto, respeitadas as condições impostas. Caso os dirigentes, administradores, empregados e ex-empregados optem por não assinar o acordo junto com a empresa, isso não representará prejuízo à sua formalização junto ao Cade, admitindo-se a posterior adesão daquelas pessoas após a assinatura pela empresa. Por outro lado, caso o Acordo de Leniência tenha sido proposto pela pessoa física, sendo firmado, os benefícios **não se estenderão à empresa** (art. 198, § 3º do RICade).

O Acordo de Leniência deverá conter as cláusulas previstas no art. 206, I a VIII do RICade e sua formulação deve seguir o modelo padrão disponibilizado no site do Cade.

8.4.3. Após a celebração do Acordo de Leniência

A terceira parte do Guia traz perguntas e respostas relacionadas às medidas a serem adotadas após a celebração do Acordo de Leniência, ocasião em que o

Cade poderá instaurar Inquérito ou Processo Administrativo para apurar a infração noticiada no Acordo, bem como realizar outras medidas de investigação do caso.

Compete à Superintendência-Geral do Cade remeter o processo administrativo ao Tribunal do Cade, opinando sobre o cumprimento ou descumprimento das obrigações por parte dos signatários do Acordo. O Guia destaca que **até o presente nenhum dos Acordos de Leniência celebrados pelo Cade foi declarado descumprido por seu Tribunal** (Cade, 2016b, p. 48).

O Guia enfatiza muito a **confidencialidade** que caracteriza todo o procedimento de negociação e celebração do Acordo de Leniência junto ao Cade, apresentando-a tanto como um direito quanto como um dever do signatário. Destaca ainda que, mesmo em caso de solicitação da Superintendência-Geral do Cade e/ou das autoridades competentes, de quaisquer diligências junto ao Poder Judiciário, os requerentes deverão "requerer a garantia de acesso restrito a informações e documentos apresentados pelos signatários e diligenciarão junto ao Poder Judiciário com o objetivo de resguardar o sigilo no âmbito da ação judicial" (Cade, 2016b, p. 49).

> **Qual o entendimento do STJ sobre o assunto?**
>
> "O **sigilo** nos processos administrativos de acordo de leniência celebrado com o CADE, bem como o dos documentos que os instruem, no que tange a pretensões privadas de responsabilização civil por danos decorrentes da eventual formação de cartel, **deve ser preservado até a conclusão da instrução preliminar do referido processo administrativo** (marcada pelo envio do relatório circunstanciado pela Superintendência-Geral ao Presidente do Tribunal Administrativo), somente podendo ser estendido para após esse marco quando lastreado em circunstâncias concretas fundadas no interesse coletivo – seja ele o interesse das apurações, seja ele a proteção de segredos industriais" (REsp 1.554.986/SP, Rel. Min. Marco Aurélio Bellizze, publ. 05.04.2016)

> **Importante**
>
> "O Cade **não** compartilha informações de um Acordo de Leniência com autoridades antitruste de outros países, salvo na hipótese de a empresa e/ou as pessoas físicas proponentes ou signatárias permitirem expressamente o compartilhamento das informações prestadas com autoridades de outras jurisdições por meio de um termo de renúncia ("*waiver*"). Esse compartilhamento de informações, por sua vez, pode ser tanto sobre aspectos formais (*"procedural waiver"*) quanto sobre aspectos materiais da investigação (*"full waiver"*) (Cade, 2016b, p. 49-50).

"O Acordo de leniência é considerado cumprido e cessa o dever de cooperação do signatário com o Cade após o julgamento do Processo Administrativo pelo Tribunal do Cade, oportunidade em que será atestado o cumprimento de todas as obrigações do signatário e conferidos os benefícios do Acordo de Leniência (art. 87 da Lei nº 12.529/2011 c/c art. 208 do RICade). Todavia, caso haja algum desmembramento do Processo Administrativo, os signatários do Acordo de Leniência também devem permanecer cooperando com as investigações" (Cade, 2016b, p. 51).

8.4.4. *Leniência* Plus

> **Importante**
>
> "A **Leniência *Plus*** consiste na redução de um terço da penalidade aplicável à empresa e/ou à pessoa física que não se qualifica para um Acordo de Leniência com relação a um determinado cartel do qual tenha participado (Acordo de Leniência Original), mas que fornece informações acerca de um outro cartel sobre o qual a Superintendência-Geral do Cade não tinha conhecimento prévio (art. 86, § 7º e § 8º da Lei nº 12.529/2011 c/c art. 209 do RICADE) (Cade, 2016b, p. 49-54).

É importante enfatizar que na Leniência *Plus*, **o proponente receberá todos os benefícios cabíveis acerca da nova infração**, sobre a qual não havia conhecimento prévio e **em relação ao processo referente ao Acordo original, poderá beneficiar-se com a redução de um terço da penalidade aplicável**. O procedimento é praticamente o mesmo, mas no momento do pedido de senha, o proponente deverá informar que também objetiva receber os benefícios da Leniência *Plus*, indicado o respectivo processo administrativo no qual é investigado.

Em regra os benefícios da Leniência *Plus* serão conferidos ao final do processo do Novo Acordo de Leniência. Caso o julgamento do processo original seja anterior ao novo, "a decisão no processo administrativo original poderá conter disposições no sentido de que, caso não seja verificado o cumprimento do Novo Acordo de Leniência no novo processo administrativo, o desconto concedido antecipadamente deverá ser recolhido como contribuição pecuniária complementar ao Fundo de Defesa dos Direitos Difusos" (Cade, 2016b, p. 55).

É possível a obtenção tanto dos descontos do Termo de Compromisso de Cessação quanto da Leniência *Plus*, sendo realizada de modo subsequente e não cumulativa. Assim, primeiro incide o desconto da Leniência *Plus* e, depois, do TCC. Contudo, não se admite a obtenção de duas Leniências *Plus* em um mesmo processo administrativo.

> **Como esse assunto foi cobrado em concurso?**
>
> No Concurso da VUNESP para Especialista em Regulação e Fiscalização de Serviços Públicos I (Relações Institucionais), da ARSESP em 2018, foi considerado CERTO o seguinte enunciado: "O Conselho Administrativo de Defesa Econômica (CADE) por intermédio da Superintendência Geral, poderá celebrar acordo de leniência com as pessoas físicas ou jurídicas que forem autoras de infração à ordem econômica".

> **Como esse assunto foi cobrado em concurso?**
>
> No Concurso para Juiz Federal Substituto, do TRF/2ª Região em 2018, foi considerado CERTO o seguinte enunciado: "O CADE, por intermédio da Superintendência-Geral, poderá celebrar acordo de leniência, com a extinção da ação punitiva da administração pública ou a redução de 1 (um) a 2/3 (dois terços) da penalidade aplicável, com pessoas físicas

e jurídicas que forem autoras de infração à ordem econômica, desde que colaborem efetivamente com as investigações e o processo administrativo e que dessa colaboração resulte: a identificação dos demais envolvidos na infração; e a obtenção de informações e documentos que comprovem a infração noticiada ou sob investigação, e cumprir outros requisitos previstos na lei".

8.5. Acordos em Controle de Concentração

Além dos Programas de Leniência e dos Termos de Compromisso de Cessação, a doutrina também destaca os Acordos em Controle de Concentração (ACCs), enquanto mecanismo consensual de solução de controvérsias no direito concorrencial brasileiro. O tema foi previsto no art. 92 da Lei 12.529/11. Entretanto referido dispositivo foi **vetado pelo fato de restringir o alcance dos ACCs**. Segundo a mensagem de veto "os dispositivos restringem a possibilidade de celebração de acordos à etapa de instrução dos processos, limitando indevidamente um instrumento relevante para a atuação do Tribunal na prevenção e na repressão às infrações contra a ordem econômica" (DOU, 01.12.2011).

Apesar de o artigo 92 ter sido vetado, o Acordo em Controle de Concentração continuou previsto em três dispositivos da Lei 12.529/11:

- no art. 11, IX que disciplina a competência dos Conselheiros do Tribunal para a sua propositura;
- no art. 9º, V e X que prevê a competência do Plenário do Tribunal, respectivamente, para "aprovar os TCCs e ACCs, bem como determinar à SG/Cade que fiscalize seu cumprimento"; e "apreciar os processos administrativos de atos de concentração econômica, na forma da Lei, fixando, quando entender conveniente e oportuno, ACCs";
- no art. 13, X, ao estabelecer a competência da Superintendência-Geral para "sugerir ao Tribunal condições para a celebração de ACCs e fiscalizar seu cumprimento".

Nesse sentido, por meio dos ACCs, "as partes que notificam um ato de concentração podem voluntariamente se comprometer a implementar determinadas restrições que solucionem as preocupações concorrenciais do Cade. Assim, ao invés de o desfecho da análise ser uma decisão unilateral do Cade, impondo determinadas restrições, há um acordo reduzido a termo nos autos do processo, o qual detalha as restrições a serem implementadas para que a operação seja aprovada sob a condição de implementação do acordo" (PEREIRA NETO; CASAGRANDE, 2016, p. 190).

O tema foi objeto de disciplina específica no RICade que, em seu art. 125 estabeleceu que o Cade poderá receber propostas de ACCs desde o momento da notificação até 30 dias após a impugnação pela Superintendência-Geral, sem prejuízo da análise de mérito da operação. Assim, o ACC, que poderá ser negociado na SG, deverá ser submetido à aprovação do Tribunal, permitindo-se que, durante o procedimento de elaboração, negociação e celebração do ACC, quaisquer órgãos que componham o Cade sejam consultados.

Destaque-se, ainda, que o Cade, a seu juízo discricionário, poderá determinar que atividades relacionadas ao cumprimento do ACC sejam realizadas por empresas de consultoria ou de auditoria, ou outra instituição independente, às expensas da(s) compromissária(s).

Aprovada a versão final do ACC pelo Plenário do Tribunal, será a compromissária intimada a comparecer ao TADE, perante o Presidente, para proceder à sua assinatura e, no prazo de 5 dias de sua celebração, o ACC deverá ser publicado no site do Cade.

9. EXECUÇÃO JUDICIAL DAS DECISÕES DO CADE

A decisão do Plenário do Tribunal, cominando multa ou impondo obrigação de fazer ou não fazer, constitui título executivo **extrajudicial** conforme disposto no art. 93 da Lei 12.529/11. Nesses casos, os autos seguirão para a **Procuradoria do Cade**, que fiscalizará e se manifestará, em Nota Técnica, acerca do cumprimento da decisão, nos prazos estabelecidos (FIGUEIREDO, 2016, p. 351). A execução das decisões do Cade será promovida pela sua Procuradoria, na Justiça Federal do Distrito Federal ou da sede ou domicílio do executado, a escolha do Cade (art. 97 da Lei 12.529/11).

> **▸ Como esse assunto foi cobrado em concurso?**
> No Concurso do CESPE para Juiz do Tribunal de Justiça do Distrito Federal e dos Territórios em 2016, foi considerado ERRADO o seguinte enunciado acerca das execuções judiciais das decisões do CADE: "A decisão do plenário do Tribunal Administrativo de Defesa Econômica, cominando multa ou impondo obrigação de fazer ou não fazer, **não** constitui título executivo".

> **▸ Como esse assunto foi cobrado em concurso?**
> No Concurso do CESPE para Juiz Federal da 1ª Região em 2015, ao abordar a execução judicial das decisões do CADE, foi considerado ERRADO o seguinte enunciado: "Compete exclusivamente ao juízo federal da sede do domicílio do executado processar e julgar os processos executivos concernentes à concorrência, quando o título executivo impuser obrigação de fazer ou não fazer".

> **▸ Como esse assunto foi cobrado em concurso?**
> No concurso do CESPE para Juiz Federal da 5ª Região em 2015, foi considerado ERRADO o seguinte enunciado: "Uma decisão do plenário do Tribunal Administrativo de Defesa Econômica do CADE pela aplicação de multa ou pela imposição de obrigação de fazer ou não fazer constitui título executivo **judicial**".

▸ **Qual o entendimento do STF sobre o assunto?**

"Competência das causas ajuizadas contra a União. Art. 109, § 2º da Constituição Federal. Critério de fixação do foro competente. **Aplicabilidade às autarquias federais, inclusive ao CADE.** 1. A faculdade atribuída ao autor quanto à escolha do foro competente entre os indicados no art. 109, § 2º da Constituição Federal para julgar as ações propostas contra a União tem por escopo facilitar o acesso ao Poder Judiciário àqueles que se encontram afastados das sedes das autarquias. [...] 5. **A jurisprudência do STF tem decidido pela incidência do disposto no art. 109, § 2º, da Constituição Federal às autarquias federais"** (RE 627.709/DF, Rel. Min. Ricardo Lewandowski, publ. 06.03.2012).

▸ **Como esse assunto foi cobrado em concurso?**

No Concurso do CESPE para Juiz Federal da 1ª Região em 2015, foi considerado CERTO o seguinte enunciado: "Conforme entendimento do STF, tal como nas causas intentadas contra a União, a ação ajuizada contra o CADE pode ser aforada, a critério do autor, na seção judiciária de seu domicílio, naquela onde houver ocorrido o ato ou fato que deu origem à demanda ou onde esteja situada a coisa, ou, ainda, no DF".

Tendo por objeto **exclusivamente a cobrança de multa pecuniária**, a execução será feita de acordo com a **Lei das Execuções Fiscais** (Lei 6.830/80). Por outro lado, tendo por objeto, além da cobrança da multa, o cumprimento de obrigação de fazer ou não fazer, o Juiz concederá a tutela específica da obrigação, ou determinará providências que assegurem o resultado prático equivalente ao adimplemento. Já a conversão da obrigação de fazer ou não fazer em perdas e danos, por expressa previsão do § 1º do art. 95 da Lei 12.529/11, somente será admitida se a tutela específica ou a obtenção do resultado equivalente forem impossíveis.

▸ **Como esse assunto foi cobrado em concurso?**

No Concurso do CESPE para Juiz do Tribunal de Justiça do Distrito Federal e dos Territórios em 2016, foi considerado ERRADO o seguinte enunciado acerca das execuções judiciais das decisões do CADE: "A execução que tenha por objeto exclusivamente a cobrança de multa pecuniária deverá seguir rito próprio previsto na Lei, não podendo tramitar com base no rito previsto na Lei de Execuções Fiscais".

O oferecimento de embargos ou o ajuizamento de qualquer outra ação que vise à desconstituição do título executivo **não suspenderá a execução**, se não for garantido o juízo no valor das multas aplicadas, para que se garanta o cumprimento da decisão final proferida nos autos, inclusive no que tange a multas diárias (art. 98 da Lei 12.529/11). Assim, para garantir o cumprimento das obrigações de fazer, deverá o juiz fixar caução idônea. Nos casos em que a liminar seja revogada, o depósito do valor da multa converter-se-á em renda do Fundo de Defesa dos Direitos Difusos.

O Cade manterá **relação atualizada dos devedores com débitos inscritos em dívida ativa ou em execução judicial**, para informações aos órgãos interessados, na forma da lei (FIGUEIREDO, 2016, p. 353).

> **▸ Como esse assunto foi cobrado em concurso?**
> No Concurso do CESPE para Juiz do Tribunal de Justiça do Distrito Federal e dos Territórios em 2016, foi considerado CERTO o seguinte enunciado acerca das execuções judiciais das decisões do CADE: "A atribuição de efeito suspensivo aos embargos à execução **depende da garantia do juízo**".

> **▸ Como esse assunto foi cobrado em concurso?**
> No Concurso do CESPE para Juiz Federal da 1ª Região em 2015, ao abordar a execução judicial das decisões do CADE, foi considerado CERTO o seguinte enunciado: "A suspensão da execução pela oposição de embargos é **condicionada à garantia do juízo** no valor das multas aplicadas objeto do título exequendo".

> **▸ Atenção**
> Com a entrada em vigor do Novo Código de Processo Civil (Lei 13.105/15), houve a revogação expressa do § 4º do art. 98 da Lei 12.529/11 (art. 1.072 do NCPC) de forma a se garantir a harmonia do sistema. Nesse sentido, "a corrente majoritária entende que a eficácia preclusiva só atinge argumentos e provas que sirvam para embasar a *causa petendi* deduzida pelo autor. O efeito preclusivo não atinge todas as causas de pedir que pudessem ter servido para fundamentar a pretensão formulada em juízo, mas tão somente a *causa petendi* que tenha embasado o pedido formulado pelo autor, e as alegações que a ela se refiram. Assim, entende-se ser possível propor nova ação deduzindo o mesmo pedido, desde que fundado em nova causa de pedir" (DIDIER JR; BRAGA; OLIVEIRA, 2015, p. 548).

O processo de execução em juízo das decisões do Cade terá preferência sobre as demais espécies de ação, exceto *habeas corpus* e mandado de segurança (art. 101 da Lei 12.529/11).

> **▸ Como esse assunto foi cobrado em concurso?**
> No Concurso do CESPE para Juiz do Tribunal de Justiça do Distrito Federal e dos Territórios em 2016, foi considerado ERRADO o seguinte enunciado acerca das execuções judiciais das decisões do CADE: "Os processos de execução em juízo das decisões do CADE tramitarão com preferência sobre as demais espécies de ação do juízo, inclusive sobre os *habeas corpus* e mandados de segurança".

> **▸ Como esse assunto foi cobrado em concurso?**
> No Concurso do CESPE para Juiz Federal da 1ª Região em 2015, ao abordar a execução judicial das decisões do CADE, foi considerado ERRADO o seguinte enunciado: "Os processos de execução judicial das decisões do CADE têm preferência sobre todas as demais espécies de ação".

9.1. Intervenção judicial

A execução das decisões do Cade deverá ser feita por todos os meios, admitindo-se, inclusive, a intervenção na empresa, para o que a Lei 12.529/11 possui regramento próprio, disciplinado nos artigos 102 a 111. Essa intervenção consistirá no **afastamento temporário do órgão de direção da empresa, com transferência parcial de alguns poderes de gestão à pessoa indicada pelo Cade e nomeada pelo juiz para o cargo** (FIGUEIREDO, 2016, p. 353).

Assim, ao decretar a intervenção, mediante decisão fundamentada, o juiz deverá nomear o interventor e indicar de forma precisa, as providências a serem tomadas. Ao interventor, que deverá contar com notória capacidade e experiência profissional, competirá: I) praticar e ordenar que sejam praticados os atos necessários à execução; 2) denunciar ao juiz quaisquer irregularidades praticadas pelos responsáveis pela empresa e das quais venha a ter conhecimento; e IV) apresentar ao juiz relatório mensal de suas atividades (art. 108 da Lei 12.529/11).

A lei reserva ao executado o direito de impugnar o interventor em 48 h, por motivo de **inaptidão ou inidoneidade**, do que deverá fazer prova em 3 dias, mesmo prazo concedido ao juiz para decidir. Em caso de ser a impugnação julgada procedente, o juiz nomeará novo interventor no prazo de 5 dias. Da mesma forma ao juiz compete fixar a remuneração do interventor e substituí-lo a qualquer tempo, correndo **todas as despesas resultantes da intervenção, por conta do executado.**

A intervenção judicial terá o **prazo máximo de 180 dias**, podendo ser revogada antes do vencimento desse prazo, caso sejam atendidos os fins a que se destinou. A atividade do interventor deve limitar-se aos atos necessários ao cumprimento da decisão judicial, sendo o interventor responsável pelos atos que praticar, sujeitando-se, inclusive aos deveres e responsabilidades destinados aos administradores das sociedades por ações.

O juiz poderá, ainda, afastar de suas funções, os responsáveis pela administração da empresa que, comprovadamente, obstarem o cumprimento de atos de competência do interventor, devendo eventual substituição dar-se na forma estabelecida no contrato social da empresa. Caso a maioria dos responsáveis pela administração recuse colaborar com o interventor, o juiz determinará que este assuma a administração **total** da empresa. Vale lembrar que a desobediência às ordens do interventor assim como o ato de obstaculizar a intervenção poderão levar os responsáveis a responder pelos crimes de **resistência, desobediência ou coação no curso do processo**.

Encerrado o prazo da intervenção, o interventor apresentará ao juiz relatório circunstanciado de sua gestão, propondo a extinção e o arquivamento do processo ou pedindo a prorrogação do prazo na hipótese de não ter sido possível cumprir integralmente a decisão exequenda.

> **Como esse assunto foi cobrado em concurso?**
>
> No Concurso do CESPE para Juiz do Tribunal de Justiça do Distrito Federal e dos Territórios em 2016, foi considerado ERRADO o seguinte enunciado acerca das execuções judiciais das decisões do CADE: "É **vedada** como medida executiva, a intervenção judicial na administração da empresa".

> **Como esse assunto foi cobrado em concurso?**
>
> No Concurso do CESPE para Juiz Federal da 1ª Região em 2015, ao abordar a execução judicial das decisões do CADE, foi considerado ERRADO o seguinte enunciado: "A decisão do juiz que decreta a intervenção judicial da empresa para fins de execução específica **prescinde de fundamentação** para sua validade e adequação legal, apenas se exigindo que o juiz indique, clara e precisamente, as providências a serem adotadas pelo interventor nomeado".

> **Como esse assunto foi cobrado em concurso?**
>
> No Concurso do CESPE para Juiz Federal da 1ª Região em 2015, ao abordar a execução judicial das decisões do CADE, foi considerado ERRADO o seguinte enunciado: "Em intervenção judicial relativa a execução específica, o interventor, assim que é nomeado, **assume automaticamente a administração da empresa**, devendo apresentar relatório mensal de suas atividades ao juiz".

10. SINOPSE DO GUIA PARA A ANÁLISE DA CONSUMAÇÃO PRÉVIA DE ATOS DE CONCENTRAÇÃO ECONÔMICA (*GUN JUMPING*)

Em 2015 o Cade publicou o Guia para a análise da consumação prévia de atos de concentração econômica, coordenado por Vinícius Marques de Carvalho e Eduardo Frade Rodrigues, cuja proposta foi "estabelecer alguns parâmetros sobre os quais as partes de um ato de concentração podem se basear no desenho de suas operações" (Cade, 2015, p. 6). Contudo, ainda na introdução, deixa-se claro que o Guia **não possui caráter vinculante**, tendo por finalidade servir de mecanismo de transparência administrativa e orientação (Cade, 2015, p. 6).

O Guia se divide em três partes: 1) Atividades que podem levar à caracterização da consumação prévia de atos de concentração econômica (*gun jumping*); 2) Procedimentos para diminuição do risco de consumação prévia de atos de concentração econômica; e 3) Possíveis punições em caso de verificação da consumação prévia de atos de concentração econômica.

10.1. Atividades que podem levar à caracterização da consumação prévia de atos de concentração econômica (*gun jumping*)

A expressão ***gun jumping*** é apresentada no Guia como a **consumação de atos de concentração econômica antes da decisão final da autoridade antitruste**. Assim, partindo-se do pressuposto que as partes devem manter o mais intacto possível o ambiente concorrencial, até que haja o posicionamento da autoridade competente, a primeira seção apresenta práticas empresariais que geram preocupação em relação ao *gun jumping*.

> **Como esse assunto foi cobrado em concurso?**
>
> No Concurso do CESPE/CEBRASPE para Auditor Fiscal Jurídico da Receita Estadual da SEFAZ/CE em 2021, foi considerado CERTO o seguinte enunciado: "*Gun Jumping* é a prática vedada de consumação de atos de concentração econômica antes da decisão final da autoridade antitruste".

> **Como esse assunto foi cobrado em concurso?**
>
> No Concurso do CESPE/CEBRASPE para Juiz de Direito Substituto do TJ/BA em 2019, foi considerado CERTO o seguinte enunciado: "O *gun jumping* consiste na consumação de atos de concentração econômica antes de eles serem autorizados pelo CADE, sendo uma prática vedada pela legislação brasileira".

Inicialmente é destacada a **troca de informações entre os agentes econômicos** envolvidos em um determinado ato de concentração, enfatizando-se a necessidade de se evitar que **informações concorrencialmente sensíveis** sejam desnecessariamente transmitidas entre as partes, o que prejudicaria a concorrência entre elas caso o ato de concentração não seja consumado. Assim, o Guia reconhece que a troca de informações é necessária nos atos de concentração, de forma que essa troca, em si, não é penalizada, mas seu **abuso** pode caracterizar o *gun jumping* (Cade, 2015, p. 7).

As chamadas informações concorrencialmente sensíveis em geral incluem dados sobre (Cade, 2015, p. 7):

- Custos das empresas envolvidas;
- Nível de capacidade e planos de expansão;
- Estratégias de *marketing*;
- Precificação de produtos (preços e descontos);
- Principais clientes e descontos assegurados;
- Salários de funcionários;
- Principais fornecedores e termos de contratos com eles celebrados;
- Informações não públicas sobre marcas e patentes e Pesquisa e Desenvolvimento (P&D);
- Planos de aquisições futuras;
- Estratégias competitivas, etc.

A segunda prática preocupante, como forma de se evitar o *gun jumping* é a **definição de cláusulas contratuais que regem a relação entre os agentes econômicos**.

Apesar de se saber que há uma infinidade de cláusulas que poderão compor um ato de concentração, chamam a atenção aquelas que podem implicar a **integração prematura das partes envolvidas no ato de concentração**, como por exemplo, cláusulas de não-concorrência prévia, cláusulas que permitam a ingerência direta de uma parte sobre aspectos estratégicos dos negócios da outra ou qualquer outra cláusula que preveja "atividades que não possam ser revertidas em um momento posterior ou cuja reversão implique em dispêndio de uma quantidade significativa de recursos por parte dos agentes envolvidos ou da autoridade" (Cade, 2015, p. 8).

A terceira preocupação em relação às práticas que podem levar ao *gun jumping* diz respeito às **atividades das partes antes e durante a implementação do ato de concentração** já que algumas dessas práticas poderiam efetivar parte da operação de concentração antes da aprovação pela autoridade antitruste. Nesse aspecto, o Guia destaca, dentre outras, o exercício do direito de voto ou de influência relevante sobre as atividades da contraparte, a integração de força de vendas entre as partes, o desenvolvimento conjunto de produtos e a indicação de membros em órgão de deliberação (Cade, 2016, p. 9).

10.2. Procedimentos para diminuição do risco de consumação prévia de atos de concentração econômica

Uma primeira alternativa às empresas para que possam agir de forma a diminuir os riscos do *gun jumping* é a elaboração de um **Protocolo Antitruste**, qual seja, um procedimento específico a ser observado por comitês independentes para tratar das informações comercialmente sensíveis, refletindo os procedimentos sugeridos no Guia.

Esses comitês independentes serão de duas espécies (Cade, 2015, p. 10-12):

<table>
<tr><th>Clean Team</th><th>Comitê Executivo</th></tr>
<tr><td>Composto por funcionários, consultores independentes ou ambos</td><td>Composto por executivos de cada empresa</td></tr>
<tr><td>Indicado para operações complexas (significativa concentração, troca de volume grande de informações ou diante de potenciais riscos concorrenciais)</td><td rowspan="2">Recebe o relatório elaborado pelo Clean Team e pode solicitar esclarecimentos</td></tr>
<tr><td>Celebração de termo de confidencialidade</td></tr>
<tr><td>Observância do Protocolo Antitruste</td><td rowspan="5">Observância do Protocolo Antitruste</td></tr>
<tr><td>As informações de uma empresa não devem ser divulgadas para a outra</td></tr>
<tr><td>Solicitações e envios de informações devem ser feitas para email exclusivo para tal</td></tr>
<tr><td>Classificação das informações em públicas, confidenciais e concorrencialmente sensíveis</td></tr>
</table>

Clean Team	Comitê Executivo
Elaboração de relatório sobre a viabilidade da operação a ser encaminhado ao Comitê Executivo	Observância do Protocolo Antitruste
Respeito à confidencialidade dos dados (termo de confidencialidade assinado pelos membros)	Respeito à confidencialidade dos dados (termo de confidencialidade assinado pelos membros)
Único ponto de contato entre as empresas	Respeito à confidencialidade dos dados (termo de confidencialidade assinado pelos membros)
Recomendável que tenha uma sala exclusiva fora das empresas	
Obs.: os membros do *Clean Team* não podem compor o Comitê Executivo e vice-versa.	

Segundo o Guia, todas as informações relativas ao ato de concentração são **confidenciais**, exceto aquelas que sejam de domínio público ou consideradas públicas pela empresa detentora. Por outro lado, "são consideradas 'informações' quaisquer dados provenientes das empresas, originais ou copias, que tenham sido fornecidos em papel ou via eletrônica, em formato de texto, planilha, gráfico ou imagem" (Cade, 2015, p. 12).

Destaque-se a ênfase dada pelo Guia no tratamento dado pelo *clean team* às informações. Assim, considerando que poderá receber informações concorrencialmente sensíveis, deverá mantê-las em **sigilo**, sem repassá-las adiante. Apenas no caso de considerá-las pertinentes para a viabilidade do negócio é que o *clean team* deverá "processar os dados sensíveis a fim de torná-los agregados e/ou históricos, com periodicidade recomendável de no mínimo três meses de sua ocorrência". Caso o ato de concentração não se concretize, tais informações deverão ser **devolvidas ou destruídas** (Cade, 2015, p. 12).

Parlor Room: a expressão é utilizada no Guia para designar as **reuniões entre os membros do Comitê Executivo**, as quais deverão ser monitoradas com o intuito de garantir que a discussão não se relacione às informações concorrencialmente sensíveis. Sugere-se, ainda, que tais reuniões sejam registradas e supervisionadas por um membro independente (Cade, 2015, p. 13).

10.3. Possíveis punições em caso de verificação da consumação prévia de atos de concentração econômica

O controle prévio dos atos de concentração econômica foi previsto pelo § 2º do art. 88 da Lei 12.529, devendo ser realizado em, no **máximo 240 dias** a contar do protocolo de petição ou de sua emenda. Segundo o art. 90 da mesma lei, são considerados atos de concentração as operações nas quais: I) duas ou mais empresas anteriormente independentes se fundem; II) uma ou mais empresas adquirem, direta ou indiretamente, por compra ou permuta de ações, quotas títulos ou valores mobiliários conversíveis em ações, ou ativos, tangíveis ou intangíveis, por via contratual ou por qualquer outro meio ou forma, o controle ou partes de uma ou outras empresas; III) uma ou mais empresas incorporam outra ou outras empresas; ou IV) duas ou mais empresas celebram contrato associativo, consórcio ou *joint venture*.

O art. 88, § 3º, da mesma lei estabelece como consequências decorrentes da decisão do Cade que reconhece a prática do *gun jumping* (Cade, 2015, p. 14):

a) Aplicação de pena de multa pecuniária, em valor não inferior a R$ 60.000,00 nem superior a R$ 60.000.000,00;

b) Abertura de processo administrativo, nos termos do art. 69 da Lei 12.529/11;

c) Nulidade dos atos que se subsumirem ao disposto no caput do art. 88 da Lei 12.529/11, quando consumados antes de apreciados pelo Cade.

Segundo a Lei da Concorrência (art. 45), a aplicação de penas levará em consideração:

> I. A gravidade da infração;
>
> II. A boa-fé do infrator;
>
> III. A vantagem auferida ou pretendida pelo infrator;
>
> IV. A consumação ou não da infração;
>
> V. O grau de lesão ou perigo de lesão, à livre concorrência, à economia nacional, aos consumidores ou a terceiros;
>
> VI. Os efeitos econômicos negativos produzidos no mercado;
>
> VII. A situação econômica do infrator; e
>
> VIII. A reincidência.

Além desses critérios previstos na lei, o Guia estabelece que também deverão ser levados em consideração (Cade, 2015, p. 14-15):

a) A **situação da operação** (se e quando houve notificação ao Cade);

b) A **natureza da decisão do Cade** (reprovação, aprovação com ou sem restrições), bem como a existência de sobreposição horizontal ou integração vertical a resultar da operação, e

c) O **tempo** e o **porte econômico do infrator**.

Sendo o caso, o processo administrativo será instaurado pela **Superintendência-Geral do Cade**, e seguirá o rito previsto no art. 69 e seguintes, da Lei 12.529/11. Por outro lado, para se reconhecer a nulidade dos atos praticados, será levado em consideração: o **aspecto temporal da conduta, a proporcionalidade da medida e a possibilidade ou não de convalidação dos atos praticados.**

Observe que esse tema foi expressamente cobrado no concurso de 2016, para Juiz Federal da 3ª Região, o que enfatiza a importância de se estudar os Guias publicados pelo Cade.

> **Como esse assunto foi cobrado em concurso?**
>
> No Concurso para Juiz Federal da 3ª Região em 2016, foi considerado CERTO o seguinte enunciado: "A prática usualmente denominada '*gun jumping*' (expressão em inglês que significa 'queimar a largada'), conhecida na literatura e na jurisprudência estrangeiras, consiste na **consumação de atos de concentração econômica, antes da decisão final da autoridade antitruste**. A LDC prevê que o controle dos atos de concentração, quando cabíveis, será realizado previamente pelo CADE em 240 (duzentos e quarenta) dias, prorrogáveis, a fim de preservar a livre iniciativa e a concorrência".

> **Como esse assunto foi cobrado em concurso?**
>
> No Concurso para Juiz Federal da 3ª Região em 2016, foi considerado ERRADO o seguinte enunciado: "Para fins de evitar o risco de aplicação de multa pecuniária de até R$ 60.000.000,00 (sessenta milhões de reais), dentre outras consequências, as partes envolvidas em um ato de concentração deverão manter as suas estruturas físicas e as condições competitivas inalteradas até a avaliação final do CADE".

11. SINOPSE DO GUIA PROGRAMAS DE *COMPLIANCE*

Assim como os demais, esse guia, publicado em 2016, sob a coordenação de Vinícius Marques de Carvalho de Eduardo Frade Rodrigues, traz disposições **não vinculantes** para as empresas a respeito dos programas de *compliance* que, segundo o Cade, podem ser implementados também em pequenas e médias entidades.

A expressão *compliance* vem do inglês, '*to comply*', que significa **"cumprir, estar de acordo com"**. Assim, considerando que o papel do Cade é zelar pela livre concorrência, compete à autarquia o exercício de funções **preventiva** (análise de atos de concentração e processamento de consultas), **repressiva** (investigação e punição de infrações à ordem econômica) e **educativa** (disseminação da importância da manutenção de um ambiente concorrencial saudável) (Cade, 2016c, p. 6-7).

Nesse sentido, o principal foco do Guia são as práticas sujeitas à função repressiva do Cade. Isso porque os programas de *compliance* visam primordialmente impedir que empresas, organizações e pessoas físicas violem a LDC, ou seja, adotem práticas que configurem infrações à ordem econômica, tornando-se sujeitas a severas penalidades aplicáveis pelo Cade. Tais práticas podem ser (i) horizontais, praticadas por agentes que concorrem entre si; (ii) verticais, praticadas por agentes que atuam em níveis diferentes de uma mesma Cadeia de produção; ou (iii) unilaterais, praticadas por agentes com posição dominante. (Cade, 2016c, p. 7)

O Guia destaca, ainda, a existência de benefícios outros na observância do direito da concorrência, que não apenas evitar penalidades, dentre os quais a boa reputação no mercado e a boa aceitação por parte da opinião pública (boa imagem) (Cade, 2016c, p. 8-9).

Além da Introdução, o presente Guia conta, ainda, com uma primeira parte destinada a explicar o que é *compliance* e quais os benefícios de um programa de *compliance* para as organizações e com uma segunda parte, na qual é abordado o *compliance* concorrencial, encerrando-se com as considerações finais.

11.1. *Compliance*

> **Importante**
>
> Segundo o Guia, *compliance* pode ser definido como "um **conjunto de medidas internas que permite prevenir ou minimizar os riscos de violação às leis decorrentes de atividade praticada por um agente econômico e de qualquer um de seus sócios ou colaboradores"** (Cade, 2016c, p. 9)

Assim, o *compliance* **deve ser incorporado à cultura dos negócios da empresa**, não como um entrave ao alcance de suas metas, mas sim como parte das regras fundamentais do negócio, podendo abranger diversas áreas, tais como corrupção (Lei 12.846/13), governança, fiscal, ambiental e concorrência, dentre outras, de forma independente ou agregada (Cade, 2016c, p. 9-10).

Integrar essas diferentes áreas é importante por duas razões: "(i) o estabelecimento pela empresa de um programa composto por mecanismos e procedimentos internos com objetivo de detectar e sanar riscos nas diversas áreas, inclusive concorrencial, pode ser mais eficiente do que a criação de uma estrutura própria voltada apenas para o *compliance* antitruste e (ii) se o objetivo último do *compliance* é criar uma cultura de respeito à legislação, é evidente que o cumprimento de todas as leis deve ser perseguido, não apenas a observância de um único diploma normativo" (Cade, 2016c, p.10).

O Guia destaca, ainda, o fato de **não existir um modelo único de programa de *compliance***, de forma que cada programa deve atender às peculiaridades da empresa e ser constantemente revisto, adequando-se às eventuais mudanças. Por outro lado, enfatiza que programas de *compliance* na medida em que previnem a prática de infrações e garantem a competitividade do mercado, evitam que a empresa perca valor, de forma a beneficiar investidores, consumidores e parceiros comerciais. Ou seja, "em linhas gerais, **a sociedade, a economia e a concorrência como um todo se beneficiam de programas de *compliance***" (Cade, 2016c, p. 11).

Benefícios do programa de *compliance* para as organizações:

- Prevenção de riscos (de violações da lei);
- Identificação antecipada de problemas;
- Reconhecimento de ilicitudes em outras organizações;
- Benefício reputacional;
- Conscientização dos funcionários;
- Redução de custos e contingências.

Assim, a conduta ética da empresa, o que tem nos programas de *compliance* um forte indicador, beneficia sua reputação, tornando-a, portanto, mais atrativa, tanto para recrutamento e retenção de colaboradores, quanto para a captação de investidores, parceiros comerciais e consumidores. Nesse sentido, afirma o Guia: "organizações que têm programas de *compliance* instalados são cada dia **mais atraentes como parceiros de negócios e como boas instituições para se trabalhar**" (Cade, 2016c, p.13).

Por outro lado, "a adoção de um programa de *compliance* pode evitar que as empresas incorram em custos e contingências com investigações, multas, publicidade negativa, interrupção das atividades, inexequibilidade dos contratos ou cláusulas ilegais, indenizações, impedimento de acesso a recursos públicos ou de participação em licitações públicas, etc". (Cade, 2016c, p.13)

11.2. *Compliance* concorrencial

Após apresentar o que se deve entender por *compliance*, o Guia passa ao seu principal objeto, qual seja, o programa de *compliance* concorrencial, o qual deverá, primeiramente, reduzir o "risco de violações específicas à LDC e, em segundo lugar, oferecer mecanismos para que a organização possa rapidamente detectar e lidar com eventuais práticas anticoncorrenciais que não tenham sido evitadas em um primeiro momento" (Cade, 2016c, p. 14).

Enfatiza o Guia que a adoção de um programa de *compliance* concorrencial, por si só, não é suficiente para garantir que não ocorrerão violações às normas concorrenciais. Contudo, em caso de infrações, **a existência de um programa permitirá a rápida identificação e a tomada de providências pela organização.**

Para que surta os efeitos esperados, o programa de *compliance* concorrencial deve ser efetivo, de nada valendo programas superficiais ou de fachada (*sham programs*), por vezes utilizados pelas organizações apenas com a intenção de se valer deles como circunstância atenuante em caso de condenação (Cade, 2016c, p.15).

Para que um programa de *compliance* concorrencial seja robusto, o Guia sugere a observância de alguns pontos comuns:

1. Comprometimento → concretizado por meio de três itens:

- Envolvimento da alta direção (*tone from the top*)

"Ao incluir o tema como uma de suas prioridades estratégicas, a alta administração, na prática, garante a própria existência do programa na medida em que: (i) transmite sua relevância para todos os colaboradores; (ii) assegura sua inclusão no orçamento, oportunidade em que quaisquer recursos adicionais necessários ao programa deverão ser discutidos; (iii) monitora sua evolução, mediante atualização periódica por parte do(s) responsável(is) pela gestão do programa; (iv) atribui metas, objetivos e itens de controle do programa de *compliance* concorrencial, que devem ser observados na prática" (Cade, 2016c, p.16).

Para que haja o envolvimento da alta direção no *compliance* sugere-se que o programa cause **impacto na remuneração dos funcionários da empresa**. Da mesma forma, a cobertura midiática também se apresenta como um incentivo, já que ressaltar casos de danos à reputação da diretoria no caso de penalizações implica em geral, maior engajamento. Nos casos das **multinacionais**, é comum que adotem **Códigos de Conduta**, que estabelecem parâmetros para a atuação de seus empregados e diretores em todo o mundo (Cade, 2016c, p.16-17).

- Recursos adequados:

Sendo implantado de forma adequada, o programa de *compliance* concorrencial significará importante meio de defesa da **organização contra multas ou prejuízos reputacionais**. Por essa razão, tais programas devem contar com recursos suficientes em termos de orçamento e de pessoal, levando-se em conta as peculiaridades da organização e o que ele proporciona em termos de custo-benefício, considerando-se os riscos de não adotá-lo.

- Autonomia e independência:

O programa só alcançará os resultados que dele podem ser esperados se seus líderes forem pessoas ou equipe de pessoas com competência e em posição compatível com suas responsabilidades.

2. Análise de Riscos → exige-se um **conhecimento profundo da organização**. Após feita a análise dos riscos, os recursos do programa deverão ser alocados nas áreas mais sensíveis.
3. Formas de se mitigar os riscos
   - Treinamentos e comunicação interna;
   - Monitoramento do programa;
   - Documentação (permite a evolução contínua do programa);
   - Punições internas (independentemente da posição hierárquica);

> **Importante**
> Comitê de *Compliance*: "uma sugestão para a inserção do *compliance* com garantia de autonomia e monitoramento efetivos é reforçar a estrutura de *compliance* concorrencial por meio da criação de um Comitê vinculado ao Conselho de Administração, contando com especialistas externos em economia e direito da concorrência, com atribuições de monitorar o desenvolvimento do programa". (Cade, 2016c, p. 27).

4. Revisão do Programa → adaptação do programa ao longo do tempo

Especificidades do caso concreto

Não obstante a presença de características comuns, os diferentes programas de *compliance* devem levar em conta as especificidades quanto aos riscos particulares a serem endereçados pelas organizações de acordo com o ambiente que atuam (Cade, 2016, p. 29). Dentre essas especificidades, o Guia destaca:

- Cartéis

"São as condutas mais conhecidas, mais punidas e mais discutidas no direito concorrencial. Eles são os principais alvos dos programas de leniência, responsáveis por boa parte das investigações das autoridades antitruste ao redor do mundo e também no Brasil". (Cade, 2016c, p. 30).

Condutas *hardcore*: "aqueles cartéis considerados institucionalizados, com interação recorrente e duradoura entre as partes e em que a ilicitude é patente, pois não há que se falar em possíveis eficiências que viriam a mitigar efeitos anticompetitivos" (Cade, 2016, p. 31).

Para se evitar os cartéis, o Guia sugere o **envolvimento da diretoria** no programa de *compliance* e que se evitem os contatos entre os concorrentes que devem ocorrer apenas em situações excepcionais, mediante a atuação de funcionários devidamente treinados para tanto.

A situação relacionada à formação de cartéis é ainda mais complexa nos casos de licitações. A publicidade, princípio a ser observado em todo o procedimento licitatório, acaba por permitir aos concorrentes, identificar os demais, o que facilita as tentativas de colusão. Da mesma forma, a recorrência dos agentes em procedimentos licitatórios e a substitutibilidade dos bens e serviços licitados, também acabam por facilitar a interação dessas empresas e a colusão.

Por essas razões, **as licitações merecem especial atuação das autoridades concorrenciais**, já que a depender do tipo de coordenação empreendida, além da LDC e da Lei 8.137/90 (crimes contra a ordem econômica), poderão incidir outras normas, tais como aquelas inseridas no Código Penal pela Lei 14.133/21 e a Lei 12.846/13. Considerando a gravidade das consequências, o Guia reitera a necessidade de que as empresas qualifiquem as pessoas que atuam diretamente nos procedimentos licitatórios.

- Associações, sindicatos e *standard setting organizations* (SSOs)

Essas entidades, dentre elas os sindicatos, exercem importante papel na sociedade e, em razão da grande interação entre os agentes no âmbito de tais organizações, aumenta-se substancialmente, as oportunidades de colusão. Por isso, deve-se evitar que nesse tipo de reuniões sejam tratados temas concorrencialmente sensíveis, ou ainda, a elaboração de tabelas de preços, ainda que sugestivas (Cade, 2016c, p. 34-35).

Obs.: SSOs = associações que estabelecem padrões de qualidade/certificações.

- Condutas unilaterais e restrições verticais

O Guia destaca, ainda, a necessidade de que os programas de *compliance* alcancem também as condutas unilaterais das organizações, as quais serão tanto mais preocupantes quanto maior for o poder de mercado detido por quem as pratica (Cade, 2016c, p. 36).

> **Importante**
>
> "A prática por si só de condutas unilaterais não é considerada um ilícito. Em regra, será considerada anticoncorrencial uma vez associada ao efeito potencial de exclusão de competidores e sem que possam ser identificados benefícios para o consumidor. É nesse sentido que o Cade, em linha com as principais autoridades de concorrência em todo o mundo, tem buscado aplicar a chamada **'regra da razão'** em suas análises de condutas unilaterais" (Cade, 2016c, p. 37).

A análise dessas condutas unilaterais deve levar em consideração: detenção de posição dominante, possíveis efeitos de exclusão de concorrentes; possíveis justificativas econômicas.

Impactos nas penalidades administrativas

Ao final, o presente Guia esclarece que a adoção do *compliance* nas organizações pode gerar quatro principais efeitos:

- adesão a programas de leniência (se for a primeira);
- celebração de termos de compromisso de cessação (Guia próprio);
- submissão de consultas ao Tribunal (art. 9º, § 4º, da LDC);
- influência na dosimetria das penalidades aplicadas.

12. REMÉDIOS ANTITRUSTE

Um tema ainda novo, mas que a qualquer momento tende a começar a ser cobrado em concursos públicos em razão da tendência atual de se adotar, cada vez mais, soluções negociadas no âmbito do Cade, diz respeito aos chamados "remédios antitruste".

Para Patrícia Semensato Cabral, os remédios antitruste são **"intervenções realizadas por autoridades de defesa da concorrência para contrabalançar efeitos anticompetitivos de um ato de concentração"** (2014, p. 4). Caracterizam-se, portanto, como uma forma de **solução intermediária**, entre a aprovação incondicional e a reprovação total dos atos de concentração. Dessa forma, no direito brasileiro, os chamados "remédios antitruste" têm amparo legal na medida em que o art. 61 da Lei 12.529/11 estabelece que "no julgamento do pedido de aprovação do ato de concentração econômica, o Tribunal poderá aprová-lo integralmente, rejeitá-lo ou aprová-lo parcialmente, caso em que determinará as restrições que deverão ser observadas como condição para a validade e eficácia do ato".

Segundo a doutrina, tais remédios podem ser de duas categorias:

1. **Remédios estruturais** → têm como objetivo a restauração da estrutura concorrencial do mercado. Assim, atuam no sentido de **alterar a alocação de direitos de propriedade**, inclusive, criando novas empresas. Em regra serão aplicados em fusões horizontais, considerando-se os impactos que tais fusões poderão causar no mercado. Ex. alienação de ativos

físicos e imateriais para concorrentes (ex. *slots* em aeroportos ou concessões de licenças de propriedade intelectual);

2. **Remédios não estruturais ou comportamentais** → são projetados para modificar ou restringir o comportamento das empresas na concentração de forma a gerar **restrições aos direitos de propriedade.** Ex. licenciamento obrigatório, proibição de certas práticas de contratação. Em geral são aplicados em fusões verticais. Assim, buscam soluções que visam controlar os resultados do mercado. Por exigirem maior monitoramento acabam sendo menos utilizados.

A prática demonstra que a tendência é a utilização de um **"pacote de remédios" ou "remédios híbridos"**, qual seja, a adoção concomitante tanto de remédios estruturais quanto comportamentais. De qualquer forma, a escolha do remédio adequado deve levar em consideração os impactos que proporcionarão ao respectivo mercado. Por isso recomenda-se a oitiva da **agência reguladora** na tomada de decisão.

▸ **Qual o entendimento do CADE sobre o assunto?**

"A definição do mercado relevante de serviço de transporte e custódia de valores em sua dimensão geográfica deve observar tanto a perspectiva estadual quanto a análise do raio de atuação. **A adoção de remédio comportamental que limita as aquisições por determinado período e impõe a comunicação de todos os atos de concentração realizados nos dois anos subsequentes, ainda que os critérios de faturamento não sejam atingidos, se mostra proporcional e suficiente para mitigar os impactos concorrenciais identificados, reflexos do movimento de aquisição no mercado em âmbito nacional"** (Ato de Concentração 08700.001692/2019-46. Brink's Segurança e Transporte de Valores Ltda e Tecnoguarda Vigilância e Transporte de Valores Ltda. Rel. Cons. Maurício Oscar Bandeira Maia. Boletim de Jurisprudência, Ano 1, nº 1, maio de 2020).

Capítulo 6

Sistema Financeiro Nacional e Atividade Bancária

1. SISTEMA FINANCEIRO NACIONAL[1]

A doutrina aponta o Sistema Financeiro Nacional como "todo o disciplinamento jurídico inerente a reger e regular as instituições financeiras de crédito, públicas ou privadas, bem como todas as entidades congêneres que atuam na economia popular, tais como seguradoras, entes de previdência privada e de capitalização, por exemplo" (FIGUEIREDO, 2016, p. 389).

No Brasil, a disciplina constitucional do Sistema Financeiro Nacional encontra-se no art. 192, com a redação que lhe foi dada pela Emenda Constitucional nº 40, de 2003.

> **Importante**
>
> CRFB/88, art. 192. O sistema financeiro nacional, estruturado de forma a promover o desenvolvimento equilibrado do País e a servir aos **interesses da coletividade**, em todas as partes que o compõem, abrangendo as cooperativas de crédito, será regulado por leis complementares que disporão, inclusive, sobre a participação do capital estrangeiro nas instituições que o integram.

A principal norma de regência do Sistema Financeiro Nacional é a Lei 4.595/64, recepcionada pela Constituição da República de 1988, como **lei complementar**, conforme art. 192, supratranscrito. Referida lei dispõe sobre a Política e as Instituições Monetárias, Bancárias e Creditícias, além de criar o Conselho Monetário Nacional.

> **Como esse assunto foi cobrado em concurso?**
>
> No Concurso do CESPE para Juiz do Tribunal de Justiça do Distrito Federal e dos Territórios em 2016, foi considerado ERRADO o seguinte enunciado: "O Sistema Financeiro Nacional deve ser regulamentado por uma única Lei Complementar, devendo conter, segundo a jurisprudência do STF, a regulamentação de toda atividade bancária, inclusive a respeito da taxa de juros".

---

1. Devido à proximidade entre as disciplinas, o Sistema Financeiro Nacional também é abordado na Sinopse de Direito Financeiro (VILELA, 2021, p. 331-366).

> **Como esse assunto foi cobrado em concurso?**
>
> No Concurso do CESPE para Oficial de Justiça do TRT da 8ª Região em 2016, foi considerado ERRADO o seguinte enunciado: "O sistema financeiro nacional regula-se por leis complementares, salvo no que se refere à participação de capital estrangeiro nas instituições financeiras, que será regulada por tratados internacionais".

> **Como esse assunto foi cobrado em concurso?**
>
> No Concurso da ESAF para Procurador da Fazenda Nacional em 2012, foi considerado CERTO o seguinte enunciado sobre o Sistema Financeiro Nacional: "É regulado pela lei n. 4.595, de 1964, criada sob a forma de lei ordinária, mas **recebida pela Constituição de 1988 como lei complementar**".

> **Como esse assunto foi cobrado em concurso?**
>
> No Concurso da ESAF para Procurador da Fazenda Nacional em 2012, foi considerado ERRADO o seguinte enunciado sobre o Sistema Financeiro Nacional: "Deve ser regulado por lei complementar global, que disponha, inclusive, sobre autorização e funcionamento dos estabelecimentos de seguro, previdência e capitalização".

> **Como esse assunto foi cobrado em concurso?**
>
> No Concurso do CESPE para Juiz Federal da 2ª Região em 2012, foi considerado ERRADO o seguinte enunciado: "Embora o SFN deva ser regulado por lei complementar, o STF sumulou o entendimento de que a norma que limitava a taxa de juros reais a 12% ao ano tinha eficácia plena".

Podem ser apontadas como as principais políticas do Sistema Financeiro Nacional (FIGUEIREDO, 2016, p. 393):

a) **Monetária**: objetiva o controle da oferta da moeda e das taxas de juros de curto prazo para garantir a liquidez ideal de cada período econômico;

b) **Fiscal**: objetiva o equilíbrio entre as receitas e as despesas governamentais, a fim de controlar a carga tributária em patamares que não comprometam a política monetária;

c) **Cambial**: objetiva o controle da taxa de câmbio, a fim de viabilizar as relações do comércio exterior;

d) **Rendas**: objetiva garantir a justa remuneração às pessoas físicas e jurídicas.

A partir das finalidades estabelecidas pelo art. 192, interpretadas em conjunto com os princípios do art. 170 da Constituição, é possível compreender que a disciplina do Sistema Financeiro Nacional não abrange tão somente a regulação das relações financeiras, repercutindo, na verdade, sobre **toda a ordem econômica**, buscando regular, de forma transparente, o acesso ao crédito e garantir o bem-estar econômico.

O Sistema Financeiro Nacional conta com uma arquitetura institucional formada por três setores específicos que se inter-relacionam: **o sistema bancário, o sistema de seguros privados e o mercado de capitais**. Nesse contexto, o sistema bancário, por ser o instrumento de mobilização e circulação de recursos financeiros, assume o papel central (MIRAGEM, 2013, p. 98).

> **Como esse assunto foi cobrado em concurso?**
>
> No Concurso da FGV para Técnico em Segurança do Trabalho do Banestes em 2018, foi considerado CERTO o seguinte enunciado: "O Sistema Financeiro Nacional (SFN) é dividido em segmentos especializados e um dos ramos de maior importância é o Mercado de Crédito, responsável por fornecer recursos para o consumo das pessoas em geral e para o funcionamento das empresas".

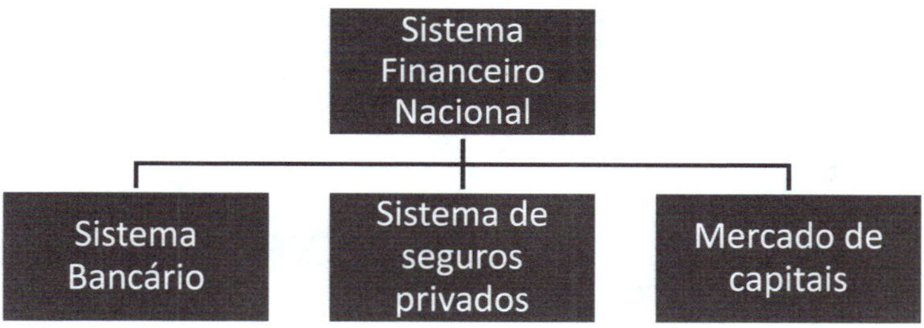

O Sistema Financeiro Nacional é composto pelas instituições financeiras, que só poderão funcionar no País mediante prévia autorização do **Banco Central** ou **Decreto do Poder Executivo, quando forem estrangeiras**. Caracterizam-se como as pessoas jurídicas, públicas ou privadas, que tenham como atividade principal ou acessória a coleta, intermediação ou aplicação de recursos próprios ou de terceiros, em moeda nacional ou estrangeira, e a custódia de valor de propriedade de terceiros, equiparando-se a estas, as pessoas físicas que exerçam qualquer dessas atividades, de forma permanente ou eventual (art. 17 da Lei 4.595/64). O art. 18, §1º da mesma lei destaca, ainda, que "além dos estabelecimentos bancários oficiais ou privados, das sociedades de crédito, financiamento e investimentos, das caixas econômicas e das cooperativas de crédito ou a seção de crédito das cooperativas que a tenham, também se subordinam às disposições e disciplina desta lei no que for aplicável, as bolsas de valores, companhias de seguros e de capitalização, as sociedades que efetuam distribuição de prêmios em imóveis, mercadorias ou dinheiro, mediante sorteio de títulos de sua emissão ou por qualquer forma, e as pessoas físicas ou jurídicas que exerçam, por conta própria ou de terceiros, atividade relacionada com a compra e venda de ações e outros quaisquer títulos, realizando nos mercados financeiros e de capitais operações ou serviços de natureza dos executados por instituições financeiras".

> **Como esse assunto foi cobrado em concurso?**
>
> No Concurso do CESPE para Juiz do Tribunal de Justiça do Distrito Federal e dos Territórios em 2016, foi considerado ERRADO o seguinte enunciado: "União e estados têm competência concorrente para fiscalização das operações de natureza financeira, limitada a destes aos Bancos Estaduais, quando houver".

> **Como esse assunto foi cobrado em concurso?**
>
> No Concurso da ESAF para Procurador da Fazenda Nacional em 2012, foi considerado ERRADO o seguinte enunciado sobre o Sistema Financeiro Nacional: "É constituído por instituições financeiras públicas e privadas, que somente poderão funcionar no País mediante prévia autorização do **Ministério da Fazenda**".

> **Como esse assunto foi cobrado em concurso?**
>
> No Concurso do CESPE para Juiz Federal da 1ª Região em 2011, foi considerado ERRADO o seguinte enunciado: "As condições para a participação do capital estrangeiro nas instituições financeiras devem atender aos interesses nacionais e aos acordos internacionais".

As instituições financeiras públicas deverão ter sua instituição autorizada por lei (art. 37, XIX e art. 173 da CRFB), observando-se as regras da lei 13.303/16. Por sua vez, as instituições privadas, exceto as cooperativas de crédito, deverão ser constituídas sob a forma de **sociedades anônimas**, devendo a totalidade de seu capital com direito a voto ser representada por ações nominativas (art. 25 da lei 4.595/64). Já as instituições financeiras estrangeiras, somente poderão atuar no país mediante prévia autorização do Banco Central ou decreto do Poder Executivo (art. 18 da lei 4.595/64).

> **Qual o entendimento atual do STF sobre o assunto?**
>
> "Lei 12.775/2003 do Estado de Santa Catarina. Competência legislativa. Sistema Financeiro Nacional. Banco. Agência bancária. Adoção de equipamento que, embora indicado pelo Banco Central, ateste autenticidade das cédulas de dinheiro nas transações bancárias. Previsão de obrigatoriedade. Inadmissibilidade. Regras de fiscalização de operações financeiras e de autenticidade do ativo circulante. Competências exclusivas da União. Ofensa aos arts. 21, VIII, e 192 da CF". (STF, ADI 3.515, Rel. Min. Cezar Peluso, j. 1º.08.2011, Pleno, p. 29.09.2001).

Na composição do Sistema Financeiro Nacional, merecem destaque os órgãos normativos (aos quais compete disciplinar, regulamentar e estabelecer as políticas públicas para o setor); b) órgãos supervisores (fiscalização); e c) agentes especiais. Segundo Edgar Abreu e Lucas Silva, são eles:

a) **Órgãos normativos**

- Conselho Monetário Nacional – CMN;
- Conselho Nacional de Seguros Privados – CNSP;
- Conselho Nacional de Previdência Complementar – CNPC (antigo Conselho de Gestão de Previdência Complementar – CGPC);

b) Entidades supervisoras

- Banco Central – BACEN;
- Conselho de Política Monetária – Copom;
- Comissão de Valores Mobiliários – CVM;
- Superintendência de Seguros Privados – SUSEP;
- Superintendência Nacional de Previdência Complementar – PREVIC.

c) Agentes Especiais

- Banco do Brasil;
- Caixa Econômica Federal;
- Banco Nacional de Desenvolvimento Econômico e Social – BNDES.

d) Operadores

- Bolsas de valores;
- Bolsas de mercadorias e futuros;
- Sociedades seguradoras;
- Instituto de Resseguros do Brasil – IRB;
- Sociedades de capitalização;
- Entidades abertas de previdência complementar;
- Entidades fechadas de previdência complementar;
- Instituições financeiras captadoras de depósito à vista:
  - Bancos comerciais;
  - Bancos múltiplos com carteira comercial;
  - Caixa Econômica Federal;
  - Cooperativas de Crédito;
  - Instituições financeiras não captadoras de depósitos à vista;
  - Outros intermediários financeiros.

Como esse assunto foi cobrado em concurso?

No Concurso da CESGRANRIO para Técnico Bancário do Banco da Amazônia em 2018, foi considerado CERTO o seguinte enunciado: "Atua como operador do Sistema Financeiro Nacional a Bolsa de Mercadorias e Futuros".

Como esse assunto foi cobrado em concurso?

No Concurso da ESAF para Procurador da Fazenda Nacional em 2012, foi considerado ERRADO o seguinte enunciado sobre o Sistema Financeiro Nacional: "Não abrange as cooperativas de crédito". Na mesma questão também foi considerado ERRADO o seguinte enunciado: "É dirigido pelo Banco Central do Brasil".

Constituição do Sistema Financeiro Nacional segundo a lei 4.595/64
• Conselho Monetário Nacional; • Banco Central do Brasil; • Banco do Brasil S/A; • Banco Nacional de Desenvolvimento Econômico (BNDES); • Demais instituições financeiras públicas e privadas.
Art. 17 da lei 4.595/64. Consideram-se instituições financeiras, para os efeitos da legislação em vigor, as pessoas jurídicas públicas ou privadas, que tenham como atividade principal ou acessória a coleta, intermediação ou aplicação de recursos financeiros próprios ou de terceiros, em moeda nacional ou estrangeira, e a custódia de valor de propriedade de terceiros. Obs: equiparam-se às instituições financeiras as pessoas físicas que exerçam quaisquer dessas atividades elencadas no art. 17; Obs: as instituições financeiras só poderão funcionar no País mediante prévia autorização do Banco Central do Brasil ou Decreto do Poder Executivo, quando forem estrangeiras. Ao regular o Sistema Financeiro Nacional o Estado demonstra preocupação com a macroeconomia. O SFN também se vincula aos princípios do art. 170 da CR/88; Bem jurídico tutelado: ***solidez do sistema*** (função social do SFN).

Como esse assunto foi cobrado em concurso?

No Concurso da FADESP para Técnico Bancário do Banpará em 2018, foi considerado CERTO o seguinte enunciado: "De acordo com a subdivisão do Sistema Financeiro Nacional (SFN) em entidades normativas, supervisoras e operacionais, pode-se afirmar que funcionam como entidades operacionais: Agências de Fomento, Associações de Poupança e Empréstimo, Bancos de Câmbio, Bancos de Desenvolvimento, Bancos de Investimento, Companhias Hipotecárias, Cooperativas Centrais de Crédito, Sociedades de Crédito, Financiamento e Investimento, Sociedades de Crédito Imobiliário e Sociedades de Crédito ao Microempreendedor".

> **Como esse assunto foi cobrado em concurso?**
>
> No Concurso do IADES para Economia da Fundação Hemocentro de Brasília em 2017, esse tema foi cobrado da seguinte forma: "O Sistema Financeiro Nacional (SFN) compõe-se de órgãos normativos, entidades supervisoras e operadores. Assinale a alternativa que apresenta apenas os órgãos normativos do SFN: a) Conselho Monetário Nacional (CMN), Banco Central do Brasil (BCB) e Comissão de Valores Mobiliários (CVM); b) Conselho Monetário Nacional (CMN), Banco Central do Brasil (BCB), Comissão de Valores Mobiliários (CVM) e Bolsa de Valores (BOVESPA); c) Banco Central do Brasil (BCB), Comissão de Valores Mobiliários (CVM), Superintendência de Seguros Privados (Susep) e Superintendência Nacional de Previdência Complementar (Previc); d) Banco Central do Brasil (BCB) e Comissão de Valores Mobiliários (CVM); e) Conselho Monetário Nacional (CMN), Conselho Nacional de Seguros Privados (CNSP) e Conselho Nacional de Previdência Complementar (CNPC)". Segundo o gabarito oficial, foi considerada correta a alternativa "e".

> **Como esse assunto foi cobrado em concurso?**
>
> No Concurso da FCC para Analista de Gestão da SABESP em 2018, esse tema foi abordado da seguinte forma: "Dentre as componentes do Sistema Financeiro Brasileiro, apresentadas abaixo, a única que é classificada como uma instituição financeira não-monetária é: a) o Banco do Brasil; b) um banco múltiplo com carteira comercial; c) um banco regional, exclusivamente com carteira de desenvolvimento; d) uma sociedade de arrendamento mercantil; e) uma empresa de *factoring*". Segundo o gabarito oficial, foi considerada correta a alternativa "c".

2. CONSELHO MONETÁRIO NACIONAL (CMN)

O Conselho Monetário Nacional foi instituído pela Lei 4.595/64, com a finalidade de formular a política da moeda e do crédito, objetivando o progresso econômico e social do país. É, portanto, o **órgão superior do Sistema Financeiro Nacional**, sendo o responsável pelo bom funcionamento do Sistema. Suas resoluções vinculam as instituições financeiras já que o CMN goza de **capacidade normativa de conjuntura**.

▸ Qual o entendimento atual do STF sobre o assunto?

"O Conselho Monetário Nacional é titular de capacidade normativa - a chamada **capacidade normativa de conjuntura** - no exercício da qual lhe incumbe regular, além da constituição e fiscalização, o funcionamento das instituições financeiras, isto é, o desempenho de suas atividades no plano do sistema financeiro. Tudo o quanto exceda esse desempenho não pode ser objeto de regulação por ato normativo produzido pelo Conselho Monetário Nacional. A produção de atos normativos pelo Conselho Monetário Nacional, quando não respeitem ao funcionamento das instituições financeiras, é abusiva, consubstanciando afronta à legalidade" (ADI 2.591/DF, Rel. Min. Carlos Velloso, publ. 29.09.2006).

▸ Como esse assunto foi cobrado em concurso?

No Concurso do IF-PA para Tecnólogo em Gestão Financeira do IF/PA em 2019, foi considerado CERTO o seguinte enunciado: "O Sistema Financeiro Nacional é um conjunto de órgãos que regulamenta, fiscaliza e executa as operações necessárias à circulação da moeda e do crédito na economia, com importante papel de fazer a intermediação de recursos entre os agentes econômicos superavitários e os deficitários. O órgão normativo máximo do Sistema Financeiro Nacional é o Conselho Monetário Nacional".

▸ Como esse assunto foi cobrado em concurso?

No Concurso da CESGRANRIO para Técnico Bancário do Banco da Amazônia em 2018, foi considerado CERTO o seguinte enunciado: "Na configuração atual do Sistema Financeiro Nacional, a instância máxima de decisão é da alçada do Conselho Monetário Nacional".

A composição do CMN atualmente é a seguinte (Disponivel em: https://www.bcb.gov.br/acessoinformacao/cmn. Acesso em: 21 mar. 2022)

- Ministro de Estado da Economia, que o presidirá;
- Presidente do Banco Central do Brasil; e
- Secretário Especial do Tesouro e Orçamento do Ministério da Economia.

Para suas reuniões, o CMN conta com o auxílio das comissões consultivas, que têm como finalidade auxiliar o Conselho em suas decisões, sendo obrigatória a realização de audiências com as Comissões no trato das matérias atinentes às suas finalidades, ressalvados os casos em que se impuser sigilo (ABREU; SILVA, 2017, p. 16-17). São elas (art. 11 da Lei 9.069/95):

- De Normas e Organização do Sistema Financeiro;
- De Mercado de Valores Mobiliários e de Futuros;

- De Crédito Rural;
- De Crédito Industrial;
- De Crédito Habitacional, e para Saneamento e Infraestrutura urbana;
- De Endividamento Público;
- De Política Monetária e Cambial.

Junto ao CMN também funciona a **Comissão Técnica da Moeda e do Crédito (Comoc)**, a quem compete, dentre outras atribuições, propor a regulamentação de matérias de competência do CMN, assim como manifestar-se previamente sobre as matérias de competência do órgão. Essa Comissão é coordenada pelo Presidente do BACEN, que a integra junto com quatro diretores da instituição, do Presidente da Comissão de Valores Mobiliários, do Secretário Executivo e dos Secretários do Tesouro Nacional e de Política Econômica do Ministério da Economia

O CMN reúne-se, ordinariamente, uma vez por mês e, extraordinariamente, por convocação de seu Presidente, sendo lavradas atas em todas as reuniões, cujo extrato é publicado no Diário Oficial da União, assim como as matérias aprovadas que são regulamentadas por meio de Resoluções (ABREU; SILVA, 2017, p. 17).

Os objetivos do Conselho Monetário Nacional foram previstos no art. 3º da Lei 4.595/64:

- Orientar a aplicação dos recursos das instituições financeiras, quer públicas, quer privadas; tendo em vista propiciar, nas diferentes regiões do País, condições favoráveis ao desenvolvimento harmônico da economia nacional;
- Propiciar o aperfeiçoamento das instituições e dos instrumentos financeiros, com vistas à maior eficiência do sistema de pagamentos e de mobilização de recursos;
- Zelar pela liquidez e solvência das instituições financeiras;
- Coordenar as políticas monetária, creditícia, orçamentária, fiscal e da **dívida pública, interna e externa**.

> **▸ Como esse assunto foi cobrado em concurso?**
>
> No Concurso da FCC para Escriturário do Banrisul em 2019, foi considerado CERTO o seguinte enunciado: "No âmbito do Sistema Financeiro Nacional, a atribuição da coordenação da Dívida Pública Federal externa e interna é do Conselho Monetário Nacional".

É papel do Conselho Monetário Nacional a coordenação das políticas, cabendo ao Banco Central a sua execução.

As competências do Conselho Monetário Nacional, segundo diretrizes estabelecidas pelo Presidente da República, são (Lei 4.595/64, art. 4º):

III. Aprovar os orçamentos monetários, preparados pelo BACEN;

IV. Determinar as características gerais das cédulas e das moedas;

V. Fixar as diretrizes da política cambial;

VI. Disciplinar o crédito em todas as suas modalidades e operações creditícias em todas as suas formas, inclusive aceites, avais e prestações de quaisquer garantias por parte das instituições financeiras;

VII. Coordenar sua política com a de investimentos do Governo Federal;

VIII. Regular a constituição, funcionamento e fiscalização dos que exercem atividades subordinadas à lei 4.595/64, bem como a aplicação das penalidades previstas;

IX. **Limitar**, sempre que necessário, **as taxas de juros**, descontos, comissões e qualquer outra forma de remuneração de operações e serviços bancários ou financeiros, inclusive os prestados pelo Banco Central da República Federativa do Brasil, asseguradas taxas favorecidas a financiamentos com voltados, dentre outros, a políticas de reflorestamento e de incentivo à agropecuária;

X. Determinar a percentagem máxima dos recursos que as instituições financeiras poderão emprestar a um mesmo cliente ou grupo de empresas;

XI. Estipular índices e outras condições técnicas sobre encaixes, mobilizações e outras relações patrimoniais a serem observadas pelas instituições financeiras;

XII. Expedir normas gerais de contabilidade e estatística a serem observadas pelas instituições financeiras;

XIII. Delimitar o capital mínimo das instituições financeiras privadas;

XV. Estabelecer para as instituições financeiras públicas, a dedução dos depósitos de pessoas jurídicas de direito público que lhes detenham o controle acionário, bem como dos das respectivas autarquias e sociedades de economia mista, no cálculo do inciso anterior;

XVIII. Outorgar ao Banco Central da República do Brasil o monopólio das operações de câmbio quando ocorrer grave desequilíbrio no balanço de pagamentos ou houver sérias razões para prever a iminência de tal situação;

XX. Autorizar o Banco Central e as instituições financeiras públicas federais a efetuar a subscrição, compra e venda de ações e outros papéis emitidos ou de responsabilidade das sociedades de economia mista e empresas do Estado;

XXI. Disciplinar as atividades das Bolsas de Valores e dos corretores de fundos públicos;

XXII. Estatuir normas para as operações das instituições financeiras públicas, para preservar sua solidez e adequar seu funcionamento aos objetivos da lei 4.595/64;

XXIII. Fixar, até 15 vezes a soma do capital realizado e reservas livres, o limite além do qual os excedentes dos depósitos das instituições financeiras serão recolhidos ao Banco Central ou aplicados de acordo com as normas que o Conselho estabelecer;

XXIV. Decidir de sua própria organização, elaborando seu regimento interno;

XXVI. Conhecer dos recursos das decisões do Banco Central do Brasil;

XXVII. Aprovar o regimento interno e as contas do Banco Central do Brasil e decidir sobre seu orçamento e sobre seus sistemas de contabilidade, bem como sobre a forma e prazo de transferência de seus resultados para o Tesouro Nacional, sem prejuízo da competência do Tribunal de Contas da União;

XXVIII. Aplicar aos bancos estrangeiros que funcionem no País as mesmas vedações ou restrições equivalentes, que vigorem nas praças de suas matrizes, em relação a bancos brasileiros ali instalados ou que nelas desejem estabelecer-se;

XXIX. Colaborar com o Senado Federal, na instrução dos processos de empréstimos externos dos Estados, do Distrito Federal e dos Municípios, para cumprimento do disposto no art. 63, nº II, da Constituição Federal;

XXX. Expedir normas e regulamentação para as designações e demais efeitos do art. 7º, da lei 4.595/64;

XXXI. Baixar normas que regulem as operações de câmbio, inclusive swaps, fixando limites, taxas, prazos e outras condições;

XXXII. Regular os depósitos a prazo de instituições financeiras e demais sociedades autorizadas a funcionar pelo Banco Central do Brasil, inclusive entre aquelas sujeitas ao mesmo controle acionário ou coligadas;

Qual o entendimento do STJ sobre o assunto?

"As operadoras de cartão de crédito em sentido estrito passam a ser reguladas e fiscalizadas pelo Conselho Monetário Nacional e pelo e Banco Central apenas após a edição da MP 615/2013". (STJ, REsp 1.359.624-SP, Rel. Min. Mauro Campbell Marques, Segunda Turma, por unanimidade, julgado em 10/03/2020, DJe 26/06/2020).

Como esse assunto foi cobrado em concurso?

No Concurso do CESPE para Juiz do Tribunal de Justiça do Distrito Federal e dos Territórios em 2016, foi considerado ERRADO o seguinte enunciado: "O **Banco Central do Brasil** tem competência para o estabelecimento, à vista da conjuntura econômica, das taxas máximas de juros a serem praticadas no mercado financeiro".

> **Como esse assunto foi cobrado em concurso?**
>
> No Concurso do CESPE para Juiz Federal da 1ª Região em 2013, foi considerado ERRADO o seguinte enunciado: "Em situações de grave desequilíbrio na política monetária, admite-se que **bancos estatais federais** exerçam a competência de emissão de moeda, se assim deliberar o Conselho Monetário Nacional".

> **Como esse assunto foi cobrado em concurso?**
>
> No Concurso da ESAF para Procurador da Fazenda Nacional em 2012, foi cobrada a seguinte questão: "O Governo Federal pretende instituir linha especial de crédito para os agricultores familiares, enquadrados no Programa de Fortalecimento da Agricultura Familiar (Pronaf), afetados pela seca ou estiagem na área de atuação da Superintendência de Desenvolvimento do Nordeste (Sudene). É competente para disciplinar o crédito rural do País o: a) Conselho Monetário Nacional; b) Ministério da Agricultura; c) Ministério da Fazenda; d) Ministério do Desenvolvimento Agrário; e) Banco Nacional de Desenvolvimento Econômico e Social". Segundo o gabarito oficial, foi considerada CORRETA a alternativa "a".

> **Como esse assunto foi cobrado em concurso?**
>
> No Concurso da ESPP para Técnico Bancário do BANPARÁ em 2012, o tema foi cobrado a seguinte forma: "Dentro do Sistema Financeiro Nacional, existe um subsistema normativo, em que consta um órgão máximo que estabelece diretrizes, mas não executa. Entre suas finalidades está a de estabelecer diretrizes gerais das políticas monetárias, fiscal, cambial e creditícia, regular as condições de constituição, funcionamento e fiscalização das instituições financeiras e disciplinar os instrumentos de política monetária e cambial. A esse órgão máximo dentro do SFN damos o nome de: a) CVM; b) SUSEP; c) CMN; d) BACEN; e e) IFs". Segundo o gabarito oficial, foi considerada CORRETA a alternativa "c".

3. CONSELHO NACIONAL DE SEGUROS PRIVADOS (CNSP)

O Conselho Nacional de Seguros Privados (CNSP) foi criado em 1966 pelo Decreto-lei nº 73 que dispõe sobre o Sistema Nacional de Seguros Privados. É o responsável por fixar as diretrizes e normas da política de seguros privados, e conta com as seguintes competências privativas (art. 32 do DL nº 73/66):

- Fixar as diretrizes e normas da política de seguros privados;
- Regular a constituição, organização, funcionamento e fiscalização dos que exercerem atividades subordinadas a este Decreto-Lei, bem como a aplicação das penalidades previstas;
- Estipular índices e demais condições técnicas sobre tarifas, investimentos e outras relações patrimoniais a serem observadas pelas Sociedades

Seguradoras;

- Fixar as características gerais dos contratos de seguros;
- Fixar normas gerais de contabilidade e estatística a serem observadas pelas Sociedades Seguradoras;
- Delimitar o capital das sociedades seguradoras e dos resseguradores;
- Estabelecer as diretrizes gerais das operações de resseguro;
- Disciplinar as operações de co-seguro;
- Prescrever os critérios de constituição das Sociedades Seguradoras, com fixação dos limites legais e técnicos das operações de seguro;
- Disciplinar a corretagem de seguros e a profissão de corretor;
- Decidir sobre sua própria organização, elaborando o respectivo Regimento Interno;
- Regular a organização, a composição e o funcionamento de suas Comissões Consultivas;
- Regular a instalação e o funcionamento das Bolsas de Seguro;
- Fixar as condições de constituição e extinção de entidades autorreguladoras do mercado de corretagem, sua forma jurídica, seus órgãos de administração e a forma de preenchimento de cargos administrativos;
- Regular o exercício do poder disciplinar das entidades autorreguladoras do mercado de corretagem sobre seus membros, inclusive do poder de impor penalidades e de excluir membros;
- Disciplinar a administração das entidades autorreguladoras do mercado de corretagem e a fixação de emolumentos, comissões e quaisquer outras despesas cobradas por tais entidades, quando for o caso.

O CNSP em 2019 passou a se vincular ao Ministério da Economia (art. 32, XIII, da Lei nº 13.844) e, apesar de não ser subordinado hierarquicamente ao Conselho Monetário Nacional, suas políticas devem estar de acordo com as políticas definidas pelo CMN (ABREU; SILVA, 2017, p. 24).

A composição do CNSP encontra-se fixada no art. 33 do Decreto-lei nº73, de 1966, com redação dada pela lei 10.190, de 2001:

- Ministro de Estado da Fazenda*, ou seu representante (Presidente);
- Representante do Ministério da Justiça;
- Representante do Ministério da Previdência e a Assistência Social;
- Superintendente da Superintendência de Seguros Privados – SUSEP;
- Representante do Banco Central do Brasil;
- Representante da Comissão de Valores Mobiliários.

> ▸ **Importante**
>
> A Lei nº 13.844, de 2019, transformou o **Ministério da Fazenda**, o Ministério do Planejamento, Desenvolvimento e Gestão, o Ministério da Indústria, Comércio Exterior e Serviços e o Ministério do Trabalho no **Ministério da Economia** (art. 57, I).

4. CONSELHO NACIONAL DE PREVIDÊNCIA COMPLEMENTAR (CNPC)

Criado em 2010 por meio do Decreto nº 7.123, o Conselho Nacional de Previdência Complementar (CNPC) substituiu o Conselho de Gestão da Previdência Complementar (CGPC). Essa substituição, conforme destacam Edgar Abreu e Lucas Silva, não se deu em todas as atividades, haja vista que o CGPC funcionava não somente como um órgão normativo, mas também como um órgão recursal, cabendo a ele a responsabilidade de julgar os recursos interpostos contra decisão da Diretoria Colegiada da Superintendência Nacional de Previdência Complementar (Previc)" (2017, p. 27). Hoje, as funções antes desenvolvidas pelo CGPC foram divididas entre o CNPC (função normativa) e a Câmara de Recursos da Previdência Complementar (função recursal) também disciplinada pelo Decreto nº 7.123/2010.

O CNPC caracteriza-se como órgão colegiado, atualmente integrante da estrutura básica do Ministério da Economia (art. 32, XVIII, da Lei nº 13.844/2019). Ao CNPC cabe exercer a função de órgão regulador do regime de previdência complementar operado pelas entidades fechadas de previdência complementar (art. 2º), deliberando através de resoluções ou recomendações (art. 4º). Sua sede é Brasília e exerce jurisdição sobre todo o território nacional (art. 5º).

O Regimento Interno do CNPC foi estabelecido pela Portaria MPS nº 132/2011 estabelecendo, dentre outros aspectos, sua composição. Assim, conforme tal Portaria, o Conselho Nacional de Previdência Complementar é integrado pelo Ministro de Estado da Previdência Social, que o presidirá, e por um representante de cada um dos seguintes indicados, todos com direito a voto:

> I. Superintendência Nacional de Previdência Complementar - Previc;
>
> II. Secretaria de Políticas Públicas de Previdência Complementar do Ministério da Previdência Social;
>
> III. Casa Civil da Presidência da República;
>
> IV. Ministério da Fazenda*;
>
> V. Ministério do Planejamento, Orçamento e Gestão*;
>
> VI. Entidades fechadas de previdência complementar;
>
> VII. Patrocinadores e instituidores de planos de benefícios das entidades fechadas de previdência complementar;
>
> VII. Participantes e assistidos de planos de benefícios das entidades fechadas de previdência complementar.

> **Importante**
>
> A Lei nº 13.844, de 2019, transformou o **Ministério da Fazenda, o Ministério do Planejamento, Desenvolvimento e Gestão,** o Ministério da Indústria, Comércio Exterior e Serviços e o Ministério do Trabalho no **Ministério da Economia** (art. 57, I).

> **Importante**
>
> Com a Lei nº 13.844, de 18 de junho de 2019, o Conselho Nacional de Previdência Complementar e a Câmara de Recursos da Previdência Complementar passaram a integrar a estrutura do Ministério da Economia (art. 32, XVIII e XIX).

5. BANCO CENTRAL DO BRASIL

O Banco Central da República do Brasil, instituído pela Lei 4.595/64, teve sua disciplina alterada com a Lei Complementar nº 179, de 2021 que, além de definir seus objetivos, dispôs sobre sua autonomia e a nomeação e exoneração de seu Presidente; lei esta que teve sua constitucionalidade reconhecida pelo Supremo Tribunal Federal no julgamento da ADI 6696, ocorrido em 26 de agosto de 2021.

Assim, o Banco Central pode ser apontado como uma autarquia de natureza especial, caracterizada pela ausência de vinculação a Ministério, de tutela ou de subordinação hierárquica, pela autonomia técnica, operacional, administrativa e financeira, pela investidura a termo de seus dirigentes e pela estabilidade durante seus mandatos (LC 179, 2021, art. 6º, *caput*).

Como autoridade monetária, atua tanto na emissão de moeda propriamente dita, quanto no controle da capacidade de criação de moeda escritural pelos integrantes do Sistema Financeiro Nacional. Além disso, atua na qualidade de agente financeiro do próprio Estado, bem como na condição de órgão de **supervisão e controle do sistema bancário**, mediante exercício de competências que se projetam para a formulação e execução, no seu âmbito de competência, de vários aspectos da política econômica, atuando direta e indiretamente na formulação e execução das políticas de crédito, cambial, monetária, fiscal, industrial, comercial e agrícola (MIRAGEM, 2013, p. 128).

> **Como esse assunto foi cobrado em concurso?**
>
> No Concurso da FGV para Analista Econômico Financeiro do Banestes em 2018, foi considerado CERTO o seguinte enunciado: "Um banco central possui funções clássicas dentro de um sistema financeiro. No caso brasileiro, amparado pelo Conselho Monetário Nacional (CMN), o Banco Central do Brasil (BCB) tem como uma de suas atribuições: a execução da política monetária".

Nesse sentido, tem como objetivo fundamental assegurar a estabilidade de preços (LC 179, art. 1º caput), além de zelar pela estabilidade e pela eficiência do sistema financeiro, suavizar as flutuações do nível de atividade econômica e fomentar o pleno emprego (LC 179, art. 1º, parágrafo único). Da mesma forma, compete ao Banco Central do Brasil conduzir a política monetária necessária para o cumprimento das metas estabelecidas pelo Conselho Monetário Nacional.

Dentre as atribuições do Banco Central do Brasil, merecem destaque: (http://www.bcb.gov.br/Pre/composicao/bacen.asp):

a) Emitir papel-moeda e moeda metálica;

b) Executar os serviços do meio circulante;

c) Receber recolhimentos compulsórios e voluntários das instituições financeiras e bancárias;

d) Realizar operações de redesconto e empréstimo às instituições financeiras;

e) Regular a execução dos serviços de compensação de cheques e outros papéis;

f) Efetuar operações de compra e venda de títulos públicos federais;

g) Exercer o controle de crédito;

h) Exercer a fiscalização das instituições financeiras;

i) Autorizar o funcionamento das instituições financeiras;

j) Estabelecer as condições para o exercício de quaisquer cargos de direção nas instituições financeiras;

k) Vigiar a interferência de outras empresas nos mercados financeiros e de capitais; e

l) **Controlar o fluxo de capitais estrangeiros no país.**

Harrison Leite sintetiza as principais funções constitucionais do Banco Central como sendo: a) emissão de moeda; b) compra e venda de Títulos do Tesouro Nacional (art. 164, §2º); e c) depósitos dos poderes públicos (art. 164, §2º) (LEITE, 2022, p. 758-759).

> **Importante**
>
> CR/88, art. 164. A competência da União para emitir moeda será exercida exclusivamente pelo Banco Central.
>
> §1º É vedado ao Banco Central conceder, direta ou indiretamente, empréstimos ao Tesouro Nacional e a qualquer órgão ou entidade que não seja instituição financeira.
>
> §2º O Banco Central poderá comprar e vender títulos de emissão do Tesouro Nacional, com o objetivo de regular a oferta de moeda ou a taxa de juros.

§3º As disponibilidades de caixa da União serão depositadas no Banco Central; as dos Estados, do Distrito Federal, dos Municípios e dos órgãos ou entidades do Poder Público e das empresas por ele controladas, em instituições financeiras oficiais, ressalvados os casos previstos em lei.

▸ **Qual o entendimento atual do STJ sobre o assunto?**

"A agência de turismo credenciada para efetuar operações de câmbio é equiparada a instituição financeira e subordina-se à regular intervenção fiscalizatória do Bacen". (STJ, REsp 1.434.625/CE, Rel. Min. Sérgio Kukina, 1ª Turma, j. 09.04.2019, Info 647).

▸ **Como esse assunto foi cobrado em concurso?**

No Concurso da UFPR para Analista Legislativo da Câmara de Curitiba/PR em 2020, foi considerado CERTO o seguinte enunciado: "A competência da União para emitir moeda será exercida exclusivamente pelo Banco Central". Na mesma questão também foi considerado CERTO o seguinte enunciado: "É vedado ao Banco Central conceder, direta ou indiretamente, empréstimos ao Tesouro Nacional e a qualquer órgão ou entidade que não seja instituição financeira".

▸ **Como esse assunto foi cobrado em concurso?**

No Concurso da UFPR para Analista Legislativo da Câmara de Curitiba/PR em 2020, foi considerado CERTO o seguinte enunciado: "O Banco Central poderá comprar e vender títulos de emissão do Tesouro Nacional, com o objetivo de regular a oferta de moeda ou a taxa de juros". Na mesma questão também foi considerado CERTO o seguinte enunciado: "As disponibilidades de caixa da União serão depositadas no Banco Central; as dos Estados, do Distrito Federal, dos Municípios e dos órgãos ou entidades do Poder Público e das empresas por ele controladas, em instituições financeiras oficiais, ressalvados os casos previstos em lei".

▸ **Como esse assunto foi cobrado em concurso?**

No Concurso da FGV para Técnico em Segurança do Trabalho do Banestes em 2018, foi considerado CERTO o seguinte enunciado: "Uma das entidades do Sistema Financeiro Nacional (SFN) é responsável pelo controle da inflação no país e também atua para garantir a estabilidade financeira do sistema e das instituições. Essa entidade é o **Banco Central,** também responsável por **controlar o fluxo de capitais estrangeiros no Brasil".**

> **Como esse assunto foi cobrado em concurso?**
>
> No Concurso da Quadrix para Assistente Financeiro do CREF/8ª Região em 2018, foi considerado CERTO o seguinte enunciado: "Entre os tipos de entidades que compõem o Sistema Financeiro Nacional, as corretoras e distribuidoras podem ser fiscalizadas pelo BACEM e pela CVM".

> **Como esse assunto foi cobrado em concurso?**
>
> No Concurso do CESPE para Oficial de Justiça do TRT da 8ª Região em 2016, foi considerado ERRADO o seguinte enunciado: "O texto constitucional atribui ao Congresso Nacional a competência para fiscalizar a emissão de moeda no país, exclusivamente pelo Banco Central, nos termos de lei complementar".

> **Como esse assunto foi cobrado em concurso?**
>
> No Concurso do CESPE para Procurador do BACEN em 2013, foi considerado ERRADO o seguinte enunciado: "Compete ao Conselho Monetário Nacional definir os sistemas de compensação e de liquidação considerados sistematicamente importantes".

> **Como esse assunto foi cobrado em concurso?**
>
> No Concurso do CESPE para Advogado-Geral da União em 2012, foi exigida a seguinte questão **discursiva**: "Suponha que o presidente de determinada autarquia encaminhe ofício ao Banco Central do Brasil, explicando a impossibilidade de reformar o seu gabinete com os recursos orçamentários disponíveis e pedindo um empréstimo no valor de R$ 5.000,00. Nessa situação, é possível a concessão do empréstimo? Justifique sua resposta".

Segundo o art. 52, III, "d", da CRFB, compete privativamente ao **Senado Federal** aprovar, previamente, por voto secreto, após arguição pública, a **escolha**, dentre outros, do presidente e dos diretores do Banco Central. Já a **nomeação** destes é de competência privativa do **Presidente da República**, conforme art. 84, XIV, da CRFB. Esse procedimento para a nomeação do Presidente do Banco Central poderia comprometer "a sua independência, aliado ao fato de se submeter a normas aprovadas pelo Congresso Nacional, muitas vezes, sem o preparo evidente que o trato das questões monetárias demanda" (LEITE, 2022, p. 758).

Esse foi um dos fatores determinantes para a aprovação da Lei Complementar nº 179/2021, conferido autonomia ao Banco Central. Segundo mencionada lei, a **diretoria colegiada do Banco Central terá nove membros**, sendo um deles o seu Presidente, todos nomeados pelo Presidente da República entre brasileiros idôneos, de reputação ilibada e de notória capacidade em assuntos econômico-financeiros ou com comprovados conhecimentos que os qualifiquem para a função (art. 3º).

Restou fixado que o mandato tanto do Presidente do Banco Central do Brasil quanto dos demais membros da Diretoria Colegiada terá duração de 4 (quatro) anos, admitindo-se uma única recondução. No caso do Presidente, o mandato terá início no dia 1º de janeiro do terceiro ano de mandato do Presidente da República (art. 4º, §1º). Já quanto aos demais, a lei estabeleceu o início do mandato de dois diretores a cada ano de mandato presidencial, de forma que anualmente seja renovado um quarto da Diretoria (LC 179/2021, art. 4º, §2º).

A LC 179/2021 também estabeleceu as hipóteses de exoneração, pelo Presidente da República, dos Diretores e do Presidente do Banco Central, quais sejam (Art. 5º):

> I - a pedido;
>
> II - no caso de acometimento de enfermidade que incapacite o titular para o exercício do cargo;
>
> III - quando sofrerem condenação, mediante decisão transitada em julgado ou proferida por órgão colegiado, pela prática de ato de improbidade administrativa ou de crime cuja pena acarrete, ainda que temporariamente, a proibição de acesso a cargos públicos;
>
> IV - quando apresentarem comprovado e recorrente desempenho insuficiente para o alcance dos objetivos do Banco Central do Brasil → neste caso compete ao Conselho Monetária Nacional submeter ao Presidente da República a proposta de exoneração, cujo aperfeiçoamento ficará condicionado à prévia aprovação, por maioria absoluta, do Senado Federal.

De maneira assemelhada ao que acontece com diretores de agências reguladoras, a LC 179/2021 fixou uma **"quarentena"** aos Presidente e aos Diretores do Banco Central que não poderão participar do controle societário ou exercer qualquer atividade profissional direta ou indiretamente, com ou sem vínculo empregatício, junto a instituições do Sistema Financeiro Nacional, após o exercício do mandato, exoneração a pedido ou demissão justificada, por um período de **seis meses**, período no qual será assegurado à ex-autoridade o recebimento da remuneração compensatória a ser paga pelo Banco Central do Brasil (art. 10, III e parágrafo único).

> **Importante**
>
> LRF, art. 5º, §5º. Integrarão as despesas da União, e serão incluídas na lei orçamentária, as do Banco Central do Brasil relativas a pessoal e encargos sociais, custeio administrativo, inclusive os destinados a benefícios e assistência aos servidores, e a investimentos.

> **Qual o entendimento atual do STF sobre o assunto?**
>
> "O Presidente do Banco Central do Brasil não dispõe de competência, seja para determinar a reserva de fundos para satisfação de crédito impugnado, seja para promover a alteração no quadro geral de credores, pois os poderes de administração, verificação e classificação dos créditos de liquidação extrajudicial de instituição financeira são conferidos por norma legal específica (Lei 6.024/1974, art. 16), apenas ao respectivo liquidante". (STF, RMS 28.194 ED, Rel. Min. Celso de Mello, j. 05.02.2013, 2ª Turma, p. 25.02.2013).

5.1. O Banco Central na Lei de Responsabilidade Fiscal

Em diferentes passagens, a Lei de Responsabilidade Fiscal (LC 101/2000) cuida de temas relacionados ao Banco Central. Inicialmente merece atenção o seu art. 7º:

> LRF, art. 7º O resultado do Banco Central do Brasil, apurado após a constituição ou reversão de reservas, constitui receita do Tesouro Nacional, e será transferido até o décimo dia útil subsequente à aprovação dos balanços semestrais.
>
> §1º O resultado negativo constituirá obrigação do Tesouro para com o Banco Central do Brasil e será consignado em dotação específica no orçamento.
>
> §2º O impacto e o custo fiscal das operações realizadas pelo Banco Central do Brasil serão demonstrados trimestralmente, nos termos em que dispuser a lei de diretrizes orçamentárias da União.
>
> §3º Os balanços trimestrais do Banco Central do Brasil conterão notas explicativas sobre os custos da remuneração das disponibilidades do Tesouro Nacional e da manutenção das reservas cambiais e a rentabilidade de sua carteira de títulos, destacando os de emissão da União.

Ademais, merece ser destacado o art. 34 da LRF, a partir do qual o Banco Central do Brasil ficou proibido de emitir títulos da dívida pública, ficando o Tesouro Nacional como único órgão autorizado a tais emissões para atender a política fiscal. O BACEN, por sua vez, "utiliza os títulos do Tesouro Nacional para realizar política monetária por meio de operações de compra e venda no mercado secundário" (ABREU; SILVA, 2017, p. 38).

Edgar Abreu e Lucas Silva seguem explicando que "a atuação do BCB no mercado primário de títulos públicos se dá somente quando a emissão dos títulos tiver como objetivo o refinanciamento da dívida pública. Nesse caso, a compra de títulos se caracteriza como um alongamento do prazo das dívidas e não como um financiamento ao tesouro". [...] "Já no mercado secundário, no qual o BCB atua livremente, a negociação é de um título já existente e anteriormente adquirido por um investidor, ou seja, o valor da venda irá para esse investidor e não para o governo" (ABREU; SILVA, 2017, p. 38).

Importante

LRF, art. 34. O Banco Central do Brasil não emitirá títulos da dívida pública a partir de dois anos após a publicação desta Lei Complementar.

Importante

Emenda Constitucional nº 106/2020 – Regime extraordinário fiscal, financeiro e de contratações para enfrentamento de calamidade pública nacional decorrente de pandemia.

Art. 7º O Banco Central do Brasil, limitado ao enfrentamento da calamidade pública nacional de que trata o art. 1º desta Emenda Constitucional, e com vigência e efeitos restritos ao período de sua duração, fica autorizado a comprar e a vender:

I - títulos de emissão do Tesouro Nacional, nos mercados secundários local e internacional; e

II - os ativos, em mercados secundários nacionais no âmbito de mercados financeiros, de capitais e de pagamentos, desde que, no momento da compra, tenham classificação em categoria de risco de crédito no mercado local equivalente a BB- ou superior, conferida por pelo menos 1 (uma) das 3 (três) maiores agências internacionais de classificação de risco, e preço de referência publicado por entidade do mercado financeiro acreditada pelo Banco Central do Brasil.

§ 1º Respeitadas as condições previstas no inciso II do caput deste artigo, será dada preferência à aquisição de títulos emitidos por microempresas e por pequenas e médias empresas.

§ 2º O Banco Central do Brasil fará publicar diariamente as operações realizadas, de forma individualizada, com todas as respectivas informações, inclusive as condições financeiras e econômicas das operações, como taxas de juros pactuadas, valores envolvidos e prazos.

§ 3º O Presidente do Banco Central do Brasil prestará contas ao Congresso Nacional, a cada 30 (trinta) dias, do conjunto das operações previstas neste artigo, sem prejuízo do previsto no § 2º deste artigo.

§ 4º A alienação de ativos adquiridos pelo Banco Central do Brasil, na forma deste artigo, poderá dar-se em data posterior à vigência do estado de calamidade pública nacional de que trata o art. 1º desta Emenda Constitucional, se assim justificar o interesse público.

Como esse assunto foi cobrado em concurso?

No Concurso do CESPE para Juiz Federal da 1ª Região em 2013, foi considerado ERRADO o seguinte enunciado: "Em respeito à autonomia da autoridade monetária, é vedado ao Banco Central do Brasil comprar e vender títulos de emissão do Tesouro Nacional, **mesmo que essa operação objetive regular a oferta de moeda na economia"**.

Já o art. 39 da Lei de Responsabilidade Fiscal, complementando as disposições constitucionais (art. 164, §1º), trouxe mais algumas vedações aplicáveis ao Banco Central do Brasil em suas relações com ente da Federação.

Busca-se, dessa forma, "assegurar o controle e respeito às normas da LRF que impõem limitações e condições ao endividamento público para que se possa garantir uma gestão fiscal responsável", evitando-se "que o BACEN financie os gastos públicos pela realização de operações que, de maneira indireta, burlem as vedações e, por consequência, os objetivos da lei no que refere ao controle do endividamento público" (ABRAHAM, 2017, p. 227).

▸ Importante

LRF, art. 39. Nas suas relações com ente da Federação, o Banco Central do Brasil está sujeito às vedações constantes do art. 35 e mais às seguintes:

I - compra de título da dívida, na data de sua colocação no mercado, ressalvado o disposto no §2º deste artigo;

II - permuta, ainda que temporária, por intermédio de instituição financeira ou não, de título da dívida de ente da Federação por título da dívida pública federal, bem como a operação de compra e venda, a termo, daquele título, cujo efeito final seja semelhante à permuta;

III - concessão de garantia.

§1º O disposto no inciso II, *in fine*, não se aplica ao estoque de Letras do Banco Central do Brasil, Série Especial, existente na carteira das instituições financeiras, que pode ser refinanciado mediante novas operações de venda a termo.

§2º O Banco Central do Brasil só poderá comprar diretamente títulos emitidos pela União para refinanciar a dívida mobiliária federal que estiver vencendo na sua carteira.

§3º A operação mencionada no §2º deverá ser realizada à taxa média e condições alcançadas no dia, em leilão público.

§4º É vedado ao Tesouro Nacional adquirir títulos da dívida pública federal existentes na carteira do Banco Central do Brasil, ainda que com cláusula de reversão, salvo para reduzir a dívida mobiliária.

▸ Como esse assunto foi cobrado em concurso?

No Concurso do TRF2 para Juiz Federal substituto em 2017, foi considerado CERTO o seguinte enunciado: "O Banco Central do Brasil está impedido de comprar diretamente títulos emitidos pela União, **salvo para refinanciar a dívida mobiliária federal que estiver vencendo na sua carteira**".

▸ Como esse assunto foi cobrado em concurso?

No Concurso do TRF2 para Juiz Federal substituto em 2017, foi considerado ERRADO o seguinte enunciado: "É **absolutamente vedado** ao Tesouro Nacional adquirir títulos da dívida pública federal existentes na carteira do Banco Central do Brasil".

6. COMITÊ DE POLÍTICA MONETÁRIA (COPOM)

O Comitê de Política Monetária (COPOM) foi criado em 20 de junho de 1996, constituído no âmbito do Banco Central do Brasil, tem como objetivos implementar a política monetária, **definir a meta da Taxa Selic** e seu eventual viés e analisar o Relatório de Inflação. Seu funcionamento dá-se conforme o Regulamento anexo à Circular n. 3.593/12 do Banco Central, seguindo um modelo adotado por várias autoridades monetárias de todo o mundo, o que facilita o processo decisório, a transparência e a comunicação com o público.

Sua atuação é pautada pelo Decreto 3.088/99 que estabelece a sistemática de **"metas para a inflação"** como diretriz para fixação do regime de política monetária. A taxa de juros fixada na reunião do Copom é a meta para a Taxa Selic (taxa média dos financiamentos diários, com lastro em títulos federais, apurados no Sistema Especial de Liquidação e Custódia), a qual vigora por todo o período entre reuniões ordinárias do Comitê. Se for o caso, o Copom também pode definir o viés, que é a prerrogativa dada ao presidente do Banco Central para alterar, na direção do viés, a meta para a Taxa Selic a qualquer momento entre as reuniões ordinárias" (Disponível em: http://www.bcb.gov.br/htms/copom/a-hist.asp).

O Copom é composto por oito membros da Diretoria Colegiada do Banco Central, com direito a voto, sendo presidido pelo Presidente do Banco Central, que tem o voto de qualidade, e alguns chefes de departamento do Banco Central, sem direito a voto (FIGUEIREDO, 2016, p. 395-396).

7. COMISSÃO DE VALORES MOBILIÁRIOS (CVM)

Criada pela Lei 6.385/76, a Comissão de Valores Mobiliários (CVM) é uma **entidade autárquica em regime especial, vinculada ao Ministério da Economia, com personalidade jurídica e patrimônio próprios**, dotada de **autoridade administrativa independente, ausência de subordinação hierárquica**, mandato fixo e estabilidade de seus dirigentes e autonomia financeira e orçamentária.

A CVM é administrada por um Presidente e quatro Diretores, nomeados pelo Presidente da República, depois de aprovados pelo Senado Federal, dentre pessoas de ilibada reputação e reconhecida competência na matéria de mercado de capitais. O mandato dos dirigentes será de cinco anos, vedada a recondução, devendo ser renovado a cada ano um quinto dos membros do Colegiado (lei nº 6.385/76, art. 6º, caput e §1º).

Tais dirigentes somente perderão o mandato em virtude de renúncia, condenação judicial transitada em julgado ou processo administrativo disciplinar. Por outro lado, a própria lei nº 6.385/76, com a redação que lhe foi conferida pela lei nº 10.411, de 2002, estabeleceu que, sem prejuízo de consequências na esfera penal ou da improbidade administrativa, será causa de perda de mandato a inobservância, pelo Presidente ou Diretor, dos deveres e das proibições inerentes ao cargo (Lei nº 6.385/76, art. 6º, §§ 1º e 2º).

Segundo a sua lei de regência, compete à Comissão de Valores Mobiliários:

I. regulamentar, com observância da política definida pelo Conselho Monetário Nacional, as matérias expressamente previstas nesta Lei e na lei de sociedades por ações;
II. administrar os registros instituídos por esta Lei;
III. fiscalizar permanentemente as atividades e os serviços do mercado de valores mobiliários, de que trata o Art. 1º, bem como a veiculação de informações relativas ao mercado, às pessoas que dele participem, e aos valores nele negociados;
IV. propor ao Conselho Monetário Nacional a eventual fixação de limites máximos de preço, comissões, emolumentos e quaisquer outras vantagens cobradas pelos intermediários do mercado;
V. fiscalizar e inspecionar as companhias abertas dada prioridade às que não apresentem lucro em balanço ou às que deixem de pagar o dividendo mínimo obrigatório.

Mesmo sem haver subordinação hierárquica, as decisões tomadas pela CVM devem obedecer às diretrizes traçadas pelo Conselho Monetário Nacional (CMN), conforme disposição do art. 3º, da lei 6.385/76.

Importante

Apesar de atuar na regulação e na fiscalização de mercados, a Comissão de Valores Mobiliários **não é considerada uma agência reguladora.**

Como esse assunto foi cobrado em concurso?

No Concurso da FGV para Técnico em Segurança do Trabalho do Banestes em 2018, foi considerado CERTO o seguinte enunciado: "O Sistema Financeiro Nacional (SFN) possui órgãos normativos, supervisores e executores, com papéis bem definidos. A supervisão do mercado de capitais é responsabilidade da Comissão de Valores Mobiliários (CVM)".

Como esse assunto foi cobrado em concurso?

No Concurso da FGV para Analista Econômico Financeiro do Banestes em 2018, foi considerado CERTO o seguinte enunciado: "Dentro do Sistema Financeiro Nacional (SFN), cada entidade é responsável por funções específicas. Nesse sentido, a Comissão de Valores Mobiliários (CVM) tem por principal atribuição zelar pelo funcionamento eficiente e integridade do mercado de capitais".

Como esse assunto foi cobrado em concurso?

No Concurso da FCC para Administrador do Metrô/SP em 2014, foi considerado CERTO o enunciado que reconhecia a CVM como entidade: "Autárquica federal, em regime especial, sendo que o seu presidente é nomeado pelo Presidente da República, vinculada ao Ministério da Fazenda, que disciplina, fiscaliza e desenvolve o mercado de capitais, com isso negocia títulos mobiliários emitidos pelas empresas para captar, junto ao público, recursos destinados ao financiamento de suas atividades".

▸ **Como esse assunto foi cobrado em concurso?**

No Concurso da FCC para Administrador do Metrô/SP em 2014, foi considerado ERRADO o enunciado que reconhecia a CVM como entidade: "Privada, que oferece auxílio terceirizado ao Ministério da Fazenda, em regime especial, disciplinando, fiscalizando, autuando e até multando empresas que, ao negociar títulos emitidos pelas mesmas, o façam com ilicitudes. Sua função principal, entretanto, é de distribuir aos seus sócios ações, debêntures e outros papéis do capital financeiro".

▸ **Como esse assunto foi cobrado em concurso?**

No Concurso da ESAF para Analista de Mercado de Capitais em 2010, o tema foi abordado da seguinte forma: "A Comissão de Valores Mobiliários (CVM) é uma entidade que compõe o sistema financeiro nacional, além de ser uma autarquia vinculada ao Ministério da Fazenda. A CVM é responsável por: a) realizar transações de compra e venda de títulos e valores mobiliários, em mercado livre e aberto; b) regulamentar, desenvolver, controlar e fiscalizar o mercado de valores mobiliários do país; c) controlar e fiscalizar o mercado de seguro, a previdência privada aberta e a capitalização; d) negociar contratos de títulos de capitalização; e) garantir o poder de compra da moeda nacional". Segundo o gabarito oficial, foi considerada CORRETA a alternativa "b".

8. SUPERINTENDÊNCIA DE SEGUROS PRIVADOS (SUSEP)

A Superintendência de Seguros Privados – SUSEP, foi criada pelo Decreto-Lei nº 73, de 1966, caracterizando-se como entidade autárquica, dotada de personalidade jurídica de Direito Público, com autonomia administrativa e financeira (art. 35).

Compete à SUSEP, na qualidade de executora da política traçada pelo Conselho Nacional de Seguros Privados (CNSP), como órgão fiscalizador da constituição, organização, funcionamento e operações das Sociedades Seguradoras:

a) processar os pedidos de autorização, para constituição, organização, funcionamento, fusão, encampação, grupamento, transferência de controle acionário e reforma dos Estatutos das Sociedades Seguradoras, opinar sobre os mesmos e encaminhá-los ao CNSP;

b) baixar instruções e expedir circulares relativas à regulamentação das operações de seguro, de acordo com as diretrizes do CNSP;

c) fixar condições de apólices, planos de operações e tarifas a serem utilizadas obrigatoriamente pelo mercado segurador nacional;

d) aprovar os limites de operações das Sociedades Seguradoras, de conformidade com o critério fixado pelo CNSP;

e) examinar e aprovar as condições de coberturas especiais, bem como fixar as taxas aplicáveis;

f) autorizar a movimentação e liberação dos bens e valores obrigatoriamente inscritos em garantia das reservas técnicas e do capital vinculado;

g) fiscalizar a execução das normas gerais de contabilidade e estatística fixadas pelo CNSP para as Sociedades Seguradoras;

h) fiscalizar as operações das Sociedades Seguradoras, inclusive o exato cumprimento do Decreto-lei 73, de 1966, de outras leis pertinentes, disposições regulamentares em geral, resoluções do CNSP e aplicar as penalidades cabíveis;

i) proceder à liquidação das Sociedades Seguradoras que tiverem cassada a autorização para funcionar no País;

j) organizar seus serviços, elaborar e executar seu orçamento;

k) fiscalizar as operações das entidades autorreguladoras do mercado de corretagem, inclusive o exato cumprimento do Decreto-lei 73, de 1966, de outras leis pertinentes, de disposições regulamentares em geral e de resoluções do Conselho Nacional de Seguros Privados (CNSP), e aplicar as penalidades cabíveis;

l) celebrar convênios para a execução dos serviços de sua competência em qualquer parte do território nacional, observadas as normas da legislação em vigor.

A administração da SUSEP será exercida por um Superintendente, nomeado pelo Presidente da República, mediante indicação do **Ministro da Indústria e do Comércio** (art. 37, Decreto-lei nº 73/66).

> **Importante**
>
> A Lei nº 13.844, de 2019, transformou o **Ministério da Fazenda, o Ministério do Planejamento, Desenvolvimento e Gestão**, o Ministério da Indústria, Comércio Exterior e Serviços e o Ministério do Trabalho no **Ministério da Economia** (art. 57, I).

9. SUPERINTENDÊNCIA NACIONAL DE PREVIDÊNCIA COMPLEMENTAR (PREVIC)

A Superintendência Nacional de Previdência Complementar (PREVIC) é uma autarquia de natureza especial, criada pela Lei 12.154, de 2009, dotada de autonomia administrativa e financeira e patrimônio próprio, vinculada ao Ministério da Economia, com sede e foro no Distrito Federal e atuação em todo o território nacional.

A PREVIC atuará como entidade de fiscalização e de supervisão das atividades das entidades fechadas de previdência complementar e de execução das políticas para o regime de previdência complementar operado pelas entidades fechadas de previdência complementar, observadas as disposições constitucionais e legais aplicáveis.

A PREVIC é administrada por uma Diretoria Colegiada, composta por um Diretor-Superintendente e quatro Diretores, escolhidos entre pessoas de ilibada reputação e de notória competência, indicados pelo Ministro de Estado da Previdência Social e nomeados pelo Presidente da República (art. 4º da Lei nº 12.154/09).

Suas competências foram previstas no art. 2º da lei 12.154/09:

I. proceder à fiscalização das atividades das entidades fechadas de previdência complementar e de suas operações;

II. apurar e julgar infrações e aplicar as penalidades cabíveis;

III. expedir instruções e estabelecer procedimentos para a aplicação das normas relativas à sua área de competência, de acordo com as diretrizes do Conselho Nacional de Previdência Complementar, a que se refere o inciso XVIII do art. 29 da Lei nº 10.683, de 28 de maio de 2003;

IV. autorizar:

a) a constituição e o funcionamento das entidades fechadas de previdência complementar, bem como a aplicação dos respectivos estatutos e regulamentos de planos de benefícios;

b) as operações de fusão, de cisão, de incorporação ou de qualquer outra forma de reorganização societária, relativas às entidades fechadas de previdência complementar;

c) a celebração de convênios e termos de adesão por patrocinadores e instituidores, bem como as retiradas de patrocinadores e instituidores; e

d) as transferências de patrocínio, grupos de participantes e assistidos, planos de benefícios e reservas entre entidades fechadas de previdência complementar;

V. harmonizar as atividades das entidades fechadas de previdência complementar com as normas e políticas estabelecidas para o segmento;

VI. decretar intervenção e liquidação extrajudicial das entidades fechadas de previdência complementar, bem como nomear interventor ou liquidante, nos termos da lei;

VII. nomear administrador especial de plano de benefícios específico, podendo atribuir-lhe poderes de intervenção e liquidação extrajudicial, na forma da lei;

VIII. promover a mediação e a conciliação entre entidades fechadas de previdência complementar e entre estas e seus participantes, assistidos, patrocinadores ou instituidores, bem como dirimir os litígios que lhe forem submetidos na forma da Lei nº 9.307, de 23 de setembro de 1996;

IX. enviar relatório anual de suas atividades ao Ministério da Previdência Social e, por seu intermédio, ao Presidente da República e ao Congresso Nacional; e

X. adotar as demais providências necessárias ao cumprimento de seus objetivos.

10. BANCO DO BRASIL S/A

O Banco do Brasil, foi o primeiro banco a operar no Brasil. Cuida-se de uma **sociedade de economia mista** que, não obstante desempenhar importante papel no sistema bancário mediante realização de operações bancárias em geral e prestação de serviços ao público, tem competências especificamente delineadas pela Lei 4.595/64.

Assim, ao Banco do Brasil competirá, precipuamente, sob a supervisão do Conselho Monetário Nacional e como instrumento de execução da política creditícia e financeira do Governo Federal (art. 19, Lei 4.595/64):

I. na qualidade de Agente Financeiro do Tesouro Nacional, sem prejuízo de outras funções que lhe venham a ser atribuídas e ressalvado o disposto no art. 8º, da Lei nº 1628, de 20 de junho de 1952:

a) receber, a crédito do Tesouro Nacional, as importâncias provenientes da arrecadação de tributos ou rendas federais e ainda o produto das operações de que trata o art. 49, desta lei;

b) realizar os pagamentos e suprimentos necessários à execução do Orçamento Geral da União e leis complementares, de acordo com as autorizações que lhe forem transmitidas pelo Ministério da Fazenda, as quais não poderão exceder o montante global dos recursos a que se refere a letra anterior, vedada a concessão, pelo Banco, de créditos de qualquer natureza ao Tesouro Nacional;

c) conceder aval, fiança e outras garantias, consoante expressa autorização legal;

d) adquirir e financiar estoques de produção exportável;

e) executar a política de preços mínimos dos produtos agropastoris;

f) ser agente pagador e recebedor fora do País;

g) executar o serviço da dívida pública consolidada;

II. como principal executor dos serviços bancários de interesse do Governo Federal, inclusive suas autarquias, receber em depósito, com exclusividade, as disponibilidades de quaisquer entidades federais, compreendendo as repartições de todos os ministérios civis e militares, instituições de previdência e outras autarquias, comissões, departamentos, entidades em regime especial de administração e quaisquer pessoas físicas ou jurídicas responsáveis por adiantamentos, ressalvados o disposto no § 5º deste artigo, as exceções previstas em lei ou casos especiais, expressamente autorizados pelo Conselho Monetário Nacional, por proposta do Banco Central da República do Brasil;

III. arrecadar os depósitos voluntários, à vista, das instituições de que trata o inciso III, do art. 10, desta lei, escriturando as respectivas contas;

IV. executar os serviços de compensação de cheques e outros papéis;

V. receber, com exclusividade, os depósitos de que tratam os artigos 38, item 3º, do Decreto-lei nº 2.627, de 26 de setembro de 1940, e 1º do Decreto-lei nº 5.956, de 01/11/43, ressalvado o disposto no art. 27, desta lei;

VI. realizar, por conta própria, operações de compra e venda de moeda estrangeira e, por conta do Banco Central da República do Brasil, nas condições estabelecidas pelo Conselho Monetário Nacional;

VII. realizar recebimentos ou pagamentos e outros serviços de interesse do Banco Central da República do Brasil, mediante contratação na forma do art. 13, desta lei;

VIII. (Vetado).

IX. financiar a aquisição e instalação da pequena e média propriedade rural, nos termos da legislação que regular a matéria;

X. financiar as atividades industriais e rurais, estas com o favorecimento referido no art. 4º, inciso IX, e art. 53, desta lei;

XI. difundir e orientar o crédito, inclusive às atividades comerciais suplementando a ação da rede bancária;

a) no financiamento das atividades econômicas, atendendo às necessidades creditícias das diferentes regiões do País;

b) no financiamento das exportações e importações.

> **Como esse assunto foi cobrado em concurso?**
>
> No Concurso do CESPE para Juiz Federal da 1ª Região em 2013, foi considerado ERRADO o seguinte enunciado: "No âmbito federal, a lei de diretrizes orçamentárias poderá estabelecer a política de aplicação, pelo Banco do Brasil, dos recursos destinados ao fortalecimento da agricultura nacional". Observação: o gabarito preliminar havia considerado correta a presente assertiva. Contudo, após os recursos, a banca examinadora entendeu que a "utilização da expressão 'poderá estabelecer' [...] prejudicou o julgamento objetivo".

O Presidente e os Diretores do Banco do Brasil deverão ser pessoas de reputação ilibada e notória capacidade. Seu Presidente será nomeado pelo Presidente da República, após aprovação do Senado Federal. (arts. 20 e 21 da Lei nº 4.595/64).

Destaque-se que, **pelos serviços utilizados pelo Banco do Brasil é assegurada a respectiva remuneração por parte da União**, a ser fixada pelo Conselho Monetário Nacional (MIRAGEM, 2013, p. 112).

11. CAIXA ECONÔMICA FEDERAL (CEF)

A Caixa Econômica Federal foi criada em janeiro de 1861, por Dom Pedro II através do Decreto nº 2.723. Com ela surgiram as chamadas cadernetas de poupança que, com 6% de juros anuais, tinham como objetivo a captação de recursos da população mais necessitada (ABREU; SILVA, 2017, p. 73-74).

Hoje a CEF é uma **empresa pública**, dotada de personalidade jurídica de direito privado, com patrimônio próprio e autonomia administrativa, vinculada inicialmente ao Ministério da Fazenda (art. 1º, Decreto-lei nº 759, de 1969), atualmente transformado em Ministério da Economia. Seu capital pertence integralmente à União e seu pessoal será obrigatoriamente admitido mediante concurso público de provas ou de provas e títulos, submetidos ao regime da Consolidação das Leis Trabalhistas (CLT).

Suas finalidades foram previstas no art. 2º do Decreto-lei nº 759, de 1969:

> a) receber em depósito sob a garantia da União, economias populares, incentivando os hábitos de poupança;
>
> b) conceder empréstimos e financiamentos de natureza assistencial, cooperando com as entidades de direito público e privado na solução dos problemas sociais e econômicos;
>
> c) operar no setor habitacional, como sociedade de crédito imobiliário e principal agente do Banco Nacional de Habitação, com o objetivo de facilitar e promover a aquisição de sua casa própria, especialmente pelas classes de menor renda da população;
>
> d) explorar, com exclusividade, os serviços da Loteria Federal do Brasil e da Loteria Esportiva Federal nos termos da legislação pertinente;
>
> e) exercer o monopólio das operações sobre penhores civis, com caráter permanente e da continuidade;
>
> f) prestar serviços que se adaptem à sua estrutura de natureza financeira, delegados pelo Governo Federal ou por convênio com outras entidades ou empresa;
>
> g) realizar, no mercado financeiro, como entidade integrante do Sistema Financeiro Nacional, quaisquer outras operações, no plano interno ou externo, podendo estipular cláusulas de correção monetária, observadas as condições normativas estabelecidas pelo Conselho Monetário Nacional;
>
> h) realizar, no mercado de capitais, para investimento ou revenda, as operações de subscrição, aquisição e distribuição de ações, obrigações e quaisquer outros títulos ou valores mobiliários, observadas as condições normativas estabelecidas pelo Conselho Monetário Nacional;
>
> i) realizar, na qualidade de Agente do Governo Federal, pôr conta e ordem deste, e sob a supervisão do Conselho Monetário Nacional, quaisquer operações ou serviços nos mercados financeiro e de capitais, que lhe forem delegados, mediante convênio.

Como instituição integrante do Sistema Financeiro Nacional, a Caixa Econômica Federal sujeita-se às normas gerais, às decisões e a disciplina normativa estabelecida pelo Conselho Monetário Nacional e à fiscalização do Banco Central do Brasil.

Em 1931 a Caixa Econômica Federal inaugurou operações de empréstimos para pessoas físicas e, três anos depois, assumiu a exclusividade dos empréstimos sob penhor, o que extinguiu as casas de prego operadas por particulares. Já em 1986 a Caixa "incorporou o Banco Nacional de Habitação (BNH) e assumiu a condição de maior agente de financiamento da casa própria e de importante financiadora do desenvolvimento urbano, especialmente do saneamento básico. No mesmo ano, com a extinção do BNH, tornou-se o principal agente do Sistema Brasileiro de Poupança e Empréstimo (SBPE), administradora do FGTS e de outros fundos do Sistema Financeiro de Habitação (SFH). Quatro anos depois, em 1990, iniciou ações para centralizar todas as contas vinculadas ao FGTS, que, à época, eram administradas por mais de 70 instituições bancárias" (Disponível em https://www.caixa.gov.br/sobre-a-caixa/apresentacao/Paginas/default.aspx . Acesso em: 23 dez. 2020).

Sendo responsável pela implementação das políticas sociais do governo federal, a CEF foi e ainda é responsável pela administração de importantes programas sociais, dentre os quais: Bolsa Família; Minha Casa, Minha Vida; seguro-desemprego; Fundo de Financiamento Estudantil – FIES; Farmácia Popular, Bolsa Atleta e, durante a pandemia da COVID-19, pelo auxílio emergencial.

> **Como esse assunto foi cobrado em concurso?**
>
> No Concurso da FCC para Consultor Técnico-Legislativo Economista da Câmara Legislativa do Distrito Federal em 2018, foi considerado CERTO o seguinte enunciado: "Uma característica do Sistema Financeiro Nacional é dada pela forte presença de instituições financeiras públicas federais no mercado de crédito, sendo que a estas é permitido emprestar a empresas controladas pela União, respeitados os limites e as condições estabelecidos em regulamentação específica".

> **Como esse assunto foi cobrado em concurso?**
>
> No Concurso do TRF2 para Juiz Federal substituto em 2017, foi considerado ERRADO o seguinte enunciado: "A Caixa Econômica Federal, em razão da proibição de operação de crédito entre instituição financeira estatal e o ente da Federação que a controla, está **impedida** de adquirir títulos da dívida de emissão da União Federal".

12. BANCO NACIONAL DE DESENVOLVIMENTO ECONÔMICO (BNDES)

O Banco Nacional de Desenvolvimento Econômico BNDES), criado em 1952, pela lei 1.628, conta, atualmente, com natureza jurídica de **empresa pública**, conforme classificação que lhe foi conferida pela lei 5.662/71, sendo, portanto, dotado de **personalidade jurídica de direito privado** e patrimônio próprio. O BNDES sujeita-se à supervisão do Ministro de Estado da Economia e conta com sede e foro em Brasília.

Apresenta-se, hoje, como o principal instrumento do Governo Federal para o **financiamento de longo prazo e investimentos** em todos os segmentos da economia brasileira. Os instrumentos de apoio financeiro incluem desde o financiamento, a concessão de recursos não reembolsáveis a projetos de caráter social, cultural e tecnológico; e instrumentos de renda variável; e serão pautados, sempre, pelo impacto socioambiental e econômico do país. Além disso, o Banco tem importante atuação anticíclica em momentos de crise por buscar soluções para a retomada do crescimento econômico (http://www.bndes.gov.br/SiteBNDES/bndes/bndes_pt/Institucional/O_BNDES/A_Empresa/).

Para a realização de suas finalidades institucionais, o BNDES pode realizar todas as operações bancárias necessárias, observado o disposto no seu orçamento de investimentos, visando ao reaparelhamento e ao fomento da economia nacional (MIRAGEM, 2013, p. 113).

13. FUSÕES E AQUISIÇÕES NO SISTEMA FINANCEIRO NACIONAL (CADE X BANCO CENTRAL)

O conflito de competências entre o Banco Central (BACEN) e o Conselho Administrativo de Defesa Econômica (Cade) em relação às reorganizações societárias promovidas no Sistema Financeiro Nacional, tem despertado intenso debate na doutrina e na jurisprudência nacionais, tendo, inclusive, sido objeto de questão específica na segunda fase do Concurso para Juiz Federal da 2ª Região em 2014 (questão infra).

A controvérsia teve início com o Parecer da Procuradoria-geral da União (Parecer AGU/La-01/2001), "reconhecendo a competência exclusiva do Banco Central para analisar e aprovar atos de concentração de instituições integrantes do sistema financeiro nacional, bem como para regular as condições de concorrência entre instituições financeiras" (BAGNOLI, 2013, p. 245). Em sentido contrário tanto a Procuradoria-Geral do CADE, quanto a Consultoria Jurídica do Ministério da Justiça também elaboraram pareceres.

Assim, considerando-se a colisão entre as normas prescritas na Lei 4.595/64 e na 8.884/94 (então em vigor), o Banco Central suscitou o conflito positivo de competência n. 0001.006908/2000-25, "sustentando ter exclusividade para regular o setor financeiro, sendo que o Cade defendeu posição diversa, argumentando que sua atividade é complementar" (FIGUEIREDO, 2016, p. 361).

Em dezembro de 2008, Cade e BACEN assinaram um protocolo de entendimentos reconhecendo a competência do órgão de defesa da concorrência para zelar pela concorrência também no setor bancário. Tanto o CADE, quanto o BACEN, entenderam que cada qual possui o seu papel específico nesses procedimentos, como expressam os Projetos de Lei nº 344/2002 (em trâmite na Câmara dos Deputados) e nº 265/2-7 (já aprovado pelo Senado e aguardando julgamento na Câmara). Ao BACEN caberia apreciar a operação analisando o risco no sistema financeiro, enquanto ao CADE cumpriria analisar a questão concorrencial das operações. (BAGNOLI, 2013, p. 246).

No julgamento do REsp n. 1.094.218, em 2010, por maioria, a 1ª Seção do **STJ decidiu que o BACEN tem competência exclusiva para apreciar atos de concentração envolvendo instituições integrantes do Sistema Financeiro Nacional.**

> ▸ **Qual o entendimento do STJ sobre o assunto?**
>
> "Os atos de concentração, aquisição ou fusão de instituição relacionados ao Sistema Financeiro Nacional sempre foram de atribuição do BACEN, agência reguladora a quem compete normatizar e fiscalizar o sistema como um todo, nos termos da Lei 4.594/64. Ao CADE cabe fiscalizar as operações de concentração ou desconcentração, nos termos

da Lei 8.884/94. Em havendo conflito de atribuições, soluciona-se pelo **princípio da especialidade.** [...] **O Sistema Financeiro Nacional não pode subordinar-se a dois organismos regulatórios"** (REsp 1.094.218/DF. Rel. Min. Eliana Calmon, publ. 12.04.2011).

Apesar da decisão do STJ, em fevereiro de 2018, representantes do Cade e do Bacen assinaram um memorando de entendimentos segundo o qual ambos devem anuir independentemente com os atos de concentração no setor financeiro, exceto naqueles casos que envolverem riscos à solidez e à estabilidade do Sistema Financeiro Nacional, situações em que deverá valer a decisão do Bacen. Ainda no memorando foi previsto o compromisso de ambas as autoridades manterem comunicação recíproca sobre atividades que possam caracterizar ilícitos concorrenciais, assim como a troca de informações técnicas úteis à apuração de condutas infracionais (FERNANDES, 2018).

No mesmo sentido, Cade e Bacen se comprometeram a rever suas regulamentações e a trabalharem visando a aprovação de uma lei que estabeleça parâmetros claros para a atuação de cada uma dessas autarquias (FERNANDES, 2018). Esse projeto lei foi apensado ao já mencionado PLP 265/2007 e pretende dispor sobre "a defesa da concorrência no âmbito de atuação das instituições financeiras e demais instituições sujeitas à supervisão ou à vigilância do Banco Central do Brasil e sobre a cooperação e a partilha de competências entre o Banco Central do Brasil e o Conselho Administrativo de Defesa Econômica (Cade) em matéria concorrencial" além de revogar o §2º do art. 18 da lei nº 4.595, de 31 de dezembro de 1964.

▸ Como esse assunto foi cobrado em concurso?

No Concurso para Procurador da República em 2015, foi exigida a seguinte questão **discursiva**: "Ato de concentração, aquisição ou fusão de instituição integrante do Sistema Financeiro Nacional. Controle estatal pelo Banco Central (Bacen) ou pelo Conselho Administrativo de Defesa Econômica (CADE)? A posição do Bacen, do CADE, dos Tribunais Superiores (STF e STJ), do Ministério Público Federal (MPF), da Advocacia-Geral da União (AGU) e da doutrina."

▸ Como esse assunto foi cobrado em concurso?

Na segunda fase do Concurso para Juiz Federal da 2ª Região em 2014, a reorganização societária no sistema bancário foi cobrada na seguinte questão **discursiva**: "O Banco XXY pretende ser incorporado ao Banco YON, ambos sediados no Município do Rio de Janeiro. Para tanto, informam a intenção do negócio societário ao BACEN (Banco Central do Brasil) para análise, na forma do art. 10, inciso X, alínea "c", da Lei 4595/64. É necessária a submissão do negócio, mediante comunicação prévia, ao controle de outra autarquia? Fundamente".

> **Como esse assunto foi cobrado em concurso?**
>
> No concurso do CESPE para Juiz Federal da 5ª Região em 2015, foi considerado ERRADO o seguinte enunciado: "Segundo importante precedente do STJ, a competência para julgar aquisições e fusões bancárias é **do CADE**, afastando do BCB a competência nessa matéria".

> **Como esse assunto foi cobrado em concurso?**
>
> Ainda sob a vigência da Lei 8.884/06, no concurso da FCC para Procurador do BACEN em 2006, o tema foi abordado da seguinte forma: "A afirmação da competência do Banco Central do Brasil para apreciar atos de concentração envolvendo instituições financeiras, afastando a atuação do Conselho Administrativo de Defesa Econômica - CADE, tem como argumento favorável aquele decorrente da: a) especialização funcional, pois o CADE é órgão incumbido de regulação geral, ao passo que o Banco Central do Brasil é órgão incumbido da fiscalização setorial; b) inconstitucionalidade da Lei nº 4.595/64, uma vez que o sistema financeiro nacional deveria ser regulado por leis complementares, consoante dispõe o art. 192 da Constituição; c) análise das competências constitucionais atribuídas a ambos os órgãos, o que enseja a compatibilização de dispositivos contraditórios da Constituição; d) hierarquia administrativa, porque o Banco Central do Brasil, entidade da administração indireta, tem primazia sobre o CADE, órgão integrante da administração direta subordinado ao Ministério da Fazenda; e) primazia do sistema brasileiro de defesa da concorrência, em razão de a Lei n. 8.884/94 afirmar sua aplicação a todas as pessoas físicas ou jurídicas, independentemente da natureza de sua atividade". Segundo o gabarito, foi considerada CERTA a alternativa "a".

Principais fontes do Direito Bancário
Constituição Federal; Lei 4.131/62 - Disciplina a aplicação do capital estrangeiro e as remessas de valores para o exterior; Lei 4.595/64 - Dispõe sobre a Política e as Instituições Monetárias, Bancárias e Creditícias e cria o Conselho Monetário Nacional; Lei 6.024/74 - Dispõe sobre a intervenção e a liquidação extrajudicial de instituições financeiras; Lei 6.385/76 - Dispõe sobre o mercado de valores mobiliários e cria a Comissão de Valores Mobiliários; Decreto-Lei 2.321/87 - Institui, em defesa das finanças públicas, regime de administração especial temporária, nas instituições financeiras privadas e públicas não federais; Lei 7.429/86 - Define os crimes contra o Sistema Financeiro Nacional; LC 105/2001 - Dispõe sobre o sigilo das operações de instituições financeiras; Lei 9.613/98 - Dispõe sobre os crimes de "lavagem" ou ocultação de bens, direitos e valores e cria o Conselho de Controle de Atividades Financeiras - COAF; Código Civil; Código de Defesa do Consumidor; Normas administrativas regulatórias (BACEN e CMN); *Soft law* (recomendações internacionais e normas institucionais); Usos e costumes bancários; Autorregulação Bancária (FEBRABAN).

Principais fontes do Direito Bancário
Súmula 297, do STJ: **"O Código de Defesa do Consumidor é aplicável às instituições financeiras".**

14. SISTEMA DE PAGAMENTOS

O estudo do Sistema de Pagamentos Brasileiro (SPB) é bastante complexo, compreendendo "as entidades, os sistemas e os procedimentos relacionados com o processamento e a liquidação de operações de transferência de fundos, de operações com moeda estrangeira ou com ativos financeiros e valores mobiliários". Por se tratar de tema bastante específico e pouco abordado pela doutrina, é importante que o candidato utilize as informações, bem detalhadas, contidas no site do Banco Central do Brasil: http://www.bcb.gov.br/?SPBLEG.

O atual Sistema de Pagamentos Brasileiro (SPB) foi pautado pelas orientações do **BIS (*Bank of International Settlements*)** conferindo-lhe maior segurança. Nesse sentido: "No monitoramento e na avaliação da segurança, eficiência, integridade e confiabilidade dos sistemas de compensação e de liquidação integrantes do SPB, bem como dos registros e depósitos centralizados de ativos financeiros e de valores mobiliários, o BCB utiliza também os **Princípios para Infraestruturas do Mercado Financeiro (*Principles for Financial Market Infrastructures – PFMI*)**, publicados pelo Comitê de Sistemas de Liquidação e Pagamentos do Banco de Compensações Internacionais (CPSS/BIS) e pelo Comitê Técnico da Organização Internacional de Comissões de Valores (TC/IOSCO)" (Disponível em: http://www.bcb.gov.br/?SPBLEG).

Na esfera interna, a Lei 10.214/2001 disciplinou o a atuação das câmaras e dos prestadores de serviços de compensação e de liquidação, no âmbito do sistema de pagamentos brasileiro. Assim, o sistema de pagamentos brasileiro compreende as entidades, os sistemas e os procedimentos relacionados com a **transferência de fundos e de outros ativos financeiros, ou com o processamento, a compensação e a liquidação de pagamentos em qualquer de suas formas** (art. 2º, caput da Lei 10.214/01).

Segundo o parágrafo único do art. 2º da Lei 10.214/01, "integram o sistema de pagamentos brasileiro, além do serviço de compensação de cheques e outros papéis, os seguintes sistemas, na forma de autorização concedida às respectivas câmaras ou prestadores de serviços de compensação e de liquidação, pelo Banco Central do Brasil ou pela Comissão de Valores Mobiliários, em suas áreas de competência:

> I – de compensação e liquidação de ordens eletrônicas de débito e de crédito;
>
> II – de transferência de fundos e de outros ativos financeiros;
>
> III – de compensação e de liquidação de operações com títulos e valores mobiliários;
>
> IV – de compensação e de liquidação de operações realizadas em bolsas de mercadorias e de futuros; e

V - outros, inclusive envolvendo operações com derivativos financeiros, cujas câmaras ou prestadores de serviços tenham sido autorizados na forma deste artigo.

A competência para definir os sistemas de compensação e de liquidação considerados sistemicamente importantes é do **Banco Central do Brasil** (art. 4º, Lei 10.214/01), sendo "admitida a compensação multilateral de obrigações no âmbito de uma mesma câmara ou prestador de serviços de compensação e de liquidação" (art. 3º).

Os bens e direitos oferecidos em garantia no âmbito dos sistemas de compensação e de liquidação são impenhoráveis, e não poderão ser objeto de arresto, sequestro, busca e apreensão ou qualquer outro ato de constrição judicial, exceto para o cumprimento das obrigações assumidas pela própria câmara ou prestador de serviços de compensação e de liquidação na qualidade de parte contratante, não havendo qualquer exceção em relação às dívidas de caráter alimentar (art. 6º da Lei 10.214/01).

Segundo o caput do art. 5º da Lei 10.214/01, "[...] as câmaras e os prestadores de serviços de compensação e de liquidação responsáveis por um ou mais ambientes sistemicamente importantes deverão, obedecida a regulamentação baixada pelo **Banco Central do Brasil**, separar **patrimônio especial**, formado por bens e direitos necessários a garantir exclusivamente o cumprimento das obrigações existentes em cada um dos sistemas que estiverem operando". Por outro lado, "Os bens e direitos integrantes do patrimônio especial de que trata o caput, bem como seus frutos e rendimentos, não se comunicarão com o patrimônio geral ou outros patrimônios especiais da mesma câmara ou prestador de serviços de compensação e de liquidação, e não poderão ser utilizados para realizar ou garantir o cumprimento de qualquer obrigação assumida pela câmara ou prestador de serviços de compensação e de liquidação em sistema estranho àquele ao qual se vinculam".

▸ Como esse assunto foi cobrado em concurso?

No Concurso do CESPE para Procurador do BACEN em 2013, foi considerado CERTO o seguinte enunciado: "O sistema de pagamentos brasileiro **é estruturado de acordo com as recomendações feitas, isolada ou conjuntamente, pelo *Bank of International Settlements*,** nos relatórios denominados *Core Principles for Systemically Important Payment Systems* e *Recommendations for Securities Settlement Systems*".

▸ Como esse assunto foi cobrado em concurso?

No Concurso do CESPE para Procurador do BACEN em 2013, foi considerado ERRADO o seguinte enunciado: "Os bens oferecidos em garantia no âmbito dos sistemas de compensação e de liquidação somente **podem ser penhorados** por dívidas de caráter alimentar".

> **Como esse assunto foi cobrado em concurso?**
>
> No Concurso do CESPE para Procurador do BACEN em 2013, foi considerado ERRADO o seguinte enunciado: "A atuação das câmaras e dos prestadores de serviços de compensação e de liquidação deverá ser obrigatoriamente garantida por um patrimônio especial, separado do patrimônio geral da câmara ou do prestador de serviço".

> **Como esse assunto foi cobrado em concurso?**
>
> No Concurso do CESPE para Procurador do BACEN em 2013, foi considerado ERRADO o seguinte enunciado: "Não se admite a compensação multilateral de obrigações no âmbito de um sistema de compensação e de liquidação".

15. REGIME DE ADMINISTRAÇÃO ESPECIAL TEMPORÁRIA (RAET)

O Decreto-Lei 2.321 de 1987 institui, em defesa das finanças públicas, regime de administração especial temporária (RAET), nas instituições financeiras privadas e públicas não federais, o que poderá ocorrer desde que verificado: a) prática reiterada de operações contrárias às diretrizes de política econômica ou financeira traçadas em lei federal; b) existência de passivo a descoberto; c) descumprimento das normas referentes à conta de Reservas Bancárias mantidas no Banco Central do Brasil; d) gestão temerária ou fraudulenta de seus administradores; e e) ocorrência de quaisquer das anormalidades previstas no art. 2º da Lei 6.024/74, que dispõe sobre a intervenção e liquidação judicial de instituições financeiras.

A decretação da administração especial temporária, a ser **decretada pelo Banco Central**, não afetará o curso regular dos negócios da entidade nem seu normal funcionamento e produzirá de imediato, a **perda do mandato dos administradores e membros do Conselho Fiscal da instituição**. A administração especial, que poderá ser atribuída a pessoas jurídicas com especialização na área, será executada por um conselho diretor com plenos poderes de gestão, constituído de tantos membros quantos julgados necessários para a condução dos negócios sociais, devendo prestar contas ao Banco Central do Brasil, independentemente de qualquer exigência, assim que cessar o regime especial ou quando solicitado.

Ainda segundo o Decreto-Lei 2.321/87, a decretação do RAET autorizará a **utilização de recursos da Reserva Monetária**, visando ao saneamento econômico-financeiro da instituição. No caso de não haver recursos suficientes para tanto, o Banco Central os adiantará, devendo esse o valor constar obrigatoriamente da proposta da lei orçamentária do exercício subsequente (art. 9º).

Em relação à responsabilidade pelas obrigações assumidas pelos ex-administradores, destaca Bruno Miragem, que a partir da decretação do RAET **responderão solidariamente com estes as pessoas naturais ou jurídicas que com ela mantenham vínculo de controle, independentemente da apuração de dolo ou culpa**, circunscrita ao montante do passivo a descoberto da instituição (2013c, p. 537-538).

Destaque-se, ainda, que no exercício de seu poder discricionário, poderá o Banco Central do Brasil, à vista de relatório ou de proposta do conselho diretor (art. 11, Decreto 2.321/87):

a) Autorizar a transformação, a incorporação, a fusão, a cisão ou a transferência do controle acionário da instituição, em face das condições das garantias apresentadas pelos interessados;

b) Propor a desapropriação, por necessidade ou utilidade pública ou por interesse social, das ações do capital social da instituição; e

c) Decretar a liquidação extrajudicial da instituição.

▸ Importante

FGC - Fundo Garantidor de Crédito (Resolução BACEN 4.222/13) → **entidade privada**, sem fins lucrativos, que administra um mecanismo de proteção aos correntistas, poupadores e investidores, que permite recuperar os depósitos ou créditos mantidos em instituição financeira, até determinado valor, em caso de intervenção, de liquidação ou de falência. São instituições associadas ao FGC a Caixa Econômica Federal, os bancos múltiplos, os bancos comerciais, os bancos de investimento, os bancos de desenvolvimento, as sociedades de crédito, financiamento e investimento, as sociedades de crédito imobiliário, as companhias hipotecárias e as associações de poupança e empréstimo, em funcionamento no País, que: I. recebam depósito à vista, em contas de poupança ou depósitos a prazo; II. realizem aceite em letras de câmbio; III. captem recursos mediante a emissão e a colocação de letras imobiliárias, de letras hipotecárias, de letras de crédito imobiliário ou de letras de crédito do agronegócio; e IV. captem recursos por meio de operações compromissadas tendo como objeto títulos emitidos, após 08.03.2012, pro empresa ligada. (Disponível em http://www.bcb.gov.br/?FGCFAQ Acesso em 19 jul. 2016).

▸ Como esse assunto foi cobrado em concurso?

No Concurso do CESPE para Procurador do BACEN em 2013, foi considerado CERTO o seguinte enunciado sobre a atuação da pessoa jurídica Fundo Garantidor de Créditos no regime de administração especial temporária, de que trata o Decreto-Lei nº 2.321/1987: "Pode ser nomeado pelo BACEN como administrador especial temporário de instituição financeira".

▸ Como esse assunto foi cobrado em concurso?

No Concurso do CESPE para Procurador do BACEN em 2013, foi considerado ERRADO o seguinte enunciado sobre a atuação da pessoa jurídica Fundo Garantidor de Créditos no regime de administração especial temporária, de que trata o Decreto-Lei nº 2.321/1987: "Pode promover a desapropriação das ações do capital social da instituição". Na mesma questão também foi considerado ERRADO o seguinte enunciado: "Responde solidariamente com os ex-administradores da instituição pelas obrigações por esta assumidas, após decretado o regime de administração especial temporária, independentemente de vínculo de controle com a instituição".

16. ACORDOS DE BASILEIA

A **transnacionalização da atividade financeira** operada na segunda metade do século XX deu causa a iniciativas de diálogo e cooperação entre as autoridades monetárias de diversos países, com vistas à aproximação e troca de experiências para a prevenção e mitigação de riscos, dentre os quais se destaca o **Comitê de Basileia de Supervisão Bancária (*Basel Comittee on banking Supervision*)**, do qual participam as autoridades monetárias de diversos países no âmbito do **Banco Internacional de Pagamentos (*Bank of International Settlements*)** (MIRAGEM, 2013c, p. 201).

O tema vem sendo constantemente exigido em concursos para o Banco Central do Brasil. Nesse sentido, as principais informações para a compreensão do Sistema são assim sintetizadas (VILELA; LEITE, 2015, p. 113):

- **1930:** em razão da crise de 1929, foi criado o Banco de Compensações Internacionais ou Banco Internacional de Pagamentos – BIS (*Bank of International Settlements*) com o objetivo de promover a cooperação entre os bancos centrais para a facilitação das operações financeiras internacionais e para a garantia dessas operações nos termos dos acordos estabelecidos, conforme o art. 3º do Estatuto da instituição;
- **1975:** Estabelecido o Comitê de Basileia de Supervisão Bancária (*Basel Committee on Banking Supervision*), vinculado ao BIS;
- **1988:** Acordo de Basileia para a Convergência Internacional de Mensuração e Padrões de Capital (Basileia I). Buscava-se estabelecer exigências mínimas de capital para as instituições financeiras visando-se prevenir os riscos em relação ao crédito (implementado no Brasil por meio da Resolução 2.099/94);
- **1997:** Divulgação dos princípios essenciais para uma supervisão bancária eficaz, elaborados pelo Comitê da Basileia e atualizados em 2012 para fazer frente à crise econômica internacional. Esses princípios estão disponíveis no site do BIS e vem sendo exigidos em concursos para o Banco Central;
- **2004:** Basileia II, direcionado aos grandes bancos e tendo como base, além dos princípios da Basileia, três pilares:

  I. Requisitos de constituição e manutenção de capital;

  II. Revisão pela supervisão e regulação do processo de avaliação da adequação de capital dos bancos e;

  III. Disciplina de mercado.

Nesse mesmo contexto, para o aperfeiçoamento dos processos de supervisão de instituições e conglomerados financeiros, cujos negócios englobam entidades coligadas em outros países, são adotados diversos procedimentos, tais como (http://www.bcb.gov.br/?BASILEIA):

a) elaboração de convênios de supervisão com autoridades estrangeiras;

b) acompanhamento das atividades dos organismos internacionais em assuntos relacionados à supervisão;

c) intercâmbio de informações com autoridades supervisoras estrangeiras;

d) coordenação, suporte e acompanhamento das missões de supervisores estrangeiros no país; e

e) divulgação da supervisão brasileira em âmbito internacional.

- **2010:** Basileia III. "Trata-se de um conjunto de propostas de reforma da regulamentação bancária, integrando uma série de iniciativas promovidas pelo Fórum de Estabilidade Financeira (*Financial Stability Board*, FSB) e pelo G20, para reforçar o sistema financeiro após a crise dos *subprimes* em 2008". (FIGUEIREDO, 2016. p. 436).

Assim, o BIS (Banco de Compensações Internacionais), sediado em Basileia (Suíça), tem como função servir os bancos centrais na busca da estabilidade monetária e financeira, para promover a cooperação internacional nessas áreas. Tem como missão: **promover o debate e facilitar a colaboração entre os bancos centrais, apoiar o diálogo com outras autoridades responsáveis pela estabilidade financeira, realizar pesquisas e análises políticas sobre questões de relevância para a estabilidade monetária e financeira, agir como contraparte principal para os bancos centrais em suas transações financeiras e servir como agente ou mandatário em conexão com operações financeiras internacionais** (Disponível em https://www.bis.org/).

> **Como esse assunto foi cobrado em concurso?**
>
> No concurso do Cespe para Procurador do BACEN em 2009, foi considerado ERRADO o seguinte enunciado: "O *Bank for International Settlements* (BIS) é organização internacional que tem por finalidade fiscalizar os bancos centrais associados e facilitar as operações internacionais, na busca da estabilidade monetária e financeira das economias".

> **Como esse assunto foi cobrado em concurso?**
>
> No concurso do Cespe para Procurador do BACEN em 2009, foi considerado ERRADO o seguinte enunciado: "Um dos cinco pilares do Novo Acordo de Capital, assinado em 2004 pelo Comitê da Basileia, é a redução da assimetria de informação (transparência) e o favorecimento da disciplina nos mercados financeiros".

As recomendações internacionais em matéria de supervisão bancária são utilizadas pelos países na avaliação dos seus sistemas bancários. Da mesma forma, o Fundo Monetário Internacional e o Banco Mundial utilizam tais princípios para avaliar o Sistema Bancário e as práticas de supervisão realizadas pelos países. Tais Princípios básicos para Supervisão Bancária Eficaz foram emitidos pelo Comitê de Basileia de Supervisão Bancária em 1997 e, tiveram sua última atualização em 2012, em razão da crise financeira de 2008, após aprovação na 17ª Conferência Internacional de supervisores bancários, realizada em Istambul. Para um aprofundamento do tema recomenda-se uma pesquisa no site do BIS (*Bank of International Settlements*): http://www.bis.org/publ/bcbs230.htm.

O primeiro Princípio Fundamental prevê a promoção **da segurança e da solidez dos bancos e o sistema bancário** como o objetivo primordial para a supervisão bancária. Assim, ainda que as jurisdições possam atribuir outras responsabilidades aos superiores bancários, esses objetivos principais não podem ser afastados, destacando-se, ainda que em face das questões macroprudenciais e os riscos sistêmicos, os reguladores devem dar maior atenção aos SIBs (*Systemically important banks*), proporcionais ao perfil do risco e a importância sistêmica de tais bancos. (disponível em: http://www.bis.org/publ/bcbs230.pdf).

> **Como esse assunto foi cobrado em concurso?**
> No Concurso do CESPE para Procurador do BACEN em 2013, em questão sobre as recomendações internacionais em matéria de supervisão bancária do BIS (*Bank for International Settlements*) foi considerado CERTO o seguinte enunciado: "O principal objetivo dessas recomendações é a promoção da segurança e da solidez dos bancos e do sistema bancário".

> **Como esse assunto foi cobrado em concurso?**
> No Concurso do CESPE para Procurador do BACEN em 2013, em questão sobre as recomendações internacionais em matéria de supervisão bancária do BIS (*Bank for International Settlements*) foi considerado ERRADO o seguinte enunciado: "Os reguladores devem destinar o mesmo grau de atenção a todas as instituições financeiras, independentemente da importância sistêmica e da complexidade da instituição, bem como do risco que oferece". Na mesma questão, também foi considerado ERRADO o seguinte enunciado: "A governança corporativa dos bancos não é contemplada nessas recomendações".

> **Como esse assunto foi cobrado em concurso?**
> No Concurso do CESPE para Procurador do BACEN em 2013, em questão sobre as recomendações internacionais em matéria de supervisão bancária do BIS (*Bank for International Settlements*) foi considerado ERRADO o seguinte enunciado: "Os princípios fundamentais em que se amparam as referidas recomendações foram revistos em 2006, mas ainda não foram atualizados e revisados após a crise financeira mundial iniciada em 2008". Na mesma questão, também foi considerado ERRADO o seguinte enunciado: "Um dos objetivos da supervisão bancária é evitar, em qualquer hipótese, a falência de instituições financeiras".

Observe-se que os Acordos de Basileia não são os únicos instrumentos para se tentar disciplinar o Sistema Financeiro e a Economia mundiais. Em 1974, a ONU impôs uma **Nova Ordem Econômica Mundial** através da aprovação de três Resoluções pela sua Assembleia Geral: "Declaração de Estabelecimento de uma Nova Ordem Econômica Mundial" (Resolução 3.201), "Plano de Ação para o Estabelecimento de uma Nova Ordem Econômica Mundial" (Resolução 3.202) e "Carta de Direitos e Deveres dos Estados" (Resolução 3.281) com o objetivo de regulamentar as atividades das corporações transnacionais. Nesse contexto, o intuito era fazer um contraponto à estrutura de Bretton Woods, responsável pela estruturação do sistema monetário internacional.

> **Como esse assunto foi cobrado em concurso?**
>
> No concurso do Cespe para Procurador do BACEN em 2009, foi considerado ERRADO o seguinte enunciado: "A nova ordem econômica internacional, segundo os documentos aprovados pela ONU, em 1974, pautou-se na desregulamentação das atividades das corporações transnacionais, prática objeto de críticas nos debates financeiros contemporâneos".

Capítulo 7

Ordem Econômica Internacional

1. INTRODUÇÃO

Pautado pelo liberalismo econômico, o século XIX teve o indivíduo como principal ator na ordem econômica internacional, relegando-se ao Estado apenas a atividade política. Esse contexto passa por grandes transformações no século XX, em que fenômenos como as guerras mundiais e a crise do capitalismo (1929) evidenciam a **necessidade de uma maior intervenção do Estado no fenômeno econômico**, publicizando-se, assim, as relações econômicas internacionais (FONSECA, 2014, p. 110).

O grande marco do Direito Internacional Econômico foram os acordos de Bretton Woods, celebrados em 1944, ainda no contexto da II Guerra, nos quais foram tratados temas como desenvolvimento, regulamentação do comércio internacional e a estabilidade financeira mundial. Desses acordos surgiram o **Fundo Monetário Internacional (FMI) e o Banco Internacional para Reconstrução e Desenvolvimento (BIRD) ou Banco Mundial**. Além disso, nesse contexto foram iniciadas as negociações que, mais tarde, levariam à criação do **GATT (*General Agreement on Tariffs and Trade*)** em 1947.

> **▸ Importante**
> "As conferências de Bretton Woods, definindo o Sistema Bretton Woods de gerenciamento econômico internacional, estabeleceram as regras para as relações comerciais e financeiras entre os países mais industrializados do mundo. O Sistema de Bretton Woods foi, então, o primeiro exemplo, na história mundial, de uma ordem monetária totalmente negociada, tendo como objetivo assegurar governança prévia nas relações monetárias entre Nações independentes" (FIGUEIREDO, 2016, p. 478).

Com isso, surge o Direito Econômico Internacional, destinado, por um lado, a promover a adequação de **políticas econômicas que possam estimular o desenvolvimento** e, por outro, a **solucionar conflitos também de ordem econômica**, buscando-se, com isso, a promoção da paz. Para tanto, ao lado dos Estados, o século XX vê o surgimento de organizações internacionais e a consolidação de empresas multinacionais como atores decisivos na construção e determinação dos rumos da ordem econômica internacional.

Já a **ordem econômica internacional** deve ser compreendida como **"o conjunto de normas e instituições que se referem à dinâmica das relações internacionais no**

campo econômico". Assim, apresenta-se como resultado da articulação dos interesses e ações de entes estatais e privados, que ora favorecem a dinâmica dos negócios, ora enfatizam a necessidade de correção de desequilíbrios (PORTELA, 2010, p. 310-311).

Na atualidade a ordem econômica internacional enfrenta sérios desafios, decorrentes, sobretudo, do agravamento da crise do capitalismo global a partir de 2008 do que resultam, dentre outros aspectos, a contestação dos rumos da política econômica internacional, ditada por seus principais atores, e a reconfiguração de institutos elementares do Direito, como a soberania e os processos de formação de blocos econômicos. Por isso, esse tema tende a ser gradativamente mais exigido nos diferentes concursos públicos, merecendo uma atenção especial dos candidatos, sobretudo pelo fato de não contarem com uma abordagem aprofundada nos cursos de graduação em Direito.

2. SUJEITOS ECONÔMICOS INTERNACIONAIS

Apesar de não ser usual na doutrina, a expressão "sujeito econômico internacional" refere-se aos **Estados, organismos internacionais e empresas transnacionais** (por vezes chamadas de multinacionais), atores da ordem econômica internacional que não apenas se submetem às normas jurídicas internacionais, mas contam, ainda, com importante papel na criação e consolidação dessas normas.

Observe-se que quando se fala em "sujeitos do direito internacional", deve-se levar em conta os Estados, as Organizações Internacionais (formadas por Estados) e, para a maioria da doutrina, os indivíduos (no tocante aos direitos humanos). Diferentemente, conforme ressaltado, como "sujeito econômico internacional" deve-se considerar as empresas efetivamente transnacionais, não bastando apenas que atuem no comércio exterior.

Assim, as empresas transnacionais devem ser compreendidas como "entidades autônomas, de personalidade jurídica de direito privado, que estabelecem sua gestão negocial e organizam sua produção em bases internacionais, ou seja, **sem vínculo direto, muito menos compromisso com as fronteiras ou os interesses políticos de determinada Nação"**. Apresentam como uma de suas principais características o fato de seu capital não ser originado especificamente de um país determinado, mas sim como fruto do investimento de diversos segmentos físicos e jurídicos, captados em diferentes partes do planeta. Além disso, contam com um processo de produção operacionalizado em diferentes etapas, podendo ser realizadas em diferentes regiões, mediante fornecimento de matéria-prima, componentes e mão de obra, oriundos de vários países (FIGUEIREDO, 2016, p. 475).

> **Importante**
>
> "Certo é afirmar que a personalidade jurídica de Direito internacional da empresa transnacional permanece como relativamente limitada em comparação com a de outros sujeitos da sociedade internacional, bem mais restrita e cerceada em seus contornos e funcionalidades do que a das organizações internacionais, por exemplo" (CRETELLA NETO, 2012, p. 800).

> **Como esse assunto foi cobrado em concurso?**
>
> No concurso do Cespe para Juiz Federal da 1ª Região em 2011, foi considerado ERRADO o seguinte enunciado: "No plano internacional, os sujeitos econômicos não se limitam às entidades com personalidade jurídica, que atuam na formação e concretização das normas de direito internacional, razão pela qual qualquer empresa **que atue no comércio exterior** é classificada como sujeito econômico internacional".

3. ORGANIZAÇÃO PARA A COOPERAÇÃO E O DESENVOLVIMENTO ECONÔMICO (OCDE)

Com o final da II Guerra, em 1947, foi criada a Organização Europeia de Cooperação Econômica (OECE), com o objetivo de administrar o Plano Marshall na reestruturação da economia europeia. Mais tarde, o Tratado de Roma de 1957 criou a Comunidade Econômica Europeia (CEE). Assim, em razão da necessidade de cooperação para o desenvolvimento e da proximidade dos países do oeste da Europa com os EUA, em 16 de novembro de 1960 foi criada a OCDE – Organização para a Cooperação e o Desenvolvimento Econômico (*Organisation for Economic Cooperation and Development* – OECD), substitutiva da OECE, tendo como fundadores, além dos países da CEE, EUA e Canadá.

A OCDE tem sede em **Paris** e iniciou suas atividades em 1961, tendo "a missão de promover esforços para o desenvolvimento da economia mundial e a ampliação do comércio entre os países, em bases multilaterais e não discriminatórias" (CAPARROZ, 2012, p. 201-202).

Assim, trabalha em colaboração com governos, formuladores de políticas públicas e cidadãos, visando estabelecer padrões internacionais e propor soluções baseadas em dados empíricos para diversos desafios sociais, econômicos e ambientais. Nesse sentido, a OCDE é um centro de conhecimento para coleta e análise de dados, troca de experiências e boas práticas. Ela atua no assessoramento de políticas públicas e no estabelecimento de padrões globais em áreas que vão desde a melhora do desempenho econômico e criação de empregos até a promoção da educação ou o combate à evasão fiscal internacional. (Disponível em: www.oecd.org/acerca. Acesso em: 5 dez. 2020).

Nesse sentido, a atuação da OCDE alcança áreas extremamente diversificadas como política econômica, governança pública, trabalho, ciência e tecnologia, governança corporativa, educação, meio ambiente, comércio, agricultura, economia digital e investimento, dentre outras. Essas atividades envolvem etapas distintas, como: (Disponível em: https://www.gov.br/casacivil/pt-br/assuntos/ocde/sobre-a-ocde-1. Acesso em 6 dez. 2020)

- (i) levantamento de estatísticas e elaboração de estudos e análises pelo secretariado;
- (ii) discussão sobre políticas públicas e intercâmbio de experiências nacionais;
- (iii) estabelecimento de instrumentos legais e padrões internacionais (convenções, decisões, recomendações e declarações); e

(iv) avaliação de políticas públicas e compromissos nacionais, no marco de revisões por pares.

Em 2022 a OCDE contava com 38 países: Alemanha, Austrália, Áustria, Bélgica, Canadá, Chile, Colômbia, Coreia do Sul, Costa Rica, Dinamarca, Eslovênia, Espanha, Estados Unidos, Estônia, Finlândia, França, Grécia, Holanda, Hungria, Islândia, Irlanda, Israel, Itália, Japão, Letônia, Lituânia, Luxemburgo, México, Nova Zelândia, Noruega, Polônia, Portugal, República Tcheca, República Eslovaca, Suécia, Suíça, Turquia e Reino Unido.

Observe-se que, ao lado da Índia, Indonésia, China e África do Sul, o Brasil não é membro da OCDE, apesar de serem considerados **parceiros-chave (*key-partners*)** desde 2007. Contudo, em 25 de janeiro de 2022, o Conselho da OCDE decidiu iniciar discussões sobre adesão com o Brasil (Disponível em: https://www.oecd.org/latin-america/paises/brasil-portugues/. Acesso em 14 mar. 2022).

Conforme destaca o site oficial da casa civil do governo brasileiro, "a missão da OCDE é promover 'políticas melhores para vidas melhores', com foco na melhoria do bem-estar econômico e social da população, de modo a auxiliar os governos a": (Disponível em: https://www.gov.br/casacivil/pt-br/assuntos/ocde/sobre-a-ocde-1 Acesso em 6 dez. 2020)

- Restaurar a confiança nos mercados e nas instituições que os fazem funcionar;
- Restabelecer as finanças públicas saudáveis como base para o crescimento econômico sustentável;
- Fomentar e apoiar novas fontes de crescimento por meio da inovação, de estratégias de 'crescimento verde' e do desenvolvimento de economias emergentes; e
- Garantir que pessoas de todas as idades possam desenvolver as habilidades para trabalhar de forma produtiva e satisfatória.

No mesmo sentido, Roberto Caparroz (2012, p. 202-203) destaca que os principais objetivos da OCDE incluem a promoção de políticas públicas que busquem:

a) Alcançar um **crescimento econômico sustentável** e **taxas crescentes de emprego**, com a melhoria do padrão de vida dos cidadãos dos países-membros e a **manutenção de uma estabilidade financeira**;

b) **Auxiliar economias em expansão** de membros e outros países em processo de desenvolvimento;

c) Contribuir para o **crescimento do comércio internacional multilateral**, a partir de princípios não discriminatórios.

A estrutura da OCDE é composta por um Conselho, composto por representantes de todos os Estados-membros, e responsável pela supervisão geral das atividades da entidade e pelas decisões de caráter estratégico, tomadas por consenso; além dos Comitês e Grupos de Trabalho, encarregados de assuntos técnicos específicos, e de um Secretariado, com funções administrativas (PORTELA, 2010, p. 316).

> **Como esse assunto foi cobrado em concurso?**
>
> No concurso da ESAF para Procurador da Fazenda Nacional em 2007, foi considerado ERRADO o seguinte enunciado: "A Organização para a Cooperação e Desenvolvimento Econômico (OCDE), **à qual aderiu o Brasil**, sucedeu ao Acordo Geral sobre Tarifas e Comércio (GATT)".

> **Como esse assunto foi cobrado em concurso?**
>
> No concurso da ESAF para Procurador da Fazenda Nacional em 2007, foi considerado ERRADO o seguinte enunciado: "O Brasil retirou-se da Associação Latino-Americana de Integração (ALADI), a fim de poder **aderir à OCDE**, uma vez que havia incompatibilidade entre os dois tratados constitutivos".

4. ACORDO GERAL DE TARIFAS E COMÉRCIO (GATT)

A Conferência de Bretton Woods, além de criar o Banco Mundial e o Fundo Monetário Internacional, despertou a ideia de se criar uma organização apta a regulamentar o comércio internacional. Assim, em 1948 foi assinada a **Carta de Havana** criando a **Organização Internacional do Comércio**/*International Trade Organization* (OIC) com o objetivo de ordenar as relações comerciais e combater práticas protecionistas. A organização, que deveria atuar como agência especializada da ONU, contudo, fracassou, sendo substituída por acordos paralelos para a redução de tarifas que acabaram gerando rodadas de negociações, das quais resultariam o GATT.

O **Acordo Geral de Tarifas e Comércio – GATT (*General Agreement on Tariffs and Trade*) foi celebrado em Genebra (Suíça) em 1947**, por 23 países (inclusive o Brasil) e entrou em vigor em 1948, sendo o principal acordo do comércio internacional até a criação da Organização Mundial do Comércio em 1995, que acabou por incorporá-lo.

Sua criação teve como finalidade "expandir o comércio internacional, reduzindo os direitos alfandegários, através de contingenciamentos, de acordos preferenciais, de barreiras não tarifárias, generalizando o princípio da cláusula de nação mais favorecida e concedendo aos países em desenvolvimento um tratamento especial para a exportação de seus produtos manufaturados" (FONSECA, 2014, p. 124).

A expressão "GATT" é utilizada como referência **tanto ao acordo quanto ao organismo internacional** criado para acompanhar a implementação das normas do tratado. Em 1994, o GATT original foi substituído pelo "GATT 1994" (Acordo Geral sobre Tarifas e Comércio 1994 – Decreto 1.355/94), uma série de acordos que manteve o primeiro texto do GATT, introduzindo, porém, significativas mudanças em seu teor. Por outro lado, a entidade GATT foi substituída pela Organização Mundial do Comércio (OMC) (PORTELA, 2010, p. 326).

Para que seus objetivos fossem alcançados, foram realizadas diversas rodadas de negociações comerciais multilaterais. As primeiras delas se resumiam a tratar sobre tarifas, já as mais recentes, além de questões tarifárias, abordam inúmeros outros aspectos, tais como agricultura, serviços, propriedade intelectual, medidas de investimento e solução de controvérsias. Conforme informação disponibilizada no site do Ministério do Desenvolvimento, Indústria e Comércio Exterior, as rodadas e os temas respectivos são as seguintes:

Local/Nome	Período	Países Participantes	Temas cobertos
Genebra	1947	23	Tarifas
Annecy	1949	13	Tarifas
Torquay	1950-1951	38	Tarifas
Genebra	1955-1956	26	Tarifas
Genebra (Rodada Dillon)	1960-1961	26	Tarifas
Genebra (Rodada Kennedy)	1964-1967	62	Tarifas e medidas *antidumping*
Genebra (Rodada Tóquio)	1973-1979	102	Tarifas, Medidas não tarifárias, Cláusula de Habilitação.
Genebra (Rodada Uruguai)	1986-1993	123	Tarifas, Agricultura, Serviços, Propriedade Intelectual, Medidas de Investimento, novo marco jurídico, OMC.
Doha	2001 até o presente	149	Tarifas, Agricultura, Serviços, Facilitação de Comércio, Solução de Controvérsias, "Regras".
http://www.desenvolvimento.gov.br/sitio/interna/interna.php?area=5&menu=369			

Como esse assunto foi cobrado em concurso?

No Concurso para Juiz Federal Substituto, do TRF/2ª Região em 2018, foram considerados CERTOS os seguintes enunciados: "O GATT adota o princípio da nação mais favorecida, ou seja, um favorecimento alfandegário oferecido a uma nação deve ser extensível aos demais países", E "A cláusula de habilitação, enquanto princípio do GATT, admite uma exceção ao princípio da nação mais favorecida."

Como esse assunto foi cobrado em concurso?

No concurso do Cespe para Juiz Federal da 2ª Região em 2011, foi considerado ERRADO o seguinte enunciado: "A primeira rodada de negociação do GATT, realizada em Tóquio, em 1947, versou sobre **tarifas**, agricultura, serviços, propriedade intelectual e medidas de investimento, tendo sido estabelecida, na ocasião, a chamada cláusula da nação mais favorecida, que prevê a gradual supressão de determinados benefícios à medida que os países subdesenvolvidos ou em fase de desenvolvimento incrementam suas economias".

<table>
<tr><th colspan="2">GATT – Acordo Geral de tarifas e Comércio</th></tr>
<tr><td colspan="2">Celebrado em 1947 visando normatizar e combater práticas desleais do comércio exterior. Durante sua vigência, foram realizadas oito rodadas (reuniões) em que se discutiram tarifas aduaneiras, direito antidumping, desagravação e a criação da Organização Mundial do Comércio.</td></tr>
<tr><td>Princípios</td><td>• Reconhecimento de acordos regionais;
• Condições especiais para países em desenvolvimento;
• Cláusula da nação mais favorecida (as vantagens alfandegárias devem ser extensivas a todas as nações, sem discriminação);
• Cláusula de habilitação (exceções ao princípio da cláusula da nação mais favorecida visando beneficiar países em desenvolvimento).</td></tr>
</table>

Segundo Leonardo Vizeu Figueiredo, os princípios instituídos pelo GATT "pautaram-se concretamente em uma posição desigual, reconhecendo uma realidade fática, uma vez que os países possuem realidades internas, de caráter socioeconômico, nitidamente diversas, consolidando a Ordem Econômica Internacional da seguinte forma" (2016, p. 502):

a) Os Estados não podem adotar relações comerciais discriminatórias;

b) Os Estados não podem impedir o pagamento de lucros de investimentos estrangeiros;

c) Os Estados devem cooperar na estabilização dos preços na economia;

d) Os Estados devem evitar o *dumping* e a criação de estoques que interfiram nos demais países em crescimento econômico;

e) Os Estados não podem impedir o comércio internacional, com o uso de barreiras alfandegárias; e

f) Os Estados subdesenvolvidos ou em desenvolvimento têm direito a uma assistência econômica.

5. ORGANIZAÇÃO MUNDIAL DO COMÉRCIO (OMC)

A Organização Mundial do Comércio, sediada em **Genebra (Suíça)**, foi instalada em **1º de janeiro de 1995**, como principal resultado da **Rodada Uruguai do GATT** e apresenta-se, hoje, como o principal organismo na promoção do livre comércio no mundo. Cuida-se de uma organização internacional, com **personalidade jurídica própria**, estados-membros e estrutura composta por órgãos permanentes, além de um complexo sistema de solução de controvérsias. A OMC **não é agência especializada das Nações Unidas**.

> **Como esse assunto foi cobrado em concurso?**
>
> No Concurso do CESPE/CEBRASPE para Assessor Jurídico da CODEVASF em 2021, foi considerado CERTO o seguinte enunciado: "A Constituição da Organização Mundial do Comércio (OMC) foi uma decorrência da Rodada Uruguai de Negociações Multilaterais do GATT, tendo esse ato de constituição sido internalizado pelo governo brasileiro".

> **Como esse assunto foi cobrado em concurso?**
>
> No concurso da ESAF para Procurador da Fazenda Nacional em 2015, foi considerado ERRADO o seguinte enunciado: "A Organização Mundial do Comércio foi constituída na **Conferência de Bretton Woods, em 1994**, após negociações formuladas na denominada 'Rodada Uruguai'".

> **Como esse assunto foi cobrado em concurso?**
>
> No concurso do Cespe para Juiz Federal da 2ª Região em 2011, foi considerado ERRADO o seguinte enunciado: "A OMC, criada na quarta rodada de negociação do GATT, **em Genebra, em 1955**, é organização internacional que negocia e normatiza regras sobre o comércio entre as nações; seus membros transacionam e celebram acordos que são internalizados pelos poderes constituídos de seus signatários e passam, desse modo, a regular o comércio internacional de cada nação".

> **Como esse assunto foi cobrado em concurso?**
>
> No concurso do Cespe para Juiz Federal da 3ª Região em 2011, foi considerado ERRADO o seguinte enunciado: "O **GATT e a OMC foram concebidos em 1948** para expandir o comércio internacional".

Na **promoção do livre comércio**, a OMC combate o protecionismo e as barreiras alfandegárias e não-alfandegárias, como as cotas e restrições quantitativas em geral, dentre outros problemas que constituam obstáculos para os fluxos de bens e de serviços. Além disso, serve como **foro para negociações comerciais internacionais**; vela pelo cumprimento dos tratados comerciais celebrados sob a sua égide; monitora tanto as correntes de comércio internacional como um todo, como as políticas comerciais internas e oferece **cooperação e assistência técnica em matéria de comércio internacional** (PORTELA, 2010, p. 328).

Segundo José Cretella Neto (2012, p. 387-388), as normas da OMC buscam promover a **interdependência dos interesses comuns das partes contratantes**, repousando, dentre outros, em três importantes pilares:

a) O **princípio da transparência** → obrigação de comportamento pela qual um Membro se compromete a notificar os demais Membros da organização, por intermédio de um dos órgãos constitutivos da instituição, sempre que adotar medidas excepcionais relativamente ao tratado;

b) A **natureza consensual** do processo de decisão, que diferencia a OMC do FMI e do BIRD; e

c) O **Mecanismo de Solução de Controvérsias** → resultado da codificação progressiva do sistema do GATT, chegando-se a um *two-track system* (sistema em duas etapas), que tem por objetivo uma apreciação quase judicial das controvérsias, obtendo-se um Relatório, que contém *findings* (conclusões) e *recommendations* (recomendações), destinado ao Órgão de Solução de Controvérsias da OMC; adotado Relatório, será de cumprimento obrigatório.

A estrutura básica dos acordos da OMC pode ser agrupada em seis áreas principais: GATT (que é o *umbrela agreement*, ou acordo guarda-chuva), bens, serviços, propriedade intelectual, solução de controvérsias e revisões da política comercial (*trade policy reviews*), o que, esquematicamente, segundo José Cretella Neto (2012, p. 393), pode ser representado conforme o quadro infra:

Acordo guarda-chuva	ATA FINAL DE MARRAQUECHE - CRIOU A OMC -		
	BENS	**SERVIÇOS**	**PROPRIEDADE INTELECTUAL**
Princípios básicos	GATT	GATS	TRIPS
Detalhes adicionais	Outros Acordos sobre bens e Anexos	Anexo sobre serviços	
Compromissos de acesso a mercados	Cronograma dos compromissos dos países	Cronograma dos compromissos dos países (e exceções das NMFs)	
Solução de controvérsias	SOLUÇÃO DE CONTROVÉRSIAS		
Transparência	REVISÃO DAS POLÍTICAS COMERCIAIS		

▸ Como esse assunto foi cobrado em concurso?

No concurso do Cespe para Juiz Federal da 3ª Região em 2011, foi considerado CERTO o seguinte enunciado: "A atuação da OMC estende-se a mercadorias, serviços e direitos de propriedade intelectual, com o objetivo de reduzir barreiras comerciais e tratamentos discriminatórios".

▸ Como esse assunto foi cobrado em concurso?

No concurso da ESAF para Procurador da Fazenda Nacional em 2007, foi considerado CERTO o seguinte enunciado: "Entre os acordos da OMC, destacam-se o Acordo sobre Comércio de Serviços (**GATS**) e o Acordo sobre Direitos da propriedade Intelectual relacionados ao Comércio (**TRIPS**)".

Aos princípios originais do GATT, outros se somaram, como resultado, sobretudo do GATT-1994 e da celebração de acordos multilaterais no âmbito da OMC. Dessa forma, atualmente o Comércio Internacional é regido por uma série de princípios, dentre os quais merecem destaque:

a) **Princípio da não discriminação** → todo benefício concedido por um Estado a outro, deve ser estendido a todos os demais. Desse princípio decorre a **cláusula da nação mais favorecida**, que impede que um país signatário conceda vantagem especial a um parceiro comercial; e a cláusula de **igualdade de tratamento ou tratamento nacional**, segundo a qual os produtos importados devem receber o mesmo tratamento, sobretudo tributário, que os produtos nacionais. Busca-se, dessa forma, evitar qualquer tipo de discriminação, seja em relação ao Estado, seja em relação à origem dos produtos;

> **Atenção**
>
> O princípio da não discriminação ou da nação mais favorecida **não é absoluto**. Assim, não impede o tratamento diferenciado para produtos oriundos de países pertencentes a blocos comerciais dos quais participam o importador.

> **Como esse assunto foi cobrado em concurso?**
>
> No concurso da FCC para Procurador do BACEN em 2006, foi considerado CERTO o seguinte enunciado: "No âmbito do multilateralismo comercial, a vedação a que um Estado dê preferências comerciais a um outro Estado específico, em detrimento dos demais, é consequência do princípio da nação mais favorecida".

b) **Princípio do tratamento nacional** → os produtos importados devem receber o mesmo tratamento concedido aos equivalentes nacionais. Dessa forma, coíbe-se que os países estabeleçam "tratamento privilegiado e não transparente para sua indústria nacional, em detrimento de concorrentes estrangeiros, resguardado o direito de se fixar regime especial e temporário de salvaguardas" (FIGUEIREDO, 2016, p. 515);

> **Como esse assunto foi cobrado em concurso?**
>
> No concurso do Cespe para Juiz Federal da 5ª Região em 2015, foi apresentado o seguinte enunciado: "Objetivando proteger a indústria automobilística nacional, o Presidente da República editou decreto que aumentou a alíquota geral do IPI em 30% e concedeu desconto, no mesmo percentual, às empresas nacionais fabricantes de automóveis. Tal medida teve como consequência a redução de 60% no volume da importação de veículos". Considerando a situação hipotética descrita, foi considerado CERTO o seguinte enunciado "Qualquer membro da OMC pode apresentar demanda ao órgão de solução de controvérsias da organização, alegando a contrariedade entre as referidas medidas tributárias adotadas pelo Brasil e os acordos comerciais por este firmados, sujeitando-o à sua jurisdição".

c) **Princípio da transparência** → esse princípio estabelece que, caso haja a necessidade de se proteger setores específicos da economia nacional, essa proteção deverá se dar através de tarifas diferenciadas, de forma a evidenciar, de forma clara e sem qualquer tipo de subterfúgios, o grau de proteção dispensado a determinados produtos, respeitando-se, assim, o *pacta sunt servanda* e a boa-fé. Observe-se que esse princípio pressupõe a publicidade das medidas aplicáveis ao controle das importações e exportações entre os membros da OMC, garantindo-se, assim, a previsibilidade nas relações do comércio internacional;

d) **Princípio do tratamento diferenciado para países em desenvolvimento** → a OMC também tem como um de seus objetivos a inserção dos países em desenvolvimento no mercado global. Por isso, para estes, que representam 3/4 dos membros da organização, são previstas condições mais favoráveis de acesso aos mercados. Por outro lado, aplica-se também o **princípio da não-reciprocidade**, "pelo qual os países desenvolvidos não devem esperar que os países em desenvolvimento assumam obrigações incompatíveis com as peculiaridades de sua economia e suas necessidades de desenvolvimento" (PORTELA, 2010, p. 330).

e) **Princípio do *single undertaking*** → considerando-se a unidade do sistema do comércio internacional, não se admite a adesão parcial aos acordos, o que poderia gerar desequilíbrios na lógica do sistema;

f) **Princípio do reconhecimento dos acordos de integração** → apresenta-se, conforme já destacado, como uma exceção ao princípio da não discriminação. Busca assegurar e reconhecer a formação de blocos regionais, desde que obedecidas certas condições, como a não imposição de novas barreiras e a proibição de aumentos nas tarifas ou restrições para países externos à região (CAPARROZ, 2012, p. 123).

▸ **Importante**

GATT, art. XXIV, § 4º. "As Partes Contratantes reconhecem que é recomendável aumentar a liberdade do comércio desenvolvendo, através de acordos livremente concluídos, uma integração mais estreita das economias dos países participantes de tais acordos. Reconhecem igualmente que o estabelecimento de uma união aduaneira ou de uma zona de livre-comércio deve ter por finalidade facilitar o comércio entre os territórios constitutivos e não opor obstáculos ao comércio de outras Partes Contratantes com esses territórios".

▸ **Como esse assunto foi cobrado em concurso?**

No concurso do Cespe para Juiz Federal da 3ª Região em 2011, foi considerado ERRADO o seguinte enunciado: "O GATT **não reconhece acordos regionais**, sob o fundamento de que eles são utilizados para impor barreiras ao restante das partes contratantes". Na mesma questão também foi considerado ERRADO o seguinte enunciado: "Por constituir tratado multilateral, cujas partes atuam em posição de igualdade, o GATT **não** apresenta condições especiais para os países em desenvolvimento".

g) **Princípio *in dubio mitius* ou *in dubio pro mitius*** → a interpretação dos tratados comerciais deve ser literal e restritiva, em respeito à soberania estatal (PORTELA, 2010, p. 330);

h) **Princípio da concorrência leal** → todo o sistema do comércio internacional tem como um dos principais objetivos o combate às práticas desleais do comércio, sobretudo o *dumping* e a concessão indiscriminada de subsídios;

i) **Princípio da ação coletiva** → tem por objetivo impedir que os países adotem medidas unilaterais, que, ao prejudicarem os interesses de terceiros, possam originar uma reação protecionista em Cadeia. Assim, as medidas no âmbito do comércio internacional devem ser resultantes da cooperação de todos os membros, evitando-se atitudes isoladas (CAPARROZ, 2012, p. 121);

j) **Princípio da adoção de medidas urgentes** → em situações de urgência, tal como em surtos de importação que causem prejuízos à economia nacional, os países poderão adotar medidas que, excepcionalmente, permitam-lhes descumprir regras do sistema da OMC, como, por exemplo, através de cláusulas de salvaguarda.

A estrutura da OMC é composta pela Conferência Interministerial, pelo Conselho Geral e pelo Secretariado, além de comitês e grupos de trabalhos especializados (quadro infra).

Um dos pontos mais importantes, e, portanto, mais exigidos em provas e concursos relacionados à OMC diz respeito ao seu sistema de solução de controvérsias, que será acionado no caso de descumprimento das regras adotadas nos acordos comerciais.

A doutrina destaca três características do mecanismo de solução de controvérsias da OMC, previsto no Entendimento sobre Solução de Controvérsias - ESC (*Dispute Settlement Understanding* - DSU), constante do Anexo 2 da Ata Final da Rodada Uruguai de Negociações Comerciais Multilaterais do GATT (FIGUEIREDO, 2016, p. 524):

- **Abrangência** → todos os acordos celerados no âmbito da OMC submetem-se ao mecanismo;
- **Automaticidade** → oriunda da regra do consenso negativo, válida para diversos procedimentos, tais como o estabelecimento dos Painéis. Significa que as decisões dos Órgãos de Apelação, dentre outros, servem de garantia para que o mecanismo somente seja interrompido por acordo mútuo das partes em litígio;
- **Exequibilidade** → trata-se de adaptação do termo em inglês *enforcement*, traduzindo-se na possibilidade de requerer autorização de retaliação econômica, uma vez constatado eventual descumprimento de decisão do Órgão de Solução de Controvérsias, devidamente embasado em relatório do Painel ou do Corpo de Apelação.

Apenas os Estados membros da OMC podem acionar o sistema de solução de controvérsias, tanto na condição de parte quanto de terceiro interessado. Assim como em outros procedimentos de solução de conflitos, **inicialmente se buscará uma saída consensual** entre as partes envolvidas, observadas as regras do Comércio Internacional. Da mesma forma, seguindo a prática do Direito Internacional, é possível a solução do impasse através dos bons ofícios, da conciliação, da mediação e da arbitragem.

Não se chegando a uma solução utilizando-se dos meios tradicionais, poderá ser acionado o mecanismo da OMC com base no qual, à parte beneficiada na demanda será lícita a adoção de **medidas compensatórias, proporcionais e de caráter temporário**, contra o Estado que lhe tenha gerado dano.

O principal órgão do Sistema de Solução de Controvérsias da OMC é o Órgão de Solução de Controvérsias – OSC (*Dispute Settlement Body*), vinculado ao Conselho Geral, a quem compete, primordialmente: a) autorizar a criação de painéis (*panels*), foros competentes para apreciar os litígios, b) adotar os relatórios elaborados pelos painéis e pelo Órgão de Apelação; c) fiscalizar a implementação das recomendações sugeridas pelos painéis e pelo Órgão de Apelação; e d) autorizar a suspensão de vantagens comerciais para Estados que violarem as regras da OMC (PORTELA, 2010, p. 332).

O procedimento inicia-se com as **consultas**, contexto em que a discussão é restrita às partes envolvidas no litígio. Não se alcançando solução para o caso, as partes poderão requerer o estabelecimento de **grupos especiais (painéis)**, composto por especialistas na área, que atuarão se forma semelhante a juízes em um tribunal, utilizando-se como principais fontes, aqueles acordos celebrados no âmbito da OMC.

Ao final dos trabalhos, o painel gerará um relatório destinado ao OSC, que poderá acatá-lo, ou não. Caso alguma das partes envolvidas discorde do relatório, poderá apelar ao Órgão Permanente de Apelação (OPA) que, por sua vez, também submeterá seu relatório final ao OSC que poderá adotá-lo, ou não (só haverá a rejeição por consenso). Sendo referendada pelo OSC, a decisão deverá ser aceita incondicionalmente pelos demandantes e, o país responsável pelo dano deverá imediatamente modificar sua conduta, sob pena de oferecer uma compensação ou sofrer algum tipo de retaliação (FIGUEIREDO, 2016, p. 530).

▸ Como esse assunto foi cobrado em concurso?

No Concurso do CESPE/CEBRASPE para Procurador do Ministério Público de Contas do TC/RO em 2019, foi considerado CERTO o seguinte enunciado: "A Organização Mundial do Comércio é uma organização internacional formal com personalidade jurídica própria, constituída por membros e dotada de um órgão de solução de controvérsias".

▸ Como esse assunto foi cobrado em concurso?

No Concurso do CESPE para Juiz Federal Substituto da 5ª Região em 2017, esse tema foi cobrado da seguinte forma: "Considere que haja controvérsia entre determinado país que se posicionou contrário à política de outro Estado de concessão de subsídios à exportação de produtos automobilísticos. A respeito desse caso, assinale a opção correta considerando as normas da Organização Mundial do Comércio (OMC) bem como as fases do processo decisório desse organismo". Foi considerado CERTO o seguinte enunciado: "Mesmo que o país interessado leve o caso a outro foro internacional, a jurisdição compulsória recairá sobre a OMC, se as partes envolvidas forem membros da organização".

▸ **Como esse assunto foi cobrado em concurso?**

No concurso do Cespe para Juiz Federal da 2ª Região em 2011, foi considerado ERRADO o seguinte enunciado: "São vinculantes e caracterizados pela abrangência, automaticidade e exequibilidade os efeitos das decisões proferidas pelo sistema de solução de controvérsias da OMC, instituído para substituir o antigo procedimento similar adotado pelo GATT, podendo **qualquer nação** acioná-lo na qualidade de terceiro interessado, **independentemente de ser parte da organização**".

<table>
<tr><th colspan="2">OMC - Organização Mundial do Comércio</th></tr>
<tr><td colspan="2">Criada pelo Acordo de Marrakesh de 1994 (GATT/94), negocia e estabelece regras ligadas ao comércio internacional. Sediada em Genebra (Suíça). Em 2015 contava com 162 membros.</td></tr>
<tr><td>Órgãos principais</td><td>Conferência Ministerial: composta por representantes de todos os membros. Reunião pelo menos a cada 2 anos. Principal órgão deliberativo
Conselho Geral: representantes de todos os membros. Reunião quando cabível. Principal órgão executivo. Inclui um Órgão de Revisão de Política Comercial, com competência para acompanhar o cumprimento dos acordos pelos Estados, e um Órgão de solução de controvérsias além de órgãos setoriais como o Conselho de Propriedade Intelectual, o Conselho do Comércio de Mercadorias e o Conselho do Comércio de Serviços.
Secretariado da OMC: chefiada por um Diretor-Geral (mandato de 4 anos), responsável pelo apoio administrativo</td></tr>
<tr><td>Funções</td><td>Atuar como fórum para a celebração de acordos internacionais;
Administrar e supervisionar a adoção dos acordos do comércio internacional;</td></tr>
<tr><td>Sistema de solução de controvérsias</td><td>Baseado no Entendimento sobre Solução de Controvérsias - ESC (Dispute Settlement Understanding - DSU) e acionável apenas pelos estados membros da OMC, tem como principal componente de sua estrutura Órgão de Solução de Controvérsias - OSC (Dispute Settlement Body) que busca o acordo entre as partes. Não sendo possível tal acordo, será instalado um painel para cada caso (semelhante a um tribunal arbitral), composto por três ou cinco membros de diferentes países que elaborarão um relatório a ser submetido ao OSC, pautados pela igualdade entre as partes e tendo como objetivo a segurança jurídica e a eficácia na solução da controvérsia.</td></tr>
</table>

OMC – Organização Mundial do Comércio	
Acordos no âmbito da OMC	Acordo Geral sobre Tarifas e Comércio – GATT (1994); Acordo Geral sobre Comércio de Serviços – GATS (1994); Acordo sobre as Medidas em Matéria de Investimentos Relacionados com o Comércio – TRIMS (1994); Acordo sobre Aspectos dos Direitos de Propriedade Intelectual Relacionados ao Comércio – TRIPS (1994); Acordo sobre a Aplicação de Medidas Sanitárias e Fitossanitárias – SPS (1994); Acordo sobre Barreiras Técnicas ao Comércio – TBT (1994); Acordo sobre a Aplicação do artigo VI do GATT (*dumping*); Acordo sobre a Aplicação do artigo VII do GATT; Acordo sobre Regras de Origem; Acordo sobre a Inspeção Prévia à Expedição; Acordo sobre os Procedimentos para o Trâmite de Licenças de Importação; Acordo sobre Subsídios e Medidas Compensatórias; Acordo sobre Salvaguardas; Acordo sobre a Agricultura; Acordo sobre Têxteis e Confecções;

6. MERCOSUL

6.1. Origens e evolução

O Mercosul de hoje representa o resultado de mais de setenta anos de caminhada no sentido da integração. Ainda no final da década de 40 (1949), o Brasil celebrou com a Argentina e com o Uruguai um acordo bilateral de comércio e pagamentos. Em seguida, com o apoio da **CEPAL (Comissão Econômica para a América Latina)**, foi iniciado o processo de substituição das importações, abrindo-se oportunidades para o desenvolvimento industrial interno, ocorrendo concomitantemente, um esforço para o fortalecimento do comércio intra regional (VILELA, 2003, p. 129)[2].

Em continuidade a esse processo integracionista, em 1960, o Tratado de Montevidéu criou a **ALALC (Associação Latino-Americana de Livre Comércio)**, contando, dentre outros, com a participação de Argentina, Brasil, Paraguai e Uruguai, tendo como principal objetivo impulsionar o processo de industrialização da região, que resultaria na **substituição das importações e na valorização do mercado interno** com base numa política de preferências alfandegárias. No entanto, tal associação acabou por não lograr o êxito esperado, servindo de veículo para a negociação de tarifas meramente de produtos individuais.

Buscando-se maior êxito na integração, foi, a seguir, elaborada uma lista de benefícios aduaneiros que mais tarde viria a ser o meio para a implementação

2. O desenvolvimento histórico do Mercosul, devidamente atualizado, corresponde a um trecho extraído da dissertação Mestrado desenvolvida pelo autor desse livro. VILELA, Danilo Vieira. **As normas de aplicação imediata no Direito Internacional Privado.** 167 f. Dissertação de mestrado em Direito. Faculdade de História, Direito e Serviço Social, Universidade Estadual Paulista "Júlio de Mesquita Filho" (UNESP). Franca, 2003. p. 129-133.

de uma zona de livre comércio. No entanto, sua elaboração gerou uma série de conflitos entre os países membros, devido à sua complexidade, o que acabou por frear o já tumultuado processo de integração, fazendo com que durante a década de 70 a ALALC se extinguisse.

Malfadada a primeira tentativa de maior aproximação dos países da América Latina, em 1980, a ALALC foi substituída pela **ALADI (Associação Latino-Americana de Integração)**, com sede em Montevidéu (Uruguai), que surgia, *a priori*, com as mesmas intenções que levaram a ALALC ao insucesso; no entanto, com propostas mais realistas (SAMTLEBEN; SALOMÃO FILHO, 1995, p. 240).

Não buscava a ALADI uma integração entre todos os países que a compunham de uma só vez, mas visava à bilateralidade nas relações entre os membros, que, por meio de acordos parciais, não necessariamente expandiam para outros países os benefícios alfandegários obtidos nessas relações (ARAÚJO, 1995, p. 282).

Mesmo sendo a ALADI baseada precipuamente em cinco princípios, que preveem, dentre outros aspectos a manutenção de diferentes políticas econômicas e a busca de uma progressiva expansão dos acordos de alcance parcial dentro da região, permitindo um tratamento diferenciado entre as políticas de diversos países dentro da Associação, em momento algum há a previsão da criação de um Mercado Comum, nem tampouco qualquer dispositivo que verse em oposição à sua formação (SAMTLEBEN; SALOMÃO FILHO, 1995, p. 240).

Com a oportunidade aberta pela ALADI, Brasil e Argentina, em 1985, apesar de contínuos desentendimentos diplomáticos decorrentes de ditaduras em ambos os países, iniciaram uma série de acordos visando a uma maior relação comercial entre ambos, com base nos chamados acordos parciais previstos pela Associação.

Prosseguindo essas negociações, em 1988 foi assinado o **PICE (Programa de Integração e Cooperação Econômica Argentina-Brasil)**, o qual baseava-se em protocolos de cooperação e assistência binacional em diversas áreas produtivas, financeiras, culturais, tecnológicas e científicas.

A seguir, em 1990 foi elaborado o **Acordo de Complementação Econômica nº 14**, segundo o qual os países se propunham a elaborar uma série de disposições que permitissem a formação de um espaço econômico comum (ARAÚJO, 1995, p. 281).

Já nessa fase era discutido um programa de desagravação das tarifas quando, em 1990, Uruguai e Paraguai que destinavam, cada um, perto de 30% do total das exportações para o Brasil, evitando perda de mercado e procurando desfrutar de melhores perspectivas no mercado internacional, solicitam sua inclusão ao Bloco (BANCO DO BRASIL, 1997, p. 4), abrindo-se, assim, as portas para a futura elaboração do **Tratado de Assunção** que, assinado em **26 de março de 1991**, e, com a posterior ratificação por parte dos parlamentos de cada um desses quatro países, passou a vigorar no dia **29 de novembro** do mesmo ano.

Tal Tratado, formado por um conjunto de normas visando à constituição, num plano determinado, de um Mercado Comum, além de prever um **período de transição – até 1994**, consta de um texto principal e cinco anexos, onde são tratados temas como o Programa de Liberalização Comercial, regime geral de origem, meios de solução de controvérsias e interferência de cláusulas de salvaguarda, além de prever e definir as competências dos principais órgãos do Mercosul.

Vale, todavia, ressaltar que o Tratado de Assunção não se trata de um Tratado do Mercado Comum do Sul, mas sim, de um Tratado **para a constituição** de um Mercado Comum. Ou seja, em Assunção não foi criado o Mercado, mas **estabelecidas as normas para sua criação**.

Em seu texto, prevê, ainda o tratado, a possibilidade de adesão de outros países no Mercosul, e de que este venha a estabelecer compromissos perante outros países ou blocos como Nafta ou União Europeia, que representavam, na época, a possibilidade de criação da ALCA (Área de Livre Comércio das Américas), bem como de uma zona de livre comércio entre o Mercosul e a Europa.

Seguindo os propósitos do Tratado de Assunção, em 2006 foi assinado o Protocolo de Caracas, em vigor desde 12 de agosto de 2012, que estabelece a **adesão da Venezuela** ao Mercosul. Por outro lado, a **Bolívia encontra-se em processo de adesão** desde 7 de dezembro de 2012. Além disso, são Estados Associados o Chile (desde 1996), o Peru (desde 2003), a Colômbia e o Equador (desde 2004), além de Guiana e Suriname (desde 2013).

> **Atenção!**
>
> **A Venezuela,** aderiu ao Bloco em 2012, mas está suspensa, desde dezembro de 2016, por descumprimento de seu Protocolo de Adesão e, desde agosto de 2017, por violação da Cláusula Democrática do Bloco. (Disponível em: http://www.mercosul.gov.br/saiba-mais-sobre-o-mercosul Acesso em: 08 abr. 2018). Assim, antes de realizar qualquer concurso vale a pena conferir a situação da Venezuela no Mercosul, que poderá passar por transformações a qualquer momento.

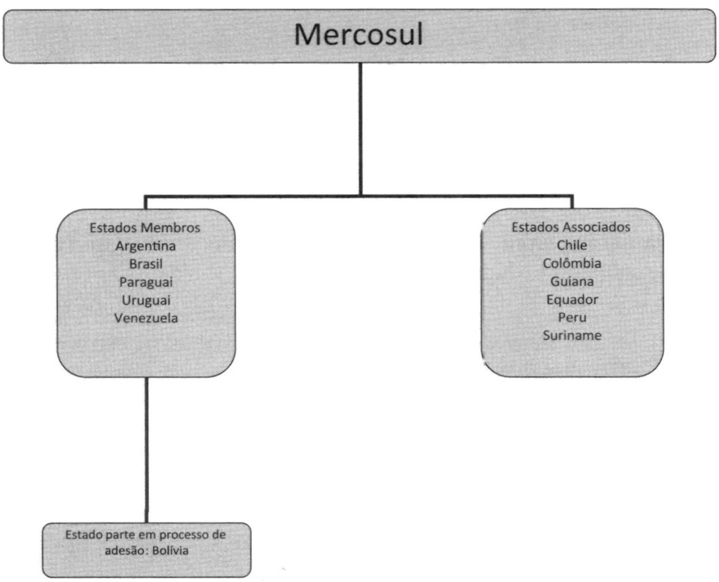

> **Como esse assunto foi cobrado em concurso?**
>
> No concurso para Procurador da República em 2012, foi considerado ERRADO o seguinte enunciado a respeito do MERCOSUL: "Trata-se de um acordo de união aduaneira para a constituição de um mercado econômico regional formado por cinco países-membros com direito a voto (Brasil, Argentina, Paraguai, Uruguai e **Chile**) e ainda cinco países associados com direito à voz (Bolívia, Venezuela, Colômbia, Equador e Peru), que aguardam a **aprovação do Conselho do Mercado Comum** para se tornarem membros plenos".

> **Como esse assunto foi cobrado em concurso?**
>
> No concurso da ESAF para Procurador da Fazenda Nacional em **2012**, foi considerado **ERRADO** o seguinte enunciado: "O MERCOSUL é formado pelo Brasil, Argentina, Paraguai, Uruguai e **Venezuela**". ATENÇÃO: **a questão foi aplicada em 2012, antes da adesão da Venezuela ao Mercosul. Atualmente o enunciado deve ser considerado CERTO.**

Observe-se que a participação do Brasil no Mercosul condiz com os princípios constitucionais (art. 4º da CRFB/88) que regem o país em suas relações internacionais, a saber:

> I. Independência nacional;
>
> II. Prevalência dos direitos humanos;
>
> III. Autodeterminação dos povos;
>
> IV. Não intervenção;
>
> V. Igualdade entre os Estados;
>
> VI. Defesa da paz;
>
> VII. Solução pacífica dos conflitos;
>
> VIII. Repúdio ao terrorismo e ao racismo;
>
> IX. Cooperação entre os povos para o progresso da humanidade;
>
> X. Concessão de asilo político.
>
> **Parágrafo único**. A República Federativa do Brasil buscará a integração econômica, política, social e cultural dos povos da América Latina, visando à formação de uma comunidade latino-americana de nações.

> **Como esse assunto foi cobrado em concurso?**
>
> No concurso do Cespe para Juiz Federal da 1ª Região em 2011, foi considerado ERRADO o seguinte enunciado: "A previsão da CF quanto à busca, pela República Federativa do Brasil, da integração econômica dos povos da América Latina, visando à formação de uma comunidade latino-americana de nações, representa o ideal de Simon Bolívar, que inicialmente defendeu a integração puramente econômica das Américas".

Obs.: Simon Bolívar (1973-1830) foi um militar venezuelano que participou ativamente na independência de vários países da América Latina (Bolívia, Colômbia, Equador, Panamá, Peru e Venezuela) sendo, por isso, considerado um dos principais "Libertadores da América". Mesmo lutando pela liberdade dos povos (não sujeição às metrópoles), Bolívar pregava a integração política e econômica da América Latina. Assim, é incorreto afirmar que Simon Bolívar defendera a integração puramente econômica das Américas. Em 2014, sua vida foi retratada no filme "Libertador", interessante opção para se conhecer mais sobre a História (VILELA; LEITE, 2015, p. 99).

6.2. Natureza jurídica

O Mercosul conta com **personalidade jurídica de Direito Internacional Público**, podendo, no uso de suas atribuições praticar todos os atos necessários à realização de seus objetivos, em especial contratar, adquirir ou alienar bens móveis e imóveis, comparecer em juízo, conservar fundos e fazer transferências (arts. 34 e 35 do Protocolo de Ouro Preto).

> **Como esse assunto foi cobrado em concurso?**
> No concurso da ESAF para Procurador da Fazenda Nacional em 2015, foi considerado ERRADO o seguinte enunciado: "O MERCOSUL **não possui personalidade jurídica de direito internacional** e, por essa razão, suas decisões necessitam do consenso de todos os países membros".

> **Como esse assunto foi cobrado em concurso?**
> No concurso da ESAF para Procurador da Fazenda Nacional em 2012, foi considerado ERRADO o seguinte enunciado: "O MERCOSUL **não tem personalidade jurídica própria**, mas somente os seus Estados membros".

> **Como esse assunto foi cobrado em concurso?**
> No concurso para Procurador da República em 2012, foi considerado ERRADO o seguinte enunciado: "Por se tratar de um agrupamento regional formado por Estados soberanos, sem unidade monetária ou política, o MERCOSUL **não possui personalidade jurídica de direito internacional** e, por consequência, não pode realizar acordos comerciais com países estranhos aos seus membros plenos e associados".

A doutrina classifica as organizações regionais conforme o grau de complexidade do seu processo se integração. Assim, considerando-se a integração como o "processo político entre governos nacionais visando a redução de barreiras que limitam o comércio recíproco", exigindo-se "mudanças coordenadas em âmbito político, econômico e social nos países envolvidos em tal processo", Roberto Luiz Silva (2002c, p. 347-348) apresenta cinco etapas do processo de integração e suas respectivas características:

a) Área (ou Zonas) de tarifas preferenciais

- Redução parcial das tarifas alfandegárias não necessariamente a todos os produtos;

b) Área (ou Zona) de Livre Comércio

- Abolição total das Tarifas que incidam no comércio intra-área;
- Uniformização de normas de controle de qualidade e de padronização de produtos;
- Certificados de origem → unificação da política tarifária para que não haja desvios de comércio;
- "Listas de exceção" com produtos excluídos das regras de livre circulação, de forma a proteger determinados setores econômicos.

c) União Aduaneira

- Unificação da estrutura tarifária relativa a terceiros países;
- Mínimo de harmonização das políticas fiscal, monetária e cambial;
- **TEC → Tarifa Externa Comum**, criada com o "objetivo de evitar que produtos e serviços vindos de terceiros países acabem por ter vantagens na concorrência contra produtos do próprio bloco", uniformizando-se o tratamento dispensado aos países que não compõem o bloco (PORTELA, 2010, p. 762)

> **Como esse assunto foi cobrado em concurso?**
> No concurso da ESAF para Procurador da Fazenda Nacional em 2012, foi considerado ERRADO o seguinte enunciado: "A constituição do MERCOSUL implica no estabelecimento de uma tarifa externa comum (TEC), que incide **sobre os produtos comercializados entre os países integrantes do bloco".**

d) Mercado Comum

- União aduaneira + livre locomoção dos fatores de produção;
- Criação de uma legislação comum;
- Unificação do sistema previdenciário e tributário e das leis trabalhistas;
- Sincronização das políticas econômicas em geral.

e) União Econômica/Monetária

- Unificação das políticas monetária, fiscal e cambial;
- Moeda única + banco central independente;
- Autoridade supranacional.

Há autores que ainda mencionam a **União Política**, como mais uma etapa do processo de integração. Nesta, os membros do Bloco estabelecem uma coordenação de ações no campo político, podendo levar à formação de uma confederação ou até mesmo a unificação dos países envolvidos (PORTELA, 2010, p. 762).

> **Como esse assunto foi cobrado em concurso?**
>
> No concurso da ESAF para Procurador da Fazenda Nacional em 2007, o tema foi cobrado da seguinte forma: "À luz do Direito da Integração, assinale em que estágio de um processo integrativo se encontra um arranjo comercial envolvendo dois ou mais países que, entre si, eliminam as barreiras tarifárias e não-tarifárias à circulação de bens, serviços e fatores produtivos e adotam uma tarifa externa comum para os países que não fazem parte do bloco: a) Acordo de preferências tarifárias; b) Zona de livre-comércio; c) Integração econômica total; d) Mercado comum; e) União aduaneira." Segundo o gabarito oficial, foi considerada CORRETA a alternativa "e".

O Mercosul, tem como objetivo a criação de um **Mercado Comum** entre seus membros, o que abrange uma área de livre comércio, uma união aduaneira e a livre circulação dos fatores de produção. Contudo, no presente, como ainda existem regras protetivas a determinados setores (exceções à Tarifa Externa Comum), que impedem a existência de uma união aduaneira plena, é possível afirmar que o **Mercosul é uma união aduaneira imperfeita ou incompleta**.

> **Como esse assunto foi cobrado em concurso?**
>
> No concurso do Cespe para Procurador do BACEN em 2009, foi considerado ERRADO o seguinte enunciado: "No âmbito das normas que orientam o Mercado Comum do Sul (MERCOSUL), embora não haja, expressamente, a previsão de uma tarifa externa comum, adotou-se a regra da coordenação de posições em foros econômico-comerciais regionais e internacionais".

> **Como esse assunto foi cobrado em concurso?**
>
> No concurso da ESAF para Procurador da Fazenda Nacional em 2007, foi considerado CERTO o seguinte enunciado sobre o MERCOSUL: "Foi criado em 1991, pelo Tratado de Assunção. Apesar de reestruturado em 1994 pelo Tratado de Ouro Preto, constitui ainda uma união aduaneira".

Apesar de os cidadãos do Mercosul não necessitarem visto para transitar pelos Estados-partes, ainda são necessárias formalidades burocráticas para que estabeleçam residência ou trabalhem em outros países, ainda que pertencentes ao bloco. Assim, o Acordo sobre residência para nacionais para Estados-Partes do Mercosul, Bolívia e Chile, assinado na XXIII Reunião do Conselho Mercado Comum (2002), promulgado no Brasil pelo Decreto 6.975/09, prevê que **os nacionais de um Estado-Parte poderão requerer residência temporária de até dois anos, podendo esta ser transformada em permanente mediante a apresentação de um rol de documentos** previsto no próprio Acordo.

Como esse assunto foi cobrado em concurso?

No concurso para Procurador da República em 2015, foi considerado ERRADO o seguinte enunciado: "A Área de Livre Residência acordada em 2009 prevê que os cidadãos nascidos no Brasil, Argentina, Paraguai e Uruguai não precisam de visto para transitar entre estes países, podem estabelecer residência por tempo indeterminado e podem trabalhar em qualquer país do MERCOSUL, sem a necessidade de formalidades burocráticas, com os mesmos direitos de um cidadão nacional".

Qual o entendimento do STJ sobre o assunto?

O Acordo de Admissão de Títulos e Graus Universitários para o Exercício de Atividades Acadêmicas nos Estados Partes do Mercosul, internalizado pelo Decreto Legislativo do Senado Federal n. 800/03 e pelo Decreto 5.518/05, não afasta a obediência ao processo de revalidação, segundo o regime previsto na Lei de Diretrizes e Bases da Educação Nacional" (AgRg no REsp: 1345774/PR, Rel. Min. Og Fernandes, pub. 02.12.2013).

Outro aspecto importante no âmbito do Mercosul diz respeito à origem dos produtos. Nesse sentido, para que seja considerado originário de um Estado-Parte do Mercosul e fazer jus aos benefícios alfandegários, o produto deverá ter a proporção máxima de 40% (quarenta por cento), em regra, de materiais importados de terceiros países, conforme art. 3º do Anexo ao Decreto 5.455/05, que dispõe sobre a execução do 44º Protocolo Adicional ao Acordo de Complementação Econômica n. 18 entre Brasil, Argentina, Paraguai e Uruguai.

Como esse assunto foi cobrado em concurso?

No concurso para Procurador da República em 2015, foi considerado ERRADO o seguinte enunciado: "Para ser considerado originário de um Estado Parte e obter os benefícios aduaneiros do MERCOSUL o produto deve ter a proporção máxima de 49% de materiais importados de terceiros países em relação ao seu valor total".

6.3. Propósito, princípios e instrumentos

O art. 1º do Tratado de Assunção, estabelece aquilo que a doutrina reconhece como os princípios do Mercosul.

- **livre circulação de bens, serviços e fatores de produção** entre os países, através, entre outros, da eliminação dos direitos alfandegários e restrições não tarifárias à circulação de mercadorias e de qualquer outra medida de efeito equivalente;

- estabelecimento de uma **tarifa externa comum e a adoção de uma política comercial conjunta** em relação a terceiros Estados ou agrupamentos de Estados e a coordenação de posições em foros econômico-comerciais regionais e internacionais;

- **coordenação de políticas macroeconômicas e setoriais** entre os Estados Partes - de comércio exterior, agrícola, industrial, fiscal, monetária, cambial e de capitais, de serviços, alfandegárias, de transportes e comunicações e outras que se acordem -, a fim de assegurar condições adequadas de concorrência entre os Estados-Partes;
- compromisso dos Estados Parte em **harmonizar a legislação** nas áreas pertinentes, a fim de fortalecer o processo de integração.

> **Qual o entendimento do STJ sobre o assunto?**
>
> "O mero fato de o importador apresentar nota fiscal retificadora de outra, não descaracteriza a operação como beneficiada pela alíquota zero, porquanto o trigo importado é efetivamente egresso da Argentina, signatária do MERCOSUL" (REsp 577.056/AL, Rel. Min. Castro Meira, publ. 01.02.2006).

> **Qual o entendimento do STJ sobre o assunto?**
>
> "O Tratado do Mercosul, consoante o disposto no art. 7º, do Decreto nº 350/91, estabelece o mesmo tratamento tributário quanto aos produtos oriundos dos Estados-Membros em matéria tributária e não limita que referido tratamento igualitário ocorra somente quanto aos impostos federais, de competência da União. [...] A Lei nº 8.820/89 do Estado do Rio Grande do Sul, com a redação conferida pela Lei nº 10.908/96, isenta do ICMS o leite fluido, pasteurizado ou não, esterilizado ou reidratado, por isso que se estende o mesmo benefício ao leite importado do Uruguai e comercializado nesta unidade da federação" (REsp 480.563/RS, Rel. Min. Mauro Campbell Marques, publ. 28.06.2011).

> **Como esse assunto foi cobrado em concurso?**
>
> No concurso para Procurador da República em 2012, foi considerado CERTO o seguinte enunciado sobre o MERCOSUL: "Ele está fundado na reciprocidade de direitos e obrigações entre os Estados-partes e no compromisso de harmonizar suas legislações para coordenar as políticas macroeconômicas de comércio exterior, agrícola, industrial, fiscal, monetária, cambial, de serviços, alfandegária, de transportes e de comunicações".

Já os objetivos ou propósitos do bloco são **consolidar a integração política, econômica e social entre os países que o integram, fortalecer os vínculos entre os cidadãos do bloco e contribuir para melhorar sua qualidade de vida** (http://www.mercosul.gov.br/saiba-mais-sobre-o-mercosul).

Por outro lado, o art. 5º do mesmo Tratado de Assunção, estabeleceu quais seriam os principais instrumentos, durante o período de transição, para a constituição do Mercado Comum:

a) Um Programa de Liberação Comercial, que consistirá em reduções tarifárias progressivas, lineares e automáticas, acompanhadas da eliminação de restrições não tarifárias ou medidas de efeito equivalente, assim como de outras restrições ao comércio entre os Estados-Partes, para chegar a 31 de dezembro de 1994 com tarifa zero, sem barreiras não tarifárias sobre a totalidade do universo tarifário;

b) A coordenação de políticas macroeconômicas que se realizará gradualmente e de forma convergente com os programas de desgravação tarifária e eliminação de restrições não tarifárias, indicados na letra anterior;

c) Uma tarifa externa comum, que incentive a competitividade externa dos Estados-Partes;

d) A adoção de acordos setoriais, com o fim de otimizar a utilização e mobilidade dos fatores de produção e alcançar escalas operativas eficientes.

6.4. Fontes jurídicas

Considerando que o Mercosul conta com personalidade jurídica própria, conforme lhe foi conferida pelo Protocolo de Ouro Preto, cumpre analisar como se dá a tomada de decisões, quais as principais fontes e como se dá a incorporação das normas do bloco no ordenamento interno dos Estados-Partes.

Segundo o art. 37 do Protocolo de Ouro Preto, as decisões dos órgãos do Mercosul serão tomadas por **consenso** e com a presença de todos os Estados-Partes. Ou seja, as decisões no âmbito do Mercosul devem ser tomadas por **unanimidade**.

> **Como esse assunto foi cobrado em concurso?**
>
> No concurso da ESAF para Procurador da Fazenda Nacional em 2012, foi considerado ERRADO o seguinte enunciado: "As decisões dos órgãos do MERCOSUL são tomadas por maioria e com a presença de todos os Estados partes".

Ainda no Protocolo de Ouro Preto de 1994, incorporado no ordenamento brasileiro pelo Decreto 1.901, de 1996, são previstas as fontes jurídicas do Mercosul, a saber:

- O Tratado de Assunção, seus protocolos e os instrumentos adicionais ou complementares;
- Os acordos celebrados no âmbito do Tratado de Assunção e seus protocolos;
- As Decisões do Conselho do Mercado Comum, as Resoluções do Grupo Mercado Comum e as Diretrizes da Comissão de Comércio do Mercosul, adotadas desde a entrada em vigor do Tratado de Assunção.

Todas essas normas jurídicas Mercosul deverão ser publicadas no seu Boletim Oficial, em sua íntegra, nos idiomas **espanhol e português**, assim como os demais atos aos quais o Conselho do Mercado Comum ou o Grupo Mercado Comum entendam necessário atribuir publicidade oficial (art. 39 do Protocolo de Ouro Preto).

As normas emanadas dos órgãos do Mercosul **terão caráter obrigatório** e deverão, quando necessário, ser incorporadas aos ordenamentos jurídicos nacionais mediante os procedimentos previstos pela legislação de cada país (art. 42 do Protocolo de Ouro Preto).

> **Como esse assunto foi cobrado em concurso?**
>
> No concurso do Cespe para Advogado da União em 2012, foi considerado CERTO o seguinte enunciado: "O MERCOSUL não é uma organização supranacional, razão pela qual as normas emanadas dos seus órgãos não têm caráter obrigatório nem aplicação direta; para ter eficácia, elas devem ser incorporadas formalmente no ordenamento jurídico dos Estados-membros".

> **Como esse assunto foi cobrado em concurso?**
>
> No concurso da ESAF para Procurador da Fazenda Nacional em 2012, foi considerado CERTO o seguinte enunciado: "As normas emanadas do MERCOSUL têm caráter obrigatório".

Ante a essa necessidade de se incorporar as normas mediante o procedimento estabelecido por cada um dos países membros, os concursos públicos têm considerado incorreto afirmar que exista um verdadeiro Direito Comunitário no âmbito do Mercosul, característica que somente estaria presente na União Europeia.

> **Importante**
>
> "O Direito Comunitário é um ramo do Direito que regula mecanismos de integração regional que atingiram um estágio de desenvolvimento mais aprofundado e que é criado não só pelos Estados, mas também pelos órgãos do bloco regional, sendo ainda marcado pela aplicabilidade imediata dentro dos entes estatais e pela superioridade hierárquica em relação ao Direito interno dos Estados" (PORTELA, 2010, p. 763).

> **Como esse assunto foi cobrado em concurso?**
>
> No concurso do Cespe para Juiz Federal da 3ª Região em 2011, foi considerado ERRADO o seguinte enunciado: "No MERCOSUL, **há direito comunitário**, sendo as normas oriundas de órgãos comuns e dispensada a internalização, conforme as regras de direito internacional".

Assim, os tratados oriundos do Mercosul, seguirão o **rito normal para a incorporação dos demais tratados internacionais no Brasil**, ou seja, após a assinatura do tratado, pelo Presidente da República, Ministro das Relações Exteriores, Chefe de Missão Diplomática ou plenipotenciário, ele será encaminhado para a apreciação do Poder Legislativo. Sendo aprovado (*referendum*) será editado um Decreto Legislativo pelo Congresso Nacional (art. 59, VI) e encaminhado para o Poder Executivo que, através da edição de um Decreto, deverá promulgá-lo para que o tratado possa produzir efeitos internos no território nacional. Nesse sentido, considerando-se que a incorporação do tratado prescinde de lei específica, mas exige a observância de procedimento previsto no direito interno, tem-se, no Brasil, a adoção do chamado dualismo moderado.

Obs.: ainda que esses entendimentos, seja quanto ao rito, seja em relação à corrente seguida no Brasil, não sejam pacíficos na doutrina, é recomendável que sejam adotados para efeitos de concursos públicos, considerando-se a jurisprudência dominante. Contudo, em questões discursivas o candidato deve conhecer os entendimentos contrários, conforme conceituada doutrina internacionalista.

Qual o entendimento do STF sobre o assunto?

"[...] Enquanto não sobrevier essa necessária reforma constitucional, a questão da vigência doméstica dos acordos celebrados sob a égide do Mercosul continuará sujeita ao mesmo tratamento normativo que a Constituição brasileira dispensa aos tratados internacionais em geral. [...] a) aprovação, pelo Congresso Nacional, mediante decreto legislativo, de tais convenções; b) ratificação desses atos internacionais, pelo Chefe de Estado, mediante depósito do respectivo instrumento; c) promulgação de tais acordos ou tratados, pelo Presidente da República, mediante decreto, em ordem a viabilizar a produção dos seguintes efeitos básicos, essenciais à sua vigência doméstica: 1) publicação oficial do texto do tratado e 2) executoriedade do ato de direito internacional público, que passa, então, - e somente então - a vincular e a obrigar no plano do direito positivo interno. [...] A Constituição brasileira não consagrou, em tema de convenções internacionais ou de tratados de integração, nem o princípio do efeito direto, nem o postulado da aplicabilidade imediata. Isso significa, de *jure constituto*, que, enquanto não se concluir o ciclo de sua transposição, para o direito interno, os tratados internacionais e os acordos de integração, além de não poderem ser invocados, desde logo, pelos particulares, no que se refere aos direitos e obrigações neles fundados (princípio do efeito direto), também não poderão ser aplicados, imediatamente, no âmbito doméstico do Estado brasileiro (postulado da aplicabilidade imediata)" (CR-AgR 8279 AT, Rel Min. Celso de Mello, publ. 10.08.2000).

Como esse assunto foi cobrado em concurso?

No concurso para Procurador da República em 2015, foi considerado CERTO o seguinte enunciado: "No Brasil, o Supremo Tribunal Federal **não consagra o princípio monista** de recepção plena e aplicabilidade imediata dos tratados e protocolos do MERCOSUL. A jurisprudência do STF adota um posicionamento **dualista moderado** que prevê a necessidade de procedimento específico de internalização das regras do direito internacional ao ordenamento jurídico brasileiro".

Como esse assunto foi cobrado em concurso?

No concurso do Cespe para Procurador do BACEN em 2013, o tema foi cobrado da seguinte forma: "Considere que os Estados-partes do MERCOSUL, e os Estados associados do MERCOSUL (Bolívia, Chile, Colômbia, Equador e Peru) tenham firmado protocolo denominado MOEDASUL como parte complementar dos acordos de integração celebrados no âmbito do MERCOSUL e se comprometido a constituir e a implementar moeda oficial comum, denominada SULAMÉRICO, no território dos respectivos Estados a partir de 2018. Nessa situação hipotética, de acordo com a jurisprudência do STF, o protocolo assinado:". Foi considerado CERTO o seguinte enunciado: "Só poderá ser executado no território nacional após aprovação por **decreto legislativo do Congresso Nacional** e promulgação por **decreto do Poder Executivo**".

Por outro lado, o reconhecimento e **execução das cartas rogatórias**, ainda que provenientes de Estados-Partes do Mercosul, deverão se dar em conformidade com o direito interno, qual seja, submetendo-se a procedimento perante o **Superior Tribunal de Justiça**, de jurisdição contenciosa, devendo-se assegurar às partes as garantias do devido processo legal. Nesses casos a defesa restringir-se-á à discussão quanto ao atendimento dos requisitos para que o pronunciamento judicial estrangeiro produza efeitos no Brasil, sendo vedada a revisão do mérito do pronunciamento judicial estrangeiro pela autoridade judiciária brasileira, conforme disposição do **art. 36 do Novo Código de Processo Civil**.

Da interpretação do art. 19 do Protocolo de Las Leñas, de 2002, se depreende que as competências e os procedimentos para o reconhecimento e execução das sentenças estrangeiras, assim como dos laudos arbitrais, serão regidos conforme disposições do Estado requerido (VILELA; LEITE, 2015, p. 96).

▸ Importante

Art. 19 do Protocolo de Las Leñas/2002: O reconhecimento e execução de sentenças e de laudos arbitrais solicitado pelas autoridades jurisdicionais poderá tramitar-se por via de cartas rogatórias e transmitir-se por intermédio da Autoridade Central, ou por via diplomática ou consular, **em conformidade com o direito interno.**

Não obstante o assinalado no parágrafo anterior, a parte interessada poderá tramitar diretamente o pedido de reconhecimento ou execução de sentença. Em tal caso, a sentença deverá estar devidamente legalizada de acordo com a legislação do Estado em que se pretenda sua eficácia, salvo se entre o Estado de origem da sentença e o Estado onde é invocado, se houver suprimido o requisito da legalização ou substituído por outra formalidade.

▸ Como esse assunto foi cobrado em concurso?

No XXI Exame da OAB, organizado pela FGV em 2016, foi considerado CERTO o seguinte enunciado: "Uma sentença ou um laudo arbitral proveniente de um determinado Estado, cujo reconhecimento e execução seja solicitado a outro Estado membro, pode ter sua eficácia admitida pela autoridade jurisdicional do Estado requerido apenas parcialmente".

> **Como esse assunto foi cobrado em concurso?**
>
> No XXI Exame da OAB, organizado pela FGV em 2016, foi considerado ERRADO o seguinte enunciado: "Os procedimentos para cumprimento de uma carta rogatória recebida sob a guarida do Acordo são determinados pela lei interna do Estado em que a carta deverá ser cumprida, não sendo admitida, em qualquer hipótese, a observação de procedimentos diversos solicitados pelo Estado de onde provenha a carta".

> **Como esse assunto foi cobrado em concurso?**
>
> No Concurso para Juiz Federal da 3ª Região em 2016, foi considerado CERTO o seguinte enunciado: "O Acordo de Cooperação e Assistência Jurisdicional, denominado Protocolo de Las Leñas, promulgado pelo Decreto nº 6.981, de 2.7.2009, busca facilitar o sistema de reconhecimento de sentenças estrangeiras proferidas por tribunais domésticos dos Estados do MERCOSUL, porém **não modifica em nada a competência do Superior Tribunal de Justiça para homologá-las**".

> **Como esse assunto foi cobrado em concurso?**
>
> No concurso para Procurador da República em 2015, foi considerado ERRADO o seguinte enunciado: "A decisão judicial proferida no Chile, **não necessita de homologação mediante carta rogatória** para ser exequível no Brasil, pois o Protocolo de *Las Lenas* prevê a cooperação e assistência judicial em matéria civil, comercial, trabalhista e administrativa entre os Estados Partes e Associados do Mercosul".

6.5. Estrutura

O Tratado de Assunção, em seu art. 18 determinou que antes de 31 de dezembro de 1994, os Estados-Partes deveriam determinar a estrutura institucional definitiva do Mercosul, assim como as atribuições específicas de cada um deles e seu sistema de tomada de decisões. Essa estrutura acabou sendo criada pelo **Protocolo de Ouro Preto** e conta com seis órgãos, admitindo-se, contudo, a possibilidade de criação de órgãos auxiliares.

O quadro infra apresenta, sistematicamente, as principais informações exigidas em concursos públicos sobre cada um desses órgãos:

Estrutura institucional do Mercosul (Protocolo de Ouro Preto/1994)	
Órgão	**Características**
1. Conselho do Mercado Comum (CMC)	Órgão superior; Condução política do processo de integração; Ministros da Economia e das Relações Exteriores; Presidência rotativa em ordem alfabética (6 meses); Reuniões uma vez por semestre ou sempre que necessário; Titular da personalidade jurídica do Mercosul; Decisões obrigatórias para os Estados-Partes.

Estrutura institucional do Mercosul (Protocolo de Ouro Preto/1994)	
Órgão	**Características**
2. Grupo Mercado Comum (GMC)	Órgão Executivo do Mercosul; Toma as providências necessárias ao cumprimento das decisões do CMC; Propõe projetos de Decisão ao Conselho do Mercado Comum; Quatro representantes titulares por país (mais quatro alternos) dentre os quais representantes do Min. das Rel. Exteriores, Min. Economia e Bancos Centrais; Coordenação pelos Ministérios das Rel. Exteriores; Reuniões sempre que necessárias, conforme Regimento Interno; Quinze subgrupos de trabalho auxiliares (SGT); Resoluções obrigatórias para os Estados-Partes.
3. Comissão de Comércio do Mercosul (CCM)	Órgão de assistência do Grupo Mercado Comum (GMC); Políticas comerciais; Quatro membros titulares, mais quatro alternos, por país; Coordenação pelos Ministérios das Relações Exteriores; Reuniões ao menos uma vez ao mês ou sempre que solicitado pelo GMC ou qualquer Estado-Parte; Responsável pelas decisões vinculadas à aplicação da Tarifa Externa Comum (TEC); Diretrizes **obrigatórias** para os Estados-Partes.
4. Parlamento do Mercosul Substituiu a Comissão Parlamentar Conjunta	Sede em Montevidéu (Uruguai)/ sessão de instalação ocorrida em 2007; Sessões mensais; Velar pela observância das normas e pelo regime democrático no Mercosul; Elaborar relatórios, efetuar pedidos de informações e realizar reuniões; Propor projetos de normas ao CMC; Elaborar estudos e anteprojetos de normas e desenvolver ações e trabalhos conjuntos com os parlamentos nacionais; Parlamentares eleitos pelos cidadãos dos Estados-Partes por meio de sufrágio direto, universal e secreto para um mandato de 4 anos sendo possível a reeleição (eleições a partir da segunda etapa de transição prevista no próprio tratado)
5. Foro Consultivo Econômico-Social (FCES)	Representação dos setores econômicos e sociais; Mesmo número de membros de cada Estado-Parte; Função consultiva; Manifestação através de recomendações no GMC.
6.Secretaria Administrativa do Mercosul (SAM)	Apoio operacional; Sede em Montevidéu (Uruguai); Arquivo, publicação, registro, divulgação, tradução, logística; Diretor: nacional de um dos Estados-Partes, eleito pelo GMC para mandato de 2 anos.

▸ Como esse assunto foi cobrado em concurso?

No concurso do Cespe para Juiz Federal da 2ª Região em 2012, foi considerado CERTO o seguinte enunciado sobre a estrutura institucional do Mercosul: "Cabe ao Conselho do Mercado Comum exercer a titularidade da personalidade jurídica do Mercosul".

> **Como esse assunto foi cobrado em concurso?**
>
> No concurso do Cespe para Juiz Federal da 2ª Região em 2012, foi considerado ERRADO o seguinte enunciado sobre a estrutura institucional do Mercosul: "As normas da Comissão de Comércio do Mercosul possuem caráter meramente recomendatório". Na mesma questão também foi considerado ERRADO: "Compõe a estrutura do Mercosul a Comissão de Tribunais Constitucionais".

> **Como esse assunto foi cobrado em concurso?**
>
> No concurso do Cespe para Advogado da União em 2012, foi considerado CERTO o seguinte enunciado: "Cabe ao **Conselho** do MERCOSUL, órgão superior composto pelos ministros das Relações Exteriores e os da Economia dos Estados-partes, conduzir a política do processo de integração e tomar decisões destinadas a assegurar o cumprimento dos objetivos e prazos estabelecidos para a constituição definitiva do MERCOSUL".

> **Como esse assunto foi cobrado em concurso?**
>
> No concurso do Cespe para Juiz Federal da 1ª Região em 2011, foi considerado ERRADO o seguinte enunciado: "À **Comissão de Comércio**, órgão superior do MERCOSUL, incumbe a condução política do processo de integração e a tomada de decisões para a garantia do cumprimento dos objetivos estabelecidos pelos Estados-partes e para lograr a constituição final do mercado comum".

Obs.: chama atenção a similitude entre as duas questões supratranscritas, aplicadas em diferentes concursos, em diferentes anos, mas pela mesma organizadora, com conteúdo praticamente idêntico. Isso comprova a importância de se dedicar parte do estudo para concursos ao estudo e solução de questões exigidas em concursos anteriores.

6.6. Solução de controvérsias

O mecanismo de solução de controvérsias é um dos temas mais cobrados em concursos públicos em questões relacionadas ao Mercosul, sejam elas de Direito Econômico, sejam de Direito Internacional. Por isso o estudo do tema requer bastante cuidado e atenção.

As normas que disciplinam os métodos para a solução de controvérsias no âmbito do Mercosul sofreram várias alterações desde o Tratado de Assunção. Assim, inicialmente, a disciplina se dava conforme o Anexo III daquele Tratado, segundo o qual as controvérsias deveriam ser resolvidas mediante negociação direta e, em caso de insucesso, seriam remetidas à consideração do Grupo Mercado Comum, a quem caberia, em até 60 dias, apresentar recomendações aos litigantes, com possibilidade de análise em última instância pelo Conselho Mercado Comum.

Já o Protocolo de Brasília, firmado em 17 de dezembro de 1991, que tinha como âmbito de aplicação as controvérsias que surgissem entre os Estados-Partes sobre a interpretação, a aplicação ou descumprimento das disposições contidas no Tratado de Assunção, dos acordos celebrados no âmbito do mesmo, bem como das decisões que emanassem do Conselho do Mercado Comum (artigo I), previa a adoção de até três etapas, quais sejam: negociações diretas, intervenção do GMC e procedimento arbitral.

Inicialmente deveria se buscar a solução da controvérsia através de **negociações diretas**, envolvendo os Estados-Partes, com duração máxima de 15 dias (salvo acordo entre as partes) a partir da data em que foi solicitada a controvérsia. Não sendo alcançada a solução, ou sendo meramente parcial, quaisquer dos Estados-Partes envolvidos pode submetê-la à **consideração do Grupo Mercado Comum (GMC)** que avaliará a situação, dando oportunidade para que as partes exponham suas posições, sendo possível o assessoramento por peritos (arts. 2 a 4 do Protocolo de Brasília).

Ao término desse procedimento, que não poderá estender-se por prazo superior a 30 dias, o Grupo Mercado Comum formula recomendações aos Estados-Partes na controvérsia tendentes à solução da controvérsia.

Nos casos em que a atuação do GMC não é suficiente para solucionar a controvérsia, qualquer dos Estados-Partes poderá comunicar à Secretaria Administrativa sua intenção de recorrer ao procedimento arbitral previsto no próprio Protocolo de Brasília. Nesse caso, o Tribunal Arbitral *ad hoc* (para essa finalidade), será composto por três árbitros: um designado por cada Estado-Parte (e seus respectivos suplentes) e um terceiro designado de comum acordo por eles (não podendo ser nacional dos Estados envolvidos), que será o Presidente.

O Protocolo de Brasília previa, ainda, uma lista de dez árbitros (juristas) indicados por cada um dos Estados membros do Mercosul, que serviria, por exemplo, para a indicação de árbitros pela Secretaria Administrativa nos casos em que o Estado, devendo indicar, não o fazia, ou ainda, para compor uma lista de onde seriam sorteados os terceiros árbitros previstos no procedimento, em caso de omissão dos Estados de fazê-lo.

"O Tribunal *ad hoc* deveria ser instalado na sede de um dos países do Mercosul e poderia adotar procedimentos próprios, que privilegiassem a resolução célere do caso, obviamente respeitados os direitos de manifestação e produção de provas dos interessados", admitindo-se, inclusive, a adoção de medidas provisórias, que deveriam ser imediatamente acatadas pelas partes (CAPARROZ, 2012, p. 320).

Como fontes para a solução das controvérsias, o Tribunal arbitral utilizará as disposições do Tratado de Assunção, dos acordos celebrados no âmbito do mesmo, as decisões do Conselho do Mercado Comum, e os princípios e disposições do direito internacional aplicáveis à matéria, podendo, inclusive, decidir com base na **equidade (*ex aequo et bono*) se as partes assim convierem**.

Os laudos dos Tribunais arbitrais que, conforme o Protocolo de Brasília, eram inapeláveis (**situação alterada como o Protocolo de Olivos**) deveriam ser editados no prazo de dois meses, prorrogável por mais trinta dias, devendo ser motivados e tais decisões deveriam ser imediatamente cumpridas, a não ser que o Tribunal fixasse prazo específico.

Apesar de tais decisões serem, até então, inapeláveis, era possível a qualquer dos Estados-Partes na controvérsia, dentro de 15 dias da notificação da decisão, solicitar esclarecimentos sobre a forma de cumprimento, devendo o Tribunal manifestar-se nos 15 dias subsequentes, cabendo ao Tribunal, se considerar conveniente, suspender o cumprimento da decisão até que decida sobre a solicitação apresentada.

No caso de um Estado-Parte não cumprir a decisão em um prazo de 30 dias, os outros podem adotar medidas compensatórias temporárias, com vistas a obter seu cumprimento.

Observe-se que o procedimento previsto no Protocolo de Brasília também poderia ser aplicado às reclamações efetuadas por particulares por motivo da sanção ou aplicação, por qualquer dos Estados-Partes, de medidas legais ou administrativas de efeito restritivo, discriminatórias ou de concorrência desleal, em infração do Tratado de Assunção, dos Acordos celebrados no âmbito do mesmo, ou das decisões emanadas do Conselho do Mercado Comum (art. 25 do Protocolo de Brasília).

Em 18 de fevereiro de 2002, foi assinado o Protocolo de Olivos, que atualmente disciplina o sistema de solução de controvérsias no âmbito do Mercosul, conforme quadro infra:

<table>
<tr><th colspan="2">Sistema de solução de controvérsias no Mercosul (Protocolo de Olivos/2002)
(VILELA; LEITE, 2015, p. 129)</th></tr>
<tr><td colspan="2">Âmbito de aplicação: controvérsias que surjam entre os Estados-Partes sobre a interpretação, a aplicação ou o não cumprimento do Tratado de Assunção, do Protocolo de Ouro Preto, dos protocolos e acordos celebrados no marco do Tratado de Assunção, das Decisões do Conselho do Mercado Comum, das Resoluções do Grupo Mercado Comum e das Diretrizes da Comissão de Comércio do Mercosul.</td></tr>
<tr><td>1ª Fase – Negociações diretas</td><td>Prazo de 15 dias (regra);
Os Estados envolvidos informarão ao GMC;
Procedimento opcional: consideração do GMC que elaborará recomendações visando à solução da divergência (30 dias);</td></tr>
<tr><td>2ª Fase – Procedimento arbitral ad hoc (para o caso)</td><td>Procedimento previsto no Protocolo de Brasília/1991;
Tribunal ad hoc (TAH) composto por três árbitros;
Cada Estado-Parte envolvido na controvérsia indica um árbitro e os dois Estados escolherão conjuntamente o Presidente do Tribunal;
O Tribunal poderá adotar medidas provisórias, e revogá-las a qualquer momento;
Emissão de laudo arbitral (60 dias prorrogáveis por mais 30 dias)</td></tr>
<tr><td>3ª Fase – Tribunal Permanente de Revisão (sediado em Assunção)</td><td>Novidade adotada pelo Protocolo de Olivos/2002;
Qualquer das partes poderá apresentar um recurso de revisão do laudo do Tribunal ad hoc ao Tribunal Permanente de Revisão (TPR) no prazo de 15 dias da notificação do mesmo;</td></tr>
</table>

<table>
<tr><th colspan="2">Sistema de solução de controvérsias no Mercosul (Protocolo de Olivos/2002) (VILELA; LEITE, 2015, p. 129)</th></tr>
<tr><td>3ª Fase – Tribunal Permanente de Revisão (sediado em Assunção)</td><td>Recurso limitado a questões de direito e interpretações jurídicas desenvolvidas no laudo;
Obs.: laudos dos Tribunais ad hoc emitidos com base nos princípios ex aequo et bono (equidade) não serão suscetíveis dos recursos de revisão;
Composição do Tribunal: 5 árbitros (um por Estado-Parte) e seus respectivos suplentes, nomeados para um mandato de 2 anos (prorrogáveis até duas vezes);
Sede: Assunção (Paraguai);
Controvérsias envolvendo dois Estados: atuação de 3 árbitros;
Controvérsias envolvendo mais de dois Estados: atuação de todos os árbitros;
Laudos do Tribunal Permanente de revisão: irrecorríveis e com força de coisa julgada (admite-se apenas o Recurso de esclarecimento);</td></tr>
<tr><td>Acesso direto ao Tribunal Permanente de Revisão</td><td>As partes na controvérsia poderão acordar expressamente em submeter-se diretamente e em única instância ao Tribunal Permanente de Revisão, caso em que este terá as mesmas competências do Tribunal ad hoc.</td></tr>
<tr><td colspan="2">Obs.: não cumpridos total ou parcialmente o laudo do Tribunal Arbitral, a outra parte terá a faculdade de aplicar medidas compensatórias temporárias, preferencialmente em favor do setor econômico afetado. Nesse caso, o Estado prejudicado poderá manifestar-se perante o Tribunal ad hoc ou o Tribunal Permanente de Revisão.</td></tr>
<tr><td colspan="2">Reclamações de particulares: Seções nacionais do GMC dos Estados envolvidos na reclamação → Grupo Mercado Comum (convocação de grupo de especialistas para elaboração de parecer). Caso não resolvida a reclamação os Estados poderão dar início aos procedimentos das negociações diretas, Tribunal ad hoc e Tribunal Permanente de Revisão.</td></tr>
</table>

▸ Como esse assunto foi cobrado em concurso?

No Concurso do CESPE para Advogado da União em 2015, foi considerado CERTO o seguinte enunciado: "Compete ao Tribunal permanente de Revisão do MERCOSUL, instituído por meio do Protocolo de Olivos, julgar, em última instância, os recursos interpostos contra decisões de tribunais *ad hoc* prolatadas em procedimentos de arbitragem instaurados para a solução de controvérsias entre Estados-partes do MERCOSUL relativas à interpretação, à aplicação ou ao não cumprimento das normas desse bloco econômico".

▸ Como esse assunto foi cobrado em concurso?

No Concurso do CESPE para Juiz Federal da 1ª Região em 2015, o tema foi abordado da seguinte forma: "O instrumento que regula atualmente a solução de controvérsias no âmbito do MERCOSUL é o: a) Protocolo de Las Leñas, b) Protocolo de Olivos, c) Protocolo de Ouro Preto, d) Protocolo de Brasília e e) Protocolo de Assunção". O gabarito oficial considerou correta a alternativa "b".

> **Como esse assunto foi cobrado em concurso?**
>
> No concurso da ESAF para Procurador da Fazenda Nacional em 2015, foi considerado ERRADO o seguinte enunciado: "O Protocolo de Brasília é o que **atualmente** regula a solução de conflitos dentro do MERCOSUL".

> **Como esse assunto foi cobrado em concurso?**
>
> No concurso do Cespe para Advogado da União em 2012, foi considerado ERRADO o seguinte enunciado: "Visando à solução de controvérsias no âmbito do MERCOSUL, os particulares põem peticionar diretamente ao Tribunal Arbitral Ad Hoc e ao Tribunal Permanente de Revisão".

> **Como esse assunto foi cobrado em concurso?**
>
> No concurso para Procurador da República em 2012, foi considerado ERRADO o seguinte enunciado: "O Tratado de Assunção, que começou a vigorar em 2004 e atualmente regula o mecanismo de solução de controvérsias entre os países-membros prevê que os litígios sejam examinados pelo Tribunal Arbitral Permanente de Revisão do MERCOSUL, que é **formado pelos Ministros das Relações Exteriores** dos cinco países-membros com direito a voto".

> **Como esse assunto foi cobrado em concurso?**
>
> No concurso do Cespe para Juiz Federal da 1ª Região em 2011, foi considerado CERTO o seguinte enunciado: "Compõe a estrutura do sistema de solução de controvérsias do MERCOSUL, o Tribunal Permanente de Revisão, ao qual poderá ser encaminhado pelos Estados interessados recurso de revisão contra laudo emitido pelo Tribunal Arbitral Ad Hoc".

É interessante destacar que, de forma inovadora, o Protocolo de Olivos prevê que as controvérsias compreendidas no âmbito de aplicação do Presente Protocolo podem ser submetidas ao sistema de solução de controvérsias da Organização Mundial do Comércio (OMC) ou de outros esquemas preferenciais de comércio de que sejam parte individualmente os Estados-Partes do Mercosul. Contudo, ainda no art. 1º do referido Protocolo, resta claro que a controvérsia poderá ser submetida a **um ou outro foro**, à escolha da parte demandante e, uma vez iniciado um procedimento de solução de controvérsias, nenhuma das partes poderá recorrer a mecanismos de solução de controvérsias estabelecidos nos outros foros com relação a um mesmo objeto. Ou seja, tem-se, com isso, uma **opção de foro, mas não um sistema recursal entre o foro regional do Mercosul e a OMC**.

> **Como esse assunto foi cobrado em concurso?**
>
> No concurso da ESAF para Procurador da Fazenda Nacional em 2007, foi considerado ERRADO o seguinte enunciado: "Caso ocorra algum litígio envolvendo desobediência a tratados comerciais entre Argentina e Brasil, qualquer desses países pode recorrer ao sistema de solução de controvérsias do Mercosul, podendo em seguida **apelar** desta decisão à Organização Mundial do Comércio (OMC)".

Outra importante novidade trazida pelo Protocolo de Olivos diz respeito às **opiniões consultivas**, "manifestações fundamentadas do Tribunal Permanente de Revisão, sem caráter vinculante, em relação a questionamentos jurídicos formulados acerca da interpretação e aplicação das normas do Mercosul" (CAPARROZ, 2012, p. 321).

> **Como esse assunto foi cobrado em concurso?**
> No concurso do Cespe para Diplomata (IRBR) em 2014, foi considerado ERRADO o seguinte enunciado: "O Tribunal Permanente do Mercosul dispõe **apenas** de competência contenciosa".

6.7. Principais tratados

Principais Tratados do Mercosul (VILELA; LEITE, 2015, p. 128)	
Tratado de Assunção (1991) Decreto 350 de 21.11.1991	Tratado para a constituição do Mercosul
Protocolo de Brasília (1991) Decreto 922 de 10.09.93	Estabeleceu o sistema de solução de controvérsias (derrogado pelo Protocolo de Olivos)
Protocolo de Las Leñas (ARG) (1992) Decreto 2.067 de 12.11.1996	Cooperação e assistência jurisdicional em matéria civil, comercial, trabalhista e administrativa entre os Estados-Partes do Mercosul, a Bolívia e o Chile
Protocolo adicional ao Tratado de Assunção sobre a estrutura institucional do Mercosul - Ouro Preto (1994) Decreto 1.901 de 09.05.1996	Estabelece a estrutura institucional do Mercosul e lhe confere personalidade jurídica de Direito Internacional (art. 34)
Protocolo de Medidas Cautelares - Ouro Preto (1994) Decreto 2.626 de 15.06.1998	Regulamenta o cumprimento de medidas cautelares destinadas a impedir a irreparabilidade de um dano em relação às pessoas, bens e obrigações de dar, de fazer e de não fazer
Protocolo de Buenos Aires sobre jurisdição internacional em matéria contratual (1996) Decreto 2.095 de 17.12.1996	Estabelece regras para a jurisdição contenciosa internacional em matéria contratual de natureza civil ou comercial entre particulares
Protocolo de Assistência jurídica mútua em assuntos penais - San Luis (ARG) (1996) Decreto 3.468 de 17.05.2000	Estabelece a assistência jurídica mútua em assuntos penais entre as autoridades competentes dos Estados-Partes
Protocolo de Defesa da Concorrência do Mercosul - Fortaleza (1996) Decreto 3.602 de 18.09.2000	Tem por objeto a defesa da concorrência no âmbito do Mercosul

Principais Tratados do Mercosul (VILELA; LEITE, 2015, p. 128)	
Protocolo sobre Comércio de Serviços do Mercosul - Montevidéu (1997) Decreto 6.480 de 11.06.2008	Tem por objetivo promover o livre comércio de serviços no Mercosul
Acordo sobre arbitragem internacional do Mercosul - Buenos Aires (1998) Decreto 4.719 de 04.06.2003	Regula a arbitragem como meio alternativo privado de solução de controvérsias surgidas de contratos comerciais internacionais entre pessoas físicas ou jurídicas de direito privado
Protocolo de Ushuaia sobre Compromisso Democrático no Mercosul, Bolívia e Chile (1998) Decreto 4.210 de 24.04.2002	Reconhece que a plena vigência das instituições democráticas é condição essencial para o desenvolvimento dos processos de integração entre os respectivos Estados Partes e estabelece procedimentos para os casos de ruptura da ordem democrática
Acordo de Extradição entre os Estados-Partes do Mercosul - Rio de Janeiro (1998) Decreto 4.975 de 3001.2004	Simplifica e agiliza o procedimento extradicional entre os países membros do Mercosul
Protocolo de Olivos (ARG) (2002) Decreto 4.982 de 09.02.2004	Estabelece o sistema de solução de controvérsias no âmbito do Mercosul e cria o Tribunal Permanente de Revisão com sede em Assunção
Acordo de cooperação e assistência jurisdicional em matéria civil, comercial, trabalhista e administrativa entre os Estados-Partes do Mercosul e a República da Bolívia e a República do Chile - Buenos Aires (2002) Decreto 6.891 de 02.07.2009	Estabelece e disciplina a assistência mútua e ampla cooperação jurisdicional em matéria civil, comercial, administrativa e trabalhista. Dentre outros importantes aspectos, cuida do reconhecimento e execução das sentenças e laudos arbitrais.
Acordo para a facilitação de atividades empresariais no Mercosul - Belo Horizonte (2004) Decreto 6.418 de 31.03.2008	Estabelece meios para a facilitação de atividades empresariais no âmbito do Mercosul
Protocolo constitutivo do Parlamento do Mercosul - Montevidéu (2005) Decreto 6.105 de 30.04.2007	Constitui o Parlamento do Mercosul, com sede em Montevidéu, como órgão de representação de seus povos, independente e autônomo que passa a integrar a estrutura institucional do Mercosul
Protocolo de Caracas (2006) Decreto 7.859 de 06.12.12	Estabelece a adesão da Venezuela ao Mercosul

7. INSTRUMENTOS DE DEFESA COMERCIAL

O tema relacionado às práticas desleais no comércio internacional e as medidas de defesa comercial vem sendo cobrado em concursos, sobretudo, para a

Magistratura Federal e para a Procuradoria da Fazenda Nacional, trazendo muita dificuldade aos candidatos que, em geral, nada conhecem sobre o assunto. Contudo, apesar de o tema ser complexo, as questões geralmente o tratam com certa superficialidade. Dessa forma, o conhecimento de alguns conceitos, em regra, já é suficiente para o aproveitamento da questão.

Práticas desleais e anticompetitivas são nocivas ao desenvolvimento do comércio internacional. Com base nisso, os países-membros da Organização Mundial do Comércio contam com **instrumentos de defesa não tarifários**, tais como as medidas de salvaguarda, as medidas compensatórias e as medidas antidumping, caracterizadas como **medidas de ordem político-jurídicas voltadas a combater abusos nas transações comerciais.**

> **Como esse assunto foi cobrado em concurso?**
> No concurso da ESAF para Procurador da Fazenda Nacional em 2007, foi considerado CERTO o seguinte enunciado: "Os membros da Organização Mundial do Comércio (OMC) podem, uma vez verificadas as condições jurídicas e econômicas, aplicar medidas *antidumping*, medidas compensatórias ou medidas de salvaguardas".

> **Importante**
> "Por instrumentos de defesa comercial entende-se o conjunto de atos e medidas, adotados pelo Estado brasileiro para resguardar os interesses de seus exportadores, proteger seu mercado interno do avanço predatório de agentes econômicos estrangeiros, bem como para evitar prejuízos ou recompor os danos experimentados por agentes econômicos nacionais, participantes do comércio exterior brasileiro, mormente no que tange à produção e à indústria doméstica" (FIGUEIREDO, 2016, p. 651)

7.1. *Dumping* e *Antidumping*

A doutrina conceitua o *dumping* como a "infração ao comércio exterior decorrente da exportação de mercadoria em **patamares inferiores aos valores comercializados em seu mercado de origem**". Ou seja, "trata-se da exportação de mercadoria em preço vil, objetivando **avanço predatório** sobre mercado externo, considerando-se os preços praticados pelo respectivo exportador em seu mercado interno" (FIGUEIREDO, 2016, p. 645).

> **Como esse assunto foi cobrado em concurso?**
> No Concurso do CESPE para Juiz Federal Substituto da 5ª Região em 2017, foi considerado ERRADO o seguinte enunciado: "Considera-se *dumping* a introdução de um produto em mercado estrangeiro a preço superior a seu valor normal, se comparado a preço de produto similar praticado no país exportador".

> **Como esse assunto foi cobrado em concurso?**
>
> No Concurso do CESPE para Juiz Federal Substituto da 5ª Região em 2017, foi considerado ERRADO o seguinte enunciado: "O combate a essa prática [*dumping*] destina-se à proteção do setor da **economia global** atingido pela discriminação interna de preços".

No Brasil a conceituação do *dumping* e os procedimentos administrativos relativos à investigação e à aplicação de medidas *antidumping*, encontram-se previstos no Decreto 8.058 de 2013, que, em seu art. 7º, define o *dumping* como **"a introdução de um produto no mercado doméstico brasileiro, inclusive sob as modalidades de *drawback*, a um preço de exportação inferior ao seu valor normal".**

Frise-se que o ***drawback*** segundo o site oficial do Ministério do Desenvolvimento, Indústria e Comércio Exterior, é a **desoneração de impostos na importação vinculada a um compromisso de exportação,** prática disciplinada pela Portaria SECEX 23/11 (http://www.desenvolvimento.gov.br/sitio/interna/interna.php?area=5&menu=247).

> **Qual o entendimento do STJ sobre o assunto?**
>
> "A multa moratória na hipótese de descumprimento, pelo contribuinte beneficiário, da obrigação de exportar no regime especial de *drawback* em sua modalidade suspensão, somente ocorrerá após o trigésimo dia do inadimplemento". (EREsp 1.580.304-RS, Rel. Min. Sérgio Kukina, Primeira Seção, j. 16/09/2021, Info 710)

Por outro lado, o mesmo Decreto 8.058/13 define **"valor normal"** como "o preço do produto similar, em operações comerciais normais, destinado ao consumo no mercado interno do país exportador" (art. 8º). Da mesma forma há a conceituação de **"produto similar"**, qual seja, "o produto idêntico, igual sob todos os aspectos ao produto objeto da investigação ou, na sua ausência, outro produto que, embora não exatamente igual sob todos os aspectos, apresente características muito próximas às do produto objeto da investigação" (art. 9º).

> **Qual o entendimento do STJ sobre o assunto?**
>
> "[...] A prática de *dumping* caracteriza-se pela entrada no mercado nacional de bem exportado por um preço inferior ao praticado nas operações internas do mercado do país exportador (valor normal). Na aplicação dos direitos antidumping, é necessário, além da constatação, a prova de que a indústria nacional sofrerá dano pela entrada dos bens importados. [...] O Poder Judiciário não pode substituir-se à SECEX, órgão administrativo especializado nas investigações relativas a *dumping*, cabendo-lhe apenas o controle da aplicação das normas procedimentais estabelecidas" (REsp 1105993, Rel. Min. Eliana Calmon, publ. 18.02.2010).

▸ Qual o entendimento do STJ sobre o assunto?

"Encontrando-se dificuldades na determinação do preço comparável no caso de importações originárias de país que não seja predominantemente de economia de mercado, onde os preços domésticos sejam em sua maioria fixados pelo Estado, o valor normal poderá ser determinado com base no preço praticado ou no valor construído do produto similar, em um terceiro país de economia de mercado, ou no preço praticado por este país na exportação para outros países. [...]o art. 15 do Protocolo reservou aos demais membros da OMC, durante quinze anos, a faculdade de utilizar, nos casos de investigação de prática de *dumping* que envolvam produtos chineses, a metodologia aplicável a países que não sejam predominantemente de economia de mercado" (MS 13.413/DF, Rel. Min. Teori Albino Zavascki, publ. 06.10.2008)

▸ Como esse assunto foi cobrado em concurso?

No concurso da ESAF para Procurador da Fazenda Nacional em 2015, foi considerado CERTO o seguinte enunciado: "Considera-se a prática de *dumping* a introdução de um produto no mercado doméstico brasileiro, **inclusive sob as modalidades de *drawback***, a um preço de exportação **inferior ao seu valor normal**, considerando-se como valor normal o preço do produto similar, em operações comerciais normais, destinado ao consumo no mercado interno do país exportador".

▸ Como esse assunto foi cobrado em concurso?

No concurso do Cespe para Juiz Federal da 1ª Região em 2011, foi considerado ERRADO o seguinte enunciado: "Considera-se a prática de *dumping* a introdução de um bem no mercado doméstico, **exceto sob as modalidades de *drawback***, a preço de exportação inferior ao valor normal praticado no mercado de origem".

▸ Como esse assunto foi cobrado em concurso?

No concurso do Cespe para Juiz Federal da 1ª Região em 2011, foi considerado ERRADO o seguinte enunciado: "Para a determinação do dano pela prática de *dumping*, **não é necessária a demonstração do nexo causal** entre as importações objeto de *dumping* e o dano à indústria doméstica".

▸ Como esse assunto foi cobrado em concurso?

No concurso para Juiz Federal da 4ª Região em 2010, o tema foi cobrado da seguinte forma: "Assinale a alternativa correta: No que se refere à expressão *dumping*, podemos afirmar que a sua prática: a) Diz respeito ao fomento à indústria local de um ou mais países; b) Significa simplesmente vender um determinado produto por preço inferior ao seu custo; c) Situa-se na prática da legítima e livre concorrência; d) Também é considerada como truste, sendo sinônimas; e) Todas as alternativas anteriores estão incorretas". Segundo o gabarito oficial, foi considerada CORRETA a alternativa "e".

Para se aferir a prática de *dumping*, o preço de exportação **não levará em consideração os impostos ou os descontos efetivamente concedidos**. Nesse sentido: "Caso o produtor seja o exportador do produto objeto da investigação, o preço de exportação será o recebido, ou o preço de exportação a receber, pelo produto exportado ao Brasil, **líquido de tributos**, descontos ou reduções efetivamente concedidos e diretamente relacionados com as vendas do produto objeto da investigação" (art. 18, Decreto 8.058/13).

> **Como esse assunto foi cobrado em concurso?**
>
> No concurso do Cespe para Juiz Federal da 1ª Região em 2011, foi considerado ERRADO o seguinte enunciado: "Para se aferir a prática de *dumping*, o preço de exportação será o efetivamente pago pelo produto exportado ao Brasil, **incluindo-se impostos** e considerando descontos efetivamente concedidos".

Constatando-se a ocorrência de dano à indústria doméstica em razão da importação de produtos objeto de *dumping*, será possível a aplicação de **medidas *antidumping***, de acordo com as investigações conduzidas em conformidade com o Decreto 8.058/13.

A aplicação de medidas *antidumping* compete ao Conselho de Ministros da Câmara de Comércio Exterior - CAMEX, com base nas recomendações contidas em parecer do Departamento de Defesa Comercial da Secretaria de Comércio Exterior do Ministério do Desenvolvimento, Indústria e Comércio Exterior (art. 2º do Decreto 8.058/13). A concretização da medida dar-se-á mediante Portaria da CAMEX, "que se caracteriza pela cobrança de uma alíquota *ad valorem* sobre os referidos bens, de natureza financeira" (FIGUEIREDO, 2016, p. 647).

Nesse sentido, a decisão sobre a implementação de direito *antidumping* é de **competência das autoridades do Estado importador**, desde que observados os requisitos necessários (artigo 9.1 do Acordo sobre a implementação do artigo VI do Acordo geral sobre tarifas e comércio de 1994). Assim, não há que se falar em qualquer tipo de autorização prévia do Comitê de Práticas *antidumping* da OMC para que seja aplicada uma medida dessa natureza seja tomada.

Observe-se que a atuação da CAMEX não exclui a competência do CADE - Conselho Administrativo de Defesa Econômica, para investigar as reclamações sobre a prática de preços predatórios, do que pode resultar a aplicação de sanções por seu Tribunal Administrativo de Defesa Econômica (TADE).

> **Qual o entendimento do STJ sobre o assunto?**
>
> "O ordenamento jurídico brasileiro conta com regras que visam a coibir condutas anticoncorrenciais internacionais e a proteger a produção e a indústria domésticas, (Lei n. 9.019/95, Códigos Antidumping e de Subsídios e Medidas Compensatórias do GATT) e procedimento administrativo específico a ser seguido no âmbito do Sistema Brasileiro de Comércio Exterior e de Defesa Comercial, especialmente por meio dos Decretos n. 1/602/95, 1.751/95 e 1.488/95, que devem ser seguidos a fim

de garantir às partes o direito à ampla defesa e ao contraditório, e impingir proteção aos interesses comerciais domésticos públicos, sem olvidar os agentes particulares da atividade econômica" [...]

"No procedimento administrativo que culmina na aplicação da medida protetiva, não se exige a participação de todos os importadores, exportadores e produtores do bem de consumo objeto do direito *antidumping* sob pena de inviabilizar o escopo protetivo igualmente previsto" (REsp 946.945/SP, Rel. Min. Mauro Campbell Marques, publ. 30.05.2011)

▸ **Qual o entendimento do STJ sobre o assunto?**

"[...] A Lei nº 9.019/95, que dispõe sobre a aplicação dos direitos previstos no Acordo Antidumping, não contém comandos impositivos à instauração de processo administrativo para a apuração do fato relativo à prática de dumping prima facie evidente. A constatação, por si só, da prática lesiva concorrencial possui o condão de afastar a necessidade do prévio procedimento administrativo, isto porque até que se desenvolva o processo e ocorra a liberação de mercadoria, evidentemente, a situação consolidar-se-á [...]" (REsp 1048470/PR, Rel. Min. Luiz Fux, publ. 03.05.2010).

▸ **Como esse assunto foi cobrado em concurso?**

No Concurso do CESPE para Juiz Federal Substituto da 5ª Região em 2017, foi considerado ERRADO o seguinte enunciado: "É permitido ao Conselho de Política Aduaneira celebrar com o exportador ou o governo do país exportador acordo que elimine os efeitos prejudiciais decorrentes da prática de *dumping*".

▸ **Como esse assunto foi cobrado em concurso?**

No concurso da ESAF para Procurador da Fazenda Nacional em 2007, foi considerado ERRADO o seguinte enunciado: "As medidas *antidumping* são **determinadas**, no Brasil, pelo **Conselho Administrativo de Defesa Econômica**, uma vez que se verifique que o ato constitui infração da ordem econômica".

▸ **Como esse assunto foi cobrado em concurso?**

No concurso da ESAF para Procurador da Fazenda Nacional em 2007, foi considerado ERRADO o seguinte enunciado: "Para aplicar uma medida *antidumping*, o membro da Organização Mundial do Comércio (OMC) deve obter **autorização prévia** do Comitê de Práticas *Antidumping* da Organização".

As receitas decorrentes da cobrança dos direitos *antidumping* e dos direitos compensatórios, para efeitos de execução orçamentária, são classificadas como **receitas originárias** e serão enquadradas na categoria de entradas compensatórias, nos moldes previstos no parágrafo único do artigo 3º da Lei 4.320/64. Tais receitas serão destinadas ao Ministério do Desenvolvimento, Indústria e Comércio Exterior, para aplicação na área de comércio exterior, conforme diretrizes estabelecidas pela CAMEX (art. 10 da Lei 9.019/95).

> **Como esse assunto foi cobrado em concurso?**
>
> No concurso da ESAF para Procurador da Fazenda Nacional em 2007, foi considerado ERRADO o seguinte enunciado: "No Brasil, os recursos arrecadados a título de direitos *antidumping* são revertidos a favor da **indústria doméstica** prejudicada com a prática do *dumping* correspondente".

Ao contrário das medidas de salvaguarda (item 7.2. infra) a aplicação de medidas *antidumping* observa o princípio da **seletividade**, de forma que a medida só alcançará as importações que praticam *dumping*. Assim, o Acordo sobre a implementação do artigo VI do Acordo geral sobre tarifas e comércio de 1994, em seu artigo 9.2, determina que "quando direito *antidumping* é imposto sobre um produto, será o mesmo cobrado nos valores adequados a cada caso, sem discriminação sobre todas as importações do produto julgadas serem praticadas a preço de *dumping* e danosas à indústria nacional, qualquer que seja sua procedência, com exceção daquelas origens com as quais foram acordados compromissos de preços sob a égide deste Acordo".

> **Como esse assunto foi cobrado em concurso?**
>
> No concurso da ESAF para Auditor da Receita Federal em 2009, foi considerado ERRADO o seguinte enunciado: "A prática de *dumping* consiste na venda de um produto por preço inferior ao custo de seu similar no mercado de exportação e enseja, de parte do país importador, como forma de defesa, a **imposição de salvaguardas comerciais**".

> **Como esse assunto foi cobrado em concurso?**
>
> No concurso da ESAF para Procurador da Fazenda Nacional em 2007, foi considerado ERRADO o seguinte enunciado: "A aplicação da medida *antidumping* deve ocorrer de forma **não-seletiva**, ou seja, o membro da OMC que aplica a medida deve fazê-la incidir sobre todas as importações do produto em questão, independentemente da origem ou da procedência".

Dumping e *antidumping* (Decreto 8.058/13) (VILELA; LEITE, 2015, p. 126-127)
Conceito de *dumping*: "Para as finalidades do presente Acordo, considera-se haver prática de *dumping*, isto é, oferta de um produto no comércio de outro país inferior a seu valor normal, no caso de o preço de exportação do produto ser inferior àquele praticado, no curso normal das atividades comerciais, para o mesmo produto quando destinado ao curso no país exportador" (Art. 2.1. do Acordo sobre a Implementação do Art. VI do GATT, presente na Ata Final que Incorpora os Resultados da Rodada Uruguai de negociações comerciais multilaterais).

<table>
<tr><th colspan="2">Dumping e antidumping (Decreto 8.058/13) (VILELA; LEITE, 2015, p. 126-127)</th></tr>
<tr><td colspan="2">"[...] existência do dumping não é, em si mesma, condenável. Para que um Estado possa aplicar medidas de defesa contra a utilização de dumping por empresas estrangeiras, sua atuação deverá estar condicionada, ainda, à presença de dano [...]" (CAPARROZ, 2012, p.385)</td></tr>
<tr><td>Dano</td><td>• Dano material causado a uma indústria nacional;
• Ameaça de dano material a uma indústria nacional;
• Atraso real na implantação de tal indústria.</td></tr>
<tr><td>Competência do Conselho de Ministros da Câmara de Comércio Exterior - CAMEX com base nas recomendações do DECOM (art.2º, Decreto 8.058/13)</td><td>I. Aplicar e prorrogar direitos antidumping provisórios ou definitivos;
II. Homologar ou prorrogar compromissos de preços;
III. Determinar a cobrança retroativa de direitos antidumping definitivos;
IV. Determinar a extensão de direitos antidumping definitivos;
V. Estabelecer a forma de aplicação de direitos antidumping, e de sua eventual alteração;
VI. Suspender a investigação para produtores ou exportadores para os quais tenha sido homologado compromisso de preços;
VII. Suspender a exigibilidade de direito antidumping definitivo aplicado, assim como determinar a retomada da cobrança do direito e a conversão das garantias prestadas e,
VIII. Suspender a aplicação do direito antidumping na hipótese em que houver dúvidas quanto à provável evolução futura das importações do produto objeto do direito antidumping.</td></tr>
<tr><td colspan="2">Decisões da CAMEX:
• Sempre fundamentadas;
• Os setores industriais usuários do produto objeto da investigação e as organizações de consumidores poderão fornecer informações julgadas relevantes a respeito dos efeitos de uma determinação positiva de dumping, de dano e de nexo de causalidade entre ambos (art. 3º, § 2º).</td></tr>
<tr><td>Competência da Secretaria de Comércio Exterior do Ministério do Desenvolvimento, Indústria e Comércio Exterior - SECEX</td><td>I - iniciar a investigação antidumping;
II - encerrar a investigação sem aplicação de medidas nas hipóteses do art. 74;
III - prorrogar o prazo para a conclusão da investigação;
IV - encerrar, a pedido do peticionário, a investigação sem julgamento de mérito e arquivar o processo;
V - iniciar uma revisão de direito antidumping definitivo ou de compromisso de preços; e
VI - extinguir a medida antidumping nas hipóteses de determinação negativa nas revisões amparadas pelo Capítulo VIII.</td></tr>
</table>

Dumping e *antidumping* (Decreto 8.058/13) (VILELA; LEITE, 2015, p. 126-127)	
Competência do DECOM	DECOM - Departamento de Defesa Comercial da Secretaria de Comércio Exterior do Ministério do Desenvolvimento, Indústria e Comércio Exterior (autoridade investigadora); Conduzir o processo administrativo relativo à investigação e à aplicação de medidas *antidumping*.
Prática de *dumping* conforme o Decreto 8.059/13	"A introdução de um produto no mercado doméstico brasileiro, inclusive sob as modalidades de *drawback*, a um preço de exportação inferior ao seu valor normal" (art. 7º). Valor normal: preço do produto similar, em operações comerciais normais, destinado ao consumo no mercado interno do país exportador (art. 8º).
Drawback	"Termo originário do inglês, cuja tradução significa desconto, reembolso de direitos aduaneiros ou abatimento. Trata-se de regime especial de incentivo a importações, sendo amplamente utilizado em âmbito internacional. Consiste, basicamente, na importação com suspensão, isenção ou, ainda, restituição de tributos, de insumos destinados a integrar ou acondicionar produtos exportados ou a exportar". (FIGUEIREDO. Leonardo Vizeu. *Lições de direito econômico.* 7. ed. Rio de Janeiro: Forense, 2014, p. 667).
Produto similar	É o produto idêntico, igual sob todos os aspectos ao produto objeto da investigação ou, na sua ausência, outro produto que, embora não exatamente igual sob todos os aspectos, apresente características muito próximas às do produto objeto da investigação (art. 9º).
Preço de exportação	a) Produtor sendo o exportador do produto objeto da investigação: o preço será o recebido, ou o preço da exportação a receber, pelo produto exportado ao Brasil, **líquido de tributos**, descontos ou reduções efetivamente concedidos e diretamente relacionados com as vendas do produto objeto da investigação (art. 18). b) Produtor não sendo o exportador e ambos não sendo relacionados ou associados: o preço de exportação será, preferencialmente, o recebido, ou o preço a ser recebido, pelo produtor, por produto exportado ao Brasil, líquido de tributos, descontos ou reduções efetivamente concedidos e diretamente relacionados com as vendas do produto objeto da investigação (art. 19). c) Produtor e exportador sendo partes associadas ou relacionadas: será reconstruído a partir do preço efetivamente recebido, ou o preço a receber, pelo exportador, por produto exportado ao Brasil (art. 20).
Margem de *dumping*	Diferença entre o valor normal e o preço de exportação. Apurada com base na comparação entre: I - o valor normal médio ponderado e a média ponderada dos preços de todas as transações comparáveis de exportação; ou II - os valores normais e os preços de exportação, comparados transação a transação.

Dumping e *antidumping* (Decreto 8.058/13) (VILELA; LEITE, 2015, p. 126-127)	
Indústria doméstica	Totalidade dos produtores do produto similar doméstico (exceções contidas no art. 35).
Medidas *antidumping*	Visam evitar que os produtores nacionais experimentem danos injustificáveis, oriundos de importações realizadas a preços de *dumping*. Consiste na tarifação pecuniária imposta às mercadorias, produtos ou bens importados, comercializados com preços considerados sob margem de *dumping*, objetivando, assim, neutralizar seu potencial efeito danoso à indústria nacional. (FIGUEIREDO. Leonardo Vizeu. *Lições de direito econômico*. 6. ed. Rio de Janeiro: Forense, 2013, p. 613). OBS: direitos *antidumping* poderão ser aplicados retroativamente apenas nos casos de determinação final positiva de dano material à indústria doméstica (art. 85).

▸ **Qual o entendimento do STJ sobre o assunto?**

"A caução de maquinário do importador efetuada por ocasião do desembaraço aduaneiro para o fim da liberação de mercadorias originárias de outro país não suspende a exigibilidade dos direitos *antidumping* provisórios" (REsp 1.516.614/PR, Rel. Min. Gurgel de Faria, publ. 24.05.2016, Info 584).

Medidas *anticircumvention*	São medidas que visam combater a prática da triangulação, "considerada como a prática de comércio desleal que alguns vendedores adotam ao optar por enviar produtos a outros países antes de remetê-los ao Brasil, para fugir do pagamento da sobretaxa imposta pelo governo brasileiro a título de instrumento de defesa comercial" (FIGUEIREDO, 2016, p.660).

7.2. Medidas de Salvaguarda

As medidas de salvaguarda são restrições ao comércio internacional que podem ser adotadas para **proteger os setores produtivos nacionais**, permitindo a sua adaptação e a retomada da competitividade.

No Brasil, são regulamentadas pelo Decreto 1.488 de 11 de maio de 1995, que, em seu art. 1º, estabelece que "poderão ser aplicadas medidas de salvaguarda a um produto se de uma investigação resultar a constatação, de acordo com as disposições previstas neste regulamento, de que as importações desse produto aumentaram em tais quantidades e, em termos absolutos ou em relação à produção nacional, e em tais condições que **causem ou ameacem causar prejuízo grave à indústria doméstica** de bens similares ou diretamente concorrentes".

▸ **Importante**

Prejuízo grave: a deterioração geral significativa da situação de uma determinada indústria doméstica (art. 6º, I, Decreto 1.488/95);

Ameaça de prejuízo grave: o prejuízo grave claramente iminente, determinado com base nos fatos e não apenas em alegações, conjecturas ou possibilidades remotas (art. 6º, II, Decreto 1.488/95);

Indústria doméstica: a proveniente do conjunto dos produtores de bens similares ou diretamente concorrentes, estabelecidos no território brasileiro, ou aqueles, cuja produção conjunta de bens similares ou diretamente concorrentes constitua uma proporção substancial da produção nacional de tais bens (art. 6º, III, Decreto 1.488/95).

Nesse sentido, são medidas cujo objetivo é aumentar a proteção à indústria doméstica, impondo-se **restrições temporárias às importações**, cujo volume, mesmo sendo legítimo e a preços competitivos, causa ou ameaça causar prejuízos à produção nacional. Caracterizam-se, dessa forma, como medidas emergenciais e temporárias e diferem-se dos direitos *antidumping* e medidas compensatórias, porque, ao contrário destes, as salvaguardas não têm como objetivo combater práticas abusivas e prejudiciais ao comércio, mas sim práticas cujo eventual prejuízo à economia nacional decorre da **imaturidade ou deficiência estruturais do mercado doméstico**. Por essa razão, as medidas de salvaguarda, mesmo representando restrições ao comércio, contam com autorização específica do GATT, desde que presentes certas circunstâncias (CAPARROZ, 2012, p. 444).

▸ **Como esse assunto foi cobrado em concurso?**

No Concurso para Juiz Federal da 4ª Região em 2016, foi considerado ERRADO o seguinte enunciado: "Admite-se a possibilidade de restrições ao comércio internacional com o fito de proteger o comércio doméstico somente quando **consumado** o prejuízo frente às importações, por meio de medidas de salvaguarda."

▸ **Como esse assunto foi cobrado em concurso?**

No concurso da ESAF para Auditor da Receita Federal em 2009, foi considerado ERRADO o seguinte enunciado sobre as salvaguardas: "Têm como requisitos de aplicação o aumento das importações de determinado produto **que não atenda os padrões mínimos de qualidade e sustentabilidade**". Na mesma questão também foi considerado ERRADO o seguinte enunciado: "O Acordo geral autoriza membro do GATT a adotar medidas de salvaguarda para proteger determinado setor de produção nacional concorrente quando o súbito aumento da importação possa produzir **impacto considerável na cultura dos povos indígenas, no folclore nacional e na erradicação da pobreza**".

▸ **Como esse assunto foi cobrado em concurso?**

No concurso da ESAF para Procurador da Fazenda Nacional em 2007, foi considerado ERRADO o seguinte enunciado: "A medida de salvaguarda é o instrumento de defesa comercial cabível no caso da ocorrência de importações que tenham sido **beneficiadas por subsídios** indevidos por parte do país exportador".

> **Como esse assunto foi cobrado em concurso?**
> No concurso da ESAF para Procurador da Fazenda Nacional em 2007, foi considerado ERRADO o seguinte enunciado: "As medidas de salvaguardas são aplicáveis **somente em áreas de integração regional**, a exemplo do MERCOSUL".

O procedimento para a aplicação das medidas de salvaguarda é disciplinado pelo próprio Decreto 1.488/95. Assim, a competência para tanto é do Ministro da Indústria, do Comércio e do Turismo e do Ministro da Fazenda, conjuntamente. (Obs.: em razão da instabilidade política do país nos últimos anos é importante que o candidato confira a nomenclatura exata do Ministério quando da realização do concurso).

Contudo, a aplicação de medidas de salvaguarda será **precedida de investigação**, pela SECEX (Secretaria de Comércio Exterior), cujo parecer baseará as decisões relativas à aplicação, suspensão ou alteração dos prazos de aplicação de tais medidas, ouvindo-se o Ministério das Relações Exteriores e, quando for o caso, os ministérios em cuja área de competência relacionar-se as decisões.

Serão ouvidas, em audiência, no prazo de 30 dias, as partes interessadas. De igual modo, dar-se-á oportunidade para que se realizem consultas prévias aos Governos que tenham interesse na condição de país exportador.

A solicitação de aplicação de medida de salvaguarda poderá ser apresentada pela própria SECEX, pelos demais órgãos e entidades interessadas do Governo Federal e por empresas ou associações representativas de empresas que produzam o produto objeto da solicitação. Tais pedidos deverão ser formulados por escrito e instruídos com elementos suficientes de prova, demonstrativos do **aumento das importações**, do **prejuízo grave ou da ameaça de prejuízo grave** por elas causado e da **relação causal** entre ambas as circunstâncias.

> **Como esse assunto foi cobrado em concurso?**
> No Concurso do CESPE para Juiz Federal Substituto da 5ª Região em 2017, foi considerado ERRADO o seguinte enunciado: "É **vedada a aplicação de direitos provisórios** durante a fase de investigação, salvo se envolver a concessão de subsídios à indústria agrícola".

> **Como esse assunto foi cobrado em concurso?**
> No concurso do Cespe para Juiz Federal da 1ª Região em 2011, foi considerado ERRADO o seguinte enunciado: "As medidas de salvaguarda visam à defesa da indústria e da produção doméstica em face do avanço de exportações de mercadorias em patamar de valores inferiores aos do produtor nacional, **não sendo necessária a investigação prévia para a aplicação de tais medidas**".

> **Como esse assunto foi cobrado em concurso?**
> No concurso do CESPE para Juiz Federal da 2ª Região em 2009, foi considerado ERRADO o seguinte enunciado: "Compete **exclusivamente** à Secretaria de Comércio Exterior solicitar a aplicação de medida de salvaguarda".

Da análise do Decreto 1.488/95, é possível extrair as principais características das medidas de salvaguarda:

a) **Temporariedade** → "serão aplicadas somente durante o período necessário para prevenir ou reparar o prejuízo grave e para facilitar o ajustamento" (art. 9º, *caput*). Em regra, não poderão ser superiores a 4 anos;

b) **Publicidade** → as decisões relativas à aplicação, suspensão ou alteração dos prazos de aplicação das medidas de salvaguarda deverão ser publicadas no Diário Oficial da União;

c) **Generalidade ou não seletividade** → "As medidas de salvaguarda serão aplicadas ao produto importado independentemente de sua origem [...]" (art. 5º);

d) **Liberalização progressiva** → "As medidas de salvaguarda, cujo período de aplicação seja superior a um ano, serão liberalizadas progressivamente, a intervalos regulares, durante o período de aplicação" (art. 9º, § 2º);

e) **Necessidade de concessão de medidas compensatórias** → "Para os fins do disposto neste artigo poderão ser celebrados acordos com relação a qualquer forma adequada de compensação comercial pelos efeitos adversos da medida de salvaguarda sobre o comércio" (art. 11, § 1º).

> **▸ Como esse assunto foi cobrado em concurso?**
>
> No concurso para Juiz Federal da 4ª Região em 2014, foi considerado CERTO o seguinte enunciado sobre as salvaguardas: "Têm sua aplicação regida pelos princípios, entre outros, da **temporariedade, da generalidade, da liberalização progressiva e da concessão de medidas compensatórias** aos países membros afetados". Enunciado idêntico também foi considerado CERTO no concurso da ESAF para Auditor da Receita Federal em 2009.

A utilização das medidas de salvaguardas, **mais comuns em países em desenvolvimento**, em razão da fragilidade de determinados setores de suas economias, deve ser **comunicada pelo Ministério das Relações exteriores ao Comitê de Salvaguardas da OMC**, com base na previsibilidade a na boa-fé que deve nortear a relações comerciais internacionais. Essa comunicação permitirá aos exportadores a adequação às medidas ou ainda, a busca de uma solução negociada junto ao país que aplicou a salvaguarda.

Contudo, há casos em que se admite a aplicação de **medida de salvaguarda provisória**, com duração máxima de duzentos dias (podendo ser suspensa por decisão interministerial antes do prazo final). Isso será possível "em circunstâncias críticas, nos casos em que qualquer demora possa causar prejuízo grave de difícil reparação, após uma determinação preliminar da existência de elementos de prova claros de que o aumento das importações causou ou esteja ameaçando causar prejuízo grave à indústria doméstica, devendo ser as consultas com qualquer Governo envolvido iniciadas imediatamente após a sua aplicação" (art. 4º, caput, Decreto 1.488/95).

> **Como esse assunto foi cobrado em concurso?**
>
> No concurso do Cespe para Juiz Federal da 1ª Região em 2011, foi considerado CERTO o seguinte enunciado: "Em determinadas circunstâncias críticas, é possível a aplicação de **medida de salvaguarda provisória**, com duração máxima de duzentos dias, podendo ser suspensa por decisão interministerial antes do prazo final estabelecido".

> **Como esse assunto foi cobrado em concurso?**
>
> No concurso do CESPE para Juiz Federal da 2ª Região em 2009, foi considerado CERTO o seguinte enunciado: "Concluindo a investigação pela improcedência da aplicação da medida de salvaguarda definitiva, impõe-se a devolução da importância referente à medida de salvaguarda provisória".

Considerando as polêmicas e dúvidas decorrentes da aplicação das medidas de salvaguardas, um Acordo sobre estas foi negociado na Rodada Uruguai, o qual, em seu artigo 8.1. reconhece o direito a que o membro da OMC prejudicado por uma medida de salvaguarda negocie compensações com o membro que a impôs. Assim: "Todo Membro que se proponha aplicar ou queira prorrogar uma medida de salvaguarda procurará, de conformidade com as disposições do parágrafo 3 do Artigo 12, manter um nível de concessões e de outras obrigações substancialmente equivalente ao existente nos termos do GATT 1994 entre tal Membro e os Membros exportadores que seriam afetados por tal medida. Com o fim de alcançar esse objetivo, **os Membros interessados poderão chegar a acordo com relação a qualquer forma adequada de compensação comercial pelos efeitos adversos da medida sobre o seu comércio**" (VILELA; LEITE, 2015, p. 92).

> **Como esse assunto foi cobrado em concurso?**
>
> No concurso da ESAF para Procurador da Fazenda Nacional em 2007, foi considerado CERTO o seguinte enunciado: "O membro da OMC prejudicado por uma medida de salvaguarda tem o direito de negociar **compensações** com o membro que a impôs".

7.3. Medidas Compensatórias

O Acordo resultante da Rodada Uruguai tinha como um dos principais objetivos, impedir a utilização de meios que configurem concorrência desleal, dentre eles, os subsídios, as medidas protecionistas disfarçadas e o *dumping*. Assim, o **subsídio** foi definido como sendo a **ajuda, de caráter financeiro**, que reúne simultaneamente três condições (CRETELLA NETO, 2012, p. 405):

a) É concedido mediante contribuição do governo;

b) Implica benefício concedido a uma indústria ou a um segmento produtivo;

c) É específico para determinado segmento de mercado, isto é, não é uma subvenção generalizada.

Assim, justamente como **contrapartida ao incentivo desleal trazido pelos subsídios**, os países membros da OMC poderão aplicar **medidas compensatórias**, com o objetivo de anular ou neutralizar os danos causados pelas condições vantajosas que a prática enseja (CAPARROZ, 2012, p. 423).

Compete à SECEX decidir sobre a abertura do procedimento investigatório, assim como sobre o início de eventual processo de revisão. Não haverá a aplicação de medida compensatória nos casos em que não houver comprovação suficiente da materialidade do subsídio ou do dano dele decorrente, ou ainda, quando este seja considerado insignificante.

▸ Importante

Decreto 8.058/13, art. 1º, § 2º. "Nenhum produto importado poderá estar sujeito **simultaneamente** a medida *antidumping* e a medida compensatória para neutralizar a mesma situação de *dumping* ou de subsídio à exportação"

▸ Como esse assunto foi cobrado em concurso?

No Concurso do CESPE para Juiz Federal Substituto da 5ª Região em 2017, foi considerado CERTO o seguinte enunciado: "Os direitos compensatórios e os direitos *antidumping* serão cobrados **independentemente** de quaisquer obrigações de natureza tributária relativas à importação de produtos afetados .

▸ Como esse assunto foi cobrado em concurso?

No concurso da ESAF para Auditor da Receita Federal em 2009, foi considerado CERTO o seguinte enunciado: "A concessão de **subsídios** que sejam vinculados diretamente ao desempenho das exportações ou ao uso preferencial de insumos e bens domésticos àqueles importados pode ensejar a abertura de investigação no marco da OMC e a subsequente aplicação de **direitos compensatórios**".

▸ Como esse assunto foi cobrado em concurso?

No concurso da ESAF para Auditor da Receita Federal em 2009, foi considerado ERRADO o seguinte enunciado: "A imposição de **salvaguardas comerciais** é justificada quando comprovada a concessão, pelo país exportador, de **subsídios** específicos em favor da produção de um bem a ser exportado, mas é condicionada à efetiva comprovação e determinação do dano causado pelos subsídios à produção doméstica do país importador".

▸ Como esse assunto foi cobrado em concurso?

No concurso da ESAF para Procurador da Fazenda Nacional em 2007, foi considerado ERRADO o seguinte enunciado: "As medidas ***antidumping*** são aplicáveis, pelo país importador, quando o bem importado recebe **subsídios** concedidos pelo país exportador".

> **Como esse assunto foi cobrado em concurso?**
>
> No concurso da ESAF para Procurador da Fazenda Nacional em 2007, foi considerado ERRADO o seguinte enunciado: "As medidas compensatórias são aplicadas, no Brasil, pelo **Banco Central**, quando se verifica grande disparidade cambial entre o mercado de exportação e o câmbio praticado no Brasil".

<table>
<tr><th colspan="2">Instrumentos de Defesa Comercial</th></tr>
<tr><td colspan="2">São utilizados pelos Estados para a proteção dos seus mercados internos.
Lei 9.019/95.
Objetivos:
• Coibir condutas anticoncorrenciais de caráter internacional;
• Permitir a adoção de medidas transparentes de proteção à produção e à indústria doméstica;
A aplicação dos instrumentos exige a observância do contraditório e da ampla defesa, assim como a participação de todos os setores envolvidos (art. 1º da Lei 9.019/95).</td></tr>
<tr><td>Medidas compensatórias</td><td>"Têm por escopo contrabalançar o subsídio concedido, direta ou indiretamente, no país exportador, para a fabricação, produção, exportação ou ao transporte de qualquer produto, cuja entrada no Brasil cause dano à indústria doméstica, recompondo o equilíbrio econômico-financeiro entre o preço do produto estrangeiro e o similar nacional" (FIGUEIREDO, 2016, p. 656).</td></tr>
<tr><td>Medidas de Salvaguarda</td><td>"Poderão ser aplicadas medidas de salvaguarda a um produto se de uma investigação resultar a constatação, de acordo com as disposições previstas neste regulamento, de que as importações desse produto aumentaram em tais quantidades e, em termos absolutos ou em relação à produção nacional, e em tais condições que causem ou ameacem causar prejuízo grave à indústria doméstica de bens similares ou diretamente concorrentes" (art. 1º do Decreto 1.488/95).
"Trata-se de medida protecionista transparente e temporária, que visa à defesa da indústria e da produção doméstica em face do avanço de exportações de mercadorias qualitativamente superiores ou em patamar de valores inferiores aos do produto nacional, em virtude de melhor técnica de produção, a fim de possibilitar a estruturação interna para competição com os concorrentes estrangeiros" (FIGUEIREDO, 2016, p.656).</td></tr>
</table>

Capítulo 8

Direito Penal Econômico

1. INTRODUÇÃO

Apesar de desde épocas remotas existirem disposições que procuram reprimir as infrações nas atividades econômicas, pode-se afirmar que o Direito Penal Econômico, enquanto conjunto de normas relativamente homogêneas tenha surgido apenas no século XX. Assim, a incapacidade de outros ramos do Direito para imposição de limites aos abusos no e do mercado, o incremento das relações comerciais e financeiras, a constatação de que a criminalidade organizada possui, de fato, estreita conexão com a criminalidade econômica, são alguns dos fatores que justificam o Direito Penal Econômico (SOUZA, 2011, p. 105-106).

Assim, as transformações ocorridas na Economia e a consolidação do Direito Econômico, sobretudo após as duas grandes guerras e a crise de 1929, fizeram com que, também o Direito Penal se voltasse para a **disciplina de novas condutas e novos atores**, afastando-se de sua perspectiva individualista para alcançar fenômenos criminais incidentes sobre a **coletividade e a economia**.

A globalização, a crise de 2008 e a série de escândalos de corrupção envolvendo grandes empresas e seus diretores, que vieram à tona em passado recente no Brasil fizeram com que se tornasse, ainda mais importante, o estudo do Direito Penal Econômico, muito exigido em concursos, sobretudo da área federal, tais como Magistratura e Ministério Público Federal.

Nessa perspectiva, entende-se o delito econômico como "aquele que viola ou expõe a perigo interesses privados, mais precisamente a regulamentação jurídica da produção, distribuição e/ou consumo de bens e serviços. Por outro lado, numa acepção ampla, seria a lesão à ordem econômica entendida como a regulamentação jurídica da intervenção do Estado na Economia" (SANCTIS, 2015).

Outrossim, tutelando bens jurídicos supraindividuais, "o Direito Penal Econômico insere-se muito mais na ideia de subsistema que vem a integrar-se à realidade jurídico-penal codificada do que de um microssistema, que conflite com as regras e os princípios do tradicional Direito Penal" (SANCTIS, 2015).

Apesar de existirem, no Brasil, leis que tutelam expressamente, a ordem econômica, várias outras de forma direta ou indireta podem ser enquadradas como parte do Direito Penal Econômico, dentre as quais:

- Lei 1.521/51 – Crimes contra a Economia Popular;

- Lei 4.591/64 - Condomínio em edificações imobiliárias;
- **Lei 6.385/76 - Crimes contra o Mercado de Capitais (incluídos pela Lei 10.303/01);**
- **Lei 7.492/86 - Sistema Financeiro Nacional;**
- Lei 8.078/90 - Código de Defesa do Consumidor;
- **Lei 8.137/90 - Crimes contra a ordem tributária, econômica e relações de consumo;**
- **Lei 8.176/91 - Crimes contra a ordem econômica e estoque de combustíveis;**
- Lei 9.279/96 - Propriedade Industrial;
- **Lei 9.613/98 - Lavagem de dinheiro;**
- Lei 11.101/05 - Falências.

> **Como esse assunto foi cobrado em concurso?**
> No Concurso do CESPE para Delegado da Polícia Civil/PE em 2016, foi considerado CERTO o seguinte enunciado: "O direito penal econômico visa tutelar os bens jurídicos de interesse coletivo e difuso, coibindo condutas que lesem ou que coloquem em risco o regular funcionamento do sistema econômico-financeiro, podendo estabelecer como crime ações contra o meio ambiente sustentável".

A seguir, analisamos algumas das normas mais voltadas para a disciplina do Direito Penal Econômico, buscando destacar aspectos específicos cobrados nos concursos mais recentes.

2. CRIMES CONTRA O MERCADO DE CAPITAIS - LEI 6.385/76

Ante a insuficiência do Direito Administrativo para coibir práticas econômicas nocivas à coletividade, vem crescendo no Direito Penal o âmbito de aplicação na esfera da criminalidade econômica, sobretudo através dos chamados delitos de perigo abstrato. "Dessa forma, alguns sistemas penais, na esteira da tendência de dar efetividade ao Direito Penal, vêm estabelecendo delitos de perigo e bens jurídicos novos, de caráter difuso, embora os ofendidos não sejam perfeitamente caracterizáveis" (SANCTIS, 2015).

Nessa perspectiva, a Lei 10.303/2001 inseriu na Lei 6.385/76 quatro novos dispositivos, caracterizando três novos tipos penais, denominados "crimes contra o sistema de capitais", cujas redações foram alteradas em 2017, com a edição da lei nº 13.506. Dentre eles, cuja análise será feita a seguir, destaque-se o crime de *insider trading* (art. 27-D da Lei 6.385/76), em razão da sua grande repercussão na doutrina nacional.

Vale lembrar, desde já, que os três crimes previstos na Lei 6.385/76 são de competência da Justiça Federal já que são crimes contra o Sistema Financeiro Nacional.

> **Qual o entendimento do STJ sobre o assunto?**
>
> "[...] a denúncia, formal e materialmente apta, foi recebida pelos **crimes de manipulação de mercado e *insider trading*.** A conduta, tal como descrita, foi capaz de movimentar, no mercado, quantia expressiva que, pela dimensão das perdas, refletiu no sistema financeiro, sobretudo pelo prejuízo suportado pelos investidores. Inexiste ilegalidade na distribuição do feito a uma das varas especializadas em **delitos financeiros da Justiça Federal**, em razão da matéria, visto que os crimes contra o mercado de capitais integram a **ordem econômico-financeira"**. (RHC 55813/RJ, Rel. Min. Rogerio Schietti Cruz, p. 01.07.2019).

> **Qual o entendimento do STJ sobre o assunto?**
>
> "A conduta, tal coo descrita, foi capaz de movimentar, no mercado, quantia que totalizou um volume de R$ 33.700.460,00. Segundo o Parquet, pela dimensão das perdas, houve reflexo no sistema financeiro, sobretudo pelo prejuízo suportado pelo mercado investidor, da ordem de R$ 70.326.802,80. Em razão disso, os crimes imputados ao recorrente tiveram o condão de afetar ou, ao menos, expor concretamente a **lesão a própria credibilidade do sistema financeiro**, com possíveis prejuízos a um número elevado de investidores, a justificar a **competência federal"**. (RHC 82799/RJ, Rel. Min. Rogerio Schietti Cruz, publ. 06.12.2018).

2.1. Manipulação do mercado

> **Importante**
>
> Lei 6.385/76, art. 27-C. Realizar operações simuladas ou executar outras manobras fraudulentas, destinadas a elevar, manter ou baixar a cotação, o preço ou o volume negociado de um valor mobiliário, com o fim de obter vantagem indevida ou lucro, para si ou para outrem, ou causar dano a terceiros.
>
> Pena – reclusão de um a oito anos, e multa de até três vezes o montante da vantagem ilícita obtida em decorrência do crime.

A previsão da manipulação dos mercados como crime tem como objetivo principal garantir o **regular e transparente funcionamento do mercado**, enquanto gerador de preços públicos dos ativos financeiros. Por isso, o crime somente se concretizará quando a manobra fraudulenta ocorrer dentro do recinto da bolsa de valores, do mercado de mercadorias e de futuros, do mercado de balcão ou de balcão organizado (SANCTIS, 2015).

Tutela-se, dessa forma, a **transparência, a regularidade na formação dos preços dos valores mobiliários e a igualdade de oportunidade para o ingresso e a atuação no mercado (bem jurídico supraindividual)**. Além disso, a proteção garante a confiança e o patrimônio dos "participantes envolvidos nas operações financeiras com valores mobiliários". Assim: "a tipificação procura meramente **preservar as 'regras do jogo'**, ou seja, as normas de transparência, ética e igualdade entre os investidores e seus intermediários nas aplicações no mercado financeiro" (BITENCOURT; BREDA, 2014, p. 360-367).

Diferentemente da previsão contida no art. 3º, IV, da Lei 1.521/51 (Crimes contra a Economia Popular), o dispositivo em análise **não exige que a manobra fraudulenta tenha provocado alta ou baixa de preços**, para sua consumação, apesar de ter que ser demonstrada a finalidade do fraudador.

O crime é comum, não se exigindo qualquer qualidade especial do agente, admitindo-se, inclusive, o concurso de pessoas (art. 29 do CP). Apesar disso, há que se destacar que, geralmente, esse crime é praticado por profissionais que operam como agentes econômicos nesse setor do mercado financeiro (PRADO, 2019, p. 263). Já os sujeitos passivos serão, além do próprio Estado, os investidores, a Bolsa de Valores e as empresas atingidas pela manipulação.

Para a melhor interpretação do tipo penal em análise, vale mencionar a Instrução nº 8, de 8 de outubro de 1979, da Comissão de Valores Mobiliários, que conceitua operação fraudulenta no mercado de capitais como "aquela em que se utiliza ardil ou artifício destinado a induzir ou manter terceiros em erro, com a finalidade de se obter vantagem ilícita de natureza patrimonial para as partes na operação, para o intermediário ou para terceiros". (CVM, 1979)

Ainda nessa mesma Instrução há expressão "manipulação de preços no mercado de valores mobiliários", que deve ser compreendida como "a utilização de qualquer processo ou artifício destinado direta ou indiretamente, a elevar, manter ou baixar a cotação de um valor mobiliário, induzindo, terceiros à sua compra e venda".

Exige-se o **dolo**, tanto de alterar artificialmente o regular funcionamento do mercado quanto no sentido de obter vantagem indevida ou lucro, para si ou para outrem, ou causar dano a terceiros. Destaque-se, ainda, que "para que haja efetiva manipulação de mercado, a operação simulada deve consistir em uma alteração artificial das regras desse mercado, excluindo os riscos normais inerentes ao tipo de negociação e até mesmo a conduta especulativa" (PRADO, 2019, p. 264).

O objeto da ação incriminada poderá ser tanto o **preço** da ação, simuladamente alterado pelas operações, assim como a **demanda e a liquidez** do título, criadas de forma artificial por operações irreais, ainda que o efetivo resultado não seja alcançado (BITENCOURT; BREDA, 2014, p. 372).

Cuida-se de crime de mera conduta ou atividade, que é consumado com a prática das condutas descritas, independente do resultado. A doutrina entende ser **possível a tentativa**, já que a conduta pode ser fracionada. Contudo, no caso da tentativa, não será possível a aplicação da multa já que, segundo o art. 27-F, as multas aplicáveis aos crimes contra o mercado de capitais, previstos na Lei 6.385/76, "deverão ser aplicadas em razão do dano provocado ou da vantagem auferida pelo agente". A ação penal é pública e incondicionada.

> **Importante**
>
> Lei 6.385/76, art. 27-F. As multas cominadas para os crimes previstos nos arts. 27-C e 27-D deverão ser aplicadas em razão do dano provocado ou da vantagem ilícita auferida pelo agente.
>
> Parágrafo único. Nos casos de reincidência, a multa pode ser de até o triplo dos valores fixados neste artigo.

2.2. Uso indevido de informação privilegiada (*insider trading*)

> **Importante**
>
> Lei 6.385/76, art. 27-D. Utilizar informação relevante de que tenha conhecimento, ainda não divulgada ao mercado, que seja capaz de propiciar, para si ou para outrem, vantagem indevida, mediante negociação, em nome próprio ou de terceiros, de valores mobiliários:
>
> Pena – reclusão de um a cinco anos, e multa de até três vezes o montante da vantagem ilícita obtida em decorrência do crime.

Um dos temas mais interessantes do Direito Penal Econômico brasileiro na atualidade, diz respeito ao chamado *insider trading* ou uso indevido de informação privilegiada. Ainda pouco explorado em concursos públicos, o tema ganhou bastante relevância na preparação do candidato a partir da primeira decisão do STJ sobre o tema, publicada recentemente, envolvendo a fusão entre as empresas Perdigão e Sadia.

Cuida-se de um crime contra o mercado de capitais, incluído pela Lei 10.303/2001 na Lei 6.385/76 (Dispõe sobre o mercado de valores mobiliários e cria a Comissão de Valores Mobiliários), com nova redação conferida pela lei nº 13.506, de 2017.

Caracteriza-se, como crime contra o Sistema Financeiro Nacional, por isso, de competência da Justiça Federal (art. 109, VI, da CRFB), mais especificamente, dos Juízos especializados em crimes contra o sistema financeiro nacional e crimes de "lavagem" ou ocultação de bens, direitos e valores (Resolução 314/2003 do CJF).

> **Qual o entendimento do STJ sobre o assunto?**
>
> "A princípio, o crime em questão – *insider trading* [...] não atrairia a competência da Justiça Federal [...]. Ocorre que, a despeito da Lei n. 6.385/76 não prever a competência da Justiça Federal, mostra-se claro que a conduta delituosa prevista no seu art. 27-D afeta diretamente o **interesse da União**, porquanto a utilização de informação privilegiada pode gerar lesão ao **Sistema Financeiro Nacional**, ao pôr em risco a confiabilidade dos investidores no mercado de capitais, aniquilando a confiança e a lisura de suas atividades. Nesse caso, aplica-se o inciso IV do art. 109 da Carta Magna, que fixa a competência da Justiça Federal quando o delito ofender bens, serviços ou interesses da União ou de suas entidades autárquicas ou empresas públicas [...]" (CC 135.749/SP, Rel. Des. Ericson Maranhão, publ. 07.04.2015).

"*Insider trading* é resumidamente a utilização de **informações relevantes** sobre uma companhia, por parte das pessoas que, por força do exercício profissional, estão 'por dentro' de seus negócios, para transacionar com suas ações antes que tais informações sejam de conhecimento público" (FIGUEIREDO, 2016, p. 722). Sua disciplina no Brasil foi influenciada pelo direito dos EUA, onde o instituto surgiu com as políticas intervencionistas do *New Deal*, implantadas após a crise de 1929, ocasião em que a legislação reguladora do mercado de capitais acolheu o princípio do ***full and fair disclosure* (princípio da transparência)**, segundo o qual se impõe a revelação completa e honesta de informações relevantes, garantindo a simetria do seu conhecimento a todos os agentes do mercado.

> **Qual o entendimento do STJ sobre o assunto?**
>
> "Subsume-se à figura típica prevista no art. 27-D da Lei n. 6.385/1976 a conduta de quem, em função do cargo de alta relevância que exercia em sociedade empresária, obteve informação sigilosa acerca da futura aquisição do controle acionário de uma companhia por outra (operação cujo estudo de viabilidade já se encontrava em estágio avançado) - dado capaz de influir de modo ponderável nas decisões dos investidores do mercado, gerando apetência pela compra dos ativos da sociedade que seria adquirida - e, em razão dessa notícia, adquiriu, no mesmo dia, antes da divulgação do referido dado no mercado de capitais, ações desta sociedade, ainda que antes da conclusão da operação de aquisição do controle acionário" (REsp 1.569.171-SP, Rel. Min. Gurgel de Faria, publ. 25.02.2016, Info 577).

Tutela-se, dessa forma, o correto funcionamento do mercado de valores e a igualdade de oportunidades aos investidores. Nesse sentido, há que se observar que a conduta dos *insider traders*, assim como ocorre nos demais crimes econômicos, não lesa apenas os demais investidores, mas **acaba por prejudicar o próprio mercado**, na medida em que abala a credibilidade, a estabilidade e a eficiência do mercado de capitais. Por isso, ao ser tipificado no Brasil, busca-se a **proteção da confiança** dos investidores nas informações existentes no mercado de capitais.

Segundo Leonardo Vizeu Figueiredo (2016, p. 720-721), podem figurar como *insiders* aqueles que, em razão de sua posição, têm acesso a informações capazes de influir de modo ponderável na cotação dos valores mobiliários de emissão da companhia, quais sejam:

a) Administradores, conselheiros e diretores da companhia;

b) Membros de quaisquer órgãos, criados pelo estatuto da companhia, com funções técnicas ou destinadas a aconselhar os administradores;

c) Membros do Conselho Fiscal;

d) Subordinados das pessoas acima referidas;

e) Terceiros de confiança dessas pessoas; e

f) Acionistas controladores.

Luiz Regis Prado destaca o sujeito ativo, denominado *iniciado*, "pode se apresentar como iniciado *direto* ou *primário* ("por natureza", de direito, interno, *insider*) e *iniciado secundário* ou *indireto* (de fato, de ocasião, externo, *outsider*)". No primeiro caso estariam aqueles que, diante da relação travada com a sociedade, obtêm informações privilegiadas, ao passo que os segundos são aqueles que obtêm tais informações dos primeiros ("de segunda mão, acionista, *tippee*) (2019, p. 266).

> **Qual o entendimento do STJ sobre o assunto?**
>
> "Considera-se *insider trading* qualquer operação realizada por um insider (diretor, administrador, conselheiro e pessoas equiparadas) com valores mobiliários de emissão da companhia, em proveito próprio ou de terceiro, com base em informação relevante ainda não revelada ao público. É uma prática danosa ao mercado de capitais, aos investidores e à própria sociedade anônima, devendo haver repressão efetiva contra o uso indevido de tais informações privilegiadas". (REsp 1601555/SP, Rel. Min. Ricardo Villas Bôas Cueva, p. 20.02.2017).

No primeiro caso de *insider trading* julgado no Brasil, ficou consignado pelo Juiz Federal a necessidade de se verificar, para a configuração do delito, se os acusados: a) tinham a obrigação de manter sigilo, o que exige que se examine quem são os possíveis sujeitos ativos do delito; b) se os acusados detinham informação relevante ainda não divulgada ao mercado; c) se os acusados utilizaram, mediante negociação com valores mobiliários, em nome próprio ou de terceiros, tal informação relevante (Autos nº 0005123-26.2009.403.6181 (2009.61.81.005123-4), MM. Marcelo Costenaro Cavali, Juiz Federal Substituto da 6ª Vara Criminal de São Paulo [MPF x Luiz Gonzaga Murat Jr. e Romano Ancelmo Fontana Filho]).

Conclui-se, dessa forma, que a tipificação da conduta encontra-se diretamente relacionada ao uso indevido da informação privilegiada. Assim, por informação relevante ou privilegiada deve-se entender aquela que tem o poder de alterar uma decisão de investimento (compra, venda ou manutenção de um investidor racional), ou ainda, aquela que "ainda não tenha sido divulgada para conhecimento do mercado, obtida em razão do cargo e **capaz de influir de modo ponderável na cotação de valores mobiliários**" (art. 155, § 1º, Lei das S.As).

> **Importante**
>
> Instrução CVM 358/2002 Art. 2º – Considera-se relevante, para os efeitos desta Instrução, qualquer decisão de acionista controlador, deliberação da assembleia geral ou dos órgãos de administração da companhia aberta, ou qualquer outro ato ou fato de caráter político-administrativo, técnico, negocial ou econômico-financeiro ocorrido ou relacionado aos seus negócios que possa influir de modo ponderável:
>
> I. na cotação dos valores mobiliários de emissão da companhia aberta ou a eles referenciados;
>
> II. na decisão dos investidores de comprar, vender ou manter aqueles valores mobiliários;

> III. na decisão dos investidores de exercer quaisquer direitos inerentes à condição de titular de valores mobiliários emitidos pela companhia ou a eles referenciados.

Conclui-se, assim, que "quando o *insider* detiver informações relevantes sobre sua companhia, deverá informá-las ao mercado tão logo seja possível, ou, no caso em que não puder fazê-lo, por entender que sua revelação colocará em risco interesse da empresa, deverá **abster-se de negociar com os valores mobiliários referentes às informações privilegiadas**, enquanto não forem divulgadas" (STJ, REsp 1.569.171-SP, Info 577).

Exige-se, dessa forma, a observância do **dever de lealdade** por parte do administrador da companhia, que, dentre outros aspectos, deverá guardar sigilo sobre qualquer informação que ainda não tenha sido divulgada para conhecimento do mercado, obtida em razão do cargo e capaz de influir de modo ponderável na cotação de valores mobiliários, sendo-lhe vedado valer-se da informação para obter, para si ou para outrem, vantagem mediante compra ou venda de valores mobiliários (art. 155, § 1º, da Lei 6.404/76).

> ▸ **Qual o entendimento do STJ sobre o assunto?**
>
> "A Comissão de Valores Imobiliários não possui legitimidade para figurar no polo passivo de ação que visa questionar sanção imposta pelo cometimento de crime de uso indevido de informação privilegiada (*insider trading*)". (AREsp 1.614.577-SP, Rel. Min. Francisco Falcão, Segunda Turma, j. 07/12/2021, Info 721)

Além disso, ainda em observância à lealdade e à transparência (*full disclousure*), o art. 13 da Instrução 358/2002 da CVM estabelece que "antes da divulgação ao mercado de ato ou fato relevante ocorrido nos negócios da companhia, é vedada a negociação com valores mobiliários de sua emissão, ou a eles referenciados, pela própria companhia aberta, pelos acionistas controladores, diretos ou indiretos, diretores, membros do conselho de administração, do conselho fiscal e de quaisquer órgãos com funções técnicas ou consultivas, criados por disposição estatutária, ou por quem quer que, em virtude de seu cargo, função ou posição na companhia aberta, sua controladora, suas controladas ou coligadas, tenha conhecimento da informação relativa ao ato ou fato relevante".

Nessa esteira, deve-se entender por fato relevante aquele que possa influir, de modo ponderável, na decisão dos investidores do mercado de vender ou comprar valores mobiliários emitidos pela companhia (art. 157, § 4º, Lei 6.404/76).

Trata-se, assim, de crime de perigo abstrato-concreto, além de crime de mera atividade, cuja consumação se dá com a utilização da informação privilegiada em negociações de valores mobiliários. No mais, a tentativa é admissível, uma vez que a conduta é fracionável. (PRADO, 2019, p. 267).

A lei nº 13.506, de 2017 incluiu dois parágrafos no art. 27-D da Lei nº 6.385/76. O primeiro deles prevê uma forma equiparada ao caput, ao estabelecer que "incorre na mesma pena quem repassa informação sigilosa relativa a fato relevante a que tenha tido acesso em razão de cargo ou posição que ocupe em emissor de valores mobiliários ou em razão de relação comercial, profissional ou de confiança com o emissor".

Em relação à essa nova previsão do §1º do art. 27-D é importante destacar a crítica da doutrina ante a sua desnecessidade, uma vez que a figura da participação (art. 29 do Código Penal), seria suficiente para abranger a conduta narrada no novo dispositivo, com base na teoria monista ou unitária (PRADO, 2019, p. 268).

Já o §2º, também incluído pela Lei nº 13.506/17, fixou um aumento de pena de um terço se o agente cometer o crime previsto no caput valendo-se de informação relevante de que tenha conhecimento e da qual deva manter sigilo.

A ação penal para esse crime também é pública e incondicionada.

> **Qual o entendimento do STJ sobre o assunto?**
>
> "Para a **reparação civil** de danos resultantes da prática de ***insider trading***, a legislação exige, além da presença dos elementos genéricos (conduta ilícita, dano e nexo de causalidade), o desconhecimento, por parte dos possíveis prejudicados, das informações supostamente omitidas ao tempo da negociação envolvendo valores mobiliários (art. 155, §3º, da LSA)". (REsp 1540428/SP, Rel. Min. Marco Aurélio Bellizze, p. 16.03.2018).

> **Qual o entendimento do STJ sobre o assunto?**
>
> "Representa circunstância judicial idônea a exasperar a pena-base do condenado pelo crime de uso indevido de informação privilegiada o exercício de cargo de alta importância que possibilitou o acesso à 'informação relevante'" (REsp 1.569.171-SP, Rel. Min. Gurgel de Faria, publ. 25.02.2016, Info 577).

> **Como esse assunto foi cobrado em concurso?**
>
> No concurso para Técnico Bancário promovido pela ANBIMA (Associação Brasileira das Entidades dos Mercados Financeiro e de Capitais) em 2014, foi considerado CERTO o seguinte enunciado: "*Insider trading* é o mesmo que efetuar transações no mercado de capitais de posse de informação privilegiada".

> **Como esse assunto foi cobrado em concurso?**
>
> Na segunda fase do Concurso para Juiz Federal da 3ª Região em 2013, a Convenção sobre o Crime Organizado Transnacional foi cobrada da seguinte forma: "Considerando a legislação vigente no Brasil e a Convenção da ONU sobre Crime Organizado Transnacional (Convenção de Palermo), explique, de modo fundamentado, as diferenças entre "concurso de agentes", "associação em quadrilha ou bando" e "organização criminosa", aplicando-as na criminalidade econômica derivada de atividade empresarial, para responder à seguinte indagação:

a) A prática de crime econômico eventual, em decorrência de atividade empresarial, também implica, necessariamente, a imputação pelo crime de associação em quadrilha ou bando? Por quê?

2.3. Exercício irregular de cargo, profissão, atividade ou função

▸ **Importante**

Lei 6.385/76, art. 27-E. Exercer, ainda que a título gratuito, no mercado de valores mobiliários, a atividade de administrador de carteira, agente autônomo de investimento, auditor independente, analista de valores mobiliários, agente fiduciário ou qualquer outro cargo, profissão, atividade ou função, sem estar, para esse fim, autorizado ou registrado na autoridade administrativa competente, quando exigido por lei ou regulamento:

Pena – detenção de seis meses a dois anos, e multa.

Esse dispositivo assemelha-se à previsão do art. 16 da Lei 7.492/86, que tipifica as condutas de "fazer operar, sem a devida autorização, ou com autorização obtida mediante declaração falsa, instituição financeira, inclusive de distribuição de valores mobiliários ou de câmbio" (Pena: reclusão de um a quatro anos e multa). Por isso, há que se ter muito cuidado na diferenciação entre esses tipos penais.

Assim, a previsão do art. 27-E da Lei 6.385/76 deve ser vista como um **tipo especial** em relação ao art. 16 da Lei 7.492/86. Nesse sentido: "o elemento especial é exatamente a **atuação no mercado de valores mobiliários**, ao passo que a atuação sem autorização no mercado financeiro ou no mercado cambial, por exemplo, segue sendo regida pela Lei dos Crimes contra o Sistema Financeiro Nacional" (BITENCOURT; BREDA, 2014, p. 418).

▸ **Como esse assunto foi cobrado em concurso?**

No concurso do CESPE para Juiz Federal da 1ª Região em 2009, foi considerado ERRADO o seguinte enunciado: "O STF entende que o art. 16 da Lei nº 7.492/1986 **foi revogado** pelo art. 27-E da Lei nº 6.385/1976, com a redação da Lei nº 10.303/2001, uma vez que esses tipos penais possuem a mesma objetividade jurídica, e deve incidir, no caso, o princípio da retroatividade da lei penal mais benéfica".

Tutela-se, aqui, o "controle sobre o acesso ao mercado de capitais, que exige dos intermediários financeiros uma mínima **qualificação técnica** para desenvolver as atividades descritas". Busca-se, dessa forma, estimular a qualificação de tais intermediários, o que, por sua vez, representa maior segurança aos investidores (BITENCOURT; BREDA, 2014, p. 418). Secundariamente tutela-se o patrimônio individual do lesado (PRADO, 2019, p. 270).

Esse crime do art. 27-E configura-se **norma penal em branco**, já que é necessária a análise das normas que disciplinam o Mercado de Capitais e os instrumentos normativos da CVM para se saber quem tem autorização ou registro junto à autoridade administrativa competente, para atuar no mercado de valores mobiliários.

O crime é comum, podendo ser praticado por qualquer um que atue no mercado mobiliário, exercendo de forma irregular as funções descritas no tipo. Já o sujeito passivo será o Estado, assim como os investidores e aqueles intermediários financeiros que desempenham suas atividades de forma regular.

A conduta de exercer a atividade de administrador de carteira, agente autônomo de investimento, auditor independente, analista de valores mobiliários, agente fiduciário ou ainda o exercício de qualquer outro cargo, profissão, atividade ou função, pressupõem a habitualidade para a configuração do delito que, por essa razão, é classificado como delito habitual, o que afasta a possibilidade da modalidade tentada.

A ação penal é **pública incondicionada**, de competência da Justiça Federal. Além disso, o crime do art. 27-F, configura-se **crime de menor potencial ofensivo** já que a pena máxima é de dois anos de detenção.

> **Importante**
>
> STJ, súmula 171. "Cominadas cumulativamente, em Lei especial, penas privativas de liberdade e pecuniária, é defeso a substituição da prisão por multa".

> **Como esse assunto foi cobrado em concurso?**
>
> No concurso do CESPE para Juiz Federal da 1ª Região em 2009, foi considerado ERRADO o seguinte enunciado: "Caso o delito previsto no art. 27-E da Lei nº 6.385/1976 seja cometido por réu primário condenado à pena mínima e as circunstâncias judiciais lhe sejam favoráveis, então será possível a conversão da pena privativa de liberdade em multa".

3. CRIMES CONTRA O SISTEMA FINANCEIRO NACIONAL – LEI 7.492/86[3]

Os crimes contra o Sistema Financeiro Nacional, também chamados de **"crimes do colarinho branco"**, encontram-se previstos na lei 7.492/86 que, por sua vez, revogou as disposições penais da lei 4.595/64. Antes de qualquer coisa, a norma de 1986, já em seu primeiro artigo, define o que deve se entender por instituição financeira, conforme quadro infra:

> **Importante**
>
> Lei 7.492/86, art. 1º. Considera-se instituição financeira a **pessoa jurídica de direito público ou privado, que tenha como atividade principal ou acessória, cumulativamente ou não, a captação, intermediação ou aplicação de recursos financeiros de terceiros, em moeda nacional ou estrangeira, ou a custódia, emissão, distribuição, negociação, intermediação ou administração de valores mobiliários.**

3. Devido à proximidade entre as disciplinas, esse tópico também consta na Sinopse de Direito Financeiro (VILELA, 2021, p. 386-406).

> Parágrafo único. Equiparam-se à instituição financeira:
>
> I - A pessoa jurídica que capte ou administre seguros, câmbio, consórcio, capitalização ou qualquer tipo de poupança, ou recursos de terceiros;
>
> II - A pessoa natural que exerça qualquer das atividades referidas neste artigo, ainda que de forma eventual.

> **▸ Como esse assunto foi cobrado em concurso?**
>
> No concurso para Advogado do BRB promovido pelo IADES em 2019, foi considerado ERRADO seguinte enunciado: "O conceito de instituição financeira para os fins da Lei nº 7.492/1986 é o mesmo conceito utilizado pelo Direito Civil ou pelo Direito Comercial".

Com base na definição legal, é possível afirmar que a noção de instituição financeira, do *caput* do art. 1º da lei 7.492/86, abrange dois grandes grupos: a) intermediários financeiros, quais sejam, aqueles que captam poupança diretamente do público por sua própria iniciativa e responsabilidade e, posteriormente, aplicam esses recursos junto às empresas, por meio de empréstimos e financiamento; e b) instituições auxiliares, ou seja, aquelas que colocam em contato poupadores e investidores, facilitando o acesso destes àqueles (SANCTIS, 2015).

São consideradas instituições financeiras (BITENCOURT; BREDA, 2014, p. 25-30):

- Bancos comerciais;
- Bancos múltiplos;
- Bancos de investimento;
- Bancos de desenvolvimento;
- Caixas Econômicas;
- Sociedades de crédito, financiamento e investimento (financeiras);
- Sociedades de crédito imobiliário;
- Sociedades corretoras de títulos e valores mobiliários;
- Sociedades distribuidoras de títulos e valores mobiliários;
- Sociedades de arrendamento mercantil;
- Cooperativas de crédito;
- Agências de fomento;
- Associação de poupança e empréstimo;
- Bancos de câmbio.

Já por "instituição financeira por equiparação" a doutrina apresenta as entidades que, atuam na captação e intermediação de recursos da poupança popular, quais sejam: seguradoras, administradoras de consórcios, instituições de câmbio e as sociedades de capitalização (BITENCOURT; BREDA, 2014, p. 31).

> **Qual o entendimento do STJ sobre o assunto?**
>
> "A concessão de empréstimos a juros abusivos por empresas de *factoring* caracteriza crime de usura, previsto nos arts. 4º da Lei nº 1.521/51 e 13 do Decreto nº 22.626/33, e não delito contra o sistema financeiro nacional, sendo, portanto, da competência da Justiça Estadual" (CC 115338/PR, Rel. Min. Marco Aurélio Bellizze, publ. 13.08.2013).

> **Qual o entendimento do STJ sobre o assunto?**
>
> "As empresas popularmente conhecidas como ***factoring*** desempenham atividades de fomento mercantil, de cunho meramente comercial, em que se ajusta a compra de créditos vencíveis, mediante preço certo e ajustado, e com recursos próprios, **não podendo ser caracterizadas como instituições financeiras**" (CC 98.062/SP, Rel. Min. Jorge Mussi, publ. 06.09.2010).

Considerando que a caracterização como instituição financeira envolve a operação com recursos de terceiros, a jurisprudência tradicionalmente vem entendendo que o agiota não pode ser caracterizado como tal, já que opera com recursos próprios. Por outro lado, o doleiro, os fundos de pensão e as entidades fechadas de previdência privada são considerados equiparados à instituição financeira.

> **Qual o entendimento do STJ sobre o assunto?**
>
> "[...] a troca de cheques a juros, por pessoa física, é equiparada ao empréstimo feito por pessoa física, não sendo caso de incidência da Lei 7.492/86. Isso porque, como não demonstrado que o agente utilizava de recursos de terceiros para a realização das trocas, inviável entender que o investigado equipara-se a instituição jurídica, nos termos do art. 1º, II, do citado diploma legal." (CC 162257/ES, Rel. Min. Nefi Cordeiro, p. 19.06.2019).

> **Qual o entendimento do STJ sobre o assunto?**
>
> "Inexistindo ofensa a interesses, bens e serviços da União, já que se trata de empréstimos com recursos próprios do particular e não sendo este equiparado a 'instituição bancária ou financeira', afastada está a hipótese de crime contra o Sistema Financeiro Nacional" (CC 29.933/SP, Rel. Min. Jorge Scartezzini, publ. 01.07.2004).

> **Qual o entendimento do STF sobre o assunto?**
>
> "As entidades de fundo de pensão estão incluídas no Sistema Financeiro Nacional. Fraude cometida contra entidade previdenciária. Aplicação da lei nº 7.492/86. Competência da Justiça Federal" (RHC 85.094/SP, Rel. Min. Gilmar Mendes, publ. 08.04.2005).

▸ Qual o entendimento do STF sobre o assunto?

"[...] o estado, ao emitir títulos da dívida pública (Letras Financeiras do Estado) e colocá-los no mercado, para obter recursos para o Tesouro, não atuou como se fosse instituição financeira. Na aplicação da lei penal, vigora o princípio da reserva legal. Somente os entes que se enquadrem no conceito de instituição financeira, definidos no art. 1º e parágrafo único da Lei 7.492/86, é que respondem pelos tipos penais nela estabelecidos" (Inq. 1.690/PE, Rel. Min. Carlos Velloso, publ. 06.11.2002).

Obs.: em sentido contrário é o entendimento de José Paulo Baltazar Jr. para quem o Estado-membro pode ser considerado instituição financeira por equiparação (2010, p. 333).

Durante muito tempo as **empresas de cartão de crédito** não foram consideradas instituições financeiras, pelo fato de receberem procuração dos contratantes para captar recursos junto ao sistema financeiro, cobrando, para o fornecimento do serviço, anuidades fixas e desvinculadas da efetivação de compras de mercadorias ou contratação de serviços (TRF/3 - HC 92.03.0249524/SP). Contudo, em razão da edição da súmula 283 do STJ, a doutrina mais recente vem entendendo que as operações com cartão de crédito também se caracterizam como intermediação (SANCTIS, 2015).

▸ Qual o entendimento do STJ sobre o assunto?

STJ, Súmula 283. "As empresas administradoras de cartão de crédito **são instituições financeiras** e, por isso, os juros remuneratórios por elas cobrados não sofrem as limitações da Lei de Usura".

Não obstante encontrarem-se regulamentados como contratos de seguro (Circular SUSEP nº 440/2012), os **planos funerários** que cobram antecipadamente pela prestação dos serviços funerários, não podem ser caracterizados como instituição financeira, conforme Parecer PGFN/CJU 2.200/2002.

▸ Como esse assunto foi cobrado em concurso?

No concurso para Fiscal Tributário de Osasco/SP promovido pela VUNESP em 2019, foi considerado CERTO seguinte enunciado: "Para fins penais, a Lei nº 7.492/86, que definiu os crimes contra o sistema financeiro, equiparou à instituição financeira a pessoa jurídica ou natural que capte ou administre seguros e consórcios".

▸ Como esse assunto foi cobrado em concurso?

No concurso para Juiz Federal Substituto do TRF da 2ª Região promovido pelo TRF/2 em 2018, foi considerado CERTO seguinte enunciado: "Para fins de aplicação das normas penais contidas na Lei n. 7.492, de 16 de junho de 1986, denominada Lei dos Crimes de Colarinho Branco, considera-se instituição financeira a pessoa jurídica de direito público ou privado que tenha como atividade principal ou acessória, cumulativamente ou não, a captação, intermediação ou aplicação de recursos financeiros de terceiros, em moeda nacional ou estrangeira, ou a custódia, emissão, distribuição, negociação, intermediação, ou administração de valores mobiliários".

> ▸ **Como esse assunto foi cobrado em concurso?**
> No concurso para Escrivão de Polícia da PC/BA promovido pela VUNESP em 2018, foi considerado ERRADO o seguinte enunciado sobre a lei nº 7.492/1986: "Se equipara à instituição financeira apenas a pessoa natural que capte ou administre seguros, câmbio, consórcio, capitalização ou qualquer tipo de poupança, ou recursos de terceiros".

3.1. Bem jurídico tutelado

O bem jurídico tutelado é o **Sistema Financeiro Nacional**, bem **transindividual** que deve ser compreendido como "o conjunto de órgãos, entidades e pessoas jurídicas que lidam com o fluxo de dinheiro e títulos, incluindo todas as atividades que envolvam circulação de valores, incluindo os mercados financeiro em sentido estrito, de crédito, de câmbio e de capitais, bem como seguros, consórcio, capitalização ou qualquer tipo de poupança", cujas funções básicas são a "mobilização de recursos e sua alocação no espaço e no tempo, informação e monitoração de empresas, administração e alocação de riscos, facilitação e liquidação de obrigações e pagamentos, além da geração e divulgação de informações" no âmbito do mercado de valores (*full disclousure*) (BALTAZAR, 2010, p. 318).

> ▸ **Qual o entendimento do STJ sobre o assunto?**
> "A Lei 7.492/1986 busca a preservação das instituições públicas e privadas que compõem o sistema financeiro, de modo a viabilizar a transparência, a licitude, a boa-fé, a segurança e a veracidade que devem reger as relações entre estas e aplicadores, poupadores, investidores, segurados e consorciados" (CC 91.162/SP, Rel. Min. Arnaldo Esteves Lima, publ. 02.09.2009).

> ▸ **Como esse assunto foi cobrado em concurso?**
> No Concurso do CESPE para Juiz Federal da 5ª Região em 2015, foi considerado ERRADO o seguinte enunciado: "Embora seja considerada atípica no direito brasileiro a detenção de equipamento destinado à falsificação ou adulteração de cartões de crédito, caso ocorra a falsificação propriamente dita, com a efetiva inserção dos cartões contrafeitos em circulação e o seu uso, fica caracterizado crime contra o Sistema Financeiro Nacional, devido ao abalo da credibilidade do mercado financeiro".

3.2. Sujeitos do crime

O sujeito passivo dos crimes praticados contra o Sistema Financeiro Nacional é a **União**, o que não exclui a possibilidade de existirem outras vítimas, concretamente atingidas pela prática delituosa.

Segundo disposição do art. 25 da lei 7.492/86, alguns crimes (não todos) contra o Sistema Financeiro Nacional são considerados crimes próprios, de forma que somente poderão ter como sujeitos ativos controladores, administradores, diretores, gerentes, interventores, liquidantes ou síndicos de instituição financeira, o que ocorrerá nos casos em que há **menção expressa** dessa condição no tipo penal ou trata-se de **decorrência lógica** da conduta.

Observe-se, contudo, que responsabilidade penal não decorre da simples posição ocupada pelo indivíduo, o que caracterizaria absurda responsabilidade objetiva. Ao contrário, e assim como em todo o direito penal, a previsão do art. 25 da lei depende da participação pessoal na realização dos fatos delituosos, comprovado o elemento subjetivo.

Admite-se tanto a coautoria (art. 30 do CP) quanto a participação.

▸ Qual o entendimento do STJ sobre o assunto?

"[...] cuida-se de crimes previstos nos arts. 4º, parágrafo único, e 17 da Lei nº 7.492/86, cujo bem jurídico tutelado é, em primeiro lugar, a lisura do Sistema Financeiro Nacional e, em segundo lugar, a própria instituição financeira na qual eles se deram. O fato de a empresa recorrente exercer o controle acionário da instituição financeira vítima de gestão fraudulenta não a qualifica como sujeito passivo do crime e titular do bem jurídico tutelado na ação penal, tanto mais quando a vítima direta dos desvios de recursos tipificados como crimes contra o Sistema Financeiro Nacional foi habilitada como assistente de acusação e vem exercendo regularmente esse papel" (AgRg no RMS 62157/RS, Rel. Min. Reynaldo Soares da Fonseca, p. 04.05.2020).

▸ Qual o entendimento do STJ sobre o assunto?

"Podem ser sujeitos ativos do crime previsto no art. 6º da Lei 7.492/1986 pessoas naturais que se fizeram passar por membro ou representante de pessoa jurídica que não tinha autorização do Bacen para funcionar como instituição financeira" (REsp 1.405.989/SP, Rel. Min. Sebastião Reis Júnior, publ. 16.03.2015, Info 569).

▸ Como esse assunto foi cobrado em concurso?

No Concurso do CESPE para Juiz Federal da 5ª Região em 2015, foi considerado ERRADO o seguinte enunciado: "A Lei dos Crimes contra o Sistema Financeiro e a Lei dos Crimes contra Mercado de Capitais trazem previsão de sanções penais específicas para os administradores e para as pessoas jurídicas envolvidas nas infrações penais nelas preconizadas, e estabelecem penas de multa aplicáveis às pessoas jurídicas com base no dano provocado ou na vantagem ilícita auferida pelos agentes".

▸ Como esse assunto foi cobrado em concurso?

No Concurso do CESPE para Juiz Federal da 5ª Região em 2013, foi considerado ERRADO o seguinte enunciado: "Tratando-se de crimes contra o sistema financeiro, a **pessoa jurídica** poderá ser condenada criminalmente quando comprovada a ofensa a bens supraindividuais a fim de se manter a confiabilidade do sistema como um todo".

> ▸ **Como esse assunto foi cobrado em concurso?**
>
> No Concurso do CESPE para Analista Processual do MPU em 2010, foi considerado ERRADO o seguinte enunciado: "No que diz respeito à responsabilidade penal nos crimes contra o sistema financeiro, a legislação de regência prevê sistema próprio de responsabilização para os agentes controladores, administradores, diretores e gerentes de instituição financeira e, divergindo do sistema do Código Penal, impõe-lhes **responsabilidade objetiva**".

3.3. Competência

A ação penal para todos os crimes previstos na Lei 7.492/86 é **pública e incondicionada** e independe de eventual procedimento administrativo, sendo promovida pelo Ministério Público Federal perante a Justiça Federal, conforme expressa disposição do art.26 da lei.

> ▸ **Qual o entendimento do STJ sobre o assunto?**
>
> "Considerando os fatos narrados na denúncia, especialmente os crimes tipificados nos arts. 4º, 5º, 7º, II e 16, todos da Lei n. 7.492/1986, é competente o Juízo Federal para processar a ação penal (art. 26 da Lei n. 7.492/1986), inclusive no que se refere às infrações conexas, por força do entendimento firmado no Enunciado Sumular n. 122/STJ" (HC 530563/RS, Rel. Min. Sebastião Reis Júnior, p. 12.03.2020).

> ▸ **Qual o entendimento do STJ sobre o assunto?**
>
> "Tratando-se de fraude para obtenção de financiamento bancário visando a compra de veículo automotor - operação financeira caracterizada pela destinação vinculada da verba emprestada - fica tipificado o crime contra o sistema financeiro nacional previsto no art. 19 da Lei n. 7.492/1986, o que atrai a competência da Justiça Federal." (AgRg no REsp 1806106/SP, Rel. Min. Antonio Saldanha Palheiro, p. 04.09.2019).

3.4. Delação premiada

A Lei 7.492/86 prevê, no parágrafo segundo do artigo 25 (acrescido pela Lei 9.080/95), que "nos crimes previstos nesta Lei, cometidos em quadrilha ou coautoria, o coautor ou partícipe que através de confissão espontânea revelar à autoridade policial ou judicial toda a trama delituosa terá a sua **pena reduzida de um a dois terços"**, configurando aquilo que a doutrina chama de delação premiada, conceituada como a "redução de pena (podendo chegar, em algumas hipóteses, até mesmo a total isenção de pena), para o delinquente que delatar seus comparsas, concedida pelo juiz na sentença final condenatória, desde que sejam satisfeitos os requisitos que a lei estabelece" (BITENCOURT; BREDA, 2014, p. 348).

> **Como esse assunto foi cobrado em concurso?**
>
> No concurso para Fiscal Tributário de Osasco/SP promovido pela VUNESP em 2019, foi considerado ERRADO seguinte enunciado: "A lei nº 7.492/86, que definiu os crimes contra o sistema financeiro, prevê expressamente a possibilidade de isenção total de pena ao coautor ou partícipe que colaborar, espontaneamente, com as autoridades responsáveis pela persecução penal".

3.5. Divulgação de informação falsa ou prejudicialmente incompleta (art. 3º)

A tipificação da conduta de "divulgar informação falsa ou prejudicialmente incompleta sobre instituição financeira" tem o intuito de proteger a confiança dos investidores, sobretudo contra eventuais instabilidades decorrentes da ação de especuladores.

Cuida-se de crime comum, podendo ser praticado por qualquer pessoa, inclusive por meio do **correio eletrônico**. Apesar disso, para a caracterização do crime, exige-se o sujeito goze de alguma **credibilidade** em relação à informação divulgada. Os sujeitos passivos serão o Estado, o Sistema Financeiro Nacional, a instituição e os investidores eventualmente prejudicados com a divulgação.

O tipo subjetivo é o **dolo**, exigindo-se que a divulgação seja com o objetivo de causar prejuízo, não havendo previsão de modalidade culposa. Assim, "a certeza do agente, embora errônea, de que a informação é verdadeira impede a configuração do dolo. Se tiver dúvida, no entanto, sobre a falsidade ou a prejudicialidade da informação, deverá abster-se de divulgá-la, caso contrário responderá pelo crime, por dolo eventual" (BITENCOURT; BREDA, 2014, p. 52).

O verbo "divulgar" exige que a informação se **torne pública**, conhecida. Dessa forma, a **omissão de informação é atípica** já que não conta com previsão legal. Da mesma forma, não haverá o crime em caso de simples repetição de declarações já veiculadas na imprensa (TRF/3). O delito consuma-se com a simples divulgação, independentemente de qualquer resultado naturalístico, caracterizando-se, assim, como crime de mera conduta.

> **Qual o entendimento do STJ sobre o assunto?**
>
> "A inviolabilidade civil e penal das opiniões, palavras e votos dos membros das Casas Legislativas está adstrita ao efetivo exercício do cargo, ainda que fora da tribuna, desde que tenham sido proferidas em razão da função parlamentar. Evidenciado o dolo de se valer do mandato para divulgar informações falsas sobre instituição financeira, tal garantia não se presta a impedir a responsabilização pelo crime previsto no art. 3º da Lei nº 7.492/86" (HC 238.481/ES, Rel. Min. Maria Thereza de Assis Moura, pub. 03.08.2015).

> **Como esse assunto foi cobrado em concurso?**
>
> No Concurso do CESPE para Defensor Público da União em 2010, foi considerado ERRADO o seguinte enunciado: "No que tange aos crimes

contra o sistema financeiro, para a divulgação de informação falsa ou prejudicialmente incompleta sobre instituição financeira, está prevista a modalidade culposa".

OBSERVAÇÃO: o art. 16, II, da revogada Lei de Imprensa (Lei 5.250/67) previa a modalidade culposa para o crime de "Publicar ou divulgar notícias falsas ou fatos verdadeiros truncados ou deturpados que provoquem: desconfiança no sistema bancário ou abalo de crédito de instituição financeira ou de qualquer empresa, pessoa física ou jurídica".

3.6. Gestão fraudulenta e gestão temerária (art. 4º)

O crime de gestão fraudulenta tem como origem o crime previsto no art. 3º, IX, da Lei 1.521/51 (Crimes contra a economia popular), ainda vigente, que, por sua vez, exigia como resultado naturalístico que aqueles atos de gestão conduzissem as sociedades à falência ou à insolvência, ou não cumprindo qualquer das cláusulas contratuais de forma a causar prejuízo aos investidores. Dessa forma, a previsão daquela lei configura um **crime de dano**.

Na Lei 7.492/86, ao contrário, o que se tem é um **crime formal e/ou de perigo abstrato**, já que a lei não faz menção a qualquer tipo de dano. Nesse sentido, estabelece o art. 4º:

> Art. 4º. Gerir **fraudulentamente** instituição financeira:
>
> Pena – reclusão, de três a doze anos e multa.
>
> Parágrafo único. Se a gestão é **temerária**:
>
> Pena – reclusão, de dois a oito anos e multa.

▸ Qual o entendimento do STF sobre o assunto?

"O tipo peal contido no art. 4º da Lei nº 7.492/1986, consiste em crime de perigo, não sendo necessária a produção de resultado naturalístico em razão da gestão fraudulenta. [...] A repercussão da ruína de uma instituição financeira, de maneira negativa em relação às outras instituições, caracteriza o crime de perigo" (HC 95.515/RJ, Rel. Min. Hellen Gracie, publ. 30.07.2008).

▸ Como esse assunto foi cobrado em concurso?

No Concurso da VUNESP para Auditor Fiscal Tributário Municipal de São José do Rio Preto/SP em 2014, foi considerado CERTO o seguinte enunciado: "Gerir **fraudulentamente** e gerir **temerariamente** instituição financeira trata-se de condutas criminosas, sendo que a primeira é punida mais gravemente do que a segunda".

▸ Como esse assunto foi cobrado em concurso?

No Concurso para Procurador da República em 2013, em questão relacionada aos crimes tipificados no art. 4º, *caput* e seu parágrafo único, da lei 7.492/86 foi considerado ERRADO o seguinte enunciado: "Consoante doutrina e jurisprudência majoritária, a redação do art. 4º e seu parágrafo único, ao retirar a previsão, contida na lei anterior, de as condutas acarretarem falência ou insolvência da instituição financeira, ou prejuízos aos investidores, transformou-os em crimes de dano, no caso de **gestão fraudulenta**, e de perigo abstrato, no caso de **gestão temerária**, tendo em conta o bem jurídico Sistema Financeiro Nacional".

▸ Como esse assunto foi cobrado em concurso?

No Concurso para Promotor de Justiça do MPDFT em 2015, foi considerado ERRADO o seguinte enunciado: "No crime de **gestão fraudulenta** de instituição financeira (Lei 7.492/86), o prejuízo ao patrimônio da instituição financeira ou a investidores, poupadores e assemelhados, decorrente da gestão fraudulenta, é elemento do tipo".

▸ Importante

"Por **gestão fraudulenta** deve-se compreender todo ato de administração no âmbito da empresa, dentre os poderes conferidos, ainda que apenas de fato, que visa à percepção de **vantagem indevida** em prejuízo alheio, empregando o administrador artifícios que levam a erro os demais administradores. Já a **gestão temerária** exige a prática de ato que potencialmente coloca em **risco** a normalidade econômica da empresa. Em ambos os casos exige-se administração que fuja aos padrões normais da atividade empresarial e comprometimento da higidez financeira da instituição" (SANCTIS, 2015).

Esse dispositivo visa tutelar o Sistema Financeiro Nacional contra gestões fraudulentas ou arriscadas levadas a efeitos por seus controladores, administradores, diretores e gerentes. Da mesma forma são protegidas as instituições financeiras (públicas ou privadas) e os investidores que confiaram na credibilidade do SFH. Tanto a gestão fraudulenta quanto a temerária protegem os mesmos bens jurídicos, mudando-se apenas o *modus operandi* do infrator (BITENCOURT; BREDA, 2014, p. 57).

Doutrina e jurisprudência, na atualidade vêm entendendo no sentido de que a previsão contida no *caput* do art. 4º não pode ser considerada vaga e a "existência de elemento normativo no tipo (*fraudulentamente*), passível de demarcação conceitual, não afronta, por esse motivo, o princípio da legalidade" (SANCTIS, 2015; BALTAZAR, 2010, p. 342). Mesmo entendimento se aplica à gestão temerária.

▸ Como esse assunto foi cobrado em concurso?

No Concurso para Procurador da República em 2013, em questão relacionada aos crimes tipificados no art. 4º, *caput* e seu parágrafo único, da lei 7.492/86 foi considerado ERRADO o seguinte enunciado: "Parte da doutrina considera que o elemento normativo jurídico ***temerária***, contido no parágrafo único, do art. 4º, não ofende o princípio constitucional da legalidade, na vertente da taxatividade, sendo, a temeridade, associada à gestão altamente afoita, arrojada ou arriscada. Contudo, a jurisprudência do STJ e do STF tem sido no sentido do reconhecimento da sua inconstitucionalidade, em razão do seu caráter vago e indeterminado".

Segundo entendimento majoritário tem-se aqui uma modalidade de **crime próprio**, que somente poderá ser praticado por aquelas pessoas elencadas no art. 25 da lei 7.492/86 (controlador, administrador, diretor, gerente, interventor, liquidante e síndico), admitindo-se, contudo, coautoria e participação de terceiros (art. 29 do CP). Considerando-se que a qualidade de administrador é elementar do delito, comunica-se a circunstância de caráter pessoal aos coautores, sejam eles empregados da instituição financeira, ou ainda, particulares (BALTAZAR, 2010, p. 342). Contudo, há entendimento do Supremo Tribunal Federal no sentido de qualificá-lo como crime de mão própria.

▸ **Qual o entendimento do STF sobre o assunto?**

"A interpretação sistemática da Lei nº 7.492/86 afasta a possibilidade de haver gestão fraudulenta por terceiro estranho à administração do estabelecimento bancário" (HC 91.591/MG, Rel. Min. Marco Aurélio, publ. 22.09.2009).

▸ **Qual o entendimento do STJ sobre o assunto?**

"**Gerente de agência bancária é passível de imputação de gestão fraudulenta de instituição financeira**, nos termos da Lei n. 7.492/86, que define os crimes contra o Sistema Financeiro Nacional" (EDcl no AgRg no REsp 917.333/MS, Rel. Min. Humberto Martins, publ. 04.10.2013).

▸ **Como esse assunto foi cobrado em concurso?**

No Concurso para Procurador da República em 2013, em questão relacionada aos crimes tipificados no art. 4º, *caput* e seu parágrafo único, da lei 7.492/86 foi considerado ERRADO o seguinte enunciado: "Com relação ao sujeito ativo, cuidam-se de crimes próprios, sendo penalmente responsáveis o controlador e o administrador de instituição financeira, assim considerados os diretores e os gerentes. Não obstante, a jurisprudência do STJ e do STF é pacífica no sentido de **excluir daquele rol os gerentes de agências bancárias**, pois os atos de gestão que lhes incumbe realizar não têm aptidão para ofender o Sistema Financeiro Nacional".

Por outro lado, em relação à habitualidade, há significativa polêmica doutrinária e jurisprudencial. Para alguns doutrinadores a expressão "gerir" "dá a ideia de que o crime só incide se houver um conjunto de atos espaçados no tempo, cuidando-se de crime que requer a habitualidade da fraude para sua configuração" de forma que a prática de atos isolados poderia levar à configuração de outras figuras típicas previstas na lei 7.492/86, mas não aquela do art. 4º (BALTAZAR, 2010, p. 344).

Em sentido contrário, o entendimento mais recente dos tribunais superiores é no sentido de que o crime de gestão fraudulenta caracteriza-se como um **crime habitual impróprio ou acidentalmente habitual**, tendo esse posicionamento sido considerado certo em concurso para Procurador da República em 2013. Contudo, em 2012, questão relacionada a essa classificação do crime de gestão fraudulenta, em concurso para Advogado da União, foi anulada em razão da divergência na jurisprudência da doutrina e do STJ sobre o assunto. Por esse motivo, o tema merece muito cuidado em concursos públicos, podendo ser alvo de recursos em questões objetivas e devendo ser abordados os entendimentos diversos em caso de questão discursiva.

▸ Qual o entendimento do STJ sobre o assunto?

"Pacificou-se nos Tribunais Superiores o entendimento de que o crime de gestão fraudulenta classifica-se como **habitual impróprio**, bastando uma única ação para que se configure" (AgRg no AREsp 1440594/RS, Rel. Min. Joel Ilan Paciornik, p. 02.12.2019).

▸ Qual o entendimento do STJ sobre o assunto?

"O crime de gestão fraudulenta é considerado **delito habitual impróprio**, em que uma só ação tem relevância para configurar o tipo, ainda que a sua reiteração não configure pluralidade de crimes" (AgRg no REsp 1.398.829/SC, Rel. Min. Jorge Mussi, publ. 17.03. 2015).

▸ Importante

"Dada a gravidade e autonomia das ações e omissões *de per si*, exige-se a simples prática de uma conduta potencialmente lesiva de administração para o enquadramento nos delitos de gestão. Entendimento contrário levaria a absurda admissão da possibilidade de o administrador cometer um único ato fraudulento ou temerário durante sua gestão e levar a instituição financeira à inadimplência, sem que nenhuma responsabilidade penal pudesse advir por tal conduta" (SANCTIS, 2015).

▸ Como esse assunto foi cobrado em concurso?

No Concurso para Procurador da República em 2013, em questão relacionada aos crimes tipificados no art. 4º, *caput* e seu parágrafo único, da lei 7.492/86 foi considerado CERTO o seguinte enunciado: "Parte da doutrina classifica-os como **crimes habituais impróprios ou acidentalmente habituais**, nos quais uma única ação no sentido de gerir fraudulenta ou temerariamente tem relevância para consubstanciar o tipo, embora sua reiteração não configure pluralidade de crimes. Apesar da existência de jurisprudência em sentido inverso, a maior parte dos julgados, tanto do STJ quanto do STF, corroboram essa assertiva".

> ▸ **Como esse assunto foi cobrado em concurso?**
>
> No Concurso do CESPE para Advogado da União em 2012, foi **ANULADO** o seguinte enunciado: "O crime de gestão fraudulenta pode ser considerado crime habitual impróprio, tendo uma só ação relevância para configurar o tipo, ainda que a reiteração da ação não configure pluralidade de crimes".

Já o tipo subjetivo é inquestionavelmente o **dolo**, de forma que o agente deve ter a vontade consciente de gerir, fraudulentamente, instituição financeira, não se exigindo a vontade de causar prejuízo. Não há previsão para a modalidade culposa.

O crime de gestão fraudulenta consuma-se "desde que a fraude se produza na captação, aplicação, intermediação e administração de recursos financeiros, que é a atividade-fim de instituição financeira, ou, ainda, na custódia, emissão, distribuição ou intermediação ou administração de títulos ou valores mobiliários" (BITENCOURT; BREDA, 2014, p. 68).

> ▸ **Como esse assunto foi cobrado em concurso?**
>
> No Concurso do CESPE para Procurador Federal em 2010, foi considerado CERTO o seguinte enunciado: "O crime de **gestão fraudulenta** é classificado como crime próprio, formal e de perigo concreto, tendo como elemento subjetivo apenas o dolo, não havendo a forma culposa".

Por fim, destaque-se que a gestão temerária configura-se pela "imprudência, afoiteza, audácia das transações e pelo seu risco possível, que se afasta do risco imanente a qualquer atividade financeira" (SANCTIS, 2015). Ou seja, a gestão temerária pode ser configurada como aquela **desmedidamente arriscada**.

Cuidando-se, tanto o crime de gestão fraudulenta, quanto o de gestão temerária, de crime de perigo, não se exigindo o dano para a configuração, a eles **não se aplica o princípio da insignificância**.

> ▸ **Qual o entendimento do STJ sobre o assunto?**
>
> "É idônea a exasperação da pena-base do delito de gestão fraudulenta, crime formal, com base na valoração negativa das consequências do delito amparada no montante auferido não contabilizado e na quantia de dinheiro retirada da corretora mediante fraude" (AgRg no AgRg no AREsp 1644442/RS, Rel. Min. Joel Ilan Paciornik, p. 28.09.2020).

3.7. Sonegação de informação ou prestação de informação falsa (art. 6º)

Cuida-se de crime pluriofensivo, que tutela, além da inviolabilidade e a credibilidade do mercado de capitais, a repartição pública competente (ex. Banco Central, CVM e Receita Federal do Brasil) e o patrimônio dos sócios e investidores, proibindo que sejam induzidos ou mantidos em erro, relativamente a operação ou situação financeira. "Tutela-se, enfim, tanto o interesse social, representado pela confiança recíproca que deve presidir os relacionamentos patrimoniais individuais e comerciais, quanto o interesse público de reprimir a fraude causadora de dano à instituição financeira" (BITENCOURT; BREDA, 2014, p. 116).

Majoritariamente entende-se que o sujeito ativo será necessariamente uma das pessoas arroladas no art. 25 da lei 7.492/86, configurando-se, portanto, como crime próprio. Já os sujeitos passivos são o Estado, como titular da ordem financeira, além de e investidores, sócios e a repartição pública competente eventualmente atingidos pela informação sonegada ou falsamente prestada.

> **Qual o entendimento do STJ sobre o assunto?**
> "A Lei 7.492/86 busca a preservação das instituições públicas e privadas que compõem o sistema financeiro, de modo a viabilizar a transparência, a licitude, a boa-fé, a segurança e a veracidade, que devem reger as relações entre estas e aplicadores, poupadores, investidores, segurados e consorciados. Os delitos dos art. 4º, 6º e 10 são formais, ou seja, não exigem resultados decorrentes das condutas e consumam-se com a prática dos atos de gestão (art. 4º), no momento em que se presta a falsa informação ou a oculta (art. 6º) e quando é formalizado o demonstrativo contábil falso (art. 10)" (CC 91.162/SP, Rel. Min. Arnaldo Esteves Lima, publ. 02.09.2009).

> **Qual o entendimento do STJ sobre o assunto?**
> "Configura o crime contra o Sistema Financeiro do art. 6º da Lei 7.492/1986 - e não estelionato, do art. 171 do CP - a falsa promessa de compra de valores mobiliários feita por falsos representantes de investidores estrangeiros para induzir investidores internacionais a transferir antecipadamente valores que diziam ser devidos para a realização das operações" (REsp 1.405.989/SP, Rel. Min. Sebastião Reis Júnior, publ. 15.03.2015, Info 569).

3.8. Emissão, oferecimento ou negociação irregular de títulos ou valores mobiliários (art. 7º)

O art. 7º da lei 7.492/86, mais uma vez, prevê um crime pluriofensivo, já que tutela a higidez dos títulos e valores mobiliários, bem como o patrimônio dos investidores, a fé pública do mercado mobiliário e financeiro, protegendo, assim, a **credibilidade do próprio Sistema Financeiro Nacional**. "Secundariamente, protege a inviolabilidade e a credibilidade do mercado de capitais, sendo imprescindível assegurar a retidão da emissão, da compra e da venda de títulos e valores mobiliários" (SANCTIS, 2015).

> **Importante**
> O alcance da expressão "valores mobiliários" se depreende da lei 6.385/76, que dispõe sobre o mercado de capitais, além de ter criado a Comissão de Valores Mobiliários.

> Art. 2º. São valores mobiliários sujeito ao regime dessa lei:
> I. As ações, debêntures e bônus de subscrição;
> II. Os cupons, direitos, recibos de subscrição e certificados de desdobramento relativos aos valores mobiliários referidos no inciso II;
> III. Os certificados de depósito de valores mobiliários;
> IV. As cédulas de debêntures;
> V. As cotas de fundos de investimento em valores mobiliários ou de cubes de investimentos em quaisquer ativos;
> VI. As notas comerciais;
> VII. Os contratos futuros, de opções e outros derivativos, cujos ativos subjacentes sejam valores mobiliários;
> VIII. Outros contratos derivativos, independentemente dos ativos subjacentes; e
> IX. Quando ofertados publicamente, quaisquer outros títulos ou contratos de investimento coletivo, que gerem direito de participação, de parceria ou de remuneração, inclusive resultante de prestação de serviços, cujos rendimentos advêm do esforço do empreendedor ou de terceiros.
> § 1º. Excluem-se do regime desta Lei:
> I. Os títulos da dívida pública federal, estadual ou municipal;
> II. Os títulos cambiais de responsabilidade de instituição financeira, exceto as debêntures.

Fausto de Sanctis classifica os valores mobiliários em três espécies (2015):

a) **De capitalização ou participação** (*equiry*), que tornam o investidor sócio da companhia emissora, como as ações;
b) **De securitização ou dívida** (*debt*), como as debêntures;
c) **Mistos**, que podem ser transformados em ações.

Embora não haja expressa previsão no art. 7º, a doutrina entende que se trata de crime próprio, exigindo-se uma condição peculiar do sujeito que, portanto, deve ser uma daquelas pessoas elencadas no já mencionado art. 25 da lei 7.492/86. Registre-se a existência de posição no sentido da possibilidade de tratar-se de crime comum nas modalidades oferecer e negociar (BITENCOURT; BREDA, 2014, p. 131).

Já os sujeitos passivos são o Estado, responsável pelo Sistema Financeiro Nacional, assim como quaisquer pessoas eventualmente lesadas pela conduta. O tipo subjetivo é o **dolo**, não se admitindo na modalidade culposa. Exige-se, portanto, que o agente tenha consciência da irregularidade dos títulos ou valores mobiliários emitidos, oferecidos ou negociados.

O tipo objetivo prevê as condutas de emitir (colocar em circulação), oferecer (ofertar) e negociar (transacionar), mediante as condições previstas na lei (crime de forma vinculada):

I. Falsos ou falsificados;

II. Sem registro prévio de emissão junto à autoridade competente, em condições divergentes das constantes do registro ou irregularmente registrados;

III. Sem lastro ou garantia suficientes, nos termos da legislação;

IV. Sem autorização prévia da autoridade competente, quando legalmente exigida.

A ação penal é **pública incondicionada**, cominando-se pena de reclusão, de dois a oito anos, e multa.

> **Como esse assunto foi cobrado em concurso?**
>
> No Concurso da CESGRANRIO para Advogado da Caixa Econômica Federal em 2012, o tema foi abordado da seguinte forma: "O diretor da instituição financeira Y **colocou em circulação, sem autorização escrita da sociedade emissora**, documento representativo de **valor mobiliário**. Tal ato é tipificado como crime contra a (o): a) licitação; b) administração pública; c) ordem econômica; d) livre circulação de ideias; e) sistema financeiro nacional". Segundo o gabarito oficial, foi considerada CORRETA a alternativa "e".

3.9. Empréstimo ou adiantamento vedados (art. 17)

O art. 17, *caput*, da Lei 7.492/86 teve sua redação alterada em 2017, com a edição da Lei nº 13.506, passando a estabelecer como crime "tomar ou receber crédito, na qualidade de qualquer das pessoas mencionadas no art. 25, ou deferir operações de crédito vedadas, observado o disposto no art. 34 da lei nº 4.595, de 31 de dezembro de 1964", culminando a pena de reclusão, de dois a seis anos e multa.

> **Importante**
>
> Lei nº 7.492/86, art. 25. São penalmente responsáveis, nos termos desta lei, o controlador e os administradores de instituição financeira, assim considerados os diretores, gerentes (vetado).
>
> §1º Equiparam-se aos administradores de instituição financeira (Vetado) o interventor, o liquidante ou o síndoco.
>
> [...]

O parágrafo único, que não foi modificado pela nova lei, continua determinando que incorre na mesma pena quem: I) em nome próprio, como controlador ou na condição de administrador da sociedade, conceder ou receber adiantamento de honorários, remuneração, salário, ou qualquer outro pagamento, nas condições referidas nesse artigo; II) de forma disfarçada, promover a distribuição ou receber lucros de instituição financeira.

Ou seja, considerando-se a possibilidade de se obter **benefícios particulares em detrimento da ordem econômica**, o legislador procurou, com esse tipo penal, coibir práticas nepotistas que poderiam causar danos ao Sistema Financeiro Nacional. Observe-se, contudo, que **não se exige a ocorrência de efetivo prejuízo**, caracterizando-se como crime de **mera conduta**.

Cuida-se, novamente, de crime pluriofensivo, já que atinge tanto o Sistema Financeiro Nacional quanto o patrimônio da instituição financeira e dos respectivos investidores, acionistas e sócios.

Apesar de se admitir a coautoria e a participação, tem-se aqui, mais um caso de crime próprio, cuja prática somente pode se dar por aqueles sujeitos explicitados no art. 25 da Lei 7.492/86, respondendo **tanto o tomador quanto o concedente** do empréstimo.

Para a configuração do delito será irrelevante que os recursos mutuados ou adiantados sejam de terceiros ou pertencentes à própria instituição financeira já que estes também são responsáveis por garantir a solidez do sistema. Além disso, essa circunstância não se encontra prevista no tipo (BALTAZAR, 2010, p. 387). A ação penal é pública incondicionada.

Luiz Regis Prado chama a atenção para o equívoco na redação do inciso II que, ao invés de se utilizar da expressão "lucro", deveria ter utilizado "dividendos". Assim, "havendo o legislador cometido erro de técnica de redação, ao utilizar o termo lucros, e não dividendos, este sim, o termo correto, propiciou a sua não aplicação, porque o operador do direito deve respeitar o princípio da legalidade, no seu aspecto da taxatividade. Dessa forma, não se pode dar interpretação diferenciada do que está escrito na lei. Os elementos normativos devem estar bem delineados para que se possa bem compreender o alcance da lei penal" (PRADO, 2019, p. 190).

> **Qual o entendimento do STJ sobre o assunto?**
>
> "Segundo reiterada jurisprudência desta Corte, o crime tipificado no art. 17 da lei 7.492/86 se conforme com a **mera conduta do agente**, isto é, se aperfeiçoa com o simples empréstimo realizado por instituição financeira a empresa coligada do mesmo grupo econômico, razão por que a assertiva de utilização de recursos próprios não afasta a indicação delitiva, podendo servir, ao contrário, para a análise da culpabilidade em momento próprio" (REsp 466.168/SP, Rel. Min. Maria Thereza de Assis Moura, publ. 22.02.2010).

> **Qual o entendimento do STF sobre o assunto?**
>
> "[...] parece-me claro que o crime supostamente praticado pelo paciente é classificado como 'próprio quanto ao sujeito ativo', porque exige deste uma especial qualidade, consistente, [...] em ser controlador, administrador, diretor ou gerente de instituição financeira. No entanto, o

argumento do impetrante não se sustenta, na medida em que a especial qualidade do sujeito ativo é circunstância elementar do crime do art. 17 da Lei dos Crimes contra o Sistema Financeiro. A consequência disso encontra-se no art. 30 do Código Penal. Em síntese, apesar de não ser o paciente controlador, administrador, diretor ou gerente de instituição financeira, **essa qualidade, de índole subjetiva, lhe é comunicada** por expressa previsão legal" (HC 84.238-1/BA, Rel. Min. Joaquim Barbosa, publ. 10.09.2004).

▸ **Como esse assunto foi cobrado em concurso?**

No Concurso do CESPE para Advogado da União em 2012, foi considerado ERRADO o seguinte enunciado: "Apesar de serem crimes autônomos, o empréstimo vedado e a gestão temerária, quando forem praticados em uma só ação e originários de uma só operação bancária, não deverão ser processados em concurso formal, pois haverá a absorção do primeiro delito pelo segundo".

▸ **Como esse assunto foi cobrado em concurso?**

No Concurso da FCC para Advogado da Nossa Caixa Desenvolvimento em 2011, o tema foi abordado da seguinte forma: "De acordo com a lei n. 7.492/86, NÃO comete crime contra o sistema financeiro nacional o administrador de instituição financeira que: a) divulgar informação falsa ou prejudicialmente incompleta sobre instituição financeira; b) deferir empréstimo a parente na linha colateral em **terceiro grau**, consanguíneo ou afim; c) geri-la fraudulentamente; d) mantiver ou movimentar recurso ou valor paralelamente à contabilidade exigida pela legislação; e) geri-la temerariamente". Segundo o gabarito oficial, foi considerada CORRETA a alternativa "b".

3.10. Financiamento mediante fraude (art. 19)

Segundo o art. 19, *caput*, da Lei 7.492/86, constitui crime a obtenção, mediante fraude, de financiamento **em instituição financeira**, apenado com reclusão de dois a seis anos e multa. Conforme o parágrafo único do mesmo dispositivo, a pena será aumentada de 1/3 se o crime for cometido em detrimento de instituição financeira oficial ou por ela credenciada para o repasse de financiamento.

Tutela-se, assim, tanto o patrimônio da instituição, de seus acionistas, sócios, investidores, correntistas e aplicadores, quanto a própria **credibilidade do Sistema Financeiro Nacional**. Tem-se aqui uma **forma especial de estelionato** que deverá prevalecer sobre este, em razão do princípio da especialidade.

▸ **Qual o entendimento do STJ sobre o assunto?**

"O tema foi amplamente debatido em precedente no qual esta Corte Superior manteve sua jurisprudência no sentido de que o crime tipificado no art. 19 da Lei n. 7.492/86 não exige, para sua configuração, efetivo ou potencial abalo ao Sistema Financeiro" (AgRg no AgRg no AREsp 1642491/SP, Rel. Min. Joel Ilan Paciornik, p. 29.05.2020).

> **Qual o entendimento do STJ sobre o assunto?**
>
> "Para a configuração do delito descrito no art. 19 da Lei n. 7.492/1986, segundo a pacífica orientação desta Corte, basta a obtenção, mediante fraude, de financiamento em instituição financeira. Logo, o dolo do agente, que caracteriza o referido crime, não é aferido devido ao pagamento ou não de parcelas referentes ao financiamento, mas em momento anterior, isto é, por ocasião da celebração do financiamento, que pressupõe a utilização da fraude" (AgRg no AREsp 1761580/PE, Rel. Min. Rogério Schietti Cruz, p.30.04.2020).

Observe-se a necessidade de se distinguir empréstimo de financiamento. Enquanto aquele é uma operação rotineira das instituições financeiras e pode ter a destinação mais variada possível, conforme as necessidades e interesses do tomador, o **financiamento tem destinação específica**, sendo vinculado a determinado empreendimento ou aquisição de determinado bem, propriedade, coisa ou direito. "Essa finalidade fomentadora do progresso, melhoria ou criação de oportunidades para a coletividade como um todo justifica a sua maior proteção jurídica, atribuindo-se-lhe, inclusive, dignidade penal" (BITENCOURT; BREDA, 2014, p. 248).

Diferente dos demais crimes aqui analisados, este pode ser cometido por **qualquer pessoa**, não se exigindo qualquer qualidade especial. Por isso, é considerado crime comum. Além disso, admite o concurso de pessoas, nos moldes do art. 29 do CP. Sujeito passivo será a instituição lesada, assim como seus investidores, sócios e acionistas. Secundariamente também será sujeito passivo o Estado, já que é o responsável pela solidez do Sistema Financeiro Nacional.

José Paulo Baltazar Jr., citando julgado do TRF/4 destaca que: "A fraude caracterizadora do delito de obtenção de financiamento em instituição financeira mediante fraude é qualquer fraude, não sendo necessário que a fraude, em si, constitua crime, e se constituir, restando esgotada a potencialidade lesiva, a fraude é absorvida pelo crime fim" (AC 199990401078564-0-PR) (2010, p. 395).

> **Qual o entendimento do STJ sobre o assunto?**
>
> "Para a incidência da causa de aumento do art. 19, parágrafo único, da lei nº 7.429/1986 é suficiente que o crime tenha sido cometido em detrimento de instituição financeira oficial ou por ela credenciada para o repasse de financiamento. Não é necessário que o valor financiado por meio de fraude advenha de verba oriunda de programa governamental, pois na elementar da majorante não há essa exigência específica. Praticado o delito em desfavor da Caixa Econômica Federal, empresa pública federal e, portanto, instituição financeira oficial, é devida a aplicação da majorante" (REsp 1840408/RS, Rel. Min. Laurita Vaz, p. 23.10.2020).

> **Qual o entendimento do STJ sobre o assunto?**
>
> "No crime de obtenção de financiamento em instituição financeira mediante fraude, disposto no art. 19 da Lei 7.492/86, é prescindível a

realização de perícia grafotécnica quando outros meios de prova se mostrem aptos a comprovar a materialidade delitiva." (REsp 1773226/SC, Rel. Min. Nefi Cordeiro, p. 23.05.2019).

▸ **Como esse assunto foi cobrado em concurso?**

No Concurso do CESPE para Juiz Federal da 1ª Região em 2015, foi considerado ERRADO o seguinte enunciado: "José, com o intuito de enganar representante de instituição bancária para celebrar **contrato de mútuo**, apresentou contracheque e identidade falsos na ocasião do negócio. Nessa situação, praticou crime contra o sistema financeiro".

▸ **Como esse assunto foi cobrado em concurso?**

No Concurso do CESPE para Juiz Federal da 5ª Região em 2015, foi considerado ERRADO o seguinte enunciado: "Considere a seguinte situação hipotética. José, produtor rural, obteve financiamento rural aprovado pelo PRONAMP no valor de R$ 380.000,00. Essa quantia deveria ser utilizada, conforme projeto aprovado, na reforma, ampliação e construção de instalações permanentes, na formação de lavouras permanentes, na eletrificação rural e na aquisição de caprinos e ovinos para ampliar produção de laticínios e derivados na região. Ocorre que **parte dos recursos foi utilizada na aquisição de camionete cabine dupla o km**, não prevista no projeto original, para uso na área rural e transporte de insumos. José honrou todas as parcelas do financiamento, e a compra do bem foi verificada na vistoria final do contrato. Nessa situação hipotética, a conduta do produtor rural no que se refere à compra da camionete é **atípica** por não trazer prejuízos ao sistema financeiro e pelo fato de os investimentos permanecerem na atividade rural original, ainda que a aquisição do bem não estivesse prevista expressamente no contrato".

▸ **Como esse assunto foi cobrado em concurso?**

No Concurso da VUNESP para Escrivão da Polícia Civil do Ceará em 2015, o tema foi abordado da seguinte forma: "O crime de '**obter, mediante fraude, financiamento em instituição financeira**' (art. 19 da Lei nº 7.492/86) tem pena aumentada de 1/3 se cometido: a) em momento de grave recessão; b) por agente público; c) em detrimento de instituição financeira oficial; d) com intuito de causar risco sistêmico; e) por intermédio de pessoa jurídica". Segundo o gabarito oficial, foi considerada CORRETA a alternativa "c".

▸ **Como esse assunto foi cobrado em concurso?**

No Concurso da CESGRANRIO para Advogado do BNDES em 2010, o tema foi abordado da seguinte forma: "Tício obtém, mediante fraude, crédito vinculado a leasing financeiro, sendo denunciado pelo Ministério Público como incurso nas penas do art. 19, da Lei nº 7.249/86, que regulamenta os crimes contra o Sistema Financeiro Nacional. Alega que inexistiu crime uma vez que o Banco não teria natureza pública. Diante de tal quadro, conclui-se que: a) a obtenção de crédito fraudulentamente, mediante leasing, não caracteriza crime contra o Sistema Financeiro Nacional; b) a pena cominada é a mesma, seja em instituição privada ou pública, em fatos dessa natureza; c) a origem da instituição, quer pública ou privada, é irrelevante para tipificar o crime descrito; d) o crime descrito implica a necessidade de que recursos públicos estejam envolvidos para ser tipificado; e) somente os mútuos bancários, em sentido estrito, caracterizam o delito em foco". Segundo o gabarito oficial, foi considerada CORRETA a alternativa "c".

4. CRIMES CONTRA A ORDEM ECONÔMICA E AS RELAÇÕES DE CONSUMO – LEI 8.137/90

Considerando que os crimes contra a ordem tributária são exaustivamente tratados pela doutrina, sendo objetos constantes de questões de concursos públicos, o escopo dessa abordagem é discutir apenas os crimes previstos no capítulo II.

Todos os crimes previstos na Lei 8.137/90 são de **ação penal pública incondicionada**, admitindo-se a transação penal, a composição civil dos danos e a suspensão processual desde que preenchidos os respectivos requisitos (Lei 9.099/95).

Outrossim, a lei previu, em seu art. 16, a **delação premiada**. Nesse sentido: "nos crimes previstos nesta Lei, cometidos em quadrilha [associação criminosa] ou coautoria, o coautor ou partícipe que através de confissão espontânea revelar à autoridade policial ou judicial toda a trama delituosa terá sua pena reduzida de um a dois terços". Sobre a delação premiada remetemos o leitor aos comentários da lei de lavagem de dinheiro (infra).

4.1. Crimes contra a ordem econômica

A Lei 8.137/90 tratou dos crimes contra a ordem tributária (capítulo I), econômica e contra as relações de consumo (capítulo II). Contudo, já foi alvo de diversas transformações, com destaque para aquelas decorrentes da Lei 12.529/11 que, ao disciplinar o Sistema Brasileiro de Defesa da Concorrência, revogou grande parte dos crimes contra a ordem econômica, do que resultou, em alguns casos, de *abolitio criminis*.

Com a nova redação, apenas foram mantidas como figuras típicas a **formação de cartel com abuso do poder econômico** (art. 4º. I) e **mediante acordo** (art. 4º, II), sendo mantidas as penas do texto original da lei, tutelando-se, assim, a **livre concorrência e a livre iniciativa**.

▸ Importante

Lei 8.137/90, art. 4º. **Constitui crime contra a ordem econômica:**

I. Abusar do poder econômico, dominando o mercado ou eliminando, total ou parcialmente, a concorrência mediante qualquer forma de ajuste ou acordo de empresas;

> II. Formar acordo, convênio, ajuste ou aliança entre ofertantes visando:
> a) A fixação artificial de preços ou quantidades vendidas ou produzidas;
> b) Ao controle regionalizado do mercado por empresa ou grupo de empresas;
> c) Ao controle, em detrimento da concorrência, de rede de distribuição ou de fornecedores.
>
> Pena - reclusão de 2 a 5 anos e multa.

No inciso I, tem-se o cartel decorrente de **abuso** de poder econômico, qual seja, aquele que "ocorre quando duas ou mais empresas de determinado setor unem-se para eliminar a concorrência, obrigando o consumidor a adquirir seus produtos por falta de opção". Não havendo a especificação de setores alcançados pela norma, a doutrina entende que poderá alcançar todos aqueles produtos ou serviços, assim definidos pelo Código de Defesa do Consumidor (BINA, 2015).

No inciso II, a formação do cartel deve contar com o dolo específico de alcançar um dos resultados previstos em suas alíneas.

É imperioso, mais uma vez, enfatizar que o ordenamento brasileiro não pune o poder econômico **em si**, mas sim o seu **abuso**, conforme expressa previsão constitucional (art. 173, § 4º. A lei reprimirá o abuso do poder econômico que vise à dominação dos mercados, à eliminação da concorrência e ao aumento arbitrário dos lucros). Assim, o elemento subjetivo será o **dolo**, não se punindo a forma culposa. No inciso II há, ainda, elementos subjetivos específicos, consistentes em fixar artificialmente preços, controlar o mercado ou prejudicar a concorrência.

> ▸ **Qual o entendimento do STJ sobre o assunto?**
>
> "A tipificação do crime de formação de cartel previsto no art. 4º, II, da Lei n. 8.137/1990 exige a demonstração de que as empresas, por meio de acordos, ajustes ou alianças, objetivam o domínio do mercado". (Tese 8, Jurisprudência em Teses edição n. 174)

O sujeito ativo dos crimes previstos no art. 4º é o **empresário que detenha poder de mercado**, ou seja, "o poder econômico capaz de, por seu abuso, restringir ou limitar a livre concorrência no mercado relevante" (PRADO, 2014, p. 45). Já o sujeito passivo será a sociedade, e não o Estado, pois, no entender de Nucci, sendo o bem tutelado a regularidade da economia nacional, o interesse é de **toda a coletividade**. Por outro lado, também poderão ser sujeitos passivos, secundariamente, os consumidores e empresários, eventualmente prejudicados pelo abuso do poder econômico (2014).

Cumpre recordar que a aplicação das sanções penais não exclui aquelas de natureza cível e administrativas, aplicadas pelo Poder Judiciário, Ministério Público, PROCON ou Cade.

> **Como esse assunto foi cobrado em concurso?**
>
> No Concurso da VUNESP para Juiz Estadual do Rio de Janeiro em 2016, foi considerado ERRADO o seguinte enunciado: "Caracteriza-se como crime contra a ordem econômica formar acordo, convênio, ajuste ou aliança entre ofertantes, visando a **variação natural** de preços ou quantidades vendidas ou produzidas"

> **Como esse assunto foi cobrado em concurso?**
>
> No Concurso do CESPE para Juiz Federal da 1ª Região em 2009, foi considerado ERRADO o seguinte enunciado: "A pendência de procedimento administrativo **é óbice** para o ajuizamento de ação penal por crime contra a ordem econômica".

> **Como esse assunto foi cobrado em concurso?**
>
> No Concurso do CESPE para Promotor de Justiça do Rio Grande do Norte em 2009, foi considerado CERTO o seguinte enunciado: "Constitui crime contra a ordem econômica a formação de acordo entre ofertantes, visando ao controle, em detrimento da concorrência, de rede de fornecedores".

A competência para julgar os crimes contra a ordem econômica poderá ser **Estadual ou Federal**, a depender da situação concreta. Nucci entende que nos casos em que a conduta delituosa concentra-se em apenas um município ou Estado-membro, a competência será da Justiça Estadual. Por outro lado, caso a atividade do empresário se espalhe por mais de um estado-membro, passa a ser interesse da União preservar a regularidade da economia, caracterizando-se, assim, a competência da Justiça Federal (2014).

> **Qual o entendimento do STJ sobre o assunto?**
>
> "Compete à justiça estadual processar e julgar os crimes contra a ordem econômica previstos na Lei n. 8.137/1990, salvo se praticados em detrimento do art. 109, IV e VI, da Constituição Federal de 1988". (Tese 1, Jurisprudência em Teses edição n. 99)

Todos as modalidades previstas no art. 4º da Lei 8.137/90 caracterizam-se como **delitos de resultado**. Admite-se a tentativa e a consumação ocorre "com o abuso do poder econômico, mediante o domínio do mercado ou eliminação, total ou parcial, da concorrência, através das formas constantes nos incisos e alíneas" (PRADO, 2014, p. 52).

> **Qual o entendimento do STJ sobre o assunto?**
>
> "O momento consumativo do crime de formação de cartel deve ser analisado conforme o caso concreto, sendo errônea a sua classificação como eventualmente permanente". (AREsp 1.800.334-SP, Rel. Min. Joel Ilan Paciornik, Quinta Turma, j. 09/11/2021, Info 718)

> **Qual o entendimento do STJ sobre o assunto?**
>
> "Inexistindo determinação expressa, os crimes contra a ordem econômica, previstos na Lei 8.137/90, reclamam a jurisdição estadual ou federal na medida em que restar comprovado o interesse em jogo, se local ou se nacional. *In casu*, ante a figura do crime sobrevindo da prática de cartel, onde a atuação do agente teve reflexo em vários estados-membros, restringindo o livre exercício da atividade profissional de transportadores pelo Brasil afora, resta patente o **interesse supra-regional** pelo qual se firmam a **necessidade de interferência da União e a competência da Justiça Federal**. Tal se dá porque, apesar de a conduta ilícita ser oriunda de um núcleo determinado, a sua propensão ofensiva à ordem econômica se faz sentir em localidades diversas e em territórios distintos" (HC 32292/RS, Rel. Min. José Arnaldo da Fonseca, publ. 03.05.2004).

4.2. Crimes contra as relações de consumo

A proteção ao consumidor também foi expressamente prevista na Constituição Federal, seja no art. 5º, XXXII, que a insere como **direito fundamental**, seja no art. 170 que a trata como um dos **princípios da ordem econômica**. Nesse sentido, visando conferir-lhe a tutela penal, a Lei 8.137/90 estabelece crimes contra as relações de consumo que, para a doutrina, assemelham-se mais aos crimes contra a economia popular que, propriamente a crimes contra os direitos do consumidor. Por essa razão, é mais comum o conflito aparente de normas com os crimes da Lei 1.521/54 que com aqueles previstos no Código de Defesa do Consumidor (Lei 8.078/90). (BINA, 2015).

Tutelam-se, assim, os **interesses econômicos ou sociais do consumidor** e, de modo indireto, a vida, a saúde, o patrimônio e o mercado. **Sujeito ativo será o fornecedor** (delito especial próprio) e sujeito passivo a coletividade de consumidores e, eventualmente, de forma indireta, a pessoa física ou jurídica lesada (PRADO, 2014, p. 125).

A competência será, em regra, da Justiça Estadual. Será, contudo, da Justiça Federal nos casos em que a União, entidade autárquica ou empresa pública federal forem interessadas na condição de autoras, rés, assistentes ou opoentes (art. 109, I da CRFB).

> **Importante**
>
> Lei 8.137/90, art. 7º. **Constitui crime contra as relações de consumo**:
>
> I. Favorecer ou preferir, sem justa causa, comprador ou freguês, ressalvados os sistemas de entrega ao consumo por intermédio de distribuidores ou revendedores;
>
> II. **Vender ou expor à venda mercadoria cuja embalagem, tipo, especificação, peso ou composição esteja em desacordo com as prescrições legais, ou que não corresponda à respectiva classificação oficial;**

III. Misturar gêneros e mercadorias de espécies diferentes, para vendê-los ou expô-los à venda como puros; misturar gêneros e mercadorias de qualidades desiguais para vendê-los ou expô-los à venda por preço estabelecido para os de mais alto custo;

IV. Fraudar preços por meio de:

a) Alteração, sem modificação essencial ou de qualidade, de elementos tais como denominação, sinal externo, marca, embalagem, especificação técnica, descrição, volume, peso, pintura ou acabamento de bem ou serviço;

b) Divisão em partes de bem ou serviço, habitualmente oferecido à venda em conjunto;

c) Junção de bens ou serviços, comumente oferecidos à venda em separado;

d) Aviso de inclusão de insumo não empregado na produção do bem ou na prestação dos serviços;

V. Elevar o valor cobrado nas vendas a prazo de bens ou serviços, mediante a exigência de comissão ou de taxas de juros ilegais;

VI. Sonegar insumos ou bens, recusando-se a vendê-los a quem pretenda comprá-los nas condições publicamente ofertadas, ou retê-los para o fim de especulação;

VII. Induzir o consumidor ou usuário a erro, por via de indicação ou afirmação falsa ou enganosa sobre a natureza, qualidade de bem ou serviço, utilizando-se de qualquer meio, inclusive a veiculação ou divulgação publicitária;

VIII. Destruir, inutilizar ou danificar matéria-prima ou mercadoria, com o fim de provocar alta de preço, em proveito próprio ou de terceiros;

IX. **Vender ter em depósito para vender ou expor à venda ou, de qualquer forma, entregar matéria-prima ou mercadoria, em condições impróprias ao consumo.**

Pena – detenção, de dois a cinco anos, ou multa.

Parágrafo único. Nas hipóteses dos incisos **II, III e IX**, pune-se a modalidade culposa, reduzindo-se a pena e a detenção de um terço ou a de multa à quinta parte.

Diversas foram as condutas descritas no art. 7º da Lei 8.137/90, bastante claras e de fácil interpretação. A primeira delas busca evitar **atitudes discriminatórias** dos fornecedores em relação aos consumidores, o que não impede o tratamento diferenciado justificado, por exemplo, por um plano de fidelidade (clientes VIP). Esse dispositivo, por sua vez, revogou o art. 2º, II da Lei 1.521/51. Exigindo-se o **dolo** para a sua configuração, o tipo tem como sujeito ativo o empresário fornecedor e como sujeito passivo o consumidor alvo da discriminação.

No inciso II deve-se entender "mercadoria" como todo produto que se compra ou se vende, sendo, portanto, tudo o que se produz para **troca** e não para uso ou consumo do produtor. Difere-se de "produto", já que este abrange tanto bens móveis quanto imóveis, ao passo que mercadoria abrange exclusivamente bens móveis (PRADO, 2014, p. 127). O sujeito passivo é o consumidor e o sujeito ativo o fornecedor da mercadoria cuja embalagem, tipo, especificação, peso ou composição esteja em desacordo com as "prescrições legais", ou que não corresponda à respectiva "classificação oficial". Tem-se, assim, uma **norma penal em branco**, já que é necessária a análise das "prescrições legais" e da "classificação oficial". Atente-se para o fato de que esse tipo também é punido a título de **culpa**, conforme o parágrafo único. Esse dispositivo revogou o art. 2º, III, da Lei 1.521/51.

> **Como esse assunto foi cobrado em concurso?**
>
> No Concurso do CESPE para Juiz Federal da 5ª Região em 2013, foi considerado CERTO o seguinte enunciado: **"Admite-se a modalidade culposa** do crime de omitir informação relevante sobre a durabilidade de produto alimentício no exercício de atividade comercial".

No inciso III, também punível na modalidade **culposa**, operou-se a revogação do art. 2º, V, da Lei 1.521/51. A doutrina destaca que, geralmente, os **produtos puros são mais caros** e procurados já que demandam maior consumo da matéria-prima utilizada para a sua composição. Assim, quando o empresário oferta um produto com misturas, como se fosse puro, acaba lesando o consumidor e alcançando um lucro ilícito (NUCCI, 2014). O sujeito ativo é o fornecedor e o passivo o consumidor.

Já o inciso IV dispõe sobre a conduta do agente que frauda preços, ou seja, causa prejuízos ao consumidor por meios escusos. Mais uma vez, o sujeito ativo será o fornecedor (crime próprio) e o sujeito passivo o consumidor. Ao contrário dos incisos anteriores, essa conduta não é punível na modalidade culposa, mas **apenas mediante dolo**. O objeto material é o preço. A primeira conduta resulta no vulgarmente conhecido **"produto maquiado"**, em que são alterados elementos como denominação ou embalagem, sem que haja qualquer alteração essencial na qualidade. Na alínea "b" há a previsão do fracionamento de produtos habitualmente vendidos em conjunto. Observe-se que **não haverá qualquer ilícito quando a venda em separado se dá a pedido do consumidor**. Da mesma forma é punível a reunião de bens, comumente vendidos separadamente, podendo daí resultar uma venda casada. Por fim, ainda no inciso IV, pune-se o aviso de inclusão de insumo não empregado na produção do bem ou na prestação do serviço. Ou seja, há uma informação falsa sobre a composição do bem ou do serviço buscando-se, com isso, a elevação de seu preço.

Já na conduta seguinte, busca-se a proteção do consumidor em relação às comissões eventualmente cobradas no comércio e as taxas de juros, cujos índices devem obedecer aos parâmetros legais (por isso tem-se uma **norma penal em branco**). Luiz Régis Prado chama atenção para o fato de o dispositivo mencionar apenas as vendas a prazo, de forma que, segundo o autor, não haveria delito algum se alguém eleva o valor cobrando – nos termos do dispositivo, nas vendas **à vista** (2014, p. 131).

▸ **Como esse assunto foi cobrado em concurso?**

No Concurso do CESPE para Analista Judiciário do STJ em 2012, foi considerado ERRADO o seguinte enunciado: "Praticará crime contra a **ordem tributária** o gerente de empresa que elevar o valor de venda a prazo de determinados bens mediante cobrança de comissão considerada ilegal".

No inciso VI, pune-se a conduta de "sonegar insumos ou bens, recusando-se a vendê-los a quem pretenda comprá-los nas condições publicamente ofertadas, ou retê-los para o fim de especulação". Na primeira forma, segundo Luiz Régis Prado, o sujeito anuncia publicamente ofertas para atrair o consumidor, mas no momento de efetuar a venda nega-se a fazê-lo nas condições ofertadas. Na outra forma, tem-se o armazenamento do bem para fins de **especulação**. O sujeito passivo é o consumidor que não consegue adquirir o bem ou insumo e o sujeito ativo o fornecedor que o sonega. O elemento subjetivo é o **dolo**, não se punindo a figura culposa e, na segunda figura, há a finalidade específica de especular.

A figura seguinte (inciso VII) consiste na conduta de induzir o consumidor ou usuário a erro. Considerando que o tipo não menciona a consequência dessa indução, Nucci entende que apenas a indução (inspiração) já é suficiente para a ocorrência do crime. Ademais, destaca que o meio é aberto, valendo, inclusive, a veiculação ou divulgação publicitária. Por isso teria havido a derrogação dos arts. 66, 67 e 68 do Código de Defesa do Consumidor (2014). Sujeito passivo é o consumidor e sujeito ativo o fornecedor. Não há previsão de punição a título de culpa.

Já no inciso VIII, tem-se a conduta daquele que destrói, inutiliza ou danifica matéria-prima ou mercadoria, buscando, com isso, **provocar a alta de preços**. Infelizmente, cuida-se de conduta comumente noticiada pelos órgãos de imprensa, sobretudo entre produtores rurais que, buscando uma valorização do produto, eliminam excessos de produtos, muitas vezes gêneros alimentícios, demonstrando absoluto desprezo à **solidariedade social**. O sujeito passivo é o consumidor e o sujeito ativo o empresário detentor da matéria-prima ou mercadoria inutilizada. **Não se pune a modalidade culposa**, caracterizando-se a conduta pelo dolo com o fim específico de provocar a alta do preço.

Por fim, tem-se a conduta de vender, ter em estoque para vender ou expor à venda **mercadoria imprópria para o consumo**. Dada a gravidade dos danos que essa conduta poderá resultar, o legislador a pune também na **modalidade culposa**. O Código de Defesa do Consumidor é que dará a devida compreensão do que se deve entender por "mercadoria imprópria ao consumo". Por isso, esse dispositivo contém uma **norma penal em branco**. O sujeito passivo é, mais uma vez, o consumidor, ao passo que o sujeito ativo é o empresário, **não necessariamente, fabricante do produto**.

Nucci, destacando o entendimento dos Tribunais, afirma que é **indispensável a realização do exame pericial** para atestar que a mercadoria ou a matéria-prima realmente seja imprópria para o consumo, nos moldes previstos no art. 158, *caput*, do CPP (Quando a infração deixar vestígios, será indispensável o exame de corpo de delito, direto ou indireto, não podendo supri-lo a confissão do acusado").

▸ **Qual o entendimento do STJ sobre o assunto?**

"É indispensável a realização de perícia para a demonstração da materialidade delitiva do crime contra as relações de consumo tipificado no art. 7º, parágrafo único, inciso IX, da Lei n. 8.137/1990". (Tese 9, Jurisprudência em Teses edição n. 99)

▸ **Como esse assunto foi cobrado em concurso?**

No Concurso para Promotor de Justiça do MPDFT em 2015, foi considerado CERTO o seguinte enunciado: "O crime de expor à venda mercadorias impróprias para o consumo (Lei 8.137/90), **tendo sido preservados vestígios do delito**, exige, para a sua comprovação, a realização de perícia, segundo o Superior Tribunal de Justiça".

▸ **Como esse assunto foi cobrado em concurso?**

No Concurso do CESPE para Advogado-Geral da União em 2012, foi considerado ERRADO o seguinte enunciado: "De acordo com o entendimento do STJ, é **desnecessária** a realização de perícia para a caracterização do delito consistente na venda de mercadoria em condições impróprias ao consumo".

Nas disposições gerais da Lei 8.137/91, há, ainda, importantes dispositivos sobre a aplicação da norma. Assim, segundo o art. 11 qualquer pessoa, que concorra para a prática dos crimes nela previstos, incidirá em suas penas, na medida de sua culpabilidade. Contudo, o parágrafo único, claramente aplicável aos crimes contra as relações de consumo, estabelece que "quando a venda ao consumidor for efetuada por sistema de entrega ao consumo ou por intermédio de distribuidor ou revendedor, seja em regime de concessão comercial ou outro em que o preço ao consumidor é estabelecido ou sugerido pelo fabricante ou concedente, o ato por este praticado **não alcança o distribuidor ou revendedor**".

▸ **Qual o entendimento do STJ sobre o assunto?**

"Nos crimes societários cometidos no âmbito de aplicação da Lei n. 8.137/1990, admite-se a denúncia geral, a qual, apesar de não individualizar pormenorizadamente as atuações de cada um dos denunciados, demonstra, ainda que de maneira sutil, um liame entre o agir dos sócios ou administradores e a suposta prática delituosa, o que estabelece a plausibilidade da imputação deduzida e permite o exercício da ampla defesa com todos os recursos a ela inerentes". (Tese 3, Jurisprudência em Teses edição n. 176)

▸ **Qual o entendimento do STJ sobre o assunto?**

"É possível o deferimento de medida assecuratória contra pessoa jurídica utilizada para fins de ocultação de bens provenientes da prática de crimes previstos na Lei n. 8.137/1990". (Tese 11, Jurisprudência em Teses edição n. 176)

> **Como esse assunto foi cobrado em concurso?**
>
> No Concurso do CESPE para Advogado-Geral da União em 2012, foi considerado ERRADO o seguinte enunciado: "A lei estabelece, com relação ao sistema de vendas ao consumidor em que o preço do produto seja sugerido pelo fabricante, que, se este praticar crime contra as relações de consumo, **responderá por esse ato também o distribuidor ou o revendedor**".

No artigo seguinte (art. 12), a Lei 8.137, traz circunstâncias do crime que aumentarão, **na terceira fase** da fixação, a pena de um terço até a metade. São elas:

- Ocasionar grave dano à coletividade;
- Ser o crime cometido por servidor público no exercício de suas funções;
- Ser o crime praticado em relação à prestação de serviços ou ao comércio de bens essenciais à vida ou à saúde.

> **Qual o entendimento do STJ sobre o assunto?**
>
> "É possível o reconhecimento simultâneo das causas de aumento de pena relativas à continuidade delitiva (art. 71 do CP) e ao grave dano à coletividade (art. 12, I, da Lei n. 8.137/1990), sem que se configure bis in idem." (Tese 10, Jurisprudência em Teses edição n. 176)

> **Como esse assunto foi cobrado em concurso?**
>
> No Concurso do MPE-SC para Promotor de Justiça Estadual em 2016, foi ANULADA a questão cujo enunciado considerava CERTO que: "A circunstância de o autor de crime contra a relação de consumo tipificado na Lei 8.137/90 ser **funcionário público no exercício de suas funções é agravante** prevista no regramento citado".

5. CRIMES CONTRA A ORDEM ECONÔMICA E ESTOQUE DE COMBUSTÍVEIS – LEI 8.176/91

A Lei 8.176/91 define crimes contra a ordem econômica e cria o Sistema de Estoque de Combustíveis. Apesar de não contar com grande incidência em concursos, motivo pelo qual é pouco lembrada pela doutrina e pelos candidatos, numa análise do Direito Penal Econômico, dois de seus dispositivos merecem especial atenção.

> **Importante**
>
> Lei 8.176/91, Art. 1º. **Constitui crime contra a ordem econômica:**
>
> I. Adquirir, distribuir e revender derivados de petróleo, gás natural e suas frações recuperáveis, álcool etílico hidratado carburante e demais combustíveis líquidos carburantes, em desacordo com as normas estabelecidas na forma da lei;
>
> II. Usar gás liquefeito de petróleo em motores de qualquer espécie, saunas, caldeiras e aquecimento de piscinas, ou para fins automotivos, em desacordo com as normas estabelecidas na forma da lei.
>
> Pena – detenção, de um a cinco anos.

O primeiro artigo da Lei 8.176/91 tem como objetividade jurídica a **política econômica do Estado relativa à normalidade do abastecimento nacional de petróleo e seus derivados, enquanto fontes energéticas**. No inciso I, o sujeito ativo será o proprietário ou responsável pelo estabelecimento industrial ou comercial apto a "adquirir, distribuir ou revender", ao passo que no inciso II tem-se uma modalidade de crime comum. Por outro lado, o sujeito passivo é a coletividade e, ainda, aqueles que tenham, eventualmente, sido prejudicados.

As condutas incriminadas no inciso I são adquirir (comprar, obter), distribuir (espalhar, dispor) e revender (tornar a vender) derivados de petróleo, gás natural e suas funções recuperáveis, álcool etílico, hidratado carburante e demais combustíveis líquidos carburantes, em desacordo com as normas estabelecidas na forma da lei. No inciso II, a conduta incriminada é usar (utilizar, empregar) GLP em desacordo com as normas estabelecidas na forma da lei (ANDREUCCI, 2015, p. 128).

▸ Como esse assunto foi cobrado em concurso?

No Concurso do CESPE para Juiz Federal da 5ª Região em 2013, foi considerado ERRADO o seguinte enunciado: "O dono de posto de combustível que adquire dois mil litros de gasolina e, então, mistura a gasolina a água e solvente, colocando o produto adulterado à venda em seu estabelecimento comercial, comete o delito de **estelionato** previsto no art. 171 do CP, já que, com essa conduta, obtém, mediante fraude, vantagem econômica ilícita em prejuízo de terceiro".

▸ Como esse assunto foi cobrado em concurso?

No Concurso do CESPE para Juiz Federal da 1ª Região em 2009, foi considerado CERTO o seguinte enunciado: "O agente que **armazene** botijões de GLP de forma irregular não pratica crime contra a ordem econômica".

▸ Qual o entendimento do STJ sobre o assunto?

"O art. 1º, I, da Lei 8.176/91, ao proibir o comércio de combustíveis em desacordo com as normas estabelecidas na forma da lei, é **norma penal em branco em sentido estrito, porque não exige a complementação mediante lei formal, podendo sê-lo por normas administrativas** infra-legais, estas sim, estabelecidas 'na forma da lei' (RHC 9.834/SP, Rel. Min. Felix Fischer, publ. 05.06.01).

Como elemento subjetivo, exige-se o **dolo**, não se punindo nenhuma das condutas a título de culpa. Não é possível se falar em tentativa na modalidade "usar", já nas demais (adquirir, distribuir, revender) admite-se a tentativa.

> **Como esse assunto foi cobrado em concurso?**
>
> No Concurso do Instituto MOVENS para Especialista em recursos Minerais do DNPM em 2010, foi considerado ERRADO o seguinte enunciado: "Os crimes contra a ordem econômica de que trata a Lei nº 8.176/1991, quando praticados na modalidade culposa, terão suas penas reduzidas pela metade".

A ação penal é **pública incondicionada**. Quanto à competência, há divergência na doutrina. Contudo, o STF vem entendendo cuidar-se de competência da **Justiça Estadual**, exceto nos casos em que esteja evidente, ante o caso concreto, a lesão a bens, serviços ou interesses da União ou de suas autarquias. Ricardo Andreucci entende tratar-se de competência da Justiça Federal, pelo fato de haver lesão ao Sistema Nacional de Estoque de Combustíveis, criado pela União pelo Decreto 238/91 (2015, p. 129).

> **Qual o entendimento do STF sobre o assunto?**
>
> "O interesse da União, para que ocorra a competência da Justiça Federal prevista no art. 109, IV, da CF, tem de ser direto e específico. Com base nesse entendimento, o Tribunal desproveu recurso extraordinário interposto pelo Ministério Público Federal em que alegava que a interpretação conjunta dos incisos IV e VI do art. 109 da CF revelaria ser da Justiça Federal a competência para processar e julgar os crimes contra a ordem econômica se, independentemente de previsão da lei definidora, houvesse lesão a interesse da União. Sustentava o parquet que a comercialização de combustível fora dos padrões fixados pela Agência Nacional do Petróleo vulneraria diretamente o interesse direto dessa autarquia federal no controle, fiscalização e regulação da atividade de distribuição e revenda de derivados de petróleo e álcool. Asseverou-se que, não obstante se possa reconhecer a competência da Justiça Federal para ações penais por crimes contra a ordem econômica, nos termos do art. 109, IV, da CF, ainda que a legislação ordinária não a tenha previsto, a **alegação de lesão a bens, serviços ou interesses da União ou de suas autarquias, deve ser estimada perante o caso concreto** – situação diversa das hipóteses declinadas no inciso VI desse dispositivo, que condiciona a competência à previsão de lei. Considerou-se que o interesse da União, no caso, seria genérico. Ressaltou-se, também, não haver se confundir o objeto de fiscalização da entidade federal com a sua atividade fiscalizatória, para assim demonstrar interesse da União ou entidade" (RE 454.737/SP, Rel. Min. Cezar Peluso, publ. 18/09/2008).

> **Como esse assunto foi cobrado em concurso?**
>
> No Concurso para Promotor de Justiça de Santa Catarina em 2016, foi considerado CERTO o seguinte enunciado: "O uso de gás liquefeito de petróleo em motores, saunas, caldeiras e aquecimento de piscinas em desacordo com as normas estabelecidas em lei caracteriza crime contra a ordem econômica previsto na Lei n. 8.176/91".

> **Como esse assunto foi cobrado em concurso?**
>
> No Concurso do CESPE para Advogado-Geral da União em 2012, foi considerado CERTO o seguinte enunciado: "Consoante a jurisprudência do STJ, compete, **em regra, à justiça estadual** processar e julgar os casos que envolvam crimes previstos nas Leis 8.137/1990 e n. 8.176/1991, quando relacionados à adulteração de combustível".

Já no art. 2º da Lei 8.176/91, tem-se a tutela do patrimônio da União (bens e matérias-primas a ela pertencentes). Na primeira parte do dispositivo tem-se um crime comum, já que pode ser praticado por qualquer pessoa. Contudo, na segunda parte o sujeito ativo só pode ser aquele que conta com um título autorizativo para a exploração (**delito especial próprio**). Dessa forma, como sujeitos passivos têm-se a União, a coletividade e, eventualmente, pessoas detentoras do direito de exploração dos bens usurpados.

> **Importante**
>
> Lei 8.176/91, Art. 2º. Constitui crime contra o patrimônio, na modalidade de usurpação, produzir bens ou explorar matéria-prima pertencentes à União, sem autorização legal ou em desacordo com as obrigações impostas pelo título autorizativo.
>
> Pena - detenção, de um a cinco anos, e multa
>
> § 1º Incorre na mesma pena aquele que, sem autorização legal, adquirir, transportar, industrializar, tiver consigo, consumir ou comercializar produtos ou matéria-prima, obtidos na forma prevista no caput deste artigo.
>
> § 2º No crime definido neste artigo, a pena de multa será fixada entre dez e trezentos e sessenta dias-multa, conforme seja necessário e suficiente para reprovação e a prevenção do crime.
>
> § 3º O dia-multa será fixado pelo juiz em valor não inferior a quatorze nem superior a duzentos Bônus do Tesouro Nacional - BTN.

Assim como no art. 1º, o elemento subjetivo é o **dolo**, já que não se pune a modalidade culposa. Admite-se, contudo, a forma tentada. A consumação ocorre com "a efetiva produção de bens ou exploração de matéria-prima pertencentes à União sem autorização legal ou em desacordo com as obrigações impostas pelo título autorizativo. Consuma-se, ainda, com a efetiva aquisição, transporte, industrialização, posse, consumo ou comercialização de produtos ou matéria-prima produzidos ou explorados sem autorização legal ou em desacordo com as obrigações impostas pelo título autorizativo" (ANDREUCCI, 2015, p. 131).

A ação penal é **pública incondicionada** e, cuidando-se de lesão a patrimônio da União, a **competência é, indiscutivelmente, da Justiça Federal**.

> **Qual o entendimento do STF sobre o assunto?**
>
> "Conflito Aparente de Normas: Leis ns. 8.176/91 e 9.605/98. A Turma indeferiu *habeas corpus* em que denunciado pela suposta prática dos crimes previstos nos arts. 2º da Lei n. 8.176/91 e 55 da Lei n. 9.605/98

alegava conflito aparente de normas, ao argumento de que o mesmo fato – extrair minério sem a competente autorização ou licença – teria sido tipificado por dois dispositivos. Assentou-se que as assertivas da impetração não mereceriam prosperar, na medida em que os arts. 2º da Lei n. 8.176/91 e 55 da Lei n. 9.605/98 tutelariam bens jurídicos distintos, porquanto o primeiro teria por objetivo resguardar o patrimônio da União e o segundo o meio ambiente" (HC 89.878/SP, Rel. Min. Eros Grau, publ. 20.04.2010).

6. CRIMES DE LAVAGEM DE DINHEIRO – LEI 9.613/98

A lavagem de dinheiro é disciplinada, no Brasil, pela Lei 9.613/98 e alterações sofridas com a edição da Lei 12.683/12, ambas influenciadas pela Convenção contra o Tráfico Ilícito de Entorpecentes e de Substâncias Psicotrópicas (Convenção de Viena de 1988). É vista, na atualidade, como uma **forma de asfixiar a realidade do crime organizado**. Segundo Baltazar Júnior a lavagem de dinheiro pode ser conceituada como "atividade de desvinculação ou afastamento do dinheiro de sua origem ilícita para que possa ser aproveitado" (2010, p. 598).

Segundo o entendimento dominante, cuida-se de **crime pluriofensivo**. Assim, o bem jurídico diretamente protegido é a Ordem Econômico-Financeira (para parte da doutrina alcança ainda a livre e leal concorrência) além de, indiretamente, proteger-se, a administração da justiça.

Numa **primeira fase** ou geração, as normas que previam a lavagem de dinheiro, tinham como antecedente o crime de **tráfico de drogas**, destacando-se, nesse contexto, as primeiras condenações, ocorridas nos EUA, em virtude daquilo que foi chamado de "branqueamento de capitais".

A seguir, restando demonstrado que a lavagem não ocorria apenas como decorrência do tráfico de drogas, a tipificação passou a contar com um **rol mais extenso de condutas expressamente previsto** (rol taxativo) nas leis de lavagem, como foi o caso do texto original da Lei Brasileira 9.613 de 1998 (segunda geração).

Por fim, na atualidade (terceira geração), a lavagem pode ter como crime antecedente **qualquer infração penal, inclusive contravenções**, tais como jogo do bicho e exploração de jogos de azar. Ou seja, **não se dispensa a existência de uma infração antecedente, mas apenas deixa de existir um rol taxativo**. Nesse sentido, o atual art. 1º da Lei 9.613/98 (com redação dada pela Lei 12.683/12) utiliza-se de tipos mistos alternativos, prevendo como lavagem ou ocultação de bens, direitos e valores "ocultar, dissimular a natureza, origem, localização, disposição, movimentação ou propriedade de bens, direitos ou valores provenientes, direta ou indiretamente, de **infração penal**".

▸ Como esse assunto foi cobrado em concurso?

No Concurso do MP/RS para Promotor de Justiça substituto em 2016, foi considerado CERTO o seguinte enunciado: "Investigado por corrupção, ex-secretário de Obras Públicas da Argentina dos governos Kirchner foi preso quando prestes a enterrar milhares de dólares no terreno de um mosteiro, na província de Buenos Aires. O colombiano Pablo Escobar, conhecido narcotraficante dos anos 80/90, enterrava dinheiro oriundo do tráfico de entorpecentes. Nestas situações é razoável afirmar, à luz da doutrina especializada e de precedentes jurisprudenciais, que **enterrar dinheiro produto do crime antecedente, ainda que seja para ocultá-lo, não se enquadra no tipo assimétrico da lavagem de dinheiro**, se desacompanhado de um ato adicional ou contexto capaz de evidenciar que o agente realizou a ação com a finalidade específica de emprestar aparência de licitude aos valores escondidos".

▸ Como esse assunto foi cobrado em concurso?

No Concurso da FUNCAB para Delegado da Polícia Civil do Pará em 2016, foi considerado ERRADO o seguinte enunciado: "A legislação brasileira que cuida da lavagem de dinheiro é considerada uma lei de **segunda geração**".

▸ Como esse assunto foi cobrado em concurso?

No Concurso da VUNESP para Procurador do Município de Presidente Prudente/SP em 2016, foi considerado ERRADO o seguinte enunciado a respeito da lei que dispõe sobre o crime de lavagem ou ocultação de bens, direitos e valores: "Adotou o modelo legislativo de **segunda geração** de combate ao crime de lavagem de dinheiro, visto prever rol taxativo de crimes antecedentes".

A Lei 12.683/12 implicou *novatio legis* incriminadora. Dessa forma, **não retroage** para abarcar situações anteriores desde que ocorridas inteiramente sob a égide da lei anterior. Aplica-se, todavia, nos casos em que a prática da lavagem tenha se prorrogado até a vigência da nova lei (STF, súmula 711: A lei penal mais grave aplica-se ao crime continuado ou ao crime permanente, se a sua vigência é anterior à cessação da continuidade ou da permanência).

▸ Como esse assunto foi cobrado em concurso?

No Concurso da VUNESP para Juiz Estadual do Rio de Janeiro em 2016, foi considerado ERRADO o seguinte enunciado: "Ocultar ou dissimular a natureza, origem, localização, disposição, movimentação ou propriedade de bens, direitos ou valores provenientes, direta ou indiretamente, de contravenção penal **não** caracteriza o crime de lavagem de bens, direitos e valores".

▸ Como esse assunto foi cobrado em concurso?

No Concurso da VUNESP para Juiz de Direito Substituto do Pará em 2014, o tema foi abordado da seguinte forma: "Recentemente o STF julgou os embargos infringentes na conhecida Ação Penal 470 - Caso do Mensalão. De forma sintética, com relação ao crime de lavagem de dinheiro foi firmado, por maioria de votos, o entendimento segundo o qual:" Dentre as alternativas, foi considerado CERTO o seguinte enunciado: "Receber propina não é ato autônomo posterior ao delito de corrupção passiva, não existindo a autonomia exigida para a tipificação do crime de lavagem de dinheiro".

▸ **Como esse assunto foi cobrado em concurso?**

No Concurso para Promotor de Justiça de Santa Catarina em 2013, foi considerado ERRADO o seguinte enunciado: "Ocultar ou dissimular a natureza, origem, localização, disposição, movimentação ou propriedade de bens, direitos ou valores provenientes, direta ou indiretamente, de **contravenção penal** não caracteriza crime de lavagem, na forma descrita na Lei n. 9.613/98".

▸ **Como esse assunto foi cobrado em concurso?**

No Concurso do CESPE para Defensor Público do Espírito Santo em 2012, foi considerado ERRADO o seguinte enunciado: "A caracterização do crime de lavagem de dinheiro, de acordo com o que preconiza a lei de regência, depende da natureza patrimonial dos crimes antecedentes e da presença do *animus lucrandi*".

▸ **Como esse assunto foi cobrado em concurso?**

No Concurso para Promotor de Justiça do Paraná 2012, foi considerado CERTO o seguinte enunciado: "Os crimes de lavagem ou ocultação de bens, direitos e valores, previstos na Lei 9.613/98, podem ter, como infrações penais antecedentes, quaisquer crimes ou contravenções".

▸ **Como esse assunto foi cobrado em concurso?**

No Concurso da EASF para Procurador da Fazenda Nacional em 2012, o tema foi abordado da seguinte forma: "Nas últimas décadas, a prática conhecida como lavagem de dinheiro tornou-se um dos principais desafios a ser enfrentado pelos Governos. Esta atividade vem sendo adotada por organizações criminosas para diversos tipos de crimes. A criminalização dessa conduta no Brasil foi instituída pela Lei n. 9.613/1998, que foi modificada pela Lei n. 10.467/2002 e pela Lei n. 10.701/2003, com base nestas legislações é CORRETO afirmar que: a) a legislação mencionada cinge-se ao direito material penal; b) lavagem de dinheiro é sinônimo de crime de receptação; c) o Conselho de controle de Atividades Financeiras COAF é órgão do Banco Central criado pela Lei n. 9.613/1998; d) os crimes capitulados na Lei n. 9.613/1998 são de ação penal pública condicionada; e) a lavagem de dinheiro pode ocorrer em crimes contra o sistema financeiro nacional". Segundo o gabarito oficial, foi considerada correta a alternativa "e".

6.1. Autonomia

Apesar de a lavagem pressupor uma infração penal (crime ou contravenção) antecedente, cuida-se de **crime autônomo** e o autor da lavagem não será necessariamente o mesmo autor do crime antecedente. Ainda como decorrência da autonomia do crime de lavagem, para efeitos de direito intertemporal não é relevante a época da prática do crime antecedente, mas sim da lavagem. Da mesma forma, o **processo e julgamento da lavagem independem do processo e julgamento das infrações antecedentes, ainda que praticados em outro país** (art. 2º, I, da Lei 9.613/98), em observância ao princípio da justiça universal ou cosmopolita.

Ou seja: **é possível processar alguém por lavagem de dinheiro ainda que não seja possível processá-lo pelo crime antecedente**. Nesse sentido: "a denúncia será instruída com indícios suficientes da existência da infração penal antecedente, sendo puníveis os fatos previstos nesta lei, ainda que desconhecido ou isento de pena o autor, ou extinta a punibilidade da infração penal antecedente" (art. 2º, § 1º, da Lei 9.613/98). Desse dispositivo é possível concluir, ainda, que a denúncia não exige a prova da materialidade, mas apenas a existência de indícios suficientes.

▸ Importante

"No caso de extinção de punibilidade do crime precedente pelo pagamento do tributo após o lançamento definitivo do crédito tributário (constituição da dívida), não acarretará a extinção do crime de lavagem de dinheiro porquanto o crime precedente está plenamente tipificado, incidindo a regra do art. 2º, § 2º, da lei" (SANCTIS, 2015).

▸ Qual o entendimento do STJ sobre o assunto?

"A extinção da punibilidade pela prescrição quanto aos crimes antecedentes não implica o reconhecimento da atipicidade do delito de lavagem de dinheiro imputado [...]. Para a configuração do delito de lavagem de dinheiro, não há necessidade de prova cabal do crime anterior, mas apenas a demonstração de indícios suficientes de sua existência. Assim, sendo, o crime de lavagem de dinheiro é **delito autônomo**, independente de condenação ou da existência de processo por crime antecedente" (HC 207.936/MG, Rel. Min. Jorge Mussi, publ. 12.04.2012, Info 494).

▸ Como esse assunto foi cobrado em concurso?

No Concurso do CESPE para Juiz Federal Substituto da 5ª Região em 2017, foi considerado ERRADO o seguinte enunciado: "O juiz não **deve receber a denúncia** oferecida pelo crime de lavagem de dinheiro, caso tenha ocorrido a prescrição por crime antecedente".

▸ Como esse assunto foi cobrado em concurso?

No Concurso do MP/RS para Promotor de Justiça substituto em 2016, foi considerado CERTO o seguinte enunciado: "Cheques de terceiros, recebidos como produtos de concussão continuada, foram depositados pelo agente público na conta bancária de uma escola de fachada, a cujos valores posteriormente teve acesso em simulados pagamentos por aulas ministradas em seus cursos. Neste caso tipifica-se a lavagem de dinheiro, como crime, **mesmo que extinta a punibilidade da infração penal antecedente, pela prescrição**".

> ▸ **Como esse assunto foi cobrado em concurso?**
> No Concurso do MPE/PR para Promotor de Justiça substituto em 2016, foi considerado CERTO o seguinte enunciado: "O processo e julgamento dos crimes 'lavagem' ou ocultação de bens, direitos e valores **independem** do julgamento da infração penal antecedente".

> ▸ **Como esse assunto foi cobrado em concurso?**
> No Concurso da FUNCAB para Delegado da Polícia Civil do Pará em 2016, foi considerado ERRADO o seguinte enunciado: "O reconhecimento do delito de lavagem de dinheiro opera a **absorção** do crime anterior por este, em virtude do concurso aparente de normas". Na mesma questão também foi considerado ERRADO o seguinte enunciado: "Somente responde por lavagem de dinheiro quem **também foi autor do crime antecedente**".

> ▸ **Como esse assunto foi cobrado em concurso?**
> No Concurso do CESPE para Delegado da Polícia Civil/PE em 2016, foi considerado ERRADO o seguinte enunciado: "Agente absolvido de crime antecedente de tráfico de drogas, em razão de o fato não constituir infração penal, ainda poderá ser punido pelo crime de branqueamento de capitais, uma vez que a absolvição daquele crime precedente pela atipicidade não tem o condão de afastar a tipicidade do crime de lavagem de dinheiro".

> ▸ **Como esse assunto foi cobrado em concurso?**
> No Concurso do CESPE para Juiz Federal da 2ª Região em 2013, foi considerado ERRADO o seguinte enunciado: "O crime de lavagem de dinheiro, ao contrário da receptação, **não é autônomo** porque não prescinde do processo e do julgamento da infração penal antecedente".

> ▸ **Como esse assunto foi cobrado em concurso?**
> No Concurso do CESPE para Delegado da Polícia Federal em 2013, foi considerado CERTO o seguinte enunciado: "O crime de lavagem de capitais, delito autônomo em relação aos delitos que o antecedam, não está inserido no rol dos crimes hediondos".

6.2. Fases

Segundo a doutrina, a lavagem de capitais conta com três fases (MAIA,2007, p. 37-40):

a) ***Placement* (colocação)**: busca-se a escamoteação inicial da origem ilícita, com a separação física entre os criminosos e os produtos de seus crimes. Tem como momento anterior a captação de ativos oriundos da prática ilícita e sua concentração. Esta fase não envolve, necessariamente, o mercado financeiro e comumente se dá mediante a aquisição de mercadorias;

b) ***Layering/empilage* (dissimulação)**: nesta fase, busca-se dificultar a reconstrução pelas agências estatais de controle e repressão da trilha do papel (*paper trail*). Assim, o dinheiro obtido na etapa anterior é "diluído em incontáveis estratos, disseminado através de operações e transações financeiras variadas e sucessivas, no país e no exterior, envolvendo multiplicidade de contas bancárias de diversas empresas nacionais e internacionais, com estruturas societárias diferenciadas e sujeitas a regimes jurídicos os mais variados". Pretende-se, com isso, estruturar uma nova origem do dinheiro sujo, aparentemente legítima (MAIA,2007, p. 38-39);

c) ***Integration* (integração)**: consiste no emprego dos ativos criminosos no sistema produtivo, por intermédio da criação, aquisição e/ou investimento em negócios lícitos ou pela simples compra de bens.

Segundo entendimento majoritário **não é necessário haver a fase de *integration* para a consumação**. No mais, a lavagem deve ser considerada crime formal.

Destaque-se o entendimento de parte da doutrina que vislumbra ainda uma quarta fase, qual seja, a fase de **reciclagem ou *recycling*, consistente no apagamento de todos os registros de fases anteriores concretizadas** (SANCTIS, 2015).

> **Como esse assunto foi cobrado em concurso?**
>
> No Concurso para Juiz Federal da 3ª Região em 2016, o tema foi abordado da seguinte forma: "Se um indivíduo é flagrado entrando com R$ 100.000,00 (cem mil reais) em dinheiro no território nacional, pode-se dizer que: a) a situação constitui um irrelevante penal, pois evadir dinheiro é crime, porém, internar, não; b) está-se diante do crime capitulado no artigo 22, 'caput', da Lei 7.492/86; c) a depender da origem do dinheiro, pode-se estar diante de vários crimes, inclusive lavagem de dinheiro; d) a depender da origem do dinheiro, pode-se estar diante de crime contra a ordem tributária". Segundo o gabarito oficial, foi considerada CORRETA a alternativa "c".

> **Como esse assunto foi cobrado em concurso?**
>
> No Concurso da FUNCAB para Delegado da Polícia Civil do Pará em 2016, foi considerado CERTO o seguinte enunciado: "A fase de ***layering***, ou dissimulação, na lavagem de dinheiro, é aquela em que se busca dar aos recursos financeiros a aparência de legítimos, à qual se sucede a fase de integração (***integration***)".

> **Como esse assunto foi cobrado em concurso?**
>
> No Concurso do CESPE para Analista Legislativo da Câmara dos Deputados em 2014, foi considerado ERRADO o seguinte enunciado: "Para que se caracterize a prática do crime e lavagem, é necessário que o agente percorra **todas as etapas**, que são a colocação ou introdução do bem, direito ou valor no sistema financeiro, seguida da ocultação ou dissimulação desse bem, direito ou valor e a sua integração ao sistema econômico".

> **Como esse assunto foi cobrado em concurso?**
>
> No Concurso do CESPE para Delegado da Polícia Federal em 2013, foi considerado CERTO o seguinte enunciado: "O crime de lavagem de capitais, consoante entendimento consolidado na doutrina e na jurisprudência, divide-se em três etapas independentes: colocação (*placement*), dissimulação (*layering*) e integração (*integration*), não se exigindo, para a consumação do delito, a ocorrência dessas três fases".

> **Como esse assunto foi cobrado em concurso?**
>
> No Concurso da FCC para Escriturário do Banco do Brasil em 2013, o tema foi abordado da seguinte forma: "O crime de lavagem de dinheiro caracteriza-se por um conjunto de operações comerciais ou financeiras que buscam a incorporação na economia de cada país, de modo transitório ou permanente, de recursos, bens e valores de origem ilícita e que se desenvolvem por meio de um processo dinâmico que envolve, teoricamente, três fases independentes: a) cobrança, conversão e destinação; b) colocação, ocultação e integração; c) contratação, registro e utilização; d) exportação, tributação e distribuição; e) aplicação, valorização e resgate". Segundo o gabarito oficial foi considerada CORRETA a alternativa "b".

6.3. Sujeitos do crime e tentativa

A lavagem de capitais visa, dessa forma, ocultar a origem ilícita de valores. Dessa forma, **o mero aproveitamento econômico desses valores não representa a lavagem**, mas tão somente simples *post factum* não punível. O legislador brasileiro não previu a modalidade culposa, embora outros países tenham feito. Assim, o tipo subjetivo é o **dolo**, respondendo, ainda, aquele que tem a plena ciência de que aquele ativo é ilícito (**teoria da cegueira deliberada**).

É crime comum, podendo ser praticado por qualquer pessoa, inclusive, mas não necessariamente, o autor da infração antecedente. Por expressa disposição legal, a tentativa é punida, nos termos do parágrafo único do art. 14 do Código Penal ("Salvo disposição em contrário, pune-se a tentativa com a pena correspondente ao crime consumado, diminuída de um a dois terços").

> **Como esse assunto foi cobrado em concurso?**
>
> No Concurso do CESPE para Juiz Federal Substituto da 5ª Região em 2017, foi considerado ERRADO o seguinte enunciado: "É **inepta** a denúncia por crime de lavagem de dinheiro que, devido ao suposto envolvimento de diversos agentes, descreve os fatos de maneira genérica e sistematizada, ainda que haja clareza que permita compreender a conjuntura tida por delituosa".

> **Como esse assunto foi cobrado em concurso?**
>
> No Concurso do MPE/PR para Promotor de Justiça em 2016, foi considerado CERTO o seguinte enunciado: "Os crimes de 'lavagem' ou ocultação de bens, direitos e valores, previstos na Lei n. 9.613/1998, **admitem a forma tentada**".

> **Como esse assunto foi cobrado em concurso?**
>
> No Concurso do CESPE para Auditor de Controle Externo do TCE/PA em 2016, foi considerado ERRADO o seguinte enunciado: "Em crimes de lavagem de dinheiro, dada a natureza do delito praticado, é **incabível a tentativa**".

Observe-se que a pena será aumentada de um a dois terços se os crimes forem cometidos de forma reiterada ou por intermédio de organização criminosa, considerando-se como tal "a associação de quatro ou mais pessoas, estruturalmente ordenada e caracterizada pela divisão de tarefas, ainda que informalmente, com objetivo de obter, direta ou indiretamente, vantagem de qualquer natureza, mediante a prática de crimes cuja pena máxima seja igual ou superior a quatro anos ou que sejam de caráter transnacional" (art. 1º, § 1º da Lei 12.850/13).

> **Como esse assunto foi cobrado em concurso?**
>
> No Concurso do MPE-SC para Promotor de Justiça Estadual em 2016, foi considerado CERTO o seguinte enunciado: "Nos crimes de "lavagem" ou ocultação de bens, direitos e valores, previstos na Lei n. 9.613/98 (Lavagem de Dinheiro), incorre nas mesmas penas quem participa de escritório tendo conhecimento de que sua atividade principal ou, até mesmo secundária, é dirigida à prática de crimes previstos na supramencionada legislação repressiva".

> **Como esse assunto foi cobrado em concurso?**
>
> No Concurso da VUNESP para Juiz Estadual do Rio de Janeiro em 2016, foi considerado ERRADO o seguinte enunciado: "Aquele que participa de grupo, associação ou escritório tendo conhecimento de que sua atividade principal ou secundária é dirigida à prática de crimes previstos na Lei de lavagem ou ocultação de bens, direitos e valores, somente será responsabilizado pela prática destes crimes se, efetivamente, participar das condutas ilícitas desenvolvidas pela organização".

> **Como esse assunto foi cobrado em concurso?**
>
> No Concurso para Juiz Federal da 4ª Região em 2014, foi considerado ERRADO o seguinte enunciado: "A lei brasileira sobre lavagem de dinheiro, a exemplo de legislações europeias, **não contemplou** a 'autolavagem', ou seja, a possibilidade de o autor do crime antecedente responder também, em concurso de crimes, por lavagem de dinheiro".

> **Como esse assunto foi cobrado em concurso?**
>
> No Concurso do CESPE para Delegado da Polícia Federal em 2013, foi considerado CERTO o seguinte enunciado: "No que se refere à legitimidade para o polo passivo da ação penal por lavagem de capitais, é dispensável a participação do acusado do crime de lavagem de dinheiro nos delitos a ele antecedentes, sendo suficiente que ele tenha conhecimento da ilicitude dos valores, dos bens ou de direitos cuja origem, localização, disposição, movimentação ou propriedade tenha sido ocultada ou dissimulada".

> **Como esse assunto foi cobrado em concurso?**
>
> No Concurso do CESPE para Advogado da Caixa Econômica Federal em 2010, foi considerado CERTO o seguinte enunciado: "Em relação ao crime de lavagem de dinheiro, o entendimento doutrinário e jurisprudencial firmado é que o mero proveito econômico do produto do crime antecedente não configuraria lavagem de dinheiro, exigindo-se a prática de condutas de ocultar ou dissimular, entre outras, como práticas autônomas, de modo a caracterizar a infração penal em tela. Sem essas, ocorrerá um simples pós-fato impunível. Não se subordina persecução pena em juízo ao encerramento do processo administrativo fiscal".

O **sujeito passivo principal é a coletividade ou o Estado**. Secundariamente poderá ser outra pessoa que tenha sofrido prejuízo econômico (BALTAZAR JR.; 2010, p. 600).

A Constituição, em seu art. 173, § 5º, previu que "a lei, sem prejuízo da responsabilidade individual dos dirigentes da pessoa jurídica, estabelecerá a responsabilidade desta, sujeitando-a às punições compatíveis com sua natureza, nos atos praticados contra a ordem econômica e financeira e contra a economia popular". Entretanto, ainda **não existe lei regulamentadora** desse dispositivo no direito brasileiro, de forma que até o presente, **não se pode falar em responsabilidade penal da pessoa jurídica por crimes de lavagem de dinheiro no Brasil**.

> **Como esse assunto foi cobrado em concurso?**
>
> No Concurso para Promotor de Justiça de Minas Gerais em 2010, foi considerado ERRADO o seguinte enunciado: "A lei que dispõe sobre os crimes de lavagem de valores (Lei 9.613/98) prevê a **responsabilidade penal das pessoas jurídicas** que exerçam atividade de compra e venda de moeda estrangeira como instrumento cambial".

6.4. Competência

A competência para o processamento dos crimes de lavagem de dinheiro dar-se-á **conforme a competência para o julgamento do crime antecedente**. Contudo, conforme previsão expressa da lei (art. 2º, III) será de **competência da Justiça Federal**:

a) **Quando praticada contra o sistema financeiro e a ordem econômico-financeira, ou em detrimento de bens, serviços ou interesses da União, ou de suas entidades autárquicas ou empresas públicas;**

b) **Quando a infração penal antecedente for de competência da Justiça Federal.**

Obs.: sendo de competência federal, a perda dos bens dar-se-á em favor da União. Sendo competência do estado, da mesma forma, a perda se data em favor deste.

Cumpre destacar que a Resolução n. 273/2013 do Conselho da Justiça Federal recomendou a criação de varas especializadas, dentre outros, para processar e julgar os crimes contra o sistema financeiro nacional e de lavagem de dinheiro ou ocultação de bens, direitos e valores (art. 1º, I).

Qual o entendimento do STJ sobre o assunto?

"Ausentes os elementos que revelem ter havido evasão de divisas ou lavagem de dinheiro em detrimento de interesses da União, compete à Justiça Estadual processar e julgar crimes relacionados a pirâmide financeira em investimento de grupo em criptomoeda". (STJ, CC 170.392-SP, Rel. Min. Joel Ilan Paciornik, Terceira Seção, por unanimidade, julgado em 10/06/2020, DJe 16/06/2020).

Como esse assunto foi cobrado em concurso?

No Concurso do CESPE para Analista Legislativo da Câmara dos Deputados em 2014, foi considerado CERTO o seguinte enunciado: "Em se tratando de crimes de lavagem de dinheiro, o processo e o julgamento serão da competência da justiça federal **quando a infração penal antecedente for de competência da justiça federal**".

Como esse assunto foi cobrado em concurso?

No Concurso do CESPE para Advogado da União em 2009, foi considerado ERRADO o seguinte enunciado: "Compete à justiça estadual o processo e o julgamento dos crimes de lavagem de dinheiro, **ainda que o crime antecedente seja de competência da justiça federal**, desde que não tenha sido praticado em detrimento de bens, serviços ou interesses da União, ou de suas entidades autárquicas ou empresas públicas".

6.5. Procedimento

A lei permitiu **medidas assecuratórias** de sequestro e apreensão de bens, decretadas de ofício, a requerimento do Ministério Púbico ou da autoridade policial. Além disso, segundo a redação atual da Lei 9.613/98, é possível a alienação antecipada dos bens sempre que estiverem sujeitos a qualquer grau de deterioração ou depreciação, ou quando houver dificuldade para sua manutenção (art. 4º, § 1º). Nesse caso, o fruto dessa alienação será depositado em conta judicial remunerada.

Destaque-se a novidade contida no § 3º do art. 4º da Lei 9.613/98 que condicionou o processamento dos pedidos de restituição ao **comparecimento pessoal do réu**.

Outra importante disposição da Lei 9.613/98, de natureza processual, diz respeito a não aplicação do art. 366 do Código de Processo Penal, devendo o acusado que não comparecer nem constituir advogado ser citado por edital, prosseguindo o feito até o julgamento, com a nomeação de defensor dativo (art. 2º, § 2º).

Como esse assunto foi cobrado em concurso?

No Concurso do CESPE para Juiz Federal Substituto da 5ª Região em 2017, foi considerado ERRADO o seguinte enunciado: "**Não é cabível** medida cautelar diversa da prisão para crimes de lavagem de dinheiro".

> **Como esse assunto foi cobrado em concurso?**
>
> No Concurso do CESPE para Juiz Federal Substituto da 5ª Região em 2017, foi considerado CERTO o seguinte enunciado: "O recurso cabível da decisão que determina medida assecuratória nos crimes de lavagem de dinheiro é o da **apelação**".

> **Como esse assunto foi cobrado em concurso?**
>
> No Concurso do CESPE para Advogado da União em 2012, foi considerado ERRADO o seguinte enunciado: "Se o acusado pelo delito de lavagem de dinheiro for citado por edital e não comparecer à audiência nem constituir advogado, ficarão suspensos o processo e o curso do prazo prescricional, podendo o juiz determinar a produção antecipada das provas consideradas urgentes e, se for o caso, decretar a prisão preventiva do réu".

Apesar de críticas doutrinárias, o art. 17-D da Lei 9.613/98 prevê que em caso de **indiciamento de servidor público**, este será afastado, sem prejuízo de remuneração e demais direitos previstos em lei, até que o juiz competente autorize, em decisão fundamentada, o seu retorno. Esse dispositivo foi objeto da Ação Direta de Inconstitucionalidade nº 4911, de 2013, ainda pendente de julgamento.

6.6. Efeitos da condenação

Além dos efeitos previstos no Código Penal, a Lei 9.613/98 prevê ainda: I) a perda, em favor da União – e dos Estados, nos casos de competência da Justiça Estadual –, de todos os bens, direitos e valores relacionados, direta ou indiretamente, à prática dos crimes previstos na lei, inclusive aqueles utilizados para prestar a fiança, ressalvado o direito do lesado ou de terceiro de boa-fé e II) a interdição do exercício de cargo ou função pública de qualquer natureza e de diretor, de membro de conselho de administração ou de gerência das pessoas jurídicas sujeitas ao mecanismo de controle (art. 9º), pelo dobro do tempo da pena privativa de liberdade aplicada.

> **Como esse assunto foi cobrado em concurso?**
>
> No Concurso do CESPE para Juiz Federal Substituto da 5ª Região em 2017, foi considerado ERRADO o seguinte enunciado: "Se um imóvel situado no Brasil for produto do crime de lavagem de dinheiro praticado por estrangeiro que, por esse crime, tenha sido penalmente condenado em seu país, mesmo com a homologação da sentença penal estrangeira, será **vedado** o perdimento do imóvel, por se caracterizar um verdadeiro confisco indireto".

6.7. Delação premiada

O polêmico instituto da delação premiada ou colaboração premiada, vem sendo muito discutido no noticiário e no âmbito acadêmico, sobretudo em virtude da chamada "Operação Lava-jato". Por isso merece especial atenção no estudo para concursos.

Essa forma de delação, cabível em **crimes praticados em concurso de pessoas**, permitirá ao réu delator um prêmio estabelecido pela lei, caso o objetivo da delação seja alcançado. No caso da lei de lavagem de dinheiro, a pena poderá ser reduzida de um a dois terços e ser cumprida em regime aberto ou semiaberto, facultando-se ao juiz deixar de aplicá-la ou substituí-la, a qualquer tempo, por pena restritiva de direitos, se o autor, coautor ou partícipe colaborar espontaneamente com as autoridades, prestando esclarecimentos que conduzam à apuração das infrações penais, à identificação dos autores, direitos ou valores objeto do crime (art. 1º, § 5º).

Vale destacar que a colaboração premiada foi exaustivamente tratada pela lei nº 13.964, de 2019, chamada de "Pacote Anticrime", devendo ser objeto de estudo detalhado por quem se prepara para concursos, pois certamente será tema das próximas provas.

> **Importante**
>
> O acordo de colaboração premiada, especificamente no âmbito da Lei nº 12.850/13, trata de acordo no âmbito criminal, possível de ser celebrado com a pessoa física denunciante que aceite colaborar voluntariamente com a investigação da autoridade competente e com o processo criminal, o que pode resultar no benefício do perdão judicial ou da redução de até dois terços da pena privativa de liberdade ou da substituição por restritiva de direitos. Ademais, o instituto deve ser objeto de homologação pelo juiz, por meio de requerimento do Delegado de Polícia, do membro do Ministério Público ou do colaborador assistido por seu defensor. Assim, o acordo de colaboração premiada não deve ser confundido com o Acordo de Leniência Antitruste, uma vez que se tratam de institutos distintos, com diferentes formas e características" (Cade, 2016, p. 22).

> **Qual o entendimento do STJ sobre o assunto?**
>
> "A apelação criminal é o recurso adequado para impugnar a decisão que recusa a homologação do acordo de colaboração premiada, mas ante a existência de dúvida objetiva é cabível a aplicação do princípio da fungibilidade". (STJ, REsp 1.834.215-RS, Rel. Min. Rogerio Schietti Cruz, Sexta Turma, por unanimidade, julgado em 27/10/2020, DJe 12/11/2020)

> **Como esse assunto foi cobrado em concurso?**
>
> No Concurso do CESPE para Delegado de Polícia da PC/MA em 2018, foi considerado CERTO o seguinte enunciado: "A colaboração premiada nos casos de lavagem de capitais tem como benefício, entre outros, a substituição da pena privativa de liberdade por penas restritivas de direitos".

> ▸ **Como esse assunto foi cobrado em concurso?**
>
> No Concurso do CESPE para Delegado da Polícia Civil de Goiás em 2017, foi considerado CERTO seguinte enunciado: "A colaboração premiada de que trata a Lei de Lavagem de Dinheiro poderá operar a qualquer momento da persecução penal, até mesmo após o trânsito em julgado da sentença".

> ▸ **Como esse assunto foi cobrado em concurso?**
>
> No Concurso da VUNESP para Procurador do Município de Presidente Prudente/SP em 2016, foi considerado CERTO o seguinte enunciado a respeito da lei que dispõe sobre o crime de lavagem ou ocultação de bens, direitos e valores: "Permite ao Juiz reduzir ou deixar de aplicar a pena ao autor que colaborar espontaneamente, prestando esclarecimentos que conduzam à identificação de autores, coautores e partícipes, **a qualquer tempo**".

> ▸ **Como esse assunto foi cobrado em concurso?**
>
> No Concurso para Juiz Federal da 4ª Região em 2010, foi considerado ERRADO o seguinte enunciado: "A Lei 9.613 (Lei de Lavagem de Dinheiro) **não admite** perdão judicial em nenhuma hipótese".

6.8. Ação controlada

A Lei 9.613/98 prevê a possibilidade da chamada "ação controlada" em seu art. 4º-B ao estabelecer que "a ordem de prisão de pessoas ou as medidas assecuratórias de bens, direitos ou valores poderão ser suspensas pelo juiz, ouvido o Ministério Público, quando a sua execução imediata puder comprometer as investigações". Assim, será possível **retardar a medida, aguardando-se o melhor momento para a sua execução.**

Se havia alguma dúvida doutrinária a respeito desse dispositivo, tais dúvidas foram sanadas pela Lei nº 13.964, de 2019, o mencionado "Pacote Anticrime", que incluiu o §6º no art. 1º da Lei nº 9.613, de 1998 estabelecendo textualmente que para a apuração do crime que trata aquele artigo, admite-se a utilização da ação controlada e da infiltração de agentes.

> ▸ **Importante**
>
> Lei nº 9.613, de 1998, art. 1º, §6º. Para a apuração do crime de que trata este artigo, admite-se a utilização da ação controlada e da infiltração de agentes (Incluído pela lei nº 13.964, de 2019).

> ▸ **Como esse assunto foi cobrado em concurso?**
>
> No Concurso do MPE/PR para Promotor de Justiça em 2016, foi considerado CERTO o seguinte enunciado: "A ordem de prisão de pessoas ou as medidas assecuratórias de bens, direitos ou valores, relativas à prática do crime de 'lavagem' de dinheiro, poderão ser suspensas pelo juiz, ouvido o Ministério Público, **quando a sua execução imediata puder comprometer as investigações**".

6.9. Mecanismos de controle

A previsão de diversos mecanismos de controle e as pessoas a ele sujeitas é mais um importante avanço da Lei 9.613/98. Tem como pressuposto o reconhecimento por parte do Estado da insuficiência de seus instrumentos no combate a crimes de apuração mais complexa, como é o caso da lavagem de dinheiro. Assim, ao determinar responsabilidades sobre pessoas físicas e jurídicas, a lei impõe um **sistema de solidariedade entre o Estado e os particulares** que passam a ter um papel ativo no combate ao crime.

Nesse sentido, são sujeitos à obrigação de identificar os clientes, manter os registros e comunicar operações financeiras, as pessoas físicas e jurídicas que tenham, em caráter permanente ou eventual, como atividade principal ou acessória, cumulativamente ou não (art. 9º da Lei nº 9.613/98):

> I. A captação, intermediação e aplicação de recursos financeiros de terceiros, em moeda nacional ou estrangeira;
>
> II. A compra e venda de moeda estrangeira ou ouro como ativo financeiro ou instrumento cambial;
>
> III. A custódia, emissão, distribuição, liquidação, negociação, intermediação ou administração de títulos ou valores mobiliários.
>
> Sujeitam-se às mesmas obrigações:
>
> I – as bolsas de valores, as bolsas de mercadorias ou futuros e os sistemas de negociação do mercado de balcão organizado;
>
> II - as seguradoras, as corretoras de seguros e as entidades de previdência complementar ou de capitalização;
>
> III - as administradoras de cartões de credenciamento ou cartões de crédito, bem como as administradoras de consórcios para aquisição de bens ou serviços;
>
> IV - as administradoras ou empresas que se utilizem de cartão ou qualquer outro meio eletrônico, magnético ou equivalente, que permita a transferência de fundos;
>
> **V - as empresas de arrendamento mercantil** (leasing), **as empresas de fomento comercial** (factoring) **e as Empresas Simples de Crédito (ESC); (Redação dada pela Lei Complementar nº 167, de 2019)**
>
> VI - as sociedades que efetuem distribuição de dinheiro ou quaisquer bens móveis, imóveis, mercadorias, serviços, ou, ainda, concedam descontos na sua aquisição, mediante sorteio ou método assemelhado;
>
> VII - as filiais ou representações de entes estrangeiros que exerçam no Brasil qualquer das atividades listadas neste artigo, ainda que de forma eventual;
>
> VII - as demais entidades cujo funcionamento dependa de autorização de órgão regulador dos mercados financeiro, de câmbio, de capitais e de seguros;
>
> IX - as pessoas físicas ou jurídicas, nacionais ou estrangeiras, que operem no Brasil como agentes, dirigentes, procuradoras, comissionárias ou por qualquer forma representem interesses de ente estrangeiro que exerça qualquer das atividades referidas neste artigo;

X - as pessoas físicas ou jurídicas que exerçam atividades de promoção imobiliária ou compra e venda de imóveis;

XI - as pessoas físicas ou jurídicas que comercializem joias, pedras e metais preciosos, objetos de arte e antiguidades.

XII - as pessoas físicas ou jurídicas que comercializem bens de luxo ou de alto valor, intermedeiem a sua comercialização ou exerçam atividades que envolvam grande volume de recursos em espécie

XIII - as juntas comerciais e os registros públicos;

XIV - as pessoas físicas ou jurídicas que prestem, mesmo que eventualmente, serviços de assessoria, consultoria, contadoria, auditoria, aconselhamento ou assistência, de qualquer natureza, em operações:

a) de compra e venda de imóveis, estabelecimentos comerciais ou industriais ou participações societárias de qualquer natureza;

b) de gestão de fundos, valores mobiliários ou outros ativos;

c) de abertura ou gestão de contas bancárias, de poupança, investimento ou de valores mobiliários;

d) de criação, exploração ou gestão de sociedades de qualquer natureza, fundações, fundos fiduciários ou estruturas análogas;

e) financeiras, societárias ou imobiliárias; e

f) de alienação ou aquisição de direitos sobre contratos relacionados a atividades desportivas ou artísticas profissionais;

XV - pessoas físicas ou jurídicas que atuem na promoção, intermediação, comercialização, agenciamento ou negociação de direitos de transferência de atletas, artistas ou feiras, exposições ou eventos similares;

XVI - as empresas de transporte e guarda de valores;

XVII - as pessoas físicas ou jurídicas que comercializem bens de alto valor de origem rural ou animal ou intermedeiem a sua comercialização; e

XVIII - as dependências no exterior das entidades mencionadas neste artigo, por meio de sua matriz no Brasil, relativamente a residentes no País.

Fausto de Sanctis explica que muito foi discutido acerca da inclusão de "advogados e sociedades de advogados, quando prestem serviços previstos nos incisos anteriores" no art. 9º, parágrafo único, XIV, da Lei 9.613/98. Contudo, a nova lei os excluiu expressamente, apesar de atribuir as obrigações "às pessoas físicas ou jurídicas que prestem, mesmo que eventualmente, serviços de assessoria, consultoria, contadoria, auditoria, aconselhamento ou assistência, de qualquer natureza, em operações" financeiras, societárias ou imobiliárias. Entende o autor que, apesar do afastamento expresso, poderão, em tese, ser os advogados e sociedades de advogados obrigados, diante do conceito alargado dos coobrigados. Não obstante a proteção ao sigilo, a tendência das recomendações e diretrizes internacionais é no sentido de incluir os advogados dentre os profissionais submetidos aos mecanismos de controle (SANCTIS, 2015).

Como esse assunto foi cobrado em concurso?

No Concurso do CESPE para Auditor de Controle Externo do TCE/ES em 2012, em questão sobre a Lei 9.613/98, foi considerado ERRADO o seguinte enunciado: "A mencionada lei determina, de forma expressa, o **dever legal de o advogado e de a pessoa jurídica que preste, ainda que eventualmente, consultoria jurídica, assessoria, consultoria e assessoramento** comunicar atividade suspeita de lavagem de dinheiro".

Importante

Grupo de Ação Financeira contra a Lavagem de Dinheiro e o Financiamento do Terrorismo (GAFI/FATF) → Organização intergovernamental, criada em 1989, no âmbito da Organização para a Cooperação e Desenvolvimento Econômico (OCDE). Busca desenvolver e promover políticas de combate à lavagem de dinheiro e ao financiamento do terrorismo. Atua por meio de 40 Recomendações, revisadas em 2012, que, apesar de não vinculantes, são reconhecidas pelo Fundo Monetário Internacional e pelo Banco Mundial como padrões internacionais.

O GAFI impulsionou a criação de órgãos regionais (FATF-Style Regional Bodies) que visam à integração da chamada rede global de combate à lavagem de dinheiro, dentre os quais o *financial Action Task Force on Money Laudering in South America* (GAFISUD), do qual o Brasil faz parte. (SANCTIS, 2015)

Súmulas relacionadas a Direito Econômico

Supremo Tribunal Federal

Súmula vinculante 49. "Ofende o princípio da livre concorrência lei municipal que impede a instalação de estabelecimentos comerciais do mesmo ramo em determinada área".

Súmula vinculante 38. "É competente o município para fixar o horário de funcionamento de estabelecimento comercial".

Súmula vinculante 27. "Compete à Justiça estadual julgar causas entre consumidor e concessionária de serviço público de telefonia, quando a ANATEL não seja litisconsorte passiva necessária, assistente, nem opoente".

Súmula vinculante 12. "A cobrança de taxa de matrícula nas universidades públicas viola o disposto no art. 206, IV, da Constituição Federal".

Súmula vinculante 7. "A norma do § 3º do artigo 192 da Constituição, revogada pela Emenda Constitucional nº 40/2003, que limitava a taxa de juros reais a 12% ao ano, tinha sua aplicação condicionada à edição de lei complementar".

Súmula vinculante 2. "É inconstitucional a lei ou ato normativo estadual ou distrital que disponha sobre sistemas de consórcios e sorteios, inclusive bingos e loterias".

Súmula 670, do STF. "O serviço de iluminação pública não pode ser remunerado mediante taxa".

Súmula 668, do STF. "É inconstitucional a lei municipal que tenha estabelecido, antes da Emenda Constitucional 29/2000, alíquotas progressivas para o IPTU, salvo se destinada a assegurar o cumprimento da função social da propriedade urbana".

Súmula 667, do STF. "Viola a garantia constitucional de acesso à jurisdição a taxa judiciária calculada sem limite sobre o valor da causa".

Súmula 666, do STF. "A contribuição confederativa de que trata o art. 8º, IV, da Constituição, só é exigível dos filiados ao sindicato respectivo".

Súmula 665, do STF. "É constitucional a Taxa de Fiscalização dos Mercados de Títulos e Valores Mobiliários instituída pela Lei 7.940/89".

Súmula 648, do STF. "A norma do § 3º do art. 192 da Constituição, revogada pela EC 40/2003, que limitava a taxa de juros reais a 12% ao ano, tinha sua aplicabilidade condicionada à edição de lei complementar".

Súmula 556, do STF. "É competente a justiça comum para julgar as causas em que é parte sociedade de economia mista".

Súmula 517, do STF. "As sociedades de economia mista só têm foro na justiça federal, quando a união intervém como assistente ou opoente".

Superior Tribunal de Justiça

Súmula 601, do STJ. "O Ministério Público tem legitimidade ativa para atuar na defesa de direitos difusos, coletivos e individuais homogêneos dos consumidores, ainda que decorrentes da prestação de serviço público".

Súmula 597, do STJ. "A cláusula contratual de plano de saúde que prevê carência para utilização dos serviços de assistência médica nas situações de emergência ou de urgência é considerada abusiva se ultrapassado o prazo máximo de 24 horas contado da data da contratação".

Súmula 572, do STJ. "O Banco do Brasil, na condição de gestor do Cadastro de Emitentes de Cheques sem fundos (CCF), não tem a responsabilidade de notificar previamente o devedor acerca da sua inscrição no aludido cadastro, tampouco legitimidade passiva para as ações de reparação de danos fundadas na ausência de prévia comunicação".

Súmula 569, do STJ. "Na importação, é indevida a exigência de nova certidão negativa de débito no desembaraço aduaneiro, se já apresentada a comprovação da quitação de tributos federais quando da concessão do benefício relativo ao regime de drawback".

Súmula 566, do STJ. "Nos contratos bancários posteriores ao início da vigência da resolução-CMN n. 3.518/2007, em 30/4/2008, pode ser cobrada a tarifa de cadastro no início do relacionamento entre o consumidor e a instituição financeira".

Súmula 565, do STJ. "A pactuação das tarifas de abertura de crédito (TAC) e de emissão de carnê (TEC), ou outra denominação para o mesmo fato gerador, é válida apenas nos contratos bancários anteriores ao início da vigência da resolução-CMN n. 3.518/2007, em 30/4/2008".

Súmula 563, do STJ. "O Código de Defesa do Consumidor é aplicável às entidades abertas de previdência complementar, não incidindo nos contratos previdenciários celebrados com entidades fechadas".

Súmula 561, do STJ. "Os Conselhos Regionais de farmácia possuem atribuição para fiscalizar e autuar as farmácias e drogarias quanto ao cumprimento da exigência de manter profissional legalmente habilitado (farmacêutico) durante todo o período de funcionamento dos respectivos estabelecimentos".

Súmula 553, do STJ. "Nos casos de empréstimo compulsório sobre o consumo de energia elétrica, é competente a Justiça estadual para o julgamento de demanda proposta exclusivamente contra a Eletrobrás. Requerida a intervenção da União no feito após a prolação de sentença pelo juízo estadual, os autos devem ser remetidos ao Tribunal Regional Federal competente para o julgamento da apelação se deferida a intervenção".

Súmula 551, do STJ. "Nas demandas por complementação de ações de empresas de telefonia, admite-se a condenação ao pagamento de dividendos e juros sobre capital próprio independentemente de pedido expresso. No entanto, somente quando previstos no título executivo, poderão ser objeto de cumprimento de sentença".

Súmula 550, do STJ. "A utilização de escore de crédito, método estatístico de avaliação de risco que não constitui banco de dados, dispensa o consentimento do consumidor, que terá o direito de solicitar esclarecimentos sobre as informações pessoais valoradas e as fontes dos dados considerados no respectivo cálculo".

Súmula 548, do STJ. "Incumbe a credor a exclusão do registro da dívida em nome do devedor no cadastro de inadimplentes no prazo de cinco dias úteis, a partir do integral e efetivo pagamento do débito".

Súmula 547, do STJ. "Nas ações em que se pleiteia o ressarcimento dos valores pagos a título de participação financeira do consumidor no custeio de construção de rede elétrica, o prazo prescricional é de vinte anos na vigência do Código Civil de 1916. Na vigência do Código Civil de 2002, o prazo é de cinco anos se houver previsão contratual de ressarcimento e de três anos na ausência de cláusula nesse sentido, observada a regra de transição disciplinada em seu art. 2.028".

Súmula 544, do STJ. "É válida a utilização de tabela do Conselho Nacional de Seguros Privados para estabelecer a proporcionalidade da indenização do seguro DPVAT ao grau de invalidez também na hipótese de sinistro anterior a 16/12/2008, data da entrada em vigor da Medida Provisória n. 451/2008".

Súmula 543, do STJ. "Na hipótese de resolução de contrato de promessa de compra e venda de imóvel submetido ao Código de Defesa do Consumidor, deve ocorrer a imediata restituição das parcelas pagas pelo promitente comprador – integralmente, em caso de culpa exclusiva do promitente vendedor/construtor, ou parcialmente, caso tenha sido o comprador quem deu causa ao desfazimento".

Súmula 541, do STJ. "A previsão no contrato bancário de taxa de juros anual superior ao duodécuplo da mensal é suficiente para permitir a cobrança da taxa efetiva anual contratada".

Súmula 539, do STJ. "É permitida a capitalização de juros com periodicidade inferior à anual em contratos celebrados com instituições integrantes do Sistema Financeiro Nacional a partir de 31/03/2000 (MP 1.963-17/00, reeditada como MP 2.170-36/01), desde que expressamente pactuada".

Súmula 538, do STJ. "As administradoras de consórcio têm liberdade para estabelecer a respectiva taxa de administração, ainda que fixada em percentual superior a dez por cento".

Súmula 532, do STJ. "Constitui prática comercial abusiva o envio de cartão de crédito sem prévia e expressa solicitação do consumidor, configurando-se ato ilícito indenizável e sujeito à aplicação de multa administrativa".

Súmula 530, do STJ. "Nos contratos bancários, na impossibilidade de comprovar a taxa de juros efetivamente contratada - por ausência de pactuação ou pela falta de juntada do instrumento aos autos -, aplica-se a taxa média de mercado, divulgada pelo Bacen, praticada nas operações da mesma espécie, salvo se a taxa cobrada for mais vantajosa para o devedor".

Súmula 514, do STJ. "A CEF é responsável pelo fornecimento dos extratos das contas individualizadas vinculadas ao FGTS dos Trabalhadores participantes do Fundo de Garantia do Tempo de Serviço, inclusive para fins de exibição em juízo, independentemente do período em discussão".

Súmula 506, do STJ. "A Anatel não é parte legítima nas demandas entre a concessionária e o usuário de telefonia decorrentes de relação contratual".

Súmula 479, do STJ. "As instituições financeiras respondem objetivamente pelos danos gerados por fortuito interno relativo a fraudes e delitos praticados por terceiros no âmbito das operações bancárias".

Súmula 477, do STJ. "A decadência do art. 26 do CDC não é aplicável à prestação de contas para obter esclarecimentos sobre cobrança de taxas, tarifas e encargos bancários".

Súmula 462, do STJ. "Nas ações em que representa o FGTS, a CEF, quando sucumbente, não está isenta de reembolsar as custas antecipadas pela parte vencedora".

Súmula 413, do STJ. "O farmacêutico pode acumular a responsabilidade técnica por uma farmácia e uma drogaria ou por duas drogarias".

Súmula 407, do STJ. "É legítima a cobrança da tarifa de água fixada de acordo com as categorias de usuários e as faixas de consumo".

Súmula 404, do STJ. "É dispensável o Aviso de Recebimento (AR) na carta de comunicação ao consumidor sobre a negativação de seu nome em bancos de dados e cadastros".

Súmula 385, do STJ. "Da anotação irregular em cadastro de proteção ao crédito, não cabe indenização por dano moral, quando preexistente legítima inscrição, ressalvado o direito ao cancelamento".

Súmula 381, do STJ. "Nos contratos bancários, é vedado ao julgador conhecer, de ofício, da abusividade das cláusulas".

Súmula 379, do STJ. "Nos contratos bancários não regidos por legislação específica, os juros moratórios poderão ser convencionados até o limite de 1% ao mês".

Súmula 359, do STJ. "Cabe ao órgão mantenedor do Cadastro de Proteção ao Crédito a notificação do devedor antes de proceder à inscrição".

Súmula 356, do STJ. "É legítima a cobrança da tarifa básica pelo uso dos serviços de telefonia fixa".

Súmula 328, do STJ. "Na execução contra instituição financeira, é penhorável o numerário disponível, excluídas as reservas bancárias mantidas no Banco Central".

Súmula 327, do STJ. "Nas ações referentes ao Sistema Financeiro da Habitação, a Caixa Econômica Federal tem legitimidade como sucessora do Banco Nacional da Habitação".

Súmula 322, do STJ. "Para a repetição de indébito, nos contratos de abertura de crédito em conta-corrente, não se exige a prova do erro".

Súmula 302, do STJ. "É abusiva a cláusula contratual de plano de saúde que limita no tempo a internação hospitalar do segurado".

Súmula 297, do STJ: "O Código de Defesa do Consumidor é aplicável às instituições financeiras".

Súmula 283, do STJ: "As empresas administradoras de cartão de crédito são instituições financeiras e, por isso, os juros remuneratórios por elas cobrados não sofrem as limitações da Lei de Usura".

Súmula 238, do STJ: "A avaliação da indenização devida ao proprietário do solo, em razão de alvará de pesquisa mineral, é processada no Juizado Estadual da situação do imóvel".

Súmula 130, do STJ: "A empresa responde, perante o cliente, pela reparação de dano ou furto de veículo ocorridos em seu estacionamento".

Súmula 79, do STJ: "Os bancos comerciais não estão sujeitos a registro nos Conselhos Regionais de Economia".

Súmula 42, do STJ: "Compete à Justiça Comum Estadual processar e julgar as causas cíveis em que é parte sociedade de economia mista e os crimes praticados em seu detrimento".

Súmula 20, do STJ: "A mercadoria importada de país signatário do GATT é isenta do ICM, quando contemplado com este favor o similar nacional".

Súmula 19, do STJ: "A fixação do horário bancário, para atendimento ao público, é de competência da União".

Súmulas do CADE

Súmula 1, do CADE: "Na aplicação do critério estabelecido no art. 54, § 3º, da Lei n. 8.884/94, é relevante o faturamento bruto anual registrado exclusivamente no território brasileiro pelas empresas ou grupo de empresas participantes do ato de concentração".

Súmula 2, do CADE: "A aquisição de participação minoritária sobre capital votante pelo sócio que já detenha participação majoritária não configura ato de notificação obrigatória (art. 54, da Lei n. 8.884/94) se concorrerem as seguintes circunstâncias: (I) o vendedor não detinha poderes decorrentes de lei, estatuto ou contrato de a) indicar administrador; b) determinar política comercial ou c) vetar qualquer matéria social e (II) do(s) ato(s) jurídico(s) não constem cláusulas a) de não concorrência com prazo superior à de efetiva atuação da sociedade objeto e b) de que decorra qualquer tipo de poder de controle entre as partes após a operação".

Súmula 3, do CADE: "Nos atos de concentração realizados com o propósito específico de participação em determinada licitação pública, o termo inicial do prazo do art. 54, § 4º, da Lei n. 8.884/94 é a data da celebração do contrato de concessão".

Súmula 4, do CADE: "É lícita a estipulação de cláusula de não-concorrência na vigência de *joint venture*, desde que guarde relação com seu objeto e que fique restrita aos mercados de atuação"

Súmula 5, do CADE: "É lícita a estipulação de cláusula de não-concorrência com prazo de até cinco anos da alienação de estabelecimento, desde que vinculada à proteção do fundo de comércio"

Súmula 6, do CADE: "O fato gerador das taxas processuais previstas na Lei 9.781/99 é o protocolo do ato de concentração ou da consulta, sendo devidas ainda que a parte venha desistir do pedido em momento posterior".

Súmula 7, do CADE: "Constitui infração contra a ordem econômica a prática, sob qualquer forma manifestada, de impedir ou criar dificuldades a que médicos cooperados prestem serviços fora do âmbito da cooperativa, caso esta detenha posição dominante".

Súmula 8, do CADE: "Para fins da contagem do prazo de que trata o § 4º do artigo 54 da Lei 8.884/94, considera-se realizado o ato de concentração na data da celebração do negócio jurídico e não da implementação de condição suspensiva."

Súmula 9, do CADE: "Para fins da contagem do prazo de que trata o § 4º do artigo 54 da Lei 8.884/94, considera-se realizado o ato de concentração na data de exercício da opção de compra ou de venda e não o do negócio jurídico que a constitui, salvo se dos correspondentes termos negociais decorram direitos e obrigações que, por si sós, sejam capazes de afetar, ainda que apenas potencialmente, a dinâmica concorrencial entre as empresas."

Teses do STJ relacionadas a Direito Econômico

STJ em teses edição n. 13 – Corte no fornecimento de serviços públicos essenciais

1) É legítimo o corte no fornecimento de serviços públicos essenciais quando inadimplente o usuário, desde que precedido de notificação.

2) É legítimo o corte no fornecimento de serviços públicos essenciais por razões de ordem técnica ou de segurança das instalações, desde que precedido de notificação.

3) É ilegítimo o corte no fornecimento de energia elétrica quando puder afetar o direito à saúde e à integridade física do usuário.

4) É legítimo o corte no fornecimento de serviços públicos essenciais quando inadimplente pessoa jurídica de direito público, desde que precedido de notificação e a interrupção não atinja as unidades prestadoras de serviços indispensáveis à população.

5) É ilegítimo o corte no fornecimento de serviços públicos essenciais quando inadimplente unidade de saúde, uma vez que prevalecem os interesses de proteção à vida e à saúde.

6) É ilegítimo o corte no fornecimento de serviços públicos essenciais quando a inadimplência do usuário decorrer de débitos pretéritos, uma vez que a interrupção pressupõe o inadimplemento de conta regular, relativa ao mês do consumo.

7) É ilegítimo o corte no fornecimento de serviços públicos essenciais por débitos de usuário anterior, em razão da natureza pessoal da dívida.

8) É ilegítimo o corte no fornecimento de energia elétrica em razão de débito irrisório, por configurar abuso de direito e ofensa aos princípios da proporcionalidade e razoabilidade, sendo cabível a indenização ao consumidor por danos morais.

9) É ilegítimo o corte no fornecimento de serviços públicos essenciais quando o débito decorrer de irregularidade no hidrômetro ou no medidor de energia elétrica, apurada unilateralmente pela concessionária.

10) O corte no fornecimento de energia elétrica somente pode recair sobre o imóvel que originou o débito, e não sobre outra unidade de consumo do usuário inadimplente.

STJ em teses edição n. 48 - Bancário I

1) É inviável a utilização da taxa referencial do Sistema Especial de Liquidação e Custódia - SELIC como parâmetro de limitação de juros remuneratórios dos contratos bancários.

2) Nos contratos bancários, na impossibilidade de comprovar a taxa de juros efetivamente contratada - por ausência de pactuação ou pela falta de juntada do instrumento aos autos -, aplica-se a taxa média de mercado, divulgada pelo Bacen, praticada nas operações da mesma espécie, salvo se a taxa cobrada for mais vantajosa para o devedor. (Súmula n. 530/STJ) (Tese julgada sob o rito do art. 543-C do CPC/1973 - TEMA 233).

3) Constitui prática comercial abusiva o envio de cartão de crédito sem prévia e expressa solicitação do consumidor, configurando-se ato ilícito indenizável e sujeito à aplicação de multa administrativa. (Súmula n. 532/STJ).

4) A estipulação de juros remuneratórios superiores a 12% ao ano, por si só, não indica abusividade (Súmula n. 382/STJ). (Tese julgada sob o rito do art. 543-C do CPC/1973 - Tema 25).

5) É válido o contrato celebrado em moeda estrangeira desde que no momento do pagamento se realize a conversão em moeda nacional.

6) Nos contratos bancários, é vedado ao julgador conhecer, de ofício, da abusividade das cláusulas. (Súmula n. 381/STJ) (Tese Julgada sob o rito do art. 543-C do CPC/1973 - Tema 36).

7) Nos contratos bancários celebrados até 30.4.2008 (fim da vigência da Resolução CMN 2.303/96) era válida a pactuação das tarifas de abertura de crédito (TAC) e de emissão de carnê (TEC), ou outra denominação para o mesmo fato gerador, ressalvado o exame de abusividade em cada caso concreto. (Tese julgada sob o rito do art. 543-C do CPC/1973 - Tema 618).

8) O simples fato de os juros remuneratórios contratados serem superiores à taxa média de mercado, por si só, não configura abusividade.

9) A previsão no contrato bancário de taxa de juros anual superior ao duodécuplo da mensal é suficiente para permitir a cobrança da taxa efetiva anual contratada. (Súmula n. 541/STJ) (Tese julgada sob o rito do art. 543-C do CPC/1973 - TEMAS 246 e 247).

10) Podem as partes convencionar o pagamento do Imposto sobre Operações Financeiras e de Crédito (IOF) por meio de financiamento acessório ao mútuo principal, sujeitando-o aos mesmos encargos contratuais. (Tese julgada sob o rito do art. 543-C do CPC/1973 - Tema 621).

11) São inaplicáveis aos juros remuneratórios dos contratos de mútuo bancário as disposições do art. 591 c/c o art. 406 do CC/02. (Tese julgada sob rito do art. 543-C do CPC/1973 - Tema 26).

12) É admitida a revisão das taxas de juros remuneratórios em situações excepcionais, desde que caracterizada a relação de consumo e que a abusividade (capaz de colocar o consumidor em desvantagem exagerada – art. 51, § 1º, do CDC) fique cabalmente demonstrada, ante às peculiaridades do julgamento em concreto. (Tese julgada sob o rito do art. 543-CPC/1973 – Tema 27).

13) Os empréstimos com desconto em folha de pagamento (consignação facultativa/voluntária) devem limitar-se a 30% (trinta por cento) dos vencimentos do trabalhador, ante a natureza alimentar do salário e do princípio da razoabilidade.

14) É possível a cobrança de comissão de permanência durante o período da inadimplência, à taxa média de juros do mercado, limitada ao percentual previsto no contrato, e desde que não cumulada com outros encargos moratórios. (Súmula n. 472/STJ)(Tese julgada sob o rito do art. 543-C do CPC/1973 – Tema 52).

15) As empresas administradoras de cartão de crédito são instituições financeiras e, por isso, os juros remuneratórios por elas cobrados não sofrem as limitações da Lei de Usura. (Súmula n. 283/STJ).

16) As cooperativas de crédito e as sociedades abertas de previdência privada são equiparadas a instituições financeiras, inexistindo submissão dos juros remuneratórios cobrados por elas às limitações da Lei de Usura.

17) As instituições financeiras não se sujeitam à limitação dos juros remuneratórios estipulada na Lei de Usura (Decreto n. 22.626/33).

STJ em teses edição n. 83 – Bancário II

1) As instituições financeiras não se sujeitam à limitação dos juros remuneratórios estipulada na Lei de Usura (Decreto n. 22.626/33). (Tese julgada sob o rito do art. 543-C do CPC/73 – TEMA 24).

2) As instituições financeiras respondem objetivamente pelos danos gerados por fortuito interno relativo a fraudes e delitos praticados por terceiros no âmbito de operações bancárias. (Súmula n. 479/STJ) (Tese julgada sob o rito do art. 543-C do CPC/73 – TEMA 466).

3) O Código de Defesa do Consumidor é aplicável às instituições financeiras. (Súmula n. 297/STJ).

4) As cooperativas de crédito são equiparadas às instituições financeiras, aplicando-se-lhes o Código de Defesa do Consumidor, nos termos da Súmula n. 297/STJ.

5) A decadência do art. 26 do CDC não é aplicável à prestação de contas para obter esclarecimentos sobre cobrança de taxas, tarifas e encargos bancários. (Súmula n. 477/STJ) (Tese julgada sob o rito do art. 543-C do CPC/73 – TEMA 449).

6) Não há relação de acessoriedade entre o contrato de compra e venda de bem de consumo e o de financiamento bancário com alienação fiduciária destinado a viabilizar a aquisição do bem.

7) O reconhecimento da abusividade nos encargos exigidos no período da normalidade contratual (juros remuneratórios e capitalização) descaracteriza a mora. (Tese julgada sob o rito do art. 543-C do CPC/73 - TEMA 28).

8) A simples propositura da ação de revisão de contrato não inibe a caracterização da mora do autor. (Súmula n. 380/STJ) (Tese julgada sob o rito do art. 543-C do CPC/73 - TEMA 29).

9) É legítima a incidência de ISS sobre os serviços bancários congêneres da lista anexa ao DL n. 406/1968 e à LC n. 56/1987. (Súmula n. 424/STJ) (Tese julgada sob o rito do art. 543-C do CPC/73 - TEMA 132).

10) É possível a revisão de contratos bancários extintos, novados ou quitados, ainda que em sede de embargos à execução, de maneira a viabilizar, assim, o afastamento de eventuais ilegalidades, as quais não se convalescem.

11) O contrato de mútuo bancário ou o de abertura de crédito fixo constitui título executivo extrajudicial.

12) A cobrança de juros capitalizados nos contratos de mútuo é permitida quando houver expressa pactuação. (Tese julgada sob rito do art. 543-C do CPC/73 - TEMA 953).

13) A cédula de crédito bancário é título executivo extrajudicial, representativo de operações de crédito de qualquer natureza, circunstância que autoriza sua emissão para documentar a abertura de crédito em conta-corrente, nas modalidades de crédito rotativo ou cheque especial. (Tese julgada sob o rito do art. 543-C do CPC/73 - TEMA 576).

14) As cédulas de crédito rural, comercial e industrial submetem-se a regramento próprio (Lei n. 6.840/1980 e Decreto-Lei n. 413/1969), que confere ao Conselho Monetário Nacional CMN o dever de fixar os juros a serem praticados; no entanto, havendo omissão desse órgão, adota-se a limitação de 12% ao ano prevista no Decreto n. 22.626/1933 (Lei de Usura).

15) A legislação sobre cédulas de crédito rural admite o pacto de capitalização de juros em periodicidade inferior à semestral. (Tese julgada sob o rito do art. 543-C do CPC/73 - TEMA 654).

STJ em teses edição n. 166 - Do crime de Lavagem - I

1) É desnecessário que o autor do crime de lavagem de dinheiro tenha sido autor ou partícipe da infração penal antecedente, basta que tenha ciência da origem ilícita dos bens, direitos e valores e concorra para sua ocultação ou dissimulação.

2) Nos crimes de lavagem de dinheiro, a denúncia é apta quando apresentar justa causa duplicada, indicando lastro probatório mínimo em relação ao crime de lavagem de dinheiro e à infração penal antecedente.

3) A aptidão da denúncia relativa ao crime de lavagem de dinheiro não exige uma descrição exaustiva e pormenorizada do suposto crime prévio, bastando, com relação às condutas praticadas antes da Lei n. 12.683/2012, a presença de

indícios suficientes de que o objeto material da lavagem seja proveniente, direta ou indiretamente, de um daqueles crimes mencionados nos incisos do art. 1º da Lei n. 9.613/1998.

4) O crime de lavagem de dinheiro, antes das alterações promovidas pela Lei n. 12.683/2012, estava adstrito aos crimes descritos no rol taxativo do art. 1º da Lei n. 9.613/1998.

5) O tipo penal do art. 1º da Lei n. 9.613/1998 é de ação múltipla ou plurinuclear, consumando-se com a prática de qualquer dos verbos mencionados na descrição típica e relacionando-se com qualquer das fases do branqueamento de capitais (ocultação, dissimulação, reintrodução), não exigindo a demonstração da ocorrência de todos os três passos do processo de branqueamento.

6) O crime de lavagem ou ocultação de bens, direitos e valores, tipificado no art. 1º da Lei n. 9.613/1998, constitui crime autônomo em relação às infrações penais antecedentes.

7) Embora a tipificação da lavagem de dinheiro dependa da existência de uma infração penal antecedente, é possível a autolavagem - isto é, a imputação simultânea, ao mesmo réu, da infração antecedente e do crime de lavagem -, desde que sejam demonstrados atos diversos e autônomos daquele que compõe a realização da primeira infração penal, circunstância na qual não ocorrerá o fenômeno da consunção.

8) O crime de lavagem de bens, direitos ou valores, quando praticado na modalidade típica de ocultar, é permanente, protraindo-se sua execução até que os objetos materiais do branqueamento se tornem conhecidos.

9) A aquisição de bens em nome de pessoa interposta caracteriza-se como conduta, em tese, de ocultação ou dissimulação, prevista no tipo penal do art. 1º da Lei n. 9.613/1998, sendo suficiente, portanto, para o oferecimento da denúncia.

10) A realização, por período prolongado, de sucessivos contratos de empréstimo pessoal para justificar ingressos patrimoniais como se renda fossem - sem que se esclareça a forma e a fonte de pagamento das parcelas, acrescidas de juros, e sem que isso represente, em nenhum momento, uma correspondente redução do padrão de vida do devedor - é apta a configurar, em tese, ato de dissimulação da origem ilícita de valores, elemento constituinte do delito de lavagem de dinheiro, que extrapole o mero recebimento de vantagens indevidas.

STJ em teses edição n. 166 - Do crime de Lavagem - II

1) No crime de lavagem de dinheiro que envolve grande quantidade de agentes residentes em diversas unidades da federação, a regra de competência do local onde se realizaram as operações irregulares será afastada para, em homenagem aos princípios da razoável duração do processo e da celeridade de sua tramitação, dar lugar ao foro do domicílio do investigado.

2) A autoridade judiciária brasileira é competente para julgar os crimes de lavagem ou ocultação de dinheiro cometidos, mesmo que parcialmente, no território

nacional, bem como na hipótese em que os crimes antecedentes tenham sido praticados em prejuízo da administração pública, ainda que os atos tenham ocorrido exclusivamente no exterior.

3) Compete ao juízo processante do crime de lavagem de dinheiro apreciar e decidir a respeito da união dos processos (art. 2º, II, da Lei n. 9.613/1998), examinando caso a caso, com objetivo de otimizar a entrega da prestação jurisdicional.

4) O reconhecimento da extinção da punibilidade pela prescrição da infração penal antecedente não implica atipicidade do delito de lavagem (art. 1º da Lei n. 9.613/1998).

5) O delito de evasão de divisas é autônomo e antecedente ao crime de lavagem de capitais, não constituindo este mero exaurimento impunível daquele, nem havendo consunção entre eles.

6) A prática de organização criminosa (art. 1º, VII, da Lei n. 9.613/1998) como crime antecedente da lavagem de dinheiro é atípica antes do advento da Lei n. 12.850/2013, por ausência de descrição normativa.

7) Por ser atípico, não se pode invocar a substituição do crime de organização criminosa por associação criminosa (art. 288 do Código Penal - CP), pois este não estava incluído no rol taxativo da redação original da Lei n. 9.613/1998.

8) Nos crimes de lavagem ou ocultação de bens, direitos e valores, é legítima a exasperação da pena-base pela valoração negativa das consequências do crime em decorrência da movimentação de expressiva quantia de recursos, que extrapole o elemento natural do tipo.

9) A incidência simultânea do reconhecimento da continuidade delitiva (art. 70 do CP) e da majorante prevista no § 4º do art. 1º da Lei n. 9.613/1998, nos crimes de lavagem de dinheiro, acarreta bis in idem.

10) Os familiares e parentes próximos de pessoas que ocupem cargos ou funções públicas relevantes - consideradas pessoas politicamente expostas (PPE), nos termos do art. 2º, da Resolução n. 29, de 19/12/2017, do COAF - sujeitam-se ao controle estabelecido nos arts. 10 e 11 da Lei n. 9.613/1998 a fim de ser apurada a possível prática de lavagem de dinheiro.

11) O art. 1º, § 5º, da Lei n. 9.613/1998 trata da delação premiada, ato unilateral, praticado pelo agente que, espontaneamente, opta por prestar auxílio tanto à atividade de investigação, quanto à instrução procedimental, independente de prévio acordo entre as partes interessadas, cujos benefícios não podem ultrapassar a fronteira objetiva e subjetiva da demanda, dada sua natureza endoprocessual.

12) A atuação de promotores auxiliares ou de grupos especializados, como o Grupo de Atuação Especial de Combate ao Crime Organizado (GAECO), na investigação de infrações penais, a exemplo do crime de lavagem de dinheiro, não ofende o princípio do promotor natural, não havendo que se falar em designação casuística.

13) Nos crimes de lavagem ou ocultação de bens, direitos e valores, a autoridade policial e o Ministério Público têm acesso, independentemente de autorização judicial, aos dados meramente cadastrais de investigados que não são protegidos pelo sigilo constitucional (art. 17-B da Lei n. 9.613/1998).

14) É possível o deferimento de medida assecuratória em desfavor de pessoa jurídica que se beneficia de produtos decorrentes do crime de lavagem, ainda que não integre o polo passivo de investigação ou ação penal.

15) Não há óbice à aplicação imediata das medidas assecuratórias previstas no art. 4º da Lei n. 9.613/1998 e implementadas pela Lei n. 12.683/2012, por se tratarem de institutos de direito processual a luz do princípio *tempus regit actum*.

Referências Bibliográficas

ABREU, Edgar; SILVA, Lucas. **Sistema Financeiro Nacional**. São Paulo: Método, 2017.

ALEXANDRINO, Marcelo; PAULO, Vicente. **Direito Administrativo Descomplicado**. 21. ed. São Paulo: Método, 2013.

ANDREUCCI, Ricardo Antonio. **Legislação Penal Especial.** 10. ed. São Paulo: Saraiva, 2015.

ARAGÃO, Alexandre Santos de. **Curso de Direito Administrativo.** Rio de Janeiro: Forense, 2012.

ARAGÃO. **Direito dos serviços públicos.** Rio de Janeiro: Forense, 2007.

ARAÚJO, Nádia de. O Direito do Comércio Internacional e o Mercosul. In RODAS, João Grandino. **Contratos Internacionais.** 2. ed. São Paulo: RT, 1995.

ATALIBA, Geraldo. Bitributação. **Revista da Faculdade de Direito da UFMG.** n. 6, Belo Horizonte, out. 1966, p. 158-169.

BAGNOLI, Vicente. **Direito Econômico**. 6. ed. São Paulo: Atlas, 2013.

BALTAZAR JUNIOR, José Paulo. **Crimes Federais.** 6. ed. Porto Alegra: Livraria do Advogado, 2010.

BANCO DO BRASIL. **Comércio Exterior.** Informe BB. n. 15, ano 5, 1997.

BANDEIRA DE MELLO, Celso Antônio. **Curso de Direito Administrativo.** 30. ed. São Paulo: Malheiros, 2013.

BARROSO, Luis Roberto. A ordem econômica constitucional e os limites à atuação estatal no controle de preços. **Revista de Direito Administrativo.** n. 226, p. 187-212, out. 2001.

BARROSO. Constituição, Ordem Econômica e Agências Reguladoras. **Revista Eletrônica de Direito Administrativo Econômico.** Salvador, Instituto de Direito Público da Bahia, nº 1, fevereiro, 2005. Disponível em: http://www.direitodoestado.com.br/artigo/luis-roberto-barroso/constituicao-ordem-economica-e-agenciasreguladoras Acesso em 20 maio 2016.

BARROSO. **Federalismo, isonomia e segurança jurídica:** inconstitucionalidade das alterações na distribuição de royalties do petróleo. Disponível em: http://download.rj.gov.br/documentos/10112/321182/DLFE-18706.pdf/PGE_Royalties_ 28jun10.pdf Acesso em 24 jun. 2015.

BERCOVICI, Gilberto. **Constituição Econômica e Desenvolvimento:** uma leitura a partir da Constituição de 1988. São Paulo: Malheiros, 2005.

BERCOVICI. **Direito Econômico do Petróleo e dos recursos minerais.** São Paulo: Quartier Latin, 2011.

BINA, Ricardo Ambrozio Fazzani. **Legislação Penal Especial.** Rio de Janeiro: Elsevier, 2015.

BITENCOURT, Cezar Roberto; BREDA; Juliano. **Crimes contra o sistema financeiro nacional e contra o mercado de capitais.** 3.ed. São Paulo: Saraiva, 2014. Ebook.

BODIN, Jean. **Os seis livros da República.** São Paulo: Ícone, 2011.

BRESSER-PEREIRA, Luiz Carlos. **Reforma do Estado para a Cidadania:** a reforma gerencial brasileira na perspectiva internacional. São Paulo: Ed. 34; Brasília: ENAP, 1998.

CABRAL, Patrícia Semensato. **Remédios em atos de concentração:** uma análise da prática do CADE (monografia). Disponível em: http://www.esaf.fazenda.gov.br/assuntos/premios/premios-1/premios-2014/90-premio-seae-2014/monografias-premiadas-seae-2014/arquivo.2014-12-01.6035656273 Acesso em 03 jan. 2016.

COMISSÃO DE VALORES MOBILIÁRIOS (CVM). **Instrução normativa nº 8, de 8 de outubro de 1979.** Disponível em: www.cvm.gov.br/legislacao/instrucoes/inst008.html. Acesso em 27 nov. 2020.

CONSELHO ADMINISTRATIVO DE DEFESA ECONÔMICA (Cade). **Guia de Termo de Compromisso de Cessação para casos de cartel**. Brasília, 2016.

CONSELHO ADMINISTRATIVO DE DEFESA ECONÔMICA (Cade). **Guia para a análise da consumação prévia de atos de concentração econômica**. Brasília, 2015.

CONSELHO ADMINISTRATIVO DE DEFESA ECONÔMICA (Cade). **Guia Programa de Leniência Antitruste do Cade**. Brasília, 2016.

CONSELHO ADMINISTRATIVO DE DEFESA ECONÔMICA (Cade). **Guia Programas de *Compliance***: orientações sobre estruturação e benefícios da adoção dos programas de *compliance* concorrencial. Brasília, 2016.

CAPARROZ, Roberto. **Comércio Internacional Esquematizado.** São Paulo: Saraiva, 2012.

CARVALHO FILHO, José dos Santos. **Manual de Direito Administrativo.** 27. ed. São Paulo: Atlas, 2014.

CHAUI, Marilena. **Convite à filosofia.** 13. ed. São Paulo: Ática, 2006.

COMPARATO, Fábio Konder. O indispensável Direito Econômico. **Revista dos Tribunais.** v. 923, São Paulo: RT, set. 2012, p. 37-53.

CORRALO, Giovani da Silva. Agências Reguladoras Municipais e Intermunicipais: a necessidade de uma maior regulação local. In: TURA, Marco Antônio Ribeiro (Org.). **Agências Reguladoras no Brasil.** Belo Horizonte: Arraes, 2015. p. 143-155.

CRETELLA NETO, José. **Curso de Direito Internacional Econômico.** São Paulo: Saraiva, 2012.

CUÉLLAR, Leila. **Introdução às Agências Reguladoras brasileiras**. Belo Horizonte: Fórum, 2008.

DIDIER JR., Fredie; BRAGA, Paula Sarno; OLIVEIRA, Rafael Alexandria de. **Curso de Direito Processual Civil.** 10. ed. Salvador: JusPodivm, 2015.

DI PIETRO, Maria Sylvia Zanella. **Direito Administrativo.** São Paulo: Atlas, 2014.

DROUIN, Jean-Claude. **Os grandes economistas.** São Paulo: Martins Fontes, 2008.

FARIA, José Eduardo. Introdução. In: FARIA, José Eduardo (Org.). **Regulação, direito e democracia.** São Paulo: Fundação Perseu Abramo, 2002. p. 8.

FARIAS, Cristiano Chaves de; FIGUEIREDO, Luciano; EHRHARDT JÚNIOR, Marcos; DIAS, Wagner Inácio Freitas. **Código Civil para concursos.** 2. ed. Salvador: Juspodivm, 2014.

FERNANDES, Micaela Barros Barcelos. Cade e Bacen: do conflito de competência à atuação conjunta no mercado financeiro. **JOTA.** 21 nov. 2018. Disponível em: https://www.jota.info/paywall?redirect_to=//www.jota.info/opiniao-e-analise/artigos/cade-e-bacen-do-conflito-de-competencia-a-atuacao-conjunta-no-mercado-financeiro-21112018. Acesso em: 26 dez. 2020.

FIGUEIREDO, Leonardo Vizeu. **Direito Econômico para concursos**. Salvador: Juspodivm, 2011.

FIGUEIREDO, Leonardo Vizeu. **Lições de Direito Econômico.** 9. ed. Rio de Janeiro: Forense, 2016.

FIGUEIREDO, Leonardo Vizeu. **Lições de Direito Econômico.** 6. ed. Rio de Janeiro: Forense, 2013.

FORTINI, Cristina; AMARAL, Greycielle. A Lei 13.874 (liberdade econômica) e o abuso do poder regulatório. **CONJUR.** 24 out. 2019. Disponível em: https://www.conjur.com.br/2019-out-24/interesse-publico--lei-13874-liberdade-economica-abuso-poder-regulatorio. Acesso em: 3 jan. 2021.

FONSECA, João Bosco Leopoldino da. **Direito Econômico.** 7. ed. Rio de Janeiro: Forense, 2014.

FORGIONI, Paula. **Os fundamentos do antitruste.** 6. ed. São Paulo: RT, 2013.

FORGIONI, Paula. **Os fundamentos do antitruste.** 11. ed. São Paulo: RT, 2020.

FREITAS, Juarez. **Estudos sobre Direito Administrativo.** São Paulo: Malheiros, 1995.

GABAN, Eduardo Molan; DOMINGUES, Juliana Oliveira. **Direito Antitruste**. 3. ed. São Paulo: Saraiva, 2012.

GADOTTI, Moacir. A Terra é a casa do homem. **Revista Educação**. São Paulo: Segmento. abr. 1999.

GRAU, Eros Roberto. **A ordem econômica na Constituição de 1988.** 12. ed. São Paulo: Malheiros, 2007.

GUERRA, Sérgio. **Agências Reguladoras:** Da organização Administrativa Piramidal à Governança em Rede. Belo Horizonte: Fórum, 2012.

GUIMARÃES, Bernardo Strobel. **Empresas estatais independentes?** Reflexões a partir do caso da Empresa Brasileira de Comunicação. Disponível em: http://www.direitodoestado.com.br/colunistas/bernardo-strobel-guimaraes/empresas-estatais-independentes-reflexoes-a-partir-do-caso-da-empresa-brasileira-de-comunicacao---ebc Acesso em 7 jul. 2016.

LEITE, Harrison. **Manual de Direito Financeiro.** 11.ed. São Paulo: Juspodivm, 2022.

MAIA, Rodolfo Tigre. **Lavagem de dinheiro:** anotações às disposições criminais da Lei n. 9.613/98. 2. ed. São Paulo: Malheiros, 2007.

MAIA, Rodolfo Tigre. **Tutela penal da ordem econômica:** o crime de formação de cartel. São Paulo: Malheiros, 2008.

MACHADO, Paulo Afonso Leme. **Direito Ambiental Brasileiro.** 17. ed. São Paulo: Malheiros, 2009.

MANKIW, N. Gregory. **Introdução à Economia.** São Paulo: Cengage Learning, 2013.

MARRARA, Thiago. Defesa da concorrência x regulação setorial: o que mudou com a lei de 2011? In: TURA, Marco Antônio Ribeiro (Org.). **Agências Reguladoras no Brasil.** Belo Horizonte: Arraes, 2015. p. 16-31.

MARX, Karl. **O Capital.** Livro 1. São Paulo: Boitempo, 2013.

MARX, Karl; ENGELS, Friedrich. **Manifesto do Partido Comunista.** Porto Alegre: L&PM, 2010.

MASCARO, Alysson Leandro. **Filosofia do Direito.** 3. ed. São Paulo: Atlas, 2013.

MIRAGEM, Bruno. **A nova Administração Pública e o Direito Administrativo.** 2. ed. São Paulo: Revista dos Tribunais, 2013.

MIRAGEM, Bruno. **Curso de Direito do Consumidor.** 4. ed. São Paulo: RT, 2013.

MIRAGEM, Bruno. **Direito Bancário**. São Paulo: Revista dos Tribunais, 2013.

MOREIRA NETO, Diogo de Figueiredo. **Direito Regulatório.** Rio de Janeiro: Renovar, 2003.

MUNHÓS, Jorge; FIDALGO, Carolina Barros. **Legislação Administrativa para concursos.** Salvador: JusPodivm, 2014.

NOHARA, Irene Patrícia. **Direito Administrativo.** 6. ed. São Paulo: Atlas, 2016.

NOHARA, Irene Patrícia. **Direito Administrativo**. 7. ed. São Paulo: Atlas, 2017.

NOHARA, Irene Patrícia. **Direito Administrativo**. 10. ed. São Paulo: Atlas, 2020.

NOHARA, Irene Patrícia. **Direito Administrativo**. 11. ed. São Paulo: Atlas, 2022.

NOHARA, Irene Patrícia; MARRARA, Thiago. **Processo Administrativo:** Lei nº 9.784/99 comentada. São Paulo: Atlas, 2009.

NOHARA, Irene Patrícia; MOTTA, Fabrício. **LINDB no Direito Público:** Lei nº 13.655/2018. Coleção Soluções de Direito Administrativo. Série I - Administração Pública v.10. São Paulo: Thomson Reuters Brasil, 2019.

NOHARA, Irene Patrícia. **Reforma Administrativa e Burocracia:** impacto da eficiência na configuração do Direito Administrativo Brasileiro. São Paulo: Atlas, 2012.

NOVELINO, Marcelo. **Direito Constitucional.** 5. ed. São Paulo: Método, 2011.

NUCCI, Guilherme de Souza. **Leis penais e processuais penais comentadas.** V. 1. 8. ed. Rio de Janeiro: Forense, 2014. (Ebook).

NUSDEO, Fábio. **Curso de Economia:** introdução ao Direito Econômico. 4. ed. São Paulo: RT, 2005.

NUSDEO, Fábio. **Curso de Economia:** introdução ao Direito Econômico. 9. ed. São Paulo: RT, 2015.

OCDE. **Introdutory Handbook for Undertaking Regulatory Impact Analysis.** Paris: 2008. Disponível em: ‹http://www.oecd.org/gov/regulatory-policy/44789472.pdf›. Acesso em: 2 set. 2016.

OCTAVIANI, Alessandro; NOHARA, Irene Patrícia. **Estatais**. São Paulo: Revista dos Tribunais, 2019.

OLIVEIRA, Rafael Carvalho Rezende. **Curso de Direito Administrativo.** São Paulo: Método, 2013.

OLIVEIRA, Rafael Carvalho Rezende. **Curso de Direito Administrativo**. 5. ed. São Paulo: Método, 2017.

OLIVEIRA, Rafael Carvalho Rezende. **Curso de Direito Administrativo**. 6. ed. São Paulo: Método, 2018.

OLIVEIRA, Rafael Carvalho Rezende. **Novo perfil da Regulação Estatal**: Administração Pública de Resultados a Análise de Impacto Regulatório. Rio de Janeiro: Forense, 2015. *Ebook*.

OLIVEIRA, Rafael Carvalho Rezende. O Modelo Norte-Americano de Agências Reguladoras e sua recepção pelo Direito Brasileiro. **Revista da EMERJ**. Rio de Janeiro, v. 12, nº 47, 2009. p. 157-176.

PAULSEN, Leandro; VELLOSO, Andrei Pitten. **Contribuições:** teoria geral e contribuições em espécie. Porto Alegre: Livraria do Advogado, 2010.

PEREIRA NETO, Caio Mário da Silva; CASAGRANDE, Paulo Leonardo. **Direito Concorrencial:** doutrina, jurisprudência e legislação. São Paulo Saraiva, 2016.

PELUSO, Cezar. **Código Civil Comentado**. 4. ed. Barueri, SP: Manole, 2010.

PONTES DE MIRANDA, Francisco C. **Tratado de Direito Internacional Privado.** Tomo I. Rio de Janeiro: José Olympio, 1935.

PORTELA, Paulo Henrique Gonçalves. **Direito Internacional Público e Privado:** incluindo noções de Direitos Humanos e Direito Comunitário. 2. ed. Salvador: Juspodivm, 2010.

PRADO, Luiz Regis. **Direito Penal Econômico.** 6. ed. São Paulo: RT, 2014.

PRADO, Luiz Regis. **Direito Penal Econômico.** 8.ed. Rio de Janeiro: Forense, 2019.

RIBEIRO, Marilda Rosado de Sá. **Direito do Petróleo**. 2. ed. Rio de Janeiro: Renovar, 2003.

SABBAG, Eduardo. **Manual de Direito Tributário.** 7. ed. São Paulo: Saraiva, 2015.

SALOMÃO, Luis Felipe; CUEVA, Ricardo Villas Bôas; FRAZÃO, Ana. **Lei de Liberdade Econômica e seus impactos no Direito Brasileiro.** São Paulo: Thomson Reuters Brasil, 2020.

SAMTLEBEN, Jürgen; SALOMÃO FILHO, Calixto. O Mercado Comum Sul-americano. Uma análise jurídica do Mercosul. In. RODAS, João Grandino. **Contratos Internacionais.** 2 ed. São Paulo: RT, 1995.

SANCTIS, Fausto Martin De. **Delinquência econômica e financeira:** colarinho branco, lavagem de dinheiro, mercado de capitais. Rio de Janeiro: Forense, 2015. Ebook.

SANTA CRUZ, André; DOMINGUES, Juliana Oliveira; GABAN, Eduardo Molan. **Declaração de Direitos de Liberdade Econômica:** comentários à lei 13.874/2019. Salvador: Juspodivm, 2021.

SCATOLINO, Gustavo; TRINDADE, João. **Manual de Direito Administrativo.** 2. ed. Salvador: Juspodivm, 2014.

SILVA, Daniel Cavalcante; COVAC, José Roberto. ***Compliance* como boa prática de gestão no ensino superior privado.** São Paulo: Saraiva, 2015.

SILVA, José Afonso da. **Comentário contextual à Constituição.** 6. ed. São Paulo: Malheiros, 2009.

SILVA, José Afonso da. **Curso de Direito Constitucional Positivo.** 25. ed. São Paulo: Malheiros, 2005.

SILVA, Roberto Luiz. **Direito Internacional Público.** 2. ed. Belo Horizonte: Del Rey, 2002.

SMITH, Adam. **A riqueza das nações:** investigação sobre sua natureza e suas causas. v. I. Coleção Os Economistas. São Paulo: Nova Cultural, 1996.

SOUZA, Artur de Brito Gueiros. Da Criminologia à Política Criminal: Direito Penal Econômico e o novo Direito Penal. In: SOUZA, Artur de Brito Gueiros (Org.) **Inovações no Direito Penal Econômico:** contribuições criminológicas, político-criminais e dogmáticas. Brasília: ESMPU, 2011.

STRATHERN, Paul. **Uma breve história da economia.** São Paulo: Zahar, 2003.

TARTUCE, Flávio; OLIVEIRA, Carlos Eduardo Elias de. Lei da Liberdade Econômica: diretrizes interpretativas da nova lei e análise detalhada das mudanças no Direito Civil e nos registros públicos - parte 1. Disponível em: http://genjuridico.com.br/2019/09/24/lei-da-liberdade-economica-diretrizes/. Acesso em: 3 jan. 2021.

TAUFICK, Roberto Domingos. **Nova Lei Antitruste Brasileira:** a Lei 12.529/11 Comentada e a análise prévia no Direito da Concorrência. Rio de Janeiro: Forense, 2012.

TAVARES, André Ramos. **Direito Constitucional Econômico.** 2. ed. São Paulo: Método, 2006.

THOMÉ, Romeu. **Manual de Direito Ambiental.** 4. ed. Salvador: Juspodivm, 2014.

TURA, Marco Antônio Ribeiro. A autonomia das agências reguladoras. In: TURA, Marco Antônio Ribeiro (Org.). **Agências Reguladoras no Brasil.** Belo Horizonte: Arraes, 2015. p. 1-15.

VILELA, Danilo Vieira. A atuação do Estado perante a economia no Brasil: uma análise sob a perspectiva da "História Econômica do Brasil", de Caio Prado Jr. In: SARAI, Leandro (Org.). **Direito Político e Econômico no Brasil à luz de Caio Prado Júnior.** Belo Horizonte: Arraes, 2015. p. 57-75.

VILELA, Danilo Vieira. **Agências reguladoras e a efetivação da ordem econômica-constitucional brasileira:** desafios da regulação em um cenário de intensificação do poder econômico nas relações sociais. 175 p. Tese (Doutorado em Direito Político e Econômico) – Universidade Presbiteriana Mackenzie, São Paulo, 2018.

VILELA, Danilo Vieira. A necessidade de uma efetiva regulação dos contratos de planos de saúde coletivos pela Agência Nacional de Saúde Suplementar (ANS). In: TURA, Marco Antônio Ribeiro (Org.). **Agências Reguladoras no Brasil.** Belo Horizonte: Arraes, 2015. p. 101-115.

VILELA, Danilo Vieira. **As normas de aplicação imediata no Direito Internacional Privado.** 167 f. Dissertação de mestrado em Direito. Faculdade de História, Direito e Serviço Social, Universidade Estadual Paulista "Júlio de Mesquita Filho". Franca, 2003.

VILELA, Danilo Vieira. A nova lei geral para as agências reguladoras no Brasil - Lei nº 13.848/2019. **Revista do Direito Público,** Londrina, v. 15, n. 2, p. 91-115, ago. 2020.

VILELA, Danilo Vieira. **Direito Financeiro**. Coleção Sinopses para Concursos. v. 37. Salvador: Juspodivm, 2018.

VILELA, Danilo Vieira. **Direito Financeiro**. Coleção Sinopses para Concursos. v. 37. 3.ed. Salvador: Juspodivm, 2021.

VILELA, Danilo Vieira. **Lei Geral das Agências Reguladoras:** lei nº 13.848, de 25 de junho de 2019. Coleção Soluções de Direito Administrativo. Série II – Regulação Econômica. v. 10. São Paulo: Thomson Reuters Brasil, 2020.

VILELA, Danilo Vieira. O Direito Administrativo como indutor do desenvolvimento no Estado regulador. In: **Crise Econômica e Soluções Jurídicas.** São Paulo: RT, n. 109, mar. 2016.

VILELA, Danilo Vieira; LEITE, Harisson. **Direito Econômico e Financeiro.** Coleção Revisaço. Salvador: Juspodivm, 2015.

VILELA, Danilo Vieira; LEITE, Harisson. **Direito Econômico e Financeiro**. Coleção Revisaço. Salvador: Juspodivm, 2018.

EDITORA
JusPODIVM
www.editorajuspodivm.com.br

Impressão e Acabamento
PlenaPrint
Indústria Gráfica